·贵达知行系列丛书·

破产管理人实践与探索（第二辑）

Practice and Exploration of Trustee in Bankruptcy Ⅱ

唐仲尼 / 主 编

贵州大学出版社
Guizhou University Press

图书在版编目（ＣＩＰ）数据

破产管理人实践与探索. 第二辑 / 唐仲尼主编. --
贵阳：贵州大学出版社，2023.8
ISBN 978-7-5691-0800-2

Ⅰ．①破… Ⅱ．①唐… Ⅲ．①破产法－研究－中国
Ⅳ．① D922.291.924

中国国家版本馆 CIP 数据核字 (2023) 第 139123 号

破产管理人实践与探索（第二辑）

POCHAN GUANLIREN SHIJIAN YU TANSUO

主　　编：唐仲尼

· ·

出 版 人：闵　军
责任编辑：高雪蓉
装帧设计：陈　艺　方国进

· ·

出版发行：贵州大学出版社有限责任公司
　　　　　地址：贵阳市花溪区贵州大学东校区出版大楼
　　　　　邮编：550025　电话：0851-88291180
印　　刷：深圳市和谐印刷有限公司
开　　本：787 毫米 ×1092 毫米　1/16
印　　张：31.75
字　　数：659 千字
版　　次：2023 年 8 月第 1 版
印　　次：2023 年 8 月第 1 次印刷

· ·

书　　号：ISBN 978-7-5691-0800-2
定　　价：138.00 元

贵达系列丛书审委会

主　任：朱　山

副主任：唐仲尼　毕　健　陈　剑　林　倩　袁昌浩

委　员：丁　柯　朱华毅　张月进　王凌松　贾开文　胡　楠

　　　　徐　瑶　刘凡勇　曾庆福　王　磊　郭　能　沈桂旺

　　　　夏昌华　周书亭　牟洪亮　朱　平　刘文俊　曾　珍

　　　　王开春　郭　进　朱　兰　王开武　李　军　孙景超

　　　　赖远飞　蔡文卓　康　军　王志威　冉文俊　闫信良

　　　　张国佳　吴　勇　陆承辉　周　晨　沈南宇　陈　畅

　　　　杨海晶　胡海燕　李小丽　吴正彦　叶宝强　吴　侃

　　　　袁小伟　彭慧玲　廖　立　金　枫

《破产管理人实践与探索（第二辑）》编委会

主　编：唐仲尼

副主编：卢林华　吴正彦　孙　南

委　员：王　芳　李佳娥　陈永福　陈　娜

　　　　赵　艳　晋　华　赵维刚

总　　序

这是一套旨在传播法治思想和法治文化的系列丛书。

在百年未有之大变局中，中国已进入全面建设社会主义现代化国家的新发展阶段，全面依法治国是国家治理的一场深刻革命，律师是当事人合法权益的维护者、社会公平正义的守护者、国家治理现代化的参与者、经济社会发展的服务者和全方位对外开放的践行者。律师最大的使命就是维护法律的正确实施，本系列丛书的编撰，正是反映贵州贵达律师事务所对于律师使命的理解和表达。

"贵在勤勉尽责，达成法治理念"是贵州贵达律师事务所的办所宗旨，"立足贵州、走向全国、面向世界"是贵州贵达律师事务所的目标，"党建立所、文化立所、人才立所、专业立所、数字立所、品牌立所"是贵州贵达律师事务所的理念。贵州贵达律师事务所分所在贵州省各市（州）已实现全覆盖，北京、重庆、深圳、西安、上海等分所也依次成立，律所全国管理委员会应势架设运转。自2000年贵州贵达律师事务所成立以来，全所律师在依法维护当事人合法权益的同时，积极参与服务社会、惠及民生的重要工作。贵州贵达律师事务所担任贵州省人民政府、贵阳市人民政府等各级党政机关的法律顾问，为各级政府立法、政府权责清单、政府重大决策提供法律咨询，参与立法调研，助推政府依法行政；建立青少年维权工作站、残疾人法律咨询中心；积极参与环保公益诉讼；办理法律援助案件，为弱势群体提供法律服务……我们一直坚持走在服务经济社会发展、推动现代化法治进程的路上。

没有法治思想和法治文化的土壤是不可能有真正的"法治"的。随着贵州省法学会矿产资源法学研究会、刑事辩护中心、破产与重组研究中心、深蓝民商事中心等机构的成立，民营经济人士守法诚信法律大讲堂、国际自然资源法治论坛、"道破"论坛等活动的举办，贵州贵达律师事务所支持出版的《民营企业法律实务》《能源与资源法制研究》《破产管理人实践与探索》等书也相继面世，贵州贵达律师事务所在传播法治思想和法治文化方面硕果累累。

为进一步整合贵州贵达律师事务所法律理论与司法实践研究力量，经高级合伙人反复商议，决定编撰"贵达知行系列丛书"。丛书从实务操作的视角切入，以法律理论为指导，结合贵州贵达律师事务所各专业团队、执业律师多年从业经验编撰而成。丛书既有一定的理论深度，阐明法律的基本原理、探讨法律的发展方向，又有实务经验，介绍了律师业务操作技巧、法律实际被运用的情况，理论与实务结合。无论是对于法官、检察官、律师等法律从业人员，还是对于社会中的普通人，"贵达知行系列丛书"都能为读者理解和适用法律提供参考。丛书没有吸睛的网红口号，不着重渲染过去的得失，也不会刻意描绘未来的蓝图，只诚实地记录律师日常工作的点滴，客观地总结我们办理破产与重组、刑事、房地产与建设工程、自然资源、高端民商事争议、大数据信息化与知识产权等业务方面的经验与教训。我们按计划将每年至少编辑出版一本专业实务书，希望读者在阅读中学法律、爱法律、敬法律、用法律。

如今，中国在科学民主立法、推进依法行政、优化营商环境、深化司法改革等方面取得了全面、辉煌的成就，法治的发展为律师带来了前所未有的发展机遇和更高的发展起点。但愿"贵达知行系列丛书"能起到抛砖引玉的效果，希望更多法律从业者一起关注和研究法律理论与实践的重难点问题，不吝分享自己高水平的研究成果；希望更多的人了解和理解法律，在现实生活中正确运用法律，并培育自己的法治思想和法治文化！

"贵达知行系列丛书"编委会

2021 年 2 月 18 日

2023 年 5 月 4 日修订

序

近年来，全球经济环境变化频繁，经济下行成为一时常态，不少企业面临着运营压力、市场萎缩和盈利下滑等问题，甚至陷入经营危机，特别是房地产开发企业、中小微企业面临经营困难的情况在实践中尤为常见。这些企业中，既有因国家政策、市场环境等变化而不再适应新的发展方向的，也有因经营不善、管理落后而逐渐走"下坡路"的，还有受新型冠状病毒感染疫情等影响而陷入一时经营困境的。他们有的应当顺应市场经济优胜劣汰的规律退出市场，但更多的还在殷切地期待一个"救赎"的机会。

这对破产管理人来说既是机遇也是挑战。作为破产法律制度的实践者和市场化债务重组的重要参与者，破产管理人在帮助企业摆脱困境、恢复生产经营、实现债权债务清算、保护各方合法权益等方面发挥着重要作用。然而，破产管理人也面临着诸多困难和挑战，这些困难有的来源于当前的社会环境和法律体系，如法律规定不完善、司法实践不统一、社会认知不足、利益相关方干扰等；有的则来源于当前的经济环境，例如财产处置难、重整投资人招募难等。这些问题不利于提高破产管理工作的效率和质量，更不利于维护破产法律制度的公信力和权威性。我们始终认为，破产管理人不仅要提高自身专业素养和能力、办好每一个破产案件，还要积极参与破产法律制度的完善和推进、破产法律文化的弘扬和推广，为促进市场主体优化配置、维护市场秩序、促进社会公平正义做出贡献。

本着这样的理念，《破产管理人实践与探索（第二辑）》一书经过两年多的酝酿最终完成。《破产管理人实践与探索》一书在 2021 年出版后，得到了"中国破产法论坛""破产法实务"等平台和一众法官、律师、学者的推荐，受到了广泛的关注和好评。该书以实际案例为基础，结合法律规定和司法解释，全面系统地介绍了破产管理人的职责、权限、程序、方法、技巧等方面的内容，为破产管理人提供了有价值的参考和指导。《破产管理人实践与探索（第二辑）》在继承前作精神的基础上，进一步拓展了视野和深度，涵盖了更多新颖、复杂、典型的实务问题、案例分析，并结合最新的法律政策变化和司法实践动态，探讨了当前破产管理人面临的新问题和新挑战。

本书具有较强的理论性和实用性，既结合实务探讨了破产法前沿理论，如《中华人民共和国企业破产法》修订、个人破产免责制度、中小微企业快速重整、破产案件简易程序、商业银行破产、预重整等，分析了我国破产法的现状和发展趋势，提出了改进和完善的建议；也有破产实务的经验分享，例如我们选取了一些具有代表性和典型性的破产案例，介绍了案件的背景、处理结果以及管理人的主要做法，再如有在建工程续建障碍及解决路径、非法集资问题处置路径、以房抵债问题研究、涉煤矿破产案件取回权等问题的实务应对；更有运用破产法理论解决破产实务中所遇到的难题，如问题楼盘的多维解读和实务破解、不良资产的处置之道、房开企业重整中的利益冲突与平衡、或有债权的处置方式等，展示了破产法律实务工作者的思维方式和方法论。

本书也是集贵州贵达律师事务所破产与重组研究中心诚意与智慧之作。自2022年成立以来，贵达破产与重组研究中心团结业内专业人士及相关机构，以促进破产立法和司法之进步、优化营商环境、推动法治化进程为宗旨，致力研究和解决破产与重组相关领域理论问题和实践难点，举办"道破"论坛、预重整研讨会等，受邀参加中国破产法论坛、西部破产法论坛等，与太原市、兰州市、遵义市、黔南布依族苗族自治州等地破产管理人展开交流，为政府、企业和有关机构提供破产与重组咨询。

常有人问起，作为律师，主编出版这本书的初衷是什么？我想，有两个方面的原因。一是，我希望通过这本书，分享贵州贵达律师事务所在破产管理人领域的经验和心得，为其他从事这一工作的同行提供一些参考和借鉴。二是，我也想借此机会，反思和总结我们团队在破产管理人工作中遇到的问题和困难，以及我们解决这些问题、克服这些困难的方法和思路。这本书是贵州贵达律师事务所对破产管理人实践的一种记录和展示，也是对破产管理人理论的一种探索。

最后，希望这本集合了多位从事破产工作的工作者经验和见解的专业力作《破产管理人实践与探索（第二辑）》，能为法学工作者和法律工作者提供有价值的参考和指导，与大家一同推动中国破产法治事业向前迈进，为破产法的市场化、法治化、常态化实施添砖加瓦。

是为序！

唐仲尼

2023 年 5 月 4 日

目　录

第一节　演讲实录

破产法的昨天、今天与明天 ①

唐仲尼 ②

对于破产法的应用和我们团队的发展来说，2022 年是非常关键的一年，从宏观上来说，主要表现在破产法律制度的修改和完善、实施破产法环境的成熟、破产案件数量增加和质量提升；从微观上来说，案件办理质量和效率有了显著提升、团队实现规模化发展、办理破产案件相关人员的学习和培训常态化、团队知识技术体系开始形成。这些都将破产法的应用和我们办理破产案件团队的发展推上一个新的台阶。我考虑再三，决定以"破产法的昨天、今天和明天"为题，对破产法的过去和现在进行简要的总结，并向大家分享我对破产法未来发展的一些看法。

一、破产法的过去

破产法的过去，根据我们了解的破产法历史和办理破产业务的情况，我大致将其分为 3 个阶段：

第一个阶段是 1987 年至 2006 年。1986 年，我们国家正式通过了《中华人民共和国企业破产法（试行）》（以下简称《企业破产法（试行）》，下同），首次对全民所有制企业破产制度进行规定，但此时的破产法以破产清算为主，并未规定重整、和解等程序，也未规定破产管理人，而是由有关部门、专业人员等组成清算组。此后《企业破产法（试行）》实施的 20 年里，我国虽有企业破产法，但破产案件数量较少，破产案件办理效率较低。

第二个阶段是 2007 年至 2016 年。随着我国市场经济的发展，国家认识到《企业破产法（试行）》存在诸多问题，便在总结破产法实施的经验、教训的基础上，通过借鉴古今中外成功的破产法律制度，于 2006 年颁布《中华人民共和国企业破产法》（以下简称《企业破产法》，下同），并于 2007 年实施。新的《企业破产法》不仅扩大了破产程

---

① 本文根据唐仲尼在"道破"论坛第一期上所做"破产法的昨天、今天与明天"主题演讲整理而成。

② 唐仲尼，贵州贵达律师事务所副主任、高级合伙人、律师。

序的适用范围，引入重整、和解等程序，还对破产程序进行大幅度调整，更重要的是开创性地引入了破产管理人制度，以负责办理具体的破产事务。并且，破产管理人由律师事务所、会计师事务所等中介机构担任，为我们担任破产管理人、从事破产业务带来了机遇，2007 年，我和朱山主任也因此成为贵阳市中级人民法院破产管理人名册中的个人管理人。但在这 10 年里，除了 2011 年出台的《最高人民法院关于适用〈中华人民共和国企业破产法〉若干问题的规定（一）》和 2013 年出台的《最高人民法院关于适用〈中华人民共和国企业破产法〉若干问题的规定（二）》这两部司法解释外，破产法律制度几乎没有其他变化。从贵州的破产法实践情况看，与北京、上海、广州等先进地区相比，贵州等落后地区破产案件寥寥无几，贵州贵达律师事务所（以下简称"贵达所"，下同）虽然办理了多起大中型企业的重组，但很少担任破产管理人。2014 年年底，为认真贯彻中央关于完善企业破产制度重要精神，中华人民共和国最高人民法院（以下简称"最高人民法院"，下同）从破产程序的启动、破产案件的管辖以及审判组织、破产法与其他法律衔接等方面开展破产案件审理方式改革试点工作，这次试点工作的开展逐步拉开了破产法改革的序幕。

第三个阶段是 2017 年至 2021 年。这 5 年是破产法律制度完善的 5 年，也是破产法治环境优化的 5 年。2017 年 1 月，最高人民法院发布《关于执行案件移送破产审查若干问题的指导意见》，促进和规范了执行案件移送破产审查工作的程序，保障了执行程序与破产程序的有序衔接；2018 年 3 月，《全国法院破产审判工作会议纪要》发布，有效提升破产法的地位，提出合并破产、破产保护、府院联动、庭外重组等制度、机制；2019 年 2 月，《最高人民法院关于适用〈中华人民共和国企业破产法〉若干问题的规定（三）》发布，明确债务人可为继续营业借款，在债权审查及异议提出、债权人会议决议、债权人委员会履职等方面亮点颇多；2019 年 6 月，十三部委联合印发《加快完善市场主体退出制度改革方案》，要求完善破产法律制度，逐步建立预重整、自然人破产等制度；2020 年 4 月，最高人民法院《关于推进破产案件依法高效审理的意见》发布，有效推动依法高效审理破产案件；2021 年 2 月，中华人民共和国国家发展和改革委员会（以下简称"国家发展和改革委"，下同）、最高人民法院等出台《关于推动和保障管理人在破产程序中依法履职进一步优化营商环境的意见》，以推动和保障管理人依法履职为切入点，提出了一系列切实可行的实际措施和建立破产案件办理统筹协调机制的思路。这 5 年里，最高人民法院通过司法解释、政策等方式，逐步完善破产法律体系，各地法院也纷纷开展破产法改革试点工作。广州、深圳、北京等先进地区自不必言，贵州也不甘落后，贵州省高级人民法院陆续发布了《贵州省高级人民法院破产审判工作实务操作指引（试行）》《贵州省高级人民法院破产管理人管理制度》，并联合其他职能部门发布涉及府院联动、税收、工商、金融等方面的一系列文件，有效指导贵州破产实践。从贵达所破产事业发展来说，2017 年 3 月，在管理人报酬较低的情况下，贵达所通过抽签方式担任 1 家中型国有企业的破产管理人，实现了零的突破；2018 年 1 月、5 月，团队再次入围两起大型破产案件的管理人，面对成百上千的债权人和数十亿债权，贵达所均以专业、优质的服务赢得了各方的认可；如今，贵达所破产事业已覆盖安顺、毕节、铜仁、黔南、黔西南、遵义、贵阳等各地区以及矿业、能源、房地产、食品、大数据等各行业。

破产法的过去，是破产法律体系、破产案件、破产从业人员从无到有、从少到多、从弱到强的历史，更是我国市场经济从封闭到开放、从粗放到精细、从重数量到重质量的发展历史。

二、破产法的现在

破产法经过 30 多年的发展，在党和国家的统一领导和部署下、在所有破产从业人员的努力下，最终形成了我们今天所看到的"破产法的现在"，也是我们要讲的第二个部分。这 30 多年来，破产法取得了前所未有的发展，有效促进了经济发展和社会进步，我从以下几个方面简要陈述。

第一，破产法治意识不断增强。市场化、法治化的破产理念，通过专家宣讲、媒体宣传、案例发布、文章发表、书籍出版等多种形式，向社会各界人士和普通民众传播，不断优化传统破产环境。更为重要的是，随着破产案件数量的增加，越来越多的企业、个人从他们身边甚至自身的破产案件中，逐步接触、学习和运用破产法，有效增强学法用法的能力。我们欣喜地看到，越来越多的人从闻"破"色变到逐步认识破产法。国内各高校、法学会、律师协会纷纷发起并设立破产法学研究机构，众多破产法理论、实务方面的专家齐聚一堂开展交流和研究工作，涌现了不少质量较高的研究成果。我们团队也借此发表了与破产相关的文章，出版了破产法专著，并参与了相关论坛。

第二，破产法律制度逐步健全。最高人民法院通过出台司法解释和司法文件，逐步完善破产司法制度和司法政策，为依法审理破产案件提供依据；国家发展和改革委等部门制定一系列政策文件，有力支持了《企业破产法》的实施；各地方政府及法院结合实际，制定地方性法规和政策文件等配套文件 400 余件。国务院及有关部门、最高人民法院和各地区有关部门积极开展破产法配套制度建设，以破产法为核心，司法解释、司法政策为重要补充，法规、规范性文件和关联法律为支撑的破产法律体系逐步建立。

第三，破产工作机制不断完善。在国务院、国务院国有资产监督管理委员会、中国证券监督管理委员会、国家金融监督管理总局等的大力推动下，大量国有僵尸企业进入破产程序，重庆钢铁、青岛造船、海南航空等多个大型集团公司通过重整，实现扭亏为盈，实现了危困国企的有序退出、债务风险的有效化解。各级党委、政府积极响应党中央和国务院的号召，运用重整方式帮助企业提升产业层次、改善公司治理、实现重生发展，因企施策，开展破产重整相关工作。地方政府和人民法院相互配合，共同解决破产程序中的启动费用、税收处置、信用修复、企业注销等问题，助力营商环境持续优化。

第四，破产司法实践有效开展。据国家发展和改革委统计，2016 年开展"僵尸企业"处置工作以来，7000 多家长期亏损、扭亏无望、严重资不抵债的"僵尸企业"实现退出，其中大部分采用破产清算方式，债权债务得到了公平有序清理，债务风险得到了有效化解，资源要素得到了优化配置。对仍有拯救价值和拯救可能的企业，运用重整的方式进行挽救，广州、深圳、厦门、重庆纷纷出台预重整有关文件，推动庭外重组与庭内重整有序衔接，降低破产制度性成本；广东、浙江、山东等纷纷开展个人破产试点，推动化解企业债务连带风险。

第五，破产从业人员有效提升。截至 2021 年年底，全国共有 15 个破产法庭、近 100 个清算与破产审判庭以及专门的合议庭，破产管理人协会近 160 家，越来越多的法官、学者、律师、会计师开始接触破产业务，从事破产事业。通过设立破产法庭、破产管理人协会，完善破产审判和办理机制，加强专业化建设，健全管理人制度等举措，促进了破产从业人员数量、质量有效提升，提高破产司法保障能力。

在肯定破产法取得的积极成效时，我们也不忘检讨和反思目前存在的一些问题。

第一，破产法律制度尚需完善。尽管各地对预重整、简易破产、个人破产的实践正如火如荼地展开，但至今未形成统一的认识，更未在法律的层面上形成规范的体系，尚需通过立法加以解决。

第二，重整制度作用未能充分发挥。据全国企业破产重整案件信息网截至 2022 年 2 月 16 日公布的案件显示，全国在审破产案件企业共计 2375 个，其中，破产清算企业为 1985 个，重整企业为 297 个，和解企业 1 个。重整是《企业破产法》引入的一项重要制度，尽管《企业破产法》对重整的程序、时间以及重整计划的制作、批准、执行等已作出明确规定，但实践中的重整仍然受到诸多限制。一是地方政府对重整企业的税收、信用修复等的保障和激励不足，特别是税务机关出于防止逃税的考虑，将企业重整中的债务豁免视为企业所得进行征税，高额的税收不仅不利于企业快速恢复生产和营利，因债务豁免而新增债务也违背了重整债务豁免的初衷。二是金融机构、国有企业对重整计划的制作支持力度不足，从重整的司法实践来看，众多金融机构、国有企业在明知损失不可避免的情况下，相关人员为了免于追责，对重整计划的制作和表决不够积极甚至反对重整的进行。三是债权人参与重整计划草案制作的力度不足，有的债权人滥用表决权实现自身利益，有的债权人不能正确认识在重整计划中自己的权利，还有的债权人参与重整计划草案制作的权利受到极大限制。这对于平衡各方利益、化解矛盾冲突来说是非常不利的。

第三，破产程序执行不到位。抛开破产法律体系的不足之处外，现行破产法未能得到有效执行，深刻影响了困境企业的有效挽救和退出。首当其冲的便是在破产案件的办理期限上，尽管《企业破产法》对于破产申请的审查和受理、债权人会议的召开、债权人的通知、债权核查期限、重整计划草案的提交等作出了严格规定，但实践中仍然存在大量案件未按照规定执行。其次是部分法院、政府部门对破产理解和配合不足，例如，企业进入破产程序后，法院、公安等拒绝解除对企业财产的查封，甚至继续受理对破产企业的诉讼、执行。三是未能充分保障债权人、债务人的知情权、参与权，破产法律制度规定的信息披露、债权人会议程序等流于形式，不能发挥其价值。最后是破产案件受理和执转破存在一定困难，大量符合破产标准的执行不能的案件不能依法进入破产程序，破产案件的受理受到地方政府和法官主观判断影响而不能及时进入破产。

第四，破产案件启动存在一定困难。首先是大部分企业运用破产的方式退出市场的意愿仍不强，符合破产条件的企业绝大多数未选择破产的方式退出，据统计，在2020年注销的289.9万户企业中，仅有约千分之一的企业选择进入破产程序。这种情况是多种因素造成的，首先是部分地方政府对企业破产存在较多顾虑，出于对当地经济发展的担忧，使得一些企业"应破"而"未破"；二是部分法院审判资源不足，缺乏专业审判团队和破产管理人，已有破产案件难以推进，新受理破产案件能拖则拖；三是破产程序的时间和费用，导致部分债权人、债务人望而生畏；四是部分企业和企业家在经营过程中存在违规问题，担心进入破产程序将被追责。

最后，从业人员素质尚需提升。尽管从业人员的数量、质量已经有所提高，但面对破产案件纷繁复杂的法律关系仍显不足。并且，破产从业人员的素质表现出明显差异。特别是在破产程序中发挥重要作用的破产管理人，存在业务能力不足、管理制度不完善等一系列问题，是当前影响破产案件办理质量的关键因素，破产管理人应当认真思考自身存在的问题。从破产管理人制度层面来看，各地法院编制的管理人名册标准不统一、不透明，各地提供破产法律服务的中介机构数量悬殊，导致入册管理人水平参差不齐，尚未形成标准、统一的管理人市场；破产案件选择管理人的程序、标准有待改进，不少地区在选择管理人的方式上，不能保证管理人的能力水平与破产案件相匹配，特别是一些专业性强、法律关系复杂的案件，不能针对性地选择合适的管理人；管理人履职缺乏保障，部分地方法院和政府部门，仍不能正确认识管理人的工作性质，对于管理人报酬和管理担保物的费用也存在诸多限制；管理人的能力不适应破产案件办理的需要，缺乏依法高效办理破产案件所需的工作人员，所办理的案件质量参差不齐；破产管理人履职能力有待加强，尚未建立有效的管理人工作考核、监督和评价体系，管理人依法报告工作流于形式。

三、破产法的未来

认识和了解破产法的过去、反思和分析破产法的现状，有助于我们正确预测和把握破产法的未来。关于破产法的未来，我想从破产法法规的完善、破产环境的优化和从业人员的发展三个方面来介绍。

（一）破产法法规的完善

早在 2013 年，《中共中央关于全面深化改革若干重大问题的决定》就提出，要"健全优胜劣汰市场化退出机制，完善企业破产制度"。在 2018 年，中华人民共和国全国人民代表大会将《企业破产法》的修订作为五年立法规划的重点立法项目，条件成熟时可以提请中华人民共和国全国人民代表大会常务委员会（以下简称"全国人大常委会"，下同）审议，由全国人大财经委牵头组织起草《企业破产法》修订草案。《企业破产法》的修订，将从制度层面深刻影响今后破产业务的办理，这与最高人民法院目前出台的司法解释、司法文件和会议纪要存在实质性的不同。从目前的情况来看，《企业破产法》的修订和后续配套制度的完善将会围绕以下几方面展开。

1. 预重整与庭外重组

尽管最高人民法院和政府部门多次在司法意见、政策文件中表示支持，包括贵州省高级人民法院在内的各地法院陆续发布了指导文件，各地法院根据相关政策和各地情况进行了不同程度的探索，但预重整和庭外重组至今没有在法律的层面上进行确立。贵达所办理破产案件的团队在 2020 年开始就对预重整制度进行研究，并在 2021 年成功承接和办结了一个大型房开企业的预重整案件。预重整和庭外重组对于提高司法重整成功率和效率的作用自不必言，各地司法实践也取得了一定的成效，但缺少立法的支撑，必然导致预重整和庭外重组制度的正当性被质疑。对于预重整和庭外重组的时间、期限、程序、效力等有必要在破产法律制度的体系下进行系统构建，并通过立法的形式予以确立，这样可以有效地帮助大量企业走出危机，减少企业不必要的损耗，从而真正发挥破产拯救功能。

2. 破产简易程序

与民事审判程序相比，现行《企业破产法》规定的破产程序为普通审理程序，对于企业规模较小、债权债务关系简单的小微企业破产，缺少及时、高效的简易审理程序。最高人民法院在 2020 年 4 月发布的《关于推进破产案件依法高效审理的意见》中，提出了一些高效、简便的做法，但作用仍非常有限。所以需要从立法的层面对破产简易程序进行明确，对适用条件、审理期限、送达方式、财产变现和分配、债权人会议、程序转化等进行规范；同时，建立配套的司法政策，确定破产简易程序的适用范围，提升管理人办案效率，通过设置多元化的破产程序，提高破产程序的效益。

3. 特殊主体破产

相较有限责任公司的破产，上市公司、金融机构、关联企业、跨境企业等的破产受其较大的规模和特有的规则影响，显得尤为重大和复杂，但现行《企业破产法》并未根据其特点设立相应规则。除法人外，自然人破产也备受破产法理论和实务界关注，依法从事商事活动和负担债务的自然人通过破产程序，得以化解债务危机。此外，将个人破产推广至普通消费者应当格外谨慎，从商自然人破产更多的是从激发社会活力的角度来考虑，而普通消费者的过度消费是否需要破产法来保护有待商榷。

4. 与其他法律的衔接

《企业破产法》与相关法律制度的不协调问题一直存在。以 2021 年 1 月实施的《中华人民共和国民法典》（以下简称《民法典》，下同）及相关司法解释为例，《民法典》及相关司法解释在最高额抵押、债权人代位权、保证担保等方面的规定与现行的《企业破产法》存在一定冲突，需要在《企业破产法》的修订中解决；而关系到对《企业破产法》的理解与实施等问题，需要从《企业破产法》的角度进行解读和分析。作为专门适用于危困企业拯救、退出的特别法，其他法律制度中的权利与义务，需要针对《企业破产法》的特殊适用做出调整，这都需要在立法层面上进行相应调整。

（二）破产环境的优化

1. 破产管理人制度

破产管理人制度应从以下几个方面入手进行优化：一是培育竞争有序的管理人队伍，统一管理人名册的编制标准和准入条件，增加管理人数量，优化管理人结构，提高管理人的专业性。二是引导建立管理人协会，协会研究制定统一的管理人行为规范和自律规则，加强管理人执业能力培训和业务交流研讨，提高管理人履职水平。三是完善管理人选任制度和监督制度，优化管理人选任及更换的标准、方式、程序，提高管理人与案件的匹配度。四是完善管理人执业费用和薪酬保障制度，保持管理人薪酬在合理水平，研究建立破产援助资金，保障承接无产可破案件管理人的履职费用和基本报酬。

2. 财税等配套制度

财税政策、信用修复机制等破产法配套制度，是《企业破产法》有效实施必不可少的保障。以税收方面为例，对重整企业豁免所得征收企业所得税的问题应当统筹研究，帮助重整企业重生。重整期间的税收服务、破产清算后的税务注销程序、重整计划执行完毕后的行政处罚与税收强制执行等问题，应制订适应破产企业特点的规章制度。不仅如此，还应当进一步把支持企业破产重整的税收优惠政策宣传解读到位，引导企业、管理人用足、用好税收政策。

3. 破产案件集中管辖

与民商事案件相比，破产案件法律关系更为错综复杂，参与主体多且参与主体诉求多元化，各类矛盾纠纷更为复杂，更需要专业的审判团队。然而，我国的破产审判主要集中在基层、中级人民法院，由商事法官"兼职"办理破产案件，不能很好地发挥人民法院在破产程序中的指导、监督作用。随着"僵尸企业"的加快出清，审判力量不足从而严重影响破产案件的受理和办理，形成"破产案件少—审判力量不足—不敢受理破产案件—破产案件少"的不良循环。自 2019 年开始，北京、上海、深圳、重庆陆续设立破产法庭，对破产案件实施集中管辖；2022 年，贵州省将逐步在贵阳、安顺、黔南、六盘水等地探索建立破产法庭，破产审判专业化实践探索将迈上新的台阶。今后的破产审判应以中级人民法院专业破产法庭集中管辖为主要模式，整合破产审判资源，努力实现破产审判机构专门化、审判队伍专业化、审判程序规范化、裁判规则标准化、绩效考评科学化等。

4. 破产文化的普及

应当将《企业破产法》及相关法律制度的完善和破产知识、文化的普及相结合，在宏观层面，要坚持市场化、法治化的破产理念，打造良好的破产法治环境；在微观层面，要深入向企业、中介机构等普及破产法，将法律法规、典型案例相结合，引导社会正确认识和理解破产，更加主动运用破产法等相关法律解决实际问题。

（三）从业人员的发展

"从业人员的发展"这一部分，是我对破产法从业人员发展方向的认识，也是我对我们贵达所破产案件团队未来发展方向的规划。这里的从业人员，主要是指破产管理人。

一是团队化。从业人员团队化是指通过团队协作的方式来解决律师个人经验欠缺、精力不足等问题，对于关系复杂、事务繁多的破产业务来说尤为适合。《企业破产法》明确规定的破产管理人的职责共有九项，不仅要求管理人必须具备法律知识，还要求管理人同时具备财产管理、财产调查、企业经营、财务管理、人事管理、会议组织等各方面的能力，根据破产企业所属行业，还可能要求房地产、建筑、矿产资源、食品饮料、医疗卫生、商务服务等方面的相关知识。单打独斗的律师不能完成管理人的工作，准确说不能依法、高效、保质地完成管理人的全部工作，因此从业人员团队化是一个必然的选择。

二是专职化。从业人员专职化要求团队每一个成员都要稳定、长期从事破产事业，专注于破产案件的办理。很多破产从业人员不仅是优秀的律师，还是优秀的会计师、税务师、评估师、项目管理师、工程师等，将众多优秀的人才汇聚一堂、齐心协力，共谋破产，必须要依靠从业人员的专职化。专职化的破产团队，在管理模式、业务模式、分配模式和文化建设方面与传统律师有显著区别。

三是专业化。从业人员专业化则要求整个团队聚焦于破产法这一个领域，将全部精力投入进去，研发独具特色的法律服务产品，在"破产"这一业务领域内，要拥有专业实力，专注深耕、做强做精。

经过数年的发展，破产管理人在团队化、专职化和专业化方面取得了一定成效。随着众多破产管理人协会、律师协会破产专业委员会等相继设立，越来越多的律所和其他机构加入破产事业，还有更多的人时刻准备着加入。但这还远远不够，我相信我们还可以走得更远，我们也必须走得更远。

有道是："大鹏一日同风起，扶摇直上九万里。"破产法当借着国内市场经济改革的加深、破产法律制度的完善和破产市场环境的优化之东风，扶摇直上，取得前所未有的发展。作为破产法的从业者，也当借着破产法发展之风，不仅要勤勉尽责、办好每一个破产案件，还应深入研究，积极参与破产法律制度的修订及完善，为服务法治中国和经济高质量发展做出贡献。

以破为立

——问题楼盘的多维解构及实务破解 [①]

唐仲尼 [②]

近年来，随着房地产行业市场环境和内部调控的变化，特别是受市场经济下行和新型冠状病毒感染疫情的双重影响，房地产行业总体呈现萧条态势。中长期来看，全国房地产行业规模将从高位下滑，行业持续出清已不可避免，特别是非一线城市。然而，房地产行业出清造成的问题楼盘，涉及工程款支付、民间借贷、交房办证、资源占用、投资安全等重大问题，关系大量购房人、农民工的基本权利，绝不仅是市场主体的优胜劣汰，更是涉及政治、经济、民生的重大课题。破产制度在化解问题楼盘方面必将有较大作为。

一、问题楼盘化解的现状及困境

（一）房地产行业的现状和趋势

房地产行业的现状和发展趋势，对于理解问题楼盘的形成和寻找化解方法非常重要，本文的诸多论述也将以此为基础展开。

1. 房地产行业的现状

（1）行业规模触顶，已开始出现负增长

房地产行业规模，从国家统计局公布的全国商品住宅房及商业房销售情况来看，2016 年是一个重要的分界线，2008 年至 2016 年之间行业增速总体较高，2016 年后整体降低，2023 年较大概率呈现负增长状态，商业房销售增速甚至已经出现连续多年负增长，主要原因是 2015 年开始实行棚改货币安置。连续多年的增速放缓，房地产行业规模已经见顶。并且，从 MACRO VIEW（宏观视角）公布的商品房销售面积累计增长

[①] 本文根据唐仲尼在"道破"论坛第二期上所做"以破为立——问题楼盘的多维解构及实务破解"主题演讲整理而成。

[②] 唐仲尼，贵州贵达律师事务所副主任、高级合伙人、律师。

情况来看，2022 年上半年均为负增长。

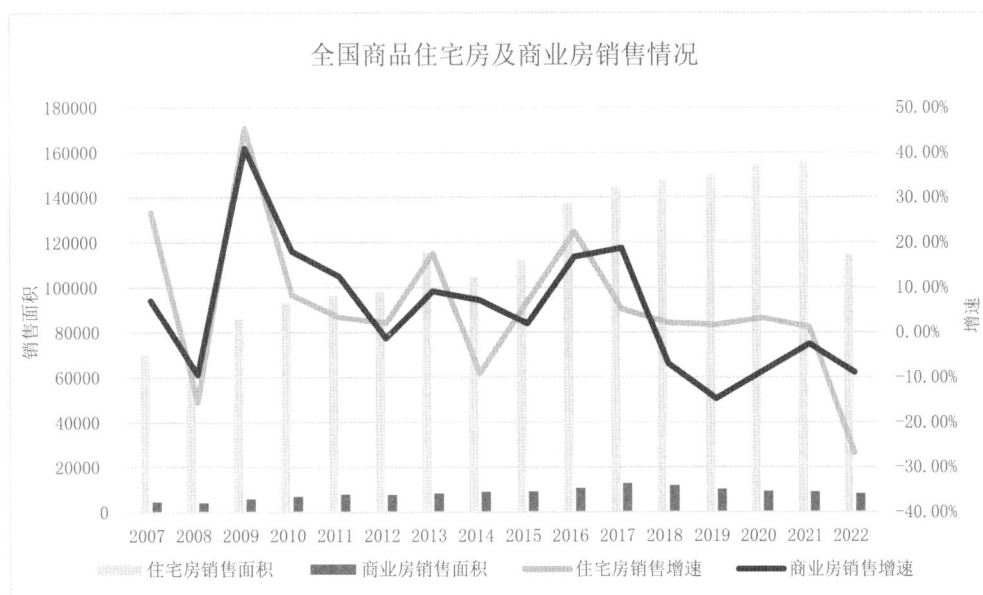

图 1.1　全国商品住宅房及商业房销售情况统计图

（数据来源：国家统计局）

（2）2021 年下半年房地产销售进入衰退期，2022 年仍继续萧条

2014 年到 2021 年的这段时间，特别是 2015 年到 2019 年受涨价去库存的影响，全国房价轮番上涨，同时房产销售面积和房地产行业利润同步上涨；2020 年受新型冠状病毒感染疫情暂缓后的刺激，形成了最后一波房价和销售量的上涨。2021 年下半年，"两集中"供地、房企"三道红线"、银行"两道红线"等调控政策不断出台和"加码"，房产销售市场进入衰退期。同时，由于建筑成本的上升和房价的下降，房地产行业利润进一步降低。恒大、华夏幸福、蓝光发展、宝能集团等纷纷暴雷。

2022 年，在全国房地产行业萧条的情况下，一线城市新房销售出现回暖现象。并且，从碧桂园、万科、融创等大型房企公布的数据来看，市场集中度进一步提升。

2. 房地产行业的趋势

（1）维持房价平稳的基调不会变

回归"房住不炒"，稳地价、稳房价、稳预期，稳妥实施房地产长效机制，房地产市场及价格在一定范围内波动，但不存在房价快速、大幅上涨的政策基础。

（2）行业规模将继续下滑，行业将持续出清

从全国范围来看，房地产行业规模从高位下滑已不可避免，随着问题房企的暴雷，

小型房开企业将逐步退出市场，行业重组将继续增加，市场集中度进一步提升。此外，国家将继续鼓励银行稳妥有序支持房地产项目并购重组。

（3）市场分化，城市与房地产发展联系更紧密

房地产价格、利润普遍较高的时期基本结束，未来房地产市场与城市发展的联系将更加紧密。简单来说，一线城市和核心二线城市等产业基础和人口流入较好的，房地产市场将持续发展；弱二线城市和三四线城市，产业不强、人口流出，房地产市场发展乏力，产业将逐步缩减。

总的来说，从中长期来看，房地产行业规模将从高位下滑，行业将持续出清已不可避免。随着房地产行业的出清，问题楼盘化解工作的难度很难随着市场环境改善得到解决，且问题楼盘的数量还将面临进一步增加的可能。

（二）问题楼盘的成因和难点

1. 市场与政策的影响

如前所述，房地产开发行业与政策相关性非常强，随着"房住不炒"政策的重申和银行贷款政策的限制，进入房地产领域的资金逐渐下降，房地产市场出现收缩不可避免，中小型房企不具备抵御风险的实力，在逐步退出市场的过程中，其未开发完毕的楼盘很大可能会演变成问题楼盘。

2. 房开企业资金实力不足

资金犹如贯穿房开企业全身的血液，一旦缺乏资金或资金流动不畅，房开企业就会逐步出现"坏死"现象，简单来说，就是工程款无力支付、楼盘停工、延误交房办证、信用下降等问题接踵而至，形成恶性循环。房开企业的注册资金与项目投资预算普遍不匹配，注册资金不足5千万的房开企业，就可以撬动10亿的房开项目。当自有资金不足、外部融资渠道堵塞、销售跟不上支出时，房开企业的资金不能得到循环流动，极易出现资金链断裂等情况。

3. 销售市场不符合预期

房地产开发属于重资产行业，房开企业资产主要是在建工程和自有房产，价值较高，但流动性、变现能力较差，一旦销售市场不符合预期，房产租赁收益十分缓慢，资金很快就会出现问题。特别是房开企业大力建设的商业房部分，商业房部分因利润较高而受到房开企业的青睐，但商业的消化能力和经营能力十分有限，且已出现多年销售量下降的态势。

4. 经营管理能力差

中小型房开企业的经营管理能力较差，项目的可行性论证、项目开发管理、房产销

售管理等缺乏科学、合理的管理，甚至很多房开企业出资人并不具备管理的能力和经验。在以前房地产行业利润较高的时候，这种管理模式影响的是盈利多少，但当房地产行业利润普遍下降后，经营管理较差的房开企业很快就会陷入财务危机。

5. 缺乏费用完善手续

问题楼盘还有一种状态是房开项目已基本完工和交付，但缺乏费用完善相应手续。例如，房开企业欠付工程款、设计费等，导致项目不能正常办理竣工验收和房产初始登记；房开企业无力支付代收的维修基金，无力支付办理产权证书需交纳的税费，导致不能办理房产转移登记。此类问题楼盘化解难度较低，一般较少进入重整。

（三）问题楼盘化解工作的难点

1. 不能及时交房办证

问题楼盘的形成，表面上看是资金问题，而本质上是资金、运作模式、各种利益交织形成的，具体表现在：不能向通过产权置换的拆迁户和已经支付全部或大部分房款的购房者交付房屋和办理权属登记；大中型问题楼盘还会造成成百上千的业主利益无法实现和拆迁户无法回迁等，且延误的时间越久，矛盾就越突出，严重时会引起群体上访乃至极端事件的发生。

2. 欠付工程款难以启动复工建设

房开企业资金紧张或资金链断裂后，施工单位为降低风险，所采取的最简单的维权方式就是停止施工，并且不再支付农民工工资，这是问题楼盘形成的直接原因。并且，由于施工单位拥有相较一般人更为完善的管理体系和法律知识，房开企业如不能及时解决工程款支付问题，施工单位一般会采取诉讼、强制执行的方式，查封、冻结房开企业资产并准备进行拍卖处置，引起购房人、拆迁户及其他债权人的恐慌，他们也会纷纷采取多种手段进行维权。但施工单位的性质决定了其现金流并不充裕，已施工工程长期未获得工程款造成施工单位的资金压力较大，在后期工程款也不能得到保障的情况下，要求施工单位立即恢复施工不具有可行性，问题楼盘的续建将遥遥无期。

3. 法律关系错综复杂

相对于其他企业而言，房开企业涉及的债权更为复杂，其债权人不仅包括常规的金融机构、税务机关、职工、民间借贷等，还涉及公积金中心、购房人、施工单位、材料供应商、农民工等特殊主体。房开企业无法正常融资时，民间高利贷盛行，网签备案、预告登记的让与担保以及以房抵债等模式就会出现，已抵押房产的对外出售，造成资产情况非常复杂，甚至部分资产还可能涉及非法集资。工程价款优先权、在建工程抵押权以及消费性购房优先权等多种权利相互交织，各类债权清偿顺位的冲突，债权人与问题房企之间发生的诉讼、仲裁、调解和强制执行，多重保全与查封，等等，在原有已形成的复杂的法律关系上会形成新的连环法律问题。各类问题环环相扣，矛盾层层叠加，且问题楼盘形成时间越长，问题就越复杂。

4. 民间借贷债权人的维稳问题

高利贷维稳问题是问题楼盘化解工作中的一个非常热点的问题。受金融政策调控的影响，大部分房开企业难以获取正常的银行贷款，转而向社会资本进行借贷，由此大量资金以高利贷的方式汇集到房开项目中。一旦问题楼盘形成，民间借贷债权人的利益很难获得与一般购房人和金融机构相似的保障，即使项目复工建设，其也很难享受到重整的果实，故民间借贷债权人可能会采取比一般购房人更为激烈的手段维权。

（四）行政清理存在的局限

处理和解决好问题楼盘，维护社会稳定，整治城市风貌，盘活闲置资源，促进房地产行业健康有序发展，是地方政府化解问题楼盘的动力来源。从实践来看，地方政府在化解问题楼盘方面做出了很大贡献、取得了不少成就，但通过行政清理问题楼盘也存在局限性，集中体现在以下几个方面。

1. 政府权力行使边界模糊

政府如何介入问题楼盘的续建、介入深度和广度，公权力充分行使与对私权利干预的最小化是首先面临的问题。问题楼盘清理工作中，政府往往要面对数量众多的拆迁户、购房人上访维权和农民工讨薪等非常激烈、具体的诉求，实质性地解决问题首先要做的是调查和掌握问题楼盘、问题房企的基本情况，从楼房销售情况、农民工欠薪数额到资产抵押、法院查封等问题。很多具体的问题不仅要询问债权人、债务人，还要调取债务人的财务凭证、聘请审计评估机构等才能调查清楚，所以需要债权人、债务人等的配合。多数问题楼盘烂尾时，债务人及有关人员都已经跑路，在没有证据证明有关人员涉嫌刑事犯罪的情况下，政府部门也很难合法地接管和调查问题房企有关资料，不能提出一个综合性的解决方案。即使问题楼盘已对社会稳定和经济发展造成影响，行政机关也很难有合法、正当的理由插手问题房企的经营问题，这是对公权力的基本要求。

在重整中，法院、管理人插手乃至接管债务人的经营具有正当性，债务人不再作为纯粹的经济主体开展活动，其行为受到法院、债权人、管理人的限制。而府院联动机制的建立，更是为充分发挥政府和法院的优势，促进高效化解问题楼盘工作提供了桥梁和保障。

2. 难以深入解决具体问题

无论是从解决社会矛盾、向购房户交付房屋，还是从优化城市形象、盘活土地资源等角度看，问题楼盘的化解工作重点都是复工建设。政府部门启动复工建设，首先面临的是资金问题，债务人账户被层层查封，不解除对资产和银行账户的查封冻结很难进行融资，但政府部门不具备强制解除查封冻结的强制力；其次，即使政府部门垫资复工建设，其垫付的资金一般不能通过共益债的方式优先清偿，容易造成国有资产的流失；最后，在复工建设主体方面，项目开发、销售的证照手续均以债务人为主体办理，所以债务人也最适宜担任复工建设的主体。实际上，要解除问题楼盘的层层查封、冻结，政府部门只能组织债权人召开协调会，凭债权人自愿解除，即便能取得现有债权人全部同意，也无法保证不出现新的债权人要重新查封或冻结，只要资产和账户都处于查封和冻结状态，问题楼盘复工建设的启动就没有可能。

然而，如果问题房企进入重整，其财产、账户的查封、冻结就可以直接解除，并且债务人的全部财产都将被归集起来用于保障问题楼盘的复工建设。

3. 不能解决权利冲突的法律问题

《企业破产法》规定的债权清偿顺序较为简单，相关法律和司法解释也没有专门对房企破产中各类债权的清偿顺序作出明确、系统的规定，所以具体的债权清偿顺序是由法院、管理人根据项目具体情况进行综合研判。债权确定已是非常专业的法律问题，如何在法律的框架下综合确定存在严重利益冲突的债权清偿顺序更是难上加难，即使有法律顾问的协助，这对政府部门来说仍是非常艰难且不具有法律效力的工作。并且，政府在面对大量的购房户和农民工上访维权时，通常很难甄别何种权利应该得到优先保护和应当如何保护。如果政府迫于社会稳定压力垫资建设，其垫付资金能否优先收回、如何收回，以及如何平衡各类债权人之间的权利冲突问题也难以解决。

债权确定及权利冲突的化解本质上是法律问题，无论是从权利来源的正当性还是工作开展的便利性、专业性来说，由法院、管理人来负责才是最合适的安排。

问题楼盘的化解单靠行政清理和市场调节都很难完成，不仅资金成本和时间成本高，也不利于从根本上化解社会矛盾，很多问题楼盘在不断的协调中，资产价值不断减少，甚至错过了重整的最好时机。正如笔者一直强调的，尽管《企业破产法》已颁布十余年，但很多政府部门和一般民众仍将破产理解为破产清算，忽视了重整制度的挽救功能，对于问题楼盘的化解工作来说，重整绝对是不可忽视的重要途径之一。

二、问题房企的重整价值识别

问题房企重整价值识别要解决的，是问题房企应不应该进入重整的问题。重整制度作为能够使市场主体涅槃重生的挽救制度，备受债权人、债务人、法院、政府的青睐，但并不是所有的问题房开、问题楼盘都具备重整价值，也并不都能够通过重整重获新生。问题房企的重整耗时长、成本高、成功率低，对不具备重整价值的问题房企进行挽救，不仅损害债权人等的权益，还将造成市场资源、司法资源等的极大浪费，因此，必须对问题房企的重整价值进行识别。

2018年3月，最高人民法院印发的《全国法院破产审判工作会议纪要》提到，根据债务人的资产状况、技术工艺、生产销售、行业前景等因素判断其是否具有挽救价值和挽救可能，笔者根据问题房企的实际情况，认为应当从社会价值、经济价值、自身价值三个维度综合识别问题房企重整价值。

（一）问题房企社会价值识别

1. 行业前景

行业前景是《全国法院破产审判工作会议纪要》明确的重整价值识别因素之一，最高人民法院《关于正确审理企业破产案件为维护市场经济秩序提供司法保障若干问题的意见》提出，对于"符合国家产业结构调整政策、仍具发展前景的企业"，人民法院要充分发挥破产重整和破产和解程序的作用，对其进行积极有效的挽救，因此，行业前景应当作为重整价值的一个重要考量因素，行业前景的考察首先要看该行业是否符合国家宏观政策环境。供给侧结构性改革的目标之一，是化解过剩产能，促进行业转型升级，支持培育新兴行业。产能落后、无效低端却又占据优质资源的产业，即使排除万难经过重整得到短暂"喘息"，不久的将来也将会被市场淘汰，不具有重整的价值。

具体到房地产行业上，政策相关性高是房地产最显著的商业特点。如前所述，全国范围内的房地产行业中长期将保持高位下滑、持续出清的趋势，但一线城市、核心二线城市产业规模的继续发展、人口的持续流入，使得房地产行业仍具有发展前景；其余城市将不同程度地缩减，缩减程度具体应结合城市的产业布局和国家企业产业政策判断。当然，小城市和县城的房地产行业也并非毫无发展前景，中共中央办公厅、国务院办公厅印发的《关于推进以县城为重要载体的城镇化建设的意见》明确，选择一批条件好的县城作为示范地区重点发展，防止人口流失县城盲目建设，也就是说，对于具备特色优势产业的部分县城将在政策的支持下继续发展，房地产行业还将有一定的发展空间，而人口流失县城需防止盲目建设。

2. 社会影响

民生属性强是房地产行业的一大商业特点，房开企业，特别是在地区具有一定规模的房开企业，不仅对地方经济发展和财政收入有巨大的贡献，更与成千上万购房人的生存权益息息相关，关系人民生活、经济发展和社会稳定。从政府和法院的角度来说，问题房企本身的保护价值，远远比不上其破产后问题楼盘造成的社会负面影响。

笔者负责或指导的十余件大中型房开企业重整，每件均涉及至少数百名购房人或拆迁户的交房办证，还涉及施工单位及其农民工、民间借贷、银行贷款等，多重矛盾交错。通过重整，问题楼盘的交房、办证工作逐步得到解决，债权得到清偿，社会不稳定因素得到化解和消除，有力促进了社会稳定。因此，基于社会影响因素的考虑，问题房开企业通常以重整为优先选择，特别是涉及大量商品房未完工交付的问题房企，但是否具备重整价值还要综合其他因素考虑，且重整并非解决复工建设、交房办证的唯一路径。

行业前景、社会影响分别从国家政策、市场经济和区域社会、地方经济的角度，对问题房企的社会价值进行识别。然而，具体到破产案件的办理上，"国家""市场"都不能直接参与重整计划草案及其他方案的投票表决，地方政府、法院、管理人责无旁贷，必须考虑到破产案件办理的社会责任而不仅仅是破产案件本身。

（二）问题房企经济价值识别

毫无疑问，问题房企的挽救需要投入大量资金，充足的资金不仅能使问题楼盘迅速恢复建设、恢复正常经营，还能给予各参与主体充分的保障和信心。对于问题房企的经济价值判断，不仅要关注其现实的资产数据，还要从信用能力、股东实力等维度，以发展的眼光来看待。

1. 资产状况

不能清偿到期债务，并且资产不足以清偿全部债务或明显缺乏清偿能力，是绝大多数问题房企进入破产的原因，也是破产的症结所在。破产重整的前提是问题房企通过重整获得的价值大于直接进入破产清算带来的价值，如果重整不能为问题房企产生新的价值，那重整将毫无意义。企业的资产状况是问题房企重整价值识别的重要因素之一。问题房企的资产主要包括在建工程、自有房产、应收账款三种。

在建工程中尚未完工的房开项目，是问题房企重整的核心资产，但在建工程的实际价值不仅要排除已出售房产（继续履行合同下）、已抵押房产（超过抵押债权价值除外）、不能出售房产、具有优先权的工程价款等，还要考虑续建成本（剩余工程总造价）、销售能力（销售速度、销售价格）、销售成本（营销费用、税务负担）等。其中以续建成本、销售能力的预测最为复杂，造价咨询机构、营销中介机构能为预测提供一定的参考，但建设、销售与进入重整的时间之差，让预测基础发生较大变动，这些都对决策者的专业、经验有较高的要求。

自有房产一般是房开项目在清盘前未能及时销售而遗留的房产，此类房产价值判断并不复杂，除已抵押财产外，多数自有房产销售难度较大，因而价值并不高，以商业房居多。全国范围内的商业房销售已多年呈负增长，中长期内难以逆转，因此自有房产的价值不仅要考虑房产的销售价值，还要考虑通过出租等方式产生的运营价值。

应收账款主要包括购房人未交付的购房尾款（按揭贷款）、股东及关联方往来款及其他应收账款，其中购房尾款与复工建设、后续销售密切相关，其他应收账款则主要考虑应收账款的合法有效、催收账款的成本、欠款方的清偿能力等。

总的来说，资产状况的判断就是算账的过程，资产评估主要根据以往经验和现状对资产价值做出评估，但资产的实际价值要在此基础上综合资产权利负担和未来发展状况进行预测，这也是债权人、债务人与出资人对资产价值判断容易出现分歧的地方。重整很难通过类似拍卖的方式由市场检验资产价值，法院、管理人需要对资产价值进行识别，更需要的是辅助、引导债权人、债务人、投资人等各方就资产实际价值达成基本的共识。

2. 信用能力

信用能力直接反映了企业的融资能力，在一般企业的正常经营中表现并不明显，但当企业面临资金链断裂等问题时可展现其强大的融资作用。但问题房企信用能力与一般企业有较大差别，中小规模的房开企业自有资金一般并不充裕，土地出让金和工程价款未按时支付的情况并不少见，并且其主要依靠房产销售回款回笼资金和银行贷款等用于保障项目的开发，因此当房开企业出现财务困境时，往往对施工单位、金融机构已造成较为严重的违约，信用能力不高。

相比而言，问题房企资产越多、规模越大、市场竞争力越强、融资渠道越广、企业文化越好，给银行等金融机构、债权人等传递出的正向信号越强烈，其抵御风险的能力越强，其信用能力也就越高。例如，与问题楼盘进行按揭贷款合作的银行越多，每家银行的风险都能得到稀释，银行对问题楼盘和其他银行有更多的信心，才会有更多的银行愿意与问题楼盘开展合作。不仅是银行，问题房企在潜在消费群体中的信用越好，问题楼盘复工建设后才能更好、更快地开展销售；给供应商的信用越好，越能在重整中得到供应商的支持。

3. 股东实力

一般而言，问题房企的信用能力普遍较差，获取贷款和融资的难度较大，难以通过外部渠道获得资金，因此招募到外部投资人的难度较高。进入重整后，依靠自有资金、经营收入开展复工建设工作几乎不可能，如依靠后续销售保障，复工建设则存在较长的空窗期，具有一定资金实力的股东有利于提高企业的重整价值。股东是希望企业重整成功的，如股东具备一定的实力，愿意继续出资或有能力引进外部投资人，可以为问题房企注入资金以尽快恢复正常经营，从这个角度看，股东毫无疑问是最高效的融资渠道。因此，识别重整价值时，有必要对股东构成、股东实力等进行判断。

（三）问题房企自身价值识别

1. 企业资质

房开企业以"房地产开发资质"作为准入证，分为一级、二级资质（原分四级），房开企业的资质本身即是一种价值。由于全国房开企业数量较多，且房开项目转让手续复杂、成本较高，问题房企的资质一般而言难以发挥价值，但如果缺少资质，无疑将会增加重整的难度。

2. 管理架构

房开企业的管理架构是企业运行的框架，是企业开展正常经营活动的基础。股东会、董事会、监事会是否正常运行，是否能定期召开会议和做出有效决议，高管是否各司其职、履行勤勉与忠实义务，都能作为房开企业管理架构是否出现困难的判断依据。如果房开企业已经长期不能正常召开股东会、董事会或长期不能形成有效决议，股东、董事之间长期冲突且不可调和，高管不能有效继续企业的经营、管理和维护，不能开展正常的市场经济活动，则房开企业已经发生较严重的经营管理困难。房开企业的管理架构还表现在合作开发房地产方面，两个以上房开企业合作开发的房地产项目，在面临经营困难时极有可能出现各合作方互不信任、互不配合的情形，导致房开项目的复工建设和销售都难以进行。对此类问题房企的重整，还需要先组织管理架构以恢复企业正常运行，这无疑会消耗更多的时间、精力、财力，削弱问题房企的重整价值。

3. 重整意愿

问题房企的重整意愿，包括债务人、股东方的重整意愿，更是债权人的重整意愿。根据《企业破产法》的规定，重整计划草案的表决需要由债权人、职工、出资人分组进行，每组需要超过二分之一的人同意，并且其所代表的债权额占该组债权总额的三分之二，同时必须全部表决组都表决通过，重整计划才能被视为表决通过。重整计划的分组表决和多数表决，是重整成功的关键，如果债权人失去了重整的意愿，愿意接受破产清算，也就意味着继续重整没有价值。但需要注意的是，问题房企的重整中存在着复杂而激烈的利益冲突，对于一般项目而言，问题房企通过重整产生的经济价值，在依法解决购房人、拆迁户的交房办证问题，解决复工建设的工程款、税费及其他成本后，能够用于清偿普通债权的资金十分有限，甚至对于普通债权人来说重整和破产清算并无区别，其中的利益冲突与平衡，我们在后文中再继续讨论，但总的来说，重整意愿的判断，要按照"兼听则明，偏听则暗"的原则进行判断。

综上所述，问题房企的重整是一把双刃剑，一旦重整失败，高昂的重整成本会导致社会资源的浪费，因此，非常有必要从多个维度和角度对问题房企的重整价值进行综合判断。并且，重整价值识别具有时限性，随着问题房企陷入困境的时间越长，资产价值的贬损、连续违约的发生、管理架构的停摆、社会影响的加重等也会愈演愈烈，这些都会使问题房企重整价值不断降低，所以越早进入重整、越早重整成功，企业重整价值也会越高。此外，重整价值的识别应当具有持续性，不仅体现在政府及法院判断重整是否应当被受理，还体现在重整的整个过程中。

三、问题房企重整的投资模式及风险管控

《企业破产法》颁布之时，设想的重整模式是通过债务人自身的调整和债务豁免以达到减轻债务人的债务负担、促进企业重整的目的，因而对于重整投资并不十分看重。但从重整的司法实践来看，多数企业的重整是一个资金、技术、人员甚至行业多维整合的过程，依靠债务人自身的调整已远远不能满足重整的需要，所以需要引入外部重整投资人。

市场化的重整投资人，必定以营利为目的，问题房企重整价值的识别是引入重整投资人的基础。根据破产房企的具体情况和重整投资的意向，破产房企的投资模式较为多样，笔者通过梳理各地重整投资人招募公告和结合自身经验，归纳出目前实务中主要的重整投资模式。

（一）股权投资模式

股权投资，即由出资人将所持全部或部分股权让渡给重整投资人，重整投资人作为债务人的新出资人进行经营，同时向债务人投入重整资金，一部分用于清偿债务，一部分用于项目开发建设。股权投资对于法院、管理人、债权人来说是最简易的方式，但对重整投资人的资金实力和运营能力要求较高，招募难度最大。

1. 股权投资的优势

（1）投资回报率

破产房开名下的土地或在建工程一般都具有续建的可能性以及商业价值，且续建后的价值一般高于现有市场价值和清算价值。采取股权投资模式从而获得债务人的股权，与对正常经营的房开公司进行并购并无本质区别，重整投资人甚至不需要与出资人进行漫长的谈判和调研。重整投资人能通过持有债务人的股权而间接享有开发项目的全部收益，房地产项目的投资回报率一般远高于单纯的借款利率。

（2）决策权

与债权投资模式相比，采用股权投资模式的重整投资人能主导或完全操盘房地产开发项目，还可以根据重整投资人的体系对相关产品、品牌，建设模式、销售方式、销售价格、户型设计等事项进行单独决策。

（3）税费承担

与资产投资模式相比，股权投资模式因为不涉及土地、房产等不动产的过户，无须承担因资产过户而产生的高额税费；此外，破产企业已取得的在建工程的相关证照以及与购房人相关的手续也不用进行变更，减少了手续变更的时间和成本，有助于加快项目开发的进行。

2. 股权投资的风险

重整过程中错综复杂的法律关系、难以调和的各方利益，提高了项目不确定性及整体把控难度，股权重整投资模式应当注意规避以下风险。

（1）或有债务

采用股权投资模式进行重整，债务人主体继续存续。虽然通过重整程序，能够对重整受理前产生的债务进行较大程度的有效阻隔，但未在重整期间向管理人申报债权的仍有权在重整计划执行完毕后向债务人主张，因此需要特别关注或有债权及对其的处理。根据《企业破产法》第九十二条、第九十四条的规定，人民法院裁定批准重整计划后，通过重整计划减免的债务，债务人不再承担，未申报债权人在重整计划执行期间虽不能主张权利，但其实体权利并未丧失，仍有权在重整计划执行完毕后，按照重整计划规定的同类债权的清偿条件获得清偿。因此，对于重整中未申报的债权人，重整投资人应当根据债权申报情况、审计情况及其他资料进行调查，在提交投资方案时进行考虑。

（2）行政罚款

尽管《企业破产法》规定对未清偿的债务进行豁免，但实务中仍存在债务人执行完毕重整计划后，其他司法机关或行政机关（如税务部门、环保部门等）向债务人追讨破产受理前的行政罚款、刑事罚金等（此类债权一般做劣后处理，未获清偿）。此时，重整投资人及债务人很难向法院及管理人求援，也很难仅凭借法律依据直接对抗追缴行为，使投资人面临较大的法律风险。幸而随着各地对重整的越发重视和府院联动机制的建立，此类现象已较少出现。

（3）债务豁免所得

通过重整计划减免的债务，重整后的债务人无须再承担，但减免的债务将构成债务人的所得，需要计算税款。根据《企业所得税法》第六条和《企业所得税法实施条例》第二十二条，债务重组收入应当计算所得税。重整投资人可从专项申报扣除资产损失、争取特殊性税务处理等角度，做好税务筹划。

（二）共益债投资模式

共益债投资，是指重整投资人向债务人提供借款来维持或恢复生产、续建项目等，债务人在续建后对资产进行变现，以共益债务的方式将借款本息支付给重整投资人。

1. 共益债投资模式的优势

（1）资金压力小

房开项目的复工建设前期启动资金并不多，后续销售启动后可以通过回笼的资金保障项目建设的进行，因此前期仅需投入较少资金即可快速实现项目的续建、续销，减少投资人的资金压力。

（2）降低投资人退出风险

相比股权收购和资产收购，共益债投资的重整投资人更容易在破产房企确实难以经营时退出投资，共益债优先清偿、随时清偿的制度安排以及提供相应的担保措施均能为共益债投资人的资金安全提供很好的保障。

（3）投资人不承担税费

相较于资产投资模式，共益债投资模式因不涉及不动产等资产过户问题，因而无须承担因资产过户而产生的高额税费；并且，相较于股权投资模式，重整投资人也无须承担房产销售、债务豁免等产生的税费。

2. 共益债投资模式的风险

（1）共益债务不绝对优先

《企业破产法》第四十二条"人民法院受理破产申请后发生的下列债务，为共益债务：（一）因管理人或者债务人请求对方当事人履行双方均未履行完毕的合同所产生的债务；（二）债务人财产受无因管理所产生的债务；（三）因债务人不当得利所产生的债务；（四）为债务人继续营业而应支付的劳动报酬和社会保险费用以及由此产生的其他债务；（五）管理人或者相关人员执行职务致人损害所产生的债务；（六）债务人财产致人损害所产生的债务"和第四十三条"破产费用和共益债务由债务人财产随时清偿。债务人财产不足以清偿所有破产费用和共益债务的，先行清偿破产费用。债务人财产不足以清偿所有破产费用或者共益债务的，按照比例清偿"等的规定，是共益债务优先清偿、随时清偿的法律依据。然而，共益债务的优先权并不高于工程价款优先受偿权和财产担保债权，共益债投资人并未享有绝对优先的权利。因此，共益债投资人还需要通过设立财产担保等方式，获得多重优先权以保障权利。

（2）投入资金被认定为共益债

实践中对于重整中的借款是否属于共益债仍存有争议，为了确保投资人提供的借款能优先获得清偿、降低共益债投资的潜在风险，笔者建议，重整投资人投入资金时需明确：①共益债借款要经债权人会议表决通过或得到法院的书面认可。②在借款文件中明确借款用途和性质。若重整成功，共益债本息在清偿时应得到优先清偿；若重整失败，共益债中未使用资金应予以退回且未清偿本金在财产变价后优先得到清偿。

（3）项目经营风险

共益债投资属于债权型投资，因此共益债投资人并不掌控债务人的运行，债务人的经营管理仍由原团队继续负责。作为一个已经产生经营困境的企业，其经营团队的可靠性值得怀疑，再次进入财务困境并非不可能。降低项目经营风险，要求共益债投资人在投入资金前不仅要对问题房企的资产价值进行调查，还要对债务人的经营和法院、管理人的监管进行调查。法院、管理人对资金使用、项目开发等的严格监管，能有效降低经营风险。

（三）垫资复建模式

垫资复建模式，是重整投资人通过垫付复工建设资金对房开项目进行复工建设至交房，其垫付的工程款作为共益债务进行清偿的一种投资模式，是共益债投资的另一种体现。

1. 垫资复建模式优势

垫资复建模式的重整投资人即房开项目后续的施工单位，其债权具有工程价款优先受偿权和共益债务的双重优先受偿权，其合法权益得到了较高的保障。

重整投资人无须承担房开企业经营管理所存在的风险，无须承担税费，并且在法院、管理人的监管下，房产销售收入能有较高的比例用于支付破产受理后的复工建设而非用于清偿其他破产受理前的债权。

2. 垫资复建模式风险

垫资复建中的风险集中体现在资金压力层面，重整投资人一般为施工单位，其资金流通能力较低，相比于一般房开项目，在重整中垫资复建需要承担较高的资金占用成本，前期的材料购入、工人工资等均需要重整投资人自行垫付，如果房开项目销售收入不能及时支付垫付费用，将给重整投资人造成较大的资金压力。

（四）项目托管模式

项目托管模式主要参考信托中的"房地产开发经营企业托管"，是指投资人不直接取得房开项目或房开企业，而是受委托对房开项目的开发建设、销售、交付等进行全部或部分经营管理，取得管理收益。项目托管模式主要以投资人的管理运营和社会资源进行投资。

1. 项目托管模式优势

（1）无资金压力

项目托管中投资人不需要向债务人投入复工建设的资金，只需要承担己方管理人员的支出。

（2）投资人不承担税费

相较于其他模式，项目托管模式中房开项目不发生转移，债务豁免、房产销售等产生的税费不由投资人承担，除托管收益外不承担其他税费。

2. 项目托管模式风险

（1）适用条件苛刻

在项目托管模式中，投资人不投入资金，不承担复工建设，也不承担销售，而是作为类似中介机构的角色对项目进行经营管理，并通过其拥有的社会资源保障项目的启动和继续运行，因此要求房开项目能够通过自身的资金循环实现良好运行，项目托管模式一般只适用于房开项目良好但房开企业不能正常运行的情况。

（2）投资收益低

如前所述，项目托管投资人担任的中介角色，决定了其很难收取较高的托管收益，在房开项目权利冲突激烈、项目收益有限的情况下，债权人、法院和管理人都很难为高昂的管理成本买单。此外，投资收益低还可能衍生腐败、渎职等问题。

（五）资产投资模式

资产投资模式，是指投资人出资向债务人收购全部或部分资产（包括但不限于土地使用权、在建工程等）和项目继续开发建设的权利，所付款项按有关方案用于偿付债务，出资人不再参与项目。资产投资模式即清算式重整。

1. 资产投资模式的优势

（1）无须承担债务人自身的风险

资产投资模式只涉及资产的转让，投资人不用继承债务人的权利和义务，也无须担心债务人是否有或有债权，对原公司在破产受理前产生的税务风险、开发风险以及法律风险都进行了有效阻断和切割。

（2）发票保障

在对房开项目进行清算时，资产收购获取的发票可全部用于抵扣，降低税务负担。

房开项目的过户要求债务人和投资人必须完成各项税费的清缴，之后相关行政机关才会办理资产的变更登记，投资人可以得到与其支付价款完全等额的全部税票。

2. 资产投资模式的风险

房开项目是房开企业最具有价值的项目，且手续较为复杂，在建工程转让的步骤和手续较为烦琐，需要注意以下几点。

（1）在建工程是否符合转让条件

根据《中华人民共和国城市房地产管理法》第三十九条"以出让方式取得土地使用权的，转让房地产时，应当符合下列条件：（一）按照出让合同约定已经支付全部土地使用权出让金，并取得土地使用权证书；（二）按照出让合同约定进行投资开发，属于房屋建设工程的，完成开发投资总额的百分之二十五以上，属于成片开发土地的，形成工业用地或者其他建设用地条件"，各地对于房开项目转让可能有比较具体的要求，具体情况可向有关部门咨询。

（2）税费负担

土地使用权、在建工程的转让涉及高额的土地增值税，投资人在进行收购时须充分考虑税收成本负担的问题。

（3）证照变更

投资人在取得在建工程时，原项目开发的核心证照，如建设工程规划许可证、建设施工许可证等均须进行变更，这些证照的变更很大程度受当地政府部门的限制和影响，在操作上可能存在障碍。

（4）权利负担

从法律的角度，投资人无须为之前的债务承担责任，但实践中，若在建工程或土地使用权存在权利限制，还需要考虑抵押权人以及利益关系各方的配合程度；在债务人未能全额清偿工程款的情况下，可能存在原施工方不愿撤离施工现场导致投资人无法顺利复工的情况；同时若变更承包人，还可能涉及后续工程质量责任的区分等风险。

（六）综合投资模式

综合投资模式即综合运用上述投资模式和其他投资模式，对破产房企进行投资。其优势在于通过综合不同模式的优势，尽可能克服采取单一模式的风险，同时也可以吸纳更多的主体参与重整投资。

例如，"共益债投资模式＋项目托管模式"，即委托重整投资人对破产房企的全部或部分楼盘的开发建设、销售等进行管理，同时重整投资人投入一定资金作为项目复建启动资金。该模式主要克服了共益债投资中重整投资人不能对项目进行直接或间接管理的风险和项目托管中缺乏资金的风险，同时托管机构可以利用其社会资源吸引更多投资方参与重整。

需要明确的是，重整投资不存在"放之四海而皆准"的模式，每一种模式都有其优势，也有难以克服的弱点。投资人的优势很可能是债权人的风险，对于参与重整的各方来说，需要在理解各方诉求的基础上，尽力维护自身的合法权益；对于重整投资人来说，根据具体项目和自身情况选择合适的投资模式，抓住机遇，做好风险管控，才是重整投资人在房地产"黑铁时代"将房地产变为"黄金"的关键所在。

四、破产房企重整中的难点及破解方法

问题房企的重整价值识别，解决了"什么样的问题房企能够进入重整"；破产企业的投资模式及风险管控，解决了"通过什么样的方式引入外部投资"。当问题房企进入破产程序后，问题房企本身的复杂性将会大大提高破产案件的办理难度，需要法院、政府、管理人、债权人、债务人等的通力配合，才能真正实现各方利益最大化。

（一）复工建设

问题楼盘的复工建设能有效化解社会矛盾，是解决购房人、安置户等的交房办证问题最直接、可行的办法，也是重整价值识别和多种投资模式都不可避免的问题。对于法院和管理人而言，由重整投资人收购房开项目或收购破产房企后自行组织复工建设最为简单，但很多情况下，法院、管理人不得不在重整中启动复工建设。

1. 复工建设的前提条件

（1）政府支持

一般的房地产开发建设涉及大量与政府部门沟通的工作，比如规划、住建、房管、不动产登记等，项目建设、销售手续等相关审批都需要双方不断沟通；问题楼盘的复工建设可能还涉及协调其他机构和部门、化解社会矛盾、清退施工单位等问题，必须得到政府的支持和协助。一般而言，政府部门对于复工建设启动比较支持，但对于复工建设后的各项手续办理支持力度尚不够。

（2）表决通过

无论是通过制定重整计划的方式还是制定财产管理方案的方式，对问题楼盘启动复工建设都属于对债务人核心资产的管理和处置，须经债权人会议表决通过。复工建设是各类债权人得到清偿的基础，大多数债权人对复工建设都比较支持，但如果涉及房产销售、抵押解除、施工单位退场等问题，可能引起有关利益主体的反对，在有关方案制作

前，应当做好与债权人的沟通协调工作。

（3）资金保障

根据施工预算和取费标准等数据，大致测算出复工在建工程建设完成所需要的资金量大小，必要时也可以委托造价咨询机构进行测算。复工建设的启动资金必须到位，后续维持复工建设所需的资金必须有保障，这是复工能否顺利完成的关键因素，如果资金无法保障或者建设中途资金无法跟上，必然会造成"复而又停"的不利局面。

2. 复工建设的监管要点

复工建设中，法院、管理人更多承担监管的角色，根据债务人工程管理部门的运行情况，法院、管理人的职责有所区别，但对于复工建设中的以下重大事项，管理人必须重视。

（1）工程量确定

工程量确定包括确定施工单位已完成工程量和后续施工的工程量。为避免复工建设在工程款方面产生争议，在复工建设启动前需区分进入破产程序前已完成的工程量和复工建设需要完成的工程量。管理人应当对问题楼盘已完成的工程量进行固定，可共同聘请有资质的工程造价评估机构到场，由施工单位、管理人、债务人、复工建设单位、设计单位、监理单位等各方主体到场，形成已完成工程量的情况说明，并由各方签字确认，将已完成工程款与复工后产生的工程款进行明确分割。

（2）选定施工单位

复工建设施工单位的选定是复工前的一项重要准备工作。在房企重整中，如采取股权投资、资产投资、项目托管等模式，则需要由投资人对施工单位进行选定，并签署相关协议；如采用共益债投资、垫资复建等模式，则需管理人代表债务人与施工单位签署相关协议。确定施工单位不仅包括土建安装方面的，还包括未完工的其他项目，如监理、门窗、消防、电梯、水、电、气、暖等方面，是选择原施工单位还是更换新的施工单位，需要根据破产案件具体情况和谈判情况确定。

（3）安全文明施工

复工建设的安全文明施工非常重要，虽然管理人、债务人一般不是事故的责任承担主体，但事故的发生会给本来就处于破产状态下的房企和项目带来非常不利的影响，还有可能导致长时间整改。因此，管理人应严格要求施工单位的安全文明施工，避免发生安全事故和工伤事故等意外情况。管理人不仅要监督债务人工程管理有关人员和监理单位日常监督巡查的力度，还要及时报告建设行政主管部门，确保安全文明施工。

（4）竣工验收

施工单位、设计单位、监理单位等出于对自身债权审查认定的结果不服、出于更换施工单位的不满和债权暂时无法得到实现或不能全额清偿等原因可能会拒不提供竣工验收材料、不配合验收。而工程建设完工要申请竣工验收，必须由施工单位提供竣工验收材料、配合验收。这种情况如通过诉讼程序则耗时长；如法院强制施工单位配合验收，效果也难以保证。因此管理人必须在复工建设开始后就要做好准备，一方面，政府、法院、管理人约谈施工单位等，促使其主动交出验收材料以配合验收；另一方面，做好施工单位拒不配合的准备，通过聘请有资质的房屋建筑质量检测机构对房屋进行质量检测，出具检测报告，用于竣工验收。

（5）交房办证

复工建设完成后，向购房人、拆迁户进行房屋交付，交付按照"一户一交"原则进行，查清购房户手续资料，核实身份。对于尚欠购房款的购房户，告知其只有全额补齐购房款后方可交付房屋；对于进行房屋置换的购房户，要按照面积、楼层的差异据实结算、多退少补，等他们结清房款后方可交付房屋。交付商品房后，还需要在政府的支持下，根据商品房买卖合同的约定，及时办理初始登记并协助办理转移登记。

（二）利益冲突与平衡

复工建设为购房人、安置户及其他债权人提供了问题楼盘化解的信心和物质基础，解决了"如何将蛋糕做大"的问题，但债权人最终需要的是"如何吃到蛋糕"，也就是还需要解决"如何分配蛋糕"的问题。

1. 房企重整中的利益冲突

首先，债权人与债务人之间的利益冲突，破产程序中的债权人与债务人天然呈现对立的状态。债权人因债务长期难以收回，导致资金占用成本、人力资源成本较高，为了防范风险和及时止损，在一次次催收无果后只得采取诉讼、执行等方式，查封、冻结甚至拍卖债务人财产，但即便如此也很难收回全部债务。特别是金融借款、民间借贷等的债权人，冲突尤为明显。而债务人因资金链断裂不能清偿到期债务，急切渴望得到喘息的机会，但无力阻止债务利息加重和资产查封等情况的发生。

其次，债权人之间的利益冲突，这也是破产程序中最为复杂的冲突。《企业破产法》将公平清理债权债务作为基本原则，但面对破产房企资不抵债的现实情况，债权人都将面临不同程度的亏损，这种冲突反映在购房及拆迁债权、工程价款优先债权、财产担保债权、职工债权、税款债权、普通债权及劣后债权等房企重整涉及的各个顺位的债权人之间。例如，财产担保债权与工程价款优先债权之间的冲突，施工单位对其建设的在建工程具有优先权，问题房企为了融资往往会将在建工程进行抵押，造成了施工单位、抵押权人均在重整中对在建工程主张优先权的现象。还有购房债权与工程价款优先债权的冲突、财产担保债权与普通债权的冲突、税款债权与普通债权的冲突等等，可以说在财产难以全额清偿的情况下，只要存在债权受偿的先后顺序，就必然存在两个顺序之间的债权人的冲突。

再次，债权人与投资人之间的利益冲突。债权人希望债权最大程度得到清偿，投资人希望以最小的代价获得最大的利益，二者的利益冲突单纯而直接，却难以解决，这种冲突特别是在债权人众多的房企重整中尤为突出。债权人与投资人之间的冲突，本质上是债权人对债务人资产价值的判断和投资人对投资所产生的利益的分配方式之间的冲突，只是对于权益基本得到保障的职工和基本不能保障的出资人来说，这样的冲突并不明显。当债权未能得到全额清偿时，部分债权人会不断追问投资人为什么不愿意多出一点钱；投资人也在考虑，这些钱可以解决问题，再少一点是否也能解决问题。

最后，对于出资人与投资人、出资人与债权人之间的冲突，根据重整的模式不同有不同的表现形式，但还有一类利益主体，他们并不直接参与重整，其利益却与重整相关。例如房开企业未售出的商业房通常以出租的形式形成商业区，对于经营者和周边住户来说，他们不必然是房企破产的债权人，但其权益必然受到房企破产的影响；房企破产财产处置，对于区域内的房产价格和房地产行业都有较大影响。他们的权益很难用金钱来衡量，但如果只关注房企破产参与者的权益而完全忽视房企破产对外界的影响，对于政府、法院和管理人来说，这样在特殊情况下是非常危险的。

2. 利益平衡的必要性

在房企破产中需要根据个案进行利益平衡，原因在于房企破产案件中多元利益结构带来的利益冲突，难以通过单一、一般的法律条文解决，而是需要由法院、管理人根据具体案件的情况，按照法律规定的精神、原则进行综合考量。

举个例子，房企破产中的商品房这一标的物，就存在购房债权、工程价款优先债权、财产担保债权、按揭贷款银行权利等各方权利，但无论是《企业破产法》还是其他法律，都没有直接规定拆迁户、购房人对于商品房这一标的享有的权利是否优先于工程价款优先债权。从消费型购房债权对商品房优先到购房债权对商品房优先，再到购房债权对商品房及退购房款优先的不同做法，很难评价何种方式绝对正确和合适。

个案的利益平衡，需要探求与房企破产有关的各方主体的利益状态以及有无倾斜保护的必要，法院、管理人等要通过对债权人、债务人、出资人、投资人、职工及社会公众等利益的综合考量，对房企重整中的经济行为、法律行为做出更合法、合理、公平的判断，使得各方利益达到平衡的状态。

3. 利益平衡的适用性

利益平衡的核心不在于确定的标准，而是根据案件具体情况确定所适用的基本原则，主要集中体现在房企破产中的债权审查和利益分配阶段。

（1）债权审查

债权审查的利益平衡主要体现在各债权的优先顺位方面。

一方面，根据《企业破产法》及有关法律的规定，房企破产中的债权顺序基本可以按照以下分类进行：最优先的拆迁户基于"产权转置换"对房产享有的权利，拆迁是房开项目形成的基础，且拆迁户在房企破产中一般处于弱势地位；第二是消费购房人对房产享有的权利，根据《最高人民法院关于人民法院办理执行异议和复议案件若干问题的规定》《全国法院民商事审判工作会议纪要》的相关规定，基于消费购房人的生存权考虑，有必要对其进行保护；第三是工程价款优先债权，根据《民法典》和《最高人民法院关于审理建设工程施工合同纠纷案件适用法律问题的解释（一）》的规定，施工单位对其施工的在建工程可以优先受偿；第四是财产担保债权，根据《企业破产法》规定，可就担保财产优先受偿；第五是破产费用；第六是共益债务；第七是职工债权；第八是税款及社保中划入统筹账户的部分；第九是普通债权；第十是劣后债权，包括行政罚款、迟延履行金等。以上顺序，基本能对房企破产中的各类债权的是否优先、如何优先有较为清晰的规定。其中拆迁户、购房人以及工程价款的优先次序，同样出于利益平衡的角度考虑。

另一方面，具体的破产案件中并非全部按照上述顺序确定债权，还需要根据实际情况进行调整。比如，出于对保护一般购房人权益和房地产销售困难实际等的考虑，实践中部分购房人即使未交付 50% 以上购房款、不符合消费购房人的条件，也可以继续履行其购房合同，由其通过按揭或自筹资金的方式支付剩余购房款；再比如，部分地区为保障问题楼盘复工建设，协调税务机关，约定在重整中所涉及的税务在最终产权证书办理后再统一结算和支付。总体来说，只要遵守债权人在重整中获得的收益不低于其在破产清算中获得的收益的底线，对房企重整中的一些经济行为、法律行为可以根据法律的精神、原则适当进行调整以适用实际情况。

（2）利益分配

利益分配方面的利益平衡主要体现在通过重整创造的价值分配和破产债权的清偿方面并不完全相同。

通过重整创造的价值分配的一个基本原则是，为后续产生的价值做出贡献的，才有资格参加后续价值的分配。比如，部分以房抵债的债权人以及已付购房款且所付购房款较低的购房人，如果其愿意按照公允的价值补足资金用于支持复工建设的，继续履行其购房合同较为适宜；再比如，对于不愿意继续作为复工建设的施工单位，或者没有能力按照新的方案承担复工建设任务的，应当在政府、法院的协调下尽快退场，新的施工单位施工所产生的收益，必须在保障新的施工单位权益的情况下才能用于清偿之前产生的工程价款优先债权。在判断"何为现有价值"和"何为后续产生的价值"方面，笔者认为可以参考在建工程资产评估中"现有价值＝开发后价值－开发成本"的评估方式，但现有价值应当不低于现有资产在清算状况下的价值。

而在破产债权清偿方面，除了《企业破产法》及其他法律已明确规定的清偿顺序外，为了保障特定群体的利益还需要考虑是否有必要增设特别的清偿标准或条件。比如，与购房有关的违约金，在商品房得到保障的前提下，是作为普通债权清偿还是不再清偿，或是采取免交物业费等其他方式清偿；再比如，工程价款优先债权的清偿，是否可以根据重整的资金使用情况，按照每家施工单位农民工工资、材料费用、其他成本、利润的顺序和金额进行清偿。总的来说，对于同一清偿顺序的，是否有必要设置单独的清偿比例和条件；对于不同清偿顺序的，是否有必要酌情调整清偿资金的使用等；这些都是债权清偿中保持各方的利益平衡需要考虑的。

（三）府院联动机制

房企破产中的府院联动，是政府主导维稳风险管控与有关行政事务协调、法院主导司法程序推进的破产案件一体化协作处理模式。在复工建设与利益平衡两个问题上，笔者多次提到政府在问题楼盘化解工作中的重要性，单纯依靠司法手段或行政手段，都难以解决问题楼盘化解的复杂工作。并且，相较一般的企业破产而言，在房开企业破产案件办理中，府院联动几乎贯穿整个破产程序，并且政府部门对于办好房企破产案件的动力和支持也更强。

1. 府院联动的必要性

房企破产，府院联动的必要性主要来源于房开项目对于政府审批的依赖性和房企重整的复杂性。

房开项目从立项到交付，涉及的土地出让、规划审批、开发监管、预售登记、竣工备案、产权登记等重要行为，都需要政府部门审批，这种对政府审批的依赖性并不会因为进入破产而结束，反而在进入破产后因各方利益冲突和互不配合，导致通过政府审批的难度加大，更加需要政府简化程序、便宜办理。

房企重整是一个系统性的工作，除了房开项目自身的因素外，还涉及购房人、拆迁户、农民工及其他债权人的维稳，涉及银行及金融机构等的支持，涉及重整投资优惠政策和保障等等，依靠法院和管理人的力量难以推进。

2. 府院联动的各方职责

政府在府院联动中的职责并没有明确的法律规定。从各地府院联动的实践来看，政府的职责分为政府自身的职责和因破产产生的新的职责，前者主要包括项目开发和土地利用等手续的完善、不动产权属证书的办理、商品房及销售备案的办理和撤销等在企业进入破产前就已经存在的职责，后者主要包括协调银行提供贷款或办理按揭贷款、招商引资并给予政策优惠、协助解决债权人激烈维权事宜等。

法院的主要职责是推动破产程序的进行，主要包括立案受理、指定管理人、召开债权人会议、裁定债权、指定债权人会议主席、批准重整计划、终止破产程序等，在整个破产程序开展过程中，法院居于主导和指导的地位。管理人受人民法院指定，协助法院办理具体的破产案件。

3. 府院联动机制的完善

（1）树立市场化、法治化的破产理念

房企破产是市场经济中的正常情况，问题楼盘的化解工作也应当以法治化、市场化为导向，对于破产案件的受理、审理，是由人民法院主导的司法程序，特别是债权的确认、清偿顺序等专业性法律问题，政府部门不应过多干预。

（2）确保工作落到实处

府院联动机制为政府、法院提供了一个协作的平台，但也存在很多工作难以具体落实的问题。例如在容缺办理项目手续的过程中，尽管府院联动工作会议已对工作做出安排，但未将工作职责落实到具体部门或具体工作人员，且政府部门除破产协调外尚有其他工作处理，导致工作仍难以推进。府院联动机制的高效运行，必须严格落实责任，确保工作落到实处。此外，还可以探索建立专门的破产管理部门，以专门负责解决涉及企业破产的政府部门协调工作。

（3）保障信息共享

政府与法院在处理房企破产等相关工作时应当建立长期有效的沟通平台，确保信息共享。在破产受理前，通过房产信息、建设信息与诉讼信息、执行信息的共享，能及时对问题楼盘、问题房企的形成做出预警；在破产中，通过信息披露、工作落实情况、疑难问题的各项信息交流，高效推进破产程序；在破产后，通过经验交流，能对现有的房企监管、案件办理方式进行完善。

（四）税务筹划

房企重整涉及的税收，本文在投资模式及风险管控部分简单提到过，不管采取何种模式进行重整，税收永远是不可避免的问题，高昂的税收足以影响房开企业能否正常复工等。

1. 房企重整涉及的税种

房企重整中主要涉及以下几种税种。

（1）增值税

增值税即以房产销售过程中产生增值额作为计税依据征收的税款，一般计税方法为：按照取得的全部价款和价外费用扣除当期销售房地产项目对应的土地价款后的余额计算，小规模纳税人可按销售额的5%计算。在重整中，通过合并、分立、出售、置换等方式转移全部或部分资产以及关联债权、负债、劳动力的，可不征收增值税。

（2）土地增值税

土地增值税即转让土地使用权及在建工程取得收入的房企，以转让收入减除法定项目后的增值额为计税依据的税种。在重整中，以房地产作价入股且符合条件的企业合并、分立，对合并后的企业不计算土地增值税。

（3）企业所得税

企业所得税是以企业的生产经营所得和其他所得征税的税种。在房企重整中应注意，债务豁免作为企业的重整收入计算所得税，但债务重组所得可以适用特别税务处理在5年内延递纳税，通过债转股方式化解债务的，债务清偿和股权投资暂不计所得和损失，还可以通过计算资产损失抵销所得。

（4）契税

契税是不动产转移时根据价款向购买人征收税款的税种。在重整中，破产房企合并、分立的，对合并、分立后承受土地、房屋的企业免征契税，以物抵债的债权人免征契税，非债权人承接债务人职工的也可以获得免征契税或契税减半的税收优惠。

（5）城镇土地使用税

城镇土地使用税是以纳税人在城市、县城、建制镇、工矿区范围内实际占用的土地面积为计税依据，依照规定税额计算征收的税种。

（6）房产税

房产税是以纳税人自有房产按余值或租金收入计税的税种。

2. 房企重整税务筹划

（1）充分利用现行税收优惠政策

房开企业税收较高，无论采取何种模式投资重整，管理人、投资人应当在投资方案确定前向税务机关咨询税收政策，争取税收优惠，在重整计划中考虑有关税务的处理，必要时，可以聘请第三方税务咨询机构测算重整涉及的各项税款。例如，股权收购中，可以享受免缴增值税、土地增值税（认定房地产转让除外），享受历史亏损带来的企业所得税减免，适用特殊性税务处理（延递缴纳企业所得税）等；但同时，重整企业尚需承担原来的纳税义务，还有大量的开发成本因没有合法的票据用于抵扣税收，以致总的开发成本难以降低。

（2）充分利用税收政策差异

我国在经济特区、经济技术开发区及其他鼓励开发的区域，出台了一系列所得税优惠政策，投资人、管理人可在事前落实各项税费，并在当地政府、法院的协调下取得税务部门缓、减乃至免等税收优惠政策。

（3）争取重整特殊税务处理

法院、管理人应当充分利用府院联动机制，争取对缴纳税款确有困难，但为保障拆迁户、购房人等群体利益而启动复工建设的破产房企实行税收优惠政策。例如，瑞安法院在中房集团重整中，通过府院联动多次协商，将破产房企涉及的全部不动产房产税收征缴时限延后至财产处置完毕。

（五）按揭贷款办理

按揭和预售是房地产的重要特征之一，无论采取何种模式进行重整，如果没有得到按揭贷款的支持，复工建设的启动资金消耗完毕且复工建设施工单位难以承受垫资时，房开项目随时面临停工的风险。

1. 按揭贷款存在的困难

房企重整申请按揭贷款准入往往困难重重，主要原因包括：

①信贷政策对银行贷款进入房地产行业有限制，中国人民银行和中国银行保险监督管理委员会（以下简称"中国银保监会"）[1]发布《关于建立银行业金融机构房地产贷款集中度管理制度的通知》，对房地产贷款占比、个人住房贷款占比及业务调整过渡期有了更严格的要求。

②破产房企可能因未能清偿融资贷款被中国人民银行记入征信系统，在征信系统中有不良记录和失信记录，所以按揭贷款准入审查不予通过。

③问题房企违规办理按揭贷款等逐渐被暴露出来，例如通过虚构购房人办理按揭贷款以套取资金等。

④问题楼盘复工建设完成度较低，加之破产房企信用能力已严重下降，部分银行要求电梯、门窗等已安装的情况下才能发放按揭贷款。

---

[1] 中国银行保险监督管理委员会，现为国家金融监督管理总局。因本书中所涉及的文件及部分事件与中国银行保险监督管理委员会相关，故保留这一名称，以下不再注。——编者注

2. 按揭贷款办理的核心

国有银行审批体系相对规范化和制度化，纯商业化的按揭洽谈往往很难通过，而且很多银行的决策由省级银行进行，地市级政府即使想协调也是心有余而力不足，这对管理人的金融人脉资源及政府的金融协调力度是一项重要的考验。

从银行的商业考量来说，因房产只有等到房开项目竣工验收后才能办理产权登记，银行按揭贷款也只有此时才能办理抵押登记，在预售和按揭贷款办理中，办理按揭贷款的银行最关心的两个问题分别是房产能否建设完成、交房办证以及抵押登记办理前房开企业是否有能力承担阶段性担保责任。

3. 按揭贷款办理的思路

①在破产受理前与破产房企达成按揭贷款合作的银行，在按揭贷款准入方面有一定优势，甚至按揭贷款合作仍在有效期内；如果问题楼盘的问题继续发酵，购房人很可能停止清偿按揭贷款银行已发放的贷款，甚至主动解除购房合同与按揭贷款合同，这将导致已发放的按揭贷款难以收回，办理按揭贷款的银行失去继续合作的动力。

②地方银行办理按揭贷款的难度较低。地方银行不具备大型国有银行的资源和条件，虽然其对于按揭贷款准入的要求也相对较低，且放款时间可能较短，但地方银行资金实力决定了其按揭贷款额度的有限性，所以还需要其他银行的配合。

③采取总包担保、第三方担保、高额保证金等方式变相提高担保能力，取得办理按揭贷款银行的信任。

④多与办理按揭贷款的银行进行沟通，在启动重整和启动复工建设前尽量梳理与银行间的债权债务关系、与银行提前沟通按揭解决方案，及时披露项目进展和复工建设情况，争取得到办理按揭贷款银行的信任。

（六）预重整制度

"预重整"来源于美国"预先打包式重整"，在中国，"预重整"尚未得到全国统一立法，但国家发展和改革委等十三部门联合印发的《加快完善市场市场主体退出制度改革方案》及最高人民法院有关文件中已明确提出研究建立预重整和法庭外债务重组制度，在各地的司法实践中，预重整制度已经起到了一些重要作用。

预重整是指在进入重整前，由债权人、债务人、投资人等主体在临时管理人的辅助下通过清理资产负债、协商谈判等达成预重整方案，再进入重整的一种准司法程序。从各地实际来看，大致可分为法庭外预重整、预登记立案预重整、立案审查阶段预重整、受理后预重整四种模式。

1. **房企预重整的必要性**

重整与预重整最为相似：一是预重整作为重整的前一阶段，时间上有关联，效力上有承继；二是预重整与重整，目的相同，在内容上有相通之处。房企破产中引入预重整制度，主要基于对以下因素的考虑：

①保障企业商业价值。重整属于破产程序，仍有不少潜在投资者会因为企业进入破产程序而降低投资意向及投资价格，而预重整能引导各方在自愿、平等的状态下对房企的价值进行审视和评估，减少破产程序对企业商誉的影响，最大限度保障财产价值最大化。

②节约重整时间和成本。重整属于司法程序，破产程序及其时间限制、程序要求等，影响案件办理效率和效果，预重整能减少重整成本，有助于企业在进入破产前达成共识。

③房企重整的复杂性。房企重整涉及经济行为、行政行为、法律行为，非常复杂，参与主体众多，法院、管理人对房企经营和商业价值判断并不专业，需各方主体通过市场方式确定重整基础，还需政府部门提前介入并参与与主体协商谈判的工作。

④重整价值和成功率识别。法院在破产申请审查时难以判断是否具有重整价值和重整可能性的企业，通过预重整可以有效进行判断，并方便法院判断是受理重整还是进行清算等。

2. **房企预重整的受理**

房企预重整应当从以下方面甄别受理：

①自愿参与，信用承诺。预重整并非司法程序，参与主体往往不负有司法强制负担的义务，因此要求申请和主要参与预重整的债权人、债务人（包括出资人）必须出于自愿，且债权人、债务人在预重整中做出的承诺应具有法律效力，防止浪费社会资源。

②信息披露，有效监督。房企的债权人对房企经营的信息不对称，且房企进入财务危机时，债权人对其存在信任危机，必须充分披露预重整有关信息，提高决策透明度，确保债权人能据此做出合法、合理的判断，实现法院、债权人的有效监督。

③自愿协商，专业辅助。预重整主要在自愿协商的条件下进行，但为保障自愿协商的结果能被最终的重整计划承认，需由临时管理人从专业的角度进行辅助和引导。

3. **房企预重整的办理**

（1）回归自愿协商的制度设计

预重整的制度设计需要回归自愿协商的初衷，由债权人、债务人及其他参与主体通过市场化的方式协商并解决所遇到的困境。诚然，我国市场经济的发展模式，导致中小型房企通过市场化解决债务困境的能力偏低，但出于法律父爱主义，将政府、法院乃至管理人的想法强加给当事人并不可取。通过一系列的制度设计，政府、法院应当引导债权人、债务人在预重整中运用市场化、法治化的方式解决实际问题，并在预重整之外活用市场化、法治化的思维去开展社会活动、经济活动，才能真正实现营商环境的优化。

具体来说，在预重整中，需要突出债权人的决策和债务人的经营管理，以及各方主体的协商。在债权人会议的召集和预重整方案的制作、协商、表决中，在复工建设、融资方式、债权清偿及资产处置方式等重大事项和一般事项的决策中，法院、管理人应当引导债权人积极推动、主动实施，并为债权人决策做好充分的准备；对于具体方案的落实、经济活动的开展，法院、管理人应当在做好法律风险防范的情况下，尊重债务人的经营管理行为；对于债权人、债务人存在的利益冲突、矛盾纠纷，法院、管理人应当从公正的角度，引导各方积极表达诉求、充分开展沟通并采取合理的方式解决。

（2）充分发挥政府的协调作用

政府介入是否会影响预重整自愿协商的效率和效果，在具体案件中表现不同。但从我国房企的日常运行和重整现状看，政府部门与房企的联系早于、优于法院，且司法机关的独立性限制了法院在预重整程序中承担更多的职责，由政府部门牵头，提前介入房企的预重整工作具有合理性和现实意义。此外，政府提前在维稳、政策优惠、协调联络等方面进行研判和给予支持，防止问题楼盘的形成或问题的进一步恶化，能有效提高预重整的效率。

（3）发挥临时管理人的辅助作用

法院在预重整中介入有限，具体的预重整工作是由临时管理人对预重整的程序进行引导、监督和落实，因此临时管理人的选任非常重要。破产房企预重整的临时管理人的选任，应以竞选方式为主，对于不存在关联关系的，也可以接受债权人、债务人、投资人等的推荐。

临时管理人的工作，以辅助和引导自愿协商、推动程序进行为原则，应清晰明确。受指定后，临时管理人应对债务人的基本情况和资产负债情况进行调查，监督债务人自行管理财产和营业事务，开展债权预申报和预审查，推动债权人、债务人、投资人、政府部门等积极参与预重整并协商形成预重整方案，组织和引导债权人准确识别房企的重整价值，并对预重整方案进行表决，同时将情况依法报告法院。

（4）保障预重整方案与重整的有效衔接

债权人基于真实、充分的信息，对预重整方案做出的承诺在重整期间仍然有拘束力，是实现预重整与重整有效衔接的基础，也是预重整程序的价值所在。对于预重整的参与主体——债权人，应当充分保障其知情权、决策权，但也不能忽视未参与预重整的债权人。例如，购房人在预重整期间相对劣势（基本很少参与），但进入重整后可能成为表决的重要力量，应当通过选举购房人代表、征求购房人意见等方式对购房人的利益诉求进行摸底调查，并对其合法权益进行充分保护。

预重整方案"表决通过"或"虽未表决通过但已符合重整条件"的，临时管理人应及时报告法院，同时根据重整的要求开展债权申报与审查、召开债权人会议等一系列工作，尽快将预重整方案转化为重整计划并提交表决，提高重整的办理效率。

综上所述，在房地产行业发展触顶的现在，问题楼盘的出现是中小型房企在退出市场时不可避免地发生的正常现象，问题楼盘化解工作责任重大且还将长期、广泛、深入地继续进行。问题楼盘的出现是市场现象，破产制度作为市场主体的挽救与退出制度，为问题楼盘的化解提供了一条市场化、法治化的道路。在政府、法院、管理人、债权人、债务人、职工、投资人等各方的通力配合和相互支持下，积极发挥破产制度特别是发挥重整制度的优势，能更好地维护各方利益、维护社会稳定。

破产管理人制度的贵州实践 [①]

唐仲尼　余　婧 [②]

《企业破产法》作为市场经济主体"死"与"再生"的法律，解决的是企业退出市场或重整的问题，其"有效制定与普遍实施是一国市场经济体制确立的重要标志" [③]。破产管理人是破产程序的推动者和破产具体事务的执行者，作为法院审判破产案件的重要帮手、助推企业兼并重组的重要力量，破产管理人在破产程序中具有十分重要的作用。破产管理人制度能否有效实施，是破产程序效率能否有效提升的重要保障。在当前经济结构转型、去产能、去库存的新经济发展态势下，进一步探索完善破产管理人制度具有重要的现实意义。

囿于法律制定背景及破产实务快速发展的客观情况，现行《企业破产法》亟待修订，破产审判的贵州实践一定程度上弥补了我国《企业破产法》及破产实务工作面临的各种问题。鉴于此，本文着眼贵州实践对破产管理人制度的优化措施，尝试进一步提出对我国破产管理人制度"查漏补缺"的建议。

一、中国破产管理人制度概述

中国破产管理人是指依照《企业破产法》的相关规定，在人民法院受理破产申请时由人民法院指定，并在人民法院及相关主体的监督下，在破产程序中专门负责管理债务人财产，处理相关事务，履行法定职责的专门组织机构。破产管理人是破产程序的推动者和破产具体事务的执行者，破产管理人相关制度的完善，对于落实相关法律法规，快速、有效推进企业破产工作具有重要作用。

2006年以前，依据《企业破产法（试行）》的规定，主要是由政府组成的清算组

[①] 本文根据唐仲尼、余婧在"道破"论坛第三期所做的"破产管理人制度的贵州实践"主题演讲整理而成。

[②] 唐仲尼，贵州贵达律师事务所副主任、高级合伙人、律师；余婧，贵州贵达律师事务所律师。

[③] 王欣新：《新破产法立法思想的创新》，载王欣新、尹正友主编《破产法论坛》（第一辑），法律出版社，2008，第8页。

来承担各种破产事宜，带有强烈的政府干预的色彩。2006年8月27日，我国新修《企业破产法》第十三条规定"人民法院裁定受理破产申请的，应当同时指定管理人"，引入了国际通行的破产管理人制度，这是我国破产管理人制度首次以法律形式被确认下来，也是《企业破产法》的一项重要制度创设。引入破产管理人并采取管理人中心主义，将破产事务交由专业化人士处理，意在实现管理人制度的市场化、法治化、国际化，使破产程序更符合我国市场经济的发展要求。其后，2007年通过的《最高人民法院关于审理企业破产案件指定管理人的规定》和《最高人民法院关于审理企业破产案件确定管理人报酬的规定》，具体规定了破产管理人的指定程序和报酬。最高人民法院于2011年和2013年分别出台的《关于适用〈中华人民共和国企业破产法〉若干问题的规定（一）》和《关于适用〈中华人民共和国企业破产法〉若干问题的规定（二）》，详细规定了破产管理人代理债务人从事相关事务及责任，使得破产管理人制度建设进一步完善。2018年，最高人民法院印发《全国法院破产审判工作会议纪要》，明确了管理人地位，且就破产管理人队伍结构、跨区执业、分级管理以及建立竞争选定管理人工作机制等方面做出原则性规定，进一步完善了我国破产管理人选任制度。

无论是引进破产管理人制度、规定管理人的指定及报酬，还是相关制度的完善，其立法目标都意在建立完全与市场化接轨的破产制度。然而，关于破产管理人制度的立法规定还较为简单，同时，立法颁布时间较短，司法实践经验不丰富。2021年5月下旬至6月中旬，全国人大常委会组织企业破产法执法检查组分别赴浙江、陕西、河北、山东、山西、吉林等6个省开展检查。检查组在肯定成绩的同时，也指出了企业破产意愿不强、破产案件清偿率较低、审理周期长、运行成本高等问题和困难，破产制度的作用没有得到充分发挥。检查组认为，破产管理人的业务能力不达标、监督管理制度不健全，是当前影响破产案件审理效率和办理质量的重要因素。

总体上看，我国的破产管理人队伍发展较为缓慢，已成为制约破产制度作用发挥的重要因素。加快完善管理人制度、大力提升管理人职业素养和执业能力，可以改善企业经营、优化产业结构。同时，破产管理人制度的市场化改革是大趋势，当前，在破产案件审判和破产市场地区发展不均衡、破产管理人队伍职业化水平在全国范围内存在地域差异的情况下，健全管理人履职保障制度、完善管理人监督制度，为管理人履职水平的提高提供制度保障应当循序渐进，逐步深化。如何使该制度在我国市场经济建立中发挥重要作用，还有待于我们在理论上和实践上进一步探索。

二、破产管理人制度的贵州实践

（一）破产管理人名册制度的贵州实践

2007 年颁布的《最高人民法院关于审理企业破产案件指定管理人的规定》明确，由高级人民法院或所辖中级人民法院编制管理人名册，建立了管理人名册制度。管理人名册制度，即由高级人民法院或中级人民法院依据社会中介机构、个人申请，经人民法院评审委员会审定通过，将公示期期满后审定的管理人名册上报备案，并以此作为以后法院在破产案件中指定管理人的基本依据。破产管理人名册制度即破产管理人的准入制度，该制度无法将所有社会中介机构全部纳入管理人资格当中，所以设定一定的门槛，一般基于社会中介机构的人员数量、素质、知识结构、承办相关案件的实务经验等进行考虑，只有符合条件的社会中介机构经申请、审核之后才能被纳入到管理人名册当中。实践中，往往是省、市两级法院设定一定的条件，对社会组织进行评审，建立管理人名册，并对名册内的管理人进行管理，在具体承办破产案件时从管理人名册中选定管理人。

为规范全省法院破产案件审判工作，贵州省高级人民法院根据《企业破产法》的相关规定，最早在 2007 年 10 月 19 日即编制了《企业破产案件管理人名册》，明确破产管理人系具备民事主体资格的专门的独立主体，贵达所主任朱山、副主任唐仲尼当年即入围贵阳市破产管理人名册。此后的 8 年内，贵州省内破产案件寥寥无几，贵达所也只承办了一起破产案件，破产管理人制度的作用十分有限。

2015 年，随着供给侧结构性改革的深入推进，企业破产法及破产管理人制度也随之发展。2015 年 3 月，贵州省高级人民法院发布《贵州省高级人民法院破产管理人管理制度》，并对 2007 年发布的《企业破产案件管理人名册》进行修订。本次修订，90 家律师事务所、会计师事务所、破产清算事务所（公司）入围管理人名册，且分为一级、二级、三级破产管理人，贵达所有幸添为一级管理人。

此后，贵州省高级人民法院根据《最高人民法院审理企业破产案件指定管理人的规定》和《贵州省高级人民法院破产管理人管理制度》等之规定，以及破产工作的实际需要，分别于 2018 年和 2020 年编制、修订《破产管理人名册》。在 2018 年修订《破产管理人名册》时，为了更公平、公正、透明地实施管理人制度，贵州省高级人民法院制定和公布了统一的客观标准，使每一项管理人的入册标准尽可能地得到量化，减少法院使用管理人制度的裁量空间。评分标准如下：①机构规模与业绩（共 40 分），包括从业人员数量（10 分）、成年年限（5 分）、业务收入（10 分）、办公场所（5 分）、执业表彰（10 分）；②专业经验（共 40 分），包括办理破产案件数量（15 分）、办理与破产有关事务（15分）、成员办理破产案件（10分）；③专业研究能力（共15分），包括参加研讨会或论坛（10分）、发表文章（5分）；④执业保险（共5分）。此外，首次申请入册的管理人的分级根据评分标准从高分到低分依次确定。2018年的修订中，142家中介机构及中介机构中的26名个人进入名册。2020年，贵州省高级人民法院在此基础上继续优化评审标准，并增加了管理人名额。2020年的修订中，179家中介机构及中介机构中的23名个人进入名册，破产管理人队伍迅速壮大。

贵州省高级人民法院根据执业业绩、专业水平、具备从业资格人员数量等因素评审确定管理人名册，并实行动态管理，及时更新、修订破产管理人名册制度，有利于消除法院在管理人指定工作中的盲目性，有利于选取道德优良、专业过硬的破产管理人，保证破产案件的办案质量。

（二）破产管理人分级制度的贵州实践

2018年，最高人民法院下发的《全国法院破产审判工作会议纪要》第6条明确，应"实行管理人分级管理"。目前，我国破产管理人实行分级管理制度，管理人分级制度系基于管理人名册制度，通常是指由高级人民法院或中级人民法院在确定管理人名册时，采取分级制度，将管理人分为一级、二级、三级，并制定各地相应的管理人指定制度，对管理人进行分级管理，以保障案件承办的质量。国内最早实行管理人分级管理的是深圳市中级人民法院，该院于2008年10月在全国首创破产管理人准入、分级管理和考核制度，推动管理人规范行使职权、依法良性竞争，有效提升了管理人选任、管理的科学性和专业性。

贵州省高级人民法院于2015年发布的《破产管理人管理制度》明确了管理人分级制度，此后编制的全省《企业破产案件管理人名册》中落实了管理人分级制度。在《破产管理人管理制度》中，明确了管理人由高到低分为一级、二级、三级，根据破产案件的难易程度将案件由高到低划分为一类、二类、三类；管理人级别与案件类别一一对应，每一级别管理人只能办理该类及该类以下案件。本次评审中，贵阳、遵义、安顺、六盘水等9个市州中级人民法院分别评定一级、二级、三级管理人各30家，其中贵阳市中级人民法院评定一级、二级、三级管理人各5家。经过2018年、2020年的两次修订，案件分类、管理人分级管理标准更科学、明确、具体。主要表现为评分标准具体细化，从机构规模、执业业绩、专业经验、专业能力、职业责任保险，到管理人团队规模，管理人成员执业年限、从业经验、职业操守、工作绩效、勤勉程度等，不仅充分涉及管理人执业业绩、能力、专业水准、机构规模、从业经验等方面，还综合考虑了社会中介机构的稳定性、从业人员的人数要满足绝大多数破产案件的工作量要求、从业人员基本上能解决办理破产案件过程中所遇到的各种问题等方面，同时对入册管理人的中介机构，根据其自身规模、业务能力及以往担任破产管理人的工作情况细分等级。总的来说，贵州省高级人民法院对于破产管理人分级管理的实践较为领先，且动态地对名册进行更新和分级管理为后续各类破产案件指定合适的管理人奠定了一定的基础，也积极推进了贵州省法院破产案件常态化、规范化审理和高水平管理人队伍的培育。

（三）破产管理人选任制度的贵州实践

就破产管理人的选任而言，我国新旧破产法都采取了法院指定管理人的立法模式。目前，我国《企业破产法》明确规定管理人由法院选任，选任方法一般包括轮候、抽签、摇号等方式。对于商业银行、保险公司、证券公司等金融机构或全国范围内有重大影响、法律关系复杂等案件可以采取竞争方式产生。其中，轮候、抽签、摇号等方式为管理人选任的一般方式，竞争方式为例外。管理人选任的一般方式虽然最简单、公平，可以避免暗箱操纵，最不容易出现错误，但是却没有技术含量，会极大地影响优秀的中介机构报名承办破产案件的积极性，影响到破产管理人队伍的发展。

贵州省高级人民法院于 2015 年发布的《破产管理人管理制度》中，将管理人选任方式明确为随机方式、指定清算组方式、竞争方式，并对每种方式的适用条件、适用程序进行确定。其中，一类案件必须采取竞争方式指定管理人，且不受区域限制；竞争方式的指定过程中，应成立审核委员会，确定管理人参与竞争的条件并向社会发布；指定管理人的同时，还应指定 1—2 名社会中介机构为备选管理人。此外，无产可破案件一般从一级管理人名册中指定，选定的管理人未取得或未足额取得报酬的，可直接在下一个普通案件中得到指定，且在同等条件下以竞争方式指定管理人时可以优先得到指定。贵州省高级人民法院关于管理人选任方式的规定和实践，对于培育管理人队伍、加强破产审判专业化、提高破产案件办理质量有着重要意义。

2018 年、2021 年，贵州省高级人民法院分别对管理人选任制度进行了修改、完善，针对一类重大疑难破产案件、破产重整案件、简易破产案件、无产可破案件、其他案件等不同类型，建立起多层次、差异化和全覆盖的管理人选任方式；采用以竞争、随机为原则，推荐为例外的选任方式，探索管理人跨区域执业和联合竞选路径，确立竞争评审的规则和原则；明确合并破产、预重整案件的管理人指定原则，改进无产可破案件管理人指定和管理人更换等制度，为充分发挥管理人制度效能提供有力保障。2021年修订的《破产管理人管理制度》明确，一类破产案件一般应当通过竞争方式指定管理人，二类破产案件根据案件情况可采取竞争或随机方式指定管理人，三类破产案件一般应当采取随机方式指定管理人，无产可破的破产案件从管理人名册中随机指定且管理人可在后续普通案件中得到补偿。

管理人选任制度，特别是竞争方式选任管理人的制度设计，对于提高管理人执业水平有着重要意义。以贵州国源矿业开发有限公司重整案为例，该案由贵阳市中级人民法院裁定受理后，采取竞争方式指定管理人，贵阳市中级人民法院针对该案的复杂程度，拟定并公布管理人选任评分细则，简要情况如下：①机构规模占 30 分，包括从业人员 5 分、成立年限 5 分、业务收入 10 分、管理人成员规模及结构 10 分；②专业经验 45 分，办理破产案件数量 10 分、结案数量或办理环节 5 分、清偿债权数额 10 分、联合申报机构清偿债权数额 10 分、矿业及相关企业破产案件办理经验 10 分；③专业研究能力 20 分，包括发表文章（包括为书籍独立篇目撰稿）10 分、出版书籍 10 分；④执业责任保险 5 分；⑤工作方案 15 分，包括工作总体计划 3 分、工作预案 6 分、分组表决及信息披露方案 2 分、重整计划执行方案 4 分。该评分标准在参照 2018 年贵州省高级人民法院公布的管理人名册评审标准的基础上，根据案件具体情况增加了工作方案部分，调整了评分项目和计分规则。最重要的是，该评分标准对外公开、设计合理、操作性强，吸引诸多有志于从事破产事业的中介机构和个人参照标准不断提升自身资质和水平，也对贵州破产管理人选任产生了较大影响。

（四）破产管理人监督机制的贵州实践

破产管理人在破产程序中具有特殊的地位，其执行职务公正、客观与否，直接关系债务人和债权人的利益，关系破产程序的正常进行。因此，破产管理人监督机制的建立和完善系破产管理人制度的应有之义。根据我国《企业破产法》的规定，破产管理人的职责主要分为"为了债权人利益的职责"和"为了债务人利益的职责"两大部分，前者包括把"债务人财产"蛋糕做大，让每一个真正的债权人参与破产程序之中，并依法保证其各项权利的实现；后者包括管理债务人的财产和营业事务，如代表债务人参加诉讼、仲裁，对所申报的债权进行审查，聘任债务人的经营管理人员负责营业事务等。《企业破产法》第十一章"法律责任"，规定了如管理人未能依法勤勉尽责、忠实执行职务，则法院可依法对管理人处以罚款；如管理人给债权人、债务人或者第三人造成损失，则管理人依法承担赔偿责任，但这里的判断标准仍较为笼统，且缺乏管理人执业保险与商业保险、联合任管理人时的区分等，操作性较为薄弱。

贵州省高级人民法院于 2015 年颁布的《破产管理人管理制度》第十八条"管理人应当向指定其担任管理人的法院报告工作，并接受债权人会议和债权人委员会的监督"提出，对破产管理人实行报告和监督制度，第三十一条到第三十三条还分别规定了没有勤勉尽责、忠实执行职务，给债权人、债务人或者第三人造成损失的，要承担赔偿责任；管理人辞去职务未获受理破产案件的法院许可不再履行管理人职责或者受理破产案件的法院决定更换管理人后，原管理人拒不向新任管理人移交相关事务的处罚；特定情形下的名册除名措施。历经 2018 年、2020 年两次修改，最新的《破产管理人管理制度》对管理人监督做了专章规定，从履职原则、聘请人员、责任到人、报告义务、文件送审、业务制度、文档规范、责任审计、惩戒措施等诸多方面，对破产管理人的履职进行全面监督。

2021 年颁布的《贵州省高级人民法院破产审判工作实务操作指引（试行）》第四部分"人民法院受理破产申请后的工作"中包含"对管理人的指定、监督和指导工作"，即人民法院对管理人有监督指导职能。其中的"汇报制度"部分要求"管理人自接受指定之日起，应至少每月向法院提交书面工作报告，详细陈述对应期间的工作进展情况。对于专门事项，应制作专项工作报告向法院汇报"。

2021 年，贵州省高级人民法院出台的《贵州省高级人民法院关于加强破产审判工作高质量建设营商法治环境的意见》第十五条明确规定"完善管理人监督管理机制。对管理人履职情况实行动态管理，破产审判业务部门监督辖区内管理人工作。建立管理人个案评价制度和年度履职评价制度，将个案考评结果与管理人报酬直接挂钩。严格实施管理人年度履职情况报告制度，将履职情况和年度履职评价作为管理人名册调整的重要依据"。

（五）破产管理人报酬制度的贵州实践

根据《企业破产法》第二十八条和《最高人民法院关于审理企业破产案件确定管理人报酬的规定》第八条、第九条规定，法院被赋予了破产管理人报酬的决定权与调整权。《最高人民法院关于审理企业破产案件确定管理人报酬的规定》第五条规定了由人民法院确定管理人收取报酬的方式，第七条赋予了债权人会议对管理人报酬的异议权与协商权。因此，管理人报酬制度的绝对话语权，无疑在法院。然而相较于一般民商事案件，企业破产案件具有案情复杂、审理周期长、程序环节多、人力成本高的特点，因此，在破产实务中，大部分破产案件管理人需要等到案件最终完结时才能领取管理人报酬，破产管理人往往需要先垫付相关破产费用和其他费用，在各个环节都需要投入大量的人力、物力成本。因此管理人在较长的审理周期内不得不面对只有付出而暂无回报的困境。破产成本是衡量债权人能否最大程度获取权益的标准之一，管理人报酬构成破产成本的一部分。当然，管理人报酬越高，破产成本越高，对债权人来讲，他们能够公平取得的债权就少。但同时不可忽视的是，破产管理人对破产事务的处理，除需具备一般的法律知识及素养外，还需要特别精通破产法，并且需具备一定的财务知识、资产处置能力以及良好的沟通能力。因此，破产管理人在履行相应的职责时，不仅耗时费力，而且责任重大。因而立法规定管理人有权根据其工作量及工作难度获得相应的报酬，作为其付出的劳动和所承担的风险责任的对价，从而激励管理人更好地提供服务。

2015年颁布的《贵州省高级人民法院破产管理人管理制度》规定，管理人的报酬由受理破产案件的法院依据《最高人民法院关于审理企业破产案件确定管理人报酬的规定》的规定确定，并可根据破产案件和管理人履行职责的实际情况进行调整，或者根据债权人会议的决议进行调整；经受理破产案件的法院许可，管理人可以聘请必要的工作人员，所需费用从管理人报酬以外的其他破产费用中支付。律师事务所或会计师事务所担任管理人时，聘请本专业的其他中介机构或个人协助处理本专业事务的，或者破产清算事务所担任管理人时，聘请其他中介机构或个人协助处理管理人事务的，所需费用从管理人报酬中支付；管理人发生更换的，受理破产案件的法院按照《最高人民法院关于审理企业破产案件确定管理人报酬的规定》确定前后管理人的报酬。

2021年颁布的《贵州省高级人民法院破产审判工作实务操作指引（试行）》规定了受理预重整申请后，人民法院可以指定临时管理人担任管理人，临时管理人报酬由债务人或者债权人委员会与临时管理人协商预重整期间的报酬标准，最高不得超过20万元。裁定受理重整申请后，人民法院指定临时管理人担任管理人的，管理人报酬按照《最高人民法院关于审理企业破产案件确定管理人报酬的规定》执行，管理人不另行收取预重整期间的报酬；裁定受理重整申请时重新指定管理人的，预重整期间的报酬由人民法院确定，并列入破产费用清偿。裁定不予受理重整申请的，临时管理人的报酬按照事先协商的标准确定，并列入破产费用清偿。

贵州省高级人民法院2021年出台的《贵州省高级人民法院关于加强破产审判工作高质量建设营商法治环境的意见》第（十六）条明确规定："完善管理人报酬确认和支付机制。各市（州）中院要根据企业破产法和最高法院关于确定管理人报酬的有关规定，出台完善管理人报酬确认和支付具体规定，突出法院在报酬方案的确定、调整、报酬支付等方面的主导作用和审核把关职能。探索建立破产管理人报酬综合确认机制，综合考虑案件的复杂程度、债务人最终清偿的财产价值总额或规模、破产管理人的勤勉程度和实际贡献度、破产程序持续时间等因素确定破产管理人报酬。规范破产管理人报酬支付流程，原则上根据破产案件审理进度和管理人履职情况分期支付。案情简单、耗时较短的破产案件，可以在破产程序终结后一次性支付。"

（六）破产管理人履职保障的贵州实践

管理人作为负责对破产企业财产进行保管、清理、估价、处理和分配的法定机构，是依法推进破产程序的重要力量。然而实践中，管理人在依法履职的过程中面临着各种难以解决的困境及风险，特别是政府部门、其他法院、金融机构等对管理人身份、职责的不认同，导致推进破产程序的效率受到影响。

2021 年 6 月，贵州省人民政府办公厅发布《关于建立企业破产处置府院联动机制进一步优化营商环境的通知》明确提出"支持管理人依法履职"，要求各有关单位充分认识管理人职责定位，保障管理人依法履行调查债务人财产状况、管理处分债务人财产等法定职责，还在破产经费补助和筹集、解除强制措施等方面给予管理人支持。在此基础上，贵州省高级人民法院、国家税务总局贵州省税务局于 2021 年 4 月联合发布《关于企业破产涉税问题处理的实施意见》；贵州省高级人民法院、贵州省自然资源厅、贵州省能源局、贵州省财政厅于 2021 年 11 月发布《关于涉煤矿破产案件若干问题的会议纪要》；贵州省高级人民法院、贵州省市场监督管理局于 2021 年 9 月联合发布《关于推进企业破产和强制清算程序中登记便利化的通知》；贵州省高级人民法院、中国人民银行贵阳中心支行、中国银保监会贵州监管局于 2022 年 8 月联合发布《关于企业破产程序中涉金融服务相关问题处理的意见》；贵州省高级人民法院、贵州省住房和城乡建设厅、贵州省自然资源厅、国家税务总局贵州省税务局于 2022 年 11 月联合发布《关于房地产企业破产程序中妥善处理相关问题的意见》。它们均在保障管理人履职方面做出了详细规定，有助于推动和保障管理人依法履职，提高破产效率，充分发挥破产制度作用。

（七）破产管理人行业自律的贵州实践

破产管理人协会是管理人自治组织。破产管理人协会是由愿意履行管理人职责的律师事务所、会计师事务所、破产清算事务所等社会中介机构自愿组成的联合性、地方性、非营利的社会组织。会员制定章程，赋予管理人协会行使对会员的管理权，从而形成了管理人的内部监督机制，也即行业自律机制。2014 年 11 月 24 日，全国第一家破产管理人协会在广州成立。随后，温州、杭州、厦门、成都等地也纷纷成立了自己的管理人协会。据全国人大常委会企业破产法执法检查组的调查，全国已有 28 家高级人民法院和下辖的 284 家中级人民法院编制管理人名册，纳入中介机构 5060 家、个人管理人 703 人，推动成立了 131 家管理人协会。我国已经初步形成职业化的管理人队伍和自治组织。实践证明，各地管理人协会的成立，对于各自辖区内管理人队伍的培训学习、专业化建设和府院联动机制的推动都有着举足轻重的作用。加强各地管理人协会的规范化、标准化和市场化建设，适时成立全国破产管理人协会，以实现更加有序、高效的规范管理、行业自律和互助合作，将是破产管理人行业自律机制的发展趋势。

2020年3月20日，在贵阳市司法局、贵阳市中级人民法院、贵阳市民政局等部门的关心和大力支持下，贵阳市破产管理人协会第一次会员大会暨成立大会举行，标志着贵阳市在贵州省率先成立了破产管理人协会。此后，遵义市、安顺市、黔南布依族苗族自治州（以下简称"黔南州"，下同）、毕节市等地破产管理人协会相继设立。2022年12月，在贵州省司法厅、贵州省高级人民法院、贵州省民政厅等部门的支持下，贵州省破产管理人协会成立。

2021年出台的《贵州省高级人民法院关于加强破产审判工作高质量建设营商法治环境的意见》第（十四）条"指导成立管理人行业协会"明确："积极督促各市（州）中院指导成立破产管理人行业协会，建立健全行业管理规范，完善行业自律和监督机制，规范破产管理人的执业行为，组织开展破产管理人业务、技能、法规等教育培训，开展行业信用监督和评价等相关工作。"贵州省高级人民法院在推动建立管理人协会、对管理人进行规范管理等方面发挥了重要作用。破产管理人行业自律的贵州实践应进一步注重发挥管理人协会在管理人人才队伍建设、规范、发展、淘汰和管理人报酬保障等方面的职能作用。

三、完善我国破产管理人制度的几点建议

（一）探索完善破产管理人的选任制度

如何对资不抵债且缺乏清偿能力的企业进行有效治理，帮助其早日摆脱破产困境，是破产管理人的重要任务之一。但破产管理人业务水平高低不一，所以需要完善破产管理人选任制度。目前，我国司法实践中主要通过竞争、随机方式指定管理人，其中完善竞争方式是完善破产管理人选任制度的重点内容之一。目前这一点做得比较好的地区，一般会根据破产案件的重大与否和难易程度，运用不同的方法选任破产管理人，普通、容易的，在法院的主持下，通过摇号的方式选出；而重大、复杂的，则用公开评选的方式竞选。这种方式兼顾了一般破产案件的管理人选任效率和重大复杂破产案件的管理人选任质量。

推荐破产管理人是债权人参与破产程序、更好地保护债权人利益的重要举措之一。国务院2021年11月发布的《国务院关于开展营商环境创新试点工作的意见》提出，在预重整中允许债权人等推荐选任破产管理人，且允许破产企业的相关权利人推荐破产管理人。在世界银行于2022年2月4日发布的《项目初步概念书：营造宜商环境（BEE）》中，将"提升债权人参与度"作为商事破产的指标之一，"允许债权人等推荐选任破产管理人"正是在这一背景下出台的提升营商环境的具体措施之一。贵州等地的

法院推荐担任破产管理人一般只适用于经过行政清理、清算的金融机构破产案件，而北京、重庆作为重要试点城市，分别推出《北京破产法庭接受债权人推荐指定管理人的工作办法》和《破产案件管理人指定办法》。在推荐破产管理人的适用情形上，北京破产法庭认为关联企业合并破产与涉及利害关系人人数众多，在本地有重大影响的破产案件可以由债权人推荐管理人；而重庆高院却将债务人财产相对较少，且债务规模不大、债权相对集中的破产案件列为接受债权人推荐管理人的案件，排除了在关联企业合并破产与有重大影响的破产案件这些重大复杂破产案件中的适用。二者相比，笔者认为重庆对于债权人推荐指定管理人的选任规定更为科学，除预重整、金融机构等破产案件外，重大复杂的破产案件，对管理人办好破产事务的能力和秉承中立地位维护各方权益的能力有更高的要求，更应该通过竞争方式选任适合、公正的破产管理人。尽管方向不同，北京、重庆仍以竞争、随机为指定管理人的主要方式，推荐方式作为在适当的情形下增加债权人参与程度的补充。在这一点上，深圳与北京、重庆两地的规定明显不同。根据《深圳市中级人民法院加强企业破产案件管理人指定与监督暂行办法》，指定管理人大致按照协商一致方式指定、随机方式指定、推荐方式指定、竞争方式指定、指定清算组的顺序优先指定，将主要债权人、债务人协商一致作为指定破产管理人的首选方式。与深圳相比，重庆、北京所采取的模式更符合我国司法实践，理由在于：①破产程序是司法程序，法院应当在破产程序中积极履行选任破产管理人的职责，债权人推荐仅是作为一种重要的参考方式；②北京、重庆在采用推荐方式指定破产管理人时，还会对推荐人资格以及破产管理人自身的资质、水平以及是否存在利害关系进行审查，而深圳采取协商一致方式和推荐方式中，对此关注明显不足，对破产案件的办理和对中小债权人的权益保护可能造成不良影响；③由债权人协商推荐破产管理人的一大考量，在于减少沟通成本、提高破产效率，因此北京、重庆都规定由主要债权人推荐，而深圳将该标准降低至10%，且在多名被推荐人的情况下还将采取随机、竞争等方式确定，不仅未能达到上述目的，反而可能会引发债权人之间的冲突；④我国多数地区破产文化传播不足、破产理念尚未确立，相当长的一段时间内难以形成良好的破产环境，深圳的相关规定存在一定的法律风险和道德风险。

临时管理人也是部分专家、学者提出的增加债权人参与度的一种方式，即人民法院在受理破产时指定临时管理人，临时管理人负责接管、收集债务人财产等工作，之后再由债权人决定法院所选定的管理人是否留任及报酬支付办法，确定正式管理人。笔者认为，临时管理人与我国破产法司法实践有较大矛盾，主要原因在于，从破产案件受理到债权人会议一般有2—3个月的时间，这段时间一般是债权审查、财产状况调查、财产追收等破产工作推动的重要阶段，甚至部分破产案件中第一次债权人会议即可讨论破产财产变价方案、破产财产分配方案或重整计划，如设置临时管理人将会大大降低破产案件办理效率，且对提升债权人的参与十分有限。合理的做法是，管理人应由法院指定，如债权人会议认为法院指定的管理人不能尽到勤勉尽责、忠实执行职务的，可以推选能够胜任的管理人并向人民法院提出更换，在管理人确不能尽到勤勉尽责、忠实执行职务的情形下，法院应尊重债权人的意见，对管理人进行更换。

（二）更新管理人报酬标准与激励办法

首先是关于管理人报酬标准问题。《最高人民法院关于审理企业破产案件确定管理人报酬的规定》对于管理人报酬的确定主体、计算方式、收取方式、担保物管理报酬等进行了规定。但经过 15 年的发展，经济环境、破产案件的复杂程度已有了较大变化：在实际工作中，管理人报酬收取时间通常在破产财产处置完成后或重整资金投入后，收取时间较晚，此前管理人不仅分文未取，通常还需要垫付执行职务费用甚至其他破产费用；职业化的破产管理人队伍以管理人报酬为主要业务收入，该规定确定的管理人报酬相较同行业其他业务的报酬较低，与管理人专业强、任务重、时间长、责任大的工作特点不符；今后无产可破、破产财产较少的案件数量将大大增加，也会进一步拉低破产管理人从业人员的收入水平。因此，有必要对该标准重新考量，适当调整管理人报酬收取的时间及相应比例，或允许法院经债权人会议同意，根据案件情况在《最高人民法院关于审理企业破产案件确定管理人报酬的规定》的基础上适当上浮管理人的报酬比例；根据破产程序的阶段细化管理人报酬支付的时间，例如深圳法院规定的管理人可在第一次债权人会议后向法院申请预支报酬，降低破产管理人的资金占用成本。

在担保物管理报酬标准方面，浙江省高级人民法院的一项调查[①]显示，债务人企业资产抵押率高达 92.31%，不能抵押的财产一般价值不高、难以处分。如果按照《最高人民法院关于审理企业破产案件确定管理人报酬的规定》第二条、第十三条，管理人只有为该担保物的维护、变现、交付等管理工作付出合理劳动的情况下，才能收取适当报酬，且协商不成的情况下，最多只能按正常财产对应管理人报酬的 10% 收取。也正因为这样，在担保财产占比较高的破产案件中，管理人报酬较低，难以发挥其积极性。极端情况下，如非担保财产不足以支付破产费用，即使存在大量担保财产也不能处置，这将会导致破产程序的终结。笔者认为，应当完善管理人担保物管理报酬，坚持受益者付费的原则，在债务人财产多为担保财产的情况下，破产管理工作实质主要是为了实现有

---

① 浙江省高级人民法院联合课题组：《关于完善破产管理人制度的调研》，载王欣新、郑志斌主编《破产法论坛（第 15 辑）》，法律出版社，第 78 页。

财产担保的债权人的权利而进行，应由相应债权人承担包括管理人报酬在内的破产费用、共益债务，并且不受正常财产对应报酬的 10% 的限制；对于无须管理人付出劳动的担保物，例如由债权人直接处置资产或接受以物抵债以实现担保物权的，可不计算管理人报酬。

（三）探索和建立破产管理行政机构

我国《企业破产法》并未规定设立破产管理行政机构。2021 年 3 月，随着《深圳经济特区个人破产条例》的实施，深圳市破产事务管理署正式挂牌设立，直属深圳市司法局。深圳市破产事务管理署，主要承担破产办理中的行政事务，包括：确定管理人资质，建立管理人名册；提出管理人人选；管理、监督管理人履行职责；提供破产事务咨询和援助服务；协助调查破产欺诈和相关违法行为；实施破产信息登记和信息公开制度；建立完善政府各相关部门办理破产的协调机制等。从深圳的实践情况来看，《深圳经济特区个人破产条例》设立破产事务管理署，已经在个人破产的实践中发挥了重要的作用，为将来在全国设立破产管理行政机构打下了良好的基础。

将行政事务与审判事务相分离是国际上通行的做法，人民法院对于破产管理人的多数管理行为不宜交由行业协会行使，建立破产管理行政机构并由其承担破产办理中的行政事务较为合适。具体而言，破产管理行政机构可承担的职责包括：建立管理人名册，组织法院、行业协会等对管理人进行评审、考核；提供破产事务咨询和援助服务，筹集和管理破产援助基金；协助建立和完善府院联动机制，协调政府部门、法院及管理人行业协会等；协助调查破产欺诈和相关违法行为；实施破产信息登记和信息公开制度；对管理人履职进行监督，作出行政处罚。对于管理人选任、个案履职监督等，仍应由法院进行；对于管理人培训、维权等，则由行业协会负责。

（四）建立多层次的破产管理人监督体系

部分法院系统管理人名册中，管理人入册具有盲目性和随机性，可能存在管理人门槛较低的情况，同时我国《企业破产法》对管理人注意义务的规定过于粗略，因此法律应当细化对管理人内部监督的规定，增加具有可操作性的机制。在目前对于破产管理人的管理、监督相关制度尚未完善的情况下，法院应从以下几个方面对破产管理人实施有效监督：①破产管理人在接受法院指定后，应向法院递交破产管理计划并根据情况定时进行更新，让法院了解破产案件进程。②处置破产资产时，破产管理人应向法院报告资产的状况、处置方式。③处分破产企业的权利和义务时，向法院报告事件的过程及处分的理由。④法院审查重大破产费用、共益债务支出情况，破产管理人应如实向法院反映账务情况。

建立管理人行业协会、破产管理行政机构的目的是完善现行法律所规定的对破产管理人监督的监督体系。在行业协会内部实行自律规则、制定纪律处分，让行业协会成员进行自我约束和业内约束。组织学习培训程序，让管理人不断学习新的知识和能力，优胜劣汰，逐渐优化管理人名册，将更多优秀的中介机构纳入管理人队伍。行业协会的建立可以使管理人进一步自我完善，不断壮大优质的破产管理人队伍，从而促进破产管理人更好地服务于破产工作。

（五）规范管理人工作考核与指导制度

对管理人的日常动态考核非常必要，这直接关系到对管理人的评价和分级管理。要完善对管理人的考评机制，建立管理人的业绩档案。考评可以由法院或破产管理行政机关定期组织，采取征询相关法院、政府意见，向债权人等当事人问卷调查等方式进行，按照考评业绩对中介机构进行等级维持、下降或上升的确定。把那些评价不好的中介机构列入"黑名单"，经过一段时间的整改后，如仍不能达到相应要求，可将其从管理人名册中剔除，并增补符合条件的管理人入册。只有将这项工作制度化、常态化，才能不断优化管理人队伍结构。

发挥管理人职能作用并不等于脱离法院的业务指导。在具体案件破产程序中，应当明确管理人的职权范围。对于程序中需要报告法院的事项，采取列举方式加以确认，其余事项即为管理人可以自由行使职权的范围。对于涉及债权人和债权债务数额、债务人资产情况、主要破产财产清收计划、破产财产分配方案、重整和解意向等重要事项，应当明确为需报告事项。对于诸如债权人会议的程序内容、破产财产清收中的具体事务性工作等赋予管理人充分的自主权。

对管理人的业务培训应当主要由行业协会进行，法院可以根据工作需要组织本地区破产管理人进行定期的业务通报和问题分析，这些培训将有助于提升管理人的执业能力和素养。

（六）细化破产管理人的职能要求

破产管理事务具有很强的专业性，并且因为程序不同，专业能力的要求也各有偏重，所以，很有必要对管理人任职能力进行较为细致的分类，即对破产管理人任职资格按专业进行分类，加强破产管理人职业化。一方面，建立破产管理人市场准入制度、资格管理制度、工资报酬制度、权利责任法律制度。另一方面，要建立破产管理人的行业协会，以便对破产管理人的职责、身份等进行保障、支持和维护。

鉴于破产管理人在破产程序中居于枢纽地位,《企业破产法》应将管理人在三种不同程序中的选任、地位和职责分别做出规定。虽因此可能导致法条数目增加,但绝不能因此放弃对法规科学性、完整性与系统性的追求。

四、结语

企业破产的基本原则是"救得了企业,救企业;救不了企业,救事业;救不了事业,及时转为破产清算"。出清"僵尸企业",有利于实现资源优化配置、企业规范退出市场,保障市场经济的健康发展。企业破产无疑是一场磅礴"大戏",破产管理人无疑是"导演",破产管理人作为破产程序中的权利主体,有中立性、专业性、独立性的特性,发挥着不可替代的作用。首先破产管理人得有"话语权";其次破产管理人行事得"张弛有度"。故,破产管理人制度应围绕"放"与"控"双系统打造破产管理人的权力衡平机制,切忌"一放就乱,一管就死"。此外,企业破产是一项庞大的工程,非破产管理人独自所能驾驭,仍需债权人、债务人、法院及政府相关部门各方联动合作,寻求各方利益最佳平衡点,打造兼具科学、均衡、协调、相辅相成、互动发展的破产管理人权力衡平机制,实现共赢。不断规范目前管理人制度存在的问题,破产管理人也要在债权人和破产企业之间起到良好的沟通作用,方能为建立良好的营商环境做铺垫。

不良资产处置的破局之道

——破产法的魅力与挑战 [①]

唐仲尼　吴正彦 [②]

不良资产的处置模式，传统上主要关注协商催收、诉讼执行、批量转让的处置，即分别为打折模式、打官司模式、打包模式，逐渐转换到债务或资产重组、租赁、资产置换、受托处置，再到市场化债转股、不良资产证券化、银政企合作和破产重整或和解等新型模式或组合。在破产法市场化、法治化、常态化实施的进程中，无论是金融机构还是企业，都应当摒弃"谈'破'色变"的思维，正确意识到破产法实施的大趋势，将破产等作为解决不良资产处置的有效工具，主动参与、积极应对和适时优化，而非作为被动面对的障碍和困难。

一、不良资产的行业现状

（一）不良资产及其类型

《企业会计准则——基本准则》将"资产"定义为"企业过去的交易或者事项形成的、由企业拥有或者控制的、预期会给企业带来经济利益的资源"。对应地，"不良资产"即指处于非良好经营状态的，不能及时给银行、非银行金融机构及其他企业等带来正常利息收入、经营收益甚至难以收回成本的资产。中国经济在新型冠状病毒感染疫情常态化中缓慢恢复，但依然会延续复杂和分化的运行特征。中国在国际经济金融秩序中的地位和角色，以及对外开放的内涵和战略逐步转变，将会产生更多的竞争和更大的压力。但国内经济"三期叠加"效应仍未消退，先期实体经济快速推进所累积的巨大偿债压力，逐步沉淀为不良资产，成为经济可持续发展的桎梏，2018年以来，政策收紧虽

---

① 本文根据唐仲尼、吴正彦在"道破"论坛第四期所做"不良资产处置的破局之道——破产法的魅力与挑战"主题演讲整理而成。

② 唐仲尼，贵州贵达律师事务所副主任、高级合伙人、律师；吴正彦，贵州贵达律师事务所高级合伙人、律师。

然在一定程度上遏制了不良资产规模继续上行的态势，但 2020 年到 2022 年新型冠状病毒感染疫情再一次导致不良资产规模的激增。三年以来，不良资产规模一直持续提升，且路径日趋多元，并呈现出银行类金融机构、非银行类金融机构和非金融机构全方位供给的格局。

①银行不良资产指处于非良好经营状态的、不能及时给银行带来正常利息收入甚至银行难以收回本金的资产，主要是不良贷款，包括次级、可疑和损失贷款及其利息。银行一直是产生不良资产的主要领域，尤其是伴随着经济结构的调整，中小银行的风险将会进一步暴露，部分中小型银行已进入破产序列。

②非银行金融机构主要包括信托、证券、基金等机构，由于部分业务存在不符合流动性、安全性、效应性原则的风险，同样也会滋生不良资产。非银行金融机构中不良资产爆发较为集中，主要是受到政策调控、经济形势等多方面因素影响，全国到期债券违约等问题将继续蔓延，非银行金融机构中信托行业和证券行业或将成为不良资产重灾区。

③非金融机构不良资产，主要指企业在经营过程中形成的各类应收账款，例如企业被拖欠的各种货款、工程款、借款，以及不良实物、不良投资、不良无形资产等。近年来，在经济下行、贸易摩擦、新型冠状病毒感染疫情冲击等的影响下，产能过剩行业、结构转型行业面临整合、转型、重组，部分企业偿债能力下降，应收账款及应收票据回收难度上升，这些将沉淀为巨额坏账，增加市场不良资产规模扩大的风险。

（二）不良资产的规模

近年来，不良资产规模持续增加，主要表现如下。

1. 银行业金融机构不良资产规模持续增加

作为产生不良资产的主要领域，近年来银行业金融机构不良贷款余额持续增长，关注类贷款一直处于增长状态，2020 年、2021 年、2022 年第四季度不良资产分布如下表所示：

表 1.1　中国银行保险监督管理委员会商业银行不良贷款情况表

单位：亿元

项目		商业银行类型					
		大型商业银行	股份制商业银行	城市商业银行	民营银行	农村商业银行	外资银行
2020年第四季度	不良贷款余额	11052	5008	3660	87	7127	81
	次级类贷款余额	5357	2264	2142	37	2959	28

续表

项目		商业银行类型					
		大型商业银行	股份制商业银行	城市商业银行	民营银行	农村商业银行	外资银行
2020年第四季度	可疑类贷款余额	4077	1707	978	28	3694	38
	损失类贷款余额	1617	1037	540	22	475	16
	不良资产率	1.52%	1.50%	1.81%	1.27%	3.88%	0.58%
	总贷款余额	727105.26	333866.67	202209.94	6850.39	183685.57	13965.52
2021年第四季度	不良贷款余额	11236	4977	4403	113	7655	87
	次级类贷款余额	4428	2171	2683	51	3402	34
	可疑类贷款余额	4692	1793	1037	35	3767	38
	损失类贷款余额	2117	1013	683	28	486	15
	不良资产率	1.37%	1.37%	1.90%	1.26%	3.63%	0.56%
	总贷款余额	820145.99	363284.67	231736.84	8968.25	210881.54	15535.71
2022年第四季度	不良贷款余额	12113	5120	4776	166	7546	109
	次级类贷款余额	5833	2313	283	79	3104	45
	可疑类贷款余额	4170	1794	1150	53	3957	46
	损失类贷款余额	2109	1013	793	33	484	18
	不良资产率	1.31%	1.32%	1.85%	1.52%	3.22%	0.72%
	总贷款余额	924656.49	387878.79	258162.16	10921.05	234347.83	15138.89

注：①数据来源于中国银行保险监督管理委员会公布的商业银行主要指标分机构类情况表；
②总贷款余额根据"不良贷款率=（次级类贷款＋可疑类贷款＋损失类贷款）/总贷款余额×100%"的公式折算

整体来看，在银行业不良资产的组成中，存量上以大型商业银行为主，而增量上则以中小银行、农商行和农村信用合作社为主；从分类来看，不良贷款余额以次级类和可疑类为主，损失类占比相对较少；从银行类型来看，次级类和可疑类的不良贷款集中于大型商业银行和农村商业银行，损失类的不良贷款集中于大型商业银行和股份制商业银行中。并且，伴随着经济结构调整，中小银行的风险将会进一步暴露，甚至直接采取

"定增搭售不良""贷款搭配不良"等方式处置不良资产，可见中小银行不良压力之大。

同时，从不良贷款的增长率和总贷款余额的增长率可以看出，我国近3年商业银行不良贷款率下降主要来源于分母因素即贷款总额的增加，分子因素即不良贷款减少的影响较少。也就是说，不良资产率的下降并不是因为不良资产化解工作取得良好的效果，而是贷款总额大规模增加。这意味着，面对处置不良贷款诸多不利的市场环境，部分商业银行通过扩大贷款规模，稀释不良贷款，从而实现快速降低不良贷款率的目的。然而，贷款规模的扩大，不仅可能违背金融监管的要求，也可能危害银行自身的风险管理能力和信用评级，为下一波不良资产埋下伏笔。

此外，普华永道2022年8月发布的《中国不良资产管理行业改革与发展白皮书》整理了上市银行中6家大型商业银行和10家股份制商业银行2021年年报，16家银行的贷款准备金核销及转出规模为7815亿元，相当于其当年不良贷款余额的48%。

2. 信托行业风险资产规模持续升高

在金融去杠杆、强监管的宏观政策背景下，银行表外资金加速回表，同时平台公司举债受限，企业现金流相对紧张，部分信托公司展业较为激进，前期高速发展积聚的风险开始加速释放，导致信托计划逾期甚至违约事件增多。中国信托业协会指出，2020年第一季度末，信托业资产风险率为3.02%，已多年呈现提升态势；在新型冠状病毒感染疫情以及监管部门加大风险排查力度的影响下，信托行业风险仍在持续暴露。

自从2020年第二季度以后，中国信托业协会便不再公布信托风险资产规模和风险率，难以明确信托风险资产的具体情况。但通过比照银行业不良资产规模的增长趋势，信托业风险资产规模的增加已不言自明。

普华永道2022年8月发布的《中国不良资产管理行业改革与发展白皮书》指出，根据信托公司披露的2021年年报，60家信托公司自营不良资产规模合计同比增加21%，而全行业自营资产同比增速只有6.12%；60家信托公司自营资产平均不良率为8.16%，较2020年提高1.15个百分点。

3. 非金融机构应收账款继续增加

受到经济下行、贸易摩擦等因素的影响，企业经营压力增大，偿债能力堪忧，应收账款回收难度上升。在供给侧结构性改革的推动下，部分行业产能过剩，需要整合或者转型升级，对资产及债务重组的需求显著提升，由此导致资金回收周期不断延长，带动不良资产规模持续上升，2020年以来，在新型冠状病毒感染疫情的冲击下，各类企业举步维艰，尤其是在批发零售、住宿餐饮、物流运输、文化旅游等行业，冲击更为严重。即便各地政府纷纷出台推动经济复苏的积极政策，依然不能抵消本次疫情对企业造成的巨大损失，这其中不仅包括经营收入、经营成本，还包括由于延期履约或无法正常履约而支付的违约金、赔偿金，进一步恶化实体企业融资能力，导致实体企业资金链日趋紧张，上下游企业经营能力下降。国家统计局数据显示，规模以上工业企业 2022 年应收账款 21.65 万亿元（比上年增长 12.3%），产成品存货 6.04 万亿元（增长 9.9%）；2021 年应收账款 18.87 万亿元（比上年增长 13.3%），产成品存货 5.40 万亿元（增长 17.1%）。企业面临经济遇冷和偿还债务双重压力进一步加剧，部分应收账款及应收票据或将逐步沉淀形成的坏账继续增厚不良资产储备。

总的来说，无论是银行、其他金融机构还是非金融机构，不良资产规模近年来保持一定规模的增长，整体市场环境的变化、资产结构的调整、风险偏好的变化，在 2020 年到 2022 年新型冠状病毒感染疫情的冲击下进一步加剧，不良资产规模激增。并且，在未来相当长的一段时间内，累积形成的不良资产难以化解，新的不良资产还将持续增加。

（三）不良资产的影响

持续增长的不良资产，不仅严重影响银行、金融机构及企业的盈利能力和资金周转，也影响了金融体系的稳定性和信用质量。

首先，不良资产过高影响银行、金融机构及其他企业的资金周转。大量资金的沉淀，使得企业的资金难以合理流动和优化配置，加大了资产的风险。资金难以收回，将造成企业经营缺乏活力，效益低下，企业发展前景令人担忧。以银行为例，不良贷款占用了银行的资金和额度，银行还需要预留更多的坏账拨备，这样不仅降低了银行的盈利能力和信贷投放能力，还可能导致一些优质项目得不到贷款的支持。

其次，不良资产过高会造成企业的资产损失。不良资产难以收回，将直接造成企业损失；即使银行等有抵押物且抵押物可以变现，但受抵押物变现难度大、变现时间长等影响，也存在一定的资金损失。并且，不良资产过高，企业可动用的资金大大减少，也就制约着企业的资金周转，使资金无法运用到收益更大的项目上，这对企业经营来说也是一种损失。

再次，不良资产过高导致企业利润减少、费用增加，不利于企业的经营活动。以银行为例，不良资产率过高导致银行的现金流入减少，增加了银行的流动性风险，可能导致银行出现资金紧张或缺口，影响银行的正常运营和信用；并且，较多的贷款利息无法收回，银行却要如实支付这部分资金的利息及其他相关费用，企业所欠利息越多，银行虚盈实亏现象就越严重。

最后，不良资产过高制约社会资源的有效配置。不良资产率过高会削弱银行等的抗风险能力，增加金融体系的脆弱性，可能引发金融危机，对金融稳定和经济发展造成严重的负面影响。现代经济活动中，资金、土地、管理、信息、技术等都是重要的生产要素，资金是生产要素之首，企业不良资产过高，资金的有效配置便无法得到发挥，这直接影响到整个国民经济效益的实现。

因此，不良资产的化解是一个重要的课题，不良资产化解的目标不仅能最大限度地挽回损失，恢复和保持金融机构和非金融机构的正常运作，更能促进经济结构优化和实体经济发展。

二、不良资产传统的化解路径及困境

传统的不良资产化解路径包括催收、清收、处置抵押物以及不良资产转让等。

（一）催收

催收即利用各种非诉手段，督促承担债务清偿责任的一方或多方偿还相应债务，催收一般适用债权债务关系明确、债务承担方具有较强还款意愿且有足够的资产能够覆盖其债务的情况。

催收的优势非常突出：第一，催收难度较低，操作技术不高，一般工作人员即可进行催收；第二，催收成本较低，无须支付诉讼费用、中介费用等。然而，不同于一般债务的催收，不良资产的催收往往难以发挥作用，主要表现在如下几个方面。

首先，债务人的还款能力直接影响催收的效果。以银行为例，根据《贷款风险分类指引》第五条，不良贷款包括次级（借款人的还款能力出现明显问题，完全依靠其正常营业收入无法足额偿还贷款本息，即使执行担保，也可能会造成一定损失）、可疑（借款人无法足额偿还贷款本息，即使执行担保，也肯定要造成较大损失）、损失（在采取所有可能的措施或一切必要的法律程序之后，本息仍然无法收回，或只能收回极少部分）三类，即便是最轻的次级贷款，债务人的还款能力也已经出现明显问题，通过催收的方式不能提高、改善债务人的还款能力，即便债务人有还款意愿最终也难以实施。

其次，在催收过程中，债务人还款主要基于自愿，还款方式、还款时间等通常由债权人、债务人协商确定，缺乏强制力，并且债权人对债务人的资产负债、经营等情况的了解主要基于债务人提供的资料、信息，难以做出合理的判断。如果债务人不配合或故意逃避，催收的效果可能非常不理想。因此，部分债务人可能借协商的机会拖延还款时间。此外，催收行为即使收回部分财产，也存在不能得到法律认可的情形，例如，债权人收回部分款项后债务人进入破产程序，部分已收回款项可能面临被管理人依照《企业破产法》进行撤销的风险。

再次，催收的时间较长的话，可能会错过通过其他方式化解不良资产的时机。如前所述，银行次级类贷款中，债务人的正常经营收入虽无法足额偿还贷款本息，但仍处于正常经营的过程中，如放任债务人财务状况继续恶化，贷款将进一步演变为可疑类，甚至损失类。此外，在催收过程中，其他债权人还可能通过清收的方式，查封、冻结债务人财产并在后续执行程序中获得一定程度的优先权利，导致未查封的债权人难以得到公平清偿。

最后，当债务人还款能力出现问题且债务人自身难以解决时，部分催收行为可能会引起债务人的恐慌或者抵触，甚至导致债务人采取恶意逃废债、转移财产等方式与债权人形成对抗。债务人的这些行为不仅大大提高催收的难度，也提高了通过清收或其他方式化解不良资产的难度。

（二）清收

清收即通过民事诉讼、民商事仲裁、民事督促（支付令）、执行公证债权文书等方式，确立债权的合法性，依靠法律程序收回债权。清收主要适用于债务人出现生产经营困难、财务状况严重恶化，停止营业或实际控制人下落不明，有明显转移资产或逃废债务的行为等情形。

与催收相比，清收最大的优势在于可以通过法律手段强制债务人履行义务，且在胜诉的情况下，诉讼费用还可以由债务人承担。通过诉讼、仲裁、保全、强制执行等一系列方式，强制债务人清偿债务，对于死硬分子或者明显赖账的客户来说，这是一个非常有效的选择。但清收也存在一系列痛点，具体如下。

首先，清收耗时长，成本较高。以诉讼、强制执行为例，债权人提起诉讼后，从递交起诉状到拿到生效的法律文书，往往需要较长的时间，且时间长短往往与法院审判力量、案件数量等有直接关系；即便进入执行且侥幸发现资产，在处置资产时拍卖模式周期长、佣金高、成交率低，难以变现；在诉讼中，债权人需预交案件受理费、保全费、公告费等诉讼费用，但是否胜诉或是否能退回诉讼费用尚未可知。

其次，执行难仍是清收的困境。执行难主要表现在：①查人找物难，相当数量的债务人想方设法以转移隐匿财产、隐藏行踪等手段规避执行，甚至暴力抗拒执行，严重影响了执行的开展和债权的回收，即使法院、债权人付出大量精力仍难以查到；②财产变现难，执行中查到的财产多是房地产、车辆、船舶、股权、证券等，受市场经济影响，变现难度大；③排除非法干预难，部分单位和个人基于部门利益、地方利益，干预、妨碍执行，导致执行效果不佳。此外，大部分不良资产，银行已提起诉讼、申请强制执行仍未得到全额清偿或未得到清偿，才作为不良资产流入市场。

再次，清收将会对债权人、债务人之间的关系造成较为严重的破坏，它不仅会损害债务人的经济利益和社会信誉，还会给债权人带来额外的成本和风险。一般而言，对于主要合作客户一般不轻易清收，只有在其他方式都无法解决债务问题时才会考虑。

最后，无论是催收还是清收，都是以实现个别债权人的清偿为目的的，都不能改善债务人的财务困境。相反，部分保全、强制执行行为，将会严重破坏债务人的经营，导致债务人财务状况进一步恶化，例如，查封机器设备、原材料等导致生产难以为继。对于债权人来说，并不是每个债权人每次都能第一时间查封到资产或者获得优先清偿，更多的债权人由于采取强制措施的时间延后，难以获得有效清偿。

（三）处置抵押物

处置抵押物即在债权债务届满时，因债务人原因导致债权人债权并未实现，通过协商或向法院等司法机构申请，对抵押物进行变现，并将变现所得优先清偿债权。

处置抵押物是实现债权的有效方式之一，通过拍卖、折价或变卖等方式，充分发挥抵押物的市场价值，能够有效提高债权实现的效率，缩短债权回收的周期。然而，处置抵押物也存在较多痛点。

首先，抵押物实际价值可能远低于债权金额，导致债权不能全额受偿。抵押物一般包括房产（住宅、商业、车位）、机器设备、股权、土地、在建工程、车辆等，受市场影响，财产处置困难。例如，商业房地产评估价值较高，但在实际变现过程中，受电商平台挤压实体店流量、商铺交易税费高且流通性差等影响，变现难度大，经过三次拍卖和变卖仍未成交的比比皆是。

其次，抵押物的转让可能严重损害抵押权人的利益，导致抵押权实现的难度增加。例如，房地产开发企业将已抵押房产进行销售，并向他人交付房产，在抵押权实现过程中，无论是法院还是债权人，都难以腾退已经入住的购房人，这样的资产即便强行启动拍卖、变卖，也难以寻找到合适的买家，导致抵押权难以实现。

再次，抵押物的执行可能遇到法律或实际的障碍，导致抵押权实现的风险提高。例如，抵押人、借款人失联或不配合，人为拉长了抵押物处置时间。

最后，抵押物的处置可能受到其他权利的影响，导致抵押权实现的效果降低。例如，抵押物为在建工程时，受到承包人建设工程优先权或业主权利的制约，抵押权的优先顺位受到挤压，而在建工程的处置难度极大，多次降价且优先满足其他债权人后，抵押权人的利益往往难以实现。

（四）转让

转让即是指金融机构或其他企业将其持有的不良贷款、债券、股权等资产出售给其他主体的行为。不良资产转让的目的是减轻金融机构或其他企业的资产负债压力，提高其资产质量和盈利能力，同时也为其他主体提供了投资机会和收益来源。

转让对于债权人来说是最直接的处置不良资产的方式，然而，通过转让处置不良资产也存在一些痛点，主要有以下几点。

首先，转让价格低于账面价值。由于不良资产的市场需求有限，而且存在较高的风险和不确定性，因此转让方通常会以低于账面价值的价格出售不良资产，从而导致企业的资产负债表出现损失。

其次，转让过程复杂耗时。转让不良资产需要进行大量的前期准备工作，如对不良资产进行评估、分类、分包、定价等，同时还需要与转入方进行谈判、签订合同、办理相关手续等，这些过程都会消耗企业的时间和资源。

再次，转让后仍需承担部分责任。在某些情况下，转让方在出售不良资产后仍需承担部分责任，如提供担保、承诺回购、承担诉讼等，这些责任会增加企业的风险和成本。

最重要的一点是，不良资产的转让并没有真正意义上化解不良资产，只是通过"击鼓传花"将不良资产转移到了下一个人，暂时解决了不良资产当前持有人的困境。从整个社会的角度来看，不良资产仍然存在，转让行为并没有让不良资产本身的性质发生改变，其对于金融稳定、经济发展的不良影响仍然存在。

三、破产作为化解不良资产路径的分析

（一）破产与化解不良资产的关系

破产是市场经济社会发展到一定阶段必然出现的法律现象，当债务人出现丧失或可能丧失清偿能力时，通过司法程序，将其全部财产进行清算后分配给债权人，或为避免进入破产清算而对其进行重整或和解，也就是进入了破产程序。破产程序与不良资产始终紧密联系在一起。

从破产法的历史沿革上来看，破产法始终是以在债务人丧失清偿能力情况下保护债权人利益为宗旨的。业内普遍认为，古罗马时期发达的商品经济，已经孕育了最初的破产法。早期的破产法完全是从保护债权人利益的角度出发来调整债权债务关系，按照《十二铜表法》的规定，经债务人承认或法庭认可的债务到期后，债务人有30天的还债宽限期；到期未清偿债务的，债权人可以将其拘捕起来，带到法官面前申请执行；如果仍不能清偿债务，也无人为之担保，法官可以将债务人交债权人拘禁60日，拘禁期间可以和解或寻找愿意为其担保、代偿的人；拘禁期满仍不能偿还的，可将债务人售

至他国为奴，由债权人分享价款，还可以将其处死、分尸，由债权人分配尸体。这些规定表明，债务人丧失清偿能力时如何偿还债务已经被列入了法律调整的范围。此后的数千年时间里，破产制度随时代而发展，直至发展成现在各国的破产制度，但破产法始终坚持以在债务人丧失清偿能力情况下保护债权人利益为宗旨。我国现行《企业破产法》第一条直接将"公平清理债权债务，保护债权人和债务人的合法利益"作为立法宗旨。对于不良资产来说，不良资产因债务人缺乏清偿能力导致难以被收回，与破产中的债务人缺乏清偿能力从而通过破产还债的情况高度重叠，通过破产化解不良资产可谓"对症下药"。

从我国近年来的破产实践看，破产解决了传统的不良资产化解路径痛点。如前所述，不良资产化解工作中传统的催收、清收、处置抵押物等方式，难以执行下来的原因主要有两点：一是受经济形势影响，多数资产难以通过拍卖、变卖的方式处置，执行难度大，通过执行、处置抵押物等方式清偿债权的效果十分有限；二是未能改变债务人的财务困境，债务人财产的整体价值十分有限，导致"僧多粥少"、债权人互相争夺等情况出现，且多数债权人必然面临亏损。对于小微企业、个人来说，不良资产的数量有限，尚存侥幸心理；但对于银行、资产管理公司等持有大量不良资产的企业来说，不能寻求合法、合理、可行的方式化解不良资产，必然产生大量亏损。为了解决这些问题，最高人民法院在2016年发布了《关于依法开展破产案件审理积极稳妥推进破产企业救治和清算工作的通知》（法〔2016〕169号），明确提出"依法开展破产案件审理，是解决执行难的重要途径"，要求"通过破产和解化解一批、破产重整处置一批、破产清算消除一批，使企业破产制度成为解决执行难的配套制度"。化解执行难为破产的发展带来机遇，而近年破产法律制度的高效运作也为化解债务提供了重要支持。全国人民代表大会常务委员会执法检查组于2021年发布的《关于检查〈中华人民共和国企业破产法〉实施情况的报告》提到，福建省厦门市中级人民法院等积极探索开展预重整工作，推动庭外重组与庭内重整有序衔接，及时处置债务风险；上海破产法庭近两年推动17家进入破产清算的中小企业成功和解，清理逾44亿元债权债务，盘活约17亿元资产。实践一再证明，破产在化解不良资产方面具有一定的优势。

不难看出，破产在化解不良资产方面正在发挥重要作用。然而，实践中仍有很多金融机构、企业不愿意主动通过破产的方式化解不良资产，甚至排斥破产程序，我认为有以下多方面的原因。

第一，破产程序相关知识普及率不高。尽管现行《企业破产法》已实施10余年，但真正得到发展是在2017年，中国的破产法发展相对其他发达国家来说相对较晚，作为经济发展、市场经济相对落后的贵州，破产事业发展更晚，破产的法律理念仍未能普及，以至于多数社会公众仍"闻破色变"，更不用说运用破产的方式化解不良资产了。

第二，破产实施情况不佳。由于破产尚处起步阶段等多方面原因，贵州地区的破产实施情况仍存在一些问题，简单来说，受到破产法律制度对金融债权的保护力度不足、市场环境、经济环境的作用，加之受政府、法院、中介机构等的影响，部分破产管理、破产代理工作未能真正发挥作用，导致债权人对破产的误解进一步加深。

第三，债权人参与破产程序的积极性不高。多数债权人参与破产程序的积极性不高，认为其在破产程序中只能被动接受法院、管理人提出的各项方案和各项决定，未将破产程序作为保护其合法权益的手段。诚然，部分法院、管理人为了便于工作开展，会刻意限制债权人参与破产程序，但债权人缺乏参与破产程序的意愿和积极性，不能有效表达其诉求、不能参与协商解决方案之中，也是不良资产不易化解的一个重要原因。

从市场经济的发展来看，金融机构、企业的不良资产规模逐步扩大，部分企业的财务困境加剧已经是必然趋势，无论债权人是否愿意，破产凭借一系列制度设计和程序运作，被广泛运用到不良资产化解领域已是必然趋势。

（二）破产制度设计与不良资产化解

破产的诸多制度设计，相比催收、清算等方式，更有利于不良资产的化解，主要有如下几种制度设计。

1. 财产和营业事务接管

实际掌握财产的债务人缺乏偿债意愿是不良资产处置过程中的一大痛点，在难以了解债务人财产状况的情况下，债权人无论是清收还是催收，效果都十分有限。但在破产程序中，债务人一般不能直接管理其财产和营业事务，由管理人统一进行管理，并通过终止执行、解除保全、统一清理、审计评估、统一管理等方式，调查和归集债务人财产，以用于清偿债权。举例来说，管理人对于债务人财产状况的调查，得益于对财产的全面掌握和政府、法院的高度支持，可谓最完美的尽职调查。即使是在债务人自行管理财产和营业事务的情况下，管理人也能对财产进行有效的调查和对债务人的行为进行监督。

对债权人来说，管理人接管财产和营业事务，可以防止破产企业或个人继续隐匿、转移、浪费或损毁财产，以及偏袒或欺诈债权人，从而保证债权人的合法权益尽可能地得到保障，还可以避免债务人财产被无序地拍卖或清算，造成财产营运价值的降低。

2. 破产撤销权的行使

破产程序中的破产撤销权是指管理人在一定条件下，可以请求法院撤销破产人在破产程序开始前一定期间内的某些对债权人不利的行为，防止破产人通过转移财产或者偏袒部分债权人而损害其他债权人的清偿权。

破产撤销权可以恢复破产财产，增加清偿资金。通过撤销破产人在破产程序开始前转移或者隐匿的财产，或者与部分债权人达成的不公平的和解或抵销协议，可以使这些财产重新纳入破产财产范围，从而增加清偿资金，提高债权人的清偿率。

破产撤销权可以维护债权人的平等地位，实现债权的公平分配。撤销破产人在破产程序开始前对部分债权人的偏袒或者优待，可以使这些债权人与其他债权人处于同等地位，从而遵循了破产法的平等原则，实现公平分配。

3. 财产和营业的整体处置

财产难以处置是不良资产化解工作中的又一大痛点，即使查封了债务人的财产，经过多次拍卖、变卖后仍难以成交。除财产本身和市场的因素外，财产被分割处置、难以发挥整体营运价值也是重要原因之一。在破产程序中，财产和营运得以整体处置，不仅可以保持企业经营的连续性和财产价值的最大化，还可以减少破产成本，从而提高债权人的回收率。

破产程序中财产和营运的整体处置，在重整和和解中，可以避免企业的分割和清算，维持企业的生产经营活动，保护企业的品牌、客户、人才等无形资产，提高重整成功率。在破产清算中，可以提高资产的价值，增加出售或转让的竞争力，吸引更多的潜在投资者，实现资产的最大优化处置，从而增加债权人的回收金额。

4. 股东出资与关联企业债权

破产程序中，追缴股东出资是一种保护债权人利益的重要措施。根据我国《企业破产法》的规定，股东应当按照约定向公司履行出资义务，如果公司进入破产程序，而股东未履行或者未完全履行出资义务，或存在抽逃出资等行为，管理人可以向股东追缴出资，以增加破产财产，提高债权人的清偿率。此外，即使出资期限未满，管理人同样可主张提前到期，要求股东履行出资义务。

同时，如果债务人股东及关联企业与债务人存在不合理关联交易等，涉及损害债权人利益的，还可以通过破产程序确认为劣后债权，劣后于普通债权清偿，这样可以防止股东利用关联交易损害债权人利益。

5. 关联企业合并破产程序

破产程序中对关联企业进行合并破产有利于债权实现，是一种有效的破产管理方式，能有效解决部分债务人借关联企业逃避债务的情形。破产程序中，可以根据具体情况，综合考虑关联企业之间的关系、资产状况、债务规模、债权人意见等因素，合理判断是否适用合并破产制度，以保障债权人的最大利益。

通过合并破产，可以避免关联企业之间的资产转移、债务置换、利益输送等行为，维护债权人的合法权益，防止资产流失和财务造假；可以简化破产程序，减少重复的审理、清算、分配等环节，节省时间和成本，提高破产效率和效果；可以实现关联企业的整体重组，优化资源配置，提升企业的竞争力和生存能力，提高重整成功率。

6. 参与破产程序成本

债权人参与破产程序的成本相对提起诉讼、申请强制执行来说普遍较低。提起诉讼或仲裁的情况下，债权人需交纳较高的诉讼费案件受理费用、仲裁费用，根据案件情况，还可能涉及保全费用、公告费用、评估费用等。而破产程序是一种集体性的债权清算方式，债权人不需要单独承担诉讼费等费用，而是由破产财产扣除。同时，破产程序的效率也比诉讼、强制执行更高，债权人可以更快地收回部分或全部债权。因此，对于债务人无力偿还或拒不偿还的情况，债权人应当积极参与破产程序，维护自身的合法权益。

得益于近年破产信息化的高速发展，债权申报、债权人会议、债权人表决等都可以通过线上完成，债权人在参与破产程序方面能有效节约时间和成本。

四、破产作为化解不良资产路径的实施要点

（一）积极参与破产程序

参与破产程序的积极性不高以及参与破产程序的渠道不畅通，是债权人利益难以得到依法保护的重要原因。以金融机构债权人为例，金融机构债权人作为破产企业的重要债权人之一，在破产程序中不仅要履行相应的义务，也享有相应的权利，金融机构债权人应当积极参与破产程序，表达自身诉求，提出合理意见、建议或提供合理方案，才能从根本上维护自身利益，具体如下。

一是及时申请破产。相对一般债权人来说，金融机构对于不良资产化解的需求较高，提出破产申请的意愿应当更加强烈，特别是银行不良贷款和资产管理公司收购的不良资产。并且，金融机构债权人一般具有一定影响力，无论是破产程序的受理还是对破产程序的推动都能发挥较大作用，其提出的破产申请更容易被法院受理。

二是及时申报债权。债权人应当在法院规定的期限内向管理人申报其对债务人的债权，并提供相关证据材料。如果债权未被确认或者有异议，应当及时提出异议或者诉讼，以保障自己在破产分配中的受偿顺序和比例。

三是积极参加债权人会议和债权人委员会。金融机构债权人应当按时参加债权人会议，行使表决权和监督权，对管理人的工作进行有效监督和评价。如果有条件，金融机构债权人还可以争取成为债权人委员会的成员，积极参加债权人会议，更加深入地参与

破产程序的决策和执行。

四是支持或者提出重整方案。金融机构债权人应当根据破产企业的实际情况和市场前景，判断其是否具有重整价值和重整可行性。如果有重整价值，金融机构债权人可以支持管理人或者债务人提出的重整方案，或者自己提出重整建议、方案并交给管理人、债务人，争取其他债权人的支持。如果没有重整价值，金融机构债权人可以反对重整方案，并要求尽快进行清算分配。

五是提供或者协助重整融资。金融机构债权人作为专业的金融服务机构，在破产重整中可以发挥其资金优势和风险控制能力，为破产企业提供必要的重整融资，或者协助管理人或者投资者寻找其他合适的重整融资渠道。重整融资不仅可以帮助破产企业恢复生产经营，增加资产价值，也可以享有优先受偿的权利。

上述方式在实践时，还有诸多应当注意的地方，在后文将逐一分析，但总的来说，金融机构债权人可以在破产程序中发挥积极作用，不仅有利于促进破产企业的挽救或者有序退出，更有利于保障自身的合法利益、化解不良资产。

还要注意的一点是债权人应当重视参与破产程序的方式，让自身的意见更容易得到法院和管理人重视。法院、管理人并非债务人的代表，而是站在独立、中立的角度推动破产程序的进行，维护全体债权人、职工、债务人等的合法权益。特别是作为破产事务具体执行者的管理人，债权人不应预设管理人为诉讼中的对方当事人，用尽手段只为击倒对方；也不应该视其为自身聘请的中介机构，以债权人自身的利益保护为中心。以此为基础，债权人、管理人之间才能建立良好的沟通、协商和合作关系。根据我国《企业破产法》的规定，债权人有权在破产程序中行使多种权利，如申请破产、参加债权人会议、推选和监督管理人、申报和核实债权、参与分配等。这些权利既是债权人维护自身利益的手段，也是债权人参与和监督破产程序的途径。但是，债权人要想有效地行使这些权利，就必须遵守一定的程序规则，尊重法院和管理人的职责和权限，理解和配合他们在破产程序中所做的工作。否则，债权人可能会因为不了解或不遵守程序规则而导致自身权益受到损害或影响破产程序的正常进行。

（二）选择专业的中介机构

在破产程序中，与债权人直接相关的中介机构主要是管理人和债权代理机构，前者由法院按照有关规定和程序指定，但符合条件的情况下债权人可向法院推荐，也可以在破产程序中申请法院更换；后者即债权人聘请的代理债权人参与破产程序的代理机构，一般为律师事务所。聘请专业的中介机构的目的，是为了保护债权人自身的合法权益，维护破产法的公正执行，促进破产财产的合理分配和债务清偿。

管理人是破产事务的具体执行者，专业的管理人具有以下优势：第一，专业的管理人有丰富的破产案件处理经验，能够有效地协调各方利益，提高破产程序的效率和效果；第二，专业的管理人具备专业的法律、财务、审计、工程等综合能力，能够准确把握债务人财产的评估、清理、变现以及债务人营业管理、重整计划制作等工作，保障债权人的合法权益；第三，专业的管理人有良好的信誉和社会责任感，能够遵守破产法律规定，尊重债权人的意见和诉求，维护破产程序的公开、公平、公正。

推荐破产管理人是债权人参与破产程序、更好地保护债权人利益的重要体现。国务院 2021 年 11 月发布的《国务院关于开展营商环境创新试点工作的意见》提出，在预重整中允许债权人等推荐选任破产管理人。世界银行 2022 年 2 月 4 日发布的《项目初步概念书：营造宜商环境（BEE）》中，将"提升债权人参与度"作为商事破产的指标之一，允许债权人等推荐选任管理人正是在这一背景下出台的提升营商环境的具体措施之一。多数地区推荐担任管理人一般只适用于经过行政清理、清算的金融机构破产案件，北京、重庆作为重要试点城市，相继推出《北京破产法庭接受债权人推荐指定管理人的工作办法》和《破产案件管理人指定办法》，明确允许债权人、债务人推荐管理人的案件类型。而在贵州的司法实践中，已经开始有条件地允许债权人推荐管理人。允许债权人推荐管理人对债权人来说有利有弊：一方面，债权人可以主动向法院推荐专业、合适的中介机构担任管理人，以保障破产程序的高效、顺利进行，债权依法得到公平清偿；另一方面，其他债权人需对部分债权人或者债务人推荐的中介机构进行审查，防止债务人借此逃废债或者部分债权人获得特别保护。

为了有效地参与破产程序，债权人还应当选择合适的债权代理机构，代表债权人行使破产程序中的各项权利和义务，以便在破产案件中发挥积极作用。债权人应当从以下角度考量：首先是债权代理机构的资质和专业水平。债权代理机构应当具备从事破产法律服务的资质和经验，能够熟悉和掌握破产法律规定和司法实践，能够为债权人提供专业、高效、合规的法律服务。其次是债权代理机构的服务范围和费用标准。债权人应当明确债权代理机构的服务范围，包括是否涵盖申报债权、参加债权人会议、监督管理人行为、提出异议或诉讼等各个环节，以及是否能够协调和沟通其他相关方，如管理人、法院、其他债权人等，同时，债权人应当了解债权代理机构的收费标准和方式。第三是债权代理机构的信誉和业绩。债权人应当选择有良好信誉和业绩的债权代理机构，可以通过查询相关网站、媒体、行业协会等渠道，了解债权代理机构的历史业绩、客户评价、案件成功率等信息，以及是否存在不良记录、投诉或纠纷等情况。第四是债权代理机构的沟通和合作方式。债权人应当了解债权代理机构的工作态度、工作方法、工作效率等，以及是否能够及时反馈案件进展、提出建议或意见等，选择能够与自己保持良好沟通和合作的债权代理机构。

但从贵州的破产实践来看，多数债权人并不重视债权代理机构的选任，选任的债权代理机构水平较差、代理费用较低，缺乏参与破产程序的积极性，通常只关注债权申报和开会表决两项工作，导致债权代理的效果不佳，进一步加深了债权人对债权代理机构的不重视，造成恶性循环。专业的债权代理机构，应该从申请破产到申报债权，从监督财产催收、管理到参与重整计划的制作，都能为债权人提供合法、专业、高效的法律服务，打通政府、法院、管理人与债权人之间的沟通渠道，最大限度地保障债权人的合法权益。

此外，与债权人间接相关的中介机构还包括财务审计、资产评估、税务策划、成本测算等，当债权人参与上述机构的选聘时，应当注意从专业能力、利害关系等方面重点考量，尽量选择有相关经验和资质的机构，防止因为中介机构的不适任或者利益冲突而影响破产案件办理的效果。

（三）债权申报与审核

债权申报是债权人获得清偿的前提和参与破产程序的基础。进入破产程序后，债权人不能通过提起诉讼、申请执行等方式获得清偿，只能向管理人申报债权，与其他债权人一同按照有关方案获得清偿。

第一步是获取债权申报信息。债务人进入破产程序后，人民法院、管理人会根据债权清册等记载的已知债权人信息，通知已知债权人申报债权；同时，法院、管理人也会在全国企业破产重整案件信息网等发布债权申报公告，债权人可自行查看。需要说明的是，如债务人提供的债权清册不完整，法院、管理人可能难以通知到债权人，因此债权人应关注自身权利，主动与债务人联系催收、追收债权等，不仅能保障债权不会超过诉讼时效，还能及时获得是否进入破产、如何申报债权等相关信息，避免错过破产程序。

第二步是申报债权。债权申报公告、通知时，管理人一般会详细说明债权申报的要求，指导债权人如何申报债权，例如提交材料的份数，所需要的手续，申报债权的地点、期限等，所以一般情况下债权人根据相关要求提供证据、申报债权即可。同时，管理人还会要求债权人一次性申报全部债权，并提供与债权有关的全部证据等。但对于存在优先权、金额较大、形成过程复杂、各方存有争议等情况的债权，需要有一定的专业能力才能准确地申报债权。遗漏申报金额、未申报优先权、申报类型错误、提供证据不足是债权申报中最常见的错误，在未从事破产的律师、大中型企业以及政府机构身上也时有发生。贵达所办理破产案件五十余件，部分案件债权人上千人，其中不乏申报债权错误而贻误债权实现的情况。比如，担保债权人、工程价款优先债权人将其债权作为普通债权申报，或者遗漏优先标的物。因此，重大、复杂的债权申报，建议通过专业的中介机构进行。

第三步是债权审查与核查。债权人申报债权后，管理人将对全部债权进行审查，并将审查结论通知债权人；管理人还将根据债权审查情况制作债权表，提请债权人会议核查。对债权审查结论不服的，债权人可向管理人提出异议并提供证据材料，由管理人进行复核；复核后，债权人仍不服的，可以向破产案件受理法院提起诉讼或向破产受理前约定的仲裁机构申请仲裁。提起诉讼或申请仲裁应当在债权人会议核查之日起十五日内进行，逾期未提出的视为无异议，管理人将以申请人民法院裁定的方式予以确认。

债权核查的过程中应当特别注意，债权人对于自身的债权审查结论一般都能及早地核查，但很可能遗漏对于他人债权的核查。司法实践中，债权人、债务人提供的资料可能存在虚假、遗漏的情况，影响债权审查结论的准确性。然而绝大多数债务人存在资不抵债的情况，债权性质、总额将直接关系到债权人最终可得清偿，因此债权人不仅仅需要核查自身债权，更需要认真仔细地核查其他债权，防止虚假不实的债权混迹其中，损害债权人的利益。但要求债权人对全部债权都认真进行核查显然不现实，从效率和收益的角度考虑，债权人应当特别重视下列债权的核查：首先是有财产担保的债权以及工程价款优先债权、高管职工债权等其他优先权，此类债权均存在优先受偿的可能，且优先受偿债权之间仍有先后之分，对于可能优先于自身债权的其他债权，债权人都应高度重视；其次是与债务人以及债务人股东、债务人高管等有关联的债权，此类债权金额较大且作为普通债权受偿将会严重压缩普通债权的受偿资金，但如果能作为劣后债权将会大大提高普通债权的清偿率；最后是为他人提供保证的债权，要审查这类债权是否有故意降低债务人财产的可能，在受偿后是否能向保证人追回等情况。

（四）有效行使担保物权

根据《企业破产法》第一百零九条之规定，对破产人的特定财产享有担保权的权利人，对该特定财产享有优先受偿的权利。需要注意的是，有财产担保债权人的优先受偿只能针对担保财产的变现所得，但在重整中，重整所必需的担保物通过变现的方式实现债权人权利的可能性较低，因此债权的实现过程、结果更为复杂。此外，根据《企业破产法》第一百一十条的规定，有财产担保的债权人行使优先受偿权利未能完全受偿的，其未受偿的债权作为普通债权；放弃优先受偿权利的，其债权作为普通债权。

债务人进入破产程序并不代表担保物权不能行使，根据《企业破产法》第七十五条的规定，在重整期间，对债务人的特定财产享有的担保权暂停行使，但是，担保物有损坏或者价值明显减少的可能，足以危害担保权人权利的，担保权人可以向人民法院请求恢复行使担保权。在破产清算程序中，行使担保物权不受限制。按照《全国法院民商事审判工作会议纪要》相关规定，人民法院应当自收到恢复行使担保物权申请之日起三十日内作出裁定。担保物权人不服该裁定的，可以自收到裁定书之日起十日内，向作出裁定的人民法院申请复议。人民法院裁定批准行使担保物权的，管理人或者自行管理的债务人应当在自收到裁定书之日起十五日内启动对担保物的拍卖或者变卖，拍卖或者变卖担保物所得价款在支付拍卖、变卖费用后优先清偿担保物权人的债权。

在实践中，不乏债权人因误解进入破产程序后担保物权均暂停行使而延误债权回收的情况。例如，贵达所办理的遵义某房开公司重整中，抵押物中不乏地理位置优越的商业房，但债权人不主动行使担保物权，甚至在管理人说明法律有关规定后，债权人仍未行使该权利，而后续管理人按照表决通过的重整计划处置资产时，该部分商业房得到市场青睐。

当该笔债权担保人与债务人不一致或有其他保证人时，行使担保物权还应当注意以下几点：第一，债务人进入破产程序后债权人只能向管理人申报债权，但不影响债权人向担保人主张权利。根据《最高人民法院关于适用〈中华人民共和国民法典〉有关担保制度的解释》之规定，人民法院受理债务人破产案件后，债权人有权要求担保人承担担保责任，但担保人可主张担保债务自人民法院受理破产申请之日起停止计息。第二，关于债权人与担保人的债权清偿方面，担保人清偿债权人的全部债权后，可以代替债权人在破产程序中受偿；在债权人的债权未获全部清偿前，担保人不得代替债权人在破产程序中受偿，但是有权就债权人通过破产分配和实现担保债权等方式获得清偿总额中超出债权的部分，在其承担担保责任的范围内请求债权人返还。债权人在债务人破产程序中未获得全部清偿，可以请求担保人继续承担担保责任。第三，债权人知道债务人进入破产程序后，应当及时申报债权、行使权利，还应及时告知担保人。债权人知道或者应当知道债务人破产，既未申报债权也未通知担保人，致使担保人不能预先行使追偿权的，担保人就该债权在破产程序中可能受偿的范围内免除担保责任，但是担保人因自身过错未行使追偿权的除外。第四，保证不属于财产担保的方式，因其申报与财产担保有一定的相似之处，故一并说明。根据《最高人民法院关于适用〈中华人民共和国企业破产法〉若干问题的规定（三）》，保证人被裁定进入破产程序后，债权人可以向保证人申报保证债权；主债务未到期的，保证债权在保证人破产申请受理时视为到期，且一般保证人不得行使先诉抗辩权；破产财产分配时应待一般保证人承担的保证责任确定后，再按照破产清偿的比例进行分配。此外，当债务人、保证人均进入破产时，债权人有权分别申报债权；债权人的债权额在一方破产程序中获得清偿后，不调整在另一方破产程序中的债权额，但受偿额不得超出债权总额。

（五）参与和支持重整

在破产程序中，参与和支持重整是实现债权人利益、化解不良资产最有效的方式之一。根据债务人的经营状况和财务状况，制订帮助债务人恢复偿债能力和经营能力的方案，是重整最核心的目标之一。通过调整债务人的债权债务关系、优化债务人的资产结构、改善债务人的经营管理、提高债务人的盈利能力，从而帮助债务人摆脱困境、继续存续和发展，才能从根本上化解不良资产，促进社会经济的稳定和发展。

重整计划是重整工作的载体，记载了债务人如何恢复经营能力和偿债能力、如何清偿债权，这关系到每一位债权人的利益。然而，在司法实践中，债权人对于重整计划的制定参与程度比较低，除了法院、管理人忽视债权人权利甚至刻意避免债权人参与外，债权人参与方式、参与意愿也是一个很重要的原因。有效参与和支持重整，债权人可以从以下方面着手。

首先是在破产程序开始前，债权人应及时了解债务人的财务状况、经营情况、资产状况等，以评估债务人企业的重整可行性和债权回收的可能性。

其次是在重整程序中，债权人不仅应该参与重整计划的制定、审议、投票等环节，还应积极参与财务审计、资产评估、投资人招募以及重整计划征求意见等程序，提出合理的意见和建议，维护自身的合法权益。以资产评估为例，对债务人特定财产享有担保物权的债权人，可在担保物价值范围内优先受偿，债权人最终可优先清偿的债权不仅取决于其债权审查结论，还取决于其担保物评估价值，而后者往往被忽视。如果担保财产价值不足以覆盖其优先债权，其优先债权往往面临被调整的风险，如果错过了抵押财产盘点清查、对资产评估报告提出异议等程序，在重整计划制作中再提出则为时已晚。

再次是在重整方式的确定过程中，债权人应当及时与法院、管理人、债务人沟通，了解拟采取的重整方式以及开展情况，并适时调整参加重整计划的方式和债权实现的策略。以贵达所办理的部分破产案件为例，在某房开企业重整案件中，某银行的抵押贷款债权如通过处置抵押物等方式进行，则清偿时间较长、难度较大，银行方主动提出可通过按揭贷款合作的方式，将部分贷款用于清偿其抵押贷款，债权人委员会经债权人会议授权对该方式进行审议并通过后，有效解决了项目重建初期无银行按揭贷款合作、项目销售难以进行的困境，而银行的债权也得到了清偿。

然后是在重整计划的表决中，债权人应当对债务人在重整、破产清算状态下的债权回收情况进行判断，即在综合评估企业经营状况、资产质量、债务负担、清偿能力、产业政策、技术工艺、行业前景、职工就业等因素的基础上，分别对企业在重整状态下与清算状态下的自身债权的回收率进行测算和比较。如果重整状态下的债权回收率高于破产清算状态下、在确无其他更优秀的重整计划的情况下，应以重整计划的支持换取重整计划的完善作为协商的主要思路。贵达所办理的重整案件中，也曾有一案因大额债权人反对重整计划而导致重整计划未通过，企业进入破产清算后，破产财产经多次降价，清偿率不足重整计划确定的现金清偿金额的 1/5 以及综合清偿金额的 1/7。

最后是在重整计划执行过程中，债权人应密切关注债务人的履行情况，如发现债务人违反重整计划或企业出现新的危机，应及时与管理人、债务人沟通了解具体理由，沟通调整的方向。如具备挽救可能的，应主动协商通过变更重整计划、延长重整时间等方式，适时调整重整计划；如不具备挽救可能的，应及时向法院申请终止重整，转为破产清算。

在整个重整过程中，债权人应与其他债权人、债务人、管理人、法院等保持良好的沟通和协作，共同促进债务人的成功重整和债权的最大化回收。需要注意的是，债权人与管理人在重整计划的协商、谈判方面并非相互对立，管理人的首要目的在于根据债务人的实际情况制定出合法、合理且可行的重整计划，其次才是尽可能满足各类债权人的诉求。也就是说，债权人对于重整计划的建议和意见，首先应当是符合法律规定，具备合理性和可行性的；其次才是立足于债务人的实际情况，根据自己的核心诉求提出意见、建议。例如，贵达所办理的黔南州某房开企业重整案件中，某国有企业债权人经多次沟通提出，其投资本金应全额回收，在此基础上可接受抵押物以物抵债等方式清偿；遵义某房开企业重整案件中，某金融机构提出希望由管理人对抵押物进行拍卖处置，多次处置后仍不能清偿的才进行以物抵债……贵达所根据不同债权人的诉求，充分衡量各方利益后制定重整计划，获得了债权人的支持。简单来说，债权人应当将"这种做法不符合我方利益""我反对这种做法""这种做法我方损失太大"，变更为"如果按照这种方式，我希望能做到以下几点""我认为另一种做法更有利于重整成功和债权人利益保护"，用表达核心诉求、提出完善建议的方式，代替单一地否定重整计划。

（六）寻求最佳的退出时机

在破产程序中，通过货币方式在短期内清偿债权对于大额债权人来说非常困难，通过留债清偿、债转股、以物抵债等方式清偿较为普遍，但长期持有不符合其经营方向的股权、债权、不动产等资产，不利于不良资产的变现和主营业务的发展等，因此寻求最佳的退出时机非常重要。这就需要债权人根据自身的风险偏好、资金需求、市场情况等因素，制定合理的退出策略，并与债务人和其他相关方进行有效的沟通和协商，以达成双赢或多赢的结果。

在留债清偿中，债权人将部分或全部债权留在债务人手中，按照一定的期限和利率进行还款。这种方式既可以减轻债务人的还款压力，增加其生存和发展的可能性，也可以避免债权人在短期内承受大额资金的流失。但是，这种方式也存在一定的风险，例如债务人可能无法按时履行还款义务，或者在还款期间发生再次破产等情况，导致债权人的本金或利息再次损失。在债转股中，债权人将部分或全部债权转换为债务人的股权，成为其股东或合伙人。这种方式可以使债权人分享债务人未来的盈利和增值，也可以提高债务人的资金和信用等级，有利于其融资和经营。但是，这种方式也存在一定的风险，例如债务人可能无法实现盈利或增值，或者在股权转让过程中出现纠纷或障碍等情况，导致债权人无法实现资产回收或增值。同时，以物抵债等方式也存在相似的优点和风险。

总的来说，留债清偿、债转股、以物抵债等方式需要长期经营、运营才能发挥其价值，并且都存在一定的风险，与债权人的经营范围存在较大差异，特别是金融机构、资产管理公司等。长期持有、管理、运营这些资产可能会影响其核心业务的发展，甚至可能再次增加其不良资产率。因此，对于债务人和债权人来说，寻求更加灵活、高效的方式是一种必要和迫切的需求。

以贵达所办理的某大型工业企业重整案为例。该案中，某地方银行债权在进入破产程序时已逾期多年，金额较大但抵押物难以变现，通过诉讼、强制执行等方式难以收回。进入破产程序后，管理人经公开招募、主动对接，并通过政府部门公开推荐，吸引了来自北京、河北等地的多家投资人前来考察，最终两家投资人进入投资人比选。该地方银行始终积极参与破产程序，不仅提供共益债融资、与有关中介机构共同盘点抵押物，而且还报名成为债权人委员会成员、参与投资人比选等，及时获取破产程序推进的有关信息。重整计划制作和修改过程中，该银行认为重整计划初步确定的留债清偿时间较长、有一定风险，而其债权额较大，在财产担保债权组中占决定性地位，于是当即启动债权转让程序，并与两家参与竞争的意向投资人协商债权转让事宜。两家意向投资人为获得其在重整计划表决中的支持，相互竞争，最终由某家意向投资人以超过起拍价二分之一的价格买下该笔债权，该意向投资人也如愿成为该项目的重整投资人。

综上所述，用破产的方式化解不良资产是一种有效的方法，通过对债权债务等方面的综合考虑，不仅可以有效提高债务人财产的价值，有机会恢复债务人的经营能力和偿债能力，有效化解不良资产，还可以促进市场的优胜劣汰，提高资源的配置效率，增强金融体系的稳健性，从社会层面化解不良资产。

试论破产法修订与执行法的衔接

——以《中华人民共和国强制执行法（草案）》为视角 [①]

卢林华 [②]

强制执行与破产程序同为债务清理程序的重要程序，在立法、司法中既存在相互配合，又存在相互竞争。债务清理是二者的目标，强制执行是个别的债务清理，强调及时、高效；破产程序是整体的债务清理，强调公平。正因为如此，强制执行与破产程序在立法、司法上，应尽可能互相尊重，通过联合立法的形式，在债务清理的共同问题上保持一致性。

最高人民法院于 2022 年 6 月 21 日将《中华人民共和国强民事强制执行法（草案）》（以下简称《民事强制执行法（草案）》）提请十三届全国人大常委会第三十五次会议初次审议，并向社会公布。在《企业破产法》正在修订和自然人破产制度即将建立的背景下，有必要结合强制执行、破产的原理和实际，对《民事强制执行法（草案）》与《企业破产法》进行比较、研究，促进强制执行与破产程序的相互协作、有机统一。

一、执行移送破产问题

（一）当事人申请主义的突破

在破产程序的启动方面，世界各国的破产法根据启动主体可分为当事人申请主义、职权主义，或二者兼有。我国《企业破产法》一直坚持当事人申请主义，但在《民事强制执行法（草案）》中，首次提出对符合规定的被执行人，人民法院应当依照职权移送进行破产审查。

根据《企业破产法》第七条规定，债权人、债务人在一定情形下可以向人民法院申请破产。即使在执行移送破产中，根据《最高人民法院关于执行案件移送破产审查若干

[①] 本文根据卢林华在第十三届中国破产法论坛所做的"试论破产法修订与执行法的衔接——以强制执行法草案为视角"主题演讲整理而成。

[②] 卢林华，贵州贵达律师事务所律师。

问题的指导意见》第 2 条规定，执行案件移送破产审查，不仅要求了被执行人为企业法人且具备破产条件，还要求被执行人或者有关被执行人的任何一个执行案件的申请执行人书面同意将执行案件移送破产审查。这实质上仍然是通过当事人的申请从而实现执行案件移送破产审查。

当事人申请主义在破产法修订中将被修改，根据《民事强制执行法（草案）》第八十二条之规定，在金钱执行中，被执行人符合终结本次执行程序的条件和破产法规定的清理债务情形的，人民法院应当裁定终结本次执行程序，将执行案件相关材料移送被执行人住所地人民法院。被执行人住所地人民法院应当自收到执行案件相关材料之日起三十日内审查，一般应当裁定受理破产申请；特殊情况不予受理的，应当将相关案件材料退回执行法院并书面说明原因。

在《企业破产法》尚未修订的情况下，《民事强制执行法（草案）》的这一规定直接突破当事人申请主义，执行法院对于符合终结本次执行的案件，应当移送管辖法院进行破产审查，且受移送法院原则上应当受理破产申请。鉴于此，我们推测，《企业破产法》的修订中也将会对当事人申请主义进行突破，引入职权主义，当被执行人具备破产原因时，执行法院可依照职权移送破产审查。放弃破产程序启动中单一的当事人申请主义，简化执行移送破产审查的程序，对于打通执行程序与破产程序、彻底解决债务清理问题具有重要意义。

（二）职权主义的补充

职权主义的破产启动模式中，还存在除执行法院之外的其他主体。如企业进入破产程序才符合公共利益时，有些国家赋予了特定政府机关依照职权启动破产程序的权力。[①] 例如，当某个企业的经营活动涉及欺诈、犯罪或者严重违反有关义务时，即使企业本身尚不具备破产原因，政府机关也可以出于公共利益的需要，吊销其营业执照，但吊销营业执照并不直接启动企业的清算、强制清算或破产清算，此类企业尚不能真正意义上退出市场。

此种启动模式的弊端在于，政府机关的这一职权存在被滥用的风险，判断何种利益是否属于公共利益以及对公共利益的影响大小存在较大的难度，公共利益的范围可能被进一步扩大。实践中常见的类型有，拖欠大量农民工工资的施工单位，因房开项目烂尾而逾期交房、逾期办证的房地产开发企业，涉及金融安全的金融机构，因产品质量、食

---

① 参见联合国国际贸易法委员会编著《破产法立法指南》，2006，第 49 页，https://uncitral.un.org/sites/uncitral.un.org/files/media-documents/uncitral/zh/05-80721_ebook.pdf，访问日期：2022 年 9 月 1 日。

品安全等问题被吊销营业执照的企业等。

从我国的破产法原理、政府运作模式和司法实践情况来看，在不具备破产原因的情况下，允许依职权启动破产程序尚不成熟。妥当的做法应当是，严格限制政府机关或监管部门依职权启动破产程序，只有在其他法律没有适当的补救措施或者补救措施成本过高时，才能有限地允许政府机关或监管部门依照职权启动具备破产条件的企业进入破产的程序。例如，被吊销营业执照的企业，作出处罚的主体可根据企业的资产负债情况、是否具备进行清算的能力等原因，移送企业所在地法院进行破产审查。

（三）破产案件数量的增加

执行移送破产，本应成为破产案件的重要来源。尽管破产法在 2007 年就已经实施，但破产法在中国得以快速发展还要从 2016 年化解执行难工作谈起。党的十八届四中全会明确提出"切实解决执行难""依法保障胜诉当事人及时实现权益"的目标。2016 年 3 月，最高人民法院在十二届全国人大四次会议上提出"用两到三年时间，基本解决执行难问题"。作为对债务人财产的概括执行，破产程序的重要性得以显现。此后，最高人民法院接连推出《最高人民法院关于执行案件移送破产审查若干问题的指导意见》等一系列司法解释、司法文件，推出"全国企业破产重整案件信息网"，鼓励各地法院开展破产实践探索，使得破产法得以快速发展。可以说，破产法今日之繁荣，解决"执行难"问题起着非常重要的作用。但是从破产案件的受理情况来看，执行转破产实施效果仍然较差，例如，重庆市 2021 年收到的破产申请审查案件共 911 件，执行移送破产审查案件仅 32 件，约占 3.5%。主要原因有：①人民法院不能正确理解和实施执行移送破产，执行法院和受理法院对于移送和接收破产审查不积极、不主动、不负责；②当事人不能正确理解破产法，对同意进行破产审查缺乏动力。导致大量执行不能的案件，最终以终结本次执行收尾，不仅不能彻底地解决债务清理问题，还将大量具备破产原因的法人放任在破产程序之外，与我国优化营商环境的目标相去甚远。执行移送破产数量较低，既有法院原因，也有当事人原因，《民事强制执行法（草案）》从多个角度着手，力图解决这一问题。

从执行法院的角度来看，《民事强制执行法（草案）》要求，同时具备终结本次执行条件和具备破产原因的案件，人民法院应当移送被执行人住所地法院进行破产审查，措辞从"可以"变更为"应当"，移送破产审查成为执行法院的一项义务。此外，对于法院的消极执行行为，申请执行人还可以提出异议。

从受理法院的角度，《民事强制执行法（草案）》要求收到移送材料之日起 30 日内进行审查，且原则上应当裁定受理破产申请，很大程度上避免了受理法院消极审查的情形。

从当事人的角度，《民事强制执行法（草案）》直接取消对于当事人同意的要求，执行法院可径直移送，降低移送的成本和难度。

可以预见的是，如果《民事强制执行法（草案）》的这一规定能得以落实，大量执行不能的案件将进入破产程序。与浙江、广州等地区相比，我国大部分地区破产案件办理的效率、质量仍然不高，破产简易程序仍不完善，其中破产案件办理经验不足、专业水平不高是重要原因。破产案件数量的增加，对法院和管理人既是挑战，也是机遇。我们始终认为，破产是一门实践性极强的学科，只有大量地办理破产案件，在破产实践中不断总结、进步、分享，才能推动法院和管理人的专业化，才能推动破产法律制度的完善。

二、与自然人破产制度的衔接

自十三部委联合印发的《加快完善市场主体退出制度改革方案》提出"分步推进建立自然人破产制度"以来，各地纷纷开展了自然人破产试点，自然人破产制度在社会层面引起广泛讨论。《民事强制执行法（草案）》立足于自然人破产制度即将建立的背景，对财产豁免制度和财产分配制度进行了明确，增进执行法与破产法的协调互补。[①]

（一）财产豁免制度

个人财产豁免制度在自然人破产制度中属于三大核心制度之一，在《民事强制执行法（草案）》中得到了充分体现。

根据《民事强制执行法（草案）》第一百零一条的规定，财产豁免的范围包括："（一）被执行人及其所扶养的家庭成员必需的生活、医疗、学习物品和相关费用；（二）从事职业所必需的物品；（三）未公开的发明或者未发表的作品；（四）勋章或者其他表彰被执行人荣誉的物品；（五）不以营利为目的饲养，并与被执行人共同生活的宠物；（六）为履行行政管理职能或者公共服务职能所必需的财产；（七）依照法律、行政法规规定或者基于公序良俗不得执行的其他财产。"该规定有《中华人民共和国民事诉讼法》（以下简称《民事诉讼法》，下同）及有关司法解释的身影，更是与各地自然人破产制度不谋而合，例如《深圳经济特区个人破产条例》第三十六条将"（一）债务人及其所扶

---

① 参见最高人民法院《关于〈中华人民共和国民事强制执行法（草案）〉的说明》，https://www.court. gov.cn/zixun-xiangqing-363381.html，访问日期：2022 年 9 月 8 日。

养人生活、学习、医疗的必需品和合理费用；（二）因债务人职业发展需要必须保留的物品和合理费用；（三）对债务人有特殊纪念意义的物品；（四）没有现金价值的人身保险；（五）勋章或者其他表彰荣誉的物品；（六）专属于债务人的人身损害赔偿金、社会保险金以及最低生活保障金；（七）根据法律规定或者基于公序良俗不应当用于清偿债务的其他财产"作为豁免财产，与之基本相似的还有《浙江法院个人债务集中清理（类个人破产）工作指引（试行）》关于自由财产的规定。

破产法与执行法对于自然人财产的豁免具有共通性。《民事强制执行法（草案）》财产豁免制度的设立，代表着执行法、破产法并非以债权人的利益保护为唯一目标，允许"诚实而不幸"的自然人保留必要的财产，不仅能维护其个人的生存权益、生活尊严，也符合债权人利益和社会利益的实现。例如，保留其学习物品和从事职业所需物品，才能保障其后续的工作不受影响，从而获得收入用于清偿债务；同时，据此摆脱困境、得到全新开始的自然人，也更有能力、动力去重新获取财富，对于社会利益的实现和经济的发展有益。此举将会对司法实践中部分法院矫枉过正、滥用强制执行措施等进行一定的限制，促进执行行为更符合公序良俗。

我国包括执行法在内的《民事诉讼法》，在立法模式上受到德、日等大陆法系的影响，对于财产豁免的范围采用了列举的立法模式，而破产法的立法模式则受到美国等国的法律影响较多。《民事强制执行法（草案）》关于豁免财产的标准并不清晰，在自然人破产制度中应当注意：首先，我国不同地区的经济发展水平、生活需求等存在较大差异，城乡发展水平不一，财产豁免中"必需的生活、医疗、学习物品和相关费用"也应当与区域经济发展水平和居民生活水平相适应；其次，自然人个体之间存在较大差异，应当尊重自然人在职业、年龄、身体素质、生活习惯等方面的个体差异。鉴于此，自然人基本生存和发展所需的财产类型、额度等的确定将会成为困扰司法实践的又一问题。

《民事强制执行法（草案）》首次从法律的层面明确财产豁免制度固然是进步的，但该法受篇幅影响，重心并不在此，对于财产豁免的范围尚不精确，需要通过司法解释加以完善。然而在自然人破产制度中，财产豁免将会是核心内容之一，有必要在《民事强制执行法（草案）》的基础上进一步精确，在豁免财产的类型及组合、豁免额度的确定和调整等方面做出更为细致的规定。例如，针对地区的差异，可参照人身损害赔偿中该地区居民收入，按照不同的区域分别确定标准，并随着时间推进变更；面对个体的差异，可由自然人根据收入、生活水平等提出资金使用计划，再逐一判断使用的合理性、必要性和额度等。

（二）财产分配制度

财产分配制度被规定在《民事强制执行法（草案）》第一百七十五条至第一百八十二条，相较其他内容，其内容之详尽、篇幅之长足见意义之重大。但从另一方面来说，财产分配制度越重要、详见，自然人破产制度建立越可能延后。

财产分配制度在《民事诉讼法》中的发展历史可简要分为几个阶段。第一阶段在法释〔2015〕5 号《最高人民法院关于适用〈中华人民共和国民事诉讼法〉的解释》（以下简称"《民事诉讼法》司法解释"，下同）颁布之前，对于被执行人是否具备破产资格并不区分，通常按照有无财产担保、采取执行措施先后进行区分，司法实践非常混乱，甚至衍生司法腐败问题。第二阶段为该司法解释发布后，将具备破产资格的企业法人排除财产分配制度之外，使其只得通过破产程序清偿债务，并且对于普通债权则根据债权额按照比例分配，促进了破产法和执行法的协调，此后的《最高人民法院关于执行案件移送破产审查若干问题的指导意见》对此进行了重申；《民事强制执行法（草案）》生效成为第三个阶段，其对财产分配制度的程序启动、内容制作和异议救济等的规定与此前的司法解释存在较为明显的区别，司法实践需要广泛地调整认知。

财产分配制度作为执行法的重要部分之一，其得以完善固然可喜，但财产分配制度与自然人破产制度存在一定冲突，这可能也意味着自然人破产制度尚需较长的时间进行实践、探索，才能真正从法律的层面进行明确。财产分配制度，是在被执行人为自然人和其他组织（即不具备《企业破产法》确定的破产资格的主体），在被执行人财产不能清偿所有债权时申请参与分配，而具备破产资格的主体将被移送，进行破产审查，也就是说执行法中的财产分配制度与自然人破产制度本身存在冲突。当日，《民事强制执行法（草案）》也为个人破产法留下了一定的空间，即《民事强制执行法（草案）》第八十二条并未限制移送破产审查的被执行人必须为企业法人，参与分配制度中也未明确适用于自然人。

自然人破产法建立后，当自然人财产不足以清偿到期债务时，应当按照《民事强制执行法（草案）》第八十二条的规定移送破产法院进行审查。参与分配制度设立的初衷，是为了在尚无个人破产法的情况下保障对债权人的公平清偿，但在个人破产法出台后应及时予以废止为宜。[①] 否则，对于同一主体可能适用两套制度，且两套制度规定有所区别，不仅会严重损害自然人破产制度的实施，还会留下权力寻租空间。

---

① 参见王欣新《迎接个人破产时代的制度绸缪》，https://mp.weixin.qq.com/s/hPCJ3gGPG0BIOvxzA6U0aQ，访问日期：2022 年 9 月 9 日。

三、关于中止执行

破产程序对于执行程序的中止，历来被视为防止债权人"抢跑"、实现公平清偿的有效手段之一；对于重整来说，及时中止执行，保留债务人财产的完整性，对于维护重整价值、降低重整难度、提高重整可能性来说具有重要意义。

根据《民事强制执行法（草案）》第七十七条、第七十八条规定，人民法院已受理以被执行人为债务人的破产申请，人民法院可以裁定中止执行；中止执行期间一般不得采取新的执行措施，确有必要的可以查封被执行人的财产但是一般不得进行处分，与《企业破产法》第十九条规定一致，但《民事强制执行法（草案）》并未明确已采取的执行措施如何处理，与破产法的基本原理和《民事诉讼法》司法解释的规定不一致。

（一）"应当"还是"可以"

《民事强制执行法（草案）》第七十七条重申了受理破产后中止执行的基本原理，但与《民事诉讼法》司法解释存在明显区别的是将"应当"改为"可以"，二者存在较大区别。依照《立法技术规范》，法律中的"应当"表示义务性规范，为唯一指引，而"可以"则用来表示授权，意味着"可以"如此、"可以"其他或者"可以"不如此。这为本来就已存在争议的司法实践埋下了混乱的种子。不只是因受理破产而导致执行程序中止的情形，其他情形也是如此。《民事强制执行法（草案）》第七十七条关于可以中止执行的情形的规定，主要来源于原《民事诉讼法》（现已失效）第256条和原《最高人民法院关于执行工作若干问题的规定（试行）》（现已失效）第102条，但上述规定均为"应当裁定中止执行"。

无论是从法律理论上还是从法律规定上来看，债务人进入破产程序后，人民法院应当立即中止对债务人的执行程序并无争议。但在司法实践中，尚有部分执行法院需要破产案件受理法院及管理人多次沟通才会同意中止执行，且有部分执行法院在破产受理后仍受理债权人的强制执行申请，导致案件受理法院为确保债务人财产统一管理，不得不通过查封的方式避免其他法院再对债务人财产强制执行。

鉴于此，为有效化解争议，建议将中止执行，特别是因破产受理导致的中止执行由"可以"改为"应当"，将"如有需要另行说明"或可明确为"'可以中止执行'，在其他条款中另行规定"。

（二）解除财产执行措施

《民事强制执行法（草案）》并未将中止执行后是否应当解除对债务人财产的执行

措施予以明确。根据《民事强制执行法（草案）》第七十八条规定，中止执行期间一般不得采取新的执行措施，确有必要的可以查封被执行人的财产，但是一般不得进行处分。从"中止"一词的词义来说，《现代汉语词典》将"中止"定义为"中途停止"，即不再进行、不再实行。从文意来看，中止执行程序并不意味着执行措施的解除，相反，执行措施应当继续维持。在中止执行的情形消失后再恢复执行，明显与《企业破产法》的基本原理和现行规定相悖，且与《民事诉讼法》司法解释第五百一十三条"被执行人住所地人民法院裁定受理破产案件的，执行法院应当解除对被执行人财产的保全措施"的规定不符。

同时，《民事强制执行法（草案）》也未直接规定强制执行措施是否因受理破产而解除，可能为法律适用混乱埋下种子。

从破产法的基本原理来说，对于强制执行程序的中止和对于强制执行措施的解除是破产法的基本法律制度，在《企业破产法》修订中被放弃的可能性极低，因此二者不可避免地存在冲突。

从法律适用顺序上来看，《企业破产法》由全国人大常委会通过，《民事强制执行法（草案）》也由全国人大常委会审议，二者位阶并无高低之分；二者分别为强制执行和企业破产方面的特殊法，难以区分哪部法律更为特殊；《民事强制执行法（草案）》较《企业破产法》晚十余年，属于新法，在司法实践中很可能得到优先适用。

从司法实践来看，尽管《企业破产法》已有明文规定，各地法院发布的破产有关文件多次重申，仍有为数不少的破产案件未能顺利地根据受理破产的有关文书中止执行和解除查封措施，需要法院、管理人多方协调。

综上，《民事强制执行法（草案）》对于"执行措施是否解除"的规定含糊不清，很可能加剧司法实践的混乱。此外，对于执行依据存有争议的执行案件的中止，《民事强制执行法（草案）》通过第七十七条第二款和第七十八条第一款加以细化：对于被执行人死亡、丧失民事行为能力（自然人）以及终止当事人的法人或非法人组织的执行案件的中止，暂无特别规定的必要；但对因受理破产导致的执行中止，《民事强制执行法（草案）》未作更多说明。因此，有必要对《民事强制执行法（草案）》关于中止执行的规定进行部分修改，在第七十八条关于"中止执行的效力"部分，明确因受理破产导致的执行中止，应解除对债务人财产的执行措施。

（三）是否解除限制消费措施

与前述解除财产执行措施不同，对于被执行人进入破产程序后是否解除对被执行人及有关人员的限制消费措施，无论是《企业破产法》还是《民事强制执行法（草案）》均不明确。少数案件在破产受理后即可解除，有的在批准重整计划或和解协议、宣告破产后解除，还有的在破产程序终结时才能解除，缺乏统一的规范，实际中存在较大分歧，分歧主要集中在破产受理后解除还是宣告破产（或批准重整计划、和解协议）后解除。

支持宣告破产（或批准重整计划、和解协议）后解除的观点认为，首先，进入破产程序并不属于《最高人民法院关于限制被执行人高消费及有关消费的若干规定》明确的解除限制消费的情形之一；其次，《企业破产法》关于中止对债务人的执行的规定，其目的在于将债务人财产交由管理人统一管理，避免债权人哄抢，从而保障债权的公平受偿，因此解除执行措施仅限于解除对债务人财产的执行措施，对于限制消费、限制出境等非财产执行措施无解除的必要；最后，宣告破产（或批准重整计划、和解协议）后，对被执行人的执行程序应当终结，所采取的包括限制消费等执行措施才能予以解除。

支持受理破产时解除限制消费的观点主要是，限制消费的目的是防止被执行人及其法定代表人、高管等掌握公司日常运营、财产状况的人员将公司财产用于消费从而减少被执行人财产，但被执行人进入破产程序后，全部财产均已交由管理人管理，被执行人已丧失管理的权利，继续限制消费已无实际意义。

我们认为，限制消费作为一种执行措施，有必要在被执行人进入破产程序时予以解除，理由如下：

第一，从限制消费的立法目的来说，被执行人进入破产程序后，被执行人及有关人员不再占有、控制债务人财产，通过限制消费防止被执行人财产减少已无实际意义。

第二，解除限制消费并不损害申请执行人和债权人的合法权益，进入破产程序后，全体债权人均需要通过申报债权的方式参与破产程序，并在破产程序中统一受偿。

第三，从司法实践来看，被执行人进入破产程序后，特别是在大型企业和特定行业企业的重整中，往往需要以债务人名义开展某些工作或需要债务人的有关人员协助管理财产和营业，例如需要以债务人名义申请共益借款用于支持债务人继续营业，需要总经理、财务负责人等对公司的日常经营进行管理，继续采取限制消费措施，不仅不利于稳定有关人员支持重整的信心，还不利于债务人继续经营的开展和重整工作的推进。

第四，参照《最高人民法院关于公布失信被执行人名单信息的若干规定》第十条第一款"因审判监督或破产程序，人民法院依法裁定对失信被执行人中止执行的"应当删除失信信息的规定，举重以明轻，严格程度、威慑程度低于失信被执行人的限制消费，同样应当解除。

第五，从善意执行的角度来说，《最高人民法院关于在执行工作中进一步强化善意文明执行理念的意见》明确，要贯彻善意文明执行理念，避免过度执行，可以解除已无实际意义的继续限制消费措施。

四、与破产有关的表决权的行使

《民事强制执行法（草案）》再次明确了对债务人享有的债权、股权可作为被执行财产，同时对被查封的债权、股权的权利行使做出了限制，即禁止股权权属纠纷中被执行人对引起股权变动的事项进行表决同意，限制被执行人就其自身享有的债权作出不利于债权实现的行为。从执行法的角度，该规定对申请执行人权利的实现起到了较好的保护作用，但当被执行人作为破产案件中的债权人时，该规定可能对破产程序中有关方案的表决造成不利影响。

（一）债权人表决权的行使

根据《民事强制执行法（草案）》第一百五十一条、第一百五十八条规定，法院可以查封令的方式，查封被执行人对第三人享有的金钱债权；查封债权后，禁止次债务人在查封额度内清偿该金钱债权；被执行人作出的免除、延期等不利于债权实现的处分行为不得对抗申请执行人。需要注意的是，此处的被执行人并非破产程序中的债务人，而是破产程序中的债权人，次债务人才是破产程序中的债务人。

该规定旨在限制被执行人对自己享有的债权进行不利于债权实现的处分，但在破产程序中，特别是在重整程序、和解程序中，除根据重整计划或和解协议能获得清偿的部分外，其余债权，重整企业不再清偿；并且，豁免部分债权、延期清偿、以物抵债等均系重整计划、和解协议中非常常见的清偿方式，反而在重整计划或和解协议生效后即可一次性获得清偿的可能性较低，普通债权获得一次性全额现金清偿几乎不可能。如果仅从法律条文本身来理解这一问题，被执行人不可能对涉及债权部分免除、延期清偿等的重整计划、和解协议作出同意的意见。而重整计划、和解协议的通过，需要以债权人会议表决通过为前提。

核心问题在于，在假定重整计划、和解协议均符合合法性、合理性、可行性的情况下，其债权清偿方案已是立足于现实的最优或较优选择，同意部分免除、延期等看似是不利于债权实现的行为，从最终的结果上来看很有可能是有利于债权实现的。如果因债权被查封导致债权人未能投票同意包括债权部分免除、延期清偿等的方案，从而导致该方案未能获得通过的，将不利于债权的实现。不仅是破产程序，当被执行人享有的债权涉及执行中的参与分配时，同样存在相似的困境。

并且，如果对被执行人行使相应权利进行限制，其债权对应的表决权应如何行使也需要考虑，如按照弃权或反对处理，则不利于破产程序的正常推进；如果由执行法院或申请执行人代为行使，二者均未获得有关法律的授权。

较为合理的方式是，将《民事强制执行法（草案）》对于被查封债权的限制控制在被执行人与其债务人通过债权免除、部分债权免除、债权延期等手段逃避执行的范围内，如果被执行人不存在故意逃避执行的，不应对其债权进行限制；涉及多方利益的平衡时，不得仅以表象判断该行为是否有利于债权实现。

（二）出资人表决权的行使

根据《民事强制执行法（草案）》第一百六十一条、第一百六十三条规定，法院可以对被执行人持有的股权、股份进行查封；人民法院因股权权属纠纷查封争议股权时，可以根据申请执行人的申请，裁定禁止被执行人在股权所在公司股东会或者股东大会就增资、减资等引起股权变动的事项进行表决时，在被查封股权范围内表示同意。

相比债权查封，股权查封中对于股权对应表决权的行使限制较多：其一，要求案由为股权权属纠纷；其二，要求法院根据申请执行人的申请作出裁定；其三，要求在公司股东会或者股东大会的表决中。其中最大的不同在于，《企业破产法》中涉及股东权益调整的重整计划往往通过债权人会议进行表决而非单独召开股东会，也就是说，被执行人作为债权人，其通过债权人会议进行表决的表决权的行使，不在该条禁止的范围之内。

五、资产处置

《企业破产法》关于资产处置着墨不多，司法实践中主要参照《民事诉讼法》及相关司法解释的有关规定执行，并在此基础上根据《企业破产法》的特点适当简化和调整，例如缩短公告时间、简化拍卖程序、拍卖次数不设限等。《民事强制执行法（草案）》关于资产处置的方式，也将成为破产财产处置的参考。

（一）降低二拍保留价

《企业破产法》关于二拍保留价并未限制，《上海市高级人民法院关于破产程序中财产网络拍卖的实施办法（试行）》以及《北京市高级人民法院关于破产程序中财产网络拍卖的实施办法（试行）》等均未对破产财产拍卖的降价幅度、降价次数等进行限制，符合债权人会议表决通过的有关方案即可。实践中，破产拍卖中通常参照《最高人民法院关于人民法院网络司法拍卖若干问题的规定》第十条、第二十六条的规定，起拍价不得低于处置参考价（评估价或市价）的70%，二拍的起拍价降价幅度不得超过前次起拍价的20%。而《民事强制执行法（草案）》第一百一十五条及第一百二十六条规定在此基础上进一步降低，一拍的保留价不得低于参考价的70%，二拍的保留价不得低于一拍保留价的 60%，第二次拍卖的保留价不得低于首次拍卖时评估结果的 42%。

从司法实践中居高不下的流拍率来看，参考价的确定方式和保留价的限制明显过于保守。无论是司法拍卖还是破产财产拍卖，无论是通过评估、询价还是协商，只能得到参考价，财产的真实价值最终需要市场检验。

（二）创新变价制度

首先是禁止无益查封制度。《民事强制执行法（草案）》第一百三十九条规定，除申请执行人承诺变价不成时该执行费用由其负担外，动产的价额明显低于该财产执行费用的，不得查封。在破产财产的取回和处置中，如取回成本过高或处置成本过高，放弃相应财产更有益于债务人财产的最大化，例如废弃的桌椅、设备，存在严重资产瑕疵且投入较少的资产等。

其次是对价值较低的动产采取无底价拍卖。《民事强制执行法（草案）》第一百四十二条规定，除执行该动产产生必要费用外，拍卖动产价值较低的，不设保留价。在破产财产的变价中可做参考，管理人在处置部分价值较低的资产（不限于动产）时，可通过一元起拍等方式，由市场检验其真实价值。

对于价值较低的动产实行一拍终局以及允许二次变价等，因破产财产拍卖不受拍卖次数限制，故参考价值不大。

（三）提高拍卖效率

相较破产法而言，执行法中财产处置更注重形式，而破产法更注重效率，提高资产的查封、处置效率是《民事强制执行法（草案）》的一大亮点。例如，关于优先购买权人的通知方面，《最高人民法院关于人民法院网络司法拍卖若干问题的规定》第十六条对于不能通知的优先购买权人要求单独公示 5 日，《民事强制执行法（草案）》则修改为公告发布之日 15 日内视为通知。再例如，《最高人民法院关于人民法院网络司法拍卖若干问题的规定》第二十六条对于流拍后再次拍卖的启动时间为 30 日，《民事强制执行法（草案）》则修改为 15 日。

六、破产与执行信息化衔接

从"互联网＋"到"信息化"，再到"大数据"，包括破产程序和执行程序在内的我国司法程序始终紧跟时代步伐，且二者在进一步协作上有共同的理念认同和价值认可。《民事强制执行法（草案）》第二十六条、第七十八条分别从执行信息公开、建立网络信息平台的角度，要求有关信息应及时向社会公开，由当事人知悉的信息应及时向当事人送达，负有协助义务的机关和组织与法院应建立信息化网络协助机制。关于破产程序中的信息化，主要是在《最高人民法院关于企业破产案件信息公开的规定（试行）》和《关于进一步做好全国企业破产重整案件信息网推广应用工作的办法》等规定中。结合有关规定和司法实践来看，破产与执行信息化的衔接可通过以下方面展开。

前述执行移送破产审查、破产受理中止执行以及宣告破产（裁定终止和解程序、重整程序）终结执行等在实践中频频出现冲突，破产与执行信息未能互通是一个重要原因。目前，全国企业破产重整案件信息平台中的"法官工作平台"执行移送破产审查采用以下程序：①执行庭申请执行移送破产审查；②破产立案庭进行形式审查，符合条件的登记立案；③破产业务庭进行破产申请审查；④在②、③中审查未通过的，返回执行庭继续执行；⑤破产案件结案后，返回执行庭终结执行程序。然而，上述程序并未以流程化、制度化的方式打通执行工作平台与破产工作平台。执行移送破产中，执行员只能通过破产办理平台中的"执行移送破产"模块提交申请，并通过破产办理平台获取"是否审查通过"的反馈，还不能实现"执行办理平台直接移送"和"审查结果反馈到执行移送平台"这两项事务。这两项事务不能实现，在知悉移送破产中影响不大，但在中止执行时，就会直接导致破产办理平台中破产案件受理后，执行案件的中止信息等不能直接推送到执行办理平台，部分法院仍然继续受理对债务人的执行案件，或是采取新的执行措施，增加了破产案件受理法院、管理人的协调成本。

合适的做法是：打通全国执行办理平台和破产办理平台的有效衔接，并要求地方法院设立单独的执行办理平台和破产办理平台时必须实现与全国平台的衔接，涉及执行、破产衔接的有关程序按照流程化、自动化的方式处理，例如在中止执行中，破产案件受理后即将信息自动推送到执行办理平台，在破产程序终结前不得受理该案件新的执行案件，这样执行法官办理以债务人为被执行人的执行案件时，通过弹窗提醒、限制操作等方式提示债务人已进入破产程序，应当中止执行并解除执行措施等。

此外，破产程序中，管理人需对债务人财产状况开展全面调查并向债权人会议报告，执行程序中财产查控系统可作为管理人开展工作的参考，在司法实践中已经逐步推广。为推动解决"执行难"问题，最高人民法院及地方法院不断创新，依托大数据的方式建立和完善执行查控系统和财产线索分析系统，网络执行查控方面，广东省高级人民法院通过"不动产登记＋法院服务"[①]，实现了不动产网上查封、网上续封、网上解封、

---

① 秦绮蔚：《不动产登记＋法院服务：2021年实现查解封即时秒办》，https://www.dutenews.com/tianxia/p/1187996.html，访问日期：2022年9月9日。

网上过户；吉林省磐石市人民法院通过"易执行 - 智能线索分析平台"[①]、金融系统"点对点"平台，整合全网资源，并与银行、移动运营商、市场监督管理局等精准对接，对被执行人名下财产、消费行为、联系方式、经济状况等进行分析，为执行提供线索。现行破产办理平台中，已经可以经办案法官申请、分管领导同意后采用执行查控系统查找债务人财产线索。在后续破产办理系统、执行办理系统的完善过程中，也应该充分考虑二者的衔接。这种衔接不仅是通过执行办理平台查找破产办理平台所需信息，还需考虑破产办理平台对执行办理平台的反哺，例如，将债权人在破产程序中的债权申报情况和债权清偿情况纳入执行查控系统中，当破产案件中的债权人为执行案件中的被执行人时，其可作为财产线索提供给执行案件办理法院。

七、其他

《民事强制执行法（草案）》中其他与破产有关的规定，因篇幅关系简要介绍如下。

（一）终结执行

根据《民事强制执行法（草案）》第八十三条之规定"被执行人的破产重整计划被人民法院裁定批准、破产和解协议被人民法院裁定认可或者被执行人被人民法院裁定宣告破产"与《最高人民法院关于执行案件移送破产审查若干问题的指导意见》第 20 条之规定"受移送法院裁定宣告被执行人破产或裁定终止和解程序、重整程序的，应当自裁定作出之日起五日内送交执行法院，执行法院应当裁定终结对被执行人的执行"，实现了"终结本次执行→移送破产审查→受埋破产→中止执行→宣告破产、终止重整或和解→终结执行"的有效衔接。

（二）强制管理

《民事强制执行法（草案）》通过 3 条规定对强制管理制度进行了细化，主要适用于不宜变价或者无法变价的不动产。简单来说，当作为执行标的的不动产不宜变价或者无法变价时，法院可以根据当事人的申请或依职权进行强制管理，指定个人或组织作为管理人占有、管理不动产，管理收益在扣除管理费用和管理人报酬后可用于清偿债务。其亮点主要在于，不再将财产交由申请执行人管理，也不再在其拒绝接受或管理时将执

---

① 参见《吉林高院：探索区块链技术与执行工作深度融合 破解执行难题》，https://baijiahao.baidu.com/s?id=1717131444931551924，访问日期：2022 年 9 月 9 日。

行标的退回申请执行人，而是委托其他个人或组织管理。

强制管理制度，特别是管理人制度，与破产程序中的管理人有一定相似性，将会成为司法辅助机构的又一重要业务。这项制度的明确和相关司法辅助机构的产生，对于破产程序来说还有着另一个重要意义，那就是强制管理将成为一种可供参照的破产财产分配方式。举例来说，当破产财产中的不动产经多次拍卖未能成交，继续拍卖将不可避免地造成破产财产贬值，且债权人拒绝接受以物抵债或不宜以物抵债时，可委托相应司法辅助机构或者个人对不动产进行管理，这种管理既可以是出租、出售，也可以是整体托管运营，实质是一种简化的信托。此类处置方式并非首创，但强制管理制度的进一步明确有助于相关产业的产生和完善，有利于资产处置市场的完善。

（三）破产管理人地位

破产程序涉及的诉讼，管理人通常以债务人诉讼代表人的名义或以管理人自身名义参加，例如在破产撤销权的诉讼中，管理人应作为单独提起诉讼的原告而非债务人的诉讼代表人。但管理人属于临时机构，在破产程序终结后即应解散，管理人在破产程序中取得的生效法律文书是否执行完毕不能确定，对于管理人终止执行职务后该生效法律文书有关权利义务的安排未明确。

根据《民事强制执行法（草案）》第十八条第二款之规定，执行依据确定的权利人是破产管理人的，破产债务人等主体可以变更、追加为申请执行人。对申请执行人由破产管理人变更为债务人等进行了明确，明确了执行法与破产法的有关身份认同和程序衔接。

（四）执行时效

《民事强制执行法（草案）》第十五条规定，执行依据确定的民事权利，向人民法院请求保护的时效适用《民法典》的规定，即将《民事诉讼法》第二百四十六条规定的2年的申请执行期间变更为3年，将对破产债权的审查产生影响。管理人根据《企业破产法》的规定对债权进行审查时，不仅要对债权的真实性、合法性进行审查，还要对债权的有效性进行审查，即该债权需符合诉讼时效和申请执行期间的规定。

总的来说，《民事强制执行法（草案）》的出台，在预示破产法的部分修订方向的同时，也为债务清理这一共同目标奠定了一定的基础，破产法与执行法之间的相互冲突、相互尊重与相互融合，将会是漫长的过程。破产法是在执行法的基础上建立起来的，这就意味着，不能仅因破产法的产生或破产程序启动而认为执行法不再适用，而应在尊重执行法的基础上，再去探究有无突破的理由。[①] 同时，相比执行法，破产法更加重视公平地处理众多的债权人与债务人之间的债权债务关系，破产法与执行法之间的相互尊重，也只能限于尊重执行法的有关规定并不违背破产法的基本原则和价值追求。

---

① 何欢：《债务清理上破产法与执行法的关系》，《法学研究》2022年第3期。

非上市企业破产重整经营方案制定探讨 ①

郭 能 ②

破产重整是困境企业获得新生的司法程序之一。困境企业如何实现新生，则需要管理人在重整计划中回应、解决，此即形成破产重整经营方案。在重整计划中，经营方案与债权清偿方案、债权调整方案并列，且同为重要内容。从价值功能及广义的角度来看，经营方案形式上既可以以专章体现在重整计划中，还可以是散见于重整计划中利于困境企业获得持续经营、持续营利能力的有关安排。

一、经营方案的法律解读

《企业破产法》及其司法解释或配套司法政策文件中，均未对经营方案进行定义或进行要素式归纳，只是在《企业破产法》第八十一条、第八十七条中明确经营方案应当作为重整计划草案的内容之一，以及法院批准重整计划草案时应审查经营方案的可行性。而结合《全国法院破产审判工作会议纪要》的有关规定来看，关于经营方案，既有目的性描述（"维持企业的营运价值""企业重新获得盈利能力"），也有方法性描述（重整后企业正常生产经营所需的投资主体、股权结构、公司治理模式、经营方式等与原企业相比的根本变化）。

因此，可以将经营方案定义为重整计划中有针对性地调整破产企业既有产权结构、治理机制、生产经营计划、盈利计划等有助于破产重整企业可持续性生产经营并产生盈利的一系列安排。

不同管理人对于不同企业，所制定的重整经营方案也会千差万别。而目前专门对于经营方案如何制定的理论或实务文章确实极少，本文以非上市企业为探讨对象，试图就重整计划中经营方案的制定提出基本要求，并对制定过程中可能面临的一些常见问题进行分析阐述并提出制定建议。

---

① 本文根据郭能在黔南州破产管理人协会组织召开的 2023 年度第一期破产管理人履职实务培训会上所做的"重整计划制定的若干实务问题"主题演讲整理而成。

② 郭能，贵州贵达律师事务所高级合伙人、律师。

二、经营方案制定的基本要求

（一）经营方案的合法合规性

经营方案涉及企业重生后持续生产经营的多个方面，而合法合规的生产经营活动才会获得法律的保护并实现可持续发展，故经营方案需首要考虑合法合规性，否则再完美的经营方案均将倾于毫厘。一般来说管理人都会重视"合法性"问题，而可能忽视"合规性"问题，因为"合规性"需要结合企业或重整项目所在的地区、行业，需审查方案内容与各级政府的政策指令及政府短期内的发展趋势、监管程度、行业标准等是否契合。比如矿产能源企业的破产重整，需要审查方案内容是否符合所在省市的最低产能要求、当地的水源保护等特定功能区域是否允许重整项目的后续生产活动、重整后的股东结构是否满足当地行业管理部门对矿产能源企业投资人的资格或资质要求等。

（二）经营方案的可行性

可行性是《企业破产法》对法院审查批准重整计划的强制要求，由于《企业破产法》或其司法解释文件中没有给出评判可行性的指标，因此，判断是否具有可行性具有较强的主观性。而法官及多数债权人在掌握案件信息不充分、对行业了解不透彻、参与经营方案制定的工作不深入等情况下，对可行性做出判断是存在较大困难的或者做出的判断可能是有较大误差的。由于商业活动会随着市场、政策、行业等的变化而做出调整，重整计划中的经营方案无法完全满足重整后企业的生产经营活动。

因此，可以从以下方面进行可行性的基本判断：①方案核心内容的执行不依赖于相关权利人的配合。比如在调整出资人权益的情况下，若股东的股权质押给案外权利人（即其非破产案件中的债权人），将面临需要取得质押权人的同意才能进行股权过户的问题。此时，"取得质押权人的同意"就成为相关权利人配合事项。破产实践中，不少重整案件因质押权人不同意解押而导致重整失败或重整成本额外加大。②重整的营业事业符合一定时期内当地的产业发展趋势。产业政策对营业事业的发展有重大影响，经营方案不仅需要符合当下的产业政策要求，还应符合今后一定时期内的产业政策发展趋势。比如，当地在当下不禁止化工企业的生产，但当地的产业发展规划显示此类企业需要在未来3—5年内有序退出，则结合该企业的偿债方案，若大部分债权的清偿时间处于事业发展规划的时间区间后的，则该方案缺乏可行性。③重整投资人有能力盘活待重整的营业事业。进入破产重整的企业都面临缺资金、缺流动性、缺专业团队的困境。因此，重整投资人至少应有能力投入适量的资金重启待重整的营业事业，并在专业团队的协作下，确保营业事业尽快进入正轨从而有盈余还债。

（二）经营方案的商业兼顾性

经营方案的狭义指向就是对重整企业的主要生产经营活动的各种安排，因此，经营方案的内容必然要具有商业兼顾性，比如经营方案需对重整企业或项目的管理模式、投资计划、生产或建设计划、销售模式、融资安排、盈亏测算等进行安排。当然，不同行业或不同企业以及不同的重整安排，其涉及的商业安排会各有千秋。从既有经验来看，在重整计划草案表决时，多数国有企业及金融机构均较为关注商业兼顾性，其往往会组织专业人士研判经营方案在商业领域是否具有足以支撑企业破产重生的可能，相较于多数管理人而言，这些机构的商业判断能力更强，因而对管理人或重整投资人提出的经营方案的商业兼顾性提出了更高要求。

三、经营方案的常见内容

（一）公司治理机构重建

公司生产经营活动的决策及执行均是通过具体的人来实施。因此，公司重整首先面临的就是治理机构的重建，主要包括决策层调整（包括现有股东是否愿意释放股权及如何释放股权、重整投资人如何持有股权等）、执行层调整（根据重整后的经营需要，整合或新增业务部门，提高执行效率等）、监督层调整（包括管理人是否监督及如何监督重整后企业的决策及生产经营活动等）。

（二）明确破产资产处置方式

整体重整或部分资产重整、部分资产变价处置等对于破产资产的安排，也是经营方案的内容之一。公司重整成功的动力来源在于如何盘活破产资产，故需要盘点清楚资产情况、结合市场需求及重整投资人意愿等明确破产资产处置方式。有时候公司的资产需要高度黏合整体重整才能保障重整成功，有时候需要剥离低效资产、有序盘活优势资产才能保障重整成功，甚至有时候由重整投资人投入可产生经营效益协同的资产重组才能保障重整成功。

（三）重整投资人的投资引入

具备破产原因的企业，其基本上已陷入财务困境、失去经营及盈利能力。经过破产程序中解除保全措施，已消除了企业自身及其重整资产的生产经营活动限制，此时，重整投资人根据营业事业的需要合理、适时投入重整资金，即可恢复企业运营并具有盈利的可能。因此，需要结合案件实际情况，加大与重整投资人就其投资计划、营业事业恢复计划进行沟通，结合其最终提出的计划，在经营方案中编制相应内容，充实经营方案的可行性及商业兼顾性，为重整成功进一步提供保障。

重整投资人承诺的投资计划、营业事业恢复计划，也可以作为重整投资协议的组成部分，对重整投资人进行约束。由于此等计划对重整成功有重大影响，故除了在重整投资协议中约定重整投资人违反计划规定导致重整失败需承担的违约责任外，还需将此等计划恰当融入经营方案中，作为重整计划监督的内容之一，可顺势将此等计划如约执行或不能如约执行所产生的权利义务梳理清楚。

（四）资产处置限制

破产重整后，一般需要将破产企业的股权或营业事业过户、移交给重整投资人，如重整投资人不能一次性提供偿债资金，则为保障债权人利益，应对重整投资人进行适当限制，可以通过要求重整投资人提供适当担保的方式进行，也可以考虑限制重整投资人将所获得的股权或营业事业设定质押、抵押等权利负担，控制新增债务对重整资产价值的"侵蚀"，以保障进入重整后债权人的清偿利益不受重大的不利影响。

四、经营方案制定时需要考虑的问题

（一）寻找企业陷入困境的原因，"对症下药"

企业陷入经营困境，不外乎是自身原因或外部原因甚至是两相叠加作用引起的。自身原因包括企业不断扩大投资、融资成本高、企业决策管理监督机制欠缺或失灵、产品或工艺升级淘汰等，外部原因包括经济发展下行、产业政策或地方政策调整、信贷支持减弱、诉讼或执行措施"卡断"现金流等。

管理人应通过调查、分析，识别出破产企业陷入困境的原因，并结合已具备的重整条件及重整投资人的意愿，对造成困境的原因进行矫正，去杂存精，消赘留势，提出有针对性的重整经营方案，防止重整后的企业"旧病重发"。

（二）强裁要素预先安排

重整计划草案能否获得债权人会议的表决通过，往往会受到多种因素的影响：偿债周期是否较短，普通债权的清偿率达到多高，重整投资人盘活营业事业的能力展示及可投入的资源，各分组中大额债权人对于债权审查结果的接受程度及与管理人或法院沟通的顺畅程度，国有企业领导层对重整工作的理解或支持程度，等等。实践中，大额债权人"一票否决"的情况也较为常见，因此，在制定重整计划草案时，有必要预先考虑法院的强裁要素。

如前述，法院强制批准重整计划的法定要素是重整计划的"可行性"。为了确保经营方案具有可行性，在招募到重整投资人后，管理人应加大与其沟通的力度，对经营方案的内容进行必要的指导、校正；若没有招募到重整投资人但需要继续重整的，为了获得法院认同，有必要借助评估审计机构对企业持续经营能力、预期盈利价值的专业报告以及留守聘用人员或专家的书面意见，对经营方案的可行性进行说明。

（三）职能部门支持

在营业事业涉及较多的行政职权监管领域，经营方案中的有关安排必须事先考虑相关职能部门的支持问题。比如，在房地产公司破产重整中，若涉及待开发土地的调规调容、征收、证照更换等均需要考虑是否能取得当地政府的支持；在特种行业公司（如能源、化工企业）重整中，国家及地方政策对行业的监管范围、力度、方式等，需要考虑是否影响重整后的企业可持续生产经营。

五、结语

重整计划是破产企业重生的序章，而经营方案则是其中的关键段落。制定经营方案，涉及跨学科、跨领域的工作，涉及与法院、政府、债权人、投资人等的大量协调沟通工作，需要糅合重整投资人意愿及债权人利益实现诉求，更需要考虑法院对"可行性"的审查要求以及行政监管职权的介入程度及影响，才能确保方案内容可以在企业重生后行得通、有实效。

第二节　破产法律制度

个人破产免责制度法律问题研究

姚文鹏 周 敏 [①]

摘要： 我国国家层面的法律并未规定个人破产制度，《深圳经济特区个人破产条例》作为地方性法规规定了个人破产相关内容。随着我国物质文明和精神文明的高度发展，我国国家层面的个人破产制度应该也会逐步得到完善。个人破产免责制度作为个人破产制度的核心制度之一，能够平衡债权人、债务人双方的利益，能够规范企业经营者的从商行为，能够促进社会资源的优化配置，从而助推社会经济的进一步发展。我国应采纳许可免责的立法模式，从而减少我国民众"对破产即逃债"的偏颇认识，由公信力较强的法院对债务人的破产免责予以许可。个人破产免责适用的对象为诚实而不幸的债务人，对非诚实而不幸的债务人不得适用破产免责。债务人对外所负的债务，并非一律可以适用破产免责，对具有人身关系的亲属间的抚养费、对国家所负的税款及罚金、对他人所负的人身侵权损害赔偿等债务，不得适用破产免责。个人破产免责的效力仅限于债务人，债务人的保证人、连带债务人仍需承担对债权人的债务清偿责任。为使个人破产免责程序有序、高效运转，可辅之建立失权复权制度、考察期制度、财产豁免制度、财产登记制度、免责前置程序等配套制度。

关键词： 个人破产制度；个人破产免责制度；个人破产免责制度的构建

一、个人破产免责制度的基础理论分析

（一）个人破产及个人破产免责

《企业破产法》对企业破产进行了明文规定，其规定为企业法人不能清偿到期债务，并且资产不足以清偿全部到期债务或者明显缺乏清偿能力的，依照本法规定清理债务。但由于《企业破产法》的适用范围仅为企业法人，企业法人外的其他主体并不被法律赋予申请破产的主体资格。故而，我国的破产法律仅为"半部破产法"。至于个人破产如何界定，由于尚未制定成文律法，实践中，对个人破产如何界定并无统一的意见。

---

① 姚文鹏，贵州贵达律师事务所律师；周敏，贵州贵达律师事务所律师。

学理上，有的观点认为，自然人或公民，都可被个人破产所涵盖，个人破产实际上就是自然人破产。[①] 我国《深圳经济特区个人破产条例》将个人破产规定为，深圳经济特区居住，且参加深圳社会保险连续满三年的自然人，因生产经营、生活消费导致丧失清偿债务能力或者资产不足以清偿全部债务的，可以依照本条例进行破产清算、重整或者和解。依《深圳经济特区个人破产条例》来看，个人破产即为自然人破产。另外，一些观点认为，商自然人的破产、消费者的破产，均属于个人破产。[②] 笔者以为，为实现破产法律制度的规范意旨，我国的个人破产应指除了企业法人外的商自然人、普通自然人、消费者、个体工商户、企业的经营者等主体具备破产原因而申请的破产。如此，企业法人、非企业法人均可适用破产法律制度。

个人破产免责，即债务人符合个人破产的前提下，人民法院根据债务人的申请，进行审查后宣告债务人破产，对债务人尚未清偿的剩余债务，一定法定期限后，债权人没有权利向债务人再行主张要求清偿。[③] 只有实行免责制度，确立免责制度的重要地位，债务人经历破产程序后才能有余力继续投入社会的经济活动中。

（二）个人破产免责的理论支撑

个人具备破产原因后，债权人为了保证自己权益的实现，对债务人予以免责，使债务人更加配合破产程序的一系列工作，这通常被称为债务人合作理论。英美法上的个人破产免责，债务人签署遵守证书是其能够被免责的前提基础，遵守证书中对债权人、债务人规定了他们分别需要履行的义务和要求。[④]

个人陷于债务危机，其不仅影响债权人、债务人，也影响社会当中的其他人，个人破产免责制度应与社会的整体利益结合起来予以考察，这便是社会效用理论。社会效用理论也认为，对陷于绝望的个人债务人予以免责，这不只是在特定情况下对债权人有利，对社会也是普遍有利的。[⑤]

人道主义理论认为，债务人陷入破产境地后，应基于人道主义，对债务人给予宽容、给予同情，对债务人的生存、人格尊严给予人道主义关怀。对陷于破产的债务人予

[①] 汤维建：《关于建立我国个人破产制度的构想（上）》，《政法论坛》1995年第3期。

[②] 文秀峰：《个人破产法律制度研究——兼论我国个人破产制度的构建》，博士学位论文，中国政法大学，2004。

[③] 文秀峰：《个人破产法律制度研究——兼论我国个人破产制度的构建》，中国人民公安大学出版社，2006，第172页。

[④] 徐阳光：《个人破产免责的理论基础与规范构建》，《中国法学》2021年第4期。

[⑤] 徐阳光：《个人破产免责的理论基础与规范构建》，《中国法学》2021年第4期。

以免责处理，可以使得债务人的基本生活得以保障，债务人也可以通过破产免责制度重新振作，重新焕发对生活的希望，从而激发潜能，重新开展经济活动。

当然，不论是债务合作理论，抑或社会效用理论、人道主义理论，都为个人破产免责制度的构建提供了理论支撑。债务人陷于破产债务危机后，债权人给予债务人免责，需要债务人的配合。个人破产程序中，债权人的利益固然需要维护，但债务人的利益亦需要维护，维护债务人的权益，债务人才能重新全身心投入社会经济活动中，才能促进社会资源的优化配置，从而实现社会的整体利益。

（三）个人破产免责制度的功能性作用

从个人破产免责制度建立的最初目的来看，是债权人为了使自己的权益进一步实现，而对债务人予以免责。债权人希望通过对债务人免责来促使债务人积极偿还自己的债务，在免责制度的激励下，债务人不仅主动参与破产程序、主动公布自身财产，也想方设法地去解决对债权人所负的债务偿还问题。个人破产免责制度，不仅使得债权人的权益得到了更好的实现，也使得债务人有更多精力重新投入社会经济活动，平衡了债权人、债务人双方主体间的利益。

企业的经营过程中，企业的股东、实际控制人、法定代表人、高级管理人员等企业经营者，为了企业的发展，往往在融资贷款的过程中，自身为企业的融资贷款提供连带责任保证，后续有可能因企业的经营失败，企业经营者自然人可能背负巨额担保债务。企业通过破产程序重获新生或者退出市场后，企业经营者等自然人由于企业经营产生的负债尤其是巨额担保性负债清理难问题，已经成为当前影响民营经济健康发展的重要障碍。[①] 企业在融资贷款中，金融机构为了实现自身权益最大化，往往要求股东、实际控制人、法定代表人、高级管理人员等企业经营者提供连带责任保证，这无可厚非。但当企业经营失败、偿还不上企业的融资贷款时，提供连带责任保证的企业经营者理应通过个人破产免责程序以获得债务解决，从而提高企业经营者这一类主体的投资从商积极性。企业经营者这一类主体熟悉商业环境，具有经营企业、投资商业、创新创业的强烈意愿，构建个人破产免责制度能提高企业经营者从商创业的积极性，能使他们从巨额担保性负债中释放出来，激发他们投入社会经济活动的活力，创造更多的社会财富。

个人破产免责制度对陷入债务危机的债务人而言，不仅使得债务人的债务危机问题暂时得到解决，也使得债权人的债权实现问题得到优化处理，在这一过程中，既给予了

[①] 最高人民法院民二庭课题组：《企业破产程序中经营者保证责任的合并处理》，《法律适用》2022 年第 2 期。

债务人人道主义关怀，更促进了社会资源进一步地优化配置。所以在个人破产程序中，不仅要关注债权人利益的实现、债务人债务问题的解决，更需关注的是个人破产免责这一制度本身能给社会经济发展、社会资源优化配置带来的助推作用。

二、个人破产免责制度比较法上的考察

（一）个人破产免责制度的域外立法例

个人破产免责的立法模式，主要有许可免责模式与当然免责模式两种立法模式。德国、日本等国，采取的个人免责立法模式为许可免责模式。按照许可免责模式，个人债务人对债权人的债务并不因进入破产程序而得以自动免除，债务人除了申请进入破产程序外，还需向法院申请免责，待法院裁定认可债务人的免责申请后，债务人才能获得债务免责。债务人向法院申请破产免责是启动的标志，法院作出免责与否的裁定才能确定债务人的破产免责。[①] 美国采取的个人免责立法模式为当然免责模式。按照当然免责模式，债务人不再需要向法院提交免责申请，满足"诚实而不幸"的这一条件后，债务人的债务即可享有破产免责这一权利。但需要注意的是当然免责并不是无条件的免责：首先债务人应为诚实而不幸的债务人，而不能是存在破产欺诈、破产犯罪等行为的债务人，其次债权人也可以对债务人的免责提出异议和抗辩的权利。不论是采取许可免责模式还是当然免责模式，各国的法律均设置了相应条件，区别在于是否需要单独向法院提交免责申请并由法院作出免责与否的许可裁定。

个人破产免责适用的对象为诚实而不幸的债务人，当债务人存在破产欺诈、破产犯罪等非诚实而不幸的行为时，其将不能获得破产免责。英国破产法上，当债务人存在破产欺诈、从事破产犯罪、未保留或记录破产程序开始前三年内的账目等行为时，债务人不能破产免责。[②] 德国破产法上，债务人存在破产欺诈犯罪、破产申请前一年内过度举债和挥霍、违反说明义务及协助义务、故意隐瞒或重大过失的不实陈述行为，债务人不能破产免责。[③] 美国破产法上，申请破产前存在破产欺诈、隐匿资料、实施破产犯罪、两次免责间隔少于八年等行为时，债务人不能获得破产免责。[④]

债务人对其他主体所负的债务，并非所有类型的债务均可适用破产免责。英国破产

① 项焱、张雅雯：《从破产有罪到破产免责：以英国个人破产免责制度确立为视角》，《法学评论》2020年第6期。
② 王磊：《民法典视野下生计酌减规范的必要性证成》，《北方法学》2020年第1期。
③ 李永军：《论破产法上的免责制度》，《政法论坛》2000年第1期。
④ 许德风：《破产法论——解释与功能比较的视角》，北京大学出版社，2015，第525页。

法上，债务人以欺诈方式产生的债务、债务人对国家的债务、法庭裁判确定的父亲对私生子女的债务，属于不得破产免责的债务。美国破产法上，债务人所负税收债务，因诈欺、盗用所负债务，对配偶、子女所承担的生活费、抚养费债务，故意伤害他人人身或者财产所负债务，政府罚款、罚金等债务，债务人不能获得债务免除。德国破产法上，罚金、故意从事非法行为所负债务，债务人不能获得破产免责。日本法上，租税，恶意侵权行为所产生之损害赔偿，雇工薪金，罚金、罚款，债务人不能获得破产免责。[①] 不得免责的债务类型中，债务人所负的税收、罚款等国家债务、家庭成员间的家庭债务、人身侵权产生的人身损害赔偿债务大多被规定为不得免除的债务类型，这些类型的债务或是具有人身属性的债务，或是涉及国家税务、罚款、罚金等债务。

日本破产法上，对破产人的保证、担保和连带债务人所具有的权利，债权人不因破产人的免责而受影响。英国破产法上，对破产债务人的合伙人、担保人、共同负担债务的人而言，破产免责不对其发生效力。美国破产法上，连带债务人、担保人、破产者的配偶，破产免责不对其发生效力。[②] 由此看来，个人破产免责的效力仅仅限于债务人自身，且具有高度的人身属性。债务人获得债务免责后，其对债权人所负担的剩余债务，债务人将无须再承担继续清偿的偿还责任。但个人破产免责的效力，只及于债务人自身，债务人的保证人、连带债务共同债务人等并不能因此获得免责。

（二）个人破产免责制度的国内司法实践

从国家法律的层面来看，我国仅有企业破产法，并没有个人破产法，也没有散见于某成文律法的个人破产条文，个人破产免责的相关规定也就难以在国家层面的法律中找寻到踪迹。由于我国国家层面的法律并未对个人破产制度予以相应规定，故本文拟以深圳经济特区地方性法规《深圳经济特区个人破产条例》作为个人破产免责制度的国内司法实践予以研究。

关于破产免责的立法模式，《深圳经济特区个人破产条例》第一百零一条规定："考察期届满，债务人申请免除未清偿债务的，管理人应当对债务人是否存在不得免除的债务以及不得免除未清偿债务的情形进行调查，征询债权人和破产事务管理部门意见，并向人民法院出具书面报告。人民法院根据债务人申请和管理人报告，裁定是否免除债务人未清偿债务，同时作出解除对债务人行为限制的决定。"从前述破产条例的条文内容来看，采取的免责立法模式为许可免责立法模式。债务人如若想就未清偿债务予以免除

---

①　李永军：《论破产法上的免责制度》，《政法论坛》2000 年第 1 期。
②　程凌：《个人破产免责制度研究》，硕士学位论文，浙江财经大学，2021。

清偿责任，考察期届满，债务人须向法院提交免责申请，法院根据债务人免责申请及管理人报告，最终作出是否免除债务人未清偿债务的裁定。

对于非诚实而不幸的债务人的判断标准，《深圳经济特区个人破产条例》第九十八条规定："债务人存在下列情形之一的，不得免除未清偿债务：（一）故意违反本条例第二十三条、第八十六条关于债务人行为限制的规定；（二）故意违反本条例第二十一条关于债务人应当遵守的义务，以及第三十三至第三十五条关于债务人财产申报义务的规定；（三）因奢侈消费、赌博等行为承担重大债务或者引起财产显著减少；（四）隐匿、毁弃、伪造或者变造财务凭证、印章、信函文书、电子文档等资料物件；（五）隐匿、转移、毁损财产，不当处分财产权益或者不当减少财产价值；（六）法律规定不得免除的其他情形。"个人破产免责适用的债务人为诚实而不幸的债务人，当债务人存在奢侈消费、赌博、违反财产申报义务、不当处分财产、不当减少财产价值、隐匿、毁弃、伪造或者变造财务凭证印章、信函文书、电子文档等资料物件的行为时，其就不属于诚实而不幸的债务人了，也不能获得债务免责。

对不得免责的债务类型，《深圳经济特区个人破产条例》第九十七条第一款进行了规定："（一）因故意或者重大过失侵犯他人身体权或者生命权产生的损害赔偿金；（二）基于法定身份关系产生的赡养费、抚养费和扶养费等；（三）基于雇用关系产生的报酬请求权和预付金返还请求权；（四）债务人知悉而未记载于债权债务清册的债务，但债权人明知人民法院裁定宣告债务人破产的除外；（五）恶意侵权行为产生的财产损害赔偿金；（六）债务人所欠税款；（七）因违法或者犯罪行为所欠的罚金类款项；（八）法律规定不得免除的其他债务。"债务人进入个人破产程序后，并不是所有的债务类型均可申请破产免责，人身损害赔偿金、税收、雇工薪酬、罚金等债务类型不能获得债务免责。

对破产债务免责的效力，《深圳经济特区个人破产条例》第一百零二条第三款进行了规定："免除未清偿债务裁定的效力及于已申报和未申报的全体债权人。债务人的保证人和其他连带债务人尚未承担保证责任或者连带责任的，在人民法院依照本条例裁定免除债务人未清偿债务后对债权人依照破产清算程序未受清偿的债权，依法继续承担清偿责任。"破产免责中，免责的效力仅及于债务人，债务人对已申报、未申报的债权人所负的未清偿完毕的债务无须承担继续清偿责任，但已申报、未申报的债权人仍可向债务人的保证人、其他连带债务人就未受清偿部分的债权主张继续承担清偿责任。

（三）个人破产免责制度的比较法分析

个人破产免责立法模式，有的国家采取许可免责立法模式，有的国家采取当然免责立法模式。采取许可免责立法模式的破产法规定，进入破产程序后的个人破产人，要想就所负债务获得免除清偿责任，就需要向法院提交免除债务清偿责任的许可申请，并由法院根据债务人的许可免责申请作出是否许可免责的裁定。当然免责立法模式的破产法规定，债务人只要达到破产免责设置的条件，并不需要向法院申请许可免责，即可获得破产免责。不论是许可免责立法模式，还是当然免责立法模式，对债务人就所负债务达到免除清偿责任，均设置了相应的免责条件，当然免责并不是无条件的免责，许可免责也并非严苛的免责。

个人破产免责制度适用的债务人为诚实而不幸的债务人，对于非诚实而不幸的债务人，国内地方性个人破产条例、国外破产法均规定了不能适用个人破产免责制度。只要债务人不存在非诚实而不幸的行为时，即可申请其对债权人所负的债务予以免除清偿责任。非诚实而不幸的债务人判断标准为债务人是否存在破产欺诈、破产犯罪、过度消费与挥霍、隐匿财务资料、隐匿财产、不如实陈述等行为。当然，债务人对债权人所负的债务，并非一律都可申请破产免责，国外破产法、国内地方性个人破产条例均规定了不得免除债务清偿责任的债务类型，即债务人对其亲属的抚养费、生活费，债务人对雇佣关系产生的应付雇工薪酬，债务人欠付的国家税款、罚款、罚金，债务人因人身侵权而产生的人身损害赔偿金等。

进入个人破产免责程序后，当债务人个人获得债务的免除清偿责任后，其免责的效力如何，国外破产法、国内地方性个人破产条例均规定了，破产免责的效力仅限于债务人本身。当债务人获得个人债务破产免责后，债务人就未履行清偿完毕的债务无须承担继续清偿责任，但债权人仍可向债务人的保证人、连带债务人继续主张未清偿完毕债权的清偿责任，债务人的保证人、连带债务人也仍需履行对债权人就未获清偿部分债权的清偿责任。当然，个人破产免责制度的规范意旨在于挽救诚实而不幸的债务人，使债务人摆脱债务危机，重新开始新的社会经济活动，这其中并不包含债务人的保证人、连带债务人。如破产免责效力及于债务人的保证人、连带债务人，将极大地损害了债权人的债权利益。至于债务人的保证人、连带债务人，如确实也陷入债务危机，其亦可以通过个人破产免责程序来摆脱债务困境，重新开始社会经济活动。

三、个人破产免责制度的构建路径

（一）立法模式的选择

综观个人破产免责制度的立法模式，德国、日本等国的破产法采纳的是许可免责模式，美国破产法采纳的当然免责模式。因我国的立法传统与德国、日本等国相似，我国民众对破产免责的接受度尚不是很高，我国个人破产免责的立法模式应以许可免责模式为参考。以许可免责模式为参考，可以降低我国民众对"破产即逃债"的抵触，可以提高我国民众对个人破产免责制度的接受程度，从而能够较好地施行个人破产免责制度。

不论是采取许可免责立法模式，还是采取当然免责立法模式，对债务人的破产免责，应赋予债权人相应的异议权、抗辩权。对存在债务人不应破产免责的情形、债务人并非属于诚实而不幸的债务人时，债权人可以向受理破产的法院提出异议及抗辩，如债权人的异议及抗辩确实属实，受理破产的法院经审查后，应作出裁定撤销债务人的个人破产免责，应使债务人对未清偿完毕的债务继续承担清偿责任。

（二）破产免责适用的对象

通过个人破产免责程序，债务人能够从严峻的债务困境中摆脱出来，重新参与社会经济活动，重新恢复生机。但并非所有的债务人均可申请破产免责，只有诚实而不幸的债务人在陷于债务困境时才可申请破产免责。对于非诚实而不幸的债务人，因其陷入债务困境，在主观上并非善意，相反，其主观上甚至存在恶意，因此，非诚实而不幸的人不能适用破产免责。

对诚实而不幸的债务人如何进行判断，各国的破产法律及我国的地方性个人破产条例均从反面予以界定，即当债务人存在非诚实而不幸的行为时，其就不属于诚实而不幸的债务人。相反，如果债务人不存在诚实而不幸的行为时，债务人就属于诚实而不幸的债务人。当债务人因欺诈、违反如实陈述义务、故意隐匿财产、奢侈消费、赌博等行为而造成财产减少或财产受到重大损失时，其就不属于诚实而不幸的债务人了。

（三）不予免责的债务类型

债务人对债权人所负的债务，并非所有的债务类型均可适用个人破产免责程序，即存在个人破产免责适用的例外。对个人破产免责适用的例外，国外破产法、国内地方性个人破产条例均予以了明确规定，如基于亲属关系对家庭成员间所需承担的抚养费、扶养费、赡养费，基于税务关系对国家所欠的税款，因违法行为而被国家苛处的罚款、罚金，基于雇佣关系而对雇员所需承担的雇工薪酬，因人身侵权而产生的人身损害赔偿金，这些债务类型不得适用个人破产免责。

不得适用个人破产免责的债务类型，或属于具有人身属性的家庭债务，或属于个人对国家所负的债务，或属于人身侵权而导致的人身损害赔偿金债务。债务人向法院申请个人破产免责时，法院经审查发现存在不予免责的债务类型时，应对这些类型的债务予以裁定驳回债务人的个人债务免责申请。除不予免责的债务类型外，债务人申请免责的其他类型的债务不受此影响，符合免责条件的个人债务免责申请，法院经审查后，仍应作出免责的许可裁定。

（四）破产免责的效力

个人破产免责的效力可从两个方面来看，即对债务人的效力、对债务人的保证人及承担连带责任的连带债务人的效力。债务人向法院申请个人破产免责，法院裁定许可债务人的个人破产免责申请，债务人对债权人所负的未清偿完毕的债务即无须再向债权人进行清偿。至于债务人的个人破产免责申请被法院裁定许可后，债务人仍主动向债权人履行未清偿完毕债务的清偿责任，或者与债权人就未履行完毕的债务达成新的履行债务约定，这均属于债务人、债权人间的意思自治范畴，债权人因此而获得的债权清偿无须返还给债务人。

对于债务人的保证人、连带债务人，不因债务人的个人破产免责程序而免除继续承担对债权人债权的清偿责任。债权人可就个人破产免责程序中未获清偿部分的债权，向该笔债权提供保证的保证人、提供承担连带债务责任的债务人主张继续清偿的责任，保证人、连带债务人仍需对债权人未获完全清偿部分的债权承担清偿责任。

（五）其他配套制度的建立

个人破产免责程序的施行，往往涉及失权复权制度、考察期制度、财产豁免制度、财产登记制度、免责前置程序等制度。免责程序并不是一个单独的程序，其需要建立失权复权制度、考察期制度、财产豁免制度、财产登记制度、免责前置程序等配套制度，以保障免责程序的实施。

进入破产免责程序后，债务人将不得担任企业法人的法定代表人、董事、监事、高级管理人员，不得进行高消费等，待债务人的破产免责申请被法院裁定许可后，债务人即获得复权，不再受失权的限制。考察期内，债务人需履行法院作出的失权限制，需要积极配合法院与管理人的破产工作，需要如实报告自己的财产、负债、住所、工作等情况。考察期届满，债务人可申请免责，免责通过可申请复权。

出于人道主义考虑，对陷入债务危机的债务人，为保障其基本生活及权利，对其保留了豁免财产，比如为债务人及其所抚养人按月保留生活所需的生活费。为债务人保留豁免财产，能促使债务人积极配合破产工作，对破产工作的有序推进是有益的。完备的财产登记制度，能使得法院、管理人对债务人财产的调查工作更加高效，若债务人出现隐匿财产、不如实报告财产，债务人即不能免除债务。由于我国人口基数大，如实行个人破产制度，现行的破产审判专业人员并不足以完全匹配个人破产案件数量。为缓解司法资源的紧张，可设置庭前调解程序作为个人破产免责程序的前置程序，如庭前调解不成功，债务人可继续进入破产程序。当然，庭前调解工作人员的配置方面，应尽量配置具备财务专业知识、破产专业知识、商业专业知识等复合型人才。

四、结语

我国当前的《企业破产法》仅仅规定了企业法人的破产程序，并未规定除企业法人外的个人破产程序。凭借《企业破产法》的多年施行以及近年来个人破产程序的司法实践，我国民众加深了对破产程序的认识。综观世界主要发达国家，英国、法国、德国、美国、日本等国家均设置了个人破产程序以及个人破产免责制度。个人破产免责制度作为个人破产制度中的重要制度之一，能够平衡债权人、债务人双方的利益，能够促进整个社会经济的进一步发展，能够促进社会资源的优化配置。我国也应建立个人破产程序及个人破产免责制度，以挽救陷入破产困境的个人破产者，让他们能够重新将精力投入社会经济生活。

我国对个人破产免责制度的具体构建应结合德国、日本等国的许可免责立法模式，以减少我国民众对"破产即逃债"的偏颇认知。由具有较强公信力的法院作为个人破产免责与否的决定机关，以加深我国民众对个人破产免责的接受度、信任度。个人破产免责适用的对象仅为诚实而不幸的债务人，如果不属于诚实而不幸的债务人，不得适用个人破产免责程序，因为法律不保护因恶意而陷入破产的债务人的利益。债务人所负的债务并非一律均可被法院裁定许可个人破产免责，具有人身属性的亲属间的扶养费、抚养费、赡养费，对国家所负的税款，因违法行为被国家苛处的罚款、罚金，因人身侵权而产生的人身损害赔偿金，这些债务不能适用个人破产免责。个人破产免责的效力只及于债务人，不及于债务人的保证人、连带债务人，债权人可就其未获清偿部分的债权向债务人的保证人、连带债务人主张继续清偿的责任。失权复权制度、考察期制度、财产豁免制度、财产登记制度、免责前置程序等配套制度的建立，也能为个人破产免责程序的进行提供辅助作用。

中小微企业快速重整的实践与反思

谢 敏 柳 燕^①

摘要: 近年来,越来越多的中小微企业在新型冠状病毒感染疫情等情况下陷入困境,其中不乏具有重整价值的企业。为避免中小微企业受传统程序负累,同时解决破产案件分流且实现快速办理等实际问题,业界对中小微企业快速重整展开了诸多论证。本文基于笔者的管理人履职实践,对中小微企业的现状、特征进行分析,并在诸如接管、债权审查、经营管理等方面提出自己的观点和建议。

关键词: 中小微企业;快速重整;实践与反思

自 2020 年起,破产领域内对中小微企业重整的研究逐渐兴起,研究中小微企业重整或快速重整并对此发表理论基础、制度设计等观点和看法也逐渐多了起来。一方面,这与近年来中小微企业的快速发展息息相关,中小微企业群体不断壮大,在目前优化营商环境的基调下,势必要引起重视。另一方面,自 2019 年至今,受新型冠状病毒感染疫情影响,一些抗风险能力较差的中小微企业受到较大冲击。许多才在 2018 年崭露头角的中小微企业从 2019 年开始就持续遭遇经营、资金周转等方面的困难,最终陷入资不抵债、难以持续的困境。对这些陷入困境的中小微企业,我们不能一概而论地进行清算,应当识别其是否有重整的价值,从而最大程度保障债权人利益,这样也使得企业不致夭折并重获新生,且继续在就业吸纳、价值创造等方面发挥作用。2021年,联合国国际贸易法委员会审议通过《小微企业破产法立法建议》,并被纳入《破产法立法指南》的第五部分。同年,世界银行宣布停止发布《全球营商环境报告》,并于 2022 年 12 月公布了新的评估体系——《宜商环境(BEE)新概念书》。《宜商环境(BEE)新概念书》中增加了专门针对小微企业程序的制度性基础设施等内容的评估。中国作为世界贸易体系中的一分子,而且是相当有分量的一分子,当然不会在制度的建立、设计和更新上落后。本文将对中小微企业的特长、特征等进行论述,同时结合在现有制度下管理人履职视角对中小微企业快速重整进行评析,并提出自己对快

---

① 谢敏,贵州贵达律师事务所律师;柳燕,贵州贵达律师事务所律师。

速重整程序的思考和建议。

一、中小微企业的现状、特征

（一）中小微企业的现状

2019 年国家统计局发布的《中小微企业成为推动经济发展的重要力量——第四次全国经济普查系列报告之十二》有如下记载。

从规模上看，至 2018 年末，中小微企业发展迅速，总量规模不断扩大。数据显示："2018 年末，我国共有中小微企业法人单位 1807 万家，比 2013 年末增加 966.4 万家，增长 115%。占全部规模企业法人单位的 99.8%，比 2013 年末提高了 0.1 个百分点。其中，中型企业 23.9 万家，占比 1.3%；小型企业 239.2 万家，占比 13.2%；微型企业 1543.9 万家，占比 85.3%。"[1] 可以看出，中小微企业在全部类型企业中的占比高达 99.8%。尤其是小微企业，数量庞大，占比最高。

从吸纳就业上看，"2018 年末，中小微企业吸纳就业人员 23300.4 万人，比 2013 年末增加 1206.8 万人，增长 5.5%。占全部企业就业人员的比重为 79.4%，比 2013 年末提高了 0.1 个百分点。拥有资产总计达到 402.6 万亿元，占全部企业资产总计的 77.1%；全年营业收入达到 188.2 万亿元，占全部企业全年营业收入的 68.2%"[2]。可以看出，中小微企业在吸纳就业、价值创造上所占比重也较高。同时也不难看出，中小微企业规模、吸纳人员上的"大体量"与其价值创造、收益上呈现出的一种"不平衡"。这也正反映出中小微企业最大的特征，就是我们常说的"小本生意"的特点。

从经营状况上看，上述报告指出："微型企业资金产值率相对较低。2018 年末，微型企业的资金产值率仅为 26.2%，相当于大型企业的三分之一，也比中型、小型企业低 30.3 和 29.1 个百分点。"[3] 资金产值率为营业收入与资产合计的比率，简单来说，该指标是反映企业经营效益的一个指标，比率越高，企业经营效益越好，反之则较差。通过上

---

① 国家统计局：《中小微企业成为推动经济发展的重要力量——第四次全国经济普查系列报告之十二》，http://www.stats.gov.cn/xxgk/sjfb/zxfb2020/201912/t20191217_1767576.html，访问日期：2023 年 5 月 10 日。

② 国家统计局：《中小微企业成为推动经济发展的重要力量——第四次全国经济普查系列报告之十二》，http://www.stats.gov.cn/xxgk/sjfb/zxfb2020/201912/t20191217_1767576.html，访问日期：2023 年 5 月 10 日。

③ 国家统计局：《中小微企业成为推动经济发展的重要力量——第四次全国经济普查系列报告之十二》，http://www.stats.gov.cn/xxgk/sjfb/zxfb2020/201912/t20191217_1767576.html，访问日期：2023 年 5 月 10 日。

述指标系数可以看出，微型企业的经营效益与大、中、小型企业相比是存在较大差距的。这也决定了微型企业需要通过不断推陈出新等方式以谋求更多的发展空间。

（二）中小微企业的特征

一是经营规模较小、业务较为单一，尤其是小微企业。根据国家统计局公布的统计上大中小微型企业划分办法（2017）》的划分标准，现行统计制度根据不同行业的特点综合从业人员、营业收入和资产总额划分大中小微企业。该标准包括详细列明的15个行业的划分标准及1个其他未列明的行业的兜底标准。且除农、林、牧、渔业和其他未列明的行业是以单一标准划分之外，其余行业均包括从业人员、营业收入和资产总额中的任意两项指标，且根据划型规则需两项均满足才能划型，否则应降低划型标准。根据该标准，已列明行业中，中型企业中营业收入较大值为20亿、10亿，涉及房地产开发经营、信息传输业；最小值500万，涉及零售业、农、林、牧、渔业、零售业。资产总额标准仅涉及租赁和商务服务业、建筑业、房地产开发经营，值范围在12亿到5000万之间。小型企业中营业收入较大值为6000万、5000万，涉及建筑业、批发业；最小值为50万，涉及农、林、牧、渔业、软件和信息技术服务业，另外7个常见行业最低值为100万。资产总额标准仅涉及租赁和商务服务业、建筑业、房地产开发经营，最大值范围在5000万到8000万之间。最小值为100万、300万和房地产开发经营的1000万。微型企业中营业收入较大值为批发业1000万，其余均在低于500万的范围内；资产总额标准上，房地产经营为2000万以下、租赁和商务服务业为100万以下、建筑业为300万以下。通过上述数据显示，除租赁和商务服务业、建筑业、房地产开发经营3个行业在营业收入和资产总额两个标准上数值均比较大以外，其余行业数值普遍较小，足见中小微企业经营规模小的特点。

二是债权结构较为清晰。中小微企业有财产担保的债权通常集中在两至三家金融机构，尤其是集中在当地金融机构。普通债权大多为民间借贷、业务欠款等。一方面，由于中小微企业的营业范围或影响力较为局限，一般主要辐射当地市场，故其融资渠道或业务覆盖范围多数亦局限为当地。另一方面，其规模等因素也导致其难以向外拓展出融资渠道和市场。

三是融资渠道和市场局限。中小微企业能够采取的融资渠道和融资成功率是相对较低的，它们最常用的融资渠道有出资人出资、银行贷款、民间借贷及互联网融资平台。用积压产品进行典当以获取流动资金，用担保机构担保业务进行信用担保融资。也存在极少部分"高、精、特"或前沿科技行业的中小微企业选择资产证券化或新三板挂牌进行融资。但总的来说，中小微企业的融资渠道相当有限且部分方式还存在较高法律风险。

四是经营和内部治理的单一和混乱。中小微企业在经营业务上多为主营业务和向上下游业务拓展，业务较为单一。同时，中小微企业部分行业甚至由于其经营特点，尤其是以人力资源价值为核心的中小微企业，在目前企业设立和退出本身成本较低的情况下，其推陈出新、更新换代较快，其中更不乏利用破产程序逃废债心理的企业主，企图自持上述人力资源金蝉脱壳，东山再起。在内部治理上，中小微企业所有权与经营权高度重合的老调自不必赘述，但这种高度重合下，企业"私人化""一言堂"等经营管理，必然导致财务、合同等方面的管理混乱，导致个人与企业的资产、债务混乱。

二、中小微企业快速重整的关键

目前，学界、实务界都在对中小微企业快速重整问题进行论证和研究，从立法、解释甚至商业经营等多角度对这一问题进行剖析并发表观点。目前，能检索到的正式出台并施行的有关中小微企业快速重整的文件有 2022 年 4 月 25 日北京市第一中级人民法院出台的全国首个专门规范中小微企业快速重整的制度规范《中小微企业快速重整工作办法（试行）》和 2022 年 7 月 25 日陕西省西安市中级人民法院出台的《中小微企业快速重整实施办法》。对中小微企业快速重整制定的施行办法本身就是为中小微企业、债权人提供简单、快捷、灵活的破产程序，同时又要防止该简易制度的滥用对中小微企业、债权人等各方造成损害，更重要的是通过破产程序达到优化营商环境、维护经济市场就业和投资的目标。笔者将从管理人履职的角度，分析在现有制度下管理人如何推动中小微企业快速重整，或如何在中小微企业快速重整程序中更好履职。

（一）中小微企业快速重整适用范围

首先，北京市第一中级人民法院出台的《中小微企业快速重整工作办法（试行）》第二条，将适用快速重整的中小微企业条件归纳为两点，一是债权债务关系明确，财产状况清楚，二是无财产担保负债总额不超过 1 亿元的企业或者符合国务院相关部门制定的中小微企业划型标准规定的企业。西安市中级人民法院出台的《中小微企业快速重整实施办法》需同时符合三个条件：一是债务人是符合国务院相关部门制定划型标准规定的中小微企业；二是财产状况清晰，债权债务关系明确无财产担保负债总额不超过 5000 万元；三是经初步识别具有重整价值和可能性。两份文件都将"债权债务关系清晰，财产状况清楚"以及"国务院相关部门划型为中小微企业"这两个条件纳入条件范围。"债权债务关系清晰，财产状况清楚"本身也是适用简易程序的原则性要件，中小微企业快速重整案件在一定程度上与简易程序存在交叉，理应将这一原则性要件纳入考量。对于"国务院相关部门划型为中小微企业"这一要件，其主要反映的是债务人的企业规模问题，本文上一小节的数据显示，从从业人员、经营收入、资产总额三方面反映出企业的规模大小。这一标准有两个问题还待考量：一是个体工商户是否应包含在内，《统计上大中小微型企业划分办法（2017）》"第二条"也指明了该办法的适用对象为中华人民共和国境内依法设立的各种组织形式的法人企业或单位，并未将个体工商户列入其中，但同时也在"第二条"中列明个体工商户可以参照本办法进行划分。从这一层面上来看，个体工商户也能够参照该办法判断出经营规模大小。另一方面，中小微企业本身也并不是一个规范的法律用语或概念。目前使用的"中小微企业"这一概念一是向国家统计局所做的企业划型靠拢，二是向税法领域的"小型微利企业"概念靠拢。因此，个体工商户虽然未被明确划入企业范围，但就其规模大小情况，可以参照中小微企业快速重整办法进行重整。

事实上，个体工商户在现行法律体系下已经被排除在《企业破产法》的调整范围之外了。《企业破产法》及《最高人民法院关于审理企业破产案件若干问题的规定》已经明确，个体工商户因其不具备法人资格不属于企业破产法下的破产主体。[①] 同时，目前施行的个人破产法律文件中，也未见明确将其列入破产主题范围的规定。但对于个体工商户这一市场主体，有两大理由使我们必须要重视并建立起其市场退出渠道。一是其数量庞大，不可忽视。根据国家市场监督管理总局统计的数据，截至 2023 年 1 月，我国市场主体达 1.7 亿户，其中全国登记在册个体工商户达 1.14 亿户，约占市场主体总量三分之二，并带动近 3 亿人就业。二是早在 2019 年 6 月国家发展和改革委员会等十三个部委联合发布的《加快完善市场主体退出制度改革方案》就明确了要畅通包括个体工商

---

① 《企业破产法》第一条："为规范企业破产程序，公平清理债权债务，保护债权人和债务人的合法权益，维护社会主义市场经济秩序，制定本法。"第二条："企业法人不能清偿到期债务，并且资产不足以清偿全部债务或者明显缺乏清偿能力的，依照本法规定清理债务。企业法人有前款规定情形，或者有明显丧失清偿能力可能的，可以依照本法规定进行重整。"

《最高人民法院关于审理企业破产案件若干问题的规定》第四条："申请（被申请）破产的债务人应当具备法人资格，不具备法人资格的企业、个体工商户、合伙组织、农村承包经营户不具备破产主体资格。"

户在内的市场主体的退出渠道。^①

对于个体工商户市场退出渠道的设计，需从个体工商户的定义、债务承担的相关规定着手，明确它究竟是什么、有什么特点。《民法典》第五十四条^②规定了"个体工商户"的定义，笔者认为该定义重点有二：一是个体工商户是以自然人从事工商业经营进行登记，二是可以起字号。《民法典》第五十六条^③规定了个体工商户的债务承担，其区分要素为是个人经营还是家庭经营，分别以个人财产或家庭财产承担债务，但其根本上承担的应该是一种无限责任。其定义和责任等的规定，都体现出了个体工商户这一市场主体兼具了个人、企业等多种主体的特征，但又独树一帜。其次，结合上述特点，笔者认为，对于个体工商户的市场退出渠道的设计，如果不能用单独的法律文件予以规定，那么可以从个体工商户债务承担的规定为出发点进行设计。一种是区分个人经营和家庭经营，采取分别参考个人破产或企业破产相关规定区别处理。但此种方式尚有三点难题：一是将一种主体割裂适用两种程序本身会造成实际操作等各层面上的不适。二是在个体工商户的登记注册管理上，是否要更为明确家庭经营所涉及的人员、财产范围等内容的登记，以便在程序选择后能更为清晰地识别财产或人员范围。三是上述如不能在登记中区分开来，目前司法实践中对"家庭经营"的认定本就缺乏明确的法律规则，如果参照《企业破产法》的规定，势必因难以界定破产财产的范围而陷入困境。另一种则是完全将其融入个人破产的制度设计中。这种设计的逻辑起点是，无论是家庭经营还是个人经营，其本质上仍然是一种无限责任。这一点与个人破产制度的逻辑起点有一定的同质性。但此种方式，同样在家庭经营的情况下会面临一种困境，即家庭经营模式下的个体工商户破产，是否直接意味着数个个人同时破产且将面临个人破产合并破产问题。

即便被划型为中小微企业，但部分行业中的中型企业因其行业特性，其经营规模也

---

① 国家发展和改革委员会等十三个部委《加快完善市场主体退出制度改革方案》"一"中"（三）总体目标"指出："逐步建立起与现代化经济体系相适应，覆盖企业等营利法人、非营利法人、非法人组织、农民专业合作社、个体工商户、自然人等各类市场主体的便利、高效、有序的退出制度，市场主体退出渠道进一步畅通，市场主体退出成本明显下降，无效低效市场主体加快退出，为构建市场机制有效、微观主体有活力、宏观调控有度的经济体制提供有力支撑。""二"中"（二）建立健全破产退出渠道"指出："在进一步完善企业破产制度的基础上，研究建立非营利法人、非法人组织、个体工商户、自然人等市场主体的破产制度，扩大破产制度覆盖面，畅通存在债权债务关系的市场主体退出渠道。"
② 《民法典》第五十四条："自然人从事工商业经营，经依法登记，为个体工商户。个体工商户可以起字号。"
③ 《民法典》第五十六条："个体工商户的债务，个人经营的，以个人财产承担；家庭经营的，以家庭财产承担；无法区分的，以家庭财产承担。"

较大，例如租赁和商务服务业、建筑业、房地产开发经营行业，虽然不符合划型条件上限，但其体量亦相对较大，不适于快速重整。因此，对于中型企业是否适用快速重整程序的判定，应当更为审慎地进行审查。另外，在上述两个正式出台的关于中小微企业快速重整的办法中，虽然规定了程序转换的条款，但转换程序的启动和决定均由人民法院进行。债权人、债务人等仅能在是否适用快速重整程序时发表意见，在程序转换上，其与管理人均无直接启动的权利。故管理人履职时，应当及时向人民法院汇报相关情况，及时转换程序以避免重整失败。

预重整案件是否或如何适用快速重整程序？在案件未正式进入程序前，即在预重整阶段时，管理人在制作重整计划草案和进行资产调查时，就要有意识地判断进入司法程序后的程序适用问题。上述两个文件《中小微企业快速重整工作办法（试行）》《中小微企业快速重整实施办法》均未明确经过预重整的中小微企业能否直接适用快速重整程序。笔者认为，可以考虑将已经经过预重整的案件，以附条件的方式直接适用快速重整程序，不只中小微企业，甚至一些大型企业也可参照适用。

（二）对财产及营业事务方面的管理

不论是国际上通过的《小微企业破产法立法建议》，还是国内已经出台的办法，原则上都基本明确了重整期间保留企业对其资产的控制权和对其企业的日常经营，甚至有条件的还保留出资人权益。其原因则与中小微企业的经营特点息息相关，即中小微企业重整在一定程度上有赖于债务人甚至投资人的重整积极性和资源（包括资金、市场经营和人力本身）。投资人、债务人重整的积极性，除了已经有学者分析过的程序启动中的积极性外，在程序启动后仍然相当重要。就目前来看，现有规定都明确了中小微企业重整期间由债务人自行经营和管理、由管理人监督，但并未直接减少或免除管理人职责，在实践中如何划分债务人、管理人的职责尚不明确。

一是人民法院批准债务人自行管理之前，管理人的工作以及被批准以后的管理人职责需要明确。在是否允许债务人自行管理财产和营业事务的问题上，现有文件的规定都是"债务人需要满足一定的条件"。首先，债务人不存在隐匿、转移财产的行为或其他损害债权人利益的行为。关于这一点，部分学者也进行过论述。有一种观点认为，这是对债务人是否诚信的考察。笔者认为，即便没有明文规定，债务人自行管理财产和营业事务实际上就是原出资人继续管理，因此还需要将原出资人是否诚信纳入考虑之中，例如对企业经营失败并非故意为之或并非存在重大失误的行为，就不存在恶意失信行为。而上述考察，在未对企业进行深入调查时不能轻易判断，因此管理人在履行财产调查等职责时仍然要做好对这一考察的监督，在必要时报告法院。

二是管理人仍然要承担起对重整计划草案制定的指导及拟定的重任。虽然破产法以及上述文件都规定，在债务人自行管理财产和营业事务的情况下，以债务人制作重整计划草案为主，管理人指导协助为辅，但实际情况是，管理人仍然需要在资产调查等基础上判断企业的重整价值究竟体现在何处。重整价值应包括"具有继续经营的价值"和"具有经济效益"，即应当具备继续生产、经营的基本运营条件以及重整后的企业在未来有一定的盈利能力。这些更多的是一种商业判断，需要债务人或原投资人给出意见或其他专业机构给出意见。除此之外，需要管理人识别并判断的是债务人的资源价值，其中最重要的一点就是人力资源价值。大部分中小微企业的营运发展，是依托于原投资人个人的能力、资源发展起来的，或者说债务人重整成功的关键，仍然需要依托原投资人的人力资源。管理人需要通过债务人重整意愿，投资人是否愿意继续投入资金或实物、知识产权、股权等非货币财产，或者投资人是否承诺继续投入商业资源等进行识别，并结合资产调查等，尽可能查找出企业陷入困境的全部原因（包括是否存在经营管理、资金链等问题），在原投资人、债权人、债务人等的重整谈判中指导、协助制定重整计划草案。

（三）债权审查问题

关于债权审查问题，目前的做法是：债务人自行编制债权清册，如管理人认为有必要或债权人有异议的情况下则重新审查认定，即基本以债务人拟备的债权人和债权清单认定债权为基础，以债权人有异议或管理人认为必要时则重新审查为补充。确实，中小微企业快速重整的原则性条件之一就是债务人债权债务关系清晰。在这一基础上，以债务人自行拟备的债权清单审查认定债权有其事实基础。债务人所拟备的清单一般来说在事实方面不会存在大的误差，且中小微企业体量较小，其债权债务的复杂程度一般相对较低。不同的是，北京市《北京破产法庭中小微企业快速重整工作办法（试行）》中直接规定以债务人提交清册记载为原则，管理人认为必要或债权人有异议时则需要重新认定；而西安市在《西安市中级人民法院中小微企业快速重整实施办法》中则强调债务人拟定债权清单和相应凭证后，再由管理人审查。《企业破产法》第六章对"债权申报及审查确认"进行了规定，即债权人进行债权申报后，管理人需要登记造册，对债权进行审查，并编制债权表，经债权人会议核查无异议的由人民法院裁定确认。上述做法与破产法规定主要有两点不同：一是债权申报由债权人主动发起变为债务人主动列明，二是审查由"管理人审查"变为"以债务人编制为原则，管理人再次审查为例外"。

债权审查主要包括事实审查、法律审查两个部分。其中法律审查是管理人债权审查工作价值的最大体现。而对于债权审查或者说编制债权清册能否采取较快的方式，也应当从事实、法律并结合中小微企业债权债务结构特征等出发。中小微企业债权债务结构、类型较为清晰，但财务、合同管理较为混乱。从事实审查层面来说，债务人确实能够提供与债权相关的最真实的资料，但在法律审查层面，其几乎不能作为有效的结论。根据目前已有的做法，笔者仍有以下几点担忧：一是债务人提交的债权清册在法律审查层面是否准确难以保证，二是债务人提交的清册是否存在虚高、虚假等情况且如何识别才能避免稀释真实债权人的清偿额。从笔者参与的案件经验来看，全体债权的真实性、合法性，虽然在一定程度上依靠债权人、债务人的配合，但更多的是依靠管理人依法审查，特别是涉及债务人股东及其亲属关联公司等的债权。

三、对中小微企业快速重整的几点建议

一是关于中小微企业与个体工商户快速重整方面。一些具有一定经营规模的个体工商户，其营业特征与中小微企业十分相似，具有参照适用快速重整程序的基础，并且个体工商户也符合国家发展和改革会等十三个部门联合发布《加快完善市场主体退出制度改革方案》提出的应畅通退出渠道的"存在债权债务关系的市场主体"。但个体工商户并不属于《企业破产法》中要求的"独立法人"，其人身属性和经营属性具有"二合一"的特性，如按照中小微企业进行快速重整不仅极易造成投资人、债务人等的资产、债务等各方面的混同，还可能涉及关联合并重整、个人破产领域，这无疑使原本清晰简单的快速重整案件变得复杂。因此，对个体工商户这一市场主体的退出渠道设计，结合前述对其定义、责任承担和路径选择等的分析，笔者认为，其在个人破产制度设计下进行适用会更符合其特征，但还需考虑"个体工商户的特征与家庭经营"这一形式与个人破产制度的衔接，例如个体工商户的资产管理、债务承担以及个人经营、家庭经营的组织形式对应的破产申请主体、破产原因、破产重整等。

二是对经过预重整的案件设立较为宽松的适用快速重整办法的条件。实务中，经过预重整的案件，其财产状况、债务情况及结构等基本已经明晰，甚至已经形成基本成熟的重整计划草案。设定预重整案件适用快速重整程序的条件，可以使符合条件的中小微企业重整更加高效。

三是可以增加管理人在程序中启动某一事项的规定。在重整过程中，管理人在案件最前方，也是最清楚企业状况的主体，程序的转换需依靠案件的一些具体情形才能判断。加之债权人本身对重整的热情就存在局限，且无法在法律程序上投入更多精力。因此笔者认为，增加管理人在一般重整程序、快速重整程序适用之间转换等方面的主动申

请，更有利于管理人提高重整案件办理效益。

四是在债权审查和编制债权表上，分三个层面设计：①能够简化哪些程序。比如简易申报，笔者在办理房开企业破产案件中就探索过购房人债权简易申报的做法。②在债权审查上，可以以债务人提供的数据、资料为主认定，但仍然需要以管理人审查为准。③需明确管理人和债务人在编制和审查债权中的界限，同时保障管理人重新审查的权利。

五是基于中小微企业与投资人在资产和债务上的混同这一可能性，考虑增加"对可能涉及债务人与原投资人、其他市场主体等关联合并重整的衔接"的规定，尤其是与个人破产合并重整的衔接。

四、结语

中小微企业数量庞大，近年来受新型冠状病毒感染疫情影响亦折损颇多。许多中小微企业都陷入了生存与发展的困境，并因债务危机而面临着破产。其中，许多中小微企业仍然具有生存的价值，其急需通过破产拯救机制化解危机和恢复生机。但适用传统的破产重整制度对中小微企业而言成本高昂，这一点，业界已经意识到并采取了一些办法。但就立法而言，还需理论界和实务界不断论证，完成对破产法、对中小微企业再生之法的最优制度设计。

从管理人视角探析房地产企业破产中
构建府院联动机制的路径

柳 燕 ①

摘要： 随着我国市场经济结构深刻调整，房地产行业进入史无前例的深度调整期，特别是面对当前房地产开发投资、商品房销售、房企到位资金、土地购置等数据同比下滑态势，房企市场出清速度将不可避免加快，而中小房地产企业破产势必会进入一个高发期。房地产企业破产因涉及的群体庞大、利益主体多、法律关系复杂，在目前破产法律制度及相关配套政策尚不健全的情况下，单纯依靠破产程序往往难以解决房地产企业破产清算或重整程序中面临的复杂问题，故而府院联动机制在房地产企业破产中显得尤为重要。本文试图通过管理人视角，对房地产企业破产程序中府院联动机制建立的必要性和重要性进行阐述，并对府院联动机制如何发起和运行、府院联动机制要解决什么问题、如何构建解决问题的路径等进行简要分析，以期在房地产企业破产程序中切实发挥"府院联动"机制效用。

关键词： 府院联动；房地产企业；破产程序；利益平衡

一、房地产进入缩表出清阶段

（一）房地产发展历程回望

1980 年是中国房地产发展的元年，邓小平提出"出售公房，调整租金，提倡建议个人建房买房"，第一次把房子定义为商品，而此前，我国所有的居民住房一律由国家政策分配，不存在房地产交易市场。1987 年深圳进行了中国改革开放首次土地的公开拍卖，催化中国房地产行业加速发展，标志着中国房地产行业开始进入商品化时代，但此时的房地产市场总体还处于探索阶段。1993 年上半年，中国房地产价格达到这一阶段的顶峰，而下半年开始，海南房地产泡沫破裂，全国房地产价格纷纷大跌，海口90% 以上的地产公司倒闭破产。为了规范房地产管理，1994 年国家颁布了《中华人民

---

① 柳燕，贵州贵达律师事务所律师。

共和国城市房地产管理法》，对房地产开发企业、房地产开发企业用地，以及房地产交易行为做了明确规定。1998 年，国务院发布《城市房地产开发经营管理条例》，对房地产企业的设立、房地产开发建设行为和房地产经营行为做出了更为明确和具体的规定，为我国住房体制改革提供了法律依据。

自 1998 年我国全面终止福利分房、实行住房分配货币化后，房地产产业开始快速发展，伴随着房地产发展的则是不断调整的房地产宏观调控政策，在房地产市场经历了多轮"上涨—调控—再上涨—再调控"后，国家房地产调控政策的主基调就一直是保持房价平稳，抑制房价过快增长。纵观近 20 年来，房地产行业发展突飞猛进，房地产企业从 1998 年的 24378 家发展到 10.5 万家，平均从业人数近 280 万人，营收规模在 20 年来翻了 26 倍之多，当然负债率也比较高，超过 80%，房地产发展得到社会广泛关注和政府的高频调控。在不断调整的宏观政策之下，房地产发展成为我国经济运行中的支柱产业，房地产的发展攸关国计民生，居民、房企、上下游行业、地方政府、金融机构等多方与之息息相关。

（二）房地产发展现状及市场出清形势

2020 年下半年至 2021 年上半年，房地产销售、投资快速增长，成为疫情后支撑复工复产和经济复苏的重要力量，但随着中国经济从高速增长阶段转向高质量发展阶段，经济发展逻辑发生了转变，其中转变的一个突出反映就是房地产调控持续收紧，2021 年年初开始实施的"三条红线""两集中"政策，本意是化解房地产行业为金融市场带来的系统性风险，让房子回归居住本质，然而直接约束房企融资额度、约束居民和房企贷款的政策直接断了房地产企业的流动性。2021 年下半年以来，房地产市场显著降温，销售、投资出现负增长，房地产形势变化使得此前激进加杠杆房企的债务风险逐渐暴露。2022 年以来，房地产市场持续下滑，1—12 月份全国房地产开发投资 132895 亿元，同比下降 10%；房屋新开工面积 120587 万平方米，同比下降 39.4%；土地购置面积 10052 万平方米，同比下降 53.4%；商品房销售面积 135837 万平方米，同比下降 24.3%；房地产开发企业到位资金 148979 亿元，同比下降 25.9%，房地产市场景气指数断崖式下滑，整体呈现供需两弱态势。

如前所述，房地产发展与宏观政策调控密不可分，面对房企困局，在坚持"房住不炒"的原则下，本轮房地产宏观调控政策不断出台，但由于前期房地产行业持续加杠杆，资金链高度紧张，流动性风险不断积聚，加之房地产销售下滑、中小困难房企融资难度上升，部分房企资金链断裂，而债务违约和期房烂尾反过来又加剧居民观望和金融机构借贷情绪，房企流动性紧张进一步强化，房地产行业整体仍处于寻底、筑底阶段，下行态势尚未得到明显遏制。从房地产发展历程及统计部门有关房地产重要指标数据统计情况来看，本轮房地产困局错综复杂，在销售回款大幅下降、弱信用资质房企融资难的情况下，难以阻止房企违约事件的蔓延，无论是房企债务危机还是项目烂尾，均涉及居民、房企、上下游行业、地方政府、金融机构等多方主体，各方有着不同的利益诉求、面临不同的约束条件，同时又相互捆绑缠绕。从国家"救项目不救房企"的纾困策略来看，对于已经无法救助或救助成本过高的企业，通过破产程序加快市场出清不失为当下化解困局的优选举措。

（三）房地产企业破产程序对府院联动机制的依赖性

房企破产程序对府院联动机制具有较强的依赖性，这与房企在国民经济和社会民生中的地位和作用密不可分，其强依赖性主要基于房地产产业的以下特征。

第一，房地产企业具有明显的行业特殊性。从宏观经济层面来看，房地产产业涉及的规模大、链条长、牵扯面广，在国民经济中、在全社会固定资产投资中、在地方财政收入中、在金融机构贷款总额中，都占有相当高的份额，对于经济金融稳定和风险防范具有重要的系统性影响。2013 年至 2022 年近 10 年间，房地产产业增加值占 GDP 比重均值为 6.6%，加上建筑业增加值，这一比重将达到 14%，且房地产产业对经济带动作用大，房地产产业与统计局行业分类的 42 个行业中的 38 个都有关联，是国民经济的重要支柱。地方政府财政严重依赖房地产业，2022 年，5 项房地产专项税与国有土地使用权出让收入合计占地方综合财政收入的 47.1%。同时，住房问题是事关民生的重大问题，关系着千家万户的基本生活保障，其消费和投资的双重属性直接关涉社会稳定。基于以上原因，房地产企业的健康发展和有序退出市场牵动国家宏观政策调控和地方政府的"神经"。

第二，房地产企业破产的社会关注度高。房地产开发是一项经营性和投机性相结合的经济活动，具有投资活动周期较长、投入资金量大、开发项目投资回收期长、不确定风险较大等特点，我国房地产企业长期依赖于高杠杆、强融资模式，加之我国长期实施商品房预售制度以及预售资金监管不到位等原因，一旦融资额度受限，高周转无法持续，房地产开发企业极易因流动性不足导致债务违约和"楼盘烂尾"。而债务违约、资不抵债进入破产程序的房地产企业，往往存在无法按照合同约定交付房屋，购房者无法入住期待已久的新房；建筑工程款无法按期支付，导致工人工资被拖欠，债务风险传导至建筑业和建材业；民间借贷和金融借款无法如期偿还，债务风险又将传导到金融领域。因此，房地产企业进入破产程序后，基本都面临债权人主体面广量大、债权金额规模大、债权类型形式多样、法律关系错综复杂等局面，各方利益诉求冲突强烈、矛盾突出，极易引发群体性、突发性问题。

第三，房地产企业破产中政府机构介入较深。如前所述，基于房地产企业的特殊性，行政权力对房地产企业及其项目开发进行了全过程规制，在房地产项目开发报批报建过程中，一般要经历国有土地使用权获取、建设用地规划许可、建设工程规划许可、建筑工程施工许可、商品房预售许可、建设工程竣工验收等阶段，其中有直接关联的行政部门包括发展和改革委、自然资源和规划、住房和城乡建设、人防、消防、综合行政执法、气象、水务、交通等近 20 个行政部门，涉及行政权力事项多达 80 项，涉及土地出让金等政府基金性收入、行政性收费及其他保证金等 10 余项。当房地产企业陷入困局后，属地政府及相关部门出于社会稳定和经济发展等考虑，往往会提前介入，予以一定的干预和救助，在行政权力干预无效后才会进入破产司法程序。当然，政府部门的职责并未因房地产企业进入破产程序而结束，恰恰相反，在房地产企业进入破产后，其项目规划调整、复工审批、权证办理、公共服务配套供给、非经营性资产处置、税费调整、信访维稳等一系列社会衍生问题离不开甚至依赖于地方政府直接或间接的个案支持和服务，需要政府部门为破产程序提供便利，并协调配合，从而推动破产程序顺利进行。

二、府院联动机制发展现状及运行困境

（一）府院联动机制的重要性

为适应我国社会主义市场经济体系发展，2007 年施行了《企业破产法》，我国迎来了市场经济条件下的新破产法时代，从政策性破产中的政府主导调整为市场化破产中的法院主导，正如王欣新教授在《府院联动机制与破产案件审理》中所述"破产法是一个社会外部性极强的实践性法律，在企业破产程序中除了要解决债务清偿、财产分配、企业挽救等破产法问题外，还会产生一系列需要政府履行职责解决的与破产相关的社会衍生问题"[①]，而府院联动机制正是《企业破产法》不完善及相关社会配套制度不健全情况下解决破产企业衍生社会问题的一种有效机制。

（二）府院联动机制的发展现状

《2015 年中央经济工作会议公报》强调"要依法为实施市场化破产程序创造条件"，随后最高人民法院在 2016 年 5 月 25 日下发《最高人民法院关于依法开展破产案件审理积极稳妥推进破产企业救治和清算工作的通知》，2017 年 8 月 16 日下发的《最高人民

---

① 王欣新：《府院联动机制与破产案件审理》，《人民法院报》2018 年 2 月 7 日，第 7 版。

法院关于为改善营商环境提供司法保障的若干意见》，均要求建立、推进府院破产工作统一协调机制。2018 年 3 月，最高人民法院发布的《全国法院破产审判工作会议纪要》指出，要健全破产审判工作机制，最大限度释放破产审判的价值。2019 年 10 月 22 日，国务院颁布的《优化营商环境条例》，明确规定县级以上人民政府建立企业破产工作协调机制。为适应营商环境"办理破产"指标的要求，各级各地法院与属地政府开始意识到府院联动机制在优化营商环境方面的积极作用，于是各地陆续出台省级府院联动制度性文件，基本构建起府院联动机制的运行框架。

（三）府院联动机制的运行困境

从各地发布的府院联动机制文件来看，绝大多数都设立由地方政府分管领导、法院主要领导、政府部门分管负责人组成的府院联动议事机构，议事机构设立联络处或办公室，负责日常运行工作。各地负责府院联动机制日常运行工作的机构各有不同，比如江西省企业破产府院联动机制领导小组办公室设在省法院，贵州省的府院联动机制领导小组办公室分别设在省法院及省发展和改革委，也有些城市府院联动机制领导小组办公室设在司法行政部门。府院联动机制文件中一般都明确了各部门在府院联动中承担的部门职责，但基本都缺乏后续府院联动的实施细则，对破产外部性问题如何进行信息共享、协调联动等没有具体规定，府院联动机制实际上很难发挥常态化的协调推动作用。同时，在府院联动中，司法权和行政权的边界在一些社会影响大的破产案件中容易摇摆，各部门对自身在府院联动中的定位不够明确。要么不当干预，行政权过度介入破产程序，试图通过"政策"影响债权审查、超越破产程序等，这种情形在房地产企业破产中尤为明显；要么在处理破产衍生问题中推诿缺位，导致破产程序无法推进。另外，府院联动机制通过议事机构协调，目前存在的普遍问题就是缺失常态化和制度化，日常工作仍局限在重大事项"一事一议"，严重依赖于领导的重视程度和决策能力，对破产程序中疑难问题缺少常态化的研究，导致破产衍生问题仍然没有得到制度性、政策性的完善。

三、房地产企业破产程序中需府院联动解决的疑难问题

如前文所述，基于房地产企业的行业特殊性、上下游产业关联性、债权类型复杂性和利益主体涉众性等特征，相较于其他行业市场主体而言，其破产程序社会外部性更强，与破产相关的社会衍生问题更加集中和突出，司法权往往无法独立协调解决。

（一）信访维稳中的研判处置

基于我国房地产企业的高杠杆、高负债、高融资的运转模式，进入破产程序的房地产企业往往对外大量负债，牵涉数量庞大的购房消费者群体、拆迁安置群体、农民工群体、公司职工、材料供应商、建筑施工方、实际施工人、金融机构等众多利益主体。不同于其他行业，房地产企业破产面临的利益主体中，绝大部分群体不是普通债权人，而是生存权可能受到侵害的特殊群体，比如购房消费者群体、拆迁安置群体、农民工群体，他们受损的利益直接关乎生存根本，不稳定因素较多，特别是在项目停工、工资停发、楼盘烂尾、房屋无法交付、过渡费逾期支付、权证无法办理等重点问题上，以及在企业破产受理、债权审查、财产分配等关键时点，极易发生群体性信访维稳事件。信访维稳是按照"属地管理、分级负责、谁主管、谁负责"的原则，由属地政府和行业主管部门按照"一岗双责"的要求具体落实，对于已进入破产的房企来说，司法权的介入可能会在一定程度上缓和社会矛盾，但也可能会因为司法权和行政权衔接不畅或信息隔离激化矛盾。因此，即便管理人制定维稳预案，但其不稳定因素排查、形势研判、风险处置还应以地方政府作为主导力量，法院、属地政府和管理人之间建立信息互通共享渠道，建立维稳和处突协同机制，对破产推进中各关键节点可能存在的社会稳定风险进行研判，及时处早处小，最大限度降低社会不稳定风险。

（二）复工续建中的报批报建

房地产企业进入破产程序后，或多或少都存在在建工程，也有个别清算项目已全部建设完毕，但因建设手续不齐全、建设程序不规范导致项目未完成验收、达不到交付条件或权证无法办理等问题，需要管理人对在建工程复工续建、手续完善等进行评估，对恢复施工的可行性、必要性进行调查和论证。结合市场行情、购房人意愿、投资强度及潜在投资人态度、复建工程量等考量后，决定复工复建的，将需要按程序完成项目相关报建报批手续。然而工程项目建设报批环节多、链条长、部门多，各部门之间审批事项往往互为前置、相互牵制。以一般社会投资项目（招、拍、挂出让土地类型）的审批流程为例，在项目立项用地规划许可阶段，涉及的行政权力事项就包括企业投资项目备案、建设用地预审与选址意见、建设用地规划许可、环评审批、社会稳定风险评估等，涉及的部门包括政法委、发展和改革委、自然资源和规划、生态环境保护等部门；在建设工程许可阶段，涉及的行政权力事项包括建设工程规划许可、施工图文件审查、建筑工程施工许可、人防工程建设审批、城镇污水排入排水管网许可等数十项，涉及行政职能部门 10 余家；在竣工验收阶段，包含各部门的联合验收及竣工备案。常规情况下，房地产开发项目从土地出让到验收阶段涉及的行政性事项至少70余项（详见表2-1，各地略有不同），这还未包含拆迁安置、预售许可、产权证办理等阶段涉及的行政事项，其中部门行政审批事项还可能涉及跨层级审批。破产企业复工续建活动与行政部门关联度高、交互性强，没有府院联动机制的推动，离开地方政府和相关行政部门的支持和配合，复工续建往往难以推进。

表2-1　房地产开发项目涉及的行政性事项及审批部门

序号	阶段	事项名称	审批服务承办单位和机构名称
1	立项用地规划许可阶段	权限内企业（含外商投资、中外合资企业）、事业单位、社会团体等投资建设的固定资产投资项目核准	发改部门
2		企业投资项目备案	发改部门
3		建设项目用地预审与选址意见书	自然资源和规划部门
4		招标方案核准	发改部门
5		建设用地（含临时用地）规划许可证核发	自然资源和规划部门
6		权限内建设项目环境影响评价文件审批	生态环境部门
7		社会稳定风险评估	政法委
8		风景名胜区内建设活动的审核（非重大建设工程）	林业部门
9		在国家级及省级风景名胜区内修建缆车、索道等重大建设工程项目选址方案核准	林业部门
10		权限内临时使用林地审批	林业部门
11		权限内占用林地审核	林业部门
12		工程建设确需征收、征用或者使用草原七十公顷及其以下的审核	林业部门
13		临时占用草原的审批	林业部门
14		占用省设立的林木种质资源库（保护区、保护地）的批准	林业部门
15		新建、改建、扩建燃气工程项目设立审查	住建部门
16		在寺院、宫观、清真寺、教堂内改建或者新建建筑物改变宗教活动场所现有布局和功能审批	民宗部门
17		宗教活动固定处所设立审批	民宗部门

续表

序号	阶段	事项名称	审批服务承办单位和机构名称
18	立项用地规划许可阶段	新建、改建、扩建用于生产、储存、装卸危险物品（包括使用长输管道输送危险化学品）的建设项目安全条件审查和安全设施设计审查	应急部门
19		迁建广播电视设施初审	文旅部门
20		燃气场（站）工程和燃气输配干管工程初步设计安全专篇审查	住建部门
21	工程建设许可阶段	建设工程规划许可证核发	自然资源和规划部门
22		林木采伐许可证	林业部门
23		人防工程建设审批（易地建设审批）	人防部门
24		权限内取水许可审批	水务部门
25		建设项目交通影响评价	交通部门
26		施工图设计文件审查	住建部门
27		建设工程消防设计审查	住建部门
28		权限内建筑工程施工许可	住建部门
29		城镇污水排入排水管网许可	综合行政执法部门
30		工程建设涉及城市绿地、树木审批	综合行政执法部门
31		市政设施建设类审批	综合行政执法部门
32		人防工程质量监督手续	人防部门
33		建设工程招标投标情况书面报告	住建部门
34		建设工程直接发包备案	住建部门
35		最高投标限价及其成果文件备案	住建部门
36		人防设计审核确认	人防部门
37		临时用水（含基建用水）计划审批（施工用水许可证审批）	水务部门
38		城市建筑垃圾处置核准	综合行政执法部门
39		权限内洪水影响评价类审批	水务部门
40		建设工程文物保护和考古许可	文旅部门
41		工程建设供水报装（含施工临时用水）	供水公司

续表

序号	阶段	事项名称	审批服务承办单位和机构名称
42	工程建设许可阶段	燃气报装	燃气公司
43		用电报装（含施工临时用电）	供电局
44		通信覆盖报建	通信部门
45		广播电视网工程报建	广电网络公司
46		古树、名木、大树移植审批（含古茶树）	林业部门
47		涉及国家安全事项的建设项目审批	国家安全部门
48		单位和个人在森林和野生动物类型自然保护区建立机构、修筑设施审批	林业部门
49		新建、扩建、改建建设工程避免危害气象探测环境行政许可	气象部门
50		油库、气库、弹药库、化学品仓库、烟花爆竹、石化等易燃易爆建设工程和场所防雷装置设计审核	气象部门
51		在城市、风景名胜区和重要工程设施附近实施爆破作业审批	公安部门
52		超限高层建筑工程抗震设防审查	住建部门
53		因工程建设需要拆除、改动、迁移供水与污水处理设施审核	水务部门
54		因工程建设需要拆除、改动、迁移排水设施审核	综合行政执法部门、水务部门
55		涉及文物保护工程建设项目审核	文旅部门
56		非交通占用道路审查	公安交管部门
57	竣工验收阶段	规划条件核实（建设工程竣工规划认可证）	自然资源和规划部门
58		人防工程竣工验收备案	人防部门
59		建设工程城建档案验收	住建部门
60		建设工程消防验收（备案）	住建部门
61		房屋建筑和市政基础设施工程竣工验收备案	住建部门
62		新建、扩建、改建建设项目城镇排水与污水处理设施竣工验收备案（土建部分）	住建部门
63		建筑工程竣工结算文件备案	住建部门
64		建设工程质量竣工验收	住建部门
65		工程建设供水报装验收及挂表开栓	供水公司

续表

序号	阶段	事项名称	审批服务承办单位和机构名称
66	竣工验收阶段	供电竣工检验	供电部门
67		燃气验收	燃气公司
68		通信覆盖验收	通信部门
69		广播电视网工程竣工验收	广电网络公司
70		燃气工程项目竣工验收备案	住建部门
71		油库、气库、弹药库、化学品仓库、烟花爆竹、石化等易燃易爆建设工程和场所防雷装置竣工验收	气象部门

（三）权证办理中的证缴分离

权证办理难、办理慢基本成了房地产企业破产程序中的普遍问题，而其根源主要在于项目前期历史遗留问题复杂多样，包括但不限于用地手续不完善、未按用地规划建设、未按建筑图纸施工、未完成建设工程验收、参建五方主体存在个别灭失、工程建设档案灭失或不完善、未足额缴纳土地出让金、欠缴税金、欠缴城市设施建设配套费、欠缴人防易地建设费、挪用维修基金、无力支付不动产首次登记费等，以上任何一个问题的解决都离不开行政部门的参与和配合。虽然每个环节都有明确的法律法规规定，但这些规定主要适用于正常经营下的企业，对已进入破产程序的特殊情况缺少上位法支撑，导致相关政府职能部门在办理破产企业权证时无所适从。

一般而言，不动产是房地产企业最大的资产，如果产权无法登记，破产企业的资产无法及时变价处置、债权人利益就无法得到及时保护，破产程序也将无法迅速推进。自然资源部在 2021 年印发了《关于加快解决不动产登记若干历史遗留问题的通知》，对影响不动产登记的突出问题明确了解决措施，特别是提出了"证缴分离"原则，对办理部分破产企业大有裨益。但总体而言，其针对的主体并非是破产企业，与破产程序无法有机衔接，比如，其中提出"房屋尚未入住的住宅项目，开发单位未按规定缴纳土地出让价款和相关税费的，以及划拨土地上自建房擅自对外出售、未补缴土地出让价款的，应当依法缴纳所欠价款和税费后，方可办理不动产登记"，从我国目前商品房预售现状，特别是预售资金监管不到位的情况下，已进入破产程序的房地产企业可能尚未交付商品房，但已预售完毕。如破产企业无法按规定缴纳土地出让费，便不能办理不动产登记，将导致大量出现"开发企业欠费，购房业主受累"的现象。为解决破产程序中权证办理问题，不少地方做了有益探索，比如贵州省高级人民法院等联合印发的《关于房地产企业破产程序中妥善处理相关问题的意见》中提出："破产案件中因债务人无土地手续或缺失土地手续、欠缴土地出让金，具备完善土地手续条件的，依法办理相关手续，自然资源主管部门明确土地出让金的本金、违约金或利息后，由税务部门就破产企业未缴纳或未完全缴纳的土地出让金（补缴土地出让金）依法申报债权并经管理人确认后，不影响相关土地证照的办理。"

各地优化营商环境的探索性政策对相关法律法规有一定突破，在实际实施过程中，部分行政部门认为营商环境政策与法律法规要求不完全一致，依然要求管理人和破产企业按照法律法规程序办理，但相关法律法规对破产程序中如何办理又缺乏具体规定，导致权证办理问题变成破产程序中循环往复的死结。部分城市为解决"办证难"问题，对现有规定进行了局部突破，比如贵阳市、遵义市都针对该问题出台了具体措施，在一定程度上为解决"办证难"提供了渠道。

（四）债权审查中的利益平衡

房地产开发企业破产案件与一般破产案件的不同之处在于其债权人类型复杂，涉及政府部门较多。房地产企业进入破产程序后，部分承担行政管理职能的部门可能同时还是债权人，比如自然资源和规划部门既是办理土地使用规划许可、不动产登记的主管部门，同时也是未足额缴付土地出让金的债权申报人；住房和城乡建设部门是房地产企业的主管部门，负责建筑施工许可和建筑质量的监管和验收，同时也是城市建设配套费、安措费及文明施工费、维修基金的收缴单位；另外还包括征收部门的超期过渡安置费、教育部门的教育设施配套费、林业部门的林地"占一补一"费、人防部门的人防异地建设费、人社部门的农民工保证金、税务部门的税费等。各部门债权类别和性质情形复杂，部分债权性质和优先性没有法律依据，行政权力介入债权审查的倾向性明显，债权审查中利益冲突激烈。一些部门在债权申报期不积极主动申报债权，待管理人办理相关行政事项时，以欠缴相关费用或债权无法实现为由不予办理的情形也时有出现。

（五）违法建筑的价值识别

违法建筑一般是指未按照《中华人民共和国土地管理法》《中华人民共和国城乡规划法》《中华人民共和国建筑法》等法律法规办理规划审批手续，或者未按规划内容而擅自新建、改建、扩建的构筑物或者设施，在房地产破产企业中非法占用土地、违反用地规划用途、未按图纸施工等情形较为常见，这些违法建筑可能是程序性违建，也可能是实质性违建，甚至部分违建无法采取改正措施消除对规划实施的影响。鉴于违法建筑的情况极其复杂，债务人进入破产程序后，为维护债权人利益，管理人需要对违法建筑进行价值识别和违法性评估。违法建筑虽存在违法性，但通常仍具有财产性权益和使用价值，将其列入债务人破产财产进行统一处置，有利于债务人资产价值最大化。在实务中，如果违法建筑通过后续补正程序可以实现合法化的，管理人一般会投入资源对违法建筑进行整改并申请合法化，办理不动产登记，大大增加财产价值。但是如果对于违法建筑的处置和手续补正程序复杂、难度较大，已完全超出了法院和管理人的职责范围，必须依靠综合行政执法、住房和城乡建设、自然资源和规划、人防、消防等相关部门，对违法建筑进行价值识别，采取区别对待，尽最大可能帮助消除违法性后处置，最大限度维护债权人利益。另外，违法建筑的建设主体还可能是业主或其他第三方，其违建行为导致建设项目无法通过验收的，或属于实质性违法建筑且无法通过补正实现合法化的，同样依赖行政机关及时参与破产程序，就违法建筑的认定和处理明确意见。

四、房企破产中府院联动机制的构建策略

（一）府院联动机制的发起

从目前大部分地区的实践来看，破产程序中府院联动机制的发起方既可能是法院，也可能是政府。除少部分地区成立了诸如破产事务局、破产管理局等类似常设办事机构外，绝大部分地区仍以议事机构的形式出现，议事机构设立在"院"还是"府"并无统一，府院相推的现象也不同程度存在。法院认为府院联动的关键是"府"，只有政府才能调动起诸多相关的政府部门资源参与破产案件办理，而政府则认为破产程序是司法程序，其过程中的协调联动应由法院承担主导地位。但是法院审判力量不足，长期陷于繁忙处境下的审判人员对政府部门运行机制缺乏足够了解，而政府部门又局限于部门职责，缺乏对破产司法审判的关注和研究，在法律理解和适用上无法与审判法院做到"心意相通"。由于认识不统一和信息不畅通，府院双方往往在不同程度对府院联动和沟通缺乏自觉性和主动性，导致很多地区的府院联动机制停留在纸面上，很难充分发挥切实作用。在个案中，府院联动机制的发起往往和案情特殊性相关，一般来说，如果破产案件具有区域影响力、行业特殊性、社会风险性、利益主体群体性等特征的，很大程度上会针对个案建立府院联动，快速妥善推动破产案件办理。但对于一般性的破产案件，获得多部门"一事一议"协调联动处理的可能性较低，甚至很难发起府院联动机制。

在当下的房企破产中，由于"问题房开"处置已成为当下的重点难点工作，各地政府专门就化解和处置"问题房开"成立了临时性工作专班，为完成"保交楼"目标，部分地区的工作专班主动发起府院联动机制，作为主导力量推动问题房开进入破产程序。一些地方法院为保障房企破产案件办理顺利，在受理房企破产时征求政府工作专班或主

管部门意见。整体来看，房企破产中政府部门主动介入和参与府院联动的动力比较强，这对于房企破产中的外部性衍生问题处理具有利好趋势。但长期来看，阶段性和领域性的府院联动，不足以改变当前破产程序中府院联动不足的问题。

从当前房企破产实务来看，府院联动发起模式不外乎三种：一种是受理法院主导、政府被动参与；一种是政府主动推动、法院被动受理；还有一种是政府和法院积极推动、高效联动。但无论是政府还是法院，在府院联动机制的发起上都容易忽略管理人的独立地位和作用。事实上，无论是常态化的联动还是个案式的协调，都有管理人的身影。管理人在破产案件中，承担着与司法机关、行政机关和当事人之间沟通桥梁的作用，是府院联动中不可缺少的一环，特别在府院联动机制不完善的地区，作为第三方机构的破产管理人更应该主动担当起个案协调联动的枢纽作用，甚至可以充当"一事一议"府院联动的推动力量。管理人是破产程序中最清楚企业经营现状、资产状况、债权债务关系及社会衍生问题的专业力量，对破产企业的状况不仅可以宏观了解而且可以微观把握，熟稔破产审判程序和破产领域相关法律法规适用，对哪些问题需要通过法律手段解决、哪些问题需要通过行政手段解决、哪些问题需要府院联动才能解决，都会有一个基本的判断和评估，由管理人在个案中作为第三方的专业力量沟通府院、主动作为，更能促进府院联动机制的发起，有效提高沟通效率，降低联动成本。

（二）府院联动机制的运行模式

如前文所述，大部分地区的府院联动机制运行并不顺畅，发挥效用较为有限，个别地区为此专门成立破产管理部门，专事破产中的协调事务。当然，有专门的常设机构、编制和人员，在一定程度上可以推动破产中府院联动机制的运行，形成"事有人办、责有人担"的格局，但是从节约行政成本、规制行政机构无限膨胀的角度来看，笔者认为对大部分地区来说，成立专门的工作部门并无必要。早在2016年或者更早一些，面对经济结构调整和大量"僵尸企业"出清，就有不少专家、学者或政府部门提出要成立专门的破产管理局，负责推动《企业破产法》的实施。在上一轮2018年政府机构改革时，也曾出现过不少呼声，希望借机构改革之机，成立专门的工作部门负责破产工作。事实上，这是行政权力在遇到新情况、新问题时不可避免的自我扩张本性，想通过扩大机构、编制和人员规模来应对新型工作内容，比如为应对优化营商环境工作需求，成立专门的营商环境管理局，而这样的政府工作部门往往并无自己独立的行政职能和独立的行政权力，或者说其职能职责就是协调和平衡其他部门的行政权力，本质上，其所履行的还是议事机构的统筹和协调职能。因此，笔者认为单独成立破产工作部门，扩张机构编制来负责破产中府院联动的统筹和协调工作并不十分必要，特别是市场主体规模不大、破产案件总量不多的地区，设立专门的破产管理机构是对行政资源的浪费。

从目前破产案件办理实际来看，科学合理设置议事机构、制定议事规程、明确专职人员，更符合当下大部分地区经济社会发展水平和机构人员编制实际。如前文所述，目前企业破产处置府院联动机制下设办公室既有设在政府部门的，也有设在法院的，当然还有两边都设立办公室的，总体来讲，设在法院更为普遍。笔者认为，议事机构设在人民法院更为合适，特别是当下中级人民法院陆续成立专门的破产审判庭、基层法院逐渐成立破产合议庭的情况下，将府院联动机制的办公室设在法院更有利于府院联动机制常态化、制度化建设。毕竟破产案件的申请受理裁定、管理人的指定、债权表的裁定、重整计划的批准、和解协议的裁定认可、破产宣告的裁定、破产财产分配方案的裁定认可、终结破产程序的裁定等方面的职权均由人民法院行使，人民法院在破产程序中的司法主导权决定了其在府院联动机制中的重要地位，法院对企业破产中需要协调解决的问题更了解，对什么环节需要什么部门来配合处理更具有全局性和过程性地把控。但是人民法院作为独立审判机关，其司法权具有一定局限性，协调行政机关参与解决企业破产中的行政管理事务具有一定难度，为确保府院联动机制具有较强的统筹能力，府院联动机制的总召集人或主要负责人应由政府常务副职及以上领导职务担任，并建立府院联动机制的实施细则，对府院联动机制总体架构、工作职责通过府院联动文件加以明确，比如，明确规定针对不同市场主体破产案件，由其行业主管部门作为主要的成员单位协助法院发起府院联动机制，推动企业破产中社会衍生问题的解决。比如，在房企破产中，房企的主管部门是住房和城乡建设部门，住房和城乡建设部门要担当在房企破产程序中"府"的联络员，助力府院联动机制的正常运行。

（三）府院联动机制的制度化建设

"一案一议""一事一议"是目前破产法相关配套法规不完善之下的突围之举，通过府院联动机制不断完善或推动相关配套法律法规及规章的修改完善才是长远之策，但构建系统完整、和谐统一的现代化破产法律体系是一个相对漫长的过程，在未来相当长一段时间里，破产案件的办理仍然要依靠府院联动机制的统筹和协调。从实务来看，府院联动机制建立之初，其联动仅限于破产程序推进过程中所遇到的具体问题的服务对接，机制发挥作用的方式主要依赖于会议协调与会议纪要来落实，各相关职能部门并未将日常相关业务信息的交流汇总分析纳入企业破产府院联动机制的运作内容。但是经过近年来的运行，府院联动机制的功能得到了进一步延伸，不少地区将个案中好的做法和经验进行总结提炼，并固化为长期坚持的制度，将府院联动机制的"一事一议"逐步推向常态化、规范化和制度化。比如贵州在解决破产涉及金融服务问题上，贵州省高级人民法院、中国人民银行贵阳中心支行、中国银保监会贵州监管局联合印发《关于企业破产程序中涉金融服务相关问题处理的意见》，重庆在处理破产涉税问题上，重庆市高级人民法院、国家税务总局重庆市税务局印发了《关于企业破产程序涉税问题处理的实施意见》，诸如此类，通过文件形式进一步对相关衍生问题及具体事项进行明确，将府院联动机制切实落实到制度中去，从而充分发挥政府和法院在破产案件中的作用，推动破产案件的进程。

在房企破产中，因涉及的行政权力事项密集，更需要行政职能部门的主动参与，各地法院和政府就对"问题房开"的处置和对风险的化解逐步达成了一些共识，在案件受理、项目复工复建、权证办理等方面开始探索制度化的解决方案，比如，遵义市中级人民法院等6部门印发《关于解决破产案件涉问题房开项目历史遗留问题的意见》，就房企破产中建设工程竣工验收、产权登记、财产强制措施解除、商品房预售资金监管等破产中涉及的难点问题进行明确，对解决当前房企破产中的类似问题提供了制度性支撑。但是限于这类文件的位阶不到，其中的部分内容未在行政法规、部门规章中有明确规定，或者与法规规章的规定有一定出入，其落实往往过于依赖地方政府的重视程度和领导个人的强力推进，实施效果不尽相同。

（四）府院联动机制信息化建设

数据能共享、信息能互通、业务能协同是府院联动机制的优势，总体而言，当前府院联动机制运行中信息化建设还相对薄弱，真正实现企业破产信息常态化共享的地区还寥寥无几，但个别地区还是做出了不少探索，比如，早在2021年8月，深圳市中级人民法院、深圳市市场监督管理局、深圳市破产事务管理署联合签署并印发了《关于建立破产信息共享与状态公示机制的实施意见》，构建了全国首个政府与法院破产信息共享与状态公示、互联互通、合作推进的常态联动协作机制。2023年2月，上海市高级人民法院等18家部门联合印发了《上海市加强改革系统集成提升办理破产便利度的若干措施》，对数据共享和信息化建设进行全面部署，特别是提出建立破产信息"一网通查"机制，整合法院、相关政府机关及企事业单位的信息数据系统，可以预见上海破产案件办理效率将在信息化的加持下大幅提升，涉案信息查询"线下跑"将变成数据"网上跑"，其做法值得各地借鉴。

要解决府院联动中信息化建设不足问题，笔者认为应从三个方面着手，一是加强事前信息整合和预判，从目前来看，不管是"府"还是"院"，对陷于困境的企业都在一定程度上缺乏信息整合和预判，也缺乏对困境企业的及时救助和有效的司法重整保护。"府""院"虽然具有天然的信息资源优势，但由于数据共享度不高，有效的数据资源没有得到充分重视和应用，企业所涉及的相关问题和司法执行未能得到有效结合，严重影响了事前预判，导致困境企业久拖失救。如能建立涉企的府院数据平台，将政府部门掌握的税务、招投标、劳资社保、统计数据与法院的审执数据进行异常数据检测比对，便能对异常企业进行帮扶纾困，对行政手段无法纾困的企业及时纳入司法重整保护，提高重整成功率。二是加强事中信息共享和业务协作。目前，运行相对成熟的政务服务系统与破产审判信息系统为府院联动中数据融合、信息共享奠定了较好基础，各地可探索将破产信息系统与政务服务系统进行数据端口对接，实现数据融合和业务协同，案件公示信息智能化推送至相关政府职能部门，同时管理人可以从破产重整信息系统入口登录，在严格身份核验的前提下，直接线上申请查询涉案企业的工商、税务、社保、不动产、车辆、银行账户信息、项目证照信息，提升破产案件信息查询的便利度。

综上，虽然府院联动机制依赖人与人之间以及以人为代表的机构之间的协调，其运行效果过于依赖于决策者和执行者的能力和素质，但是在破产法体系还不完善的当下，府院联动机制是顺利办理破产案件的重要保障，尤其是在房企破产中，科学合理、运行有效的府院联动机制是顺利办理房企破产的前提和基础，离开政府部门的参与和配合，破产案件中复工复建、权证办理等事项便无法顺利开展。但是府院联动机制毕竟是当下的临时性过渡性措施，从长远来看，其根本的解决之策还是应从法律架构上去完善破产法律体系，制度化、规范化解决企业破产涉及的职工安置、税收征缴、项目建设、产权完善、生态保护、信用修复、金融支持、破产费用保障、打击经济犯罪和金融领域犯罪等诸多重点难点问题。

个人破产失权复权制度法律问题研究

姚文鹏　周　敏 [①]

摘要：与破产免责制度、自由财产制度一样，个人破产失权复权制度也是个人破产制度的重要组成部分，其与个人破产免责制度、自由财产制度组成了个人破产制度体系。对债务人的权益应予以保障，对债权人的利益也应予以维护，是个人破产制度施行中所面临的债权人、债务人两方主体间利益相互博弈与平衡的过程。债务人的生存权、发展权不仅需要被关注，债权人的权益也需被重视，债务人不得利用个人破产制度"逃废债"，个人破产失权复权制度便是平衡债权人、债务人双方间利益的制度性保障。伴随着《企业破产法》的多年施行，人们对破产程序有了进一步的认识，破产不再有罪，破产并非就是逃废债，这对个人破产失权复权制度的建立而言是先天条件。在个人破产失权复权制度的具体构建中，失权应采用裁判失权立法模式，复权应采用许可立法模式，对失权复权的限制内容可规定为职业资格、消费行为、信用获取、离开国境、离开经常居住地等方面的限制，对复权的条件可规定为债权已获清偿、重整计划已被裁定批准、庭外和解协议的达成、庭内和解协议的达成、破产免责等情形。当然，自由财产制度、破产免责制度、个人财产登记制度等配套制度的建立与完善，能够较好地助推个人破产失权复权制度的实施。

关键词：个人破产失权复权制度；裁判失权立法模式；许可复权立法模式；失权复权的限制内容；失权复权的条件

一、个人破产失权复权制度的概述

（一）个人破产失权与复权

进入破产程序后，债权人的债权权益因破产债务人进入破产免责程序而受有一定的损失，破产债务人的失权限制正是债务人自己给债权人债权权益带来损失所需承担的对

[①] 姚文鹏，贵州贵达律师事务所律师；周敏，贵州贵达律师事务所律师。

价。个人破产制度经现代人权思想洗礼后，产生的破产失权制度是能体现为数不多的破产惩戒制度中的一种。破产人的破产给债权人和社会造成了一定损害，对破产人进行适度的惩戒符合公平原则，这也起到了对破产人的警醒作用。破产失权制度，也就是在一定期限内，破产债务人于各种公法的权利、私法的权利或者资格，都将受到一定程度的限制。但破产债务人的失权不能终身失权，如果破产债务人终身失权，既不利于破产债务人重新振作和积极偿还债务，更有失人道主义精神。破产复权制度，就是当破产债务人已经按照债务清偿计划完成清偿，未清偿完毕的剩余债务被债权人予以了免除，又或者是破产失权期限已经届满，破产债务人被限制的权利、资格、行为将被解除。[①]

破产失权即是因破产债务人使得债权人的债权受有损失，从而对破产债务人的权利、资格、行为等方面进行一定程度上的限制，使破产债务人不能如失权限制前那样正常地行使自己的权利。但基于人道主义的考虑，基于对破产债务人人格尊严、人权的重视，对破产债务人的失权限制又不能是无期限的终身限制，当其满足债务清偿计划的条件完成清偿，或者获得债权人的债务免除，又或者即使是未按债务清偿计划的条件进行债权清偿、未获得债权人的债务免除，但是债权失权的最长期限已经届满，破产债务人均可实现复权，恢复到失权之前的状态，正常行使自己的权利。

（二）个人破产失权复权制度的正当性

个人破产制度的制度价值之一是通过设定个人破产制度，可以挽救诚实而不幸的债务人，使债务人重新投入社会的经济活动，从而实现重生。但作为个人破产法律关系主体之一的债权人，债权人权益的保护和权益较好的实现，也应是个人破产制度本身所蕴含的制度价值。个人破产人可以利用破产程序，实现经济的重生，重新投入社会经济活动。但是，如果是非诚实而不幸的债务人，或者说是主观上存在恶意的债务人，想利用破产程序逃废债，将极其严重地侵害了债权人的权益，债权人的债权权益因此将遭受重大损失。为了避免债权人的债权权益遭受不合理的损失，对进入破产程序的个人破产人，需要对其在权利、行为、资格等方面予以相应限制，也即个人破产失权制度。

个人破产是一把"双刃剑"，会带来正负效应，保障债务人的权益是一部优秀的个人破产法最大的"正"价值，同时诚实而不幸的债务人的财务状态能够被挽救，其社会经济事业能够重生。而对于不诚实的债务人借破产程序进行逃废债的行为，立法需要着

---

① 赵万一、高达：《论我国个人破产制度的构建》，《法商研究》2014年第3期。

重予以规制，以此切实维护广大债权人的利益。对于利用破产程序进行逃废债等"负"的方面，破产失权复权制度能够产生不可比拟的优势，在程序规则上其与破产免责制度以因果关系互为衔接，在价值理念上也有着"异曲同工"之妙。可以说，如果个人破产免责制度没有破产失权复权制度的妥当配合，债务人将借助破产免责进行逃债，破产免责也将成为债务人逃债的温床。^① 正因如此，设置破产失权复权制度，可以避免或最大程度减少个人破产债务人利用破产免责进行逃废债的行为，从而有效地保护债权人的合法权益。

作为个人破产债务人，既然其权利、资格、行为等因破产失权制度的安排而受到一定程度的限制，当债务人按照债权清偿计划对债权人的债权进行清偿后，或者债务人与债权人就债权清偿达成一致意见的协议后，又或者失权期限经过一定期限后，立法上应该赋予债务人恢复到权利、资格、行为被限制之前的状态，使债务人能够重新回归社会经济活动，此即破产复权。破产程序中，破产失权体现了对市场秩序、交易安全等社会公共利益的考量，是维持债权人利益与债务人权利保障价值的平衡，破产债务人应当在特定领域让渡自己的一些自由与权利，以实现自然人破产法律关系中利益博弈的均衡。^② 但在个人破产制度中，债务人生存权和发展权的保障，也应是个人破产立法需要考虑的，个人破产立法对债务人的生存权和发展权而言，是法律上的确认。^③ 因此，对债务人的生存权和发展权而言，破产复权起到保障作用。

（三）个人破产失权复权制度的可行性

债务人如陷入破产困境不能完全清偿债权人的债权时，人们最开始的态度认为这是一种犯罪，也即破产有罪理念。按照破产有罪理念，人们普遍认为应对破产人施以人身刑事处罚。例如，债务人出现债务违约时，《汉谟拉比法典》规定了债务奴役制度，债权人将债务人及债务人的家人变成自己的奴隶，对债务人及债务人的家人，债权人可以予以出卖，或者可以处死。^④ 随着商品经济的初步发展，破产债务人失权的内容主要是丧失经商的资格。^⑤ 尔后，随着商品经济的高度发展、经济全球化的融合、法治现代化的进步，人们更加注重债务人陷入破产困境后的重生，也更加关注债务人的生存权、发

① 范志勇：《论自然人破产失权、复权法律制度：多元价值革新与双重体系构造》，《经济法学评论第 20 卷》，2020 年第 1 期。
② 殷慧芬：《个人破产立法的利益平衡机制研究》，《山西省政法管理干部学院学报》2015 年第 4 期。
③ 殷慧芬：《个人破产立法的现实基础和基本理念》，《法律适用》2019 年第 11 期。
④ 刘萍：《个人破产：立法价值、国际比较及制度解构》，《西南金融》2009 年第 6 期。
⑤ 刘静：《个人破产制度研究——以中国的制度构建为中心》，中国检察出版社，2010，第 241 页。

展权，人道主义色彩更加浓厚，兼具保护债权人利益、保障债务人生存权和发展权的现代化破产失权复权制度应运而生。人们对债务人进入破产程序有了新认知，对债务清偿理念有了新认识，破产不再有罪，应运用破产失权制度限制债务人的某些权利、行为、资格，运用破产复权制度保障债务人的生存权与发展权，从而使个人破产制度兼具保护债权人利益、债务人利益的功能。

尽管我国《企业破产法》未规定个人破产制度，但人们对破产制度已经有了新的认识，不再局限于过去那种"破产即逃债"的单一认识。我国《企业破产法》第十五条规定了，企业的法定代表人或企业的财务管理人员、其他经营管理人员，自人民法院受理破产申请的裁定送达债务人之日起至破产程序终结之日，不得新任其他企业的董事、监事、高级管理人员。这是《企业破产法》中体现的破产失权制度，但具体如何复权没有相应规定，只能从条文文义中窥探"破产程序终结之日债务人可复权"。《企业破产法》施行多年，在客观上为个人破产制度的建立提供了土壤，从而也为个人破产失权复权制度的构建提供了土壤。我国自古以来对债的态度都是"欠债还钱，天经地义""有债必偿"，破产失权恰好缓和了民众对"有债必偿"的愤懑情绪。对个人破产人的权利、行为、资格等设置限制的失权制度，也使得民众更容易接受个人破产制度。既然对债务人进行了破产失权方面的限制，待复权条件成就时，对债务人恢复权利，自然也是施行破产失权限制措施后的应有之义。

《中华人民共和国公司法》（以下简称《公司法》，下同）第一百四十六条规定了不得担任公司的董事、监事、高级管理人员的几种情形，其中，第（三）项规定了"担任破产清算的公司、企业的董事或者厂长、经理，对该公司、企业的破产负有个人责任的，自该公司、企业破产清算完结之日起未逾三年"，该项规定属于散见于部门法中的失权制度。我国的民事执行程序中，《最高人民法院关于限制被执行人高消费及有关消费的若干规定》第三条也规定了债务人失权制度，例如被采取限制消费措施的被执行人（被执行人为自然人）不得有购买不动产、入住星级宾馆、乘坐飞机等高消费行为。伴随着人们对破产制度的新认识，《企业破产法》、《公司法》、民事执行程序等对债务人失权制度的涉及，个人破产失权复权制度在未来将要制定的个人破产法中有施行的天然土壤和先天条件。

二、个人破产失权复权制度的司法实践

法律层面的《企业破产法》并未规定个人破产制度，各部门实体法也未见关于个人破产制度的相关规定，作为地方性法规的《深圳经济特区个人破产条例》规定了较为完

整的个人破产制度,《深圳经济特区个人破产条例》也为日后国家法律层面制定个人破产法提供了参考与借鉴。故,本文以《深圳经济特区个人破产条例》中破产失权复权制度的相关规定作为我国个人破产失权复权制度的司法实践,予以分析、考究个人破产失权复权制度。

(一)个人破产失权与复权的立法模式

关于破产失权的立法模式,主要有当然失权立法模式与裁判失权立法模式。按照当然失权立法模式,当债务人被法院宣告破产时,不需要法院对破产失权作出裁定,造成债务人破产的原因、债务人对债权人所负债务数额的大小,均不影响债务人破产失权。与当然失权模式相反,裁判失权立法模式则需要受理破产的法院对失权作出裁定,债务人被法院宣告破产后,并不当然失权,只有当法院对债务人作出破产失权的裁定时,债务人才失权。《深圳经济特区个人破产条例》对破产失权内容的规定中,既规定了裁判失权,又规定了当然失权。其中,第二十三条[①]规定了,债务人购买不动产、入住星级酒店、乘坐飞机商务舱等行为,在法院未作出解除限制债务人行为的决定前,债务人不得有此高消费行为,此即裁判失权立法模式的典型。同时,第八十六规定了,在法院宣告债务人破产之日起至裁定免除债务人未清偿债务之日止,债务人关于董事、监事、高管的任职资格被限制,此即为当然失权内容的规定。[②]破产失权作为对债务人权利、行为、资格等方面的行使限制,对债务人而言具有惩戒性,应采用裁判失权的立法模式,适时关注诚实而不幸的债务人的权益,由法官根据债务人的破产原因、陷入破产的主观过错等因素判断是否裁定失权。

关于破产复权的立法模式,主要有当然复权立法模式、许可复权立法模式、混合复权立法模式。债务人受到债务失权限制后,若要解除失权限制,恢复到之前的状态,按照当然复权立法模式,债务人不需要由法院作出复权裁定,只要债务人满足复权的法定条件即可。许可复权立法模式则要求即使债务人满足复权的法定条件,债务人也不能当然复权,债务人若要实现复权的法律效果,需要向法院申请复权并由法院审查后作出

---

① 《深圳经济特区个人破产条例》第二十三条规定:"自人民法院作出限制债务人行为的决定之日起至作出解除限制债务人行为的决定之日止,除确因生活和工作需要,经人民法院同意外,债务人不得有下列消费行为:(一)乘坐交通工具时,选择飞机商务舱或者头等舱、列车软卧、轮船二等以上舱位、高铁以及其他动车组列车一等以上座位;(二)在夜总会、高尔夫球场以及三星级以上宾馆、酒店等场所消费;(三)购买不动产、机动车辆……"

② 《深圳经济特区个人破产条例》第八十六条规定:"自人民法院宣告债务人破产之日起至依照本条例裁定免除债务人未清偿债务之日止,债务人不得担任上市公司、非上市公众公司和金融机构的董事、监事和高级管理人员职务。"

是否复权的裁定。而混合复权立法模式，则在复权制度的设置中既有当然复权、也有许可复权，按照复权原因的不同决定采取不同的复权模式。《深圳经济特区个人破产条例》对破产复权内容的规定中，采纳的是许可复权立法模式，债务人如若想要获得破产复权的法律效果，就必须向法院申请，并由法院作出是否复权的裁定。其中，《深圳经济特区个人破产条例》第一百零一条[①]规定了，考察期满后，债务人未清偿的债务是否免除、债务人行为的限制是否应被解除，均需要法院分别作出免责的裁定、解除行为限制的决定。这表明债务人是否复权，决定权在法院，只有法院作出复权的许可决定时，债务人才能复权。许可复权的立法模式，能够缓解债务人、债权人之间的矛盾，能够减少债权人对债务人权利恢复的主观上的不接受，对债务人起到警示作用，警示债务人理性地参与社会经济活动。

（二）个人破产失权复权制度的限制内容

个人破产失权复权制度中，个人破产人恢复的权利即为受限制的权利，即复权的内容即为失权的限制内容，两者具有一致性。从世界范围内的法律来看，个人破产人的限制内容，既有一致的权利限制，也存在其各自的独特性，限制高消费、职业限制、信贷限制为各国一致性权利限制的体现，允许消费金额、职业限制的种类范围以及信贷限制的严厉程度则构成各自的差异。[②]

《深圳经济特区个人破产条例》第二十一条[③]第（三）项、第（四）项是对债务人人身自由的限制，第（六）项是对债务人金融借贷的限制，即从破产申请被法院裁定受理之日起至未清偿债务被裁定免除之日止，债务人的个人信息发生变动或者离开居住地，须向破产事务管理部门、管理人报告；若要出境，须征得法院的同意；借款一千元以上

---

① 《深圳经济特区个人破产条例》第一百零一条："考察期届满，债务人申请免除未清偿债务的，管理人应当对债务人是否存在不得免除的债务以及不得免除未清偿债务的情形进行调查，征询债权人和破产事务管理部门意见，并向人民法院出具书面报告。人民法院根据债务人申请和管理人报告，裁定是否免除债务人未清偿债务，同时作出解除对债务人行为限制的决定。"

② 吴书怡：《我国个人破产之失权复权制度研究》，硕士学位论文，江西财经大学，2022。

③ 《深圳经济特区个人破产条例》第二十一条："自人民法院裁定受理破产申请之日起至依照本条例裁定免除债务人未清偿债务之日止，债务人应当承担下列义务：……（三）当债务人的姓名、联系方式、住址等个人信息发生变动或者需要离开居住地时，及时向破产事务管理部门、管理人报告；（四）未经人民法院同意，不得出境……（六）借款一千元以上或者申请等额信用额度时，应当向出借人或者授信人声明本人破产状况……"

或者申请等额信用额度时，应声明自身的破产状况。第二十三条^① 是对个人破产人高消费行为的限制，在个人破产债务人的高消费行为的限制未被解除之前，个人破产债务人不得有购买不动产、机动车，入住星级宾馆，乘坐飞机商务舱等高消费行为。第八十六条是对个人破产人任职资格的限制，债务人自宣告破产之日起至剩余未清偿债务被裁定免除之日止，不得担任上市公司、非上市公众公司和金融机构的董事、监事、高级管理人员等职务。^②

（三）个人破产失权复权制度的复权条件

个人破产程序中，通过破产失权制度使得债权人的权利得以维护，因破产失权的限制性规定，个人破产债务人需承受权利、行为、资格等方面的失权安排，以避免个人债务人滥用破产程序进行逃废债。但对债务人的失权限制，也需要有一定的期限，或者债务人满足某些特定条件时，应解除对债务人的失权限制，使债务人被限制的权利、行为、资格等方面恢复正常，从而以完整的人格参与社会经济活动。

关于破产失权期限，《深圳经济特区个人破产条例》第九十五条规定了，宣告债务人破产之日起三年，为免除债务人未清偿债务的考察期限；第九十六条规定了，考察期内，债务人应当遵守法院作出的限制行为决定规定的义务，违反的，法院可以决定延长考察期，但延长期限不得超过两年；第一百零一条规定了，考察期届满，债务人可以向法院申请免除对其行为限制的决定，也即申请复权。破产失权期限过后，债务人可以申请复权，同时，法律层面也应当赋予破产失权届满时债务人申请复权的权利。

当债务人满足某些特定条件时，如债务人已经清偿完毕对债权人的债务、第三人代债务人向债权人清偿全部债务、重整计划已被法院裁定批准、个人破产债务人已经与债权人就债权清偿事宜达成协议等，此时，应赋予债务人申请复权的权利。《深圳经济特

---

① 《深圳经济特区个人破产条例》第二十二条规定了："自人民法院作出限制债务人行为的决定之日起至作出解除限制债务人行为的决定之日止，除确因生活和工作需要，经人民法院同意外，债务人不得有下列消费行为：（一）乘坐交通工具时，选择飞机商务舱或者头等舱、列车软卧、轮船二等以上舱位、高铁以及其他动车组列车一等以上座位；（二）在夜总会、高尔夫球场以及三星级以上宾馆、酒店等场所消费；（三）购买不动产、机动车辆；（四）新建、扩建、装修房屋；（五）供子女就读高收费私立学校；（六）租赁高档写字楼、宾馆、公寓等场所办公；（七）支付高额保费购买保险理财产品；（八）其他非生活或者工作必需的消费行为。"
② 《深圳经济特区个人破产条例》第八十六条规定了："自人民法院宣告债务人破产之日起至依照本条例裁定免除债务人未清偿债务之日止，债务人不得担任上市公司、非上市公众公司和金融机构的董事、监事和高级管理人员职务。"

区个人破产条例》第八十五条 [①] 规定了，破产宣告前，债务人的债务由债务人完全清偿或者由第三人完全清偿的，法院应作出解除限制债务人行为的决定；第一百二十四条 [②] 规定了，重整计划被法院裁定批准的，法院应同时作出解除限制债务人行为的决定。当债务人或第三人完全清偿了债务人对债权人所负的到期债务，或者重整计划通过，法院同时作出的复权决定等，是否以债务人申请为前提，《深圳经济特区个人破产条例》并未明确规定。但既然规定了破产失权期限届满，法院根据债务人的申请和管理人报告，裁定是否解除对债务人行为的限制，那么为保证法律条文适用的周延性，债权人的到期债权得到债务人或第三人的完全清偿、重整计划被裁定通过等情形下的破产复权，债务人也需向法院申请复权，法院根据债务人的申请作出复权与否的决定。

三、个人破产失权复权制度的实现路径

（一）关于失权、复权的立法模式

如前所述，关于破产失权生效的立法模式主要有两种：当然失权立法模式与裁判失权立法模式。当然失权立法模式与裁判失权立法模式的区别主要在于破产宣告后，个人破产债务人是否直接产生失权的法律效果。按照当然失权立法模式，法院宣告个人债务人破产后，即产生失权的法律效果，不需要法院作出失权的裁定。而裁判失权则与之相反，法院宣告个人债务人破产后，并不直接产生失权的法律效果，需法院作出失权的裁定，才能产生失权的法律效果。失权作为对个人破产债务人权利、行为、资格等方面的限制，这对个人破产债务人而言是一种惩戒行为，是作为债务人陷入债务困境、适用破产程序免责的对价，但对债务人进行失权限制的过程中，债务人的相关权益亦值得关注。故而，个人破产失权不宜采用当然失权立法模式，而应采用裁判失权立法模式，由受理破产的法院根据债务人的破产原因、对陷入债务困境的主观过错等因素作出失权与否的裁定。

对债务人的权利、行为、资格等进行的限制，因属于对债务人的惩戒措施，具有制裁性，所以当满足债权人的债权得到清偿、债务人与债权人达成债权清偿的和解协议、

---

① 《深圳经济特区个人破产条例》第八十五条规定了："破产宣告前，有下列情形之一的，人民法院应当裁定终结破产程序，并予以公告：（一）债务人已清偿全部到期债务的；（二）第三人为债务人清偿全部到期债务的。人民法院依照前款规定裁定终结破产程序的，应当同时作出解除限制债务人行为的决定，将决定书送达债务人，并通知破产事务管理部门。"

② 《深圳经济特区个人破产条例》第一百二十四条规定了："人民法院裁定批准重整计划的，应当同时作出解除限制债务人行为的决定，将决定书送达债务人，并通知破产事务管理部门。"

重整计划被裁定通过、作出破产免责裁定等条件时，应赋予债务人申请恢复权利、行为、资格等方面的权利。破产复权的立法模式，主要有当然复权、许可复权、混合复权三种立法模式。当然复权的立法模式，即破产复权不需要法院的裁定许可，直接产生复权的法律效果。而许可复权则与之相反，只有法院对债务人的申请复权予以裁定许可后，债务人的权利、行为、资格等方面才能恢复正常。混合复权模式则需要分情形，某些情形下可适用当然复权，某些情形下可适用混合复权。破产复权是恢复债务人对权利正常行使的程序，恢复债务人权利的正常行使对受有损失的债权人而言难免造成主观上的冲击以及不接受，因此为缓和债权人、债务人之间的矛盾，破产失权宜采用许可复权的立法模式。另一方面，许可复权立法模式，对债务人而言也起到提醒及警示的作用，债务人经过申请复权程序后能更加理性地参与社会的经济活动。

（二）关于失权、复权的限制内容

个人破产失权制度中，破产失权的内容，即个人破产人的何种权利、行为、资格应被进行相应的限制，是个人破产失权复权制度的核心。从世界各国、各地区的域外立法来看，破产失权的内容较为广泛，大致为三个方面的内容：一为对职业资格的限制，二为对某些消费行为予以的限制，三为对某些信用获取的限制。[①] 当然，也存在对债务人行为自由的限制类型，如不得离开国境、不得离开经常居住地等。

对职业资格的限制，包含了债务人不得担任企业的董事、监事、高级管理人员，债务人被限制选任国家公职，债务人被限制担任非法人组织领导职务，我国《公司法》、《中华人民共和国商业银行法》（以下简称《商业银行法》，下同）等法律对债务人职业限制均有相关规定，只不过散见于各个法律规定中的职业限制，职业限制应统一规定在个人破产法中。[②] 我国未来的个人破产立法中，应制定职业限制的统一条款，以保证债务人职业限制的统一性。

对消费行为的限制，主要针对的是对债务人高消费的行为。从我国的个人破产司法实践来看，高消费行为主要有购买不动产、机动车辆，新建、扩建、装修房屋，租赁高档场所办公，乘坐飞机商务舱或头等舱，供子女就读高收费私立学校，购买高额保费的保险理财产品等。进入破产程序后，债权人的利益已经受有损失，如还允许债务人进行高消费行为，那债权人将遭受更大的损失，债权人难以接受这样的制度安排。同时，除个人破产法律明文规定的高消费行为之外的其他消费行为，是否属于高消费行为，则需

---

① 段磊：《我国个人破产失权制度构建研究》，硕士学位论文，天津师范大学，2021。
② 杨成：《价值与实践：个人破产中的失权制度》，《法制与经济》2021 年第 10 期。

要结合消费的金额、消费的形式、所处时代的经济发展情况等，综合判断是否属于高消费行为。

对信用获取的限制，主要表现在对债务人借贷的限制、融资贷款额度的限制，债务人对外借贷或融资贷款需表明本人的破产状况。但是，如绝对禁止债务人向他人借贷或向金融机构融资贷款，也不利于债务人经济能力的复苏，不利于提高债务人对债权人所负债务的清偿能力。当债务人的借贷、融资贷款有利于债权清偿能力的提高，在债权人会议通过、法院许可的情况下，债务人可以对外借贷、对外融资贷款。

对债务人行为自由的限制类型，主要有：对债务人离开国境自由的限制，非经法院许可，个人破产债务人不得私自离开国境；对债务人离开居住场所自由的限制，非经法院许可，个人破产债务人不得私自离开经常居住地。限制债务人离开国境的自由、限制债务人离开经常居住地的自由，主要目的在于避免债务人以离开国境、离开经常居住地之名行"逃废债"之实，强制债务人配合法院、管理人的破产工作，预防和避免可能发生的债务人"逃废债"行为。

（三）关于失权、复权的复权条件

从制度内在关联的逻辑看，破产复权确保对破产自然人的权利和行为限制不超过必要限度。[①] 个人破产程序中，不能一直对债务人作出失权限制，基于债务人生存权、发展权的考量，当债务人满足一定条件时，也应允许债务人申请复权，恢复债务人的权利、行为、资格等。复权条件，即是债务人满足一定条件时，可申请复权，恢复到失权限制前的状态，正常行使权利。

当债务人对债权人所负的到期债务已经全部清偿完毕或者由债务人之外的第三人代为清偿完毕的，债务人可申请复权，法院也应裁定许可债务人的复权申请。债务人或第三人代债务人清偿完毕对债权人的债权时，债务人所欠的债务因被清偿而被消灭，所以破产失权限制的基础便不复存在。重整计划被法院裁定批准通过，表明债权人的债权清偿已得到了相应安排，破产程序也将被终止，此时债务人也可申请复权，法院应裁定许可复权申请。当债务人的免责申请被法院裁定许可时，债务人就剩余未清偿的债务将不再承担清偿责任。破产免责情形下，既然债务人无须再承担剩余债务的清偿责任，那么对于债务人的复权申请也应被法院裁定许可。个人破产程序终归是清产核资、清理债权债务的程序，债权债务清理程序属于私法领域，其具有私法属性。当债务人与债权人达成庭外和解或者破产和解时，对债务人的复权申请，法院也应裁定许可。毕竟在私法领

[①]　陈文姣：《个人破产失权制度的规范路径研究》，《湖南广播电视大学学报》2021 年第 2 期。

域内，债权人、债务人的私法自治应被得到充分的肯定和支持。

作为对债务人权利、行为、资格的限制程序，个人破产失权复权制度保护的始终是诚实而不幸的债务人。基于保障债务人生存权、发展权的考虑，如诚实而不幸的债务人确实没有能力清偿完毕债务，或者与债权人达不成债权清偿的协议，或者重整计划未被通过，经过一定期限的，法院也应许可债务人的复权申请。经过一定期限，债务人的复权申请将被法院裁定许可，此即破产失权期限制度。关于破产失权期限的最长时限，参照《公司法》等部门法的规定、根据目前的《深圳经济特区个人破产条例》的司法实践，破产失权期限以三年为宜，三年的失权期限既不过长，也不过短。破产失权期限届满后，不论债权人的债权清偿情况如何，法院对债务人的复权申请都应裁定许可。

（四）相关配套制度的建立

个人破产失权复权程序中，失权复权制度的施行过程与施行效果，与自由财产制度、破产免责制度、个人财产登记制度等个人破产制度紧密相连、密不可分。

对债务人权利、行为、资格的失权限制，应保障债务人的基本生存权、发展权，需为债务人保留自由财产，自由财产即债务人可以自由使用的财产，可以豁免于失权限制的豁免财产。如果不为债务人保留自由财产，债务人将难以维持基本的生存与生活，由此将导致债务人千方百计地进行"逃废债"的行为，从而更加不利于债权人利益的实现，不利于破产程序的有序推进。

失权复权制度在关注债务人发展权问题的同时，也关注债务人的生存权问题。债务人为何能够被免责，缘于债务人属于诚实而不幸的债务人。债务人经失权限制后为何能够复权，也缘于债务人属于诚实而不幸的债务人，对诚实而不幸的债务人应允许其破产免责、破产复权。债务人如果遵守失权限制的规定，在一定程度上表明其属于诚实而不幸的债务人，即使债务人不能清偿剩余未清偿债务，也应考虑债务人破产免责或恢复其对权利的正常行使。当债务人破产免责时，其不需要再承担余债清偿责任，自然也不应再对其进行失权限制措施。个人破产免责的考察过程，也是对失权后是否可以复权的考察，个人破产免责制度实施的效果事关个人破产失权复权制度的实施效果。

个人破产程序中，对所属于债务人的房产、机动车、银行存款、土地、知识产权、对外投资等方面进行全面调查，是破产程序中必须做的财产调查工作。财产调查在厘清债务人财产状况的同时，也可以避免债务人逃废债，增加可供清偿的财产，减少债权人利益的损失。但财产调查是一项烦琐的工作，涉及不动产登记机构、车辆管理所、知识产权局、银行金融机构、市场监督管理局等财产登记部门，甚至个人财产登记信息具有区域性、地域性限制，这将不利于财产调查的顺利开展。如果建立全国统一的个人财产登记体系，于个人破产失权复权制度中，可以更加便捷有效地查明债务人的财产状况，可以快速识别债务人是否属于诚实而不幸的债务人。

四、结语

个人破产程序中，诚实而不幸的债务人因债务困境而进入破产程序，基于债务人生存权、发展权的考虑，破产制度予以设计了债务人可就剩余未清偿完毕的债务予以免除的个人破产免责制度。依个人破产免责制度的逻辑，如债务人的余债经法院裁定许可免除后，其将不再承担剩余债务的清偿责任。对债务人未清偿完毕的债务进行免责处理，也符合破产有罪至破产惩戒、惩戒与保护相结合的个人破产制度发展脉络。值得关注的是，债权人的合法权益也应保护。作为债务人余债免除的对价，债务人的权利、行为、资格等方面的行使应受到失权限制，如此既保障了债务人的权益，也保护了债权人的权益，避免了债务人以破产之名行"逃废债"之实，也警示债务人需遵守失权限制的规定，否则其复权申请将被驳回。

我国国家层面的法律虽未规定个人破产法，也未见散见于部门法律的个人破产制度，但随着经济的发展、法治现代化进程的加快、精神文明的发展，我国开启了个人破产制度的地方司法实践，尤其是深圳经济特区制定的《深圳经济特区个人破产条例》中较为完备地制定了个人破产制度，同时也制定了个人破产失权复权制度。个人破产失权复权制度的具体构建，首先需要明确失权、复权采用的立法模式，通过分析，本文认为失权宜采取裁判失权立法模式，复权宜采取许可复权立法模式。对失权复权的限制内容而言，主要有职业资格的限制、消费行为的限制、信用获取的限制、债务人离开国境或经常居住地的行为限制等。但对债务人的限制应是有期限的，不能一直对债务人进行失权限制，基于债务人生存权、发展权考虑，应赋予债务人申请复权的权利。当债务人已清偿完毕债权人的到期债权，或已与债权人达成庭外和解或者庭内和解，或重整计划已被裁定批准通过，抑或规定的最长失权期限届满时，应赋予债务人破产复权的权利。个人破产免责制度、自由财产制度、个人财产登记制度等的建立与完善，也助推了个人破产失权复权制度的较好实施。个人破产失权复权制度、免责制度、自由财产制度等都是个人破产制度的重要组成部分，共同构建了完整而又有独特魅力的个人破产制度。

破产案件简易程序的实践探索与思考

屠国江 陈 娜^①

摘要：破产简易程序是指对于债权债务关系明确、债务人财产状况清楚、案情简单的破产清算、和解案件，法院审理时所采取的快速简化的破产程序。我国现行《企业破产法》只规定了破产案件的普通审理程序，对于规模较小、债权债务关系较简单、案件复杂程度较低的中小微企业破产而言，过于烦琐，不能及时有效地处理中小微企业破产案件。面对实践中的呼声，破产简易程序终于"千呼万唤始出来"，审判实践近年来对破产程序的简化进行了有益探索，但仍局限于现行的破产制度，恰似"犹抱琵琶半遮面"，探索空间有限。笔者通过分析总结我国各地法院出台的破产简易程序之规定及实践做法，对破产简易程序的适用问题、启动及程序转换问题、相关程序简化措施、简易破产案件中的管理人报酬问题等进行分析，并提出建议。

关键词：破产简易程序；繁简分流；营商环境；实践探索

一、我国破产简易程序制度的出台背景

2019 年，习近平总书记在中央全面依法治国委员会第二次会议上指出，"法治是最好的营商环境"。效率在市场经济中至关重要，完善的市场经济法律制度，在有效地保障投资人、债权人等市场主体利益的同时，能高效促进市场资源优化配置。在世界银行发布的《2020 年营商环境报告》中，我国营商环境全球排名跃升至第 31 位，并且我国连续两年入列全球优化营商环境改善幅度最大的十大经济体。其中，市场救治退出机制中的"办理破产"指标，成为市场主体清退的重要抓手，是营商环境优化中的重要法治途径。

但，我国破产法律制度仍存在局限性，现行《企业破产法》规定的破产程序繁杂，越来越不能适应近年来暴涨的中小微企业破产需求。据统计，我国中小微企业占到企业总数的 99.7%，但我国中小微企业的平均寿命只有 2.9 年，每年有近 100 万家中小微企

---

① 屠国江，贵州贵达律师事务所律师；陈娜，贵州贵达律师事务所律师。

业倒闭。但碍于普通破产程序的繁杂、成本高、审理时间长等原因，大量丧失经营价值的中小微企业并没有选择以破产方式退出市场，久而久之，这些企业形成僵局，极大地耗占了市场资源。审判实践对于破产简易程序的制度需求日益强烈。以浙江为例，2019年浙江省法院受理的破产案件数量达到 2373 件，其中破产清算案件占比 97.7%，在这些破产清算案件中"无产可破"或者只有少量财产的案件又占很大比例。如何消化掉大量无产可破的破产案件、加快债务企业市场出清、进一步优化营商环境，成为一个必须迅速解决的新课题。[①]

我国现行《企业破产法》规定的普通破产程序对于规模较小、债权债务简单、案件复杂程度较低的中小微企业破产而言，过于烦琐，缺失破产简易程序设计，不能及时、有效地处理中小企业破产案件。为解决《企业破产法》上层法律规定与下层需求严重不对称问题，近年来最高人民法院及各地法院也陆续出台了破产简易程序的相关规定，回应了社会现实需求。审判实践虽然进行了有益的破产简易程序探索，但仍局限于现行的破产制度，故探索空间有限，而实践中面临的一系列问题亟须解决，本文将对这些问题进行思考。

二、我国破产简易程序构建的司法实践探索

早在 1993 年，《深圳经济特区企业破产条例》（现已废止）就曾借鉴国外通行立法例，在第六章"小额破产"中规定小额破产案件可以适用本章规定，也即简易破产程序的"前身"，这是我国破产立法中第一次规定法院在审理小额破产案件时可以适用简易程序；此后，深圳法院一直在简易破产程序方面进行实践，积累了丰富的经验。在我国第九届人民代表大会形成的《企业破产与重整法（草案）》中，157 条至 163 条专门规定了"简易程序"，明确"债务人的财产总额不足五十万元、债权债务清楚、债权人人数较少的"，可以适用简易破产程序。之后，由于种种原因，该章最终被删除。近年来，部分地方法院在破产简易程序方面做了大胆探索。如 2013 年 6 月，浙江省高级人民法院出台《浙江省高级人民法院关于企业破产案件简易审若干问题的纪要》，对破产案件简易审的相关问题做了简要说明。在此之前，2013 年 3 月，温州市中级人民法院印发了《关于试行简化破产案件审理程序的会议纪要》，从简化审理程序的适用范围，程序的启动、审级和审判组织以及程序简化的具体内容三个方面，对破产案件的简化审理做

[①] 参见浙江省瑞安市人民法院课题组：《无产可破破产案件的再简化审程序——以浙江瑞安法院简化破产案件审理程序经验为样本》，《人民司法（应用）》2018 年第 25 期。

了更为详细、全面的规定。

2018 年 3 月 4 日，最高人民法院印发《全国法院破产审判工作会议纪要》，强调人民法院审理破产案件应当提升审判效率，在确保利害关系人程序和实体权利不受损害的前提下，建立破产案件审理的繁简分流机制。对于债权债务关系明确、债务人财产状况清楚的破产案件，可以通过缩短程序时间、简化流程等方式加快案件审理进程，但不得突破法律规定的最低期限。这为之后各地法院陆续构建破产简易程序制度提供了统一指导。2020 年 4 月 15 日，最高人民法院出台《最高人民法院关于推进破产案件依法高效审理的意见》，进一步指导破产案件的简化审理。这些审判实践探索是帮助我国构建破产简易程序的宝贵经验。

尽管实践中深圳、浙江等地区早已对破产简易程序进行了有益的探索，但由于缺乏统一立法，对于破产简易程序的各种细节，如哪些事项与程序可以简化以及如何简化等问题，各地做法不一，亟须统一。

三、破产简易程序在实践中存在的问题

（一）破产简易程序的适用条件问题

关于破产简易程序的适用条件，最高人民法院及一些地方法院做出了相关规定，但存在诸多不一致之处。《最高人民法院关于推进破产案件依法高效审理的意见》中指出，对于债权债务关系明确、债务人财产状况清楚、案情简单的破产清算、和解案件，可以适用快速审理方式。但是，债务人存在未结诉讼、仲裁等情形，债权债务关系复杂的；管理、变价、分配债务人财产可能期限较长或者存在较大困难等情形，债务人财产状况复杂的；债务人系上市公司、金融机构，或者存在关联企业合并破产、跨境破产等情形的；等等，不适用快速审理方式。该意见对债权债务关系明确、债务人财产状况清楚、案情简单的标准并没有直接给出具体规定，而是采取了反向排除的方式，分别描述了债权债务关系复杂、债务人财产状况复杂和案情复杂等情形的，不适用快速审理方式。但是这些反向排除的情形更多的仍然是形式上的标准。笔者以为，一方面，在简化普通破产程序的同时要保障当事人的实体权利不受损害。如果单纯以破产财产数额大小或债务总额大小为标准确定是否适用简易破产程序，若案件债权债务关系较为复杂，则可能难以保障债权人的权利不受损害，故不宜直接以财产数额或债权金额作为单一的适用标准。另一方面，需要从正面规定更为具体的标准，防止法院自由裁量权过大以损害相关方的利益。

地方法院对适用破产简易程序的标准进行了不同程度的明确。《青岛市中级人民法

院简易破产案件快速审理规程（试行）》中进一步明确了适用简易快速审理程序的积极条件及消极条件，将债务人无财产可供执行或分配的、已经经过强制清算或自行清算的、债权人债务人就债权债务处理已自行达成协议的，申请人、被申请人及其他主要破产参与人协商一致同意快速审理的等作为积极条件，将存在重大维稳隐患的、涉及刑民交叉问题的等作为消极条件。《上海市高级人民法院关于简化程序加快推进破产案件审理的办案指引（修订）》创新性地将财产、账册等重要文件灭失或债务人主要管理人员下落不明的企业破产清算列为优先适用简易审理的范围。《大连市中级人民法院关于简化破产案件审理程序的工作指引》对适用破产简易程序的案件中债务人资产价值总额、已知债权人数量及债权金额等做了明确。总之，各地法院出台的规定中，对于最高人民院"债权债务关系明确、债务人财产状况清楚、案情简单"的认识标准各有不同，但大多将无财产或财产较少案件、"三无企业"破产列入简易审理范围，将涉及重大维稳隐患或重要社会问题的案件、破产重整等排除在简易审理之外。

（二）破产简易程序的启动机制及程序转换问题

关于破产简易程序的启动机制，大多数地方法院已有的实践做法主要是采取半职权主义，即对于应当适用或优先适用破产简易程序的案件，法院可依职权决定；对于可以适用破产简易程序的案件，可依当事人申请启动简易程序。在主要的破产参与人协商并一致同意简化审理程序的情况下，可以适用简易程序。也有地方采取职权主义的做法，如深圳规定符合条件的案件，合议庭应在立案审查时决定适用简易程序；《最高人民法院关于推进破产案件依法高效审理的意见》采取的也是职权主义的立场，直接由法院决定是否适用。笔者以为，对破产简易程序的启动机制采取半职权主义更具合理性。一方面，法院对破产程序的启动具有决定权，由法院根据案件的具体情况决定是否适用简易程序是法院原本的职权。另一方面，简易程序会对债权人等主要破产参与人的权利行使造成影响，出于保障债权人等权益的考虑，理应赋予债权人等主要破产参与人一定的选择权。

关于破产案件简易审理的程序转换问题，一些地方法院对简易程序转为普通程序的情形做出了规定，但未对已实施的普通程序是否可以转入简易程序做出规定。如《贵州省高级人民法院关于简化破产案件审理程序的工作指引（试行）》规定，人民法院决定简化审理后，破产参与人就此提出异议且有充分理由的，或者存在不宜简化审理的其他情形的，应当恢复为普通程序审理，此前进行的审理工作继续有效。但已实施的普通破产程序是否能转为简易审理程序呢？根据我国《民事诉讼法》及其相关司法解释，已经按照普通程序审理的案件，在开庭后不得转为简易程序审理。笔者以为，在破产案件审理中，可不必作此限制。法院在适用普通程序审理破产案件时发现案件符合适用简易程序的条件，可以及时裁定转为简易程序审理。同时赋予破产主要参与人对于程序转换的异议权利，以保障法院决策的科学性。对此可参照《民事诉讼法》及其司法解释相关规定，当事人就案件适用简易程序提出异议，人民法院经审查，异议成立的，裁定转为普通程序；异议不成立的，口头告知当事人，并记入笔录。转为普通程序的，人民法院应当将合议庭组成人员及相关事项以书面形式通知双方当事人。转为普通程序前，当事人已确认的事实，可以不再进行举证、质证。因此笔者认为，可以规定：破产案件当事人对法院已经适用简易程序审理的案件有异议的，可以向上级人民法院申请复议，复议期间不影响案件审理。

此外，笔者以为，基于快速高效办理的角度，在有程序转换机制的保障下，对于可以适用简易程序的案件，法院可大胆裁定适用破产简易程序，提高审判效率，如在审理过程中发现不宜适用简易程序，再做程序转换即可。实践中，笔者发现很多地方法院，特别是破产审判起步较晚的法院，对于应当适用或可以适用简易程序审理的案件，仍然一成不变按普通程序受理。如笔者执业所在地贵州省，虽贵州省高级人民法院早于 2019 年印发了《贵州省高级人民法院关于简化破产案件审理程序的工作指引（试行）》，但迄今为止全省范围内仅有极少数法院探索适用破产简易程序。贵州省黔南州中级人民法院作为省内少数成立专业破产审判庭的法院，也只是在 2020 年 9 月首例适用破产简易程序审理贵州黔南金盛典当有限责任公司破产清算案。[①] 除此之外，贵州省省内大多数法院，对于许多"执转破""'三无'企业"等已基本无清算价值的破产案件，或已经经过自行清算、强制清算的简单破产案件，仍继续按照普通程序审理，债权人疲于应付参与债权人会议等程序事项，且仅获得极少分配或无法获得财产分配，法院在贯彻程序公正的同时却忽视了实质正义，这不仅拖延了审判效率，还增加了破产参与人的诉讼参与成本，损害了司法权威，与营商环境优化的价值取向背道而驰。

进一步而言，许多地方法院在以竞争方式选定管理人时，以管理人所办破产案件的"结案率"作为重要指标，但管理人的"结案率"，虽然与管理人办案素质或案件实际情况有关，但也与办理法院的破产审判思维密不可分。当然，以上所言现象，归根到底又回到了"破产案件周期长"这个老生常谈的问题。一方面，是因为某些地方法院破产审判起步晚，对于破产简易程序的认识有限；另一方面，还是因为审判思维与管理人思维不同。审判风险作为审判思维考量的要素之一，如在立案受理时，法院便决定以简易程

[①] 参见微信公众号"黔南州中级人民法院"《首例！黔南州中级人民法院适用简化程序审理破产清算案》，https://mp.weixin.qq.com/s/19K8d2ntIpF9h6XB2AQV3g，访问日期：2021 年 4 月 5 日。

序审理，可能出现"无法在简易程序审限内结案"或者"担忧损害当事人的程序权利而导致当事人检举投诉"等情况。因此，破产简易程序制度大有被"架空"的风险。

故笔者在此强烈建议，对于破产简易程序适用率低的地区，应出台相关配套司法政策，如从高级人民法院角度建立破产案件考核机制，将破产案件与一般的诉讼案件分开考核，增加对破产简易程序适用的考核机制，并以破产案件"结案率"作为破产审判重要考核因素。如此，可以从一定程度上解决地方法院破产案件积压问题以及"久拖不结"的陈年弊病，加快僵尸企业市场清退，优化营商环境。

四、破产简易程序的程序简化措施及建议

（一）关于相关期限的缩短

普通破产程序中由人民法院组成合议庭审理，没有审理期限的限制；而破产简易程序中一般由审判员一人审理，应在裁定受理之日起六个月内审结。普通破产程序中，公告及通知已知债权人的期限为裁定受理之日起二十五日内；而破产简易程序中则可以缩短至十五日内。普通破产程序中，债权申报期限自人民法院发布受理破产申请公告之日起，最短不得少于三十日，最长不得超过三个月，债权人会议应自债权申报期限届满之日起十五日内召开；而在破产简易程序中，债权人申报债权的期限一般为三十日，债权人会议召开的时间一般缩短在债权申报期限届满之日起十日内。并且，依据《最高人民法院关于推进破产案件依法高效审理的意见》，如全体已知债权人同意，可缩短破产法中债权人会议需提前十五日通知的期限；最后分配完结后管理人提请终结案件的期间限制在十日内，并且法院作出终结裁定的时间由收到管理人申请时起十五日内缩短至十日内。此外，相关地方法院也对指定管理人期限及管理人的履职工作期限做了明确及不同程度的限缩。如《贵州省高级人民法院关于简化破产案件审理程序的工作指引（试行）》规定：法院应于裁定受理后五日内随机方式指定管理人；管理人应于接受指定后十日内完成接管，接管之日起十五日内向法院提交接管情况及工作计划；管理人应于接受指定之日起三十日内完成财产状况调查及形成调查报告等。虽然地方法院对于法定期限的缩短做出了不同的规定，也确有益于提高审判效率，但这些规定是否违反《企业破产法》的法定期限，即地方法院的规定是否突破了上位法规定？这一点值得商榷及思考。2018年，《全国法院破产审判工作会议纪要》也强调，可以通过缩短程序时间、简化流程等方式加快案件审理进程，但不得突破法律规定的最低期限。故笔者建议，为解决《企业破产法》的强制规定与近年来涌现出的大量破产简易审理需求的矛盾，应抓紧从法律立法层面修订《企业破产法》，回应司法实践中出现的新情况、新问题，确保法

律与司法政策的协调统一，维护法律权威性。

（二）关于公告通知及送达方式的简化

在最高人民法院及地方法院的规定及实践中，已明确在破产简易程序中，对于需要公告的事项，应当在"全国企业破产重整案件信息网"发布，可不再进行登报或张贴纸质公告等。对于受理破产申请、指定管理人、申报债权、召开第一次债权人会议、宣告破产、实施分配、终结破产程序等应当公告的事项，可采取合并公告等方式减少公告次数。同时，管理人在接管及债权申报时，应当要求债务人、债权人和其他利害关系人书面确认送达地址、电子送达方式及相应法律后果。对于破产程序中除裁定书、决定书之外的文书，可采取短信、微信、电子邮箱等有效便捷的电子送达方式进行通知送达。无法送达或躲避送达的，可以通过查询当事人一年内的诉讼、仲裁、民事活动中的地址或依法登记备案的地址进行送达。

（三）关于接管中的相关程序简化及无法清算案件的程序灵活处理

实践中，许多适用简易程序的破产案件大多数为无财产、无人员、无账簿资料等的"三无"企业，在管理人接管及调查工作中面临许多具体困难。结合相关法院的探索经验，笔者认为，关于刻章开户的简化：如初步调查无财产案件，可不开立管理人银行账户，并可根据工作需要决定是否刻章。管理人不刻制印章的，可由担任管理人的中介机构代章。管理人在无法接管资料的情况下，可书面通知债务人的股东等清算义务人以及债务人的相关人员等配合清算责任人，向其说明因不履行配合清算义务将导致的法律后果。对于债务人的人员下落不明的情况，可采取在"全国企业破产重整案件信息网"公告的方式进行告知。债务人拒不移交的，人民法院可以根据管理人的申请或者依职权对直接责任人员处以罚款，并可以就债务人应当移交的内容和期限作出裁定。债务人不履行裁定确定的义务的，人民法院可以依照《民事诉讼法》执行程序的有关规定采取搜查、强制交付等必要措施予以强制执行。对于经采取前述措施仍无法接管债务人财务账簿等重要文件的，笔者认为可参照《深圳市中级人民法院关于优化破产办理机制推进破产案件高效审理的意见》进行灵活处理，即"管理人应当依据接管和调查情况，对债务人的股东是否违反企业破产法第七条第三款规定的清算义务，债务人的法定代表人、财务管理人员和其他经营管理人员是否违反企业破产法第十五条规定的配合清算义务提出意见，并报告债权人会议"。管理人经审查认为符合主张清算责任条件，应当按照债权人会议的要求提起诉讼或者经债权人会议同意不主张赔偿。债权人会议要求管理人提起诉讼，但债务人财产不足以支付诉讼费用的，要求提起诉讼的债权人应当垫付诉讼费用。管理人经审查认为不符合主张清算责任条件，或者经债权人会议同意不主张赔偿的，个别债权人可以代表全体债权人提起诉讼，并将获得的赔偿归入债务人财产。

（四）关于财产调查方式的简化

鉴于大多数适用简易程序的破产案件基本无财产，并且许多案件已通过执行法院调查无财产执行，如该类案件中管理人仍按照普通程序案件办理方式开展尽职调查工作，将极大增加调查成本及调查时间，也对于破产财产的增加甚无益处。实践中，某些地方法院也意识到该问题并做出了明确规定，即管理人可向法院申请通过执行查控系统进行财产调查工作，并且如申请破产前六个月内执行法院已通过执行查控系统进行调查的，管理人可以执行法院调查结果作为债务人财产状况依据，原则上可不再重复调查。并且，破产受理法院应当及时向管理人提供通过法院案件管理系统查询到的债务人涉诉案件情况，便于管理人及时履行通知已知债权人，通知中止诉讼、执行，通知解除保全措施等职责。该做法有利于节约调查时间及成本，值得借鉴推广。

（五）关于债权人会议的简化

考虑到适用简易程序审理的破产案件相对简单，债权人人数往往也比较少，故可不设立债权人委员会。同时，为减少债权人会议召开的次数，管理人可以将财产变价方案、分配方案以及破产程序终结后可能追加分配的方案一并提交第一次债权人会议表决。此外，应便捷债权人参会方式，第一次债权人会议可以采用网络在线视频方式、通信群组方式等其他非现场方式召开，采用书面、传真、短信、电子邮件、即时通信、通信群组等非现场方式进行表决。经管理人调查，债务人满足资不抵债的破产原因的，人民法院一般应在第一次债权人会议上或会后及时宣告债务人破产。如经管理人调查确无财产或仅有少量财产但不足以支付破产费用的，人民法院应依据管理人的申请，在宣告破产的同时终结破产程序。

（六）关于审计评估、变价程序、分配程序的简化

在普通破产程序中，破产财产变价前通常需要进行审计评估。而如在适用破产简易程序审理的案件中，仍然委托审计评估，则将大大降低案件审理效率。笔者认为，参照相关地方法院的规定，经债权人会议同意，可采取参照债务人原有审计评估报告、定向询价确定市场价值，或以执行程序中的流拍价确定处置价格等方式简化审计评估程序。如破产财产不足以支付审计评估费用又无人垫付的，或者缺失财务凭证资料而不具备审计条件的，或资产财务情况清晰不需要进行审计评估的，在报告债权人会议后可不进行

审计评估工作。

关于变价程序的简化，经债权人会议同意，财产变价可灵活采取拍卖与变卖相结合、网络拍卖与传统拍卖相结合的方式进行。对于破产财产已在执行程序中流拍或破产财产价值不大的，经债权人会议同意后可不再拍卖，直接予以变卖。

关于分配程序的简化，以一次性现金最终分配为原则，原则上不再进行多次分配。同时，对于不便变现或变现难度大、周期长的财产，可以不予变现，采用实物分配、债权分配或产权分配的直接分配方式进行分配，但应当征得债权人会议的同意。对于需以诉讼等方式追回财产后进行分配的，尤其是无法清算案件中管理人或个别债权人起诉承担赔偿责任的情形，人民法院可在现有财产分配完毕后，终结破产程序，待追回财产后，依据《财产分配方案》追加分配即可。

五、简易破产案件中的管理人报酬问题

管理人报酬主要来源于债务人财产，而适用简易程序审理的破产案件中大多属于"无产可破"企业，该类案件的管理人报酬一直难以解决。一方面，该类案件中管理人仍然需要依法开展接管、调查、债权申报及审查、组织召开债权人会议等工作，仍需投入专业人力资源及成本，特别是在法院未以简易程序审理的情况下，由于办理周期长导致管理人投入的时间成本可能更多；另一方面，该类案件往往由于破产企业人员不配合、企业存在资金抽逃等问题导致部分案件的复杂性往往可能高于正常的破产案件。故该类案件如仍然按相关司法解释的规定确定管理人报酬，管理人的投入与产出完全不成正比，将严重挫伤管理人的办案积极性。

目前对于该类案件中，主要采用股东或其他利益相关人垫付、各方协商、按工作时间计酬等方法。相关地方法院逐渐设置了管理人报酬基金制度，如深圳市中级人民法院、滨州市滨城区人民法院等；设立专项破产援助资金，如温州市法院、常熟市法院等。笔者认为，可参照深圳市中级人民法院《破产案件管理人援助资金管理和使用办法》，由财政拨款、提取的管理人报酬等组成专项资金，补贴管理人办理债务人无财产可支付破产费用且无利害关系人垫付费用案件所必需的破产费用。值得借鉴的是，《温州市中级人民法院关于试行简化破产案件审理程序的会议纪要》第35条规定："经债权人会议确认，可以将债权人对债务人未知财产的追索权以及对公司股东、董事、实际控制人等相关责任人的民事请求权全部或部分转让给管理人，以折抵应予支付的管理人报酬和管理人执行职务的费用。"该规定设计类似于律师风险代理，确可解决部分案件中的管理人报酬问题，如该权利转让确系双方自愿达成一致并经债权人会议同意，归于私

法意思自治的范畴，人民法院可不必加以干涉。

此外，在一般诉讼案件中，即使诉讼标的额再小，案件都要进行人力及时间的投入，因此诉讼费、律师代理费都设置了最低收费标准制度。故，笔者以为：在普通破产案件管理人报酬制度之外，应配套建立与破产简易程序相适应的管理人报酬制度。根据地区经济发展水平的不同，参照当地职工平均工资标准、当地律师协会公布的收费文件内最低收费标准等，设置简易破产案件管理人报酬最低收费标准制度，以保证"无产可破"案件中管理人的办案积极性，从而推动僵尸企业市场出清及营商环境优化。

六、结语

随着我国经济的高速发展，现行《企业破产法》应对中小企业破产的不足日益凸显，构建破产简易程序应属完善市场退出机制之应有之义。破产简易程序的建立可以对涌入法院的破产案件进行分流，使案件的难易程度与程序的繁简相适应，避免出现所谓的"程序供给相对不足或程序成本过高"的现象。近年审判实践中已逐渐开始探索构建破产简易程序。但同时也面临各地法院对如何简易程序认识不一致，破产简易程序在某些地区启动条件严格、适用率低，相配套的司法政策未建立完善等问题。现阶段需要加快《企业破产法》的修订进度，从统一立法层面对破产简易程序进行规定，消除各地法院适用破产简易程序的标准不一问题；并且需要建立配套的司法政策，以推广破产简易程序的适用，提升管理人办案积极性及办案效率。通过设置多元化的破产程序来提高破产案件办理效率，更好地发挥破产法律制度对营商环境优化及市场经济改革的重要作用。

破产案件启动及受理条件的探索与思考

屠国江 [①]

摘要： 近年来，办理破产越来越成为营商环境评价的重要指标以及僵尸企业市场出清的重要抓手。破产案件的裁定受理是破产程序的启动标志，是债务企业驶入破产轨道进行清理清退的起始站。然而，破产程序的启动面临诸多难题。一方面，我国现行《企业破产法》规定的破产申请及受理的条件过于笼统，难以实施；另一方面，有的地方法院仍未充分意识到破产程序在调整市场经济中的重要作用，加上现行体制机制等方面的种种原因，对于申请人提出的符合受理条件的破产申请，以种种理由不予立案，影响了《企业破产法》的实施。法治是最好的营商环境，破产立案的便捷程度直接决定了市场主体退出机制改革的成败。在当前我国供给侧结构性改革的大环境下，只有通过制定明确破产案件受理条件标准，统一地方法院认识，配套相应司法政策，推动破产案件依法受理，才能更好地发挥破产法律制度对营商环境优化及市场经济改革的重要作用。本文从破产申请人及被申请人的主体资格问题、"执转破"的现状及所面临的问题、破产受理的管辖法院、破产原因的审查及举证责任分配等方面，对破产案件的启动及受理条件进行了分析思考，并提出了笔者的一些建议。

关键词： 破产申请；破产案件启动；举证责任；营商环境

一、破产案件"受理难"的现状及司法探索

破产案件受理难，是业内共识。据深圳市中级人民法院官方微信发文《破产审判"深圳模式"是什么，一起来看看》，1993 年 12 月，深圳市中级人民法院成立了全国法院第一个破产审判庭；1994 年至 2006 年，12 年间，深圳市中级人民法院共受理各类破产案件 534 件；2007 年，新的《企业破产法》正式实施，2007 年至 2016 年，9 年间，深圳市中级人民法院共收到破产申请 953 件，受理 565 件，审结 376 件。深圳市中级人民法院作为全国审理破产案件的表率性法院之一，其破产案件受理率也仅有 59%，然

[①] 屠国江，贵州贵达律师事务所律师。

而该比率却远远领先绝大部分地方法院。破产受理难，除了我国破产文化理念培育不足这一原因外，还有以下几方面原因：第一是立法上的缺漏。我国《企业破产法》并没有规定法院破产立案审查的具体程序，这导致各级法院在实践中的做法差别较大，有一些是采取听证形式，还有一些法院采取书面审查的方式，破产立案受理的标准及程序不一致。第二是来自法院内部和外部的测评压力，因为破产案件受理之后会涉及一系列的职工安置问题以及财产变卖等重大问题，关系到社会稳定，所以法院在受理的时候会面临极大的压力。第三是审判力量不足。破产案件周期长，对审判力量要求高，在当前案多人少的司法现状下往往对承办法官提出了很大要求。除了这几个因素外，破产受理往往还面临许多现实及特殊的原因，它们共同导致了"我国破产案件受理率低"的现象。

最高人民法院对该现状亦是毫无避讳地公开认可。为了解决这一问题，最高人民法院发布了多个政策性文件，取得了初步成效。尤其是在 2016 年中央经济工作会议的前后，最高人民法院先后出台了《最高人民法院关于破产案件立案受理有关问题的通知》《最高人民法院关于依法开展破产案件审理积极稳妥推进破产企业救治和清算工作的通知》，以及 2018 年出台的《全国法院破产审判工作会议纪要》等政策性文件。这些司法政策性文件与此前颁布的《最高人民法院关于适用〈中华人民共和国企业破产法〉若干问题的规定（一）》形成合力，大幅度地推进了破产案件受理工作，使得破产启动难的问题得到了较大的缓解。然而，通过与市场化程度更高的国家对破产法的适用率进行对比可知，我国的破产立案率仍然存在较大的提升空间。2019 年，最高人民法院发布的《全国法院民商事审判工作会议纪要》承袭了上述司法解释和政策性文件的精神，进一步督促人民法院在破产立案阶段行使受理、移送和审查职能时，不得对破产事件本身作价值判断，不得将法外因素作为破产案件的前置受理条件。如果可能影响社会稳定的，要加强府院协调，制定相应预案，但不应当以"影响社会稳定"之名，行"消极不作为"之实。

相关地方法院也逐渐出台了一系列的政策文件，保障破产案件依法受理。如广东省高级人民法院出台的《广东省高级人民法院关于执行案件移送破产审查的若干意见》，明确了"执转破"的标准及具体程序；深圳市中级人民法院出台的《深圳市中级人民法院破产案件立案规程》，明确了破产案件立案审查的标准、举证责任等；北京市高级人民法院出台的《北京市高级人民法院企业破产案件审理规程》，进一步明确了债务人破产能力、破产申请人主体资格等问题；重庆市第五中级人民法院也于 2021 年 4 月发布了《重庆市第五中级人民法院关于执行案件移送破产审查工作的实施办法》，对于执行案件移送破产的流程、移送材料清单、破产原因的审查标准等做出了明确规定。此外，在笔者执业所在地贵州，贵州省高级人民法院也于 2021 年 4

月出台了《贵州省高级人民法院关于加强破产审判工作高质量建设营商法治环境的意见》，强调进一步畅通破产案件受理通道，统一立案审查标准，转变审慎受理的传统观念为依法受理等。

可以看见，司法实践中正在转变思想观念，逐步探索制定破产案件立案受理标准。伴随上述司法实践中的有益探索及做法，本文拟对破产案件受理及启动的条件等相关问题进行分析探讨。

二、申请人与被申请人的主体资格问题及破产案件启动方式

我国《企业破产法》规定，破产程序启动实行申请主义，一般由债权人或债务人申请破产。特殊情况下，可以由执行法院征得被执行人或者至少一个申请执行人同意移送破产、行政清理转破产、依法负有清算责任的人员申请破产，其他主体如债务人高管等直接申请债务人企业破产，或合并破产的申请主体问题，实践中仍处于探索阶段。而债权人作为申请主体，又以职工、国家机关债权人为特殊情况。

（一）被申请人的破产主体资格能力问题

一般情况下，被申请破产的债务人应具备企业法人资格。我国《企业破产法》第一百三十五条规定，其他法律规定企业法人以外的组织的清算，属于破产清算的，参照适用该法规定的程序。故根据《企业破产法》外的其他相关法律规定，目前，合伙企业、民办学校、个人独资企业、法人性质的民营医院、法人性质的外商投资企业可参照适用破产清算程序。而企业法人破产中，股东是否出资到位一般不影响其破产能力。

①合伙企业。《中华人民共和国合伙企业法》第九十二条规定，合伙企业不能清偿到期债务的，债权人可以依法向人民法院提出破产清算申请，也可以要求普通合伙人清偿。据此，合伙企业可以参照适用《企业破产法》规定的程序。需要注意的是，合伙企业依法宣告破产的，普通合伙人对合伙企业债务仍应承担无限连带责任。

②民办学校。《中华人民共和国民办教育促进法》第五十八条第二款规定，民办学校因资不抵债无法继续办学而被终止的，由人民法院组织清算。《最高人民法院关于对因资不抵债无法继续办学被终止的民办学校如何组织清算问题的批复》规定，人民法院组织民办学校破产清算的，应当参照适用《企业破产法》规定的程序，并依照《中华人民共和国民办教育促进法》第五十九条规定的顺序进行清偿。据此，民办学校具备破产能力。应当注意的是，民办学校清算并非均由人民法院组织实施，只有因资不抵债无法

继续办学而终止的，才能由人民法院组织清算。

③民营医院。《企业破产法》第一百三十五条规定，其他法律规定企业法人以外的组织的清算，属于破产清算的，参照适用该法规定的程序。据此，因其他法律无相关规定，非企业法人性质的民营医院不能参照适用《企业破产法》规定的程序。需要注意的是，实践中也存在企业法人性质的民营医院，依法可以适用《企业破产法》。

④外商投资企业。中外合资企业、中外合作企业和外商独资企业均是依据国内法律设立的企业，其中，中外合资企业与外商独资企业均属于企业法人，中外合作企业中的大部分属于企业法人，个别不具备法人资格。属于企业法人的中外合资企业、中外合作企业和外商独资企业，具备破产能力。

⑤个人独资企业。依据《最高人民法院关于个人独资企业清算是否可以参照适用企业破产法规定的破产清算程序的批复》之规定："在个人独资企业不能清偿到期债务，并且资产不足以清偿全部债务或者明显缺乏清偿能力的情况下，可以参照适用企业破产法规定的破产清算程序进行清算。"据此，个人独资企业具备破产能力。值得注意的是，个人独资企业破产程序裁定终结后，个人独资企业的债权人仍可就其未获清偿部分向投资人主张权利。

⑥股东未履行或未全面履行出资义务的公司。公司具备法人资格，即具备破产能力，不能因股东未履行或未全面履行出资义务而否认其破产能力。股东未履行或未全面履行出资义务，在破产程序中由管理人依法追缴出资作为债务人财产。

（二）普通破产启动方式及国家机关、职工等特殊债权人破产申请资格

我国《企业破产法》第七条对破产申请的适格主体进行了规定，其中，第一款规定符合条件的债务人可以自行申请破产清算、重整、和解；第二款规定债权人可以向人民法院申请符合条件的债务人进行破产清算、重整；第三款规定负有清算责任的人在资不抵债的企业解散未清算或未清算完毕时应当向人民法院申请破产清算。即通常情况下有权依法提起破产申请的主体为债权人、债务人或清算责任人。

关于债权人作为申请人的范围是否包括职工或税务机关、社保部门等国家机关的问题。依据《民法典》第一百一十八条第二款之规定："债权是因合同、侵权行为、无因管理、不当得利以及法律的其他规定，权利人请求特定义务人为或者不为一定行为的权利。"实践中，作为破产申请人的债权人通常为与债务人进行市场交易的平等主体，并且债权人对债务人债权应合法有效，未超过诉讼时效或执行时效，且应为具有金钱或财产给付内容的到期债权。然而，我国《企业破产法》第一百一十三条规定的债权还包含职工债权、欠缴的社会保险费和税款。笔者认为，我国《企业破产法》未对申请破

产的债权人身份资格进行限制，按照债权的法律定义，债务人欠缴社保费用或税款情况下，社保部门及税务机关依法对债务人享有债权，也应具有破产申请人的资格。特别是在某些特殊的个案中，债务人在破产前将企业资产违法清偿企业外部的债权人，导致债务人职工工资无法支付，企业欠缴大量社保、公积金或税款，如此种情况下不允许职工或社保部门、税务机关、公积金管理部门等国家机关作为债权人申请债务人破产，将无法通过破产程序撤销企业的违法清偿行为，严重损害职工及公共利益，与《企业破产法》打击"逃废债"的立法目的背道而驰。

笔者以为，可借鉴《北京市高级人民法院企业破产案件审理规程》中对债权人申请人资格审查的相关规定，债务人出现《企业破产法》第二条规定的情形，经职工代表大会或全体职工三分之二以上多数同意，债务人职工可以以职工债权向法院申请债务人破产清算；债务人出现《企业破产法》第二条规定的情形，欠缴税款、企业应缴部分社会保险费用的，税务机关、社会保险费用管理部门可以向法院申请债务人破产清算。笔者建议，结合国外的立法惯例，地方法院在制定统一的破产案件立案受理标准时，应明确职工及税务机关、社保部门、公积金管理部门等国家机关可作为破产申请人的情形，赋予其破产程序申请启动权利，科学保障多元化债权主体利益。

（三）特殊破产启动方式

1. "执转破"

破产程序与执行程序的相似之处在于债权人都可以借助司法来实现其债权。强制执行程序采取不告不理的原则，目的在于满足个别债权人的要求。在被执行人的财产足以清偿所有债务的前提下，执行制度的制度设计并没有漏洞。但一旦发生债务人资不抵债的情况，如果仍然依照强制执行"先来后到"的做法，必然会使部分债权人承担债务人清偿不能的风险，并因此遭受损失，这与"普通债权的平等性"这一民法基本原理相违背。而破产制度则有助于弥补执行制度的漏洞，当债务人的财产不足以清偿其债务时，由法院按照《企业破产法》的规定对债务人的全部财产进行分配，使得所有债权人公平受偿。强制执行制度与破产制度的价值取向并不相同，强制执行是为了保障债权人的个别清偿，而破产注重于所有债权的公平受偿。

根据《民事诉讼法》司法解释第五百一十一条的规定："在执行中，作为被执行人的企业法人符合企业破产法第二条第一款规定情形的，执行法院经申请执行人之一或者被执行人同意，应当裁定中止对该被执行人的执行，将执行案件相关材料移送被执行人住所地人民法院。"最高人民法院于2017年出台的《最高人民法院关于执行案件移送破产审查若干问题的指导意见》，对执行转破产案件的程序进行了更具体的规定："执行案件移送破产审查，应同时符合下列条件：（1）被执行人为企业法人；（2）被执行人或者有关被执行人的任何一个执行案件的申请执行人书面同意将执行案件移送破产审查；（3）被执行人不能清偿到期债务，并且资产不足以清偿全部债务或者明显缺乏清偿能力。"此外，《全国法院破产审判工作会议纪要》第40条规定："执行法院的审查告知、释明义务和移送职责。执行部门要高度重视执行与破产的衔接工作，推动符合条件的执行案件向破产程序移转。执行法院发现作为被执行人的企业法人符合企业破产法第二条规定的，应当及时询问当事人是否同意将案件移送破产审查并释明法律后果。"

当执行程序中出现了被执行人资不抵债的情形时，基于债权的平等性基本原则，应将执行程序转换为破产程序，将财产依法分配给所有债权人。但按照我国现行法律规定，法院须经申请执行人之一或者被执行人同意才能移送破产，即法院不能依职权启动。该机制面临的问题是：在申请执行人或被执行人都不同意移送破产的情况下，通过现有"执转破"制度无法使具备破产原因的企业转入破产程序。原因在于，现行的"执转破"机制中，申请执行人、被执行人及法院并无较高积极性。其中被执行人自身不愿启动该程序的一个重要原因是破产法对公司管理层追责的相关规定阻碍了破产程序的启动。公司管理层是最了解公司生产经营状况和财产状况的一方，他们能在公司具备破产条件的第一时间启动破产程序，但因追责而失去了申请破产的动力。根据《企业破产法》第一百二十五条，其明确规定企业的董事、监事、高管若是违反了忠实和勤勉义务，并因此导致企业破产的还需要承担民事责任，并且还规定了三年的从业禁止令。如此严厉的惩罚就使得公司管理层更加没有理由去启动破产程序了。而对于申请执行人而言，已经进入了执行程序的债权人，其债权相比于在破产程序中更有保障，且清偿的比率更高。出于自身利益考量，其不会寻求转入破产程序。对于法院而言，由于执行考核机制等原因，执行法官实施"执转破"的积极性并不高。按照《最高人民法院关于执行案件移送破产审查若干问题的指导意见》，执行法院作出移送破产决定后，现有执行程序应当中止，待宣告破产后执行程序终结。执行法官作出大量执转破工作后，执行案件只能处于中止状态，宣告破产遥遥无期，执行法官的工作量不能量化。在目前司法工作人员数量难以满足日益增长的案件需求的情况下，司法机关也没有积极性。

基于上述原因，便可知道执转破制度实际效果并不理想的现状。从全国范围看，仅广东、福建、浙江、江苏等经济发达省份的执转破工作相对较好，但是在相对较好的省份中，移送执转破案件的比例也是非常低。从江苏省2017年结案数据来看，共移送破产审查案件423件，涉及执行案件1.3万余件，同期涉及企业的"执行不能"案件34万余件。也就是说，仅有3.3%的执行不能案件通过执转破程序进行了退出。2018年北京市第一中级人民法院清算与破产审判庭共受理审查法院移送的"执转破"案件55件，涉及执行案件 3000 余件；但北京地区 2018 年全部终结本次执行案件 81172 件，移送率不足 3.7%。[①]

因此，笔者建议，"执转破"制度作为破产案件的重要来源，应予以重视及积极适用。首先，应从立法层面进一步明确"执转破"具体程序，逐步建立双轨启动破产制度，由法院依职权启动与申请人启动相结合，成为两条并列的申请方式，发挥破产程序应有的作用。其次，应从法院内部设立"执转破"专门协调机构，建立科学可量化的"执转破"案件考核体系，提高法官办理积极性及"执转破"效率。最后，地方法院可在最高人民法院相关规定基础上，制订执行案件移送破产审查实施细则，将"执转破"工作程序细化，明确移送条件、告知及征询程序、审查程序等，列明移送清单内容，将操作流程标准化、文书制作模板化，使执行法官准备移送材料时有章可循，审判部门审查立案时清晰明了，统筹立、审、执、破沟通协调和分工协作，保证各节点流转过程的衔接顺畅。这样才能有效衔接执行和破产程序，拓宽市场主体的救治和退出渠道，通过破产程序消化执行积案，破解执行难问题。

2. 行政清理转破产

我国《企业破产法》第一百三十四条规定："商业银行、证券公司、保险公司等金融机构有本法第二条规定情形的，国务院金融监督管理机构可以向人民法院提出对该金融机构进行重整或者破产清算的申请。国务院金融监督管理机构依法对出现重大经营风险的金融机构采取接管、托管等措施的，可以向人民法院申请中止以该金融机构为被告或者被执行人的民事诉讼程序或者执行程序。金融机构实施破产的，国务院可以依据本法和其他有关法律的规定制定实施办法。"我国《商业银行法》第六十四条、第七十一条规定，商业银行已经或者可能发生信用危机，严重影响存款人的利益时，国务院银行业监督管理机构可以对该银行实行接管。商业银行不能支付到期债务，经国务院银行业监督管理机构同意，由人民法院依法宣告其破产。商业银行被宣告破产的，由人民法院组织国务院银行业监督管理机构等有关部门和有关人员成立清算组，进行清算。同时，《中华人民共和国证券法》第一百二十二条规定，证券公司变更证券业务范围，变更主要股东或者公司的实际控制人，合并、分立、停业、解散、破产，应当经国务院证券监督管理机构核准。此外，《中华人民共和国保险法》第一百四十四条也规定："保险公司有下列情形之一的，国务院保险监督管理机构可以对其实行接管：（一）公司的偿付能力严重不足的；（二）违反本法规定，损害社会公共利益，可能严重危及或者已经严重

[①] 张泽华：《"执行移送破产"机制的深化与完善——以建立无缝衔接的工作流程为视角》，https:// mp.weixin.qq.com/s/cCVOcwFioNI1wkBMwVrsig，访问日期：2021 年 4 月 26 日。

危及公司的偿付能力的。被接管的保险公司的债权债务关系不因接管而变化。"《中华人民共和国保险法》第一百四十八条规定："被整顿、被接管的保险公司有《中华人民共和国企业破产法》第二条规定情形的，国务院保险监督管理机构可以依法向人民法院申请对该保险公司进行重整或者破产清算。"

商业银行、证券公司、保险公司等金融机构是依法设立的企业法人，但有其特殊性，它们的债权债务关系比一般的企业要复杂和广泛，一旦破产给社会带来的影响也比一般企业更大。对那些发生重大经营风险、出现破产原因的金融机构，在该金融机构或者其债权人都不主动提出破产申请的情况下，为了避免风险进一步扩大，则由金融机构或其监管机构向法院提出破产申请。实践中，对出现重大经营风险的金融机构，通常是先由金融监管机构依法实施接管、托管等措施，对不能恢复正常运行的，再进入破产程序。

3. 清算组申请破产

依照我国《公司法》之规定，企业法人因章程规定、股东（大）会决议、依法被吊销营业执照等事由解散时，依法应当成立清算组进行清算，清理自身债权债务。有限责任公司的清算组由股东组成，股份有限公司的清算组由董事或者股东大会确定的人员组成。逾期不成立清算组进行清算的，债权人可以申请人民法院指定有关人员组成清算组进行清算。人民法院应当受理该申请，并及时组织清算组进行清算。公司清算过程中，当清算组发现企业法人的资产不足以清偿债务的，应当立即向人民法院申请企业法人破产。申请破产既是清算组的权利，也是义务。

最高人民法院印发的《关于审理公司强制清算案件工作座谈会纪要》第32条规定："公司强制清算中，清算组在清理公司财产、编制资产负债表和财产清单时，发现公司财产不足清偿债务的，除依据公司法司法解释二第十七条的规定，通过与债权人协商制作有关债务清偿方案并清偿债务的外，应依据公司法第一百八十八条和企业破产法第七条第三款的规定向人民法院申请宣告破产。"第33条："公司强制清算中，有关权利人依据企业破产法第二条和第七条的规定向人民法院另行提起破产申请的，人民法院应当依法进行审查。权利人的破产申请符合企业破产法规定的，人民法院应当依法裁定予以受理。人民法院裁定受理破产申请后，应当裁定终结强制清算程序。"

4. 清算组之外的其他清算责任人申请破产

《企业破产法》第七条第三款规定："企业法人已解散但未清算或者未清算完毕，资产不足以清偿债务的，依法负有清算责任的人应当向人民法院申请破产清算。"这里依法负有清算责任的人包括未清算完毕情形下已经成立的清算组，以及应清算未清算情形下依法负有启动清算程序的清算义务人。而《公司法》规定的清算义务人为有限责任公司的股东、股份有限公司的董事和控股股东。实践中，企业因股东之间形成僵局，往往难以继续自行清算，而此种情况下如企业公章等由大股东保管，而大股东不同意申请破产，将直接导致债务人不能申请破产；如债权人也未申请对债务人进行破产清算，将导致僵局一直持续，严重损害公司其他股东及债权人利益。故，如法律只局限于债权人或债务人申请破产，这将导致如前述僵局情况下小股东申请破产的权利得不到保障。笔者认为，《企业破产法》第七条第三款赋予了企业已解散未清算或未清算完毕、资不抵债情况下，包括公司股东在内的清算义务人的破产申请权利，在这种情况下权利也即义务。

需要说明的是，《企业破产法》规定依法负有清算责任的人有申请债务人破产清算的法定义务，以保障破产清算程序的及时启动。但规定此种情况下负有清算责任的人的法定义务并不意味着排除其他申请权人，尤其是债权人向法院申请债务人破产的权利。只要债权人具备申请破产的条件，就可以依据《企业破产法》第七条第二款的规定，提出对债务人的破产清算申请。如此种情况下，债务人确不具备破产原因，债权人可通过申请法院启动强制清算程序来获得清偿。

5. 债务人企业高管等相关责任主体申请破产的探索

如前所述，破产法对公司管理层的追责影响了破产程序的启动，公司管理层是最了解公司生产经营状况和财产状况的一方，他们能在公司具备破产条件的第一时间启动破产程序，但他们因《企业破产法》等法律规定的追责及惩罚条款而失去了申请破产的动力。故笔者以为，应当通过立法推动公司的管理层及时进行申请：一是让管理层继续在公司中行使其已有的权利。如美国破产法规定，除非破产公司被证明没有能力或者蓄意欺诈外，法律上默认该公司的管理层是公司破产期间继续管理公司的主体。依据美国破产法，进入破产程序后，管理层也还是继续其管理职责，尽量让公司管理层继续推进重整期间的公司经营行为。二是以立法的形式规定企业的董事、法定代表人、公司清算人在法定事由出现后的一定期限内，具有提出破产申请的义务，否则将承担损害赔偿责任直至刑事责任。法国、德国及日本的破产法中均有此类规定。

2019年，国家发展和改革委、最高人民法院等13个部门联合发布《加快完善市场主体退出制度改革方案》，其中提出了"研究规定企业和企业高级管理人员等相关责任主体在企业陷入财务困境时负有及时申请破产清算或重整义务的必要性和可行性。"由此可见，将"企业高级管理人员等相关责任主体"负有破产申请的义务纳入立法是我国破产法未来发展趋势。

6. 关于合并破产申请主体问题的探讨

我国《企业破产法》对关联企业合并破产没有直接规定。《全国法院破产审判工作会议纪要》第六部分对合并破产的适用原则、审查标准、实质合并破产法律后果及不适用实质合并破产的关联企业协调处理等方面作出规定。该纪要尊重企业法人人格独立，以单个破产程序为原则，合并破产为例外。实践中，合并破产的案例并不多见，并且将法人人格混同作为判断应否适用实质合并破产的重要标准。该纪要对合并破产的规定总体上较为原则，实践中需要进一步细化。如程序启动中，申请的主体包括哪些；审查程序中，利害关系人范围及举证责任分配与证明标准等。目前关联企业这种企业模式在我国大量存在并有进一步发展的趋势，合并破产能够快速合并处理关联企业资产及债务，特别是破产重整案件中更有利于消除投资人的顾虑，因此，完善合并破产立法是非常必要的。

实践中，大多数法院还是坚持公司法人资格独立及股东有限责任制度原则，对于债务人投资的子公司、债务人控股的公司等具有独立法人资格的关联企业不能清偿到期债务，需要进行破产还债的，原则上应分别提出破产申请。但当关联企业成员之间存在法人人格高度混同、区分各关联企业成员财产的成本过高、严重损害债权人公平清偿利益时，或关联企业资产混同、管理混同、经营混同以致无法个别清算的，可将数个关联企业作为一个企业整体合并清算。

如最高人民法院公报案例——闽发证券有限责任公司与北京辰达科技投资有限公司、上海元盛投资管理有限公司、上海全盛投资发展有限公司、深圳市天纪和源实业发展有限公司合并破产清算案。福州市中级人民法院认为：四家关联公司虽然为形式上的独立法人，但实际上是闽发证券开展违规经营活动的工具，不具备独立的法人人格，不具备分别进行破产清算的法律基础。理由有二：其一，法人之独立首先在于意思之独立，能独立自主地为意思表示，并展民事活动。然而，北京辰达和深圳天纪和源分别与闽发证券北京管理总部和深圳中兴路营业部的人员发生混同；上海元盛和上海全盛虽然有独立的工作人员，但公司的实际控制权掌握在闽发证券上海管理总部，因此，四家关联公司对外的行为受制于闽发证券，不具有独立作出意思表示的能力。其二，法人之独立关键在于法人财产之独立，法人可以其独立支配的财产承担民事责任。而四家关联公司全部的经营活动是配合闽发证券违规开展证券业务，此外并无其他的独立经营活动，公司无经营收益。四家关联公司的资产的唯一来源是股东出资，均实际来源于闽发证券，并且出资所形成的公司资产也均由闽发证券实际控制使用。因此，四家关联公司没有可以独立支配的财产，不具有独立承担民事责任的物质基础。裁定宣告闽发证券有限责任公司破产；宣告上海元盛投资管理有限公司、上海全盛投资发展有限公司、北京辰达科技投资有限公司、深圳市天纪和源实业发展有限公司与闽发证券有限责任公司合并破产。[①]

关于合并破产的申请主体，笔者认为可借鉴《北京市高级人民法院破产案件审理规程》之规定，针对关联企业不当利用关联关系，导致关联企业成员之间法人人格高度混同、损害债权人公平受偿利益的，关联企业成员、关联企业成员的债权人、关联企业成员的清算义务人、已进入破产程序的关联企业成员的管理人，可以向人民法院提出对关联企业进行合并破产的申请。

三、破产申请受理的管辖法院

申请启动破产程序，应当向对债务人破产案件具有管辖权的法院提出。破产案件的管辖区别于《民事诉讼法》关于一般民商事案件的管辖规定，应从地域管辖、级别管辖、专属管辖、指定管辖四个方面来确定具体管辖法院。

（一）地域管辖

关于地域管辖，依据我国《企业破产法》第三条之规定，破产案件由债务人住所地人民法院管辖。关于债务人住所地的鉴别，可参照《民事诉讼法》的判断标准，如住所地与主要办事机构所在地不一致，以主要办事机构所在地为住所地；如主要办事机构所在地不能确定，以债务人工商登记地址为住所地。这是地域管辖的通常标准。但需要说明的是，实践中会出现关联公司发生合并破产情形，部分主体不在同一辖区范围内。合并破产如发生在某一债务人企业已经进入破产程序后，原则上合并破产后的审理法院仍由在先受理法院继续审理。合并破产如发生在债务人企业尚未进入破产程序时，或需要合并破产的债务人企业均已经进入破产程序，一般由各债务人企业所在地管辖法院的共同上一级法院指定。

（二）级别管辖

一般级别管辖规则是按照债务人登记注册机构的层级确定：如果债务人登记在区县级市场监督管理局，由基层人民法院管辖；如果债务人登记在地市级及以上市场监督管理局，由中级人民法院管辖。特殊级别管辖通过指定管辖和专属管辖实现。

---

① 《闽发证券有限责任公司与北京辰达科技投资有限公司、上海元盛投资管理有限公司、上海全盛投资发展有限公司、深圳市天纪和源实业发展有限公司合并破产清算案》，《最高人民法院公报》，2013 年第 11 期。

（三）专属管辖

破产程序中的专属管辖区别于民事诉讼程序中的专属管辖，破产专属管辖一般包括：执行转破产案件，根据《最高人民法院关于执行案件移送破产审查若干问题的指导意见》规定，由中级人民法院管辖为原则，基层人民法院管辖为例外，中级人民法院也可以报请高级人民法院交基层人民法院审理。近几年来，最高人民法院先后设立了破产法庭，如深圳破产法庭、北京破产法庭、上海破产法庭、温州破产法庭等，并出台文件规定了破产法庭审理破产案件的类型和范围。此外，部分地区设立的铁路运输法院，管辖辖区内部分类型破产案件。

（四）指定管辖

中级人民法院有权审理下级人民法院管辖的破产案件；下级人民法院认为其管辖的破产案件需要由上级人民法院审理，可以报请上级法院。中级人民法院可以报请高级人民法院批准，将确有必要本应由本院管辖的破产案件移交基层人民法院审理。涉及船舶等特殊动产处置的破产案件，管辖法院可以报请上级法院指定海事法院管辖。涉及关联企业合并破产案件跨地域的，报请共同的上级人民法院指定管辖。

四、破产原因的审查及举证责任分配

（一）破产原因的审查

我国《企业破产法》采取概括主义立法模式对破产原因做出了规定。根据《企业破产法》第二条第一款之规定，判断债务人是否存在破产原因，存在两个并列标准，一是企业法人不能清偿到期债务且资产不足以清偿全部债务，二是企业法人不能清偿到期债务且明显缺乏清偿能力。实践中对于破产原因的认定标准，存在不同的理解和认识。最高人民法院于2011年8月发布的《最高人民法院关于适用〈中华人民共和国企业破产法〉若干问题的规定（一）》第二条至第四条对"不能清偿到期债务""资产不足以清偿全部债务""明显缺乏清偿能力"等几个关键概念做了明确解释。即，①"不能清偿到期债务"。下列情形同时存在的，人民法院应当认定债务人不能清偿到期债务：债权债务关系依法成立；债务履行期限已经届满；债务人未完成清偿债务。②"资产不足以清偿全部债务"。债务人的资产负债表，或者审计报告、资产评估报告等显示其全部资产不足以清偿全部债务，但有相反证据除外。③"明显缺乏清偿能力"。债务人账面资产虽大于负债，但存在下列情形之一的，人民法院应当认定其明显缺乏清偿能力：因资金严重不足或者财产不能变现等原因，无法清偿债务；法定代表人下落不明且无其他人员负责管理财产，无法清偿债务；经人民法院强制执行，无法清偿债务；长期亏损且经营扭亏困难，无法清偿债务；导致债务人丧失清偿能力的其他情形。

根据《企业破产法》第二条第一款和第七条第二款的规定，"不能清偿到期债务"是申请破产清算的前提。不能清偿到期债务强调的是外部客观行为，而非债务人客观财产状况。将"不能清偿到期债务"作为破产原因中的主要依据，尤其是作为债权人申请破产时的主要依据，目的是便于债权人申请启动破产程序，防止债务人恶意拖延。实践中，对于"不能清偿到期债务"的三个要件，可在司法解释所规定的基础上予以细化。第一要件"债权债务关系依法成立"，可细化为：债权债务关系依法成立且无争议，或已经生效法律文书确认；第二要件"债务履行期限已经届满"可细化为：未经生效法律文书确认的债务履行期限届满且未超过诉讼时效，已经生效法律文书确认的债务未超过申请执行时限；第三要件"债务人未完成清偿债务"可细化为：债务人未能清偿到期债务或明确表示不能清偿到期债务。

"资产不足以清偿全部债务"是认定债务人是否具备破产原因最常用的判断标准。"资产不足以清偿全部债务"是指债务人实有资产不足以清偿全部债务，其注重资债比例关系。考虑债务人资产时仅以实有财产为限，不考虑信用、盈利能力等可能影响债务人清偿能力的因素。计算债务数额时，不考虑是否到期，均计算入债务总额内。反映债务人资产负债情况的通常是企业的资产负债表，考虑到资产负债表反映的企业资产价值具有期限性和不确定性，并且企业自身制作的情况下可能存在严重虚假，故同时也可以将审计报告、资产评估报告作为资不抵债的依据。如当事人有相反证据证明资产负债表、审计报告或资产评估报告与债务人真实资产负债情况不符，应当允许推翻资不抵债的结论。

"明显缺乏清偿能力"是认定债务人是否具备破产原因的另一判断标准，目的在于适当扩大破产原因的认定。债务人不能清偿到期债务时通常都已资不抵债，但有的情况下，在债务人账面负债尚未超过资产时，也可能因资产结构不合理而对到期债务缺乏现实支付能力，如发生现金严重不足、资产长期无法变现等无法支付的情况。在笔者所办理的某房开企业破产案件中，债务人拥有的主要土地资产价值虽已超过负债，但因土地使用权被十多家司法机关查封，无法变现，导致大量到期债务多年以来无法清偿，该债务人虽不满足资不抵债，但具备了明显缺乏清偿能力不能清偿到期债务的破产原因。"明显缺乏清偿能力"的着眼点在于债务关系能否正常了结，与资不抵债的着眼点在于资债比例关系不同。《企业破产法》将"债务人不能清偿到期债务并且明显缺乏清偿能力"作为破产原因之一，目的在于涵盖"债务人不能清偿到期债务并且资产不足以清偿全部债务"之外的其他情形，以适度缓和破产程序适用标准，弱化破产原因中关于资不抵债的要求。《最高人民法院关于适用〈中华人民共和国企业破产法〉若干问题的规定（一）》列举了明显缺乏清偿能力的几种主要情形，从而减轻了破产原因认定上的困难，推进破产程序的有效运行。

值得注意的是，按照《企业破产法》规定，当债务人具有"明显丧失清偿能力可能"之时，相关方可以申请重整。但《最高人民法院关于适用〈中华人民共和国企业破产法〉若干问题的规定（一）》并未对"明显丧失清偿能力可能"的判断标准作出规定，导致实践中该条申请重整条件难以适用。笔者认为，可参照《深圳市中级人民法院破产案件立案规程》第二十三条，即存在下列情形之一时，应认定债务人具有"明显缺乏清偿能力"："（一）资金流动困难或长期过度负债导致债务人陷入财务困境；（二）存在大量诉讼和执行案件，导致债务人陷入经营困境；（三）债务人因经营困难暂停营业或有停业可能；（四）债务人的资产虽超过负债，但资产无法变现或者法律禁止交易，无法用于清偿到期债务；（五）债务人存在大量待处理资产损失，致使实际资产的变现价值可能小于负债；（六）清偿已届清偿期的债务，将导致债务人难以继续经营；（七）本院认可的其他情形。"

此外，需要注意的是，按照《最高人民法院关于适用〈中华人民共和国企业破产法〉若干问题的规定（一）》的精神，相关当事人不能以对债务人的债务负有连带清偿责任的人未丧失清偿能力为由，而主张债务人不具备破产原因。由于每一民事主体具有独立的资格和地位，除关联企业不当利用关联关系导致适用合并破产外，对每一单独民事主体的清偿能力应分别考察。原则上，不同民事主体不存在清偿能力或破产原因认定上的连带关系。其他主体对债务人所负债务负有的连带责任是对债权人的责任，而不能视为债务人本人清偿能力的延伸或再生。

（二）破产申请的举证责任分配

申请破产的原因在一定程度上区别于破产原因。债权人申请债务人破产的原因系债务人不能清偿到期债务，而债务人或负有清算责任的人申请债务人破产的原因与破产原因相重合。从举证责任上来说，《企业破产法》第七条规定的债务人自行申请破产的条件及依法负有清算责任的人申请债务人破产的条件，与债权人申请债务人破产的条件不同，举证责任也当然不同。债权人申请债务人破产只需要举证证明债务人未能清偿到期债务即可，而债务人和负有清算责任的人申请债务人破产则需要证明债务人具备破产原因。

1. 债权人申请破产时的举证责任及实践案例分析

由于《企业破产法》未以债务人资产不足以清偿全部债务或者明显缺乏清偿能力作为债权人提出破产申请的原因或条件，因此未要求债权人申请时提交债务人的有关财务账簿等材料，客观上多数情况下债权人也没有能力提交此类证据材料。并且根据《企业破产法》第十一条第二款的规定，人民法院裁定受理债权人提出的破产申请后，债务人应当在法定期限内向人民法院提交相关财务凭证等材料。这表明：其一，债权人提出破产申请的，提交有关财务凭证材料的义务人为债务人，不应将此举证义务分配给债权人；其二，即便债务人不提交上述材料，只要债权人对债务人提出的破产申请符合《企业破产法》规定的上述条件，也应予以受理，不应以此为由裁定不予受理或者驳回破产申请；其三，人民法院裁定受理破产申请后，债务人不提交有关财务凭证等材料的，人民法院可以对债务人的直接责任人员依法采取罚款等强制措施。

故债权人向人民法院提出申请时，只要证明债务人不能清偿其到期债务即可。至于债务人系什么原因不能清偿其到期债务，以及债务人是否出现了"不能清偿到期债务并且资产不足以清偿全部债务"，或者"不能清偿到期债务并且明显缺乏清偿能力"的破产原因，无须债权人提出债务人破产申请时举证证明，因此，只要债权人提出申请时证明债务人不能清偿其到期债务，且债务人未能依据《企业破产法》第十条第一款的规定，及时举证证明其既非资产不足以清偿全部债务，也没有明显缺乏清偿能力的，人民法院即可当然推定债务人出现了上述两个破产原因之一。如此是否意味着，债权人申请破产仅需证明债务人不能清偿到期债务？破产原因的举证责任债权人不承担？笔者以下将结合典型案例予以说明。

最高人民法院在（2017）最高法民再284号民事裁定书中，写道："就本案而言，刘木辉、龚秀英（债权人）①申请亚细亚公司（债务人）破产时，应当举证证明亚细亚公司（债务人）存在不能清偿到期债务的情形，之后，举证责任转换至亚细亚公司（债务人），由亚细亚公司（债务人）举证证明其不存在资产不足以清偿全部债务或者明显缺乏清偿能力的情形，否则即应认定亚细亚公司（债务人）具备破产原因，由南昌中院依法受理刘木辉、龚秀英（债权人）提出的破产申请。"最高人民法院同时认为："从一审法院对于亚细亚公司（债务人）股东兼法定代表人杨伯友以及实际控制人杨周的询问笔录内容看，杨伯友对于亚细亚公司（债务人）破产没有异议，杨周表示亚细亚公司（债务人）从2015年初就已经停止经营，公司资产只有案涉土地、厂房，目前处于资不抵债状态。同时，亚细亚公司（债务人）在其于2017年6月30日出具给本院的说明

① 以下括号内所注的"债权人""债务人"均是笔者为说明情况而加，原裁定书中无。——编者注

中，亦承认公司已经处于严重资不抵债状态，同意刘木辉、龚秀英（债权人）提出的破产申请。也即本案债务人亚细亚公司（债务人）不仅未对破产申请提出异议，反而明确认可其已处于资不抵债状态并同意破产申请。"

在该案的举证过程中，不仅有 2017 年 6 月 30 日亚细亚公司（债务人）出具给法院的说明是债权人提供给法院的证据，而且债权人还提供了债务人的土地、厂房被拍卖后还有上千万元的债务不能偿还、债务人自 2015 年年初经营异常、实际控制人被刑事羁押等证据。该案例中，最高人民法院虽然没有将破产原因的举证责任分配给债权人，但客观上是采用债权人提供的证据证明了债务人具有破产原因，最高人民法院并最终作出由下级法院受理该破产案件的裁定。

上海市第一中级人民法院在（2017）沪 01 破终 6 号之一民事裁定书中明确"八名上诉人（债权人）申请秦商公司（债务人）破产清算，需同时符合以下条件，一是八名上诉人（债权人）主张的债权真实，具有秦商公司（债务人）债权人的身份；二是秦商公司（债务人）已发生破产原因，符合破产清算受理的条件。现胡红珠、金鹏、金纯凯、陆忠平、吴长根、上海群拥物流有限公司（以上均为债权人）对秦商公司（债务人）享有的债权已由生效法律文书确认，且秦商公司（债务人）对没有生效文书确认的上海港斐实业有限公司及上海熠同贸易有限公司的债权予以认可，故八名上诉人（债权人）有权提起对秦商公司（债务人）进行破产清算的申请。根据《企业破产法》第二条第一款的规定，判断债务人是否存在破产原因有两个并列的标准，一是债务人不能清偿到期债务并且资产不足以清偿全部债务；二是债务人不能清偿到期债务并且明显缺乏清偿能力。对于秦商公司（债务人）是否属于资不抵债或是否构成'明显缺乏清偿能力'，本院认为，上诉人（债权人）所提交的执行裁定书中，均载明系申请执行人主动申请终结执行程序，秦商公司（债务人）仍有大量执行案件，现并无证据证明以秦商公司（债务人）为被执行人的执行案件中，处于执行中的债权金额超过执行中所查封冻结的财产价值。此外，秦商公司（债务人）二审中陈述，其已恢复生产经营，八名上诉人（债权人）对此也予以认可，因此，一审法院认为八名上诉人的申请条件尚未成就，并无不当，本院予以支持"。

该案件中，法院肯定债权人有权申请破产的条件是债务人不能清偿到期债务，但是，就是否受理破产申请，法院审查的重点是破产原因，而破产原因的举证责任，法院虽然也没有明确应该由债权人承担，但在债务人的证据也不足以证明不存在破产原因的情况下，举证不能的后果事实上仍由债权人承担了。

结合上述案例及全国各法院同时期、同类型案例，不难看出，在目前的司法实践中，就债权人申请债务人破产时，债权人证明债务人不能清偿到期债务，可以作为债权人申请破产的启动条件。虽然《最高人民法院关于适用〈中华人民共和国企业破产法〉若干问题的规定（一）》已明确规定，债务人对于债权人的破产申请未在法定期限内提出异议或异议不成立的，人民法院应当依法裁定受理破产申请。但是，实践中是否受理破产申请，法院将对破产原因进行从严实质审查，包括采取组织各方召开听证会等形式。除非有强有力的证据证明债务人具有破产原因，否则，法院一般不会受理破产申请。而作为破产申请人的债权人，在该证明过程中充当十分重要的角色。

2. 债务人申请破产时的举证责任及实践案例分析

相较于债权人对债务人信息了解得不对称，对债务人而言，其对企业自身的情况可谓了如指掌。那么，当债务人认为其企业已经具有破产原因，即"不能清偿到期债务并且资产不足以清偿全部债务"或者"不能清偿到期债务并且明显缺乏清偿能力"，债务人是否更容易启动破产程序呢？

2017 年 10 月 26 日，上海市第一中级人民法院作出了（2017）沪 01 破终 7 号民事裁定书，裁定对债务人上海南盛实业有限公司提出的破产申请，不予受理。理由是："××会计师事务所于 2017 年 5 月 31 日出具国信审（2017）S428 号审计报告，该审计报告保留意见认为：'公司内控制度缺失，管理混乱，股东与公司资产混淆核算'；'公司存在股权转让纠纷、抵押借款债务纠纷，并且股权转让未依照相关税收法规进行操作，相关转让日之前债务未能明确界定，导致会计核算混乱。法人及股东深陷其中，致使企业无法正常生产经营'。一审法院和二审法院据此认为，该公司与其股东在财产上存在混同，该公司不具备破产能力。"

与此类似，上海市第二中级人民法院 2017 年 1 月 20 日作出的（2016）沪 02 民终 10591 号《民事裁定书》，对债务人百人城酒业贸易（上海）有限公司的申请，不予受理。理由是，债务人百人城公司所提供的上海仁德会计师事务所（普通合伙）2015 年 3 月 12 日出具的审计报告记载"财务报表没有在所有重大方面按照企业会计准则和《企业会计制度》的规定编制，未能公允反映该公司 2014 年 12 月 31 日的财务状况以及 2014 年度的经营成果和现金流量"，以申请人（债务人）为被执行人的法院执行案件涉及标的为人民币 200 万余元，申请人（债务人）对外享有债权金额为 400 万余元。债务人提供的财务报表和审计报告尚不足以客观真实反映其财务状况和证明其资产不足以清偿全部债务。

可以看出，对债务人自行申请破产的案件，债务人首先需要向法院提供的证据是财务报表、审计报告等，但如果会计师事务所出具的是保留意见的审计报告，或者财务报表、审计报告不符合真实财产状况，法院将很难受理债务人的破产申请，法院不会容忍企业利用破产程序逃废债的发生。

五、小结

依法受理破产案件、畅通破产案件受理渠道属于完善市场退出机制的应有之义。实践中，破产程序的启动方式除了债权人、债务人、依法负有清算义务的人申请破产外，"执转破"、金融机构行政清理转破产也是常见的破产启动方式。通过借鉴国外立法例，我国《企业破产法》在修订中增加债务企业高管等相关责任主体申请破产，已是世界范围内破产法的发展趋势。然而，我国破产案件的受理及启动还面临许多不足，如法院接到申请材料后因种种原因不裁不立、拖延立案的现象普遍，"执转破"适用率低，相关当事人及法院对于执行移送破产积极性不高，以及债权人申请破产面临的举证要求高，法院对破产原因进行实质审查严格等。在相关法律及司法解释的基础上，通过构建统一科学的破产案件立案受理标准，并配套相应的司法政策及考核机制，使破产受理有规可依，应立尽立，才能从司法受理层面推动债务企业依法有序退出市场，推动僵尸企业市场出清的进程及营商环境的持续优化。

我国商业银行破产中存款保险制度问题分析与完善

王芳 赵艳[①]

摘要：文章介绍了存款保险制度的概念、主要参与主体、资金来源、赔付范围和条件等内容，分析了我国存款保险制度在商业银行破产制度中存在的局限性，如法律体系不完善、职责定位不明、赔付机制启动难、债权保障不足等，最后提出了健全商业银行破产法律制度、完善存款保险制度、明确存款保险制度与破产制度的衔接机制等建议，以实现商业银行的有序退出和资产清算。

关键词：商业银行破产；存款保险制度；风险处置

相较于一般商事主体，商业银行破产可能产生严重的负外部连锁效应，影响整个经济体系正常运行。许多国家和地区为预防和化解商业银行信用风险采取了多种措施，其中建立存款保险制度是一种普遍方式。我国于2015年建立存款保险制度，但由于施行时间不长，运用于处置商业银行破产风险的实例较少。本文将通过介绍存款保险制度，分析我国存款保险制度与商业银行破产制度的冲突，探讨存款保险制度如何为商业银行退出市场提供制度保障和法律保障。

一、存款保险制度概述

存款保险制度一般指符合条件的存款性金融机构联合建立存款保险机构，并作为投保人缴纳一定比例保险费建立存款保险基金，或者按照监管要求向已建立的存款保险基金缴纳保险费。存款保险机构有权监管投保机构，当投保机构发生严重支付风险时，将参与处置风险或向存款人赔付损失。美国是最早建立存款保险制度的国家，20世纪30年代经济大萧条时期，美国为化解金融危机采取了多种立法及行政措施，于1933年成立美国联邦存款保险公司（FDIC），作为独立的存款保险及金融监管机构负责办理存款保险业务。美国在1950年颁布《联邦存款保险法》，从法律上确立存款保险制度，并根

---

① 王芳，贵州贵达律师事务所律师；赵艳，贵州贵达律师事务所律师。

据经济环境变化不断调整和完善该制度。随着经济全球化的发展，规模性的银行业危机时有发生，为维护存款人权益、恢复银行信用和稳定金融秩序，多个国家和地区相继建立存款保险制度。

尽管不同国家和地区运行的存款保险制度各有差异，但主要分为强制保险模式和自愿保险模式两种。美国联邦存款保险制度是强制保险的代表，联邦储备系统内的会员银行必须参加存款保险。美国联邦存款保险公司负责问题银行的行政管理和破产处置等工作，可以担任接管人、清算人，启动接管及破产清算等程序。例如，当地时间 2023 年 3 月 10 日，美国联邦存款保险公司发表声明，宣布关闭和接管倒闭的美国加利福尼亚州硅谷银行，两日之后再次宣布关闭及接管总部位于纽约的标志银行，以遏止银行业危机蔓延。德国是实行自愿存款保险模式的代表，以协会形式建立存款保险制度，其中商业银行业存款保险、储蓄银行业存款保险、合作金融业存款保险是存款保险体系支柱，政府不直接干预存款保险活动，主要依靠行业自治和市场机制维护银行金融系统。

二、我国的存款保险制度分析

早在 1993 年国务院就提出建立存款保险基金的设想，人民银行会同其他金融监管机构为此进行了长期研究，向社会广泛征求意见和建议，旨在为存款保险制度提供明确的法律依据，维护存款人利益，稳定金融秩序。2015 年 5 月 1 日，国务院制定的《存款保险条例》开始施行，标志我国存款保险制度正式建立，主要内容如下。

（一）存款保险制度主要参与主体

1. 存款人

商业银行对外向自然人、个体工商户、法人和非法人组织等社会主体吸收存款以增加资金来源，用于信贷等业务，为社会经济发展供给资金，这既是商业银行的主要社会职能，也是主要经营业务。商业银行对存款人要承担履行储蓄合同，偿付存款本息的责任，存款也因此成为商业银行的主要负债。根据人民银行公布的经济运行数据，截至 2020 年年末，我国开立个人银行账户约 124 亿户，单位银行账户约 7673 万户，个人银行账户占比高达 99.38%，而同时期储蓄存款余额约为 809051.1 亿元，非金融机构企业存款余额约为 660180.2 亿元；而到 2022 年年末，个人银行账户达 140.74 亿户，单位银行账户达 9246.26 万户。从统计数据可知，在数量上，自然人是商业银行的主要客户群体，但是非自然人银行账户平均余额明显高于自然人账户，当商业银行出现严重支付风险时，将有大量依赖银行中介的存款人受到不同程度的影响。

2. 投保机构

根据《存款保险条例》规定，我国采取强制参加存款保险的模式。在境内设立的商业银行、农村合作银行、农村信用合作社等吸收存款的银行业金融机构，应当按规定参加存款保险，但银行业金融机构在境外设立的分支机构以及外国银行在我国境内设立的分支机构不适用，除非我国与其他国家或者地区之间对存款保险制度另有安排的除外。每年参加存款保险的银行金融机构数量或有增加，根据人民银行公布的数据，截至2022年12月末，共有3998家银行参加存款保险。参保银行的类型可划分为：国有政策性银行、国有股份制银行、股份制银行、民营银行、外资银行、城商行、村镇银行、农商行、农村信用合作社、农村合作银行等。参保银行中有1647家村镇银行、1603家农商行、515家农村信用合作社，这3类银行共计有3765家，占比约94%，反映了分布在县域的中小型商业银行是主要的参保主体。由于我国的商业银行一般采取总分行制，作为一级法人的总行可以下设多家分支机构，但分支机构并没有作为独立的投保机构缴纳保险费，因此存款人在隶属于"同一投保机构"的多家分支机构保有存款，不一定能达到分散风险的目的。

3. 存款保险基金管理机构

存款保险基金管理机构是存款保险制度的执行者，主要职责有：①制定履职规则；②确定、调整存款保险费率；③归集保费、管理和运用存款保险基金；④在限额内赔付被保险存款；⑤监督投保机构，与其他金融管理部门协作预防风险等。可知，存款保险基金管理机构有着双重属性，一方面要履行监管投保机构的行政职能，另一方面利用存款保险基金投资增值，要承担一定的经营风险。我国在《存款保险条例》施行之初，没有指定存款保险基金管理机构，一段时间内由人民银行内设机构金融稳定局存款保险制度处加挂中国存款保险业务中心的牌子，代为履行职责。直至2019年5月24日，人民银行出资100亿元人民币成立存款保险基金管理有限责任公司，作为独立的法人机构负责存款保险事务，其业务范围包括管理存款保险基金有关资产、办理存款保险有关业务等。

（二）存款保险基金资金来源

稳定的存款保险基金是存款保险制度运行的基石，有利于减少对公共救助资金的依赖。根据《存款保险条例》，存款保险基金的资金来源有：投保机构缴纳的保费、在投保机构清算中分配的财产、存款保险基金管理机构运用存款保险基金获得的收益以及其他合法收入等。我国曾采取固定费率制，但目前是差异化费率机制，投保机构以存款基数乘以相应费率，每6个月缴纳一次保险费。商业银行的评级结果对保费费率调整影响较大，评级结果越高则风险越大，保费费率可能会提升，经营成本也相应提高。根据人民银行公布的存款保险收支数据，存款保险基金的主要来源是投保机构缴纳的保险费。存款保险基金专户从 2015 年起开始归集保险费，2016—2019 年之间未发生使用和支出情况，截至 2019 年 12 月 31 日，存款保险基金本息余额 1215.8 亿元。但是 2020—2021 年均有巨额支出，其中 2020 年为处置包商银行风险支出了 676 亿元，是目前金额最大的一笔支出。截至 2021 年年末，存款保险基金存款余额为 960.3 亿元，但是相比美国联邦存款保险公司拥有的超过 1000 亿美元的存款保险基金规模，还存在差距。虽然商业银行出现破产的概率相对较低，然而一旦无法挽救，则需要动用大量的资金处置风险，因此，为应对不确定的规模性银行业金融风险，必须保障存款保险基金资金来源稳定和安全。

（三）存款保险基金赔付范围及限额

根据《存款保险条例》的规定，存款保险基金的赔付范围为个人、企业及其他单位储蓄的人民币或外币存款，但金融机构同业存款、投保机构高级管理人员在本机构的存款，不在被保险范围之内。2015 年 6 月 2 日，人民银行发布《大额存单管理暂行办法》后，大额存单作为一般性存款，也被纳入存款保险的保障范围。

从实行存款保险制度的国家和地区的经验看，启动存款保险基金赔付是最后的选择。多数情况下是使用存款保险基金通过收购、新设或者承接业务、资产、负债等方式处置问题商业银行的风险，保障储蓄合同能够继续履行。我国存款保险制度与大多数国家一样实行限额赔偿，最高偿付限额并不是固定的，会根据经济发展、存款结构变化、金融风险状况等因素进行调整，报国务院批准后执行。目前对同一存款人在同一家投保机构所有被保险存款账户本息在 50 万元最高限额内全额赔偿。超出部分，从投保机构清算财产中受偿。《存款保险条例》起草过程中，人民银行根据 2013 年的存款情况进行了测算，50 万元的最高偿付限额，可以覆盖 99.63% 的存款人的全部存款。存款保险基金管理机构偿付被保险存款后，在偿付金额范围内取得该存款人对投保机构相同清偿顺序的债权。

（四）存款保险基金赔付条件和案例

根据《存款保险条例》第十九条的规定，当出现存款保险基金管理机构"担任投保机构的接管组织""实施被撤销投保机构的清算"或"人民法院裁定受理对投保机构的破产申请"等情形时，存款人有权要求存款保险基金管理机构在 7 个工作日内、在限额内足额偿付存款。存款保险基金管理有限责任公司成立后，将承担具体赔付工作。

商业银行破产倒闭在我国已有先例，此前广东华兴银行、海南发展银行、河北肃宁县尚村信用社就因经营不善而倒闭。2020 年 11 月，包商银行申请破产清算，成为中华人民共和国成立后第一家进入破产程序的商业银行。2022 年 8 月，辽阳农村商业银行股份有限公司、辽宁太子河村镇银行股份有限公司也申请破产清算，案件尚在审理中。2019 年 5 月 24 日，在存款保险基金管理有限责任公司成立之日，人民银行、中国银保监会联合公告，宣布包商银行因出现严重信用风险，决定组建接管组进行接管。2020 年 11 月 23 日，中国银保监会作出批复，原则同意包商银行进入破产程序。同日，北京市第一中级人民法院受理了包商银行破产清算一案，并于 2021 年 2 月 7 日作出裁定宣告包商银行破产。化解包商银行风险的主要措施是新设立一家银行承接其在内蒙古自治区内的资产负债和其他业务，同时由另一家银行承接区外业务。根据包商银行股份有限公司接管组发布的《关于包商银行股份有限公司转让相关业务、资产及负债的公告》，包商银行的相关业务、资产和负债分别转让给徽商银行和新成立的蒙商银行，由存款保险基金提供资金支持。存款保险基金管理公司在实施收购承接中实现对 520 万个人储户的储蓄存款，2.5 万户对公和同业机构客户 5000 万及以下公司存款和同业负债，以及 20 万户个人理财客户全额保障、对于 5000 万元以上的大额债权保障水平近 90%。包商银行完成债权债务清理，资产负债剥离承接之后，进入破产清算程序。根据北京市第一中级人民法院公布的有关包商银行破产清算案件的法律文书，截至 2020 年 10 月 31 日，包商银行经审计的资产总额约 4.47 亿元，负债总额约 2059.62 亿元，审查确认的无争议债权金额约 2013.98 亿元，其中存款保险基金管理有限责任公司对包商银行享有约 6.31 亿元个人储蓄存款债权，但存款保险基金管理有限责任公司的债权清偿情况暂未公布。

三、存款保险制度的局限性

当商业银行发生严重信用风险，给予积极的政策支持和经济救助有利于恢复银行信用和稳定经济秩序。然而在激烈的市场竞争中，既要加强对商业银行的监管，减少风险，也要制定有效的退出机制。存款保险制度贯穿商业银行风险处置行政和司法环节，在破产时提供最后的保障。包商银行破产清算一案中，在存款保险制度的框架下，作为存款保险基金管理机构的存款保险基金管理有限责任公司首次履职，取得积极的效果。但不可否认我国存款保险制度存在一定的局限性，掣肘存款保险制度与商业银行破产程序的正常运行。

破产管理人实践与探索（第二辑）

（一）商业银行破产法律体系不完善

目前我国有关商业银行破产的法律法规分散在多部法律法规中。《企业破产法》对"商业银行不能支付到期债务，出现破产原因启动破产程序"作了原则性规定，并授权国务院制定具体实施办法，但目前尚无相关制度。《商业银行法》《防范和处置金融机构支付风险暂行办法》《中国银监会中资商业银行行政许可事项实施办法（修订）》《金融机构撤销条例》等法规中也仅有部分条文涉及商业银行破产。《存款保险条例》作为一部行政法规，主要目的是通过行政立法保障存款保险制度的运行，监督和预防商业银行经营风险，规范存款保险基金管理机构履职和存款保险基金运作等。《存款保险条例》赋予存款保险基金管理机构接管、组织问题商业银行清算的职能，但是其他上位法，例如《商业银行法》规定由银行业监督管理机构等有关部门和有关人员成立清算组，与《存款保险条例》存在冲突。因此，需要确定存款保险制度在商业银行破产程序中的启动机制。

（二）存款保险基金管理机构职责定位不明

目前处置商业银行破产风险涉及多个主体，但权限职能不尽相同。商业银行是否进入破产程序首先需要取得人民银行、银行业监督管理机构等行政监管机构的同意。进入破产程序后，法院、银行自身、管理人等主体相继加入。《存款保险条例》施行后，存款保险基金管理机构作为新设的独立的机构也获得参与权限，但存款保险基金管理机构的双重属性容易导致角色冲突。以美国联邦存款保险公司为例，它首先履行银行业监督管理机构的行政职能。在银行破产程序中，作为保险人，在赔付存款人后取得代位求偿权，是普通的民事主体，但当他担任接管人或管理人，不可避免地会存在利益冲突。作为保险人时，它可能是破产商业银行的主要债权人，希望代偿的资金能得到最大化清偿。作为管理人时，它有权决定其他债权人的债权是否得到清偿、清偿顺序、清偿比例等，为保障存款保险基金安全，可能损害其他债权人利益。存款保险基金管理机构可以担任商业银行的接管组织、实施被撤销商业银行的清算，但程序上需要银行业监管机构的授权。存款保险基金管理机构通过日常监管，能较全面掌握问题商业银行的情况，当法院受理银行破产清算后，担任管理人在沟通决策上会更高效，但是可能面临角色和利益冲突问题，影响公平公正处置风险。

（三）存款保险基金赔付机制启动难

商业银行被存款保险基金管理机构接管或由存款保险基金管理机构组织清算，以及

182

被法院受理破产申请是存款人申请赔付的前提，但《存款保险条例》仅作了原则性规定，在实践中存在不少障碍。

首先，根据《存款保险条例》第十九条的规定，存款保险基金偿付条件为存款保险基金管理机构担任投保机构的接管组织、实施被撤销投保机构的清算或人民法院裁定受理对投保机构的破产申请以及经国务院批准的其他情形，但除人民法院裁定受理对投保机构的破产申请的情形外，其他情形目前在我国处置商业银行破产的方案中难以达成。

其次，对于存款人如何申请赔付，存款保险基金管理机构如何受理、审查赔付申请以及如何支付赔偿金等程序，《存款保险制度》没有作出明确的规定。

最后，要求存款保险管理机构在 7 个工作日内予以赔付缺少现实可能性。若发生赔付情形，存款保险基金管理机构短时间内难以应对大量存款人的赔付主张，难以及时了解掌握商业银行资产负债情况以确定统一的赔付标准等。现实中，当商业银行出现风险时，为避免挤兑，一般会先行止付，再采取措施尽可能恢复银行信用。

（四）存款保险基金破产债权保障不足

一方面，在商业银行进入破产程序之前，存款基金管理机构使用存款保险基金资金赔付存款损失或处置不良资产，若构成《企业破产法》第三十一条、第三十二条规定的偏颇清偿，管理人是否能行使撤销权。但是，此类债务清偿一般会获得行政上的明示或默示许可，管理人主张撤销不仅会导致行政和司法冲突，还会滞缓商业银行破产进程。而且，在商业银行的管理人通常由银行业监管机构指定的组织担任的情况下，否定前期的行政风险处置行为实则自相矛盾。

另一方面，存款基金管理机构赔付后，虽取得代位求偿权，但债权仍可能遭受损失。《商业银行法》第七十一条规定："商业银行破产清算时，在支付清算费用、所欠职工工资和劳动保险费用后，应当优先支付个人储蓄存款的本金和利息。"结合《企业破产法》规定的破产债权清偿顺序，商业银行破产债权清偿顺序为：清算费用、所欠职工工资和劳动保险费用、个人储蓄存款本金和利息、所欠税款、普通债权。这将导致非自然人存款主体仅能在存款保险限额内得到优先清偿，剩余未得到保障以及存款保险基金取得的对非个人存款代位受偿的债权，将作为普通债权按比例清偿。存款保险基金在处置商业银行破产风险中或难以避免损失，但承担制度设计冲突导致的损失则有悖于建立存款保险制度的初衷。

四、完善存款保险制度的建议

（一）健全商业银行破产法律制度

当商业银行发生严重信用危机时，相较于申请破产，通过重组、接管等行政方式清理债权债务和化解风险是优先的选择，且相关的风险处置措施及机制能快速启动，但是在日益激烈的市场竞争中，商业银行大而不倒的局面难以为继。目前我国商业银行破产案件较少，适用商业银行破产法律条文数量不多，且分散于多部法律文件中，缺少系统性。在商业银行风险处置过程中行政监督不可或缺，但商业银行进入破产程序后，应及时厘清行政和司法的边界，在《企业破产法》的框架下，应从破产程序启动、债权审查、债权清偿顺位等作出明确的规定，健全商业银行破产法律制度。

商业银行破产制度既要实现相对利益平衡即公平清偿债务的原则，又要兼顾社会稳定以及金融秩序的良好运转。《企业破产法》第一百三十四条第二款明确规定国务院可以依据本法和其他有关法律的规定制定实施办法，可见立法者支持针对金融机构破产的专门立法，且国务院至今未制定相应实施办法，因此并不排除将金融机构破产纳入普通破产法的调整范围。

目前，我国关于银行破产制度立法模式的设计存有争议，主要集中在将商业银行等金融机构破产进行单独立法还是在《企业破产法》中设专章予以规定。在商业银行破产相关配套设计方面，众所周知，银行等金融机构在社会责任、内部管理、业务范围、监督管理上特殊而专业，且银行破产程序中参与部门、各类主体众多，必将涉及众多细小琐碎的技术性问题，针对这些问题出台的相关配套制度需要与上层立法相互协调、互为补充。

鉴于此，建议《商业银行法》设破产专章，从银行制度运行的角度对银行破产问题进行具体规定；《企业破产法》增设金融机构破产专章，从破产制度运行的角度涵盖银行破产规则。一方面，《商业银行法》与《企业破产法》在具体规定上有不同的侧重点；另一方面，这样也可以明确部门法之间关于程序的统一和衔接。这既保障商业银行破产退出的公开和透明，又为之提供了系统的法律指导。

（二）完善存款保险制度

《存款保险条例》的出台，明确了存款保险制度的目标：保护存款人的合法权益、化解金融风险、维护金融稳定。《存款保险条例》对银行破产的拯救从隐形保护走向了显性保护，减轻了道德风险和社会压力，但在存款保险监督管理机构的职责定位、最高赔付额的评估确定等方面还有待细化。

借鉴美国等其他国家的存款保险制度，存款保险机构可以在商业银行陷入危机时提前介入接管银行。但目前《存款保险条例》第十九条对于存款保险机构的介入条件过高，导致我国的存款保险机构难以发挥其应有的作用。我国的存款保险制度与中国人民银行最后贷款人的职能界定不明显，弱化了存款保险制度的作用。

鉴于此，应适当降低存款保险制度中的赔付启动条件，使存款保险机构及早介入银行破产程序。存款保险机构介入之后，对存款人的债权先行赔付，取代原存款人债权人的地位，这对之后的破产程序中债权人会议达成合意有积极作用。并且，这样做一方面安抚了绝大多数存款人的焦虑情绪，有效遏制恐慌情绪蔓延，另一方面很大程度地简化了银行的债权债务关系，存款人被清偿之后，债权债务主体便分别从"社会广大储户与银行"化简为"存款保险基金管理与银行"。免除了存款人参加债权人会议的繁琐程序，实现了对债权人会议的高度精简，减小了债权人会议召集、沟通的难度，有利于降低破产案件的办理成本和提高破产案件的办案效率。

（三）明确存款保险制度在商业银行破产程序的衔接机制

2022年4月6日，人民银行发布通知，就《中华人民共和国金融稳定法（草案征求意见稿）》向社会征求意见。《中华人民共和国金融稳定法（草案征求意见稿）》对存款保险管理基金职能、存款保险基金运作等内容做了新的规定，进一步规范存款保险管理机构的职责和存款保险基金的使用，譬如在商业银行风险处置机制中，要求被处置的机构穷尽手段自救后，才能动用存款保险基金、行业保障基金或财政资金救助。存款保险制度在不断调整完善，在商业银行风险防范和处置中将发挥重要作用。破产作为风险处置的底线，明确存款保险制度与破产制度的衔接机制，将是保障问题商业银行稳定有序退出市场的关键环节。

破产制度与存款保险制度的衔接过渡，主要涉及以下方面：第一，存款保险制度应该明确规定触发破产程序的条件和标准，比如银行资本不足、流动性枯竭、违反监管规定等，并且要与破产法律相一致。第二，存款保险制度应该明确规定在破产程序中，存款保险机构、监管机构、法院、清算人等各方的权利和责任，比如存款保险机构是否有优先赔付权、是否可以参与资产处置、是否可以提出异议等，并且要与破产法律相协调。第三，存款保险制度应该明确规定在破产程序中，各方的工作流程和时间节点，比如存款保险机构何时开始赔付、何时结束赔付、如何向法院报告赔付情况等，并且要与破产法律相适应。第四，存款保险制度应该明确规定，在破产程序中，各方之间的信息交流和协作机制，比如存款保险机构如何获取银行的财务数据、债权债务清单、资产负债表等，并且要与破产法律相配合。

总之，存款保险制度更多的是通过行政监管方式处置商业银行风险，但进入破产程序中，要能及时、有效与破产制度衔接过渡，以实现银行的有序退出和资产清算。

五、结语

存款保险制度作为化解商业银行信用风险的一种创新，当问题商业银行无法被挽救而进入破产程序后，它的有效施行需要以完善的商业银行破产法律制度为前提，同时存款保险制度应适时调整，确保存款保险基金管理机构权责明晰地履行职责，合法合理利用存款保险基金资金参与风险处置，保障存款保险基金安全，维护投保商业银行、存款人的合法权益，维护银行金融秩序稳定。

第二节　债权审查

房企破产视角下的以物抵债问题研究

屠国江 孙 南 [①]

摘要： 房企破产中的以房抵债协议可能构成债的担保、债的变更或者新债清偿，对协议性质，我们需要通过探寻当事人真实意思而作出认定，在此基础上审查是否完成不动产物权公示等履行状态，根据不同情况做不同处理。

关键词： 房企破产；以物抵债协议；债权人利益保护

以房抵债作为以物抵债的类型之一，社会生活中并不罕见。基于个案情况及学理认识的不同，本文重点论述"流押条款""代物清偿预约""让与担保""后让与担保""债的更改""新债清偿"等不同观点的碰撞。

房企破产程序中，以物抵债涉及物权、合同、担保等众多法律关系，可能会侵害其他债权人的利益，同时由于禁止流押流质等强制性规范的存在，导致在司法实践中纠纷较多，人民法院的判决也因学说流派的不同，出现不太统一的裁判尺度。

结合相关学理观点及裁判案例，笔者对以物抵债的性质及效力论述如下。

一、以物抵债概述

（一）以物抵债的概念及性质

债权人与债务人之间存在金钱债务，双方约定以特定物替代原金钱债务的清偿，实务上将该种替代履行债务的方式称为以物抵债。以物抵债协议性质上是属于诺成合同还是实践合同，主要涉及应否在我国民法中引入传统民法上的代物清偿制度问题。所谓代物清偿协议，是指双方约定债权人受领他种给付代替原来的给付，债务关系归于消灭的制度，通说认为其属于实践合同。但实践合同，是指除意思表示一致外，尚需实际交付标的物才能成立的合同。从代物清偿制度的历史发展看，罗马法时期，实践合同理论已经非常成熟，但罗马法学家并没有将代物清偿作为实践合同，而是强调代物清偿是一种

---

① 屠国江，贵州贵达律师事务所律师；孙南，贵州贵达律师事务所实习律师。

以合意为基础的清偿行为。从《德国民法典》第364条①、我国台湾地区所谓"《台湾民法典》"第319条②有关代物清偿的规定看，亦难以将其与一般的实践合同相提并论。实务中，主流观点认为，不应按照传统的代物清偿理论构建以物抵债协议，具体理由如下。

一是混淆了"受领他种给付"与交付标的物。一般的实践合同以交付标的物为其成立要件，但代物清偿是债权人受领他种给付以代替原来给付进而消灭债的行为。此处所谓的"他种给付"既可能是动产，也可能是不动产，还可能是特定的作为或不作为。在标的物是动产时，交付动产与受领动产可以相互替代。但如果标的物是不动产，则仅交付标的物还不足以实现清偿目的，只有在办理过户登记手续后才能实现该目的。如果是特定的行为，甚至不存在交付问题。一言以蔽之，债权人以消灭债务为目的所为的受领，必须要有所有权的移转，而物的交付并不必然意味着所有权的移转。传统理论之所以将代物清偿理解为实践合同，就是因为误解了"物的交付"和"所有权的移转"。二是混淆了作为合同成立要件的交付行为与作为债的消灭原因的清偿行为。在一般的实践合同中，物的交付导致合同的成立。合同有效成立后，双方当事人之间产生债的关系，该债的关系因履行等原因而消灭。可见，在实践合同中，作为合同成立要件的物的交付，与作为债的消灭原因的合同的履行往往是两个不同的行为。而在代物清偿合同中，代物清偿协议因物的交付而成立，同时也因物的交付而消灭债务。因此，与其说代物清偿产生了债，还不如说其消灭了债，与实践合同产生债的效力不可同日而语。三将代物清偿合同当作要物合同，削弱了意思自治的效力。将代物清偿作为实践合同，则在仅达成协议但尚未交付替代物的情况下，代物清偿协议不成立，对双方不具有约束力。代物清偿协议之所以具有约束力，是因为替代物的给付，而非当事人的意思。因此，实践性的代物清偿协议，削弱了意思自治的效力，不利于诚信社会的建立。四是适用代物清偿制度缺乏法律依据。我国法律并未规定代物清偿制度，故代物清偿制度在我国属于无名合同。根据我国民事法律有关"承诺生效时合同成立"的规定，在合同成立问题上，以诺成合同为原则，以实践合同为例外。也就是说，只要没有法律的明确规定或当事人的明确约定，合同原则上为诺成合同。考虑到与以物抵债性质最相类似的买卖合同亦属于诺成合同，因此，在我国，只要当事人没有约定将物的交付作为以物抵债协议的成立要件，就应当认定代物清偿协议为诺成合同，自双方达成合意时成立。

综上，在我国，以物抵债协议属于诺成合同而非实践合同，不以抵债物的交付作为

① 《德国民法典》（1896年8月15日颁布）第364条：【受领代替履行】（1）债权人一经受领他种给付以代替履行债务给付时，债的关系即告消灭。（2）债务人以向债权人履行为目的，向债权人承担新债务的，在发生疑问时应认定，债务人承担此债务以代替履行。
② 所谓"《台湾民法典》"（1970年1月1日颁布）第319条：债权人受领他种给付以代原定之给付者，其债之关系消灭。

成立要件。

（二）关于新债与旧债的关系

如果抵债物已经交付债权人的，类似于传统民法的代物清偿，自以物抵债有效成立之日起，新旧两债均归于消灭，债权人取得抵债物的所有权。如果抵债物尚未给付债权人的，旧债是否因以物抵债协议的签订而消灭？对此，存在不同认识。

有一种观点认为，以物抵债协议彻底变更了债的标的，构成债务更新，因此新债成立的同时旧债消灭。我国法律并未规定债务更新，但基于私法的任意法特性以及意思自治原则，并不妨碍当事人达成债务更新协议。债务更新的显著特点是，新债的成立和旧债的消灭互为因果，新债成立后旧债归于消灭，附属于旧债的担保等也一同归于消灭。而如果认为是新债清偿，则旧债仍然存在，故附属于旧债的担保仍然有效。考虑到债务更新彻底消灭旧债，附属于旧债的担保也随之消灭，对债权人非常不利。从保护债权人利益出发，除非当事人有明确的债务更新的意思表示，否则应将以物抵债协议解释为是债务变更而非债务更新。我国台湾地区所谓"《台湾民法典》"第 320 条[①]在规定新债清偿时明确规定，只要当事人没有明确的债务更新的意思表示，都应当认定属于新债清偿，体现的是同样的政策性考量。在新债清偿中，新债作为履行旧债的方法，债权人原则上应当先请求履行新债。债务人不履行新债的，债权人既可以根据新债主张继续履行及承担相应违约责任，也可以恢复旧债的履行。

（三）以物抵债协议的司法观念演变

以物抵债协议的效力，在以往的司法实践中颇具争议，在最高人民法院的判例中关于其属于实践性合同还是诺成性合同也一直未形成统一的观点。最高人民法院民一庭曾认为，当事人在债务清偿期届满后约定以物抵债的，该约定实为债务的清偿，且系以他物替代清偿，因代物清偿行为系实践性法律行为，在未办理物权转移手续前，清偿行为尚不成立，故当事人要求履行抵债协议的，人民法院应不予支持。根据《第八次全国法院民事商事审判工作会议（民事部分）纪要》第 17 条规定："当事人在债务清偿期届满后达成以房抵债协议并已经办理了产权转移手续，一方要求确认以房抵债协议无效或者变更、撤销，经审查不属于合同法第五十二条、第五十四条规定情形的，对其主张不予支持。"该条规定仅认可在物权变动完成的情况下以物抵债协议的效力。而《最高人民法院民二庭第四次法官会议纪要》则认为，以物抵债协议为诺成合同，不以债权人是否受领抵债物为协议生

---

① 所谓"《台湾民法典》"（1970 年 1 月 1 日颁布）第 320 条：因清偿债务而对于债权人负担新债务者，除当事人另有意思表示外，若新债务不履行时，其旧债务仍不消灭。

效要件。显然，确定以物抵债协议的效力对于统一司法裁判标准具有现实意义。

2019 年 11 月 8 日发布的《全国法院民商事审判工作会议纪要》即俗称的"九民纪要"对以物抵债协议的效力进行了分类规定，第 44 条第 1 款规定："'履行期届满后达成的以物抵债协议'当事人在债务履行期限届满后达成以物抵债协议，抵债物尚未交付债权人，债权人请求债务人交付的，人民法院要着重审查以物抵债协议是否存在恶意损害第三人合法权益等情形，避免虚假诉讼的发生。经审查，不存在以上情况，且无其他无效事由的，人民法院依法予以支持。"第 45 条规定："'履行期届满前达成的以物抵债协议'当事人在债务履行期届满前达成以物抵债协议，抵债物尚未交付债权人，债权人请求债务人交付的，因此种情况不同于本纪要第 71 条规定的让与担保，人民法院应当向其释明，其应当根据原债权债务关系提起诉讼。经释明后当事人仍拒绝变更诉讼请求的，应当驳回其诉讼请求，但不影响其根据原债权债务关系另行提起诉讼。"第 71 条规定："'让与担保'债务人或者第三人与债权人订立合同，约定将财产形式上转让至债权人名下，债务人到期清偿债务，债权人将该财产返还给债务人或第三人，债务人到期没有清偿债务，债权人可以对财产拍卖、变卖、折价偿还债权的，人民法院应当认定合同有效。合同如果约定债务人到期没有清偿债务，财产归债权人所有的，人民法院应当认定该部分约定无效，但不影响合同其他部分的效力。当事人根据上述合同约定，已经完成财产权利变动的公示方式转让至债权人名下，债务人到期没有清偿债务，债权人请求确认财产归其所有的，人民法院不予支持，但债权人请求参照法律关于担保物权的规定对财产拍卖、变卖、折价优先偿还其债权的，人民法院依法予以支持。债务人因到期没有清偿债务，请求对该财产拍卖、变卖、折价偿还所欠债权人合同项下债务的，人民法院亦应依法予以支持。"

二、房企破产程序中关于以房抵债协议的效力

实务中，大多数房企破产后，都面临债权人与债务人在破产前达成的以房抵债协议在破产程序中是否具备物权效力或优先权效力问题。笔者认为，管理人应从双方交易方式、房屋数量及相关协议约定来审查债权人是否属于《最高人民法院关于人民法院办理执行异议和复议案件若干问题的规定》（法释〔2015〕10 号）第二十九条[①]中规定的商品房消费者。并且，根据《民法典》第二百一十六条"不动产登记簿是物权归属和内容的

---

① 《最高人民法院关于人民法院办理执行异议和复议案件若干问题的规定》（法释〔2015〕10 号）第二十九条："金钱债权执行中，买受人对登记在被执行的房地产开发企业名下的商品房提出异议，符合下列情形且其权利能够排除执行的，人民法院应予支持：（一）在人民法院查封之前已签订合法有效的书面买卖合同；（二）所购商品房系用于居住且买受人名下无其他用于居住的房屋；（三）已支付的价款超过合同约定总价款的百分之五十。"

根据。不动产登记簿由登记机构管理"之规定，房屋网签或备案仅仅是主管部门为监督开发商售房行为、避免"一房多卖"的行政管理措施，不属于物权变动的有效方式，当然不具有物权效力，即不会对合同之外的第三人产生物权公示效力，不能对抗第三人。基于合同享有的债权亦不因办理网签或备案手续而具有优于一般债权的效力。

　　根据以房抵债协议成立时间的不同，可分为履行期限届满前与履行期限届满后的以房抵债协议。对此，笔者分述如下。

（一）债务履行期限届满前的以房抵债协议

　　以房抵债协议类型之一，是在订立原合同（如借款合同）的同时或其后，签订房屋买卖合同，若原合同的后履行方不能履行到期债务，则以原合同形成的债权作为买卖合同对价，通过履行买卖合同达到债务清偿。此类协议的签订，目的多是保障原合同先履行一方的利益，具有担保性质。

　　尽管此节的以房抵债学理上是否必然归于让与担保尚存争议，但从司法实务的角度，自《最高人民法院关于适用〈中华人民共和国民法典〉有关担保制度的解释》施行，原债务履行期限届满前签订房屋买卖合同这一以物抵债协议按照让与担保处理应无疑义。[①] 此协议如无关于取得抵债物所有权等为成立要件的约定，则经双方达成合意即告成立，不以受领给付为合同成立要件。

　　在此基础上，令让与担保具有物权效力的前提是当事人完成了财产权利变动的公示，即房屋已完成变更登记。笔者认为，由于此行为性质属于非典型担保，债权人行使权利时仍需以相关房屋通过拍卖、变卖、折价等清算后，方能优先受偿。若以破产程序

---

① 《最高人民法院关于适用〈中华人民共和国民法典〉有关担保制度的解释》第六十八条："债务人或者第三人与债权人约定将财产形式上转移至债权人名下，债务人不履行到期债务，债权人有权对财产折价或者以拍卖、变卖该财产所得价款偿还债务的，人民法院应当认定该约定有效。当事人已经完成财产权利变动的公示，债务人不履行到期债务，债权人请求参照民法典关于担保物权的有关规定就该财产优先受偿的，人民法院应予支持。

　　债务人或者第三人与债权人约定将财产形式上转移至债权人名下，债务人不履行到期债务，财产归债权人所有的，人民法院应当认定该约定无效，但是不影响当事人有关提供担保的意思表示的效力。当事人已经完成财产权利变动的公示，债务人不履行到期债务，债权人请求对该财产享有所有权的，人民法院不予支持；债权人请求参照民法典关于担保物权的规定对财产折价或者以拍卖、变卖该财产所得的价款优先受偿的，人民法院应予支持；债务人履行债务后请求返还财产，或者请求对财产折价或者以拍卖、变卖所得的价款清偿债务的，人民法院应予支持。

　　债务人与债权人约定将财产转移至债权人名下，在一定期间后再由债务人或者其指定的第三人以交易本金加上溢价款回购，债务人到期不履行回购义务，财产归债权人所有的，人民法院应当参照第二款规定处理。回购对象自始不存在的，人民法院应当依照民法典第一百四十六条第二款的规定，按照其实际构成的法律关系处理。"

为背景做一步细分，此时已完成变更登记的，需审查是否具备《企业破产法》所规定的撤销或追回的条件。如不具备，则该类债权列于消费者购房人、建设工程价款优先权等权利之后受偿。如仅签订房屋买卖合同而未完成权利变动公示的，构成新债担保，只具有普通债权请求权，而无优先受偿权。

（二）已届债务清偿期后的以房抵债

债务履行期限届满后的以房抵债协议，虽不能完全排除个别仍具有担保旧债的目的，但更多的是对旧债的清偿。由于债务履行期届满后债权数额得以确定，此时达成的以物抵债协议一般不会存在替代给付价值明显高于原债的显失公平问题，债务人的责任财产也就不会不当减少；二是以物抵债协议达成后，债权人并不具有对替代给付标的物的优先受偿力，其与第三人的债权仍然处于平等状态，如果债务人的责任财产不足以清偿债权人和第三人的债权时，第三人与债权人仍然应当平等受偿。①

对此，应当尊重当事人意思自治的原则，分别适用债的更改（债务更新）与新债清偿制度。若明确约定新债成立同时消灭旧债，则认定为债的更改，具体而言属于债的标的更改，新债的成立和旧债的消灭互为因果，而新债是否履行与旧债是否消灭之间并无关联；若对于是否消灭旧债无约定或约定不明且无法查明当事人真实意思时，从有利于债权人角度，可推定为新债清偿，此时新债和旧债并存，旧债不因新债成立而消灭，我国台湾地区所谓"《台湾民法典》"第320条即作此规定。

有观点认为，对破产程序中未履行完毕的以房抵债协议也应区分债的更改与新债清偿，从而对其做出不同处理，并得出债的更改的以房抵债协议中，旧债权已转化为购房款，按商品房买卖合同关系审查；新债清偿的以房抵债协议则不再履行，仍需以基础债权类型审查。该结论的不妥之处在于，原本出于维护债权人角度推定为新债清偿的制度安排，在破产程序中反而更不利于债权人。

对此，笔者认为，在破产程序中无需作类似区分，以物抵债作为履行原来金钱之债的方法，其债权人享有的本质上仍是金钱之债，统一按照原有基础法律关系审查处理即可。此时当事人以物抵债的安排失败，债权人应依据旧债权债务关系行使债权请求权。②

---

① 姚辉、阙梓冰：《从逻辑到价值：以物抵债协议性质的探究》，《学术研究》2020年第8期。
② 司伟：《债务清偿期届满后以物抵债协议的性质与履行》，《人民司法（案例）》2018年第2期。

三、签订以房抵债协议的债务人破产时，债权人的利益保护问题

笔者通过最高人民法院一则典型案例来探讨该问题。

最高人民法院（2021）最高法民申 9 号"董延庚、廊坊市盛都房地产开发有限公司取回权纠纷民事申请再审审查案"，该案件基本事实为：2014 年 6 月 14 日，董延庚与盛都公司法定代表人矫新环签订《借款合同》，约定董延庚向矫新环出借 2000 万元，借款期限自 2014 年 6 月 24 日起，至 2014 年 7 月 14 日止。盛都公司作为保证人之一对上述借款承担连带清偿责任。2014 年 6 月 20 日，董延庚与盛都公司、青岛雅尔佳实业有限公司、矫新环签订《协议书》，约定盛都公司将盛都时代广场 3 号楼 1-102 号房屋网签至董延庚名下（已于 2014 年 6 月 19 日网签）作为借款的保障。如果盛都公司在此期间需要出售该房产，董延庚无条件配合盛都公司办理退房手续，盛都公司出售或抵押该房产获得的资金优先偿还董延庚的借款。上述借款到期后未能偿还，董延庚向青岛市中级人民法院提起诉讼，该院于 2014 年 8 月 4 日做出（2014）青金初字第 113 号民事调解书，确认了盛都公司对上述 2000 万元借款本息承担连带清偿责任。2017 年 11 月 23 日，一审法院受理了盛都公司的破产重整申请，并于 2018 年 1 月 4 日指定了盛都公司破产管理人。2018 年 2 月 2 日，董延庚向破产管理人申报债权金额登记为 3312.70 万元（其中，本金 2000 万元、利息 1312.70 万元），担保物为网签盛都时代广场 3 号楼 1-102 号房屋一处，基本事实为青岛市中级人民法院（2014）青金初字第 113 号民事调解书的内容。2018 年 3 月 8 日，盛都公司破产管理人向董延庚出具债权审查意见，确认董延庚申报的有效债权为 3312.70 万元。董延庚不同意债权确认的结果，于 2019 年 5 月 24 日向破产管理人提交取回房屋使用权申请书，要求对网签的盛都时代广场 3 号楼 1-102 号房屋行使取回权。破产管理人于 2019 年 7 月 10 日出具书面通知，告知董延庚对盛都时代广场 3 号楼 1-102 号房屋不享有物权，其享有的仅为债权，不同意董延庚取回该房屋。后董延庚向一审法院起诉要求取回该房屋。诉讼期间，董延庚提交其于 2014 年 9 月 10 日与雅尔佳公司、盛都公司签订的《抵债协议书》一份，记载 2000 万元借款本息转为购房款的内容。该协议签订时间在青岛市中级人民法院做出（2014）青金初字第 113 号民事调解书之后、董延庚对调解书申请执行之前。二审法院对一审查明的事实予以确认。另查明：董延庚提交的 2014 年 9 月 10 日《抵债协议书》记载，董延庚与雅尔佳公司、盛都公司共同同意将 2000 万元借款本金及利息（利息计算至实际交付以下房屋给董延庚之日止）转为董延庚购买盛都公司开发的盛都时代广场 3 号楼 1-102（367.14 平方米）、1-01（296.12 平方米）、1-02（292.48 平方米）共 3 处房屋的房款。

该案件裁判结果为：一审法院判决驳回原告董延庚的诉讼请求。二审法院判决驳回

上诉，维持原判。最高人民法院经审查认为：董延庚的再审申请理由不成立。本案中最高人民法院的裁判观点如下。

1. 关于《抵债协议书》能否继续履行的问题

最高人民法院发布的 72 号指导性案例明确的裁判要点是：借款合同当事人经协商一致，可以建立有效的商品房买卖合同关系。72 号指导性案例解决的是商品房买卖合同的成立与效力问题，本案需要解决的关键问题是商品房买卖合同的履行问题。董延庚主张，根据《九民纪要》第 44 条第 1 款规定，以物抵债协议可以继续履行，故盛都公司应当交付房屋并办理所有权登记，其对案涉房屋有取回权。《九民纪要》第 44 条第 1 款规定："'履行期届满后达成的以物抵债协议'当事人在债务履行期限届满后达成以物抵债协议，抵债物尚未交付债权人，债权人请求债务人交付的，人民法院要着重审查以物抵债协议是否存在恶意损害第三人合法权益等情形，避免虚假诉讼的发生。经审查，不存在以上情况，且无其他无效事由的，人民法院依法予以支持。"本院认为，在签订以物抵债协议的债务人企业破产的情况下，管理人不能解除合同，但并不意味着债权人就有权请求继续履行合同。因为一旦允许债权人请求债务人继续履行合同，并基于合同的履行享有物权，则无异于使该债权人享有了物权性质的权利，不符合破产程序公平受偿的原则。因此，即便债权人请求继续履行合同，人民法院也要将其请求转化为金钱之债，进而通过破产程序公平受偿。在债务人盛都公司破产的情形下，董延庚要求继续履行合同并交付房屋依法无法获得支持。

2. 关于案涉房屋是否属于破产财产的问题

董延庚主张，案涉房屋属于特定物，《最高人民法院关于适用〈中华人民共和国企业破产法〉若干问题的规定（二）》第二条规定的情形并未否定《最高人民法院关于审理企业破产案件若干问题的规定》第七十一条第（五）项规定，即"特定物买卖中，尚未转移占有但相对人已完全支付对价的特定物"，不属于破产财产，故案涉房屋不属于破产财产，其有权行使取回权。最高人民法院认为，《最高人民法院关于审理企业破产案件若干问题的规定》系为正确适用 1986 年颁布的《企业破产法（试行）》所制定的司法解释，当时《中华人民共和国物权法》（以下简称《物权法》，下同）[①] 并未出台，随着《企业破产法》于 2007 年 6 月 1 日施行，《企业破产法（试行）》已经废止，《物权法》也开始实施，《企业破产法》施行后制定的《最高人民法院关于适用〈中华人民共和国企业破产法〉若干问题的规定（二）》第二条对不应认定为债务人财产的情形，也做出了新的规定，其中已无《最高人民法院关于审理企业破产案件若干问题的规定》第

---

① 《中华人民共和国物权法》现已废止，以下不再注。——编者注

七十一条第（五）项规定的情形。因此，在《物权法》颁布实施后，物权变动的标准应以该法规定为准。根据《物权法》第六条、第九条规定，不动产物权变动采取登记生效主义，未经登记不发生物权效力。鉴于案涉房屋仍然登记在盛都公司名下，董延庚主张案涉房屋不属于破产财产，其有权行使取回权，缺乏充分的法律依据。此外，根据《最高人民法院关于人民法院办理执行异议和复议案件若干问题的规定》第二十八条规定，对于《最高人民法院关于审理企业破产案件若干问题的规定》第七十一条第（五）项规定的情形，由于尚未转移占有，无法对抗执行，在权利尚不足以对抗执行的情况下，显然不能赋予更优先权利从而允许其从破产财产中予以取回。因此，董延庚依据《最高人民法院关于审理企业破产案件若干问题的规定》第七十一条第（五）项规定主张案涉房屋不属于盛都公司破产财产，并据此行使取回权，缺乏法律依据，最高人民法院不予支持。

3. 关于网签是否具有准物权效力的问题

董延庚主张，网签具有准物权效力，案涉房屋所有人只能是董延庚，故其有权取回。最高人民法院认为，网签与我国《物权法》规定的预告登记不同，不具有准物权效力，董延庚据此主张取回权，理由不能成立。

由此，董延庚与盛都公司签订《抵债协议书》后，虽然办理了网签备案，但没有办理预告登记，且案涉房屋至今仍未办理产权转移登记，也未向董延庚交付，应认定为盛都公司的破产财产。原审未支持董延庚取回案涉房屋，适用法律并无不当。

综上，通过该最高人民法院案例可以看出，在签订以物抵债协议的债务人企业破产的情况下，管理人能否基于《企业破产法》第十八条的规定享有决定合同解除或者继续履行的权利？笔者认为，该条适用的前提是债务人和对方当事人均未履行完合同义务，而在以物抵债协议中，债权人往往已经履行了自己的义务，并且享有了对债务人的权利，债务人为履行自己的义务，才签订以物抵债协议。由此可见，在以物抵债协议场合，不符合《企业破产法》第十八条规定的条件，故管理人不得根据该条规定选择解除合同或者继续履行，尤其是不能随意解除合同。当然，如果抵债物是在建房屋，在债务人企业破产的情况下，可以事实或者法律上的履行不能为由，允许管理人解除合同。此时，管理人解除合同并不是依据该条规定，而是依据《民法典》中有关合同解除的相关规定。管理人不能解除合同，并不意味着债权人就有权请求继续履行合同。因为一旦允许债权人有权请求债务人继续履行合同，并基于合同的履行享有物权，则无异于使该债权人享有了物权性质的权利，不符合破产程序公平受偿的原则。因此，即便债权人请求继续履行合同，人民法院也要将其请求转化为金钱之债，进而通过破产程序公平受偿。

四、结语

以房抵债基于其便捷性及价值优势，在社会生活中并不鲜见，尤以商品房为主要资产的房地产企业为甚。房企破产中对各类未履行完毕的以房抵债协议的处理，不仅直接关系到抵债双方的利益，同时也影响债务人财产的认定及整体债权的清偿，更应注重实质公平。为此，应探求以房抵债协议的真实意思以认定合同性质。一般而言，对履行期限届满前的以房抵债协议，应重点审查是否构成让与担保；对履行期限届满后的以房抵债协议，应关注有无形成债的更改或新债清偿。同时，应结合是否完成公示的不同情况判断物权效力，从而做出相应处理。

房企破产中商品房"假按揭"债权清偿顺位问题

徐　春①

摘要：文章分析了商品房"假按揭"债权的概念、表现形式、风险因素，以及与正常商品房按揭债权的区别，探讨了房地产开发企业破产中涉及的商品房"假按揭"债权的清偿顺位问题。文章认为，商品房"假按揭"债权在破产程序中应该根据不同情况，给予不同程度的优先性保护，以符合《企业破产法》公平保护、平等受偿的基本原则。

关键词：房企破产；"假按揭"；债权清偿顺位；优先性保护

房开企业破产中普遍涉及商品房按揭贷款债权审查问题，正常按揭贷款产生的按揭债权，其清偿顺位属于普通债权已是共识。但"假按揭"产生的按揭债权，在破产程序中具有优先债权的因素，将其不加区别地与正常按揭债权一样按普通债权顺位清偿，与《企业破产法》公平保护、平等受偿的基本原则不相符。用现房办理的"假按揭"，相应的"假按揭"债权可视为有抵押物担保的债权，银行在仍属于房开企业享有所有权的抵押物范围内有优先受偿权。用预售商品房办理的"假按揭"，银行相应债权，可按照类同于已经办理预告登记购房人的权利（物权期待权）的优先性予以保护。

一、商品房"假按揭"债权概述

（一）商品房"假按揭"及假按揭债权

"按揭"一词属于外来词，并非我国的立法术语，我国法律体系下与之相同含义的术语应该是"抵押贷款"，为便于表述，本文统一采用"按揭"一词。

商品房"假按揭"，是指房开企业利用业主方身份，虚构房屋交易事实，伪造虚假商品房买卖合同和相关证明文件等材料，再以虚假的购房材料向银行申请按揭贷款，骗取银行信贷资金的行为。②早年由于监管政策不完善、客观条件有限等历史原因，房地

---

① 徐春，贵州贵达律师事务所律师。
② 肖江涛：《期房"假按揭"贷款中银行债权保护法律研究》，硕士学位论文，华中科技大学，2010，第8页。

产开发行业内此种不规范融资行为较为常见。

存在上述不规范融资行为的房开企业进入破产程序后，原本由房开企业自行偿还的按揭贷款便会停止清偿，贷款银行只得就未受偿贷款向破产管理人申报破产债权。为与正常商品房按揭贷款形成的债权相区别，本文将银行因房开企业采用上述不规范手段获取融资而享有的，向破产管理人申报确认和主张参与破产分配的请求权称为"'假按揭'债权"。

（二）商品房"假按揭"债权表现形式

结合担任房开企业破产管理人经验，我们发现房开企业破产中商品房"假按揭"债权主要表现为以下几种形式：

①贷款银行因破产企业借用自然人名义，伪造虚假购房材料向银行申请按揭贷款而享有的债权。

②贷款银行因破产企业利用房屋编号不统一、一房多售或出售不存在的房屋骗取贷款而享有的债权。

③贷款银行因破产企业与购房人串通虚增购房面积和房价，向银行骗取高于实际贷款金额的贷款而享有的债权。这种形式的"假按揭"通常是以"阴阳合同"的方式进行。

第③种形式的商品房"假按揭"债权，虽然也存在"假"的成分，但因有真实购房人存在，银行权利仍有较高安全保障。这种形式的"假按揭"债权与正常按揭债权唯一的区别在于抵押物与抵押债权额不匹配。相较于前两种，该种形式的"假按揭"对银行贷款安全影响较小。在破产程序中，贷款银行利益较难平衡的是第①、②种形式的"假按揭"债权，未作特别指明时，本文所论述商品房"假按揭"债权仅指第①、②种形式的"假按揭"债权。

（三）正常商品房按揭债权和"假按揭"债权安全保障对比

正常商品房按揭债权和"假按揭"债权在安全性上大相径庭。

正常的商品房按揭贷款既有抵押物又有房开企业担保，具有较高的安全保障；而"假按揭"中，银行的抵押权大多会落空，若房开企业丧失清偿能力，银行的权利会受到根本性的影响。

1. 正常按揭债权的安全保障

商品房按揭贷款中存在两份合同、三方主体和四种法律关系。"两份合同"是指《商品房买卖合同》和《商品房按揭（抵押）贷款合同》；"三方主体"是房开企业、购房人、银行;"四种法律关系"是房开企业与购房人之间的商品房买卖关系、借款人与银行之间的借贷关系、借款人与银行之间的抵押担保关系、房开企业与银行之间的保证担保关系。基于上述事实,贷款银行享有三重权利保障,即享有要求借款人还款、对抵押物优先受偿、要求房开企业承担担保责任三项权利。

这三项权利中,前两项权利是银行贷款安全最主要的保障,房开企业承担的担保责任是或然性的。也就是说,就算房开企业进入破产程序,只要《商品房按揭(抵押)贷款合同》真实有效且能够继续履行,银行的按揭贷款安全几乎不受影响。

2. "假按揭"债权的风险

① "假按揭"涉及的合同效力问题。在假按揭中,名义借款人与房开企业签订的《商品房买卖合同》是双方虚假意思表示的行为,属于无效合同,这一事实通常可以得到双方一致认可。而关于《商品房按揭(抵押)贷款合同》,如果合同签订时,贷款银行知晓房开企业与购房人存在恶意串通骗取贷款的事实,则《商品房按揭(抵押)贷款合同》无效。反之,《商品房买卖合同》与《商品房按揭(抵押)贷款合同》属于两份独立的合同,《商品房买卖合同》无效,不必然导致《商品房按揭(抵押)贷款合同》无效。司法实践中,因"假按揭"产生的《商品房按揭(抵押)贷款合同》常因缺乏证明其无效的有力证据被确认为有效合同。但因《商品房买卖合同》无效,银行相应贷款已无法获得如正常按揭贷款一样的安全保障。

② 银行抵押权落空,贷款回收困难。"假按揭"导致银行抵押权落空有两个方面的因素。第一,用现房办理"假按揭"的,"假按揭"办理完毕后,房开企业通常会将相应房屋转卖给第三人。银行依据《商品房按揭(抵押)贷款合同》主张抵押权时,第三人能依《最高人民法院关于人民法院办理执行异议和复议案件若干问题的规定》第二十八条之规定享有排除执行的权利;第二,用预售商品房办理"假按揭"的,根据我国现有法律制度仅办理抵押预告登记不享有优先受偿权。

"假按揭"中,原本是由房开企业以名义借款人的名义履行还款义务,房开企业经营不善或进入破产程序的,按时偿还贷款本息便会终止,贷款银行只能就相应债权向破产管理人申报债权。虽然贷款银行可同时根据《商品房按揭(抵押)贷款合同》向名义借款人主张还款责任,但事实上,银行通过该途径能获得清偿的可能性非常小。丧失了抵押物价值作为保障,会严重影响银行贷款回收,贷款安全没有保障。

二、房开企业破产中正常按揭债权清偿顺位问题

（一）房开企业破产中的债权类型及清偿顺位

房地产开发企业破产相较于其他类型企业破产有其特殊性，最主要的体现是债权种类繁多，法律关系复杂。由于房开企业自身的特殊性，房开企业破产债权除了包括普通企业破产会涉及的有财产担保的债权、职工债权、税收债权、普通金钱债权等，还会涉及购房人权利、工程价款优先债权等特殊债权。[①]

根据现有法律体系及实践经验，房开企业破产债权一般按如下顺序清偿：①破产费用；②共益债务；③拆迁安置户（少部分案件中会有涉及）；④消费购房人的物权期待权；⑤建设工程价款优先权；⑥抵押权以及经预告登记的预售商品房购房人请求权，按登记先后顺序就抵押物或特定物受偿；⑦劳动债权（包括职工的工资和医疗、伤残补助、抚恤费用，所欠的应当划入职工个人账户的基本养老保险、基本医疗保险费用以及法律、行政法规规定应当支付职工的补偿金）；⑧所欠税款及前项规定以外的社会保险费用；⑨普通破产债权；⑩劣后债权（部分案件将罚息、滞纳金等作为劣后债权，在普通债权全部受偿后方可对其进行清偿）。除第⑨、⑩项外，其余属于房开企业破产中具有优先受偿权的债权。

（二）正常商品房按揭债权清偿顺位

现有法律框架下，房地产开发企业破产中的正常商品房按揭债权属于一般金钱债权，通常被划为普通债权顺位的债权参与分配。因按揭债权是或然性的债权，在分配阶段需先予以提存，待破产企业的担保责任实际发生且金额确定后再按相同顺位相应比例予以清偿。

破产程序中对按揭债权进行如上处理的理论依据有两点。一是《民法典》第三百九十二条："被担保的债权既有物的担保又有人的担保的，债务人不履行到期债务或者发生当事人约定的实现担保物权的情形，债权人应当按照约定实现债权；没有约定或者约定不明确，债务人自己提供物的担保的，债权人应当先就该物的担保实现债权……"根据该规定，贷款银行应先就购房人用于抵押贷款的商品房实现债权后再向破产企业主张保证责任。二是《民法典》第四百零九条第二款："债务人以自己的财产设定抵押，抵押权人放弃该抵押权、抵押权顺位或者变更抵押权的，其他担保人在抵押

[①]　李静娜：《房地产开发企业市场化破产司法实务初探——以破产债权的权利顺位为视角》，硕士学位论文，华东政法大学，2018，第 16 页。

权人丧失优先受偿权益的范围内免除担保责任，但是其他担保人承诺仍然提供担保的除外。"根据该规定，破产企业仅对物的担保以外的债权承担保证责任。

综上，若不考虑"假按揭"债权的特殊性，则按揭债权是因破产企业承担保证责任产生的金钱债权，不具任何优先性，应当列于普通债权顺位清偿。

三、商品房"假按揭"债权优先性因素及清偿顺位之可能性

实践中存在现房和预售商品房两种形式的商品房"假按揭"，不同情况下"假按揭"具有的优先性因素不同，相应的假按揭债权的清偿顺位也可能不同。

（一）现房"假按揭"的优先性因素及清偿顺位

现房"假按揭"，办理"假按揭"时须将相应房屋变更登记至名义借款人名下，并以其名义向银行办理抵押登记。笔者认为，不考虑"假按揭"行为违法性的情况下，房开企业以使用贷款为目的，借用名义借款人的名义贷款，获得贷款后，又以名义借款人的名义履行合同义务，承担偿还贷款本息的义务，该行为本质上可视为房开企业提供自己享有所有权的抵押物进行担保，自行办理按揭贷款的行为。由此，在进入破产程序后，这种银行"假按揭"债权可视为对破产企业特定物享有抵押权的债权，只是该抵押权形式上与破产程序中确认的有抵押物担保的债权不同，破产程序中有抵押物的债权指的是以破产人名义提供抵押物担保，而该权利对外公示上体现的是以名义借款人提供抵押物担保。

但需要注意的是，银行享有抵押权的范围需以办理了抵押登记且仍属于房开企业所有的财产为限，若满足《最高人民法院关于人民法院办理执行异议和复议案件若干问题的规定》第二十八条之规定，已被第三人取得物权（期待权），则第三人可以提出执行异议排除执行。

所以，已经办理抵押登记的现房"假按揭"，相应的"假按揭"债权可视为有抵押物担保的债权，银行在仍属于房开企业享有所有权的抵押物范围内优先受偿。

（二）预售商品房"假按揭"的优先性因素及清偿顺位

预售商品房"假按揭"，办理"假按揭"时银行仅办理了抵押预告登记。根据最高人民法院的裁判观点，抵押预告登记并未使银行获得现实的抵押权，银行仅是享有待房屋建成交付借款人后就该房屋设立抵押权的一种预先的排他性权利。如果房屋建成后的产权未登记至借款人名下，则抵押权设立登记无法完成，银行不能对该预售商品

房行使抵押权。①"假按揭"是虚拟的购房人，必然会导致银行不能对相应预售商品房行使抵押权。

但是，房开企业破产程序中，通常会在房屋现状价值内对已经办理预告登记的购房人权利（物权期待权）予以优先于普通债权的保护。预告抵押权也是已经取得公示效力的权利，具有排他性，若非"假按揭"行为所致，保护已经办理预告登记购房人权利的同时，银行相应抵押预告登记的排他性权利也能得到保护。所以笔者认为，房开企业破产程序中，已经为银行办理抵押预告登记的预售商品房"假按揭"债权，在房屋现状价值内给予类同于已经办理预告登记购房人权利的优先性保护，符合《企业破产法》公平清偿的基本原则。

四、结语

破产案件包罗万象，为了解决实际问题，每个案件的处理方式和结果可能会有不同。破产管理人在处理破产案件的过程中，应当在遵守《企业破产法》及相关司法文件的基础上，灵活变通，快速高效推进破产程序，使全体债权人的利益最大化，真正做到公平保护全体债权人的合法利益。

---

① 《中国光大银行股份有限公司　上海青浦支行诉上海东鹤房地产有限公司、陈思绮保证合同纠纷案》《最高人民法院公报》，2014 年第 9 期。

破产企业矿业权出让所有者收益债权研究

唐仲尼 余 婧①

摘要： 矿产资源的稀缺性与地域性等基本属性决定了矿产资源法律制度要实现对社会效益和经济效益的最大化取得，以矿业权价款、矿产资源税费、矿业权出让收益等为表现形式的国家基于所有人身份享有的所有者权益，承载着公有权益与私权利益的法律博弈。正如李曙光教授所言，合理、科学的破产法正是平衡公权与私权的制度保障，破产法在煤炭行业的供给侧结构性改革、"僵尸"煤矿企业市场出清等领域发挥了巨大的作用。矿业权往往是破产企业价值较大的资产，对于保障债权人合法权益具有重大意义，然而破产企业欠付矿业权价款也是实践中并不鲜见的情况。此种情形下，这一基于国家所有者权益而生、兼具公有权益与私权利益的债务具有相当的特殊性，其与税费债务等公法债权是否具有一致性，清偿顺序如何，是否具有优先性，该如何恰当地协调矿产资源法与破产法及具体法律规定的适用，以及在以实质和形式公平为目的的破产程序（尤其是破产清算程序）里，如何平衡其与其他债权的关系等问题，这些都是需要思考的。毕竟矿业企业的破产，不仅关涉公有权益应有的维护，也关联着众多私权利益方权利的公平实现和保障。

关键词： 矿产资源；矿业权价款；破产法

一、我国矿业权出让所有者收益制度

矿产资源是典型的不可再生资源，其自身带有明显的竞争性以及非排他性特征，采矿权出让作为国家所有矿产资源的分配阶段，需要考虑资源开发阶段内所产生的环境污染以及破坏问题，其中环境治理成本是系统中一个非常关键的影响要素，应将矿产资源开发利用的外部性向内部化方向调整，相当于公众收获一部分财产权益。所有矿产资源领域的制度改革，都是为解决历史制度构建不够重视国家作为矿产资源所有者的民事主体身份而未能得以公平、合理保障所有者权益的问题。

---

① 唐仲尼，贵达律师事务所副主任、高级合伙人；余婧，贵州贵达律师事务所律师。

为保障国家作为矿产资源所有者的权益，维护全民、国家整体利益，体现、保障全民所有的权益，即保证政府取得财政收入、调节矿产资源开发活动。我国矿业发展过程中，体现矿产资源国家所有者权益的方式主要有资源税、矿业权价款、矿业权使用费、资源补偿费等。围绕这一目的，我国近年持续推进自然资源资产产权制度及矿产资源国家权益保障改革，相关制度构建历程如下。

1984年以前，矿产资源无偿使用，取得矿业权无需向国家缴纳任何资源使用费用；1984年之后，我国逐步建立健全资源税体系，开始征收资源税，征收范围逐步扩大至所有的矿产资源领域，主要作用是调节资源级差收入和体现国有资源有偿使用的理念。1986年颁布的《中华人民共和国矿产资源法》明确国家对矿产资源实行有偿开发利用，必须按照国家有关规定缴纳资源税和资源补偿费，进一步体现国有资源有偿使用的理念。1998年颁布的《矿产资源开采登记管理办法》，提出了探矿权、采矿权价款等概念，明确国家出资探明矿产地的矿业权需要向国家缴纳矿业权价款，体现了国家投资找矿的收益，保证国有资产不流失。2017年以来，随着我国矿产资源权益金制度发展，将矿产资源补偿费并入资源税，改变税费重复、功能交叉状况，规范税费关系；同时，在矿业权的出让环节，将矿业权价款调整为矿业权出让收益，矿业权出让收益归于国家，作为矿业权人依法取得国家矿产资源的有偿使用收入，进一步维护国家矿产资源所有者权益。2021年6月4日，财政部、自然资源部、税务总局、人民银行等四部门发布通知，从2022年1月1日起，将国有土地使用权出让收入、矿产资源专项收入、海域使用金、无居民海岛使用金四项政府非税收入划转税务部门征收。从历史发展过程来看，国家矿产资源有偿使用及所有者权益保障理念是从无到有、逐步完善的过程。采矿权出让收益制度与国家通过行政管理者的"角色"获得公权性收入，比如税收、管理费等不同，这两种收益的法律正当性基础不同，法律属性不同，所适用的法律理论也不同。

二、我国破产法领域中矿业权出让所有者收益债权的法律属性

《探矿权采矿权使用费和价款管理办法》第四条："探矿权采矿权价款包括：（一）探矿权价款。国家将其出资勘查形成的探矿权出让给探矿权人，按规定向探矿权人收取的价款。（二）采矿权价款。国家将其出资勘查形成的采矿权出让给采矿权人，按规定向采矿权人收取的价款。"国务院于2017年4月13日印发的《矿产资源权益金制度改革方案》（国发〔2017〕29号）"二、主要措施：（一）在矿业权出让环节，将探矿权采矿权价款调整为矿业权出让收益。将现行只对国家出资探明矿产地收取、反映国家投资收益的探矿权采矿权价款，调整为适用于所有国家出让矿业权、体现国家所有者权益的

矿业权出让收益。……"无论是矿业权价款还是矿业权出让收益，均为矿业权人对探明矿产地中国家出资部分的补偿，虽然其同时承载着受让矿业权对国家作为所有者进行利益反馈的受让对价，具有民事收益的属性，但究其根本，均系基于公共利益需要，由国家依据《中华人民共和国矿产资源法》《探矿权采矿权使用费和价款管理办法》等法律、法规，向受让矿业权的矿业权人收取，具有显著公法属性及目的。

破产清算是当债务人出现资不抵债或明显缺乏清偿能力时，把其所有资产变现并按法律规定及法定原则偿还给债权人，然后企业退出市场。作为以"资不抵债"为显著特征及法定评判标准的破产程序，矿业企业进入破产清算程序即意味着其资产不能清偿全部债务，不同债务之间势必有着基于其法律属性的既定的清偿顺序。根据《最高人民法院关于审理企业破产案件若干问题的规定》（法释〔2002〕23号）第五十五条第二款、第六十一和六十二条以及最高人民法院于2018年3月4日印发的《全国法院破产审判工作会议纪要》第27条、第28条和第39条的规定，我国现行立法在破产债权制度上采取的是区分优先债权和普通债权的二元破产债权制度，在清偿顺序上确定了"人身损害赔偿债权优先于财产性债权""私法债权优先于公法债权""补偿性债权优先于惩罚性债权"的三原则。根据破产领域的法律规定，公法债权大致可以分为税收债权、社保债权、行政费用性债权和惩罚性债权等几类，均具有公共利益的属性。

需要首先明确的是，《全国法院破产审判工作会议纪要》第28条在未加区分的前提下，明确提出了私法债权优先于公法债权的原则。因此，在我国破产法领域的普通债权清偿顺序中，私法债权优先于公法债权是基本原则。由于矿业权所有者收益制度构建的公共利益目的，其性质属于破产法领域普通债权中广义的公法债权范畴，这意味着矿业权价款作为一般性公法债权并不能像税收债权一样具有优先性，属于破产普通债权中的公法债权，其清偿顺序位于私法债权之后。但同时需要注意的另一个问题是，欠缴矿业权所有者收益所产生的滞纳金同时具有惩罚性和补偿性，因此该部分法律属性混同，需要区分对待——对于属于资金占用合理计息范围内的滞纳金应属于破产普通债权范围，而属于惩罚性赔偿金的部分并非普通债权，依法应按劣后债权对待。

三、矿业企业破产中矿业权出让所有者收益债务的处理

（一）矿业权出让所有者收益债务应依法进行申报

实践中，由于矿业权所有者收益往往金额较大，且矿产资源本身具有隐蔽性等特点，其开发利用过程具有风险性较大、前期投入巨大等客观规律，因此受让取得矿业权的矿业权人往往采取与自然资源部门签订分期缴纳协议，分期缴纳矿业权价款、矿业权

出让收益的做法。但该债权本质的公法债权属性与生俱来，并不因双方签订民事、行政协议混同的合同而转化为平等主体之间达成的民事法律关系，矿业权所有者收益在矿业企业尚未缴纳完毕且进入破产程序后，该欠付的矿业权所有者收益仍系具有公法属性的破产普通债权。

根据《企业破产法》第四十八条的规定，破产债权中除债务人所欠职工的工资、社会保险费用及补偿金不必申报外，所有债权人均应当在法院确定的债权申报期限内申报债权。实践中，不论是破产企业的税收债权、土地出让金债权，还是普通破产债权均需根据管理人发布的债权申报公告，依法、及时按照规定程序和期限进行债权申报，不存在例外情形。破产债权的申报并未区分私法债权与公法债权，而矿业权所有者收益债权并不属于法律明确规定无须申报的职工债权，应依法进行申报。

关于矿业权出让收益债权的申报，与破产管理人的工作密切相关——破产程序能否公平公正、顺利地进行与破产管理人的活动密切相关。实践中往往出现破产管理人不主动通知自然资源部门申报债权或者自然资源部门收到通知后也不申报债权的情况，究其原因，无非系相关自然资源部门、不同破产管理人及承办法院对矿业权收益债务的法律属性认识差异，另外同样不能忽视的客观原因是，我国破产法领域府院联动机制尚亟待健全、完善——破产案件承办法院和自然资源部门等行政机关的沟通、协作机制仍不够顺畅。

作为破产管理人，首先应准确定性破产企业矿业权所有者收益债务的法律属性，依法通知债权人及时申报，避免因履职不当导致债权人未申报债权并因此遭受损失而产生的相应法律风险。如经管理人依法通知，矿业权所有者收益债权人仍未在破产清算程序中按期申报债权，则应视为放弃申报债权，清算已分配的财产不对其补充分配。即便其在破产财产最后分配前补充申报，此前已进行的分配仍不再对其补充分配。

（二）矿业权出让所有者收益破产债权的偿还

在矿业企业破产清算程序中，无论是破产清算还是破产重整程序，破产企业通过受让取得的矿业权均系价值极大的破产财产，需通过变卖或其他方式处置以清偿债务或顺利重整，所以无论是破产案件承办法院还是破产管理人，都必须面对破产企业欠缴矿业权出让收益产生的破产债务问题。由于矿业权价款、矿业权出让收益均需上缴财政，在无明确、充分的法律依据的情况下，自然资源部门也难以主动放弃欠缴的矿业权价款或出让收益，或轻易作出免除、少缴等决定。

但破产清算程序中，破产企业的资产变现十分难。破产矿业企业同样不例外，它们往往大多存在着资产老化、设备陈旧，变卖不易找到买主，甚至出现所得资金不足以支付"变现所必需的相关矿业权变更的行政步骤"和"办理相关手续要承担的成本、支付"等的费用之情况，更无从谈起破产企业清偿所欠付的优先债权、普通私法债权及矿业权所有者收益债权。而在破产重整程序中，如债务人进入重整程序，债权人未按期申报债权，在重整计划执行期内债权人不得行使任何要求偿债的权利，但其有权在重整计划执行完毕后，按照重整计划规定的同类债权的清偿条件行使权利；如债权人依法申报了债权，在重整计划获得债权人同意、法院确认，具备相应的法律效力后，矿业权所有者收益债权也与其他债权一致，无疑应当遵照执行重整计划（往往不会以全额清偿为重整条件），此时如继续主张未清偿债务，显然也有违破产重整的制度目的。因此，在破产程序中，相关自然资源部门应遵守《企业破产法》的规定，审慎对待矿业权所有者收益债权的清偿情况，并且应充分考量、放宽破产法领域下矿业权所有者收益的未缴纳部分等情形，具体落实相关政策，更好地发挥破产程序对我国煤炭行业的结构调整和优化、提高煤炭行业的整体素质和效益，促进煤炭工业的健康发展。

四、结语

矿产资源的勘查开采影响着我国制造业的发展，矿业产业链牵动着我国经济命脉，影响着我国实体经济的兴衰。我国煤炭行业经历了"总量去产能""结构性去产能"的供给侧结构性改革，逐渐进入释放先进产能的阶段——资源枯竭、扭亏无望、不具备市场竞争条件的"僵尸"煤矿企业逐步进入破产程序，以实现市场出清——这是市场经济规律的必然要求。破产程序对我国煤炭行业的结构调整和优化、煤炭工业的健康发展，具有重要的现实作用和长远的战略意义。但矿业企业的破产是一项艰难复杂的工作，政策性非常强，涉及的问题十分复杂。本文在我国破产法领域下，检视作为破产债权的矿业权所有者收益债务，从其兼具公法权益及私法性质收益的制度构建目的出发，对矿业权所有者收益债权的公法债权进行论述，明确其在破产程序中清偿顺序劣后于破产普通债权的私法债权，并提出破产管理人应依法履行通知申报职责，相关自然资源部门应当及时根据规定进行债权申报并发表意见，避免因未参与破产程序而导致权利丧失等观点，期望助力自然资源部门和司法机关在矿业企业破产领域的联动协调机制。

土地出让金债权性质及成因

卢林华　晋　华 [①]

摘要： 随着房地产开发企业进入破产程序的数量增加，土地出让金债权性质产生的争议也愈加广泛，加之政府政策的影响，该问题将深刻影响破产程序的推进。文章从司法实践的争议出发，逐一分析土地出让金是否符合各类优先债权的规定，得出土地出让金属于普通债权的结论，并通过对土地财政、政府职责的分析，探索问题的成因和解决办法。

关键词： 破产债权；土地出让金；土地财政

近年来，受到经济下行影响和新型冠状病毒感染疫情冲击，房地产市场发展陷入瓶颈，大量房地产开发企业陷入财务困境。根据全国企业破产重整案件信息网发布的数据显示，截至 2022 年 4 月 24 日，在审破产案件 2455 个，房地产行业 368 个，约占全部在办破产案件的 14.99%，特别是在重庆、贵州、陕西等地，房地产企业破产案件占 25% 以上。从目前的经济形势和新型冠状病毒感染疫情造成的影响来看，未来的一段时间内还将会有更多的房地产企业进入破产程序。作为承载房地产项目的基础，土地深刻影响着房开企业破产案件办理的进程。

土地出让金作为政府部门向土地受让人收取的交易价款，在房开企业进入破产时沦为破产债权并不罕见。从中国裁判文书网公布的破产案件和笔者办理的破产案件有关情况来看，关于土地出让金债权性质仍存在争议，现有案例中至少存在作为共益债务、参照税款债权和作为普通债权三种模式，但无论是法律理论还是司法实践，对于该问题的讨论少之又少。在房开企业的破产程序中，土地出让金的债权性质不仅关系国家财政收入，也关系众多普通债权人合法权益，有必要深入研究和思考。

[①] 卢林华，贵州贵达律师事务所律师；晋华，贵州贵达律师事务所律师。

一、土地出让金债权的有关实践

债务人在土地出让金未交纳或未完全交纳的情况下进入破产程序，进而引发关于土地出让金的债权性质争议，司法实践中存在下列几种处理方式。

（一）作为共益债务

支持土地出让金作为共益债务的主要理由为继续履行待履行合同所产生的债务为共益债务。具体而言，债务人与土地管理部门签订的土地出让合同为待履行合同，在破产程序中如需使用、处置土地使用权则必须继续履行该土地出让合同、交纳土地出让金，根据《企业破产法》第四十二条规定，管理人或者债务人请求对方当事人履行双方均未履行完毕的土地出让合同所产生的债务为共益债务。其次，无论是企业重整、和解中对土地进行利用，还是破产清算中对土地进行处置，都需要土地管理部门认可土地利用或处置行为，因此缴纳欠付土地出让金系对全体债权人有利的行为。

例如，在四川新龙熙房地产开发有限公司与合江县自然资源和规划局破产债权确认纠纷一案[①]中，土地管理部门主张土地出让金为共益债务；法院认为，债务人因违反合同规划条件未补交土地出让金，土地管理部门与债务人一直协商，直至债务人进入破产程序时，双方在工程竣工后未进行过最后清理结算和催告补缴，合同权利义务尚未履行完毕，故属于待履行合同，补缴土地出让金属于继续履行合同的行为；且补缴土地出让金是办理土地登记及房权证的必要条件，对全部债权人有益，应视为破产受理后发生的共益债务。

（二）参照税款债权

支持土地出让金参照税款债权的理由主要是国有建设用地使用权出让价款作为地方政府预算外收入的主要来源，具有公益性，应参照税款进行清偿。

例如，在沅陵县自然资源局与沅陵县森达化工有限公司破产债权确认纠纷一案[②]，土地管理部门认为，该土地出让金应按照共益债务清偿；管理人认为，土地出让金不属于破产费用、共益债务，也不属于对债务人特定财产享有担保物权，应作为普通债权；法院认为，土地出让金并非《企业破产法》规定发生在破产案件受理后，对全体债权人有利的债权，但土地出让金作为地方政府预算外收入的主要来源，应参照税收债权作为

[①] 详见四川省泸州市中级人民法院（2021）川 05 民终 1728 号民事判决书。
[②] 参见湖南省沅陵县人民法院（2021）湘 1222 民初 2120 号民事判决书。

优先债权进行清偿。

（三）作为普通债权

支持土地出让金作为普通债权的理由主要是债权性质应当由法律进行规定，土地出让金不属于破产案件受理后的破产费用、共益债务，不属于对债务人特定财产享有担保物权，更不属于职工债权、税款债权或是社保债权，只能作为普通债权清偿。

此类案件在司法实践中较为常见，仅以靖江市自然资源和规划局与靖江市天港码头有限公司破产债权确认纠纷一案[①]为例。土地管理部门认为，管理人为了全体债权人的利益将土地进行处置，转让行为导致被告应支付土地出让金和办理转移登记，因此土地出让金应作为共益债务；管理人认为，土地管理部门已向债务人交付土地并办理登记，债务人欠缴土地出让金发生在破产受理前，因而不能作为共益债务；法院认为，土地管理部门在债务人未缴清土地出让金的情况下将土地交付债务人并为其办理登记，已履行完土地出让合同的义务，债务人支付土地出让金的义务发生在破产受理前，因此不属于共益债务。

二、债权性质的讨论

笔者主张，土地出让金属于普通债权，更准确地说，当债务人在破产受理前已取得土地并办理登记时，欠付的土地出让金应作为普通债权。

（一）土地出让金不属于共益债务

支持土地出让金属于共益债务的主要理由在于，管理人无论是选择利用土地还是出让土地均应选择继续履行土地出让合同，故土地出让金理所当然作为共益债务中的继续履行待履行合同所产生的债务。然而，土地出让金引起争议的案件中，土地出让合同往往并不属于待履行合同。

土地出让合同属于民事合同，应按照民事法律规定进行处理，这是讨论土地出让金债权性质要解决的首要问题。第一，从《民法典》"物权编"关于土地出让合同和土地使用权的规定来看，土地出让合同应具备的条款主要参照民事合同进行规定，且建设用地使用权明确为民事权利；第二，《最高人民法院关于审理涉及国有土地使用权合同纠纷案件适用法律问题的解释》，制定依据也是民事法律，大多数法院在审理相关案件时，

---

① 参见江苏省靖江市人民法院（2021）苏 1282 民初 237 号民事判决书。

仍坚持按《民事案件案由规定》将其作为建设用地使用权合同纠纷办理；第三，全国人大常委会法制工作委员会《国土资源部门解除国有土地使用权有偿出让合同属于民事争议还是属于行政争议》中明确，"土地管理部门解除国有土地使用权出让合同发生的争议，宜作为民事争议处理"，代表了立法机关的意见。

从司法实践来看，土地出让金引起争议的案件，土地出让合同往往不属于待履行合同。从《国土资源部 国家工商行政管理局关于发布〈国有土地使用权出让合同〉示范文本的通知》（国土资发〔2000〕303 号）中的土地出让合同示范文本来看，土地管理部门的主要义务为交付符合条件的土地（第五条）、办理土地使用权证（第十五条），受让人的主要义务为支付土地出让金（第七条、第八条、第九条）、按照规划建设利用土地（第三章）。然而司法实践中因土地出让金发生争议的案例，往往表现为受让人未支付全部土地出让金，但土地管理部门已向其交付土地并办理土地使用权证，因为在受让人未取得土地使用权证的情况下，依据《民法典》关于不动产物权未经登记不发生效力的规定，该土地并非债务人财产，债务人想要在破产程序中利用或处置该土地自然应按照共益债务交纳土地出让金。在土地管理部门已交付土地和办理土地使用权证的情况下，由于土地管理部门在土地出让合同中的主要义务已经履行完毕，仅买受人支付土地出让金的义务尚未履行完毕，不属于《企业破产法》第十八条规定的"债务人和对方当事人均未履行完毕的合同"，也就无所谓是否继续履行或解除的问题。

最后，因土地管理部门的土地登记所产生的公示效力，相应责任不能转嫁给普通债权人承担。共益债务因其优先于职工债权、税收债权清偿且随时应清偿的优先性，引起众多债权人的争夺，土地管理部门也不例外。但土地管理部门在土地使用权登记、解除未按时支付土地出让金的土地出让合同的职权，已足以为土地出让金提供全面保障。土地管理部门未按照法律规定交付土地、办理土地使用权登记、行使合同解除权，最终导致债权人，特别是土地抵押权人和商品房买受人，对债务人享有合法的土地使用权产生了合理信赖。在土地出让金未交清的情况下违法办理土地使用权登记已是土地管理部门的失职，如再将土地出让金作为共益债务优先受偿，势必将土地管理部门的责任转嫁给所有职工、债权人来共同承担。

（二）土地出让金不应参照税款债权清偿

主张土地出让金参照税款的观点主要认为土地出让金与税款均是国家财政收入的重要组成部分，具有公益性，且部分地区已开始试行由税务部门主管土地出让金的收取。

首先，土地出让金的公益性并不代表其与税款债权、其他社会保险费用等相同。政府收入一般分为一般公共预算、政府性基金收入、国有资本经营收入、社会保险收入，一般公共预算绝大多数由税收收入构成，其余为国有资产使用收益、排污费用、行政事业收费等；政府性基金收入绝大多数由土地出让金构成；国有资本经营收入主要来源于国企央企的经营性、投资性收入；社会保险收入，目前处于亏损状态。税收与土地出让金种类并不相同，且税收由国家强制收取，而土地出让金则是政府土地管理部门代表国家收取的土地使用权交易价款。

其次，土地出让金划转到税务部门收取并不代表其系税款。财政部、自然资源部、税务总局、人民银行四部委于2021年5月21日联合发布《关于将国有土地使用权出让收入、矿产资源专项收入、海域使用金、无居民海岛使用金四项政府非税收入划转税务部门征收有关问题的通知》，明确了土地出让金属于非税收入，且在土地出让金之前，已有"五险一金"、水土保持补偿费、排污权出让收入、防空地下室易地建设费等近20项非税收入划转到税务机关征收，不能据此认为此类费用均系税款。

最后，根据《全国法院破产审判工作会议纪要》第28条规定，对于法律没有明确规定清偿顺序的债权，私法债权可优先于公法债权，明显属于公法债权的土地出让金，不应优先于一般债权人的普通债权。

（三）土地出让金属于普通债权

在排除共益债务、参照税款债权后，土地出让金作为普通债权应是较为合理的选择。从土地出让金与其他普通债权的异同分析，将其作为普通债权并无不妥。

一方面，债权性质的确定，应当遵循无特别即普通的基本准则，即没有明确规定为优先债权的，均应当按照普通债权进行处理。优先权的创设需以法律明确规定为依据。某个债权人具有优于其他债权人的权益，需以法律的明确规定为唯一合法、合理的依据，以参照为由随意为某个债权人创设优先权，实际上是对其他债权人合法权益的损害，在债务人已资不抵债、所有债权人均面临损失风险的破产程序中尤其如此。作为政府部门，土地管理部门不应该在没有法律规定的情况下，肆意主张其债权优先于一般债权人，更不应该因此阻挠破产程序的顺利推进。

另一方面，土地出让金相比一般买卖合同中的交易价款，唯一的特殊之处在于其系土地管理部门代表国家出售土地的使用权并收取交易价款。买受人未按照合同约定支付土地出让金的，土地管理部门可以根据土地出让合同约定解除合同并收回土地，也可以提起诉讼主张土地出让金，还可以主张违约金，但不能凭借其土地管理部门的身份作出处罚决定并强制扣划，这与一般买卖合同中卖方的权利并无明显区别。但因卖方的身份和交易的对象较为特殊，以至于有人忽略了政府本身也是市场经济的参与者，同样具备民事行为能力和民事权利能力，也同样需要承担其行为造成的损失。

（四）例外情形

债务人在破产受理前已取得土地并办理登记时仍欠付的土地出让金属于普通债权，但破产程序中的土地出让金根据具体情形，也有作为共益债务的可能，具体有如下情况。

①土地管理部门与受让人签订土地出让合同后，未向其交付土地或未为其办理土地登记，受让人未支付土地出让金，即双方均未履行完毕土地出让合同的主要义务。此时，如管理人选择继续履行该土地出让合同，则该土地出让金应依照《企业破产法》第十八条的规定，作为共益债务清偿。客观上，管理人选择继续履行该土地出让合同，是因为相比支付土地出让金而言，利用或处置土地带来的收益更有利于债务人财产价值最大化，对全体债权人有益。

②破产程序中，因土地用途变更等行为会导致土地出让金的增加。破产程序中可能存在对土地用途进行变更的情况，例如工业用地改商业用地、房开企业破产中的增加容积率等，除应当根据有关规定获得批准外，还应当签订土地使用权出让合同变更协议或者重新签订土地使用权出让合同、补交土地出让金。此时补交的土地出让金，属于发生在破产受理后，且对全体债权人有益，可作共益债务清偿。

三、争议产生的根本原因

通过前文的探讨，不难发现土地出让金的债权性质其实并没有那么复杂，即排除了所有的优先债权后，普通债权是土地出让金债权性质最合适的归属。然而土地出让金债权性质这一并不复杂的法律问题为何在司法实践中存在如此巨大的争议，使得很多资深法官、政府工作人员、管理人在处理该问题及其延伸问题时无从下手？要回答这一问题我们必须跳出破产法的视角，从政府财政收入的角度来看待问题。

以 1994 年为界，中国改革开放以来的发展可分为两个阶段。第一阶段，随着改革的成功和企业的发展，中国兴起了第一轮工业化的浪潮。同时，在财政包干体制下，以预算内的财政收入（主要是税收收入）为基数，超出基数越多，地方政府留存的资金也就越多。因此，地方政府通过促进扩大信贷和投资规模，办多、办大地方企业，不但能够有效促进地方经济迅速增长，也能够迅速增加地方政府财政收入。财政包干制下，地方政府在推动地方工业化和经济发展上有直接的动力，但也同时带来了中央政府财政收入在财政总收入中的占比和财政收入在国内生产总值中的占比逐年下降，影响国家从经济增长中收取税款和中央政府集中全国财力、协同发展的能力，这也导致了分税制改革的出台和实施。

分税制的核心是采用相对固定的分税种的办法来区分中央和地方的财政收入，划分为中央税、地方税和共享税三大类，其中规模最大的增值税被划分为共享税，由中央和地方按照 3:1 的比例共享，这使得中央和地方的关系以及地方政府推动经济增长的方式发生了巨大的变化。分税制改革有效提高了中央财政收入占全国财政收入的比重、增加了中央财政收入，但也导致了地方财政收入的缩减，但地方政府的职权并没有因此减少。为了弥补因分税制改革造成的地方财政收入下降，地方政府将发展方向放在了土地出让金上。

土地出让金方面，由于在非预算资金（包括土地出让金）的分配和使用途径等方面上级政府一般不多加限制，且高度分散，中央一直没有有效的管理办法，因此非预算资金尤其是土地出让金开始成为地方政府收入的重要组成部分。此外，由于分税制改革后营业税属于地方税，而建筑业系营业税的交税大户，地方政府的精力放在了发展建筑业上。土地出让金的收取和建筑业发展，导致地方政府对于土地开发、基础设施投资和城市化发展的热情空前高涨，与地方财政收入增长动机息息相关，[1] 这也是我国房地产市场得以迅速发展的原因。

截至目前，土地出让金仍是地方政府财政支柱之一。据澎湃新闻报道[2]，2021 年上海、杭州土地出让收入双双突破 3000 亿元，刷新历史纪录，特别是杭州卖地收入已经连续 5 年超过 2000 亿元；如果以卖地收入 / 一般公共预算收入衡量土地财政依赖度，杭州、佛山、南京、武汉、广州、西安、贵阳等 13 个城市土地财政依赖度已超过100%；据此可以合理推测，大多数城市的卖地收入已经成为地方财政收入的主要来源，这就是地方政府格外注重土地出让金的原因，但实践中即使受让人未支付全部土地出让金，土地管理部门出于各种原因也会向其交付土地并办理土地使用权证，导致土地出让金债权性质在法律方面争议不大，但在破产案件办理的司法实践中常常发生争议。

然而，当企业因资不抵债进入破产程序、全体普通债权人都有可能因此遭受损失的情况下，土地管理部门坚持主张土地出让金具有优先性，并在优先性未得到满足的情况下动用政府行政权力阻碍或拒不配合破产程序的推进，有与民争利的嫌疑。特别是随着经济下行和新型冠状病毒感染疫情影响，越来越多的房地产开发企业将会在未来几年内陆续进入破产程序，烂尾楼的续建、产权证书的办理均离不开土地管理部门的支持。在债务人财产甚至不足以支付共益债务（烂尾楼续建工程款等）的情况下，作为普通债权

---

① 参见孙秀林、周飞舟：《土地财政与分税制：一个实证解释》，《中国社会科学》2013 年第 4 期。

② 参见凯风：《全国卖地收入排行：谁是"最依赖"土地财政的城市？》，https://www.thepaper.cn/newsDetail_forward_16237290，访问日期：2022 年 5 月 9 日。

（即使参照税款债权）的土地出让金势必不能得到任何清偿。届时，如果地方政府仍坚持土地出让金优先，土地出让金的收取和地方社会稳定、经济发展势必难以两全，甚至将会导致政府利益与人民利益出现冲突。

政府职能部门行使社会管理职能和促进经济发展职能，其中包含了涉及企业主体退出、依法破产的相关内容，政府职能部门的职责就是发挥协调作用。[①]增加财政收入、收取土地出让金的目的是将其作为政府履行职责、促进经济发展的资金来源，而不是以营利为目的。政府如果在面对优化营商环境这一直接职责、重要职责时裹足不前，反而对土地出让金等政府财政收入锱铢必较，与财政收入原本的目的背道而驰。

四、结语

在破产程序中认定某一债权相比其他债权优先或劣后，必须有合理的依据且由法律直接确定，在不属于目前任何法定优先债权的情况下，土地出让金只能被认定为普通债权，这不仅是对法院、管理人坚持依法公平清理债权债务的要求，也是对政府部门依法行政的要求。为避免此类争议的频频发生，笔者建议在破产法或司法解释中应直接明确"不符合优先债权的规定的，应一律作为普通债权处理，不得任意参照优先债权清偿"。

土地财政在我国特定的发展时期为增加地方政府收入、发挥地方政府职能创造了有利的条件，但随着我国市场经济的发展，土地财政收入下降已成为不可逆转的趋势。土地出让金的债权性质问题背后，是如何发挥政府在破产程序中的作用、降低破产程序运行成本的问题。在立足新发展阶段、贯彻新发展理念、构建新发展格局，以推动高质量发展为主题，以深化供给侧结构性改革为主线的今天，政府应当对自己在市场经济中扮演的角色以及破产程序在市场经济中的作用有更为深刻的认识。

[①]　杨俊广、曹文兵：《破产审判中行政权适度介入的法理思考》，《人民法院报》2017年12月27日，第7版。

股东债权劣后在我国破产法的理论与实践

方　杨　卢林华[①]

摘要： 当企业进入破产程序时，如将股东债权与其他普通债权按同一比例清偿，可能造成对其他债权人的不公平。文章结合股东债权劣后有关的中外法律理论和司法实践，从出资瑕疵、注册资本显著不足、不当利用关联关系等方面分析股东债权劣后的依据和具体适用条件，为实践提供参考。

关键词： 股东债权劣后；衡平居次原则；出资瑕疵；注册资本显著不足；不当利用关联关系

当公司经营遇到短暂的资金不足的情况时，由股东向公司提供借款是最简单且有效的方式之一。此时，股东同时具备股东与债权人的身份，无论是国有企业还是民营企业，这种情况都大量存在。一般情况下，债务人资金不足的情况缓解或消失后，应及时偿还股东借款甚至支付利息。但当债务人陷入经营困难，最终进入破产程序时，股东未收回的借款只能作为债权在破产程序中统一清偿。股东对于债务人经营情况的了解和掌控，甚至可能利用股东身份形成不正当交易，如果将股东债权与其他债权按照同一顺位受偿，可能对其他债权人不公平。将股东债权劣后清偿是一种较为公平的做法，但劣后债权在我国法律中并没有明确的规定，因此在实践中存在着许多争议和困难。本文将从股东债权的特征、受偿顺序等方面进行分析，以期为理解和解决股东债权劣后问题提供一些参考。

一、股东债权劣后理论研究

（一）外国股东债权劣后理论

关于破产程序中股东债权劣后受偿的外国研究，具有代表性的为美国和德国破产法的规定。

美国主要有两项股东债权劣后的原则，即衡平居次原则与重新定性原则。衡平居次

---

① 方杨，贵州贵达律师事务所律师；卢林华，贵州贵达律师事务所律师。

原则，又名"深石原则"，该原则根据控股股东是否有不公平的行为，来决定在破产情况下，控股股东的债权是否应该排在其他债权人或优先债权之后。这个原则是美国最高法院在 1939 年的泰勒诉标准石油电力公司案中建立的，目的是保护其他债权人和股东的利益，免受母公司控制权的滥用。美国法院在 1939 年的 Pepper 诉 Litton 案、1977 年的 Mobile Steel Co. 诉 Pioneer Credit Corp. 案中，发展出了衡平居次原则适用的三步测试法：第一，债权人是否有不公平的行为，比如欺诈、虚假陈述、欺压或违反受托责任；第二，债权人的行为是否导致其他债权人受到损害或给自己带来优势；第三，债权人的债权居次符合破产法的原则，其他相关规定不存在冲突。重新定性原则也被称为贷款重定性原则或债权重定性原则，是指法院在破产案件中，根据债权人的债权是更像贷款还是投资，来将债务重新分类为债权或股权。重新定性后若属于股权性质，则劣后清偿；若属于债权性质，则不劣后清偿。这个原则和衡平居次原则不同，后者是将债权人的债权排在其他债权之后，而不改变其性质。重新定性原则主要用来防止股东将其股权出资伪装成贷款，在破产时优先于其他债权人受偿。

德国在股东债权问题上，有两项制度——替代资本制度及自动居次原则。替代资本制度认为公司存在经营困难时，股东本应以自有资本注资解决公司困境，但出于自身利益考量，转而以借贷方式解决公司困境，股东债权在破产分配中不应得到确认。自动居次原则简化了替代资本制度，认为无须判断公司是否处于危机或者资本是否不足，规定股东或关联公司的某些债权在破产程序中自动排在其他债权之后，旨在防止股东或关联公司通过向破产公司提供贷款或其他利益，而获得不正当的优势。但保留了两种例外，一是持有公司股份少于 10% 且不参与公司日常经营的股东；二是在公司存在资本显著不足无法清偿债务时，为恢复公司支付能力借款给公司并获取公司股份的人。

（二）中国股东债权劣后理论

赖英照在《关系企业法律问题及立法草案之研究》、刘连煜在《公司法修正草案关系企业专章中深石原则相关问题之研究》中对衡平居次原则进行了早期研究，对深石原则的历史、理论和实践都有较为深入的探讨，但也存在一些不足之处，例如对深石原则的定义不够明确，对深石原则在我国适用的具体制度构建不够完善等。

杨剑锋在《美国法的深石原则对我国公司法的借鉴》、孙向齐在《我国破产法引入衡平居次原则的思考》中对衡平居次原则在我国的适用进行了分析。前者介绍了深石原则的起源、内涵、适用条件和法理依据，分析了深石原则在美国法上的发展和运用；比较了我国《公司法》与美国法在关联企业债权居次问题上的异同，指出了我国《公司法》在规范关联企业交易、保护债权人利益方面存在的不足和困难；借鉴美国法上的深石原则，提出了完善我国《公司法》关于关联企业债权居次问题的建议，包括明确立法规定、加强司法实践、完善配套制度等。

韩长印在《我国破产分配顺位的重构——"破产分配顺位"学术讨论综述》，王欣新、郭丁铭在《论股东贷款在破产程序中的处理——以美、德立法比较为视角》，郭丁铭在《我国破产债权受偿顺序之完善》中，从关联企业制度方面研究破产债权顺序。其中，王欣新、郭丁铭分析了股东贷款的概念、特征和分类，指出了股东贷款在破产程序中的处理原则和方法；比较了美国和德国在破产程序中处理股东贷款的立法模式和规则，分别是分类规定模式和债权居次模式；借鉴美国的分类规定模式，提出了我国破产法应该如何在破产程序中处理股东贷款的建议，包括将股东贷款分为存在不公平行为的股东贷款、虚伪的股东贷款和真实善意的股东贷款三种类型，并分别给予不同的处理方式。

从以上国内研究情况看，我国在理论研究上倾向于借鉴美国破产法上的深石原则及重新定性原则，对股东债权劣后问题进行判断，但实务中如何判断，很大程度上仍取决于法官和管理人的判断。

二、股东债权劣后实践情况

（一）我国股东债权劣后的法律规范

1.《企业破产法》的有关规定

《企业破产法》第一百一十三条第一款"破产财产在优先清偿破产费用和共益债务后，依照下列顺序清偿：（一）破产人所欠职工的工资和医疗、伤残补助、抚恤费用，所欠的应当划入职工个人账户的基本养老保险、基本医疗保险费用，以及法律、行政法规规定应当支付给职工的补偿金；（二）破产人欠缴的除前项规定以外的社会保险费用和破产人所欠税款；（三）普通破产债权"的规定，并没有区分股东债权与其他债权的差异，一般应按照普通债权处理。并且根据该条第二款"破产财产不足以清偿同一顺序的清偿要求的，按照比例分配"的规定，同一顺位内应当不再有顺序之分。因此，同为普通债权，从破产法规定来看难以得出股东债权劣后清偿的结论，反而能够得出应当公平受偿的结论。

《全国法院破产审判工作会议纪要》第39条："协调审理的法律后果。协调审理不消灭关联企业成员之间的债权债务关系，不对关联企业成员的财产进行合并，各关联企业成员的债权人仍以该企业成员财产为限依法获得清偿。但关联企业成员之间不当利用关联关系形成的债权，应当劣后于其他普通债权顺序清偿，且该劣后债权人不得就其他关联企业成员提供的特定财产优先受偿。"虽然《企业破产法》未规定同为普通债权的股东债权应当劣后，《全国法院破产审判工作会议纪要》将关联企业利用不当关联关系形成的债权应当劣后于其他普通债权的规定也不能直接适用于一般破产案件中的债权审查，但人民法院对待此类债权的态度是，当某类普通债权受到否定性评价时，该债权应当劣后于其他普通债权。

2.《公司法》的有关规定

《公司法》第二十条："公司股东应当遵守法律、行政法规和公司章程，依法行使股东权利，不得滥用股东权利损害公司或者其他股东的利益；不得滥用公司法人独立地位和股东有限责任损害公司债权人的利益。公司股东滥用股东权利给公司或者其他股东造成损失的，应当依法承担赔偿责任。公司股东滥用公司法人独立地位和股东有限责任，逃避债务，严重损害公司债权人利益的，应当对公司债务承担连带责任。"《公司法》第二十一条："公司的控股股东、实际控制人、董事、监事、高级管理人员不得利用其关联关系损害公司利益。违反前款规定，给公司造成损失的，应当承担赔偿责任。"可见公司股东滥用股东地位或利用关联关系损害公司利益，《公司法》予以否定性评价。但该否定性评价着重于股东责任的承担而非利用关联关系形成债权。《公司法》第一百八十六条第二款规定："公司财产在分别支付清算费用、职工的工资、社会保险费用和法定补偿金，缴纳所欠税款，清偿公司债务后的剩余财产，有限责任公司按照股东的出资比例分配，股份有限公司按照股东持有的股份比例分配。"其主要着重于股东利益应劣后于债权，未对股东债权进行评价。因此，从《公司法》现有法律规定分析，难以直接推导出股东债权劣后于外部债权的结论。

《最高人民法院关于当前商事审判工作中的若干具体问题》在对《公司法》修改后公司诉讼案件审理问题进行说明时，提出："如果公司选择过于微小的数额作为注册资本，比如将注册资本设定为 1 元钱，那么在公司未来不能清偿债务而破产时，要考虑股东能否凭其对公司享有的债权而与其他普通债权人一起参与公司财产分配的问题。对此，我们倾向于认为，股东以过于微小的资本从事经营，很有可能会将股权投资转化为债权投资，相应地也将有限责任的风险完全外部化。因目前法律上尚未确立专门应对措施，所以法院在司法实践中必须及时确立合理的规则。这方面，国外司法实践中通常将股东债权的受偿顺序安排在其他普通债权人受偿之后，以保障优先清偿其他债权人债权。这一做法值得借鉴。"最高人民法院于 2015 年 12 月在《第八次全国法院民事商事审判工作会议纪要（商事部分）》中明确，股东以过于微小的资本从事经营，在公司因不能清偿债务而破产时，股东债权的受偿顺序安排在其他普通债权人受偿之后，该纪要正式确立了股东债权可劣后清偿。从该文件可以看出，对于资本显著不足情况下的股东债权劣后，最高人民法院已确立了基本的裁判思路。然而，该指导性意见虽由最高人民法院通过，但仍然缺乏具体的法律依据，在司法实践中的使用存在一定争议。

3. 地方法院指导意见

《重庆市高级人民法院关于审理破产案件法律适用问题的解答》（渝高法〔2017〕207号）直接明确了股东债权劣后清偿的具体情形为：（一）公司股东因未履行或未全面履行出资义务、抽逃出资而对公司负有债务，其债权在未履行或未全面履行出资义务、抽逃出资范围内的部分；（二）公司注册资本明显不足以负担公司正常运作，公司运作依靠向股东或实际控制人负债筹集，股东或实际控制人因此而对公司形成的债权；（三）公司控股股东或实际控制人为了自身利益，与公司之间因不公平交易而产生的债权。并且，该文件还特别规定，公司股东或实际控制人在前述情形下形成的劣后债权，不得行使别除权、抵销权。2022年发布的《重庆市第五中级人民法院关于在审理企业破产案件中防范和打击逃废债务行为的工作指引（试行）》，对股东债权劣后再次进行了明确，包括：（一）公司股东因未履行或者未全面履行出资义务、抽逃出资而对公司负有债务，其债权在未履行或者未全面履行出资义务、抽逃出资范围内的部分；（二）股东实际投入公司的资本数额与公司经营所隐含的风险相比明显不匹配且持续时间较长，公司运作主要依靠向股东或者实际控制人负债筹集，股东或者实际控制人因此而对公司形成的债权；（三）公司控股股东或者实际控制人为了自身利益，与公司之间因不公平交易而产生的债权。

《上海市高级人民法院破产审判工作规范指引（试行）》中也将关联企业成员间利用不当关联关系形成的关联债权作劣后债权处理。《天津市高级人民法院关于破产案件受理和审判工作若干问题的审判委员会纪要》第5条规定："控制企业利用其与从属企业之间的关联关系，与从属企业从事不正当的商业行为，并从中谋取不当利益的，从属企业破产清算时，可探索将控制企业基于上述不正当行为产生的针对从属企业的债权劣后于其他债权人受偿。"

（二）我国股东债权劣后的相关案例

我国关于股东债权劣后最著名的案例是"沙港公司诉开天公司执行分配方案异议案"[1]。沙港公司与茸城公司有货款纠纷，松江法院判决茸城公司支付货款及利息损失。茸城公司被注销后，沙港公司申请恢复执行，并追加茸城公司股东开天公司及7名自然

---

[1] 详见《沙港公司诉开天公司执行分配方案异议案》，https://www.chinacourt.org/article/detail/2015/03/id/1576570.shtml，访问日期：2023年4月18日。

人股东为被执行人。开天公司因出资不实被扣划 45 万元，并提起两个诉讼，要求茸城公司其他股东承担连带清偿责任。松江法院将 3 个案件合并执行，并制订执行分配方案，将执行款按比例分配给沙港公司和开天公司。沙港公司对分配方案提出异议，认为开天公司不能参与分配，且分配方案未包括逾期付款双倍利息。开天公司反对异议，要求按原方案分配。沙港公司遂起诉开天公司，要求调整执行分配方案。松江法院一审认为，开天公司因出资不实而被扣划的 45 万元应先补足茸城公司责任资产，向沙港公司进行清偿，不能与沙港公司共同分配该部分执行款。执行标的应包括加倍支付迟延履行期间的债务利息。法院依法调整了执行分配方案，确定 696505.68 元执行款中的 45 万元先由沙港公司受偿，余款再按比例进行分配。该类案件中，如果允许出资不实的问题股东就其对公司的债权与外部债权人处于同等受偿顺位，既会导致对公司外部债权人不公平，也与《公司法》要求出资不实股东承担相应法律责任的规定相悖。该案借鉴美国历史上深石案所确立的衡平居次原则，最终否定了出资不实股东进行同等顺位受偿的主张。

在破产案件中，股东债权劣后的典型案例之一为徐矿集团贵州能源有限公司破产清算案。[①] 该案中，债务人股东向管理人申报债权总额约为 22.72 亿元，由于该债权人属于破产企业的关联公司，人民法院、管理人将债务人股东申报的债权确认为劣后债权，劣后于普通债权进行清偿，使得普通债权人的债权实现了 100% 清偿。该案根据"深石原则"，参照《全国法院破产审判工作会议纪要》第 39 条之规定，在破产债权确认中，将对破产企业具有控制关系的股东通过不当利用关联关系形成的债权确认为劣后债权，劣后于其他普通债权进行清偿。这样使得其余普通债权人的债权得以 100% 清偿，保障了其他债权人公平清偿利益，为债权的确认和处理提供了司法示范。

三、股东债权劣后的情形分析

（一）出资瑕疵

一般而言，股东存在出资瑕疵行为的，进入破产程序后，管理人应根据《企业破产法》第三十五条"人民法院受理破产申请后，债务人的出资人尚未完全履行出资义务的，管理人应当要求该出资人缴纳所认缴的出资，而不受出资期限的限制"的规定，要求股东履行出资义务。但在实践中，常因各种因素难以实现。在股东存在出资瑕疵的

---

① 详见《首次引入庭外重组制度——贵州高院发布六件典型破产案例》中的《徐矿集团贵州能源有限公司破产清算案——股东债权劣后清偿的破产实践》，https://pcglrpt.jiulaw.cn/pcczajxxw/xxwcp/pczx/info/e38dd09f496646cc8f263f5a891d8e1b?channel=ept-pcglr-gz，访问日期：2023 年 4 月 18 日。

情况下，将股东债权与其他普通债权按照同一顺序进行清偿，明显对其他普通债权人不公平。从另一角度上来说，如果向股东分配财产，管理人可以追缴出资为由将该财产收回并再次向债权人分配，为避免程序的不断循环和司法资源浪费，也可对其作劣后处理。重庆市第五中级人民法院发布的《重庆市第五中级人民法院关于在审理企业破产案件中防范和打击逃废债务行为的工作指引（试行）》规定，公司股东因未履行或者未全面履行出资义务、抽逃出资而对公司负有债务，其债权在未履行或者未全面履行出资义务、抽逃出资范围内的部分（属于劣后债权）。此外，根据《最高人民法院关于适用〈中华人民共和国企业破产法〉若干问题的规定（二）》第四十六条规定，债务人股东因欠缴债务人的出资或者抽逃出资对债务人所负的债务，主张抵销无效，另一个角度上也否定了出资瑕疵与一般债务的性质并不相同。

一般认为股东的出资瑕疵，具体可分为未足额出资、延迟出资、虚假出资和抽逃出资四个基本类型，具体为：①未足额出资是指股东只履行了部分的出资义务，未按照规定的数额足额缴付。包括货币出资不足、非货币出资未经依法评估作价、非货币出资的财产存在权利或物的瑕疵等；②延迟出资是指股东未按照规定的期限缴付出资或办理出资财产权利的转移手续；③虚假出资是指股东未出资，但通过欺骗的方式取得公司的股权；④抽逃出资是指股东实际出资后，又通过虚构债权债务关系、关联交易等方式将出资抽回。

司法实践中对于出资瑕疵的判断，主要根据出资是货币出资还是非货币出资而采取不同的适用方式。一般而言，货币出资中只要股东所出资的货币金额低于公司章程中规定的该股东所认缴的出资期限届满时的出资额，就应认定该股东为瑕疵出资；以非货币财产出资的，因非货币资产价值并非一成不变，且价值认定会受到各种因素的影响，如何判断股东的非货币出资瑕疵行为在实务中非常复杂。参照《江苏省高级人民法院关于审理适用公司法案件若干问题的意见（试行）》的规定，对非货币出资可按下列标准进行。

①以房屋、土地使用权、车辆、船舶等作价出资，已交给公司使用但未办理权属转让法定手续的，不应认定其属出资效力。但在要求公司股东承担瑕疵出资责任的诉讼中，一审庭审终结前已办理有关权属转让法定手续的，可认定股东已履行出资义务；诉讼中未涉及股东瑕疵出资责任的，在权利人主张时已补办有关权属转让法定手续的，应认定股东已履行出资义务。股东既未将上述财产交付公司使用，也未在诉讼前办理有关权属转让法定手续的，应认定股东未履行出资义务。

②股东以其对第三人享有的债权作为出资的，应当认定为无效。但以转让不受限制的非记名公司债券等债权性质的有价证券用作出资的，或用以出资的债权在一审庭审终

结前已经实现的，应当认定为有效出资。

③股东以其在其他公司的股权作为出资的为有效出资，但未履行股权转让法定手续或损害其他股东优先购买权的除外。

④股东以土地承包经营权、采矿权等用益物权出资的，应当承认其出资效力，但未履行法定手续的除外。

⑤企业改制过程中，股东以其所有的、经过评估确认的企业净资产作为出资的，应认定其出资效力。

⑥股东以实物、工业产权、非专利技术、土地使用权等出资，未依法进行评估作价且出资人不能证明其作价与实际价额相符的，债权人主张股东出资不足的，人民法院应当在委托中介机构评估后，对股东是否足额出资作出认定。

（二）注册资本显著不足

一般情况下，股东债权人与外部债权人的地位是平等的，都可以在公司破产时主张清偿。并且股东一般更有可能出借资金给企业用于支持企业渡过难关。但考虑到股东可能滥用股东有限责任，利用借款来规避出资义务，因此需要对该类债权进行重点审查。

从资本显著不足的角度认定股东债权劣后，主要参照美国破产法"重新定性原则"，即股东在本应以股权投资补充公司资本时，却采取债权方式逃避风险，因此将股东债权重新定性，还原为股东股权，其清偿顺序应当劣后于普通债权，与2015年最高人民法院发布《最高人民法院关于当前商事审判工作中的若干具体问题》的意见基本一致。

对于资本显著不足的认定问题，《全国法院民商事审判工作会议纪要》已进行了释明："资本显著不足指的是，公司设立后在经营过程中，股东实际投入公司的资本数额与公司经营所隐含的风险相比明显不匹配。股东利用较少资本从事力所不及的经营，表明其没有从事公司经营的诚意，实质是恶意利用公司独立人格和股东有限责任把投资风险转嫁给债权人。由于资本显著不足的判断标准有很大的模糊性，特别是要与公司采取'以小博大'的正常经营方式相区分，因此在适用时要十分谨慎，应当与其他因素结合起来综合判断。"司法实践中，可以参考以下因素。

第一，不匹配需要达到"明显"的程度。需要判断股东投入公司的资本数额与公司经营所隐含的风险相比是否相匹配。何为"明显"，还是需要根据具体案情判断。从公司财务收支的角度，如果公司的运营主要依靠股东贷款，那么可以初步认定已经达到"明显"不匹配的程度，例如职工工资发放、货款支付等多由股东借款到公司后再由公司支付，甚至直接由股东支付；从公司营业开展的角度，如果公司从事的营业、开发的项目与注册资本严重不匹配，也可以认定为"明显"，例如笔者办理的某焦化企业重整中，该焦化项目前期设计明确投入数亿元，但实际注册资本仅 1600 万元。

第二，"明显不匹配"的持续时间。公司短期经营造成的不匹配应当排除，只有"明显"不匹配的时间存续一定时间，才能认定股东故意为之。例如，公司因市场等原因短期内陷入经营困难，靠股东借款渡过难关；公司进入经营困境后，为解决职工工资、农民工工资等问题不得已向股东借款。

第三，公司主观过错明显。公司在经营过程中资本显著不足，表明股东利用较少资本从事力所不及的经营，没有从事公司经营的诚意，实质是恶意利用公司独立人格和股东有限责任把投资风险转嫁给债权人。这时就需要揭开公司"面纱"，追究控制股东的责任。

此外，2017 年发布的《重庆市高级人民法院关于审理破产案件法律适用问题的解答》中规定，公司注册资本明显不足以负担公司正常运作，公司运作依靠向股东或实际控制人负债筹集，股东或实际控制人因此而对公司形成的债权，可以将公司股东或实际控制人对公司债权确定为劣后债权，安排在普通债权之后受偿。2021 年重庆第五中级人民法院发布的《重庆市第五中级人民法院关于在审理企业破产案件中防范和打击逃废债务行为的工作指引（试行）》规定，股东实际投入公司的资本数额与公司经营所隐含的风险相比明显不匹配且持续时间较长，公司运作主要依靠向股东或者实际控制人负债筹集，股东或者实际控制人因此而对公司形成的债权，可以将公司股东或者实际控制人对公司的债权确定为劣后债权，安排在普通债权之后受偿。相比于 2017 年的《重庆市高级人民法院关于审理破产案件法律适用问题的解答》中规定的工作运作"依靠"股东负债筹措、2021 年发布的《重庆市第五中级人民法院关于在审理企业破产案件中防范和打击逃废债务行为的工作指引（试行）》重点强调公司运作"主要依靠"股东负债筹措，在规则适用上更加细化，也限制了滥用股东债权劣后、损害股东债权人利益等问题的发生。

（三）不当利用关联关系

司法实践中，公司与股东之间存在股东、高级管理人员交叉组成的情况，不仅相互之间存在债权债务关系，还存在大量对外负债互相担保等情况。如将因关联关系形成的股东债权与其他普通债权同一顺序清偿，必然导致债权人之间利益失衡，明显违反破产财产公平清偿原则，对其他债权人极不公平。此外，根据《最高人民法院关于适用〈中华人民共和国企业破产法〉若干问题的规定（二）》第四十六条规定，债务人股东滥用股东权利或者关联关系损害公司利益对债务人所负的债务，股东主张抵销无效，也认可不当利用关联关系的债务与一般债务并不相同。

从不当利用关联关系角度认定股东债权劣后，主要参考了美国破产法"衡平居次原则"，即股东不当利用关联关系所形成的债权，如果与其他外部普通债权按照同一顺位进行清偿，对外部普通债权人明显不公平，因此其清偿应当劣后于普通债权。这也是对最高人民法院《全国法院破产审判工作会议纪要》第39条中提出的"在协调审理中关联企业不当利用关联关系形成的债权应当劣后于其他债权顺序清偿"的理解和借鉴。在破产法司法实践中，人民法院、管理人按照该思路审查股东债权时，应当结合《公司法》的有关规定，重点考察以下方面。

第一，对"不当"的理解。认定关联关系下的"不当"，应当从程序和实质两个方面进行重点考察。程序方面，可以参照根据《公司法》第十六条关于为其他企业或人提供担保须经股东会或股东大会决议的规定、《公司法》第一百二十四条上市公司关联交易表决、关联方回避表决等程序性要求进行判断。实践中，部分公司章程还会依据交易类型、交易金额的不同情况，约定内部决策程序；一人公司中，一般难以形成书面决议或文件。需要管理人根据案件具体情况，对程序是否正当作出判断。实质方面的判断较为困难，需要判断该交易实质上是否损害公司合法权益，违反公平原则。根据《最高人民法院关于适用〈中华人民共和国公司法〉若干问题的规定（五）》第一条第一款"关联交易损害公司利益，原告公司依据公司法第二十一条规定请求控股股东、实际控制人、董事、监事、高级管理人员赔偿所造成的损失，被告仅以该交易已经履行了信息披露、经股东会或者股东大会同意等法律、行政法规或者公司章程规定的程序为由抗辩的，人民法院不予支持"之规定，在程序正当和实质公平之间，法律将实质公平作为判断关联交易是否正当的最终标准，可以参照以下标准：首先，合同权利义务的约定是否公平，即合同条款是否存在明显不对等的约定，是否违反权利义务相一致的公平原则，例如约定存在损失时由公司承担但股东仍可分配利益。其次，交易价格是否公允，具体可参考相同地区、相同行业、相同类型、相同时间段的市场参考价格，或者委托第三方评估机构做出判断。最后，合同履行是否存在明显瑕疵。合同约定及合同的实际履行会存在偏差，可能出现实际履行中因履行瑕疵导致公司利益受损，例如在股东未按合同约定完成有关义务的情况下债务人支付款项。

第二，对"关联关系"的判断。关联关系，一般是指公司控股股东、实际控制人、董事、监事、高级管理人员与其直接或者间接控制的企业之间的关系，以及可能导致公司利益转移的其他关系。股东方面，《公司法》第二百一十六条对控股股东作出了规定，法院、管理人在审查股东债权的过程中可以参考《公司法》对控股股东的判断标准，但该标准仍较为原则，因此需要法院、管理人根据案件情况，综合判断关联关系。

综上所述，破产程序中股东对所出资公司的债权是否应劣后于普通债权，我国《企业破产法》《公司法》以及相关司法解释缺乏明确规定。法院、管理人在处理股东债权劣后问题时，可以参照《公司法》的认定标准，从出资是否到位、注册资本是否显著不足以及是否存在不当利用关联关系等情况进行判断，以公平保护全体债权人的合法权益。

四、结语

诚然，股东债权劣后有助于保护其他债权人的利益，但这种保护对股东债权人和其他债权人来说应当是公平的，即应慎重适用股东债权劣后规则。股东债权劣后规则的目的是防止股东利用债权优先等，从而损害其他债权人的利益。但是，如果股东债权劣后规则过于严格，可能会导致股东在企业面临困境时，缺乏提供资金或协助重组的动力，从而加剧企业的危机。因此，破产法应当根据具体情况，灵活运用股东债权劣后规则，既要维护其他债权人的合法权益，又要鼓励股东参与企业的救助和改革，促进企业的恢复和发展。

职工债权之社保费用问题

冷寒梅　万玉婵[①]

摘要： 破产程序中债务人欠缴的职工基本养老保险费划入职工个人账户比例为 0，基本医疗保险费划入比例较低且面临即将被取消的处境，造成职工近期无法享受医疗保险的保障（如因病住院报销），长远来看也影响职工退休后的养老金和医疗保险待遇。本文提出此问题并试图找出解决办法，供立法机关参考。

关键词： 破产；职工债权；基本养老保险费；基本医疗保险费

社会保险是"国家以保险形式实行的社会保障制度，在劳动者或公民暂时或永久丧失劳动能力以及发生其他困难时，由国家、社会给予物质生活保证，简称社保"[②]。它是一种十分有效缓解社会矛盾的"减震器"。

企业作为市场经济的基本元素，承担了职工生活保障、社会福利等多重责任。在新型冠状病毒感染疫情肆虐之时，企业的生存困境异常突出，所面临的困难虽然是特殊环境下的特定问题，但实际上却有着较强的普遍性，特别是当企业面临破产时，如何保证弱势职工群体最为基础的社会保险诉求，是一个值得研究的问题。

破产程序中职工债权不由职工申报，而是由管理人调查后列出清单公示。实务中，债务人企业的部分职工提出，不能简单地将基本养老保险费（2006 年 1 月起，职工基本养老保险费已不再划入个人账户）和基本医疗保险费划入个人账户，而是要求债务人给他们补缴欠缴的基本养老保险费和基本医疗保险费，但现实存在的问题是划入个人账户的基本医疗保险费根本就不够补缴，并且由于法律没有规定而无法执行。

一、个人账户的发展历程

社会保险包含哪些险种？根据《中华人民共和国社会保险法》（以下简称《社会

---

① 万玉婵，贵州贵达律师事务所律师；冷寒梅，贵州贵达律师事务所律师。
② 中国社会科学院语言研究所词典编辑室编《现代汉语词典》（第 7 版），商务印书馆，2016，第 1154 页。

保险法》）第二条规定："国家建立基本养老保险、基本医疗保险、工伤保险、失业保险、生育保险等社会保险制度，保障公民在年老、疾病、工伤、失业、生育等情况下依法从国家和社会获得物质帮助的权利。"由此得出，社会保险包含基本养老保险、基本医疗保险、工伤保险、失业保险、生育保险等，也即我们常说的"五险"。

建立职工社会保险个人账户，体现了社会保险费用由国家、企业、个人共同负担的原则，增加了社会保险费的来源，同时也有利于建立激励和约束机制，调动职工关心和支持社会保险的积极性。职工社会保险个人账户是社会统筹账户与个人账户相结合的企业职工社会保险制度的核心内容之一，是具有中国特色的社会保险制度改革成果的具体体现。

（一）建立职工基本养老保险个人账户

我国企业职工的养老保险制度是 20 世纪 50 年代初期建立的，后分别在 1958 年和 1978 年作了修改。1991 年 6 月 26 日，国务院发布《国务院关于企业职工养老保险制度改革的决定》，提出逐步建立起基本养老保险、企业补充养老保险和职工个人储蓄性养老保险相结合的制度。该决定主要适用于全民所有制企业职工的养老保险。

中国共产党第十四届中央委员会第三次全体会议通过的《中共中央关于建立社会主义市场经济体制若干问题的决定》第 27 条明确指出："按照社会保障的不同类型确定其资金来源和保障方式。重点完善企业养老和失业保险制度。……城镇职工养老和医疗保险金由单位和个人共同负担，实行社会统筹和个人账户相结合。"要求建立覆盖全国城乡居民的基本养老保险制度，由此开启了中国建立社会保险制度的新历程。

1997 年 7 月 16 日，《国务院关于建立统一的企业职工基本养老保险制度的决定》（国发〔1997〕26 号）中又进一步明确了职工个人基本养老保险账户的组成和缴纳比例："三、企业缴纳基本养老保险费（以下简称企业缴费）的比例，一般不得超过企业工资总额的 20%（包括划入个人账[①]户的部分），具体比例由省、自治区、直辖市人民政府确定。""四、按本人缴费工资 11% 的数额为职工建立基本养老保险个人账户，个人缴费全部记入个人账户，其余部分从企业缴费中划入。随着个人缴费比例的提高，企业划入的部分要逐步降至 3%。"

至此，实行社会统筹和个人账户相结合的养老保险筹资模式在我国得到确立，通过养老保险缴费所筹集的资金在使用时分为两大块：一块进入社会统筹基金，一块则进入个人账户，进入个人账户的资金占个人缴费工资的 11%。

---

① 原为"帐"，为别字，统一改为"账"，以下不再注。——编者注

2005 年 12 月 3 日，《国务院关于完善企业职工基本养老保险制度的决定》（国发〔2005〕38 号）第六条规定："从 2006 年 1 月 1 日起，个人账户的规模统一由本人缴费工资的 11% 调整为 8%，全部由个人缴费形成，单位缴费不再划入个人账户。"

2011 年 7 月 1 日起实施的《社会保险法》第十二条规定："用人单位应当按照国家规定的本单位职工工资总额的比例缴纳基本养老保险费，记入基本养老保险统筹基金。职工应当按照国家规定的本人工资的比例缴纳基本养老保险费，记入个人账户。"以法律的形式确定了基本养老保险个人账户部分只由职工个人缴费构成，单位缴费不再划入，但导致破产职工债权中单位缴费应当划入职工个人账户的基本养老保险费用为 0。

（二）建立职工基本医疗保险个人账户

1998 年 12 月 14 日，国务院发布的《国务院关于建立城镇职工基本医疗保险制度的决定》（国发〔1998〕44 号）提出："要建立基本医疗保险统筹基金和个人账户。基本医疗保险基金由统筹基金和个人账户构成，职工个人缴纳的基本医疗保险费，全部计入个人账户。用人单位缴纳的基本医疗保险费分为两部分，一部分用于建立统筹基金，一部分划入个人账户。划入个人账户的比例一般为用人单位缴费的 30% 左右，具体比例由统筹地区根据个人账户的支付范围和职工年龄等因素确定。"由此开始建立职工基本医疗保险统筹基金和个人账户。

此后各地根据实际情况，逐步建立了城镇企业职工基本医疗保险个人账户。

但是国务院办公厅于 2021 年 4 月 22 日发布的《国务院办公厅关于建立健全职工基本医疗保险门诊共济保障机制的指导意见》（国办发〔2021〕14 号）规定，将门诊费用纳入职工医保统筹基金支付范围（即部分门诊医疗费报销），改革职工医保个人账户，建立健全门诊共济保障机制。最迟到 2024 年年底，从单位缴费划入部分到职工个人账户的基本医疗保险费即将取消，用于建立门诊医疗费部分报销制度。[①]

---

① 《国务院办公厅关于建立健全职工基本医疗保险门诊共济保障机制的指导意见》（国办发〔2021〕14 号）："（四）改进个人账户计入办法。科学合理确定个人账户计入办法和计入水平，在职职工个人账户由个人缴纳的基本医疗保险费计入，计入标准原则上控制在本人参保缴费基数的 2%，单位缴纳的基本医疗保险费全部计入统筹基金；退休人员个人账户原则上由统筹基金按定额划入，划入额度逐步调整到统筹地区根据本意见实施改革当年基本养老金平均水平的 2% 左右。个人账户的具体划入比例或标准，由省级医保部门会同财政部门按照以上原则，指导统筹地区结合本地实际研究确定。调整统筹基金和个人账户结构后，增加的统筹基金主要用于门诊共济保障，提高参保人员门诊待遇。"

二、破产程序中个人账户存在的问题

（一）《企业破产法》与《社会保险法》的冲突

进入破产程序的债务人欠缴职工的社会保险费，依据《企业破产法》第四十八条第二款规定："债务人所欠职工的工资和医疗、伤残补助、抚恤费用，所欠的应当划入职工个人账户的基本养老保险、基本医疗保险费用，以及法律、行政法规规定应当支付给职工的补偿金，不必申报，由管理人调查后列出清单并予以公示。"这里明确了债务人欠缴的应当划入职工个人账户的基本养老保险和基本医疗保险费，构成了破产程序职工债权中的社会保险费。

债务人所欠的应当划入职工个人账户的基本养老保险费为0，表明破产企业职工债权中的基本养老保险费无法得到清偿，影响职工退休后领取的养老金（俗称退休工资）金额。

《社会保险法》第十六条第一款规定："参加基本养老保险的个人，达到法定退休年龄时累计缴费满十五年的，按月领取基本养老金。"第十五条规定："基本养老金由统筹养老金和个人账户养老金组成。基本养老金根据个人累计缴费年限、缴费工资、当地职工平均工资、个人账户金额、城镇人口平均预期寿命等因素确定。"由此可知，参保人员基本养老保险累计缴费年限达到15年，退休后就可以享受按时领取基本养老金的待遇，但累计缴费年限和个人账户金额是计算养老金的两个重要指标，体现的是"多缴多得"的原则，即缴费年限越长、缴费工资越高、个人账户金额越多，退休后可以领取的基本养老金就越多。

债务人在进入破产程序前往往欠付企业职工数月甚至数年的工资，同时也可能欠缴社保费。按照《企业破产法》《社会保险法》和国务院规章的规定，债务人欠缴的应当划入职工个人账户的基本养老保险费为0，因此职工的基本养老保险费无法得到清偿。债务人欠缴的基本养老保险费的时间期限长短也影响职工的退休待遇，同时职工个人如果没有持生效法律文书，社保局是不能办理职工补缴基本养老保险费的，这就导致破产职工债权中的养老保险债权处于无法清偿的状态。

（二）划入个人账户比例较低

目前债务人欠缴的基本医疗保险费划入职工个人账户比例低，并且面临即将被取消的处境。

按医疗保险的有关规定，各统筹地区根据参保人员年龄段不同，划入职工个人账户的基本医疗保险费比例也不同，有些地方划入的比例很低。

例如2001年4月4日起北京市对用人单位缴纳的基本医疗保险费划入标准为：不

满 35 周岁的职工按本人月缴费工资基数的 0.8% 划入个人账户；35 周岁以上不满 45 周岁的职工按本人月缴费工资基数的 1% 划入个人账户；45 周岁以上的职工按本人月缴费工资基数的 2% 划入个人账户。[①]

2009 年 1 月 1 日起，成都市企业职工基本医疗保险划入个人账户的标准为：未满 50 周岁的在职参保人员，个人缴费全部计入后，每 1 周岁再增加本人缴费基数的 0.02%；已满 50 周岁的在职参保人员，个人缴费全部计入后，每 1 周岁再增加本人缴费基数的 0.035%。[②]

2021 年 4 月 13 日，《国务院办公厅关于建立健全职工基本医疗保险门诊共济保障机制的指导意见》（国办发〔2021〕14 号）提出要改进个人账户计入办法，逐步在三年内取消划入基本医疗保险费个人账户的规定，增加的统筹基金主要用于门诊共济保障，提高参保人员门诊待遇（即部分门诊医疗费可以报销）；在职职工个人账户由个人缴纳的基本医疗保险费计入，计入标准原则上控制在本人参保缴费基数的 2%，单位缴纳的基本医疗保险费全部计入统筹基金；按此规定，各地从 2022 年开始最迟到 2024 年年底要取消从单位缴纳的基本医疗保险费中划入部分到职工个人账户的规定。此规定发布后，北京、湖南、湖北、贵州等省市先后也出台了当地的实施意见。

上述举措将使《企业破产法》关于职工债权中基本医疗保险费的规定落空，因此修改破产制度中职工债权社保费的有关规定迫在眉睫。

---

① 《北京市基本医疗保险规定》（市政府令第 68 号，自 2001 年 4 月 4 日起施行）第二十一条："用人单位缴纳的基本医疗保险费的一部分按照下列标准划入个人账户：（一）不满 35 周岁的职工按本人月缴费工资基数的 0.8% 划入个人账户；（二）35 周岁以上不满 45 周岁的职工按本人月缴费工资基数的 1% 划入个人账户；（三）45 周岁以上的职工按本人月缴费工资基数的 2% 划入个人账户；（四）不满 70 周岁的退休人员按上一年本市职工月平均工资的 4.3% 划入个人账户；（五）70 周岁以上的退休人员按上一年本市职工月平均工资的 4.8% 划入个人账户。"

② 《成都市城镇职工基本医疗保险办法》（成都市人民政府令·第 154 号）第八条 单位参保人员个人和雇工缴纳的基本医疗保险费，全部计入个人账户；个体参保人员和单位及雇主缴纳的基本医疗保险费，按一定比例计入个人账户；退休人员的个人账户金全部从征收的基金中划入。具体划入标准为：（一）未满 50 周岁的在职参保人员，个人缴费全部计入后，每 1 周岁再增加本人缴费基数的 0.02%；（二）已满 50 周岁的在职参保人员，个人缴费全部计入后，每 1 周岁再增加本人缴费基数的 0.035%；（三）未满 50 周岁的个体参保人员，按本人缴费基数的 2% 划入后，每 1 周岁再增加本人缴费基数的 0.02%；（四）已满 50 周岁的个体参保人员，按本人缴费基数的 2% 划入后，每 1 周岁再增加本人缴费基数的 0.035%；（五）退休人员，按上一年度成都市职工平均工资 2% 划入后，每 1 周岁再按上一年度成都市职工平均工资增加 0.035%。本人基本养老金高于上一年度成都市职工平均工资的，以本人基本养老金为个人账户计入基数。

（三）影响职工享受医疗保险待遇

按规定参加基本医疗保险的职工在缴费的次月起才能享受医疗保险待遇，如果用人单位不按时、足额缴纳医疗保险费，职工的医疗保险待遇就会被停止，如果在此期间发生需要住院的疾病，职工就不能从医疗保险统筹基金支付医疗费（俗称住院报销），住院医疗费只能全部由职工自行承担，同时债务人又可能同时欠付职工工资，将给职工本人及其家庭造成重大经济损失。

例如，2014 年 12 月 1 日起施行的《贵阳市城镇职工基本医疗保险办法》第二十一条规定："用人单位和职工个人，按月足额缴纳基本医疗保险费后，从缴费的次月起，参保人员按照本办法规定享受基本医疗保险待遇。不按时足额缴纳基本医疗保险费的，视为中断缴费。从中断缴费次月起停止由统筹基金支付参保人员医疗费用，停划个人账户资金。个人账户的结余资金可以继续使用。"基本医疗保险费一旦中断缴费，次月起职工将不能享受基本医疗保险待遇，即停止住院医疗费报销等权益。

（四）给职工造成的长期损失

由于债务人欠缴或者有些债务人从未给职工缴纳基本医疗保险费，导致职工退休时的缴费年限有可能不足，退休后无法享受医疗保险待遇（特别是住院可以按规定报销）。职工在退休时如果累计缴费年限不够，退休后就无法享受医疗保险待遇，虽然可以补缴，但划入职工个人账户的金额杯水车薪，加上职工本人应承担的个人缴费部分也不足以补缴医疗保险费。

《社会保险法》第二十七条规定："参加职工基本医疗保险的个人，达到法定退休年龄时累计缴费达到国家规定年限的，退休后不再缴纳基本医疗保险费，按照国家规定享受基本医疗保险待遇；未达到国家规定年限的，可以缴费至国家规定年限。"至于国家规定的年限是多少年，由各地自行规定。

有些省市规定要累计缴纳基本医疗保险费的年限达到 20 年或 25 年，甚至 30 年，退休后才能享受医保待遇。例如北京、青岛、烟台的职工基本医疗保险缴费年限标准为男性累计缴费满 25 年，女性满 20 年；海南省、重庆市、武汉市规定缴费年限为男性累计满 30 年，女性累计满 25 年，且实际缴费年限满 10 年；贵阳市医疗保险缴费年限根据参保人首次参保时间不同，要求实际缴费年限满 15 至 25 年。这里的累计缴费年限包含了视同缴费年限，视同缴费年限即在各省（自治区、直辖市）实行基本养老保险和基本医疗保险制度前，职工全部工作年限按国家和省（自治区、直辖市）的规定所计算的连续工龄。

众所周知，按照人的生长规律，绝大多数人都是退休后年老体衰、抵抗力下降而生病的几率高，如果退休后因为医疗保险缴费期限不足，无法享受医疗保险待遇，尤其是无法享受住院部分医疗费报销，将给职工带来很大的经济损失甚至危及生命。

三、解决办法与建议

（一）取消社会保险费缴纳基数下限 60% 的规定

《社会保险法》第十二条规定："用人单位应当按照国家规定的本单位职工工资总额的比例缴纳基本养老保险费，记入基本养老保险统筹基金。职工应当按照国家规定的本人工资的比例缴纳基本养老保险费，记入个人账户……"至于按照什么缴费基数缴纳社会保险费，《社会保险法》没有规定，仅仅是国务院此前在 1995 年 3 月 17 日发布并执行的《国务院关于深化企业职工养老保险制度改革的通知》(国发〔1995〕6 号)提出的两个实施办法（附件一、二）中，对基本养老保险费的筹集，均提出"职工本人上一年度月平均工资为个人缴纳基本养老保险费的基数（以下简称"缴费工资基数"）。企业以全部职工缴费工资基数之和为企业缴费工资基数。月平均工资应按国家统计局规定列入工资总额统计的项目计算，其中包括工资、奖金、津贴、补贴等收入。职工月平均工资低于当地职工平均工资 60% 的，按 60% 计算缴费工资基数；超过当地职工平均工资 300% 的部分不计入缴费工资基数，也不计入计发养老金的基数"。该缴费基数规定的 60% 到 300% 的上下限一直沿用至今。

在岗职工平均工资是由各行各业、各企业类别的在岗职工的平均工资组成，而不同行业、不同企业类别之间的工资差距很大，有些相差两倍多。如贵州省人力资源和社会保障厅于 2021 年 6 月 11 日在其网站[①]公布的全省 2020 年在岗职工年平均工资 79788 元。分行业门类数据显示，最高的是金融业平均工资为 130597 元，最低的行业是居民服务、修理和其他服务业平均工资为 43595 元；分登记注册类型数据情况显示：全省城镇私营单位就业人员年平均工资为 47381 元；全省城镇非私营单位中，国有单位就业人员年平均工资为 94013 元。比较之下，行业最高的金融业平均工资是最低的居民服务、修理和其他服务业平均工资的 299.57%，按登记注册类型来说最高的国有单位就业人员年平均工资是私营单位就业人员平均工资的 198.42%，不同行业和不同企业类别的年平均工资相差如此之大，有人戏称"拖后腿"了。

[①] 《贵州省人力资源和社会保障厅　贵州省统计局关于公布 2020 年贵州省全口径城镇单位就业人员年平均工资和执行企业养老保险制度离退休人员月人均基本养老金的通知》，https://rst.guizhou.gov.cn/zwgk/zfxxgk/fdzdgknr/tjxx/tjgb/202106/t20210611_68491247.html，访问日期：2022 年 6 月 3 日。

按照缴纳基本社会保险费的规定，2020 年贵州省在岗职工月平均工资为：79788÷12=6649（元／月），2021 年 1 月起社会保险费缴费基数下限为：6649×60%=3989.40（元）。以 3989 元／月为最低缴费基数缴纳基本社会保险费，对工资收入低的居民服务、修理及其他服务业的职工来说，有些职工每个月工资可能才 2000—3000 元，但要以 3989 元／月来缴纳基本社会保险费明显偏高；对企业来说，职工实际工资达不到最低缴费基数但又必须以最低缴费基数即 3989 元／月缴纳，必然造成企业多缴社会保险费，而多缴的社会保险费除了很少的比例划入职工个人的医疗保险账户（最迟到 2024 年年底取消）外，多数进入了社保统筹基金，无形中增加了企业的负担。

自 2018 年 3 月国务院《政府工作报告》提出要减税降费 1.1 万亿元的目标，此后每年都有促进实体经济发展、为企业减负的目标任务。国务院和各部门、各省（自治区、直辖市）逐步取消了一些不合理的行政事业性收费，其目的就是要优化营商环境，减少、取消对企业和个人的不合理收费。

目前基本社会保险费以上年度在岗职工年平均工资不低于 60% 的标准已经执行了 27 年，而经过 20 多年的发展，中国经济和社会已经发生了很大变化，而且该规定未照顾到不同行业、不同企业类型的员工工资水平的差距，增加了部分企业的负担，应予以取消，即企业职工缴纳基本社会保险费不设下限，而按职工实际工资作为缴费基数缴纳基本社会保险费，缴费上限仍执行超过上年度在岗职工年平均工资 300% 的部分不再缴纳较为妥当。

（二）促进《企业破产法》与《社会保险法》的衔接

建议修改《企业破产法》第四十八条第二款，以职工实际工资或债务人欠缴社保前的缴费工资作为缴费基数计算（在不高于当地政府规定的上年度在岗职工年平均工资 300% 的范围内），将债务人欠缴的职工基本养老保险费和基本医疗保险费中债务人应缴部分，作为职工债权清偿给职工个人。

1. 基本养老保险缴费比例

目前各省市基本养老保险和基本医疗保险缴费比例不太相同。

北京市城镇职工基本养老保险费按照职工实际工资作为缴费基数计算（在北京市上一年度职工月平均工资的 60% 到 300% 的范围内），单位缴纳 20%，个人缴纳

8%。^① 贵州省的缴费基数与比例^②，和北京市规定的缴费基数与比例一致。

2. 基本医疗保险缴费比例

《国务院关于建立城镇职工基本医疗保险制度的决定》（国发〔1998〕44 号）"二、覆盖范围和缴费办法"中规定："基本医疗保险费由用人单位和职工共同缴纳。用人单位缴费率应控制在职工工资总额的 6％左右，职工缴费率一般为本人工资收入的 2％。随着经济发展，用人单位和职工缴费率可作相应调整。"

各地又根据国务院的上述规定制定了具体的办法或规定。例如，北京市从 2001 年 4 月 1 日起，在职职工按本人上一年月平均工资的 2％缴纳基本医疗保险费，用人单位按全部职工缴费工资基数（在北京市上年度在职职工月平均工资的 60％到 300％的范围内）之和的 9％缴纳基本医疗保险费。^③

（三）明确现金清偿职工债权中的基本养老保险费和基本医疗保险费的由职工本人补缴

债务人原职工可以持受理破产案件的法院关于职工债权中基本养老保险费和基本医疗保险费欠缴的时间段和欠缴金额的裁定书，在一定期限内由职工本人在债务人住所地、本人户籍所在地或新就业地（三选一）补缴原债务人欠缴期间的基本养老保险费和基本医疗保险费。

由于企业人员流动性大，尤其是已经离职的职工，可能分布在全国各地。如果是破产清算案件，债务人注销后职工无法以债务人名义缴纳及办理社保转移等手续，因此应规定可以由职工以个人名义补缴；如果是破产重整案件，可以由债务人持法院的裁定书

---

① 《北京市基本养老保险规定》（2006 年 12 月 14 日北京市人民政府令第 183 号公布）第十二条："城镇职工以本人上一年度月平均工资为缴费工资基数，按照 8％的比例缴纳基本养老保险费，全额计入个人账户。缴费工资基数低于本市上一年度职工月平均工资 60％的，以本市上一年度职工月平均工资的 60％作为缴费工资基数；超过本市上一年度职工月平均工资 300％的部分，不计入缴费工资基数，不作为计发基本养老金的基数。"第十三条："企业以全部城镇职工缴费工资基数之和作为企业缴费工资基数，按照 20％的比例缴纳基本养老保险费。企业缴纳的基本养老保险在税前列支。"

② 《省人民政府关于印发贵州省企业职工基本养老保险省级统筹实施意见的通知》（黔府发〔2009〕26 号）"二、主要内容"中的"（一）统一基本养老保险制度和政策"规定："企业职工基本养老保险实行社会统筹与个人账户相结合的基本制度，个人账户按照个人缴费基数的 8％建立。职工个人以本人上一年度月平均工资收入为缴费基数，按 8％的比例缴纳基本养老保险费。个人缴费基数低于全省上一年度在岗职工月平均工资 60％的，以全省上一年度在岗职工月平均工资 60％为缴费基数，高于全省上一年度在岗职工月平均工资 300％的，以全省上一年度在岗职工月平均工资 300％为缴费基数。单位以上一年度本单位职工工资总额为缴费基数，按 20％的比例缴纳基本养老保险费。"

③ 参见《北京市基本医疗保险规定》（2001 年 2 月 20 日北京市人民政府第 68 号令）第十条。

在重整计划执行期间或一定时间内为留守的职工补缴欠缴期间的社保费。

《企业破产法》和《社会保险法》的立法宗旨都确定了要保护企业职工的合法权益，《企业破产法》第一百一十三条还规定了职工债权居于比较优先的清偿顺序，但《企业破产法》已经施行了近15年，随着经济社会的发展，有些方面已经不适应社会保险制度的现状和要求了。笔者提出破产职工债权中的社保费问题及建议，以便立法机关能充分考虑，使破产企业的职工合法权益能得到切实的保护。

第四节　重整

预重整的启动模式

彭福颜　万玉婵 [①]

摘要：文章从各地法院出台的关于预重整的规定和实践探索，梳理目前预重整的几种启动模式，结合最高人民法院有关文件对预重整和预重整本质特征的表述，提出预重整启动应采用法院备案型。

关键词：预重整；启动模式；法院备案型

预重整具有正式重整程序所没有的优势，受到越来越多的法院和政府有关部门的关注。由于《企业破产法》及其他法律法规对此没有规定，只有最高人民法院的会议纪要、意见和国家发展和改革委等十三部委的文件对此有所涉及，有些法院据此规定了预重整的操作指引或办法，并在办案实践中贯彻落实。本文试图对预重整的启动模式进行梳理和探讨，以期对立法研究和实务操作有所助益。

一、预重整的概念

目前《企业破产法》对预重整制度没有规定，我国的预重整制度处于探索阶段。

2018 年 3 月 4 日，最高人民法院发布的《全国法院破产审判工作会议纪要》第 22 条提出："探索推行庭外重组与庭内重整制度的衔接。在企业进入重整程序之前，可以先由债权人与债务人、出资人等利害关系人通过庭外商业谈判，拟定重组方案。重整程序启动后，可以重组方案为依据拟定重整计划草案提交人民法院依法审查批准。"

2019 年 6 月 22 日，国家发展和改革委、最高人民法院等十三部委共同发布的《关于印发〈加快完善市场主体退出制度改革方案〉的通知》(发改财金〔2019〕1104 号)中提出："研究建立预重整和庭外重组制度。完善金融机构债权人委员会制度，明确金融机构债权人委员会制度和庭内债权人委员会制度的程序转换和决议效力认可机制。研

---

① 彭福颜，贵州贵达律师事务所律师；万玉婵，贵州贵达律师事务所律师。

究建立预重整制度，实现庭外重组制度、预重整制度与破产重整制度的有效衔接，强化庭外重组的公信力和约束力，明确预重整的法律地位和制度内容。"

2019 年 11 月 8 日，《全国法院民商事审判工作会议纪要》第 115 条："继续完善庭外重组与庭内重整的衔接机制，降低制度性成本，提高破产制度效率。人民法院受理重整申请前，债务人和部分债权人已经达成的有关协议与重整程序中制作的重整计划草案内容一致的，有关债权人对该协议的同意视为对该重整计划草案表决的同意。但重整计划草案对协议内容进行了修改并对有关债权人有不利影响，或者与有关债权人重大利益相关的，受到影响的债权人有权按照企业破产法的规定对重整计划草案重新进行表决。"

经过几年对预重整制度的探索，我国已有浙江、北京、广州、深圳、南京等约 20 家法院（涵盖基层法院到高级法院）发布了审理预重整案件的有关指导意见或操作指引（部分法院单独行文），对预重整的启动、临时管理人（或称辅助机构）的指定、债务人和临时管理人的职责、预重整程序效力的延伸、预重整管理人报酬的确定等均作了规定。

联合国国际贸易法委员会编著的《破产法立法指南》将预重整称为"简易重整程序"，指破产法允许法院为加快重整程序进行的情况下，为使受到影响的债权人在重整程序启动前的自愿重组谈判中谈判商定的计划（协议）发生效力而启动的程序，是作为正式破产程序的一种补充。

根据以上规定和部分专家学者的表述，本文将"预重整"概括为：在法院受理破产重整前，债务人与债权人、投资人等利害关系人在一定的规则下就重整事项进行自主商业谈判并达成协议，法院受理破产重整申请后，管理人（或自行管理的债务人）根据此前达成的协议制作重整计划草案提交人民法院审查批准的一种困境企业拯救制度。

而正式重整程序，由于债务人陷入债务危机的程度比较深，各方利害关系人与债务人之间利益冲突比较激烈，债务人只是被动参与，其是否配合及配合度也是一个问题，导致管理人对企业的真实状况不一定能全面掌握。管理人不能全面掌握债务人的情况就无法准确识别企业陷入困境的原因，从而无法准确判断企业是否具有重整价值；债务人进入破产重整又会对企业的商业信誉造成损害，而且由于市场变化等原因，企业是否具有重整价值和重整能否成功也不易判断，债务人重整的成功率无法保证。而采取预重整，可以在债务人出现财务危机的早期尽快与各方利害关系人进行商业谈判并寻求解决办法，可以降低成本、化解争议、减少各种社会负面影响，提高债权清偿率和重整成功率。

二、目前预重整的几种启动模式

（一）法院主导型

由债务人或债权人在向法院申请重整的同时申请预重整，或者提交重整申请后一段时间（法院裁定受理前）再提交预重整申请，或者法院在审查重整申请过程中认为应适用预重整并征得申请人同意后，法院发出预重整决定书，并指定临时管理人，实质是法院审查是否受理重整的一种方式。

此种方式法院参与度比较高，在利害关系人提出预重整申请后，法院作出决定是否预重整，如果决定预重整的，法院将指定临时管理人并规定预重整时间（北京市第一中级人民法院除外）。部分法院规定预重整期间在本院辖区内有关债务人的执行程序中止，也可以根据利害关系人的申请采取财产保全措施。

北京市第一中级人民法院于 2019 年 12 月 30 日发布的《北京破产法庭破产重整案件办理规范（试行）》第二十九条规定："申请审查期间，债务人书面承诺接受预重整中临时管理人的调查和监督，履行相关义务的，人民法院可以决定对债务人进行预重整。"第三十九条还规定根据临时管理人、债务人、债权人的申请，法院可以裁定对债务人的全部或部分财产采取保全措施。如 2019 年 12 月 16 日，北京市第一中级人民法院在全国企业破产重整案件信息网作出（2019）京 01 破申 51 号决定书，决定对中航世新安装工程（北京）有限公司启动预重整，并于 12 月 30 日发布决定书，指定临时管理人。①

《深圳市中级人民法院审理企业重整案件的工作指引（试行）》关于预重整的启动与北京市第一中级人民法院的规定一致，均是债务人同意后由法院审查决定。

《南京市中级人民法院关于规范重整程序适用提升企业挽救效能的审判指引》第十九条规定经债务人同意预重整并获得政府、主管部门等支持意见后，由法院听证审查决定对债务人进行预重整。

《广州市中级人民法院关于破产重整案件审理指引（试行）》第二十条规定，预重整是指在重整程序启动前，主要债权人、出资人、债务人、重整投资人等主体在人民法院主导下通过协商谈判，预先就重组关键条款达成共识、参照《企业破产法》第八十一条规定的主要内容制作预重整方案，并取得一定比例利害关系人同意的程序。"

此外，江苏宿迁、苏州吴江、苏州吴中、苏州工业园区、成都、四川眉山、广西北

---

① 《北京市第一中级人民法院关于邀请社会中介机构以竞争方式选任预重整管理人的公告》，https://pccz.court.gov.cn/pcajxxw/pcgg/ggxq?id=B4A926773816AF55D49B37582F57F8F7，访问日期：2021 年 4 月 3 日。

海、山东青岛、淄博等地法院有关预重整的规定均是法院主导型，但也有一些区别，这里就不赘述了。

（二）债务人自行启动、报法院备案的方式

重庆市第五中级人民法院于2021年1月11日发布的《重庆市第五中级人民法院预重整工作指引（试行）》将预重整分为破产申请前的预重整和破产申请审查阶段的预重整。

重整申请前的预重整，没有规定具体的操作方式，是债务人自行达成重组协议，在法院受理破产重整申请后，债务人申请法院审查其预先制作并表决通过的重整计划草案的一种方式。《重庆市第五中级人民法院预重整工作指引（试行）》第十条规定："申请重整前，重组协议已经表决通过，债务人认为庭外重组阶段完成的各项工作符合本指引的规定，且需要继续转入重整程序的，可以请求人民法院在受理重整申请后根据本指引批准其预先制作并表决通过的重整计划草案。"

破产申请审查阶段的预重整，债务人在向法院申请重整的同时提交预重整申请，法院经审查认为符合预重整条件的，进行备案登记，并出具备案通知书。聘任预重整辅助机构（即临时管理人）也由债务人与主要债权人协商确定，只有在协商不成时才报请法院从本市管理人名册中随机选任。

《重庆市第五中级人民法院预重整工作指引（试行）》第十九条规定："债务人向本院申请重整并同时提交预重整申请的，人民法院收到申请后经审查符合预重整条件的，应当进行备案登记，出具预重整备案通知书。预重整备案通知书应当载明预重整期限、预重整辅助机构、债务人应开展的工作、禁止滥用预重整等内容。"如，重庆坤呈房地产开发有限公司（以下简称"坤呈公司"）破产重整案中，坤呈公司在2021年2月25日向重庆市第五中级人民法院申请重整时，请求法院在受理重整申请前进行预重整，并提出拟聘任北京德恒（重庆）律师事务所担任预重整辅助机构，重庆市第五中级人民法院审查后于2021年3月30日制作（2021）渝05破申70号《通知书》，对坤呈公司进行预重整及聘任北京德恒（重庆）律师事务所担任预重整辅助机构进行备案登记。[①]

（三）政府主导型——温州模式

温州市人民政府办公室2018年12月27日发布的《企业金融风险处置工作府院联

---

① 《重庆市第五中级人民法院通知书》，https://pccz.court.gov.cn/pcajxxw/pcws/wsxq?id=FDFF6E1281D17DD74D8332CB7AEC02A4，访问日期：2021年4月3日。

席会议纪要》（温政办函〔2018〕41号）规定，预重整程序由属地政府启动并发布书面文件予以确认，指定入选人民法院管理人名册的中介机构负责具体工作；人民法院对相关工作进行指导和监督；由政府参照关于管理人指定的相关法律规定和文件指定管理人，并征求债务人和主要债权人意见；政府应召集主要债权人成立债权人会议，并制订议事规则；管理人应向属地政府、债权人会议和法院报告预重整工作情况，接受监督与指导等。预重整期间，应优先保障债务人的重整，由属地政府与相关法院协调，暂缓采取可能影响债务人重整的执行措施。

此种模式由政府主导，政府承担了本应由法院或债务人、临时管理人履行的职责，违背了预重整应贯穿当事人意思自治原则的本质，同时政府的行政权力干预当事人的自治权，也不利于预重整的顺利进行和政府依法行政。

（四）法院受理破产清算后、宣告破产前进行的预重整

在法院裁定受理破产清算后、宣告债务人破产前，债务人或出资人（出资额占债务人注册资本十分之一以上）认为债务人具有重整价值和重整成功的可能性，经债权人会议决议通过债务人预重整而向法院提出预重整申请的一种模式。

2018年11月13日，江苏省南通市通州区法院裁定受理南通金港新型建材有限公司（以下简称"金港公司"）执行转破产清算案（2018）苏0612破申10号。2019年5月31日，该案管理人在全国企业破产重整案件信息网上发布《南通金港新型建材有限公司破产预重整案投资人招募公告》，公开招募预重整投资人。公告称"为维护金港公司运营价值，提高债权人清偿比例，引进具有实力的投资人，确保预重整成功，按照《企业破产法》等相关规定，现面向社会公开招募预重整投资人"[①]。

广东省东莞市第一人民法院于2020年12月18日在全国企业破产重整案件信息网发布（2017）粤1971破40-2号公告，公告称"本院于2017年12月12日裁定受理东莞鹏鸥实业有限公司破产清算一案，并指定广东尚宽律师事务所担任东莞鹏鸥实业有限公司管理人。根据管理人提交的关于预重整可行性分析报告，并结合东莞鹏鸥实业有限公司的企业状况，本院认为东莞鹏鸥实业有限公司具备重整价值及重整成功的可能性，故决定自2020年4月7日起对东莞鹏鸥实业有限公司进行预重整。"[②]

此种模式与预重整设立的初衷不符，突破了现行法律的规定，不能作为预重整的一

---

① 《南通金港新型建材有限公司破产预重整案投资人招募公告》，https://pccz.court.gov.cn/pcajxxw/pcgg/ggxq?id=03A56FC4CCA4F8CBB5F5263282BE0CD8，访问日期：2021年4月3日。

② 《广东省东莞市第一人民法院公告》，https://pccz.court.gov.cn/pcajxxw/pcgg/ggxq?id=F819229DA06276C9C49D9E1C34A3CC57，访问日期：2021年4月3日。

种启动方式。本来债务人已被法院裁定受理破产清算申请，清算程序就应该按照法律规定来进行，不可能在法定程序内创设一种由债务人、债权人、出资人等利害关系人自行发起的预重整，这也与清算程序的目的不符。预重整最本质的属性是利害关系人之间在法定程序外自愿进行的商业谈判，如果管理人或债务人、债权人、出资人等利害关系人认为债务人有重整的价值和可能，应向法院申请转为重整程序，而不是预重整。

以上为国内公开资料能查询到的预重整的四种模式，其中采用法院主导型占多数，政府主导模式和法院备案模式极少。对于政府主导型和在破产清算程序中采用的预重整模式，本文已经分析了其存在的弊端，故其不应作为预重整的启动方式，至于法院主导型和法院备案型，以下着重分析这两种预重整启动模式。

三、较为合适的预重整启动模式——法院备案型

法院主导型和法院备案型，哪一种方式启动预重整比较合适？这要从预重整的本质特征来看。预重整的本质特征是债务人在进入破产程序前的自愿重组谈判，是在法庭外进行的（法定程序外），体现了当事人的意思自治原则，但这种预重整中的自愿重组谈判又有别于完全自由、没有统一规则的一般商业谈判，因此法院在预重整程序中既不能完全不管，又不能管得太多，把本应由当事人自己决定的事由法院来决定，影响了当事人的自治权，浪费了宝贵的司法资源，也不利于预重整的顺利进行。那么，在预重整中法院的参与表现在哪些方面呢？

（一）法院应制定预重整规则，以便参与预重整的各方利害关系人有章可循

在预重整阶段，如果利害关系人不按一定的规则进行的商业谈判就与利害关系人自主进行的庭外一般商业谈判无异，债务人进入正式重整程序后，法院或管理人就会面临五花八门的协议和表决结果，进而导致无法采用此前的协议，无法沿用预重整的表决效力，那么预重整就没有任何意义，反而造成债务人和各方参与人的人力、物力和时间的浪费。

中国人民大学法学院王欣新教授认为："预重整与单纯庭外重组的关键区别，就在于其进行是有严格法律规则的，不同于由当事人任意进行的庭外重组。所以预重整能够将其制定并为多数债权人表决通过的重组（整）计划草案，在重整程序启动后直接提交法院审查批准，使债权人表决的效力向重整程序内延伸。"[1]

---

① 王欣新：《预重整的制度建设与实务辨析》，《人民司法》，2021年第7期。

王欣新教授在《预重整的制度建设与实务辨析》一文中提出，当前法院的参与首先是制定预重整规则，明确适用预重整的案件范围、参加预重整的债权人范围、债权核查方式、信息披露的范围和方式、利害关系人会议通知和召开方式、表决规则及表决效力向重整程序延伸的条件、重组计划（或重整计划、重组协议）的内容等等，便于当事人根据该规则进行预重整；其次，法院对预重整的审查、批准规则应不违反法律规定，不得降低对利害关系人实体和程序权利的保护程度，不得改变预重整作为庭外重组的基本属性。[①] 在债务人或债权人向法院申请破产重整被受理后，管理人或债务人根据债务人及利害关系人、重整投资人在预重整阶段达成的预重整协议（或重组协议）按照《企业破产法》的规定制作重整计划草案报法院批准，法院按照事先制定的预重整规则进行审查，认为符合规定的裁定予以批准，不符合规定的则裁定宣告破产企业破产，或认为不具有重整原因的裁定驳回重整申请。

（二）法院干预的适当性

是否采用预重整？什么时候开始？期限多长？由哪个机构担任预重整辅助机构（或称临时管理人）？这些事项首先应由当事人自己决定，而不应由法院决定，只有在当事人没有能力决定或主要的当事人之间达不成一致意见时，当事人请求法院指定，法院才能参与决定。

联合国国际贸易法委员会编著的《破产法立法指南》第163条规定："破产法应规定申请启动将自动启动程序，或规定须由法院就债务人是否满足建议160或161的要求，迅速作出裁定，如已满足，则启动程序。"

由于破产重整程序在《企业破产法》规定的三种破产程序中操作起来难度比较大，各地破产管理人和法院审判人员的专业水平也参差不齐，同时目前预重整制度尚处于探索阶段，法院在当事人进行预重整过程中给予业务指导是非常必要的。预重整达成的重组协议（或重组计划）在进入破产重整程序中由于不符合《企业破产法》的规定而无法得到法院的批准，将严重挫伤预重整参与人的积极性，也造成预重整参与人资源的浪费。

（三）法院备案的必要性

破产企业启动预重整程序如果不到法院备案，则法院完全不知道该情况，在破产企业进行预重整的同时，其他债权人有可能向法院申请该破产企业破产重整或清算，或法

---

① 王欣新：《预重整的制度建设与实务辨析》，《人民司法》，2021年第7期。

院对该破产企业的被执行案移送破产审查，导致法院和当事人互不知情，浪费司法资源和各方参与人的人力、物力和时间。

法院备案的另一个目的是，法院应根据预先制定的预重整规则审查当事人是否符合预重整的条件，符合即备案，并告知当事人在预重整阶段应注意的事项，特别是债务人、辅助机构（或称临时管理人）在预重整中的职责，以便预重整能够按照规定动作进行，进而使预重整程序中各方的工作协调推进，达成的重组（整）协议才能够在债务人进入法定重整程序后，其效力得到延伸，避免重复劳动和浪费各方资源，提高重整效率，这也是预重整最大的价值所在。

从目前全国约 20 家法院发布的关于预重整的规定来看，多数采用法院主导型，这种方式与国家层面的两个文件对预重整制度的论述是不符的。鉴于目前各地对于预重整制度都在探索阶段，期待在修改《企业破产法》的过程中，立法机关能将预重整制度纳入立法范围，统一标准、规范适用，以便符合条件的企业尽早启动预重整，以发挥预重整制度简化程序、提高效率、有效拯救困境企业的作用，使中央提出的深化供给侧结构性改革、优化营商环境的目标早日实现。

预重整方案的效力延伸

卢林华

摘要： 破产重整制度自 2007 年被引入我国以来，帮助了诸多濒临破产的企业涅槃重生，在供给侧结构性改革和优化营商环境等方面发挥了重要作用。但同时，重整制度存在成本过高、时间较长等问题，特别是企业进入破产程序后带来的商誉损失、停止经营等造成的利润损失、漫长的协商谈判过程等，很大程度上阻碍了重整制度价值和功能的发挥。因此，结合庭外重组与重整优势的预重整制度引起了破产法学界和实务界的注意，并随着一次次大胆的探索，一个个成功的案例进入人们的视野，迅速成为破产法学工作者、破产法律工作者讨论的热点。文章以预重整制度核心的预重整方案的效力延伸为主题，从我国司法实践中预重整方案的实践情况、存在的问题、效力延伸的影响因素等进行分析，以期对我国预重整制度的立法和司法有所助益。

关键词： 预重整方案；效力延伸；影响因素

随着我国市场经济的持续发展和供给侧结构性改革的加深，越来越多陷入经营困境的企业选择通过重整实现再生，如何完善破产法律制度、降低重整成本、提高重整成功率等问题急需解决。随着《全国法院破产审判工作会议纪要》和《加快完善市场主体退出制度改革方案》的发布，地方各级法院纷纷推出预重整规范性文件，开展预重整案件试点工作，积极探索和建立预重整制度。《全国民商事审判工作会议纪要》的发布，原则上明确了庭外重组协议的效力可延伸至重整程序这一核心条款，首次从最高人民法院的角度肯定了预重整方案的效力。

预重整制度的核心，在于债权人、债务人、出资人及其他利害关系人，在债务人正式进入破产程序前通过协商谈判达成预重整方案，并通过破产程序发生法律效力。但由于预重整制度在我国目前缺乏法律制度层面的规范，导致司法实践中对于预重整方案效力如何在破产程序中延伸存在较大争议，影响了预重整制度的价值和功能的发挥。

一、预重整方案的有关实践

对于预重整期间债权人、债务人、出资人等利害关系人谈判协商形成的有关财产处置、债务清偿等的成果，不同的文件有着不同的称呼，体现出文件发布主体对预重整方案认识的侧重点有所不同。为便于表述，除特别指出外，本文均称为"预重整方案"。

（一）国内有关规范性文件

浙江省高级人民法院于 2013 年 7 月发布的《浙江省高级人民法院关于企业破产案件简易审若干问题的纪要》是国内最先明确预重整制度的规范性文件，其将预重整方案称为"债务清偿方案或资产重组方案"，将债权人对预重整方案的意见称为"对债务清偿方案所做的不可翻悔的承诺"，明确由债务人或管理人以预重整方案为基础制定和解协议草案或重整计划草案，并通过债权人会议予以确认。《全国法院民商事审判工作会议纪要》将预重整方案称为"庭外重组协议"，《全国法院破产审判工作会议纪要》称之为"重组方案"，《北京破产法庭破产重整案件办理规范（试行）》称之为"预重整方案"，其他文件对其称谓大致相似，不再一一列举。

预重整方案的性质和内容，对预重整方案的效力延伸有着至关重要的影响。尽管相关规范性文件中对预重整方案的称谓分为"协议"和"方案"两类，但二者并无实质区别，均将预重整方案的法律性质理解为合同，《北京破产法庭破产重整案件办理规范（试行）》第二十八条更是直接将预重整方案定义为"在预重整程序中，债务人与债权人、出资人、重整投资人等利害关系人通过自愿平等商业谈判拟定的有关债权分类、债权调整和清偿、出资人权益调整、债务人治理和经营以及其他有利于债务人重整内容的协议"，这与重整中的重整计划的性质基本一致，即本质是一种合同，不过这种合同是团体性的、强制性、内容复杂、经过司法确认的合同。[1] 就预重整方案的内容而言，基于预重整的目标是将债权人等利害关系人对预重整方案的协商一致转化为对重整计划草案的表决同意，以及重整计划草案一般不能改变预重整方案对财产处置、债务清偿等的要求，参照重整计划草案的要求制定预重整方案在司法实践中具有操作可能性和现实价值。

在预重整方案的效力延伸方面，各级人民法院出台的预重整相关规范性文件均认可预重整方案的效力可以延伸至重整程序中，并要求管理人、债务人以预重整方案作为基础制作重整计划草案提交债权人会议表决。但在具体操作模式上存在一定区别。

---

[1] 王欣新：《破产法》，中国人民大学出版社，2019，第 308 页。

深圳市中级人民法院规定，当重整计划草案对预重整方案的修改未实质影响相关利害关系人且利害关系人同意不再进行表决的，或重整计划草案的基本内容与预重整方案一致的，利害关系人作出同意的意见在重整中继续有效。北京市第一中级人民法院除从正面要求重整计划草案与预重整方案内容一致外，还从反面提出两项重要要求：第一，重整计划草案对预重整方案进行修改且对权利人有不利影响的；第二，预重整方案表决前债务人没有充分披露真实信息，可能影响权利人表决的。基于上述两项要求，如权利人的权利受到影响，则权利人有权对重整计划重新表决。上述二者规定较为相似，除信息披露这一条件外（深圳市中级人民法院规范性文件对信息披露另有要求），区别在于，在重整计划草案对预重整方案进行修改的情况下，北京市第一中级人民法院默认利害关系人的表决意见为同意，需要由利害关系人主动提出重新表决，而深圳市中级人民法院则要求需要利害关系人同意不再进行表决的意见，这一细微的差异，对债务人、管理人的工作提出的要求，对重整程序的效率和债权人利益的保护存在差别。

成都市中级人民法院发布的操作指引则显得较为激进，明确规定该院裁定受理重整申请的，管理人可以直接以预重整方案为依据拟定重整计划草案提交人民法院审查批准，即无须再提交债权人会议表决。厦门市中级人民法院发布的规范性文件同样不需要将已表决通过的预重整方案提交债权人会议表决，但在例外情形上显得较为保守，明确具有下列情形的，将召开债权人会议对重整计划草案进行表决：第一，重整计划草案内容或预表决分组不符合《企业破产法》规定，或通过恶意收购、分拆债权等方式促成预表决通过；第二，重整计划草案的内容发生了变更；第三，法院裁定确认债权后同意重整计划草案的比例未达到《企业破产法》的规定；第四，债务人披露的信息存在虚假、隐瞒等情形。成都市中级人民法院与厦门市中级人民法院均将各利害关系人对预重整方案的表决通过视为对重整计划的表决通过，实质上是将重整的各项工作均提前在预重整中进行，而厦门市中级人民法院则在例外情形发生后采取直接推倒已经表决同意的利害关系人的表决意见、召开债权人会议重新表决的方式进行表决。

（二）国内有关案例

依上所述，深圳市中级人民法院、北京市第一中级人民法院有关预重整方案的效力延伸问题与成都市中级人民法院、厦门市中级人民法院有所不同，笔者从北京市第一中级人民法院和厦门市中级人民法院审判的典型案例中各选一个进行比较分析。

1. 北京理工中兴科技股份有限公司重整案①

北京理工中兴科技股份有限公司，成立于 1992 年 12 月 1 日，注册资本 2.5 亿余元，系在全国中小企业股转系统代办股份转让的非上市公众公司。1993 年 4 月，公司经海南省证券管理办公室批准，定向募集 1.2 亿股在中国证券交易系统（NET 系统）上市交易，流通股 17090 万股，股东达 1.4 万余名。截至 2017 年，公司资产总额 979.66 万元，负债总额近亿元，已严重资不抵债，债权人以其不能清偿到期债务为由，向北京市第一中级人民法院申请京中兴公司破产重整。为了提高重整成功率，法院采用预重整模式，以预先摇号方式选定管理人提前开展工作，以听证形式多次组织利害关系人谈判协商，引导主要债权人与债务人、投资方共同签署包含债权调整、经营方案以及重整路径等主要问题的"预重整工作备忘录"。法院受理重整后，有效对接预重整工作成果，在受理 80 余天便召开债权人会议表决重整计划草案，债权人组全票通过，出资人组通过率超 87%。2017 年 12 月 21 日，人民法院裁定批准重整计划，终止重整程序。

北京理工中兴科技股份有限公司在短时间内重整成功，关键在于重整受理前主要债权人、债务人、投资人已经就债权调整、经营方案和重整路径等重要问题达成一致意见并签署"预重整工作备忘录"，在人民法院受理重整后以此为基础制作重整计划草案，为重整计划的高票通过奠定了基础。北京理工中兴科技股份有限公司重整案主要发生在 2017 年。2019 年 12 月 30 日，北京市第一中级人民法院发布了《北京破产法庭破产重整案件办理规范（试行）》，该规范性文件的多项规定有着该案的影子，例如听证程序、临时管理人、引导利害关系人签署预重整方案等，《北京破产法庭破产重整案件办理规范（试行）》还明确重整计划草案与预重整方案一致的，出资人、债权人对预重整方案的同意视为对该重整计划草案表决同意。

2. 任我游（厦门）科技发展有限公司破产清算转重整案②

任我游科（厦门）技发展有限公司系国内知名的旅游科技企业，受新型冠状病毒感染疫情影响，该公司经营陷入困境，被债权人申请破产清算。厦门市中级人民法院受理债务人破产清算后发现，债务人拥有 100 多项自有知识产权、诸多高质量核心业务，自身运营能力较强，只是由于受疫情影响才陷入资金困境，但公司仍然坚持经营、开展自救，仍具有较高重整价值。法院指导管理人引入投资方，启动预重整，并与投资方签署《重整投资协议书》。经与债权人协商，管理人拟定重整计划草案并进行预表决，重整计

---

① 《北京理工中兴科技股份有限公司破产重整案》，https://www.chinacourt.org/article/detail/2018/03/id/3219465.shtml，访问日期：2021 年 4 月 10 日。

② 陈捷、林彬彬：《知名企业受疫情影响陷债务困境 厦破产法庭运用"预重整"机制"引水救鱼"》，http://www.taihainet.com/news/xmnews/shms/2021-02-01/2475275.html，访问日期：2021 年 4 月 10 日。

划草案经预表决高票通过。重整计划草案明确，债权人、出资人对重整计划草案的预表决意见及其他书面意见在法院裁定债务人企业重整之后仍对其具有约束力，无须再行召开债权人会议进行表决。2021 年 1 月 5 日，法院受理债务人重整；同日，管理人申请人民法院批准重整计划；次日，人民法院裁定重整计划，终止债务人重整。

任我游（厦门）科技发展有限公司从预重整程序启动到重整成功仅耗时 42 天，运用预重整的方式对债务人的重整可能性进行识别，避免了债务人在重整成功率不明的情况下转入重整后面临重整失败而再次转入破产清算的风险。同时，重整计划草案效力延伸条款的设置，为庭外重组和庭内重整衔接做好充足准备。厦门市中级人民法院《企业破产案件预重整工作指引》发布于 2020 年 5 月，该案在投资人引入、预表决、与重整衔接等方面是该规范性文件的有力例证，特别是表决通过的预重整方案直接作为重整计划申请人民法院批准的运用，极大地节约了重整程序的时间和成本。

二、效力延伸面临的困境

（一）客观情况的变化

除了将重整程序的各项工作完全迁移到预重整程序中外，制作重整计划草案与预重整方案的客观条件必然存在变化，这些变化同样影响着预重整方案的效力延伸。

1. 债权变化

债权的变化主要体现在因债权计算问题、债权申报问题、债权变更问题产生的变化，不包括破产费用、共益债务的产生。前者主要体现在利率的计算标准和计算时间上，预重整并没有与破产重整相同或相似的停止计息规则，债权利息仍需计算至破产受理之日，并且，不同的债权可能在利率上存在不同甚至未约定利率。后者主要体现在未知债权的申报方面，从司法实践来看，重整中的未按期申报债权是一个难以解决的问题，债权人在预重整中申报债权的积极性可想而知，缺乏相应规则的限制，甚至可能出现部分金融机构、国有企业、政府机关不申报债权。后者则主要表现为债权的合并和分割，即部分债权人通过转让等方式增加持有的债权或减少自身的债权，造成债权人总数量的变化。

债权的变化将直接影响债权人等利害关系人和管理人对债务人偿债能力的判断，甚至导致预重整方案中的债权清偿方案不能转化为重整计划草案，需相应减少债权人在预重整方案中的可得清偿。债权变化的另一影响在于对预重整方案是否表决通过的影响，即未表决同意预重整方案的债权的增加，可能导致原本已经通过的预重整方案在重整程序中变为未通过。

2. 债务人财产变化

为了尽可能降低预重整或破产重整对债务人生产经营的影响，预重整中一般由债务人继续管理自身财产和营业事务，债务人的生产经营中往往存在资金的周转和往来，因此财务人财产始终处于变化中。更为尴尬的是，债务人在预重整期间进行的资金往来、追加担保等行为，在进入重整后存在被认定为偏颇性清偿、欺诈性清偿，管理人对此负有依法主张撤销的义务。而且，即使该交易得到预重整期间多数债权人的认可，也不能确保得到重整程序中的债权人会议的认可。此外，重整中还可能存在发现债务人隐匿的财产、取得新财产的情况，造成债务人财产的变化。

3. 其他变化

重整程序相比预重整程序可能发生的其他变化还有投资人、管理人的变化。

投资人在重整程序中一般扮演着资金提供方、技术提供方、经营管理方等角色，在需要引进投资人的重整案件中，投资人的产生或退出不可避免地对重整程序与预重整的衔接造成重大影响。预重整方案中确定的投资人退出的，将对预重整方案的效力延续产生巨大伤害，除按照重整投资协议没收投资保证金、赔偿损失等违约责任外，难以要求投资人继续履行预重整方案。此外，司法实践中还可能出现未确定投资人、只规定投资人产生的程序的预重整方案。

从各地预重整相关规范文件来看，重整中的管理人原则上由预重整程序中的临时管理人继续担任，但二者之间不画等号，是对管理人选定市场化的基本要求，[①] 各地法院发布的规范性文件也从不同的角度规定了管理人变更的情形。但由于包括预重整方案在内的预重整相关工作已经和临时管理人进行了不同程度的绑定，更换管理人不仅不利于预重整程序与重整程序的衔接，还可能出现新管理人不认可临时管理人制作的预重整方案，造成前期工作的浪费。

（二）信息不对称

债权人、出资人通过对债务人财产价值、负债、重整收益、偿债能力等各方面进行评估从而决定自己在预重整程序中的行动，就普遍理性而言，各利害关系人都应该从自身的利益出发，凭借自身获得的信息，试图最大化自身的利益。但是在一个面临破产威胁的债务人面前，债务人财产、负债、预期经营收益等影响债权人、债务人可能获得的利益的因素通常不会产生重大变化，决定了各利害关系人整体可得利益是有上限的，在

---

① 金春、任一民、池伟宏：《预重整的制度框架分析和实践模式探索》，载王卫国、郑志斌主编《法庭外债务重组（第 1 辑）》，法律出版社，2016，第 105 页。

市场经济尚在发展中的我国，各利害关系人协商一致达成预重整方案存在较大困难。特别是预重整中一般由债务人继续负责自身的生产经营和财产管理，即便存在预重整管理人，预重整管理人也只能起到监督作用，更何况预重整管理人还可能来自债务人的推荐。因此，大量债务人为了尽快摆脱困境，甚至恶意逃废债，往往会利用信息不对称对债权人、投资人隐瞒企业真实的财务状况，例如隐匿财产试图降低债权人的预期可得利益，从而降低债权人在重整计划中的受偿比例。这样的企业进入破产重整后，如债权人、出资人等发现其基于错误的信息对自身利益进行了不当处置，势必要求推倒之前已形成的重整计划，通过重整程序重新对债务人进行调查和制作重整计划草案，使得预重整程序被浪费，并且还会相应增加债权人等利害关系人对债务人的不信任；如债权人、出资人等未发现，则债务人损害各利害关系人利益的行为得手。无论何种情况，各利害关系人合法利益均会受到不当减损，从而可能带来一系列的负面效果。

（三）司法实践的不规范

鉴于预重整制度并未规定在我国的破产法立法中，而是各地法院根据各自理解在司法实践中探索，因此，各地法院发布的规范性文件也不可避免地存在不合理的地方。就目前的司法实践来看，有的地方将预重整完全控制在法院的手中，使其失去了当事人市场化自治协商的基本属性；有的地方将预重整演化为在法律规定外变相延长重整期间的规避工具。[1] 在这种思想的指导下，部分法院将破产重整制度中关于债权人会议、债权审查等方面的制度直接套用到预重整程序中来，盲目追求在预重整阶段完成全部工作，在进入重整程序后立即批准重整计划、终止重整。探索和建立预重整程序的目标，在于将部分重整程序中的协商谈判工作交由债权人、债务人等利害关系人自行完成，并通过一系列规则将协商结果固定下来，如果按照重整来设计预重整，将会违背预重整制度的宗旨和基本原则，影响破产法律制度的正确实施。

三、效力延伸的适法路径分析

预重整制度能具备庭外重组程序的高效灵活与破产重整程序的司法权威两大优势的主要原因，在于预重整中各方协商形成的预重整方案能高效转化为重整计划草案，因此，预重整的制度设计和研究讨论应当围绕预重整方案的效力延伸问题来展开。《全国法院民商事审判工作会议纪要》对预重整方案的效力延伸至重整计划草案的要求为"内

---

① 王欣新：《以破产法的改革完善应对新冠疫情、提升营商环境》，《法律适用》2020 年第 15 期。

容一致"，但并未展开讨论何为"内容一致"，这一点在司法实践中便不可避免地成为各利害关系人争论的焦点。

（一）效力延伸的条件

1. 内容的一致性

各地法院发布的规范性文件对于重整计划草案与预重整方案的一致性有着不同的规定，深圳市中级人民法院发布的《深圳市中级人民法院审理企业重整案件的工作指引（试行）》要求是"基本内容一致"；北京市第一中级人民法院发布的《北京破产法庭破产重整案件办理规范（试行）》要求是"内容一致"。应当承认，除非将重整程序完全套用到预重整程序中，否则重整计划草案在文字表述、事实等方面势必与预重整方案存在不同，要求文字完全相同显然不符合实际，但对于如何判断是否符合"内容一致"或"内容基本一致"，各地法院并未作出更进一步的规定。

如前所述，预重整方案的性质为合同，探讨是否一致应当结合相关法律对合同一致的判断。根据《民法典》第四百八十八条的规定，承诺的内容应当与要约的内容一致，有关合同标的、数量、质量、价款或者报酬、履行期限、履行地点和方式、违约责任和解决争议方法等的变更，是对要约内容的实质性变更。管理人、债务人提出的预重整方案作为要约，债权人等利害关系人表决同意的意见作为承诺，当以预重整方案作为制作重整计划草案的根据时，重整计划草案作为要约的内容应当与债权人等利害关系人作出的承诺一致，否则，重整计划草案作为新的要约，应当由各利害关系人重新表决。对预重整方案与重整计划草案的一致性的判断，应当参照《民法典》中关于合同一致性的规定，具体到预重整方案中，表现为以下内容的一致：①纳入重整的债务人财产、进行调整和清偿的债权、进行调整的出资人权益的范围；②债权清偿数额和清偿方式、出资人权益调整方式、投资金额和方式；③债权清偿期限、投资期限；④重整失败的后果和解决方式。人民法院在审查重整计划草案与预重整方案是否一致时，应当重点审查是否进行了实质变更，并将变更情况及时告知相关利害关系人。

2. 合理的改变

当重整计划进行实质性变更时，是否还需要再由利害关系人进行表决。深圳市中级人民法院发布的《深圳市中级人民法院审理企业重整案件的工作指引（试行）》要求是未产生"实质性不利影响"；北京市第一中级人民法院发布的《北京破产法庭破产重整案件办理规范（试行）》要求是未"对有关权利人有不利影响"；《苏州工业园区人民法院审理破产预重整案件的工作指引（试行）》要求是"有关权利人的权益更趋优化"。可见司法实践中大多认可当利害关系人的权利更优时，利害关系人无须再进行表决。但重整计划对债权债务的处理并非单纯的数额和时间，如何判断是否优化利害关系人权益也并不简单。举例来说，当债务人的上下游供应商作为债权人时，他们不仅考虑债权清偿金额和方式，还会考虑到未来合作的可能性（部分未在重整计划中明确说明），通过未来的交易尽可能挽回损失，如果重整计划优化债务人经营方案，改变原本的经营模式、生产技术等，可能对这些债权人而言反而是损失。

《全国法院民商事审判工作会议纪要》第 115 条的规定来看，只要重整计划草案与预重整方案相比，对利害关系人的权利进行减损就可视为对其存在"不利影响"。然而，除了过于明显地降低清偿比例、延长清偿时间，要求在破产程序中权益一般都会遭受不同程度损害的债权人等利害关系人证明重整计划草案相比于重整方案更不利于自身权益的保护是比较困难的。在此情况下，债权人等利害关系人可以主张"重大利益相关"这一证明责任相对较轻的情形。

每个人都是自身利益最好的判断者，债权人自己才有权利和能力判断重整计划草案相比预重整方案是否更趋优化或实际减损自身权益，人民法院和管理人应当及时将变更情况告知利害关系人，给予利害关系人提出异议的时间。

3. 充分的信息披露

除了最高人民法院后续颁布的司法文件外，《企业破产法》对于重整中的信息披露只有制作重整计划草案时的征求意见，始终没有作出明确的规定，但信息披露在预重整中非常重要，究其根源要追溯到美国预重整制度的有关规定。预重整制度起源于美国破产法实际，根据美国预重整制度的相关规定，提出预重整方案的人，应当向每一个可能参加表决的人提供与重整方案的内容和法院同意提供"充分信息"的披露声明，并且在此之前不得进行表决。美国预重整制度对"充分信息"的要求非常复杂，简单来说，披露标准与相关的法律、法规或条例所规定的信息披露的充分性标准一致；[1] 如果没有参考标准，应当充分、合理地反应债务人的性质、历史以及会计账目，能使理智的利害关系人对预重整方案做出合理的判断。

从合同的角度来看，根据《民法典》第一百四十七、一百四十八、一百四十九条的规定，行为人基于重大误解实施的民事法律行为，受欺诈在违背真实意思的情况下实施的民事法律行为，有权主张撤销。对应到破产程序中，如果信息披露不真实、不正确、不充分，债权人等利害关系人表决同意的行为很可能被认定为基于重大误解或受欺诈违背真实意思表示实施的法律行为，各利害关系人自然有权要求重新对重整计划草案进行表决。

---

① 王佐发：《预重整制度的法律经济分析》，《政法论坛》2009 年第 2 期。

在《全国法院民商事审判工作会议纪要》中，最高人民法院并未将信息披露作为预重整方案表决效力延伸的前提条件。但在各地法院在预重整的理论探讨和司法实践中，各方都认识到了信息披露的重要性；在关于预重整的规范性文件中，对信息披露有不同程度的要求。以深圳市中级人民法院发布的《深圳市中级人民法院审理企业重整案件的工作指引（试行）》为例，文件对信息披露的要求为：①全面披露，导致破产申请的事件、经营状况、相关财务状况、履约能力、可分配财产状况、负债明细、重大不确定诉讼、模拟破产清算状态下的清偿能力、重整计划草案重大风险等；②准确披露，措辞明确，以突出方式引起注意；③合法披露，披露程序应当符合法律规定的要求。

笔者认为，深圳市中级人民法院确立的"全面披露、准确披露、合法披露"的标准在披露形式和程序方面比较合理，但在披露内容上还有进一步优化的空间，具体而言，可以借鉴美国预重整制度中"足够的细节"的要求，例如债务人的性质和历史等，确保债权人等利害关系人基于对重整真实状况的了解和对自身利益的考量，做出自身的判断。

（二）异议救济途径

对于预重整方案效力延续的救济途径表现为重新表决，《全国法院民商事审判工作会议纪要》列举了两种债权人等利害关系人有权重新表决的情形，即重整计划草案对预重整方案内容进行了修改并对有关债权人有不利影响，或者与有关债权人重大利益相关。笔者认为，应当从以下几个方面对救济途径进行理解。

第一，提出异议的情形：不利影响或重大利益相关。"不利影响"即重整计划草案对预重整方案内容有实质修改且对利害关系人有不利影响，"重大利益相关"即内容有实质修改且与利害关系人重大利益相关，两种情形属于并列关系而非从属关系。这样的意义在于，当债权人等利害关系人难以证明重整计划草案的实质性修改对自身利益造成了不利影响时，有权以"与自身有重大利益相关"为由提出异议，后者相比前者在证明责任方面更轻。

第二，提出异议的主体：受影响的利害关系人。在重整程序中，对重整计划草案的任何一个部分的利害关系人的利益调整都可能影响其他利害关系人，因此要严格将提出异议的主体限定为直接受到不利影响或有重大利益相关的利害关系人。

第三，提出异议的形式：主张重新表决。提出异议的形式在司法实践中可分为利害关系人提出重新表决的主张或利害关系人同意不再重新表决，前者以《北京破产法庭破产重整案件办理规范（试行）》为例，后者以《深圳市中级人民法院审理企业重整案件的工作指引（试行）》为例。笔者认为，二者相比，由债权人等利害关系人决定是否提出重新表决的主张更符合异议救济途径的实质要求，债权人等利害关系人在其利益受到损害时应当积极行使权利保护自身利益，避免人民法院在审查效力延伸时畏首畏尾、不敢动作。

预重整制度的核心在于预重整方案的效力延伸，以提高重整效率、节约重整成本，但不能只追求效力延伸而忽视了债权人等利害关系人合法权益的保护，过度限制债权人重新表决的主张。但是，将利害关系人对预重整方案的同意拟制为对重整计划草案的同意是针对单个债权人的行为，人民法院应当慎重审查利害关系人提出的异议单独决定是否准许重新表决，没有必要直接推翻该表决组的表决意见甚至将全部表决推倒重来。

（三）实践要点

1. 形式

从预重整方案的名称上来看，司法实践中目前采取的庭外重组协议、重组方案、预重整计划、预重整方案等表述过于混乱，可统一表述为预重整方案，与重整计划草案有所区分。

预重整方案的格式应当参照重整计划草案的格式制作，特别是债务人资产负债情况、债务人经营方案、债权清偿方案、执行与监督等主要内容，在后续制作重整计划草案时，尽可能沿用预重整方案的内容，避免引起利害关系人不必要的误解。

2. 内容

预重整方案的具体内容方面，应当充分考虑进入重整程序后可能发生的变化，对债权清偿等关系债权人等利害关系人利益的内容做出弹性的规定，甚至在征得债权人等利害关系人同意的情况下，明确在某些情形下不再进行表决。例如，如果债权可能出现变化而清楚资金是固定的，可以规定某类债权的清偿资金总额和各债权人分配清偿资金的方式；如债务人财产可能增加，则可以规定后续发现或新增的财产如何处置和分配。

3. 表决

预重整方案的表决，应当按债权人与债权结合的标准进行，具体而言，预重整方案可以明确载明，债权人同意的意思表示及与其在重整程序中得到确认的全部债权，包括其自身所有的或通过其他方式取得的全部债权，并且第三人通过转让取得已经表决同意预重整方案的债权人持有的债权的，债权人已经做出的同意的意思表示对第三人有约束力。

债权人等利害关系人对预重整方案的表决，可以参照重整计划草案分组表决，但不必要求重整计划草案表决中的全部利害关系人都参加预重整方案的表决，例如职工债权清偿与继续就业不受影响的债务人职工，或是能得到全额清偿的小额债权人。此外，对预重整方案的表决，不必以债权的确定为基础，在债权预申报与审查时，可以指定暂计算至某一时间（如预重整受理之日），大致估计预重整方案是否表决通过，在重整程序中再由人民法院裁定确认债权。

预重整方案的表决另一关键问题是，表决不同意预重整方案的利害关系人或未参加表决的利害关系人，应当确保其在重整计划草案中可得的权益与其他类似的表决同意的债权人一致，应当公平对待同一表决组的债权人。并且，债务人、管理人还可以继续与未表决同意的利害关系人协商，征求其意见。

4. 信息披露

对于预重整阶段可能影响债权人等利害关系人做出决策的信息，管理人、债务人应当充分、全面地披露。预重整中原则上自行管理财产和营业事务的债务人，自然是信息披露的第一责任人，但管理人应当从第三方中介机构的地位，认真、审慎地调查与债务人有关的资产负债、生产经营等有关信息并及时、全面地向债权人等利害关系人披露。

四、结语

整个预重整制度的设计目的，不是各利害关系人自愿协商谈判形成统一的预重整方案，而是通过一系列的程序设计引导协商谈判的成果效力衍生至重整程序中，否则与庭外重组何异？因此，预重整制度的设计，应当以预重整方案的效力延伸为核心，在利害关系人的自愿协商与法律的规范适用中寻找平衡点。

根据十三部委发布的《加快完善市场主体退出制度改革方案》，预重整制度作为一种全新的制度，将在一段时间内被司法界人士和研究界人士结合中国国情进行探索、改良，最终成为中国特色社会主义法律体系的一部分。随着探索预重整制度的地区增多和预重整案件的增多，预重整制度存在的问题也将会不断被发掘出来，经由广大法律从业者研讨后改良。

房地产企业破产重整的商业判断

吴正彦　　万玉婵[①]

摘要： 房地产企业进入破产重整后，重整计划草案要考虑的一个重要因素就是经营方案的可行性，而可行性研究更多属于商业判断，既有客观性又有主观性，更有其科学性和专业性的特点。本文在对房地产项目可行性研究的同时，提出必要时可以参照破产程序中聘请审计、评估等中介机构的做法，由管理人报告债权人会议（第一次债权人会议召开前经人民法院许可）后，公开委托有资质或资格的专业咨询评估机构开展房地产项目可行性研究，所需费用纳入破产费用。可行性研究结论可作为管理人制作重整计划草案和法院审查重整计划草案的参考。

关键词： 房地产企业；破产重整；可行性研究

破产重整程序中的房地产企业能否重整就要看其是否具有重整价值，而重整价值的判断不单涉及法律问题，更多的是对房地产项目有关商业价值和市场价值的判断，是一种经济评价，要依据一些客观因素和企业、楼盘本身的情况来判断，在这方面对于法学出身的法官和作为管理人的律师、会计师来说不具有优势甚至无法完成，属于经济学、管理学、建筑学、会计学等多学科领域，应由有资质的专业咨询机构、中介机构或专业技术人员进行。

一、房地产项目可行性研究简介

房地产项目可行性研究，是指在企业或个人投资决策前，对与房地产项目有关的市场、资源、工程技术、经济、社会等方面问题进行全面的分析、论证和评价，从而判断项目是否有必要建设、技术上是否可行、经济上是否合理、投资风险是否可控等，并对多个方案进行优选的科学方法。

---

① 吴正彦，贵州贵达律师事务所高级合伙人；万玉婵，贵州贵达律师事务所律师。

中华人民共和国建设部（以下简称"建设部"，下同）[1]于 2000 年 9 月 18 日发布了《房地产开发项目经济评价方法》（建标〔2000〕205 号），其第一条就指出经济评价是房地产项目可行性研究的重要组成部分，是房地产项目决策科学化的重要手段。

房地产项目经济评价分为财务评价（也称"财务分析"）和综合评价（也称"综合分析"）。对于一般的房地产项目只需进行财务评价；对于重大的、对区域社会经济发展有较大影响的房地产项目，如经济开发区项目、成片开发项目，在做出决策前应进行综合评价；评价内容应根据项目性质、项目目标、项目投资者、项目财务主体以及项目对经济与社会的影响程度等具体情况确定。

可行性研究形成的报告除了作为投资人参考的依据外，也是项目立项报政府发展和改革委（局）备案的重要文件，同时也是商业银行等金融机构审查房地产项目贷款可行性的依据。

（一）财务评价

财务评价应根据现行财税制度和价格体系，计算房地产项目的财务收入和财务支出，分析项目的财务盈利能力、清偿能力以及资金平衡状况，判断项目的财务可行性。

（二）综合评价

综合评价应从区域社会经济发展的角度，分析和计算房地产项目对区域社会经济的效益和费用，考察项目对社会经济的净贡献，判断项目的社会经济合理性。

根据《房地产开发项目经济评价方法》（建标〔2000〕205 号）的规定，房地产项目经济评价，应在房地产市场调查与预测、项目策划、投资与成本费用估算、收入估算与资金筹措的基础上进行，同时应注意对房地产项目进行不确定性分析和多方案比选。

经济评价必须保证评价的客观性、科学性、公正性，坚持"定量分析与定性分析相结合、以定量分析为主"以及"动态分析与静态分析相结合、以动态分析为主"的原则。

房地产项目经济评价人员收集基础数据的准确性和选择参数的合理性，对房地产项目经济评价结论的正确性有着重要的影响，这就要求房地产项目经济评价人员具有较高的素质，以便在进行房地产项目经济评价时做出正确的分析和判断。

房地产项目可行性研究报告作为经济评价的重要组成部分，包括市场调查和分析、规划设计方案优选、开发进度安排、投资估算、资金筹集方案及筹资成本估算、财务评

---

① 中华人民共和国建设部于 2008 年变更为"中华人民共和国住房和城乡建设部"。

价、不确定性分析、综合评价、结论几个部分。

二、破产重整中房地产项目可行性研究的特殊性

正常经营的房地产项目可行性研究，是在项目实施前进行的，可选择的方案很多，本着最高最佳利用原则（"最高最佳利用"是法律上允许、技术上可能、财务上可行、经过充分合理的论证，能够带来最高收益的利用），选择最佳的用途和最合适的开发规模，包括建筑总面积、建设和装修档次、平面布置、园林景观等，正如一张白纸好作画，在规划条件许可的范围内可供选择的设计方案不止一种。

破产重整中房地产项目的可行性研究是在债务人此前规划建设的基础上进行的，进入破产重整的房地产项目多数是已建成一部分后停工的在建工程（俗称"烂尾楼"），管理人不可能将此前已建设的楼盘推倒重来，而应立足于项目现状来分析研究，本着节约原则，既要考虑招募投资人或招不到投资人时复工、续建资金的来源，又要考虑已购房的债权人急于交房、办产权证的诉求和工程、其他类债权人急于得到偿债资金的要求和不能及时得到偿债资金时的社会稳定风险，还有提交重整计划草案的法定时间期限等，受到的限制比较多。破产重整除了要考虑清偿债权人的债权规模、期限、方式以及债权人的接受能力等，还要兼顾意向投资人的投资总额、投资方式和投资回报、持续经营能力，而正常的房地产项目只要考虑资金筹措、投资回报、销售和其他商业判断因素，不存在清偿前期积累的巨额债务，因此破产重整中房地产项目的可行性研究应立足于项目的现状来开展。

三、破产重整中房地产项目可行性研究的主要内容

房地产企业破产重整，是指整个公司的破产重整，而不是房地产企业开发建设的个别项目的破产重整。进入破产重整的房地产企业可能只有一个项目，也可能先后或同时开发建设了多个项目，因此管理人的职责，是要处理房地产企业开发建设的所有项目（要排除已建成交付并已办理完产权证、无遗留问题的项目）的遗留问题，未完工的烂尾楼的复工复建、交房等，当然重点是未完工的烂尾楼的复工复建问题，这就涉及房地产项目重整的可行性研究。

无论由管理人自行完成房地产项目的可行性研究，还是委托专业咨询评估机构进行，在开展可行性研究前要明确房地产企业重整的目标：一是如果已有购房人未交房的，尽早交房给购房债权人（即目前各地政府提出的"保交楼"），这是管理人、法院

和各级政府保民生的职责所在，也是管理人及重整投资人需要考虑的首要问题；二是在尽早交房给购房债权人的基础上，使普通债权人尽可能高地得到清偿比例；三是对于"烂尾楼"有未售房屋的项目，在早日复工复建的同时尽快销售，或者厘清产权关系后尽快销售，以便回笼资金清偿债务；四是考虑盈利，对于投资人来说，烂尾楼不一定能盈利，但可以在未建部分获取利润，即破产重整中房地产项目规划范围内未建的那部分是其主要盈利点。

由于市场调查与分析预测是整个项目可行性研究的基础，本文将着重介绍市场调查与预测的内容、方法，可行性研究的其他内容则进行简要介绍。

针对进入破产重整程序中的房地产企业及其开发建设的房地产项目的特殊性，其项目的可行性研究一般包括以下几方面的内容。

（一）市场调查与分析预测

经济评价人员通过房地产市场现状调查与对未来趋势的预测，来了解房地产市场的过去和现状，把握房地产市场的发展动态，认识房地产市场未来发展的趋势，为分析和确定房地产项目建设的必要性、规模、档次、时机、开发经营方式、同类用途房屋的市场饱和度，以及估算收入、投资与成本费用等提供可靠的依据。

房地产市场调查与预测包括房地产投资环境的调查与预测和房地产市场状况的调查与预测。

1. 房地产投资环境的调查与预测

房地产投资环境的调查与预测应在国家、区域、城市、邻里的层次上进行。主要包括政治、法律、经济、文化教育、自然条件、城市规划、基础设施等方面，特别是要预测已经发生或将要发生的重大事件或政策对房地产项目的影响。

我国房地产的发展状况与政府的调控政策紧密相关，除了全国性的土地供应、贷款、利率、税收等鼓励或抑制房价过快上涨的调控手段外，各省、地级市还有一些限制购买、限制个人住房贷款的调控政策，当前国家、省、市等各级政府对房地产政策是支持还是限制，这些都属于房地产投资环境调查的范围。

2. 房地产市场状况的调查与预测

房地产市场状况的调查与预测应在房地产投资环境调查与预测的基础上进行，主要内容如下。

①当地房地产的供求状况。包括相关地段、用途、规模、档次、价位、平面布置等的房地产的供求状况，如供给量、有效需求量、空置量和空置率等。其中供给量应包括已完成的项目、在建的项目、已审批立项的项目、潜在的竞争项目及预计它们投入市场

的时间。

②商品房的价格、租金以及经营收入。

③房地产开发和经营的成本、费用、税金等的种类及其支付的标准和时间等。

通过对价格、收入、相关原材料价格、消费者购买能力及偏好、政策的变化、季节的变化以及消费者对未来价格的预期等影响市场需求的因素进行调查，最终确定市场的现实需求及潜在需求。

如冬季温暖、环境优美的海南对于居住在寒冷或环境污染严重地区的人来说就有很大的吸引力，因此外地人蜂拥而至，近十几年海南各地的房价快速上涨，2018 年海南省人民政府不得不出台最严厉的限购限贷等政策，阻止了房价的过快上涨。

在进行市场状况的调查与预测时，还应对房地产项目竞争能力进行分析。

3. 房地产市场调查的方法

房地产市场调查的方法根据调查的对象、内容和目的的不同而有所不同。通常采用的方法有：资料调查法（公开报刊及杂志、互联网等）、询问法（面谈、电话、座谈等）、抽样调查法、间接调查法。

4. 房地产市场状况预测的内容

经济评价人员在深入调查和充分掌握各类资料的基础上，对拟复工复建项目的市场需求及市场供给状况进行科学地分析，并做出客观的预测，包括开发成本、市场售价、销售对象及开发周期、销售周期等。

（1）需求预测

需求预测就是以房地产市场调查的信息、数据和资料为依据，运用科学的方法，对某类商品房的市场需求规律和变化趋势进行分析和预测，从而推断出未来市场对该类物业的需求。

（2）供给预测

供给预测就是以房地产市场调查的信息资料和数据为依据，运用科学的方法，对某类商品房的市场供给规律和变化趋势进行分析，从而预测未来市场上该类物业的供给情况。

（3）价格预测

价格预测主要包括对价格总水平的预测、单项商品价格变化预测、价格体系变动趋势预测、市场商品供求平衡预测、商品成本变化预测、市场行情预测、价格弹性预测、商品寿命周期预测以及价格变动连锁反应的预测等。

5. 房地产市场预测的方法

我们经常采用定性和定量两种预测方法对房地产市场进行预测。

①定性预测主要是通过对历史资料的分析和对未来条件的研究，凭借预测人员实践经验和逻辑推理能力，对房地产市场未来可能表现的性质进行推测和判断。

②定量预测是在了解历史资料和统计数据的基础上，运用数学方法和其他分析技术，建立可以表现数量关系的数量模型，并以此为基础分析，计算和确定房地产市场要素在未来需求。

（二）规划设计方案优选

对于破产重整中的房地产项目基本不存在规划设计方案优选的情况，因为根本没得选，只能在原有剩余在建工程基础上按照原来批准的规划方案和设计图纸进行施工，除非遗留的烂尾楼才开始施工，施工面积不大且投资不是很多，原来的规划设计方案无法满足现有市场的需求，重新修改规划设计方案能极大地促进销售并增加投资回报率，或者符合政府对城市规划修改后的新要求，否则任何已经在建的房地产项目要修改规划条件都是非常不容易的，前提是必须符合当地的城市规划要求，同时需要政府几十个相关部门组成的城市规划联席会议开会研究才能决定，但何时开会和能否获得批准都不确定，并且根据《企业破产法》第六十九条第十项规定，修改规划条件应属于对债权人利益有重大影响的其他财产处分行为，需报告债权人会议（第一次债权人会议召开前报告人民法院），因此破产重整中的房地产项目一般都不会选择变更规划条件。

（三）项目剩余工程建设投资估算

对破产重整的房地产企业项目剩余工程所涉及的成本费用进行分析评估，须由有资质的工程造价咨询机构或持证人员对前期已建成的在建工程的工程量进行评估测算，并在此基础上，依据该项目此前已获批准或审查通过的规划设计方案、施工图、债务人与施工单位签订的各专业的施工合同、参考目前主要建材的市场价格（如近几年因调整经济结构和环保执行力度加强，钢材、水泥、砂石等材料价格波动较大）进行剩余工程造价测算，为管理人估算项目重整投资金额打基础。

（四）复工建设进度安排

由建筑工程技术人员对复工建设进度进行合理的安排，可以按照前期工程、主体工程、附属工程、竣工验收等阶段安排好开发项目的进度。只有将复工建设进度安排好，再结合重整投资款投入进度或筹资方案，才能确定向购房债权人交房的时间及办理产权证的时间等。

（五）资金筹集方案及筹资成本估算

房地产项目应在此前项目策划方案的基础上，制订切实可行的出售、出租、自营等计划（以下简称"租售计划"）。租售计划应遵守政府有关房地产租售的规定，与意向投资人或债务人此前的投资策略相结合，根据项目剩余工程的投资估算和投资进度、工程建设进度安排，合理估算资金需求量、拟订筹资方案，并对筹资成本进行计算和分析。

1. 房地产项目租售计划

房地产项目租售计划包括拟租售的房地产类型、时间和相应的数量、租售价格、租售收入及收款方式。

管理人接管债务人后，应尽快梳理可售房产及其他资产明细，以便确定拟租售的房地产类型和相应的数量，注意租售期内房地产市场状况的变化对可能租售数量的影响。

确定租售价格应根据房地产项目的特点，选择在位置、规模、功能和档次等方面可比的楼盘交易实例，通过对其成交价格的分析，参照本楼盘此前的销售价格及营销策略，最终得到房地产项目的租售价格。

确定租售价格要参考债务人进入破产前的市场营销策略，在考虑政治、经济、社会等宏观环境对项目租售价格影响的同时，还应对房地产市场供求状况进行分析，考虑已建成的、正在建设的以及潜在的竞争项目对房地产项目租售价格的影响，还有房地产企业进入破产重整程序对潜在客户及已购房客户的心理冲击及购买意愿。

确定收款方式应考虑房地产交易的付款习惯和惯例，以及分期付款的期数和各期付款的比例。需要注意的是，收款账户应以管理人的银行账户收款为宜，便于管理人掌握和控制资金的使用，在重整计划执行期间保障、监督破产企业执行重整计划。

2. 资金筹措计划

资金筹措计划主要是根据房地产项目对资金的需求以及投资、成本与费用使用计划，加上重整中债权人申报债权的确认情况及债务人可售资产的评估价值，确定资金的来源和相应的数量。破产重整中的资金来源通常有重整投资人投资（如资产投资、信托计划、垫资复建、项目托管等）、债转股、预租售收入及共益债投资等几种方式。在近几年房地产行业萎缩、经济下滑、新型冠状病毒感染疫情影响等严峻形势下，管理人招募重整投资人难上加难，因此在招不到投资人时立足于债务人现有可售房屋尽快销售是明智之选。

在进行房地产项目经济评价时，管理人应按期编制租售收入、经营税金及附加估算表，按期编制投资计划与资金筹措表。

（六）财务评价

房地产项目财务评价是在房地产市场调查与预测、剩余工程建设资金估算、复工建设进度安排、资金筹集方案及筹资成本估算、营销策划等基本资料和数据的基础上，依据国家现行的有关法律法规、财税制度，结合债权人申报的债权，核查确认情况及未申报债权、应付账款（又称"或有债权"）的财务记载情况，计算房地产项目的财务收入和财务支出，通过编制基本财务报表，计算财务评价指标，对房地产项目的财务盈利能力、清偿能力和资金平衡能力进行分析的一种方法，须由懂财务和经济、具备一定经营管理经验的专业技术人员制作。

评价人员应编制的基本财务报表主要有现金流量表、资金来源与运用表和损益表。现金流量表反映房地产项目开发经营期内各期的现金流入和现金流出，用以计算各项动态和静态评价指标，进行房地产项目财务盈利能力分析。资金来源与运用表反映房地产项目开发经营期各期的资金盈余或短缺情况，用于选择资金筹措方案，制订适宜的借款及偿还计划。损益表反映房地产项目开发经营期内各期的利润总额、所得税及各期税后利润的分配情况，用以计算投资利润率、资本金利润率等评价指标。

1. 房地产项目的财务盈利能力分析

财务盈利能力分析主要考察房地产项目的财务盈利能力水平。根据房地产项目投资目标、研究深度以及项目类型的不同，可以通过上述基本报表，有选择地计算下列评价指标。

（1）财务内部收益率（FIRR）

房地产项目的财务内部收益率是指房地产项目在整个开发经营期内各期净现金流量现值累计等于零时的折现率。其表示式为：

$$\sum_{t=1}^{n}(CI-CO)_t\left(1+FIRR\right)^{-t} = 0$$

式中：CI——现金流入量；

CO——现金流出量；

$(CI-CO)_t$——第 t 期的净现金流量；

n——开发经营期。

财务内部收益率可根据财务现金流量表中的净现金流量用试差法求取。在财务评价中，将求出的全部投资或资本金（投资者的实际出资额）财务内部收益率与投资者设定的折现率 Ic 或可接受的最低收益率（MARR）比较，当 FIRR ≥ MARR 时，即认为其盈利能力已满足最低要求，在财务上是可以考虑接受的。

当计算求出的财务内部收益率以季节为期间时（半年时类同），应将其换算为以年为期间的财务内部收益率之后，再与企业最低满意收益率进行比较。其换算公式为：

$$\text{FIRR 年} = [(1+\text{FIRR 季})^4 - 1] \times 100\%$$

（2）财务净现值（FNPV）

财务净现值是指按照投资者最低满意收益率或设定的折现率（ic），将房地产项目开发经营期内各期净现金流量折现到开发期初的现值之和。其表达式为：

$$\text{FNPV} = \sum_{t=1}^{n} (\text{CI} - \text{CO})_t [(1+\text{ic})]^{-t}$$

财务净现值可根据财务现金流量表计算求得。财务净现值大于或等于零的房地产项目，在财务上是可以考虑接受的。

（3）投资利润率

投资利润率 = 年利润总额或年平均利润总额 ÷ 总投资 ×100%

其中：总投资 = 自有资金 + 借贷资金

2. 房地产项目的清偿能力分析

清偿能力分析主要考察房地产项目开发经营期内各期的财务状况及偿债能力，根据项目的不同情况需要计算借款利息及借款偿还期。

（1）国内借款偿还期

国内借款偿还期是指在国家规定及房地产项目具体财务条件下，房地产项目开发经营期内使用可用作还款的利润、折旧、摊销及其他还款资金偿还房地产项目借款（Id）所需要的时间。其计算公式为：

$$\text{Id} = \sum_{t=1}^{Pd} \text{Rt}$$

式中：Pd——国内借款偿还期，从借款开始期计算；

　　　　Rt——第 t 期可用于还款的资金，包括利润、折旧、摊销及其他还款资金。

借款偿还期可由资金来源与运用表及国内借款还本付息计算表直接计算；其详细计算公式为：

Pd= 借款偿还后开始出现盈余期数 − 开始借款期数 +

（当期偿还借款额 ÷ 当期可用于还款的资金额）

（2）国外借款偿还期

涉及利用外资的房地产项目，其国外借款的还本利息，一般是按已经明确或预计可能的借款偿还条件（包括宽限期、偿还期及偿还方式等）计算。当借款偿还期满足贷款机构的要求期限时，即认为房地产项目具有清偿能力。

3. 房地产项目的资金平衡能力分析

资金平衡分析主要考察房地产项目开发经营期间的资金平衡状况。作为房地产项目开发经营的必要条件，各期累计盈余资金不应出现负值（即资金缺口）。如果出现资金缺口，应采取适当的措施（如短期贷款等）予以解决。资金平衡分析一般通过资金来源与运用表进行。

（七）不确定性分析

房地产项目不确定性分析是分析未来不确定性因素对项目的影响，分析这些不确定性因素对项目可能造成的风险。不确定性分析对房地产项目投资决策的成败有着重要的影响，可以帮助投资者和管理人根据房地产项目投资风险的大小和特点，确定合理的投资收益水平，提出控制风险的方案，有重点地加强对投资风险的防范和控制。

房地产项目不确定性分析主要包括敏感性分析、临界点分析和概率分析；进行不确定性分析的因素主要有租售价格、销售进度、出租比例、可租售房地产面积、开发周期、项目总投资、土地费用、建安工程费、融资比例、融资成本等。最近三年新增的一个不确定因素是新型冠状病毒感染疫情影响，如因某地出现新型冠状病毒感染疫情，政府可能实施静态管理，禁止人员、车辆流动，必然导致已复工的项目停工，这种影响一次可能耽误十天半月，也可能几个月。

1. 敏感性分析

敏感性分析是通过分析、预测房地产项目不确定性因素发生变化时，对项目成败和经济效益产生的影响以及通过确定这些因素的影响程度，判断房地产项目经济效益对于各个影响因素的敏感性，并从中找出对于房地产项目经济效益影响较大的不确定性因素。

房地产项目敏感性分析主要包括以下几个步骤：

①确定用于敏感性分析的经济评价指标。通常采用的指标有项目内部收益率，必要时亦可选用其他指标。在具体选定时，应考虑分析的目的，显示的直观性、敏感性，以及计算的复杂程度。

②确定不确定性因素可能的变动范围。

③计算不确定性因素变动时，评价指标的相应变动值。

④通过评价指标的变动情况，找出较为敏感的变动因素，做进一步的分析。

2. 临界点分析

临界点分析是分析计算一个或多个不确定性因素变化时，房地产项目达到允许的最低经济效益时的极限值，并以不确定性因素的临界值组合显示项目的风险程度。不确定性因素临界值的分析计算可以采用列表或图解的方法。通常进行的临界点分析有如下几种。

（1）最低售价和最低销售量、最低租金

售价和销售量是房地产项目重要的不确定性因素，能否在预定的价格下销售出预想的数量，通常是房地产项目成败的关键。最低售价是指房地产项目产品售价下降到预定可接受的最低盈利水平时的价格，售价低于这一价格时，项目盈利水平将不能满足预定的要求。最低销售量是指在预定的房屋售价下，要达到预定的最低盈利水平，所必须达到的销售量。最低售价与预测售价之间的差距越大，最低销售量与房地产产品商品量之间的差距越大，说明房地产项目抗市场风险的能力越强。

当房地产产品以出租为主时，可相应进行最低租金和最高空置率的分析。

（2）最高土地取得价格

土地费用是影响房地产项目盈利的重要因素，是重要的不确定性因素。最高土地价格是指在房地产项目销售额和其费用不变的条件下，保持预期收益水平所能承受的最高土地费用。当土地费用超过这一价格时，项目将无法获得足够的收益。最高土地取得价格与实际估测的土地价格之间差距越大，最高土地取得价格越高，房地产项目承受土地使用权价格风险的能力就越强。

（3）最高工程费用

最高工程费用是指在预定销售额下，满足预期的项目收益要求所能承受的最高工程费用。当土地开发工程量不大时，最高工程费用是指最高建筑安装工程费用。最高工程费用与预测的可能工程费用之间差距越大，说明房地产项目承受工程费用增加风险的能力越强。

3. 概率分析

概率分析是使用概率研究预测不确定性因素对房地产项目经济效益影响的一种定量分析方法，通过预分析不确定性因素的概率分布，计算在不同概率分布条件下房地产项目经济评价指标的期望值，说明房地产项目在特定收益状态下的风险程度。概率分析的一般步骤为：

①列出需要进行概率分析的不确定性因素；

②选择概率分析使用的经济评价指标；

③分析确定每个不确定性因素的概率分布；

④进行概率计算，求出评价指标的期望值、达到临界点的累计概率等分析指标。

（八）综合评价

综合评价应从区域社会经济发展的角度，分析和计算房地产项目对区域社会经济的效益和费用，考察项目对社会经济的净贡献和债务人资产价值是否保值增值，判断项目的社会经济合理性。

综合评价应在上述几个阶段工作的基础上进行综合盈利能力分析和社会影响分析。

1. 综合评价中项目的效益

综合评价中项目的效益是指房地产项目对区域经济的贡献，分为直接效益和间接效益。直接效益是指在房地产项目范围内，政府能够得到的收益，包括出让国有土地使用权所得的收益、房地产企业缴纳的各项税费、项目范围内基础设施的收益（如水费、电费、燃气费、网络通信费等）。间接效益是指由房地产项目引起的，在项目直接效益中未得到反映的那部分效益，主要有增加地区就业人口、繁荣地区商贸服务、促进地区旅游业发展等带来的收益。

2. 综合评价中项目的费用

综合评价中项目的费用是指区域经济为项目付出的代价，分为直接费用和间接费用。直接费用是指在项目范围内，政府投资和经营所花费的管理费用，一般包括征地费用、土地开发和基础设施投资费用、建筑工程和城市配套设施费用、经营管理费用等。间接费用是指由项目引起的，在直接费用中未得到反映的那部分费用，主要有：在项目范围外为项目配套的基础设施投资、为满足项目需要的基础服务供应缺口使区域经济产生的损失等，如电力供不应求时，为满足项目需求而使区域经济产生的损失，可用该项服务当地最高的价格计算。

3. 盈利能力分析

综合评价盈利能力分析是根据房地产项目的直接效益和直接费用以及可以用货币计量的间接效益和间接费用，计算内部收益率和投资回收期指标，考察房地产项目投资的盈利水平。

（1）经济内部收益率 (EIRR)

经济内部收益率是指房地产项目在整个计算期内，各期净现金流量现值等于零时的折现率。它反映房地产项目所占用资金的盈利率，是考察房地产项目盈利能力的动态评价指标。其表达式为：

$$\sum (CI-CO)_t (1+EIRR)^{-t} = 0$$

式中：CI——现金流入量；

CO——现金流出量；

$(CI-CO)t$——第 t 期的净现金流量。

经济内部收益率可根据综合评价现金流量表中的净现金流量用试差法计算求得，并可与政府的期望收益值或银行的贷款利率进行比较，判断项目的盈利能力。

（2）综合评价盈利能力分析的主要报表

综合评价盈利能力分析的主要报表是综合评价现金流量表。该表不分投资资金来源，以全部投资作为计算的基础，用以计算经济内部收益率指标，考察房地产项目的盈利能力。房地产项目的计算期，可根据项目的实际情况自行确定，一般不超过 10 年。

4. 社会影响分析

社会影响分析是对房地产项目难以用货币计量的间接效益和间接费用，就其影响做出定性和定量的描述。社会影响分析主要包括下列内容。

①就业效果分析；

②对区域资源配置的影响；

③对环境保护和生态平衡的影响；

④对区域科技进步的影响；

⑤对区域经济发展的影响，主要包括：对繁荣商业服务的影响、对促进旅游业的影响、对发展第三产业的影响等，如大型商场、旅游小镇、专业批发市场对区域经济的影响各有不同；

⑥对节约及合理利用国家资源（如土地、矿产等）的影响；

⑦对提高人民物质文化生活及社会福利的影响；

⑧对远景发展的影响。

不同类型的投资者关注的重点不同，如有的投资注重项目的盈利能力；有的注重项目在盈利的同时给当地旅游、商业服务、批发贸易等行业带来提升和增强；有的国企因承担政府保民生的一部分职能，首先注重社会影响能力，其次才是盈利（盈利能力也限定在一定范围内），如修建经济适用房、保障房、安居房、扶贫或地质灾害搬迁安置房等，没有统一标准。

（九）可行性研究的结论

在对房地产项目进行市场调查和分析预测、规划设计方案优选、剩余工程投资估算、复工进度安排、资金筹集方案及筹资成本估算、财务评价、不确定性分析、综合分析及计算出各项评价指标数值的基础上，对项目的可行与否需要做出明确的结论并提出建议。

由于进入破产重整程序的房地产企业各不相同，相应地，关注可行性研究结论的侧重点也就各有不同。

如果管理人没有招募到重整投资人，而可行性研究结论又能满足购房债权人尽早拿到房子的需求，只要重整比清算使普通债权人得到的清偿比例更高，破产企业就有一定的重整价值。也就是说，此种情况下，管理人关注的更多的是房地产项目保民生的社会影响能力而不是盈利能力。

如果管理人已经招募到意向投资人，或者正在招募、洽谈，或招募到投资人的可能性较大，则多数投资人首先关注的是房地产项目的盈利能力，其次才是社会影响能力，如涉及民生的"保交楼"、解决当地就业、维护当地社会稳定等。此时管理人应将"保交楼"作为首要目标告知意向投资人，在实现这个目标的前提下房地产项目有吸引意向投资人的盈利能力，则说明破产企业也有一定的重整价值，可行性研究报告将作为意向投资人是否投资的一项重要参考资料。

四、实践中关于经营方案可行性研究的建议

（一）管理人应重视房地产项目的可行性研究

《企业破产法》第八十七条第二款对重整计划草案是否批准的条件进行了规定，其中第（六）项指出"债务人的经营方案具有可行性。"

最高人民法院于 2018 年 3 月 6 日发布的《全国法院破产审判工作会议纪要》（法〔2018〕53 号）第 17 条规定："重整计划的审查与批准。重整不限于债务减免和财务调整，重整的重点是维持企业的营运价值。人民法院在审查重整计划时，除合法性审查外，还应审查其中的经营方案是否具有可行性。重整计划中关于企业重新获得盈利能力的经营方案具有可行性、表决程序合法、内容不损害各表决组中反对者的清偿利益的，人民法院应当自收到申请之日起三十日内裁定批准重整计划。"

以上规定表明，破产重整中债务人经营方案的可行性是重整计划草案能否获得批准的重要因素，关系重整计划能否顺利执行，投资人或债务人能否继续经营、获得重生等，而房地产企业破产重整的经营方案绝大多数涉及对剩余在建、未建工程等房地产项目的可行性研究。

（二）聘用专业机构开展可行性研究

必要时由管理人报告债权人会议后，公开委托有资质或资格的专业咨询评估机构开展房地产项目的可行性研究，所需费用纳入破产费用。

从房地产项目可行性研究的内容、方法等方面可以看出，可行性研究具有科学性和专业性的特点，涉及经济学、管理学、建筑工程技术、财务会计、法律等方面的专业知识和实践经验。而破产管理人是根据《企业破产法》第二十四条规定，由有关部门、机构的人员组成的清算组或者律师事务所、会计师事务所、破产清算事务所等社会中

介机构担任。律师事务所、会计师事务所或破产清算事务所多数不具有开展可行性研究的能力。

对于剩余在建工程的工程量比较少、房地产类型单一的项目的可行性研究相对简单一些，如果管理人有能力也可以自行开展可行性研究，但对于剩余在建、未建工程体量比较大或未开发的面积大、房地产类型复杂的项目，建议管理人可以参照破产中聘请审计、评估等中介机构的做法，由管理人报告债权人会议（第一次债权人会议召开前经人民法院许可）后，公开委托有资质或资格的专业咨询评估机构进行房地产项目可行性研究，所需费用纳入破产费用，其合法性如下。

《企业破产法》第二十八条规定："管理人经人民法院许可，可以聘用必要的工作人员。"《全国法院民商事审判工作会议纪要》第116条："要合理区分人民法院和管理人在委托审计、评估等财产管理工作中的职责。破产程序中确实需要聘请中介机构对债务人财产进行审计、评估的，根据《企业破产法》第28条的规定，经人民法院许可后，管理人可以自行公开聘请，但是应当对其聘请的中介机构的相关行为进行监督。"

国家发展和改革委员会、最高人民法院等十三部委于2019年6月22日发布的《加快完善市场主体退出制度改革方案》（发改财金〔2019〕1104号）在第四部分"完善破产法律制度"的"（一）完善企业破产制度"中提出"建立吸收具备专业资质能力的人员参与重整企业经营管理的机制，促进重整企业保持经营价值"。

国家发展和改革委及住房和城乡建设部于2006年联合发布的《关于建设项目经济评价工作的若干规定》第十三条："健全建设项目经济评价、评估工作制度。政府投资项目的经济评价工作应由符合资质要求的咨询中介机构承担，并由政府有关决策部门委托符合资质要求的咨询中介机构进行评估。"因民间投资项目涉及投资者的投资，其经营自主权不便要求，但为了决策的科学性和防止盲目投资，民间投资项目也应参照政府对投资项目的规定，根据项目情况，必要时委托有资质的咨询中介机构进行房地产项目的可行性研究。

从以上规定我们可以看出，由于破产企业分属各行各业且各有其专业性等特点，仅依靠由律师或会计师、破产清算事务所组成的管理人的专业知识和能力无法完成破产重整程序中的全部事务。为了提高重整的成功率，便于管理人和人民法院准确识别破产企业的运营价值，遵从"专业人做专业事"的常识和最高人民法院、国家发展和改革委等十三部委的意见，在房地产企业破产重整中，必要时可以引进有资质或资格的商业咨询评估机构开展房地产项目的可行性研究，以便科学、客观、公正地得出破产重整中房地产项目可行性研究的结论。

投资人视角下破产程序中的共益债务投资

谢孟玲 [①]

摘要： 破产程序作为债务人退出机制中的一项重要制度，关涉企业员工、客户、供应商、投资者、政府机构等一众利益相关者的权益。随着营商环境法治化水平的不断提升，人们提到破产不再谈之色变，破产虽对债务企业来说是不幸的，但对于投资人而言，可能是难得的投资机会，例如共益债务投资、重整投资等。关于这些法律问题的分析文章数不胜数，但很少有从投资人角度进行剖析的，本文重点从投资人视角下分析破产程序中的共益债务投资，结合相关法律条文尽力帮助投资人了解共益债务投资。

关键词： 破产；共益债务投资；风险与控制

一、共益债务的概念

根据《企业破产法》第四十二条的规定："人民法院受理破产申请后发生的下列债务，为共益债务：（一）因管理人或者债务人请求对方当事人履行双方均未履行完毕的合同所产生的债务；（二）债务人财产受无因管理所产生的债务；（三）因债务人不当得利所产生的债务；（四）为债务人继续营业而应支付的劳动报酬和社会保险费用以及由此产生的其他债务；（五）管理人或者相关人员执行职务致人损害所产生的债务；（六）债务人财产致人损害所产生的债务。"

以房地产企业为例，房开企业进入破产重整阶段，为帮助房开企业续建项目，管理人通过招募投资人，制订共益债务方案，在债权人会议上表决通过，向投资人借款，完成项目续建，提高破产房企的资产价值和清偿能力，续建完成后的房屋售卖变现，将本息偿还给投资人；以制造业为例，企业进入破产重整阶段，为帮助企业继续生产产品，管理人通过招募投资人，制订共益债务方案，在债权人会议上表决通过，向投资人借款，增加企业流动资金，购买生产原材料，完成存量订单，恢复企业运行，偿还投资人借款本息。

[①] 谢孟玲，贵州贵达律师事务所律师。

从商业的角度来说，共益债务投资实质是一种债权融资，企业结合自身经营状况、现有资产情况、未来发展计划，向投资人筹集资金，并通过支付利息，到期偿还本金来获得融资。不过，对破产企业而言，其信用缺失，资产被查封冻结，无法或难以提供担保，正常情况下是难以获得融资的；但正是因为共益债务融资有一些优点，才让共益债务融资成为难得的投资机会。

二、共益债务投资的优势

（一）"随时清偿""优先清偿"的法律保障

根据《企业破产法》第四十三条规定："破产费用和共益债务由债务人财产随时清偿"。《最高人民法院关于适用〈中华人民共和国企业破产法〉若干问题的规定（三）》第二条规定："破产申请受理后，经债权人会议决议通过，或者第一次债权人会议召开前经人民法院许可，管理人或者自行管理的债务人可以为债务人继续营业而借款。提供借款的债权人主张参照企业破产法第四十二条第四项的规定优先于普通破产债权清偿的，人民法院应予支持。"正常融资情况下，投资人会重点考察企业的融资杠杆率是否过大，过高的资金成本会增加企业到期无法偿还欠款的风险，但在共益债务投资中，共益债务具有优先清偿性，共益债务的投资风险不在于杠杆率的大小，而在于企业的净价值是否可以全额覆盖共益债务投资的本息，这为共益债务投资人减少风险因素，以及为共益债务投资人的安全退出提供了良好的法律保障。

（二）进行共益债务投资不需要金融牌照

目前我国对金融行业管制十分严格，涉及投融资的企业大多会被要求持金融牌照，否则会涉及非法经营罪等，但从现行企业破产的有关法律、法规以及目前的司法实践来看，没有规定参与破产程序中的共益债务投资人必须持有金融牌照。例如 *ST 沈机在重整期间，通过共益债务投资的方式向中国通用技术（集团）控股有限责任公司借款2.8 亿元，中国通用技术（集团）控股有限责任公司并未持有金融牌照。

（三）避免利益冲突和信息不对称

正常的融资流程中，投资人会对被投资企业进行尽职调查，但在调查中投资人所获得的信息，可能是企业选择性提供或被企业粉饰后获得。但在企业进入破产程序后，法院会依法、公开选择管理人，管理人会全面接管企业，投资人可以通过管理人、法院，了解破产企业更真实、更完整的情况，减少由于利益冲突和信息不对称造成的风险。

（四）投入小，回报周期短

一些有特许经营资质、市场前景较好的企业，仅仅因为资金链断裂而导致企业破产。共益债务投资人可以通过投入较少资金，推动投资优质项目，不仅投资的成本小，而且投资回报周期短。

三、共益债融资的具体操作步骤

①根据招募投资人公告，向管理人报名，成为意向投资人。

②签署相关保密协议等文件后，对破产企业进行尽职调查。

③综合尽职调查结果，设计并提交投资方案。

④管理人依据投资方案制订共益债方案，并组织召开债权人会议表决。

⑤共益债方案表决通过，投资人根据投资计划进行投资，履行投资方案。

四、共益债融资的风险与控制

（一）清偿退出风险

如上文所述，由于"随时清偿"的法律保障，共益债务的投资风险不在于杠杆率的大小，而在于企业的净价值是否可以全额覆盖共益债务投资的本息。根据《企业破产法》第四十三条的规定，共益债务的清偿和破产费用一样，仅劣后于担保债权。在清算状态下，若企业的净资产在清偿担保债权后，还能全额覆盖共益债务的融资本息，那共益债务投资人的退出风险是可量化的，但事实上没有任何风险可以被完全把握。投资人可以在投资前要求提供有效资产进行抵押，为融资提供担保；在前期尽职调查阶段，聘请审计、评估机构，"挤干"资产水分，了解企业资产真实价值。

（二）共益债务的认定风险

共益债务的设立是为了帮助企业重生，若企业重整失败进入清算程序，债务增加，共益债又具有清偿优先权，其他债权人债权的受偿率存在降低的风险，但是并非所有债权人都愿意承担这种风险。因此，为避免因程序问题而产生争议或影响法院对共益债务的认定，共益债方案应当取得债权人会议表决通过，以降低债权人后续提出异议的可能性，提前取得司法确认，以增强交易稳定性。

（三）款项是否有效用于债务人经营

借款是否有效用于债务人经营是投资人最关注的问题之一，要保障款项的有效利用，可以通过以下措施尽量规避风险：第一，在投资中尽量详细描述款项的用途；第二，投资人可以单独设立银行账户，分别保管申请、审批U盾等共同管理资金；第三，委托管理人对资金的使用、企业的运营情况进行监管，定期报告资金使用情况和企业运营情况等。

五、结语

在供给侧结构性改革、经济结构性调整的经济发展背景之下，破产重整作为一种"僵尸企业""危困企业"的出清方式和救助方式，共益债务投资正在被市场认可和推广运用。本文从投资人的角度，介绍了共益债务的概念和优势、共益债融资的具体操作以及共益债融资风险分析与控制，帮助危困企业在法律规定或原理允许的框架下获得投资。共益债务投资这一方案在帮助企业脱困的同时，也可以为投资人降低投资风险，实现"风险可控""互利共赢"。

破产重整程序中或有债权的处理方式探索

方　杨　卢林华 [①]

摘要： 在存续型重整仍占据主要地位的今天，如何尽可能调查、披露或有债权，是否为或有债权预留偿债资源以及如何预留，仍是大多数重整案件难以回避的问题。文章首先分析了或有债权形成的主要原因和对于重整案件的影响，然后辨析了为或有债权预留偿债资源的必要性、预留方式、预留期限和预留资源的归属等，接着提出了或有债权处理的实务建议，最后对或有债权处理的延伸进行了思考，建议通过法律规定规范未申报债权的原因和法律后果。

关键词： 破产重整程序；或有债权；处理方式

由于过去事项或既存事实引起的各类潜在义务，该义务是否履行、义务大小尚不确定，在破产程序中一般被表述为或有债权。或有债权的形成原因主要是债权人未按破产程序向管理人申报债权。或有债权的最终确定，需要通过向管理人补充申报或向债权人主张，具体为：在破产清算中，债权人可按《企业破产法》第五十六条规定，在最后分配前补充申报，并在或有债权确定后参与分配；在重整中，债权人可根据《企业破产法》第九十二条的规定，在重整计划执行完毕后向债务人主张参照同类债权获得清偿。

在破产清算中，或有债权在破产财产分配完成后便不再有价值，但在重整中，或有债权在重整计划执行完毕后仍有可能转化为债权。作为重整计划草案的重要组成部分，债权清偿方案的制作以投资人的投资方案、债务人现有资产负债等对债权清偿情况进行测算和安排，而或有债权的不确定性，常常为债权清偿方案的制作埋下隐患。同时，司法重整相较庭外重组，债权债务关系较为清晰、基本无历史负担，能为重整投资提供充分的商业判断依据，但或有债权的不确定性在一定程度上影响投资人投资的积极性。

目前，《企业破产法》及相关司法解释对重整中或有债权应当如何处理并未有明确且详尽的规定，实践中管理人的处理方式也不尽相同。在存续型重整仍占据主要地位的今天，如何尽可能调查、披露或有债权，是否为或有债权预留偿债资源以及如何预留，

---

① 方杨，贵州贵达律师事务所律师；卢林华，贵州贵达律师事务所律师。

仍是大多数重整案件难以回避的问题，研究破产重整程序中或有债权的处理方式对于破产法理论和实践有积极意义。

一、或有债权的形成原因和影响

（一）或有债权形成的主要原因

或有债权的形成主要有以下几个因素。

1. 债务人因素

债务人因素主要包括债务人财务管理不规范、债务人未提供债权清册或债权清册所载债权人信息不完整等。企业财务管理不规范通常表现为股东、实际控制人与企业财产混同、会计账簿记载失实、为融资等需要私自调整会计账簿、做账不完整如应销账而未销造成应付账款或其他应付款数据不实等。债务人的负责人、财务管理人员等相关人员失联或不配合破产工作，不能按照《企业破产法》第十四条规定履行义务，导致管理人难以接管到真实、完整的债权清册及相关财务凭证，也不能取得相关债权人有效的联系方式。

2. 债权人因素

债权人因素主要表现为债权人未收到申报债权通知、不主动申报债权等。实践中，部分债权人因对破产法有关法律规定不了解、对债权长期未能回收失去信心以及参与破产的成本过高等原因，不主动申报债权，导致其债权不能得到确定，成为或有债权。

3. 法院、管理人因素

根据《企业破产法》第十四条、第二十五条的规定，人民法院、管理人均有法定程序需要及时履职，但实践中也存在法院、管理人通知已知债权人不尽不全，对债务人不履行法定义务、不提供债权清册等行为视而不见，管理人接管时遗漏重要资料等情况。

（二）或有债权对于重整案件的影响

1. 影响重整投资人投资积极性

实践中，投资人在决定是否进行投资并与管理人签订投资协议之前，都会再三询问管理人是否已经对或有债权进行客观的、全面的、穷尽手段的调查，调查结果是否值得信任，管理人对于或有债权的调查披露、法律分析、处理方式、风险防范等都是深刻影响投资人信心的关键因素。对于理性的重整投资人来说，对行业发展潜力、破产企业资产状况、投资市场等商业影响因素的了解和确定程度，决定了其对重整投资价值和风险的判断，也决定了其投资的信心。因此，破产企业或有债权的不确定性，对于投资人来说始终都是一个不稳定因素。

2. 加大债权清偿方案的不确定性

重整投资人基于重整企业的资产价值所提供的偿债资金通常情况下是相对确定的，债权清偿方案中的清偿时间、清偿率等都需要结合投资人的出价和债权情况进行测算并得出相对确定的数据，或有债权的不确定性，同样为债权清偿方案的制作埋下隐患。一旦大量或有债权在重整计划执行完毕后立即主张权利而债权清偿方案没有对此类问题提供解决方案，很有可能对债务人执行重整计划造成严重影响，甚至导致债务人再度陷入破产。

3. 导致其他现有债权人的反对

重整计划草案中的债权清偿方案是已申报债权人最为关注的部分，如果或有债权已经管理人调查披露，是否预留、如何预留偿债资源将会成为影响重整的难题。如果明确为其预留偿债资源，债权人会认为预留将造成整体清偿率降低，导致重整计划草案难以得到现有债权人的支持；若不明确进行预留，投资人在考虑或有债权可能产生的责任后，必然减少偿债资金的额度，以抵御或有债权产生带来的风险。风险的不确定性导致企业重整价值判断也存在不确定性；如果不进行预留，则明显违背《企业破产法》规定，为重整后的债务人和投资人留下隐患。因此，预留越多，清偿越少，债权人越容易反对；预留越少，重整风险越大，投资人投资积极性越低。

二、或有债权处理的辨析

（一）为或有债权预留偿债资源的必要性

从实质公平的角度来看，预留偿债资源是民法和破产法的必然要求。《企业破产法》第一条既已明确，公平清理债权债务，保护债权人和债务人的合法权益，是《企业破产法》的立法目的。按照民法的基本原理，债权具有相容性与平等性，在破产案件中，多位债权人对债务人企业享有债权，同一清偿顺序的债权既相容也平等。因此，无论债权人是否已向管理人申报债权、其债权是否被债务人有关资料记载和披露，给予或有债权人同等保护，不仅是企业破产法的必然要求，更是民法从实质公平的角度保护债权人合法权益的必然要求。

从《企业破产法》的规定来看，不应排除或有债权人的合法权益。按照《企业破产法》第九十二条第一款规定，经人民法院批准执行的重整计划，对债务人及全体债权人均具有约束力，该条款中的"全体债权人"当然包括或有债权人。重整计划本质上是与享有表决权的债权人就如何偿还债务协商达成的协议。《企业破产法》第九十二条第二款规定："债权人未依照本法规定申报债权的，在重整计划执行期间不得行使权利；在重整计划执行完毕后，可以按照重整计划规定的同类债权的清偿条件行使权利。"因此，管理人在制作重整计划草案时，不能忽视未参与者的权利。

从司法实践来看，预留偿债资源具有现实意义。管理人在制作重整计划草案时，应当依法对已知或有债权进行预留偿债资源。这有利于保护全体债权人的合法权益；有利于重整投资人较为准确地进行投资预算，增强投资积极性；有利于准确计算清偿方案，让已申报债权的债权人充分理解清偿率计算过程。管理人在制作重整计划草案时，不对已知或有债权进行偿债资金的预留，如果或有债权人在合法期限内主张权利，势必导致重整投资人增加偿债资金，由此甚至引发新的矛盾或导致重整计划失败。

综上，为已知或有债权人预留偿债资源，才能尽可能保障重整投资人的合法权益和重整计划的可行性，提高重整可能性，并且从实质上保证或有债权人的合法权益不因重整计划的执行而受到损害。

（二）或有债权偿债资源的预留方式

或有债权偿债资源的预留方式，从"是否明确在重整计划中"和"是否明确具体偿债资源"方面，可分为三种情况。

一是明确在重整计划中，并明确具体的偿债资源。例如，明确披露或有债权预计的金额和规定为或有债权预留的货币资金的金额。管理人制作或有债权表，并将其列入重整计划草案、在进行清偿率计算时，明确已披露或有债权进行预留偿债资源的具体数额，这种方式一般要求或有债权已基本调查清楚，仅债权人是否主张暂不确定。

二是明确在重整计划中，但不明确具体的偿债资源。例如，明确重整投资人应当清偿的资金和资金分配方式（或清偿比例），但未明确分配或预留的具体资金金额。这种情况下，管理人应对或有债权进行披露，并说明或有债权与已知债权的分配方式，在重整计划执行和债务人自行经营过程中根据实际情况调整分配金额。

三是未明确在重整计划中，由投资人预判可能发生的或有债权从而在实际资产价值之下确定清偿比例或投资金额，后续发生的或有债权由重整后的债务人承担。这种方式下，债权人看到的是清偿比例，只需要从自身出发做出表决。但同样的，投资人需要对或有债权是否发生有一定的判断，并承担由此造成的后果。

笔者认为，三种方式并没有明确的优劣之分，应当根据项目的具体情况和投资人的投资意愿选用合适的方案。例如，当投资人已明确其出价金额和出价时间（类似确定金额的收购），但或有债权的是否成立、具体金额可能发生较大的变动的，可采用第二种方式；但如果或有债权已经管理人基本查实，并得到投资人基本认同的，可采用第一种方式。

（三）或有债权偿债资源的预留期限

或有债权偿债资源预留期限主要包括两个问题，一是预留期限的起算时间，主要有"重整计划生效之日起算""重整计划执行期限届满之日起算""重整计划确定的偿债期限的最后一日起算"3种观点；二是预留期间长短，主要有"2年""3年"和"不设限制"3种观点。

1. 预留期限的起算时间

预留期限的起算时间方面，持"重整计划确定的偿债期限的最后一日起算"的观点，主要的参考依据为分期清偿的债务中自最后一期清偿期限届满之日起计算诉讼时效，但这种观点并不具有泛用性，实务中重整计划执行期长短不一，多则几年，少则几个月，预留期限也随之受影响，执行期限较长的案件有可能出现"即便预留偿债资源，债权人也因诉讼时效等问题丧失清偿可能，预留已不再有意义"等情况。持"重整计划执行期限届满之日起算"的观点，参考依据与前者类似，该方式主要问题为实践中重整计划执行期限与偿债期限并不完全一致，例如在留债清偿中，重整计划执行期限一般远低于偿债期限。笔者认为，从重整计划生效之日起计算较为合理，理由如下：

①起算时间明确。重整计划生效之日为人民法院裁定批准重整计划之日，从该日起计算预留期限，便于实践操作。

②符合法律逻辑。重整计划经债权人会议表决和人民法院批准，对全体债权人均具有约束力，起算时间因集体决策与司法确认而有效，应自该司法确认生效之日起计算权利的有效期限。

③符合债权人和投资人的预期，重整计划生效往往意味着偿债的开始，无论预留偿债资源最终归属于债权人还是投资人，都可以使现有债权人和投资人不再需要经历漫长的等待才能明确最终清偿的金额。

2. 预留期限

预留期限方面，持3年期的观点，主要参考《民法典》第一百八十八条所规定的诉讼时效，即或有债权人未在3年的预留期间内主张权利的，债务人获得了时效抗辩利益。持不设限制的观点则认为，既然债权债务终止有明确的规定，那么不管怎么确定期限都有剥夺或有债权人权利的嫌疑，索性不设限制。持2年期的观点，主要参考《民事诉讼法》中关于2年申请强制执行的期限限制，这也是笔者较为赞同的观点，理由如下：

①预留偿债资源不应对预留期限毫无限制。一方面，破产法作为商法，必然以追求

商业效率为基本要求，破产重整的目的是依法高效助力有拯救价值的企业重生；对于不主动主张民事权利的人，法律不应过多加以保护，这是民法的基本要求，因此必须对预留偿债资源的期间加以限制。

②重整计划因债权人会议集体决策和人民法院司法确认而有效，应视为生效法律文书，且破产可参照民事诉讼法执行，设置 2 年的预留期限既能有效保护或有债权人的合法权益，又能保障重整计划的执行。

③符合债权人和投资人的预期，无论预留的偿债资源最终属于债权人还是投资人，尽可能短地预留期限，能使现有债权人或投资人不再需要经历漫长的等待才能明确是否进行清偿。

（四）预留偿债资源的归属

由于或有债权能否最终确定并得到清偿在重整计划草案制作时不能确定，重整计划草案为或有债权人预留的偿债资源最终是否需要向或有债权人进行分配也不能确定，在预留的偿债资源最终无须分配的情况下，其归属存在争议。

有的观点认为，无须分配的预留偿债资源应归属于重整后债务人（在引入投资人的情况下即相当于归属投资人），因为或有债权人不主张权利，并不影响已申报的债权人按照重整计划获得清偿，或有债权人放弃主张债权的权利，受益的依法也应当是债务人，已申报的债权人并不能当然享有增加分配的权利。

有的观点认为，无须分配的预留偿债资源应属于已申报的债权人。因为或有债权本身处于不确定的状态，重整投资人提供的偿债资金是确定用于偿还对债务人享有债权的债权人，预留偿债资源的目的是防止出现需要增加偿债资金的情况，所以，如或有债权人不申报或放弃债权，那么为其预留的偿债资金，应当由全体债权人共享，由管理人进行最后的增加分配。

笔者认为，无须分配的预留偿债资源属于债权人或是投资人，应根据或有债权是否确定的风险由哪一方承担来决定，也就是说，当投资人的投资金额固定且明确，即使或有债权发生、投资人也无须补充偿债资源的情况下，其不承担或有债权确定的风险，自然也不应享有或有债权无须分配时的权利，偿债资源应归属于债权人；但投资人承担或有债权发生的风险，特别是未能披露的或有债权可能发生的风险时，偿债资源应归属于投资人。

三、或有债权处理的实务建议

（一）或有债权的调查

管理人在接受指定后，首要任务就是"清产核资"，笔者认为可以采用以下方法尽可能调查清楚或有债权。

第一，委托专业审计机构对债务人进行全面财务审计。破产审计有别于一般的财务审计，管理人需要专业审计机构的配合，对债务人的资产与负债进行全面的梳理，对债务人负债的由来以及资产负债合法性进行判断。管理人接管债务人大量档案、合同等资料，需要专业审计机构对债务人会计账簿、凭证进行会计准则上的判断与清理，如发现问题专业审计机构须及时与管理人进行资料共享，从而实现财务数据与实际证据的对比印证，才能对资产与负债做出明确合法的判断，也才能真正从财务审计的角度，发现相对完整的债务人负债情况。审计机构通过对比债权申报登记资料，即可完整披露或有债权清单。

第二，善于利用网络工具。比如，从承办破产案件法官端口进入全国破产重整案件信息网可以查询出全国法院关于债务人的诉讼、执行案件，并且可以选择向管理人公开，管理人就可以方便地全面了解债务人诉讼或执行案件基本情况，便于通知已知债权人申报债权，尽量避免出现或有债权。常用到的还有执行案件平台、各种企业信息平台等。

第三，要求债务人相关人员提供债务清册，并进行相互核实。实务中，债务人相关人员提供的债务清册常常不尽不实，有条件的情况下，管理人应当要求债务人的股东、法定代表人、财务人员、业务办理人员等对提供的债务清册进行核对，尽量核对出完整可靠的债务清册。

第四，有的放矢地与相关方多进行沟通交流，实务中常常出现集体维权、债权人建群交流等情况，管理人在接管工作及调查工作完成后，可以找债务人高管、债权人、相关方等可能了解债权情况的人询问可能存在的或有债权人信息并做记录。

（二）或有债权的预留实践

笔者认为，实践中可按如下方式对或有债权偿债资源进行预留。

第一，制作重整计划草案时，管理人应当结合审计机构提供的应付账款、其他应付款等审计结论，结合管理人对或有债权的调查结果，制作或有债权表，并将其列入重整计划草案，或有债权表应当包含债权人姓名、债权金额等信息。

第二，如能明确投资人的投资金额，在进行清偿率计算时，应当带入或有债权表的内容，确认已披露或有债权已经按照重整计划预留偿债资源，明确清偿方案包含有或有债权预留部分。

第三，在重整计划草案中设置独立章节，明确预留偿债资源的时限为人民法院批准重整计划起 2 年，如该期限内债权人仍未申报债权的，应当审查其未申报债权的原因，明确预留偿债资源的处理。

第四，应在重整计划中明确，预留偿债资源并不等同于管理人已认可或有债权的真实、合法、有效，或有债权人主张权利时，应当根据其提供的证据和债务人有关资料，由管理人或债务人参照债权审查的标准进行确认。

（三）与重整投资人协商

即便管理人穷尽手段对债务人负债情况进行调查，仍然可能出现或有债权，这类未能披露的或有债权在重整计划执行完毕后，并不当然丧失主张的权利，因此，应依法由重整后的债务人按照重整计划同类债权承担清偿义务。这种情况正是重整投资人最为担忧的情况，管理人应当如何与重整投资人沟通解释，使得重整投资人不至于因担忧或有债权的不确定性而放弃投资。笔者认为，与投资人沟通应注意以下几点。

第一，向重整投资人解释破产法律规定，明确未披露或有债权出现清偿由重整投资人增加偿债资金进行清偿。管理人应当向重整投资人充分解释《企业破产法》第九十二条规定，在签订《重整投资协议》时，应当充分告知风险，即明确"如出现未披露的或有债权时，由重整投资人自行增加偿债资金进行清偿"。

第二，向重整投资人解释管理人调查或有债权的相关工作，增强重整投资人对管理人工作的信任。管理人可以结合审计报告的资产与负债情况，向重整投资人介绍管理人已经针对或有债权进行的调查及所采取的措施，争取重整投资人的信任，从而放心投资。

第三，从法律层面向重整投资人解释如果发生或有债权，应该如何应对处理。在进行了全面的财务审计、已知债权人调查与通知、管理人对企业债务进行全面尽职调查后，可能出现的或有债权金额一般情况下不可能过大，即便最终向重整后的债务人主张，债务人仍然享有诉讼时效，债权真实性、合法性等抗辩的权利。明确这一点能使重整投资人清楚未披露或有债权处理方式，从而增强投资信心。

第四，在投资人仍然担忧时，应主动站在投资人的角度，考虑调整或改变投资方式。破产重整案件各有不同，管理人应当多思考，利用重整投资的灵活性、多样性，根据重整投资人的意愿，为重整投资人多设计几种合法投资方式供其选择。

四、或有债权处理的延伸思考

在破产案件实务中，管理人常常遇到的并不是穷尽手段都没法查出的或有债权，而是债权人基于某种目的故意不申报债权，即经管理人通知或债权人自行了解到债务人进入破产仍然不申报债权，出现这种情况的主要原因就是法律规定之间的不统一、不明确及法律未明确该种行为应承担的法律后果。《企业破产法》第九十二条的"顺风车"条款明确，债权人只要债权真实可靠，申报与不申报均可以按照同类债权清偿。这完全违背了《企业破产法》立法的目的与基本理论，破产法设立的表决程序集中体现了债权人意思自治，表决规则也集中表现为少数服从多数，在重整程序里，还设置有人民法院强制批准重整计划草案的程序，目的就在于当债权人意思自治陷入僵局、各方利益难以平衡时，遵从社会利益优先，推进破产企业重生。

《企业破产法》及司法解释对未申报债权原因及法律后果虽然没有作出明确的规定，但有一些地方已经开始关注，如通过区分未申报债权的原因而明确承担相应的法律后果。例如，《上海市浦东新区完善市场化法治化企业破产制度若干规定》（2022年1月1日起实施）第六条第二款规定"破产重整案件的已知债权人收到债权申报书面通知和失权后果告知后，无正当理由未在人民法院确定的期限内申报债权的，视为放弃债权，债务人不再向该债权人承担清偿责任"，虽该规定并未界定正当理由，但相比之前已有了较大的进步。

司法实践中，也有部分案例以债权人怠于申报为由限制其权利。如衢州乾达科技有限公司诉浙江海蓝化工集团有限公司普通破产债权确认纠纷一案[1]，此案中，重整计划设置有"原海蓝公司（被告）的债权人（包括但不限于对债务特定财产享有担保权的债权人、职工、普通债权人及共益债权人等）均无权向重整投资人以及新海蓝公司（被告）主张权利"的条款，而原告（或有债权人）非因不知晓重整程序等客观原因不申报债权，而是怠于申报债权，可视为放弃了申报债权、表决重整计划草案等相应的权利，重整计划对原告具有约束力。[2]

笔者认为，实务中判断债权人未申报的原因是故意还是重大过失并不复杂，主要表现为债权人已收到管理人或人民法院的申报债权通知，但故意或忘记而不申报。因此，不论是从法律规定的完整性来看，还是通过法律规定督促债权人积极行使权利的角度，都应当设置法律条款以明确故意不申报债权应承担的法律后果。如发现或有债权人知道

---

[1] 一审：（2017）浙08民初378号；二审：（2018）浙民终93号。
[2] 程顺增：《规避企业破产法的重整计划条款有效》，《人民司法》2019年第32期。

或应当知道需要申报债权，而故意或因重大过失未申报的，债权人在重整计划预留偿债资源期限之后申报的，视为债权人放弃对破产企业所享有的债权。

五、结语

或有债权不确定性的存在，客观上增加了重整计划制作和执行的难度，但真实、合法、有效的或有债权，不能仅以便于重整为理由，简单通过债权人会议表决通过来进行不当限制或排除。因此，在重整中既要尽可能调查清楚或有债权的信息并说服投资人接受该风险，又要保障或有债权人的合法权益使其免受不当限制或被排除，还要保障重整计划的可行性，重整计划的制作者应当具备辨别和平衡重整中交织的各种利益、关系的能力。

重整计划草案表决不设立职工债权组的可行性

吴正彦　　万玉婵 [①]

摘要： 本文围绕下面三个问题——职工债权的特殊性、不设立职工债权组的合法性、不设立职工债权组对重整计划草案进行表决的现实意义，对重整计划草案表决不设立职工债权组的可行性进行分析，以期对相关司法实践有所裨益。

关键词： 重整计划草案表决；职工债权组；可行性

近年来，随着新型冠状病毒感染疫情在全球蔓延，世界经济进入深度衰退期，产业链、供应链循环受阻，国际贸易投资萎缩。再加上中国经济结构调整、淘汰落后产能和企业转型升级的现实需要，一些管理水平低下、缺乏竞争优势的企业面临很大困难，陷入长期拖欠职工工资、供应商款、工程款、借款而停工停产等困境。破产是集中、公平清理债权债务的一种较好的方式，正被越来越多的企业主了解、接受。本文仅就破产重整计划草案表决中不设立职工债权组的可行性提出一点看法。

一、破产程序中职工债权的特殊性

对于存在债务人欠付工资和欠缴养老、医疗、伤残补助、抚恤费用、补偿金的职工来说，职工仍然是债权人，只是职工与其他债权人不同，是一类特殊的债权人，具体表现在以下几个方面。

（一）职工债权不需申报，由管理人调查后公示

《企业破产法》第四十八条规定："债权人应当在人民法院确定的债权申报期限内向管理人申报债权。债务人所欠职工的工资和医疗、伤残补助、抚恤费用，所欠的应当划入职工个人账户的基本养老保险、基本医疗保险费用，以及法律、行政法规规定应当支付给职工的补偿金，不必申报，由管理人调查后列出清单并予以公示……"

[①]　吴正彦，贵州贵达律师事务所高级合伙人；万玉婵，贵州贵达律师事务所律师。

破产法规定职工不必申报债权，由管理人调查后公示，笔者分析其原因有：一是考虑到办理破产案件都需要管理人全面接管债务人的档案资料和账簿、财务凭证等，由管理人调查最为方便；二是管理人接管破产企业的同时，要对债务人开展财产状况调查，向债务人生产经营涉及的政府各主管部门展开调查，包括与职工债权有关的社保、医保、税务、劳动争议仲裁等机关，这些调查成果也是查明职工债权的一个方面；三是基于对职工债权的保护。有些债务人进入破产程序前已停工停产几个月甚至数年，职工不得不另谋出路，有些人可能远走他乡外出打工、失去联系。如果规定由职工申报债权，法院或管理人无法联系的职工就无法得知债务人已进入破产程序、需要申报债权的消息，可能会延误债权申报，从而导致职工债权无法得到清偿（当然职工债权仍要符合诉讼时效等规定）。

从债权申报的角度来说，要求债权人在申报债权时提供证据，适用的是民事诉讼中"谁主张谁举证"的原则。《企业破产法》第四十九条规定："债权人申报债权时，应当书面说明债权的数额和有无财产担保，并提交有关证据……"而对于职工债权的举证责任，更多的在于债务人，职工并不掌握这些证据。《中华人民共和国劳动争议调解仲裁法》第六条规定："发生劳动争议，当事人对自己提出的主张，有责任提供证据。与争议事项有关的证据属于用人单位掌握管理的，用人单位应当提供；用人单位不提供的，应当承担不利后果。"虽然《企业破产法》上的职工债权与此处的劳动争议范围不完全一样，立法者仍然从实际出发，规定职工债权不由职工申报而由管理人调查后公示，更有利于保护劳动者，也便于破产案件高效快捷地推进。

（二）职工债权受到法律的特别保护

由于绝大部分企业职工靠工资维持生计，同时企业应承担给职工缴纳基本养老保险、基本医疗保险等"五险一金"的义务，因此法律对职工债权给予特别保护。《企业破产法》第六条规定："人民法院审理破产案件，应当依法保障企业职工的合法权益，依法追究破产企业经营管理人员的法律责任。"职工权益保护除了作为《企业破产法》的一项原则在第六条作了规定，在债权清偿顺序中也规定对职工债权给予最优先的顺序。《企业破产法》第一百一十三条规定："破产财产在优先清偿破产费用和共益债务后，依照下列顺序清偿：（一）破产人所欠职工的工资和医疗、伤残补助、抚恤费用，所欠的应当划入职工个人账户的基本养老保险、基本医疗保险费用，以及法律、行政法规规定应当支付给职工的补偿金；（二）破产人欠缴的除前项规定以外的社会保险费用和破产人所欠税款；（三）普通破产债权。"

职工债权的特别保护除了体现在《企业破产法》的立法原则和优先清偿的顺序外，

《企业破产法》第五十九条和第六十七条还要求债权人会议要有职工或工会代表参加并对有关事项发表意见，债权人委员会组成人员要有一名职工代表或工会代表，体现了破产程序中充分保障职工的知情权和对有关事项的决策权。

二、重整计划草案表决不设立职工债权组的合法性及应当设立的情况

（一）重整计划草案表决不设立职工债权组的合法性

《企业破产法》第八十二条规定："下列各类债权的债权人参加讨论重整计划草案的债权人会议，依照下列债权分类，分组对重整计划草案进行表决：（一）对债务人的特定财产享有担保权的债权；（二）债务人所欠职工的工资和医疗、伤残补助、抚恤费用，所欠的应当划入职工个人账户的基本养老保险、基本医疗保险费用，以及法律、行政法规规定应当支付给职工的补偿金……"第八十三条规定："重整计划不得规定减免债务人欠缴的本法第八十二条第一款第二项规定以外的社会保险费用；该项费用的债权人不参加重整计划草案的表决。"第八十二条规定了要设立职工债权组对重整计划草案进行表决，紧接着第八十三条出于保护职工利益的考虑，规定了重整计划不得减免除上条（第八十二条）第一款第二项以外的社会保险费用，在此种情况下该项费用的债权人不参加重整计划草案的表决。这样看来，因为重整计划草案不得减免除上条（八十二条）第一款第二项以外的社会保险费用（如债务人欠缴社保机构的社保费等），表明该项社保费用是应得到保障、必须全额清偿，因此该项费用的债权人不必参加重整计划草案的表决。

《最高人民法院关于适用〈中华人民共和国企业破产法〉若干问题的规定（三）》第十一条第二款规定："根据企业破产法第八十二条规定，对重整计划草案进行分组表决时，权益因重整计划草案受到调整或者影响的债权人或者股东，有权参加表决；权益未受到调整或者影响的债权人或者股东，参照企业破产法第八十三条的规定，不参加重整计划草案的表决。"从该规定可以看出，只要权益未受调整或影响的债权人或股东，包括职工债权人和其他债权人，都可以不参加重整计划草案的表决。

（二）应当设立职工债权组对重整计划草案进行表决的情况

如果在重整计划草案中虽然规定全额清偿职工债权，但清偿期限较长（如几年）就可能构成了对职工权益的影响，或者对在岗职工不继续留用、调整薪酬岗位等也可能影响职工权益，此种情况下应设立职工债权组，根据职工人数多少由职工本人或职工代表、代理人、工会代表对重整计划草案进行表决。

设立职工债权组、由职工对重整计划草案进行表决的方式主要有以下两种。

1. 通过选举、授权职工代表、代理人或工会代表的方式行使重整计划表决权

对于职工人数众多或是难以召集全体职工参加债权人会议的情况，如果采用人人都参会的方式进行表决，费时费力、成本高，也不便操作，且职工人数过多时难以形成统一意见，不利于重整程序的继续推进。因此每个职工授权同一个或几个职工代表或代理人、工会代表，对重整计划草案行使表决权，既节省职工来往奔波参加债权人会议的成本，也便于债权人会议的组织和召开。

重庆钢铁股份有限公司破产重整案有职工 10046 名，如果采取全部职工都参会表决的方式，效率低，也不现实，因此管理人报请法院批准，由各职工债权人委托各厂（单位）工会主席（离职、退休等不在单位的职工债权人可以委托原供职单位的工会主席或职工代表团长）投票表决，并在全国企业破产重整案件信息网公告会议通知，并公布了 16 位受托人信息。[①]

对于建立有工会组织的债务人，召开债权人会议必须有工会代表参加。《中华人民共和国工会法》第三十九条规定："企业、事业单位、社会组织研究经营管理和发展的重大问题应当听取工会的意见；召开会议，讨论有关工资、福利、劳动安全卫生、工作时间、休息休假、女职工保护和社会保险等涉及职工切身利益的问题，必须有工会代表参加……"

据此规定，虽然工会代表必须参加债权人会议，但其是否有权代表职工对重整计划草案行使表决权仍然是个问题，为保障每个职工对关系切身利益的重整计划草案表达自己的真实意思，笔者认为如果工会代表职工参加重整计划草案的表决，仍应当取得所代表的职工的书面授权较为稳妥。

2. 职工人数不多时，通过人人参会的方式行使重整计划表决权

如职工人数不多、便于参加债权人会议，则采用人人参会的方式，这样既能保障职工的知情权、参与权和表决权，又有利于重整计划草案被批准后职工凝心聚力、参与并推动债务人企业的继续发展。

三、不设立职工债权组对重整计划草案进行表决的现实意义

每个破产重整案都面临各种复杂的矛盾和人数众多的各类债权人，管理人接管后面

[①] 《关于重庆钢铁股份有限公司重整案职工债权人表决重整计划草案的通知》，https://pccz.court.gov.cn/pcajxxw/pcgg/ggxq?id=56DE7CBC65A138C8CC61E81D292AA98F，访问日期：2023 年 4 月 18 日。

临繁杂的债权申报、债权审查、财产调查、清理、招募投资人（有可能还要招募审计机构、评估机构）、筹备债权人会议、制作重整计划草案等工作，同时还要考虑债务人是否继续经营、怎么经营及职工的留用等，各种事务性的劳动耗费法院和管理人大量人力、物力，这就对程序的简化提出了迫切要求。

近几年陆续有部分省市对破产重整案件的审理制定了工作指引，其中不乏对职工债权未受到调整或影响可不参加重整计划草案表决的规定，如，广州市中级人民法院2020年5月28日发布的《关于破产重整案件审理指引（试行）》第七十四条："权益未受到调整或者影响的债权人或者出资人，不参加重整计划草案的表决。"河南省高级人民法院于2021年10月23日发布的《河南省高级人民法院审理企业重整案件的工作指引》第55条也规定："对重整计划进行分组表决时，权益因重整计划草案受到调整或影响时的债权人或者股东，有权参加表决；权益未受到调整或影响时的债权人或者股东，不参加重整计划草案的表决。"《上海市高级人民法院破产审判工作规范指引（2021）》第164条、北京破产法庭于2022年4月25日发布并试行的《北京破产法庭中小微企业快速重整工作办法（试行）》第二十八条也作了类似规定。

全国人大常委会副委员长王东明于2021年8月18日在第十三届全国人民代表大会常务委员会上作的《关于检查〈中华人民共和国企业破产法〉实施情况的报告》中"第五部分"指出，要优化破产程序，提高破产审理实效，加强对破产企业职工工资和社会保险费的保障。[1]

2019年6月22日，国家发展和改革委、最高人民法院、工业和信息化部等十三部委发布的《加快完善市场主体退出制度改革方案》（发改财金〔2019〕1104号）第四部分"完善破产法律制度"中专门指出"完善企业破产重整制度。倡导积极重建的破产重整理念……完善重整程序中的分组表决机制"[2]。

---

[1] 全国人大常委会副委员长王东明代表全国人大常委会执法检查组于2021年8月18日向全国人大常委会作《关于检查〈中华人民共和国企业破产法〉实施情况的报告》"第五部分"第（七）条指出，要保护职工合法权益，维护社会和谐稳定。一是加强对破产企业职工工资和社会保险费的保障。将法律对保护职工权益的各项规定落到实处，对恶意拖欠职工工资、社会保险费的企业加大催收催缴力度，依法追究责任，进入破产程序后要按照法定顺序及时清偿职工工资和社保缴费。研究建立及时解决破产企业拖欠职工工资和社会保险费问题的长效机制……

[2] 2019年6月22日，国家发展和改革委、最高人民法院、工业和信息化部等十三部委发布的《加快完善市场主体退出制度改革方案》（发改财金〔2019〕1104号）倡导积极重建的破产重整理念，切实解决企业破产污名化问题，充分利用破产重整制度促进企业重组重生。细化完善重整程序实施规则，明确强制批准重整计划的审查标准和法律依据，规范法院对重整计划的强制批准权。完善重整程序中的分组表决机制。

最高人民法院于 2020 年 4 月 15 日发布的《最高人民法院关于推进破产案件依法高效审理的意见》（法发〔2020〕14 号）提出了提升债权人会议召开和表决效率、构建简单案件快速审理机制的意见，以降低破产程序成本，将推进破产案件依法高效审理贯穿于促进市场主体积极拯救和及时退出等过程中，以更好地服务和保障国家经济高质量发展，助推营造国际一流营商环境。

四、实务中的做法

（一）设立职工债权组，职工对重整计划草案进行表决

2017 年 11 月 20 日，重庆第一中级人民法院裁定批准的《重庆钢铁股份有限公司重整计划》，就设有职工债权组，由 10046 名职工债权人组成、涉及金额约 6.5 亿元，该重整计划对职工债权全额清偿、不作调整。（该案重整计划表决时间在《最高人民法院关于适用〈中华人民共和国企业破产法〉若干问题的规定（三）》出台前）

2019 年 4 月 30 日，《重庆大唐科技股份有限公司重整计划草案》设立职工债权组（364 人），对重整计划草案进行表决。该草案对职工债权组不予调整，按确认的债权金额 100% 受偿，于重整计划通过后 3 年内全额清偿，第一年至第三年的清偿比例为：30%、30%、40%。但该草案经三次债权人会议表决均未通过，2021 年 9 月 2 日，重庆市北碚区人民法院宣告该公司破产。

2021 年 12 月，《云南师宗焦化有限责任公司重整计划草案》设立职工债权组（396 人），对重整计划草案进行表决。该草案对职工债权不予调整，于重整计划被法院批准后 60 日内一次性支付。

（二）不设职工债权组，职工不对重整计划草案进行表决

2021 年 7 月 5 日，北京市第一中级人民法院裁定批准的《北大方正集团有限公司等五家公司重整计划》规定，职工债权在法院裁定批准重整计划之日起 12 个月内一次性全额清偿，因职工债权组权益未受到调整或影响，不参加重整计划草案的表决。

2021 年闻名全国的海航重整案系 300 多家公司合并重整、协同重整系列案。2021 年 10 月 31 日，经海南省高级人民法院裁定批准的《海航基础设施投资集团股份有限公司及其二十家子公司重整计划》《供销大集集团股份有限公司及其二十四家子公司》《海航集团有限公司等三百二十一家公司实质合并重整案重整计划》中，职工债权和税款债权因不作调整，在重整计划执行期限内（3 个月）以现金方式全额清偿，因此不设表决组，不参与表决。

五、结语

从国务院大力推进的促进经济高质量发展、改善营商环境，减少、取消不必要的行政审批程序等措施，到最高人民法院提出要依法高效审理企业破产案件、构建简单案件快速审理机制的现实需要，再到全国人大常委会执法检查组对破产审判工作提出的要求，都对《企业破产法》中债权的分组表决机制修改提出了建议和意见。

从最高人民法院的司法解释到部分省市对破产重整案件的操作指引来看，对于包括职工债权在内的其他债权，只要重整计划草案对此全额清偿、不作调整的，都可以不设立表决组，不对重整计划草案进行表决；相反，如果不能一次性全额清偿（如清偿期限较长），或者涉及职工留用、薪酬待遇调整等事项，则有必要设立职工债权组，由职工或职工代表、代理人、工会代表行使表决权，对重整计划草案进行表决。

房开企业破产重整中的利益冲突与平衡

方　杨[①]

摘要： 在房地产行业规模逐步从高位下滑的现实困境下，房开企业举步维艰，破产重整成为一种重要的救助方式。文章首先梳理了房开企业重整中涉及的各类利益主体之间存在的利益冲突，其次阐述了房开企业重整中利益平衡的重要性；最后文章分别从债权审查、继续经营和制定重整计划三个方面，提出了在房开企业重整中利益平衡的具体做法和注意事项，以期为房开企业破产重整的顺利进行提供参考。

关键词： 房地产开发企业；破产重整；利益冲突；利益平衡

拯救已陷入财务困境但仍具有拯救价值、拯救希望的企业，更好地实现各方当事人的合法利益，是破产重整制度的核心追求和价值所在。同时，受行业触顶、经济下行和新型冠状病毒感染疫情等影响，问题楼盘频出，房开企业举步维艰，恒大、华夏幸福、蓝光发展、宝能集团等大型房开企业纷纷暴雷，中小型房开企业财务困境也有过之而无不及。法律关系复杂、利益冲突明显，是房开企业破产重整的一大难点，房地产行业规模逐步从高位下滑的现实困境，使得房开企业破产重整更为复杂。因此，有必要对房开企业破产重整中的利益关系及其冲突进行整理和分析，从法律关系和现实情况出发，根据不同房开企业的具体情况采取合适的方式推进重整，平衡并实现各方利益，且在此基础上实现维护社会稳定、优化营商环境、促进经济发展等社会价值。

一．房开企业重整中的利益冲突

房开企业破产重整中发生利益冲突的主要原因，在于其涉及的利害关系复杂、涉及的主体众多，特别是涉及购房人、安置户、农民工等弱势群体的生存利益。因资金链断裂而进入破产重整的房开企业，其资产价值有限，特别是作为其核心资产的在建工程尚未确定价值，在各利益主体纷纷主张权利的情况下，利益冲突不可避免。

[①]　方杨，贵州贵达律师事务所律师。

（一）债权人之间的利益冲突

债权人之间的利益冲突是房开企业破产重整中存在的最为普遍、最为复杂、最为尖锐的利益冲突，并且这种冲突是不可避免、难以调和的。众所周知，公平清理债权债务、保护债权人的合法权益是《企业破产法》的第一目标，无论是从《企业破产法》作为债务清理程序的本质还是从《企业破产法》第一条的直接规定上来说，都能得到同样的结论。而从司法实践来看，进入破产重整的房开企业几乎全都符合严重资不抵债的标准，这意味着必然有债权人的利益会遭受损害。从趋利避害的角度来说，任何债权人都不愿意自身的利益遭受损害，债权人之间的利益冲突由此产生。

1. 债权类型与利益冲突

房开企业的债权人大致可分为以下几类：①拆迁安置债权，包括要求交付产权调换形式安置的房屋并办理产权证书，支付安置补偿款，支付安置过渡费等；②购房债权，包括要求交付购买的商品房并办理产权证书，退还购房款，退还房开企业代收的维修基金、契税及其他费用，支付违约金等，并且还可能涉及以房抵债以及以商品房销售形式设立的担保；③工程价款优先债权，包括要求支付工程价款、违约金等，还可能涉及违法分包、实际施工人、农民工等；④财产担保债权，主要包括以房开企业土地、在建工程、商品房等为债权人设立抵押权，以及银行按揭贷款保证中质押的保证金；⑤职工债权，除一般职工外，还可能涉及专门的公关人员、临时聘用的销售人员、高管亲属等；⑥破产企业欠付的税款及不属于职工债权的社会保险费用；⑦普通债权，不具备优先债权条件只得按照普通债权清偿，包括基于民间借贷、买卖合同等形成的普通债权；⑧劣后债权，主要包括迟延履行期间加倍支付的利息，政府部门、法院罚款，股东、实际控制人及关联企业与房开企业形成的不正当债权。上述八大类债权中，每一类又可分为多个具体类型。

债权类型与债权性质相关，债权性质又和债权清偿顺位直接相关，房开企业复杂、多样的债权类型，决定了债权人之间的利益冲突的普遍性、复杂性。

2. 不同清偿顺位的债权人之间的利益冲突

不同清偿顺位的债权人之间的利益冲突最为直接，也是债权人之间普遍存在、影响最大的冲突之一。如前述，房开企业重整中涉及的债权类型非常复杂，各种类型的债权，其债权人都尽可能争取自身的债权得到优先清偿，各种类型、不同清偿顺位的债权人之间必然存在利益冲突。

比如，在建工程，或者说尚处于开发状态的房产，是房开企业的核心资产，但就在建工程这一资产来说，就存在若干利益冲突：通过产权调换形式进行安置的安置户以及购买商品房的购房人，希望房开企业通过重整向其交付商品房并办理产权证书；在建工程的施工单位，对于其建设的在建工程价值享有优先受偿权；对在建工程、土地享有抵押权的债权人，对在建工程及土地的价值享有优先受偿权；其他不能就此优先受偿的债权人，希望能有剩余资产可用于清偿其债权。此外，司法实践中"一房二卖"、以房抵债、让与担保等行为的客观存在，使得关于房产的冲突更为复杂。

不同清偿顺位的债权人之间的利益冲突是客观存在的，只要房开企业的财产不足以满足全部债权人的要求，这种冲突就不可能被消除。

3. 相同清偿顺位的债权人之间的利益冲突

债权人之间的利益冲突不仅表现在不同清偿顺位的债权人之间，还表现在相同清偿顺位的债权人之间。相同清偿顺位的债权人之间的利益冲突主要表现为，在可供清偿该类债权的财产有限的情况下，各债权人可得分配资金呈现此消彼长的状态。这种冲突主要发生在普通债权之间，而对于多数情况下债权都能以现金方式得到清偿的职工债权等来说几乎不存在冲突。从司法实践来看，相比其他优先债权，破产重整中普通债权的清偿率一般较低、清偿时间一般较长。以上海破产法庭公布的数据为例，2021 年，破产清算案件普通债权清偿率为 3.3%，破产重整案件清偿率为 10.4%；2022 年，破产清算案件普通债权清偿率为 2.3%，破产重整案件清偿率为 4.9%。[1][2]

4. 利益冲突的表现形式

债权人之间的利益冲突，其表现形式较为特别，通常并不直接表现在债权人之间，反而往往表现为债权人与管理人的正面冲突。

通常来说，债权人收到债权审查结论通知、知晓管理人对于其债权作出的审查结论时，未能按照其主张的性质、数额获得确认的债权人，通常将不满发泄在直接作出债权审查结论的管理人身上；核查债权和提出债权异议时，债权人重点关注自身的债权是否得到确认，对其他债权人的债权审查结论关注度不够，更不用说对他人债权提出异议或债权确认诉讼；收到重整计划草案，知晓对于其债权的清偿安排时，未能得到优先清偿的债权人，通常会质问管理人凭什么将自己的债权清偿安排在他人之后。这些债权人一般不会与其他债权性质优先、债权清偿优先的债权人直接发生冲突，却往往与管理人产生争执、冲突等；而其他债权性质优先、债权清偿优先的债权人，除了后续改变其优先地位外，也往往以"多一事不如少一事"的态度，不正面回应这些债权人。

---

① 《上海破产法庭 2021 年度审理数据》，https://mp.weixin.qq.com/s/YLArYwvDRZmwHWKCSg29Eg，访问日期：2023 年 4 月 23 日。

② 《上海破产法庭 2022 年度审理数据》，https://mp.weixin.qq.com/s/7DO5d99yG4D55QtWLM397g，访问日期：2023 年 4 月 23 日。

然而，从管理人履职的角度来看，根据法律规定对申报的债权进行审查是管理人义不容辞的职责，对债务人财产进行分配是破产重整的最终目的，管理人的行为只是依法履职；从利益分配的角度来看，管理人报酬由人民法院根据可供清偿的财产总额确定，与债权性质认定、债权优先顺位、债权分配比例等关系不大，即无论分配给谁对管理人报酬都没有影响（有财产担保债权的除外）。由此可见，债权人与管理人之间并不存在真正利益冲突，冲突产生的原因，是利益被管理人依法保护了的债权人与认为其利益未得到保护的债权人之间的冲突，管理人的依法履职行为使得管理人成为利益被保护了的债权人的"挡箭牌"。

（二）债权人与重整投资人、共益债权人

共益债权人，即房开企业重整中共益债务对应的债权人。根据重整投资的不同模式，重整投资人也有可能是共益债权人。例如，当重整投资人采用共益债借款的方式提供资金用于房开企业重整，采用托管的方式对房开企业或房开项目进行托管等时，重整投资人的收益将作为共益债务清偿。

重整投资人、共益债权人对于房开企业破产重整来说是非常必要的。政府部门、法院出于对房开企业破产重整的维稳、办理难度考虑，以及房开企业对于破产重整的认识不足等原因，房开企业进入破产重整时往往已是积重难返。资金严重不足、合作关系破裂、信用能力丧失等一系列原因，决定了房开企业难以通过自身力量恢复继续经营的能力。引入共益债权人、重整投资人对于恢复房开企业继续经营的能力是非常重要的。例如，垫付工程款的施工单位，可以在房开企业自身资金严重不足的情况下即启动烂尾楼盘的复工建设；提供金融借款、按揭贷款合作的金融机构，可以为重整提供资金来源；后续购买商品房的购房人，其支付的购房款是债务人财产最有效的变现途径。共益债权人不仅仅只是共益债借款等资金投入，而是继续营业过程中涉及的全部共益债务。房开企业的经营行为需要多方的合作和支持，没有其他人的参与，房开企业就无法维持正常的运营和重整。

债权人与重整投资人、共益债权人之间的利益冲突的核心，是如何分配重整创造的价值与房开企业原本的价值。"天下熙熙，皆为利来；天下攘攘，皆为利往"（司马迁《史记·货殖列传》），无论是重整投资人还是共益债权人，其参与破产重整程序必然有其利益追求，而其所追求的利益最终只能通过增加房开企业财产价值、从房开企业财产价值中实现。基于同样的财产实现利益，导致债权人与重整投资人、共益债权人之间必然存在利益冲突。

共益债权人、重整投资人与债权人的利益冲突，与债权人之间的利益冲突的主要区

别在于，共益债权人、重整投资人与债权人的地位并不平等。债权人之间的利益冲突无论如何激烈，在债权人会议表决时也只能按照其债权额进行表决（有财产担保债权的除外），除有债权额大小之分外并无其他区别。而共益债权人、重整投资人在与债权人发生利益冲突的场景下，一般占据优势地位。如前所述，房地产市场触顶，未来房开企业将持续出清，对于房开企业的投资以及与房开企业的合作风险都在不断增加，而收益率却在降低，使得越来越多的人对投资房地产慎之又慎，招募投资人、处置资产的难度越来越大；同时，进入破产重整的房开企业严重缺乏资金，不能按期支付有关款项，也使得很多人不愿意与之合作。在这种市场环境下，愿意投资房开企业或愿意开展合作的人，在发生利益冲突时，其占据的优势较大，并且随着其承担风险的增加，其所要求的利益也就越大。如果不能准确把握协商的尺度，重整投资人将凭借其优势地位不断侵蚀债权人的利益。涉及社会稳定的购房人、安置户、农民工等群体，以及享有优先受偿权的群体，尚有自保之力，而普通债权人的利益可能受到较大侵害。

债权人与重整投资人、共益债权人的利益冲突的最坏结果，即债权人会议不同意财产管理方案、重整计划草案及其他有关方案，或重整投资人、共益债权人放弃投资、合作。在多数情况下，这将导致债务人财产的进一步损失，不仅无法实现企业的重生，也无法使各方利益最大化，这必然是一个"多输"的局面。

（三）债权人与债务人的利益冲突

破产程序中的债权人与债务人天然呈现对立的状态，究其原因在于债权人往往会损失部分或全部的债权，是债务人破产重整中最大的受害方。

对于债权人来说，房开企业不能按照合同约定交付商品房，导致购房人、安置户不能及时装修入住，在房地产与结婚、户口、入学等高度绑定的今天，给债权人造成的损失不仅仅是租房成本，还有更多损失难以用金钱债权衡量；施工单位、供应商等应收账款长期难以收回，债权人资金占用成本、人力资源成本等不断增加，因此造成债权人陷入经营困难的情况并不少见，甚至部分抵御风险能力较低的中小企业因应收账款难以收回而导致自身进入破产。为了尽可能防止损失进一步扩大，债权人在多次催收无果后，不得不选择诉讼、保全、强制执行等方式维护权益。即便如此，大多数债权仍难以收回，导致债权人不得不站到了债务人的对立面。并且，在重整计划的表决过程中，为了减少损失，债权人往往只得同意豁免部分债务、延长还款期限等条件。

对于债务人来说，房开企业进入财务困境的原因是多方面的，既有自身经营不善、管理混乱、资金不足等内部原因，还有市场下行、销售遇冷等市场原因，甚至还有政府行为影响的原因，后两者是房开企业难以控制的。当财务困境发生时，房开企业也想通过一系列的行动重整旗鼓。但部分债权人提起诉讼、申请保全和强制执行后，房开企业陷入银行账户冻结、房产查封等困境，不能正常开展经营活动，从而导致更多债务违约，导致财务困境进一步加剧。

从我国民营企业的经营管理来看，几乎全部的民营企业都存在或多或少的管理不规范现象，严重的有出资不足、挪用资金、关联交易、逃税避税等，较轻的有盲目决策、违规建设、缺乏管理等。在房地产市场整体表现较好的时候，房产销售的高额利润可以解决或者延缓上述问题的发生，但当房地产市场下行的时候，房开企业暴雷，上述问题将导致债权人、债务人之间出现严重的信任危机。笔者办理的房开企业重整案件中，无一不面临债权人要求追究债务人股东、法定代表人、实际控制人等人员民事责任、刑事责任的情况。

（四）债权人与其他利益主体

除了上述典型的利益主体冲突外，还有其他利益冲突，例如重整投资人与债务人，准确来说是重整投资人与债务人出资人。值得一提的是，房开企业破产重整中存在利益冲突的不仅有参与破产重整的主体，还有未参与破产重整的主体。他们的利益与破产重整并不直接相关，也不能以投票表决等形式参与破产重整，因而其利益往往受到忽视。笔者办理的某旅游房地产开发企业破产重整案中，该房开企业对城区范围内面积最大的湖泊及周边土地进行整体开发，并结合当地玉石特产、康养特色、水资源等打造旅游小镇、水上乐园等，如果顺利实施将对当地的旅游经济起到明显的带动作用。因此，如破产重整有效实施，不仅可以增加周边人民的就业岗位和收入，还对周边的市容市貌、道路交通、配套设施的改善有利；反之如破产重整失败，周边人民不得不面对一个占用重要资源的烂尾楼盘。

与之相似的还有房开项目中幼儿园、城市道路等对周边居民的影响，以及房产大量闲置对于周边居住环境、房价水平等的影响。这些利益可以概括地称为社会利益。这些利益主体不能直接参与破产重整，他们的权益也很难用金钱来衡量，但如果法院、管理人完全忽视其利益，只关注房开企业破产重整参与者的利益，并不利于债权人整体利益的实现，也不利于破产制度社会价值的发挥。并且，从实践来看，政府参与房开企业重整的核心因素在于其对社会利益的保护，如房开企业破产重整中忽视对社会利益的保护，势必影响府院联动机制等的正常运行，不利于房开企业重整。

房开企业破产重整过程中，各方利益相关者之间的冲突是不可避免的，但是我们也要正确认识到，利益冲突并不完全是破坏性的，正因为有不同利益的存在和不同利益的斗争，社会才得以存在并得以发展、变迁。重要的并不是规避利益冲突的存在，而是对各种利益冲突加以平衡。

二、房开企业重整与利益平衡

（一）利益平衡

法律与利益存在密切的关系，可以说，法律是为适应利益调节的需要而产生，随着利益关系的变化、发展而改变。早在古希腊时期，法律与利益的关系就已经被人们所认识，亚里士多德认为，法律是最优良的统治者，法律的任务是为自由公民的共同利益服务[①]。利益法学派的代表人物、德国法学家赫克直接在《法律解释和利益法学》一书中提出："法律是所有法的共同社会中物质的、国民的、宗教的和伦理的各种利益相互对立、谋求承认而斗争的成果。在这样一种认识中，存在着利益法学的核心。"法律对利益的调整机制表现为表达利益诉求、平衡利益冲突和重整利益格局。[②] 表达利益诉求与重整利益格局在破产重整中也有体现：表达利益诉求主要体现在债权申报中，重整利益格局主要体现在重整计划生效后对债权、出资人权益等的调整。本文主要讨论的是平衡利益冲突。

所谓利益平衡，即对各种存在冲突的利益做出评估，并按照确定的方法和标准对利益冲突加以平衡。利益平衡主要表现在立法层面，是立法者对于社会中存在的各种利益冲突，应当对各种利益进行整体评估、衡量，并据此制定法律；表现在个案层面，是司法实践者对于案件中存在的利益冲突，应当对利益进行单独评估、衡量，并据此作出裁判。从利益冲突的本意和司法实践来看，破产案件，特别是房开企业重整案件，利益平衡尤为重要。

（二）房开企业重整中引入利益平衡的必要性

房开企业重整中引入利益平衡的原因与房开企业自身有关，也与我国破产法律制度不完善有关，主要有以下几点。

1. 破产法律的不完善

首先是我国现行《企业破产法》颁布于 2006 年，而破产实践的大量开展主要在 2016 年以后，且《企业破产法》此前的试行主要针对国有企业破产清算，破产重整这一重要制度系在 2006 年借鉴外国破产立法经验的基础上建立，并非真正立足于我国的

[①] 亚里士多德：《政治学》，商务印书馆，1981，第 171 页。
[②] 转引自付子堂：《法理学进阶》（第五版），法律出版社，2016，第 39 页。

司法实践，特别是与目前的破产法实际相比存在严重的滞后性。例如，引入重整投资人是重整的主要做法，且重整投资人的引入势必与出资人存在严重利益冲突，但在我国《企业破产法》中并未提及重整投资人，依靠债务人自身完成重整在我国司法实践中难度极大。

其次是我国《企业破产法》主要是以程序法为主，《企业破产法》关于程序的规定可以规划利益冲突的解决，但是对于利益冲突的切实解决主要还是依靠实体法的有关规定及其确立的精神、原则。例如，债权审查工作主要依靠其他法律对债权进行综合审查，破产法除了对止息、债权性质、提前到期等有所涉及外，对于债权的真实性、合法性、有效性判断并无太多助益。《企业破产法》应当尊重其他法律的实施，除非其他法律的实施影响了《企业破产法》的基本精神和原则。

最后是我国法律规定和司法实践的混乱。对于优先权这一问题上，法律规定中，《企业破产法》自身明确了有财产担保债权和税款债权优先，执行有关法律规定中明确了消费型购房人的优先，《民法典》中明确了工程价款的优先权，还有司法解释曾提出的拆迁安置的优先权，各种各样的优先权散布在不同的法律规范中，难以形成统一的认识；从司法实践来看，最高人民法院关于购房债权中退还的购房款是否有优先权都存在不同的判决，更不用说地方法院之间的差异了。

2. 房开企业重整中利益冲突的复杂性

前文提到，房开企业重整中存在债权人、重整投资人、债务人及其他若干利益主体，每一利益主体与其他利益主体存在冲突，利益主体之间也存在若干冲突。特别是在在建工程（房产）这一核心资产上，聚合了物权、债权等多种法律关系。

从法律适用层面来说，房开企业重整涉及的法律规定尤为复杂，难以通过单一、一般的法律条文解决。从个案层面来说，房开企业重整中多元利益结构带来的利益冲突，需要由法院、管理人根据具体案件的情况，按照法律规定的精神、原则进行综合考量。

总的来说，我国法律制度的不完善和房开企业重整的复杂性，决定了房开企业的重整离不开利益平衡的有效适用。作为司法实践者，我们不可能要求司法实践中的每一项工作都按照法律规定的要件发生，也不可能要求法律未规定的情况都不会出现，只能根据现有法律规定及其精神、原则，做好每一项工作。

利益平衡在房开企业重整中主要体现在债权审查、继续经营以及制作重整计划三项工作中，每项工作从宏观立法层面和微观个案操作层面又可分为若干问题。下文主要从微观个案层面讨论利益平衡，并结合实践，从立法层面对于《企业破产法》及有关法律制度进行探讨。个案的利益平衡，需要探求与房企破产有关的各方主体的利益状态以及有无倾斜保护的必要，通过对债权人、债务人、出资人、投资人、职工及社会公众等利益的综合考量，对房企重整中的经济行为、法律行为做出更合法、合理、公平的判断，使得各方利益尽可能达到平衡的状态。

三、房开企业重整中债权审查的利益平衡

（一）引入利益平衡的必要性

债权审查是确定债权存在与否、金额大小及性质的基本程序，债权人申报的各类债权，经过管理人审查、债权人会议核查和法院确认，成为债权人参与破产程序和得到清偿的基础。房开企业重整债权审查中的利益平衡主要体现在法律适用上，债权审查中引入利益平衡的原因主要有以下两个。

一是房开企业重整债权审查涉及法律众多，仅依靠单一的法律规范不能准确审查。例如前文所述各种优先权通过不同的法律规范确立，集中到房开企业重整的债权审查中来，只有通过利益平衡，厘清各种债权类型所适用的法律规范，综合考虑其他法律规范，在综合适用法律的情况下准确审查债权。

二是债权审查并非只是法律适用的过程，对于法律未明确规定的，要根据法律规定的精神、原则和案件办理情况具体确定。例如对于法律未明确的解除购房合同后退还购房款的债权，是类似购房优先的优先债权还是普通债权，抑或是其他优先债权，法律并未明确规定，实践中通过个案的利益平衡，根据有关法律精神和房开企业重整情况，创设了很多做法。

（二）债权审查中的一般顺位

如前述，债权人之间的利益冲突主要是不同债权顺位的利益冲突，债权审查过程中，涉及利益平衡的主要也是债权性质的审查。房开企业破产重整中债权顺位依次如下。

1. 拆迁安置债权

根据《国有土地上房屋征收和补偿条例》，市、县级人民政府负责本行政区域的房屋征收与补偿工作，但是在实践中，仍有部分项目由房地产开发商直接与被拆迁人签订安置补偿协议，以产权调换或现金的方式进行补偿。该安置补偿协议一般签订在房开项目正式实施前，相较于商品房预售更早，也更缺乏保障。在安置房产最终交付被拆迁人前，如房开企业陷入破产，被拆迁人对于基于产权调换形式安置的房屋的交房请求权作为一项特殊的债权，其权益应当依法得到保障。

2003 年施行的《最高人民法院关于审理商品房买卖合同纠纷案件适用法律若干问题的解释》原将被拆迁人对特定房屋的优先权置于购房者的优先权之前，即在房开企业

将特定房屋出售时被拆迁人优先于购房人优先获得该房屋，但在 2020 年修正时对相应条款进行删除。但拆迁安置债权作为一项特别的权利，仍然应当优先保护，理由如下：首先，拆迁安置债权虽作为一项请求权，实质却是对被拆迁房屋的所有权的延伸，以产权调换的形式进行安置的，在性质上属于以物易物，其比购房债权更为特殊；其次，商品房买卖基于房开企业与购房人的自由交易，但拆迁安置往往基于城市建设等公共利益的需要，无论是从社会价值还是风险承担上考量，都不应该让被拆迁人承担由此造成的损失；再次，拆迁安置发生在工程施工、房产交易等优先债权相应法律事实发生前，对土地上房屋的拆迁安置是整个房开项目的起点，是一切权利的开始；最后，被拆迁的房屋往往是被拆迁人赖以生存的财产，如不能取得拆迁安置房屋，将严重威胁被拆迁人的生存权，被拆迁人的生存权应当得到特别保护。

2. 购房债权

首先要明确的是，购房人要求交付房产、办理房产证书的权利本质上仍然属于债权，应当向管理人申报。从司法实践来看，我国房开企业重整，主要是为了保护购房人的权利，应当允许购房人参与破产程序并对涉及复工建设、交房、办证等关键事项进行表决；而普通债权人清偿比例较低，支持重整的意愿较低，占据数量太多反而不利于真实地反映大多数利益主体的诉求和不利于重整的推进。

对于购房债权的优先保护源于购房人的基本生存权利的保障。《最高人民法院关于人民法院办理执行异议和复议案件若干问题的规定》第二十九条"金钱债权执行中，买受人对登记在被执行的房地产开发企业名下的商品房提出异议，符合下列情形且其权利能够排除执行的，人民法院应予支持：（一）在人民法院查封之前已签订合法有效的书面买卖合同；（二）所购商品房系用于居住且买受人名下无其他用于居住的房屋；（三）已支付的价款超过合同约定总价款的百分之五十"规定是购房债权优先的主要来源之一，《全国法院民商事审判工作会议纪要》则对"用于居住且买受人名下无其他用于居住的房屋"做了进一步解释，综合来看，可归纳为以下条件：①所购房屋是消费、居住性购房；②已经签订合法有效的书面房屋买卖合同；③支付百分之五十以上的购房款或者商品房消费者支付的价款接近百分之五十，且已按照合同约定支付剩余价款；④案涉房屋同一设区的市或者县级市范围内商品房消费者名下没有用于居住的房屋；⑤商品房消费者名下虽然已有 1 套房屋，但购买的房屋在面积上仍然属于满足基本居住需要的。

关于优先顺位，《最高人民法院关于建设工程价款优先受偿权问题的批复》第二条明确将购房债权优先于工程价款优先受偿权，该批复虽已废止，但是司法实践仍然按照生存权优先、准物权优先于债权的精神，将购房债权优先于工程价款优先受偿权。2023

年4月公布的《最高人民法院关于商品房消费者权利保护问题的批复》明确，商品房消费者以居住为目的购买房屋并已支付全部价款，其房屋交付请求权优先于建设工程价款优先受偿权、抵押权以及其他债权的；只支付了部分价款的商品房消费者，在一审法庭辩论终结前已实际支付剩余价款的，可以适用前款规定；在房屋不能交付且无实际交付可能的情况下，商品房消费者价款返还请求权优先于建设工程价款优先受偿权、抵押权以及其他债权。

3. 工程价款优先债权

工程价款优先债权源于对建筑工人的保障，根据《民法典》第八百零七条"发包人未按照约定支付价款的，承包人可以催告发包人在合理期限内支付价款。发包人逾期不支付的，除根据建设工程的性质不宜折价、拍卖外，承包人可以与发包人协议将该工程折价，也可以请求人民法院将该工程依法拍卖。建设工程的价款就该工程折价或者拍卖的价款优先受偿"与《最高人民法院关于审理建设工程施工合同纠纷案件适用法律问题的解释（一）》第三十六条"承包人根据民法典第八百零七条规定享有的建设工程价款优先受偿权优于抵押权和其他债权"的规定，工程价款优先债权优先于抵押权。

4. 财产担保债权

《企业破产法》第一百零九条规定，对债务人的特定财产享有担保物权的人，可就该特定财产享有优先受偿的权利，主要包括在破产程序前已经以债务人财产依法设定抵押、质押、留置措施的有担保的债权。财产担保债权与上述三项优先债权相比，对同一标的物的优先顺位排在最后，究其原因，财产担保债权基本上与商业行为有关，与生存权无涉。

5. 破产费用、共益债务

房开企业重整中有一项特殊的共益债务，即复工建设过程中产生的工程价款等，且该复工建设费用一般较高，除此之外的破产费用、共益债务并无其他特殊之处。复工建设是房开企业重整中的核心目标，涉及债务人财产价值的提高和安置户、购房人的基本权利，在某些房开企业重整案件中，其优先程度甚至高于重整计划草案通过或者重整成功。该部分涉及复工建设中的利益平衡，将在下一部分展开讨论。

6. 职工债权

房开企业重整中职工债权与其他破产案件并无明显区别，根据《企业破产法》有关规定，由管理人根据《中华人民共和国劳动法》《中华人民共和国劳动合同法》及相关法律规定依法调查并公示即可。

7. 税收债权

税收债权包括债务人所欠税款和债务人所欠的不属于职工债权的社会保险费用。房开企业经营过程中税收种类复杂且金额较高，税收债权相较其他行业普遍偏高。

税收债权中需要特别注意的是，实践中，部分税务机关可能利用自身的优势地位，将应税行为发生在破产受理前，但对于未申报或未缴纳的税收，则会要求房开企业在继续经营中按照共益债务缴纳，扩张共益债务范围。

8. 普通债权

房开企业重整中，普通债权并无特别之处，法律未明确为优先债权或劣后债权的，均应按照普通债权处理，需要特别注意的是部分普通债权人常常企图将其普通债权伪装成优先债权，例如通过以房抵债将其民间借贷转化为购房债权，要求管理人为其交房、办证等。

9. 劣后债权

房开企业重整中，劣后债权与其他破产案件并无明显区别，只能在普通债权全部清偿的情况下才能清偿，不再赘述。

（三）债权审查中的特殊考量

上述顺位仅是按照现有法律规定能基本明确的房开企业重整中的一般债权顺位，在破产程序中也有很多类型的债权并不属于一般顺位的类型，对他们的审查不仅需要根据有关法律的精神、原则，还需要根据房开企业重整的实际情况。购房债权是房开企业重整中最为特殊的债权，也是争议最多的债权，下面试以购房债权的审查为例，简要说明房开企业重整审核中的特殊考量。

1. 防止优先债权的肆意扩张

破产债权的审核中应当注意防止优先权的肆意扩大，笔者所称根据个案的实际情况确定债权审查的标准并不意味着以维护社会稳定、推进重整程序等为借口，对本不具备优先可能的债权赋予优先性，特别是在债务人财产有限、普通债权清偿率低的现实困境下，肆意扩大优先权的范围，实质是对普通债权的伤害。尽管购房债权的优先性现已得到司法实践的广泛认同，但购房债权的优先性起源于最高人民法院批复，以批复的形式确定购房人的超级优先权有超越司法定位、僭越立法权之嫌，在法理上受到了诸多批评。司法实践中，法院、管理人不能仅为了化解矛盾，再度肆意扩大优先权的范围。

个案平衡是破产案件办理的有效工具，但必须符合法律规定，才能发挥作用。债权审查中的个案平衡不仅是赋予需要特别保护的债权人优先，还应当重视普通债权人的权益保护。

2. 购房合同的继续履行

如前所述，已支付大部分购房款的购房人，其对于该特定房产的优先权应得到保护，但符合购房债权要求的购房人数量毕竟较少，其他不符合购房债权要求的，仍值得保护，这就需要在具体案件中根据实际情况进行利益平衡。

首先是所购房屋的性质。一般而言，购房债权所针对的房产须为住宅，商业、车位等一般不符合居住性质，但如果购置商铺是为保障和改善家庭生活，仍有可能作为消费认定。在安徽省高级人民法院（2017）皖民终 249 号民事判决书及宣城市中级人民法院（2016）皖 18 民初 71 号民事判决书中，购置商铺的主要目的是为开展经营活动保障家庭开支，虽有一定经营属性，但承载的更多的是购房人及其家庭的生存保障功能，应予以优先保护。

其次是有效、书面的购房合同。购房合同的形式与当地交易习惯有非常大的关联性，不可以唯示范文本而论。笔者办理的某自治县房开企业重整中，多数购房人签订认购协议即交纳全部或大部分购房款，且多数所谓正式购房合同也不过两三页，与商品房预售合同示范文本相距甚远，他们的利益同样值得保护。

再次是支付 50% 以上或接近 50% 的购房款，且愿意支付购房尾款的。从我国商品房预售情况来看，购房人一般支付 20% 到 30% 的首付，再通过按揭贷款支付尾款，因此是否支付剩余购房款往往取决于银行是否发放贷款而非购房人。从同等保护的角度来看，不必如此严苛地对待善意购房人。并且，未支付至 50% 的购房人如能通过办理按揭贷款、筹集资金等方式支付购房款尾款，还将成为复工建设资金来源的关键。此外，考虑到房地产销售难度增加和价格下降的现实情况，如果今后卖出的难度较高且预期价格不高的情况下，如购房人仍愿意按照原价格继续购买该商品房且继续履行合同，有较强的现实意义，购房人的利益也能起到较好的保障。

最后是名下是否有其他房产。在涉及成百上千家购房人的情况下，从操作难度来说，从购房人在房开企业项目中是否有其他房产的角度进行判断更具可行性。

总的来说，是否继续履行购房合同不仅是法律问题，还应当从交易习惯、公平保护、经济效益等因素综合考虑从而做出判断，达成各方共赢。衡量房产的经济价值的方法是多样的，从取得房产成本、市场售价、破产财产拍卖价等不同角度会有不同的价值，管理人并非替利益主体做出判断，而是协助利益主体做出判断。

3. 解除购房合同后购房款本金

解除购房合同后，购房人有权要求房开企业退回已支付的购房款本金，对于该购房款本金的债权性质，实践中有不同的观点。有的观点认为，购房款本金应当属于优先债权，继续履行合同情况下购房人对于房产享有优先权，出于同等保护考量，解除情况下购房人也应当享有优先权，例如中国长城资产管理股份有限公司广西壮族自治区分公司、彭顺丽破产债权确认纠纷案。① 有的观点认为，购房人只对该特定房产享有优先权，在解除合同情况下不应再继续优先，例如黄小永、黄山市金诚投资置业有限公司破产债权确认纠纷案。②

在房开企业重整中，笔者支持购房人对于解除合同后的购房款本金不再享有优先权，主要理由如下：首先，从司法解释的规定来看，《最高人民法院关于商品房消费者权利保护问题的批复》明确"在房屋不能交付且无实际交付可能的情况下"购房款返还才有优先权，且《最高人民法院关于人民法院办理执行异议和复议案件若干问题的规定》明确将符合条件的特定房产排除在执行之外，而非在执行后优先返还购房款；其次，从物权期待权和生存权角度考虑，购房人放弃特定物的情况下，对于该特定物即不再享有其他优先权，对于房产的放弃也不符合其生存权利的诉求；最后，在房地产市场下行、房价下降、销售难度增加的情况下，同一房产的后续售价很可能低于原出售价格，如果对解除合同后的购房本金优先受偿，将会导致大量购房人选择解除合同，不利于房产的处置和重整的推进。

此外，在因房开企业不能交房导致解除购房合同的情况下，购房人可同时主张解除购房合同和按揭贷款合同，不再承担后续银行按揭贷款的偿还义务，债务人能否退回购房款的责任将由购房人与银行共同承担，例如中国建设银行股份有限公司青海省分行与王忠诚等金融借款合同纠纷案。③

解除购房合同后的购房款本金的债权性质，代表着利益平衡的另一方面，即利益平衡并不总是将某些特殊的利益优先保护，也要将不需要特别保护的利益作为普通利益，以实现公平清偿。

4. 债权审查应与债权清偿适当区分

债权审查的最终目的是债权清偿，但债权审查应与债权清偿有适当的区分，主要理由在于，债权审查以法律为核心依据，而债权清偿往往以商业为核心；债权性质是清偿的基本顺序和底线，却不是唯一参照的指标，在清偿方案的设计中还需要进行利益平衡。比如，房开企业重整中一般通过对房开项目进行复工建设，向购房人交付房屋和办理产权证书以清偿其购房债权，复工建设用时短的在一年内，长的可达两三年；而位阶远在其后的小额普通债权，部分案件中能在重整计划通过后数个月内一次性全额清偿；类似的还有大额抵押债权的分期清偿等，债权性质并不完全等同于重整计划中的清偿顺序。再比如，购房人对特定房产享有优先权，但该房产所对应的在建工程、土地可能分

---

① 详见最高人民法院（2021）最高法民中 1380 号民事裁定书。
② 详见最高人民法院（2021）最高法民中 5141 号民事裁定书。
③ 详见最高人民法院（2019）最高法民再 245 号民事裁定书。

别存在不同的权利负担，各项权利不必在债权审查时即分出先后顺序，应对各项权利都予以确认，在债权清偿时全盘考虑。

（四）债权核查程序的价值

1. 重视债权核查的程序价值

债权核查程序中，管理人需根据债权审查的结论制作债权表并提交债权人会议核查，债权人、债务人有权对核查的债权提出异议或提起诉讼、仲裁。从利益平衡的角度来说，债权核查程序具有披露利益关系、直面利益冲突的作用，是债权人间利益冲突的爆发阶段，对复工建设和重整计划制作中的利益平衡有着重要作用。简单来说，经债权人会议核查并经人民法院裁定确定的债权，是制作重整计划中债权清偿方案的基础，而解决破产受理前发生的债权争议，对复工建设中各方的密切配合有着重要作用。

理论上，债权核查程序在债权人会议中占据重要地位，但在司法实践中，债权核查程序对于多数债权人来说无关紧要，主要原因在于，债权人在核查债权时一般只重视自身债权的确认与否，部分债权人尚未意识到其他债权对于自身的影响，部分债权人则认为提出债权异议、诉讼的成本与收益并不均衡。

但是，法院和管理人应当重视债权核查的程序价值，从债权益保护方面来说，核查债权是《企业破产法》明确规定的债权人、债务人的合法权益。从破产案件办理方面来说，如果不能在债权核查程序时充分保障债权人、债务人的合法权益，充分披露债权审查结论，引导利益冲突的爆发和解决，将会导致矛盾不断积累并在重整计划制作等关键时刻爆发。

2. 债权核查

首先要明确的一点是，债权核查程序只能为债权人、债务人提供一个维护自身利益的机会，对自身利益漠不关心的利益主体，债权核查程序并不能提供任何价值。因此，对于大部分债权人而言，核查债权"流于形式"不可避免，管理人所能做的，是保障少数认识到自身利益所在并切实关注自身利益主体的权利。从债权人、债务人与管理人的互动方面来说，需要特别注意下列程序。

①提请债权人会议核查的债权表，对于涉及债权性质等重要信息应如实、完整地记载。在房开企业重整案件中，应特别注意，对于拆迁安置债权、购房债权可以特别对待，应将其请求权转化为债权额以便于其参与破产程序，且应在债权表中明确记载其房号。对于工程价款优先债权、财产担保债权，同样应明确其债权性质及优先标的。

②债权核查程序中，除债权表外，还应向债权人说明主要类型的债权的审查依据、方式等，释明债权审查的标准，由人民法院、债权人会议主席、管理人强调债权异议的

提出方式。当然，管理人将债权审查结论和债权申报材料一同提交到债权人会议逐一查看和询问债权人、债务人意见。

③债权异议中，债权人、债务人不仅有权直接对管理人提请核查的债权表提出异议，还可以申请查阅债权申报材料和债权审查结论通知书，之后再提出异议，管理人在提请核查前应做好相应资料的准备工作，在核查后依法保障其权益。

四、继续经营中的利益平衡

房开企业重整中最核心的问题是房开项目的复工建设，各类主体利益的实现也是以房开项目复工建设后的房产处置为基础，通过继续经营对房开项目进行复工建设是重整计划通过前最能直接满足各类利益主体诉求的方式。然而债务人进入重整时往往资金链已断裂，继续经营多数情况下需要通过引入垫资复工建设、共益债借款或项目托管等。上述商业机构常常以重整投资人或共益债权人的方式引入，无一不以营利为目的，需要从债务人财产中偿还其成本并支付利润，因此涉及债权人等已然存在的利益主体与重整投资人或共益债权人等新引入的利益主体间的利益冲突与平衡。

（一）继续经营的决定

继续经营、复工建设对债务人财产价值有明显的提升作用，但继续经营中引入的新利益主体将会参与分割债务人财产，且继续经营的结果最终是否有利于债权人等已然存在的利益主体的利益实现和提升尚未可知。在涉及各方利益的情况下，继续经营的决定由谁做出、如何做出非常重要。

1. 做出继续经营决定的主体

管理人和债权人会议均有权做出继续营业的决定。根据《企业破产法》第六十一条规定，决定继续或停止债务人的营业是债权人会议的职权。同时作为破产事务的执行者，管理人有权做出继续经营的决定。根据《企业破产法》第二十五条第一款第（五）项规定，在第一次债权人会议召开之前决定继续或者停止债务人的营业是管理人的职责。这意味着管理人有责任为了提高债务人财产价值决定继续经营。同时，根据《企业破产法》第二十六条规定，管理人在第一次债权人会议召开之前决定继续债务人的营业应当经过人民法院许可。

债权人会议和管理人对于继续营业的决定权不只是时间上相互衔接的关系，更有效力上相互衔接的关系。房开企业重整中的债权人以购房人数量最多，一般房开项目购房人即可达到数百人，因此债权申报期普遍在 2 到 3 个月。然而商业机遇稍纵即逝，如果在第一次债权人会议前有合适的机会继续经营和开展复工建设的，管理人有权利也有职责抓住机遇。此时，管理人可在经人民法院许可的情况下，决定继续营业，先行开展复工建设工作。但同时，债权人会议在决定继续营业的权限上高于管理人，为了充分尊重债权人的决策权，应由债权人会议对管理人继续营业的决定进行追认。从另一个角度上来说，继续营业的最终结果是否有利于债权人等主体的利益最大化尚不明确，应由债权人会议进行决定。

2. 做出继续经营决定的方式

做出继续经营决定，最高效的方式之一为，由管理人经人民法院许可做出，并经债权人会议追认，具体分为下列步骤实施。

首先，管理人审查认为符合继续经营和复工建设条件的，应征求债务人有关人员（包括工程、财务、销售等）、政府部门（主要是住建部门和房管部门）、施工单位（特别是未撤场的施工单位）、主要债权人（购房人代表、抵押权人等）以及设计单位、监理单位等的意见，确定可行的继续经营方案，对于不同意复工建设的单位，应在保障其合法权益的情况下制作相应方案。例如，原施工单位不同意撤场的，应对其已施工部分和相应工程价款进行认定，可在政府部门、人民法院等的帮助下协调退出，并采取适当方式保障其不会因工程款未支付而采取过激方式解决，影响复工建设的顺利进行。如多数债权人反对复工建设或反对复工建设方案的，应根据具体情况调整方案或放弃复工建设。在继续经营的方式上，可以按照财产管理方案来制作。

其次，管理人做出继续经营决定前，应书面汇报人民法院并取得人民法院许可，使继续经营行为具有合法性。

最后，管理人在决定对破产企业继续营业后，应将复工建设有关内容明确在债务人财产管理方案或其他方案中，并在第一次债权人会议时提请表决。在复工建设已然启动的情形下，通过债权人会议表决的方式，将复工建设进一步合法化和精确化，对于解决后续复工建设可能产生的冲突具有重大意义，特别是关于后续施工单位的工程价款支付等问题。

此外，适合开展复工建设的机会并非都在第一次债权人会议前出现，有的出现在第一次债权人会议之后，有的出现在重整计划制作时，有的甚至在制作重整计划时都不会出现。因此，如前述情形未出现的，管理人应当在财产管理方案、重整计划草案中对继续营业和复工建设的主要内容进行明确，提交债权人会议表决，由债权人会议决定是否继续营业。

（二）继续经营的利益分配

继续经营所产生的价值归属是继续经营的利益平衡中最关键的问题之一，关于利益分配，应当遵循两个基本准则：其一是继续经营所增加的价值应当优先满足对增加该价值有贡献的人，其二是继续经营所增加的价值在符合前述条件的基础上产生的剩余价值应向债权人分配。

新增价值优先分配新利益主体，是新利益主体参与复工建设的基本条件。资不抵债的房开企业进入重整后，重整投资人或共益债权人愿意参与重整程序的主要原因是其参加重整程序的成本和利润作为共益债务优先清偿，因此其必然要求管理人为其提供优先于债权人的权益保障，要求的方式包括：①复工建设产生的费用，包括成本、利润、违约金等作为共益债务，在合同以及债权人会议通过或法院许可的有关文件、方案中明确；②通过托管销售或监管销售等方式，对复工建设中取得的收入进行限制、监督，保障资金不被乱用；③抵押、限制销售等方式保留必要资产，限制管理人清偿破产前产生的债权甚至限制支付管理人报酬等破产费用，避免无财产可供清偿共益债务。对于重整投资人的条件，在合法、合理范围内的，管理人可作为协商的条件，在尽可能为债权人争取利益的情况下满足其要求；对于不符合法律规定的，管理人有义务进行解释、协商；对于未违反法律规定，但可能对利害关系人的利益造成一定损害的，需要征得利害关系人的同意。

剩余经营价值向债权人分配，是债权人同意复工建设的基本前提。复工建设能增加债务人财产价值，能提高债权人的受偿率，是债权人表决同意的基本前提，也是破产程序的主要目标。决定启动复工建设前，管理人必须结合房地产市场行情、施工进度、投资计划、税务费用等，对房开项目的现有价值、复工建设成本和复工建设后的价值有一个基本的测算，并对拆迁安置债权、购房债权、工程价款优先债权、有财产担保债权等优先债权的优先标的价值变化情况进行预估，尽可能保障优先债权人的利益不因复工建设而减损，普通债权的利益得到进一步提高。

继续经营的利益分配是启动继续经营时和整个继续经营过程中必须考虑的问题，但问题的真正解决应当放在重整计划的制作中。在继续经营的情况下，全体债权人对于利益实现都抱有期望，对拆迁安置户和购房人来说尤其如此。正因为这样，全体债权人都将以确保复工建设的顺利推进作为首要目标而通力合作，暂时搁置争议。管理人必须做好债权人及利害关系人的工作，协调推进复工建设的顺利进行，引导债权人在重整计划草案的制作和表决过程中解决其要求的利益分配问题。

（三）复工建设的管理方式

继续经营可由债务人自行经营，并由管理人进行监督，也可由管理人直接主导经营，前者对债务人自身及债权人与债务人的关系有较高要求。不同的经营方式意味着管理方式也存在不同，由债务人自行经营的，管理人更多的是应该对债务人的经营行为提供法律建议，并进行监督；由管理人直接负责经营的情况下，也可以根据经营的需要继续履行有关债务人职工的劳动合同，参照原债务人的组织架构进行管理。但无论采取何种方式，管理人作为法律、财务方面的专业人士，对待商业经营行为应当保持警惕和尊重的态度，专业的工作在必要时应交由其他专业的人和机构处理。

1. 施工单位的选择

项目复工施工单位的选定是复工建设前的一项重要准备工作。在房开企业重整中启动复工建设，如由管理人直接管理的，需由管理人代表债务人与新的施工单位签订建设工程施工合同或其他代建合同。这里的施工单位不仅包括土建安装，还包括未完工的其他项目，如监理、门窗、消防、电梯、水、电、气、暖等，是选择原施工单位还是更换新的施工单位，需要根据破产案件具体情况和谈判情况确定。管理人代表债务人选择施工单位根据《中华人民共和国招标投标法》规定，无须经过招投标程序，但出于勤勉尽责、忠实执行职务的要求，管理人仍需择优确定；此外，如有多家单位报名的，管理人可参照招投标的有关文件要求，组建由法院、债权人、管理人等组成的评审小组组织比选。

2. 保障复工顺利进行

破产程序中，复工后的安全文明施工尤为重要，虽然事故的责任承担主体可能不是债务人和管理人，但会给本来就处于濒临破产状态下的项目带来非常不利的影响。安全事故的发生和因安全事故导致复工建设受阻的，将会给法院和管理人的工作带来极大的负面影响。因此，管理人应严格要求施工单位安全文明施工，杜绝发生安全事故和工伤事故等意外情况。管理人可聘请相关人员或由债务人原负责的相关人员加强日常监督巡查，协调和配合项目所在地的住房和城乡建设主管部门加强对复工工程建设的安全检查和巡视，确保安全文明施工，保障复工建设顺利进行。

3. 督促施工单位配合竣工验收工作

对于复工建设中引入的施工单位，配合完成竣工验收工作一般比较顺利。但对于原施工单位，可能会因为对自身债权审查认定的结果不服、债权在重整程序中暂时无法得到实现等原因拒不提供竣工验收材料，不配合验收。通过诉讼程序耗时长，法院强制施工单位配合验收效果也不能保证，所以就竣工验收问题要做好两手准备：一方面，政府部门、法院、管理人约谈施工单位，力促其主动提交验收材料、配合验收；另一方面，做好施工单位拒不配合的准备，通过聘请有资质的房屋建筑质量检测机构进行房屋质量检测，出具检测报告用于竣工验收。在部分实行"容缺办理"的区域和项目中，办理的程序还可以进一步简化，例如贵州省遵义市，对部分单位不配合盖章的，可由住建部门组织愿意配合盖章的进行验收。此外，对于始终不配合办理竣工验收的，可要求其承担因办理竣工验收额外支出的检测等费用。

4. 房产销售工作

房产销售是一种将复工建设成果转化为现金的最主要方式，是共益债权人、债权人等获得清偿的前提。在房地产市场普遍下行的情形下，房产销售工作非常艰难。部分破产项目选择统一拍卖的方式降价处置房产，但效果并不明显。管理人并不具备时间、精力和能力具体负责房产销售工作，有必要选择专业的房产营销机构，并辅以相对较低的价格。当然，销售价格必须与复工建设测算的价格相结合，以确定可向债权人分配的资金，保障债权人的基本权利。

5. 交房办证工作

房屋建成、竣工验收后，向拆迁安置户和购房人进行房屋交付和办理产权证书需慎重处理。向拆迁安置户和购房人交房办证是复工建设的主要目的，但交房、办证将会构成对拆迁安置户和购房人的提前清偿，可能遭到其他债权人的反对，因此有必要在复工建设的有关方案中对交房办证进行明确并由债权人会议表决通过。

如进行交付的，交付按照一户一交原则进行，查清购房户手续资料，核实身份，对于尚欠购房款的购房户要求其全额补齐购房款后方可交付房屋，对于进行房屋置换的购房户要按照面积、楼层的差异据实结算，结清房款后方可交付房屋。有其他特殊情况的，据实另行处理。

6. 复工建设相关税费

复工建设相关税费主要发生在房地产销售和自持不动产两个行为中。房开企业税务负担较重，复工建设产生的税费将会是一笔高昂的费用。由于债务人已经进入破产程序，根本无力承担高额的税费，造成购房户暂时难以办理产权证。一方面，管理人要做好拆迁安置户和债权人的解释宣传工作，在案件进展过程中统一处理；另一方面可由当地政府协调住建部门先行办理产权证书，或协调税务部门先行提供产权证书办理时所需的发票，并给予一定的税收优惠。

（四）共益债务的清偿顺序

关于共益债务的清偿顺序问题主要是共益债务与其他优先债权的冲突问题和共益债

务之间的清偿顺序问题。

共益债务与其他优先债权的冲突问题主要表现在共益债务在房开企业重整中的优先顺位与更为优先的债权之间的冲突，例如有工程价款优先债权与复工建设产生的共益债务。对于工程价款优先债权、有财产担保债权等有明确优先标的的债权而言，可以通过在启动复工建设前明确其优先财产范围，对原财产价值和后续复工建设增加的财产价值进行明确，在新增财产价值范围内优先清偿共益债务，在原财产价值范围内优先清偿相应债权的方式处理。但对于拆迁安置户与购房人而言，其优先标的为其购买的房产，在破产受理前尚未建成，但在重整后一般能获得房产，即对破产受理前建设部分和复工建设部分均优先受偿，而后者作为共益债务由全部债务人财产负担，其基于生存权和社会稳定等考虑取得的优先权不仅优先于一般的优先权，还取得了破产受理后共益债务产生的利益。在重整计划通过后进行复工建设的情形下，该问题同样存在，即使该费用不作为共益债务，也将作为重整投资人测算成本并以此作为是否投资的重要考量，最终减少对其他债权的清偿。

共益债务之间也可能存在需要确定清偿顺序的问题。与破产费用不同，债务人财产不足以支付破产费用将会导致债务人被直接宣告破产和终结破产程序，不足以支付共益债务并不会发生上述后果。《企业破产法》第四十三条第三款"债务人财产不足以清偿所有破产费用或者共益债务的，按照比例清偿"的规定将全部共益债务列为统一的清偿顺序，但在房开企业重整中，有基于后续销售产生的购房债权，有基于后续复工建设产生的工程价款优先债权，有基于后续共益债借款提供财产担保产生的有财产担保债权，有基于后续销售房产产生的税费，还有其他优先或普通债权。这些债权除共益债务这一性质外，还有其他优先债权性质，均作为同一性质的债权按照同一比例清偿，不符合有关法律的精神；但如果再次确定顺序，共益债务的随时清偿的要求，又将带来清偿先后的矛盾和引起共益债权人的担忧。例如，复工建设启动时支付的金额较少的材料费用以及水电费等，一般在重整计划通过或项目结算时已全额支付，后续分配时再要求返还，无论从法律、商业习惯还是从社会价值观来说均难以实现，工程款、税费等具有双重优先的债权，因支付时间滞后反而得不到全额清偿。尽管这一问题只会出现在破产财产十分有限的房开企业重整中，但随着房地产市场的持续出清，该问题发生的概率较高，有待进一步研究解决。

五、重整计划草案制作中的利益平衡

破产重整制度的目的在于使债务人重新经营、恢复生产，法律规定上往往优先考虑债务人的持续经营、企业资产价值的最大化、社会整体利益的最大化，这也相对忽视了其他主体的利益，但重整计划草案的通过需要债权人、出资人等利益主体的表决，涉及各类利益主体的利益要求能大多程度上获得满足。这要求管理人在公平、合理地平衡各方利益的基础上制作重整计划草案。

（一）利益共同的基本认识

为了使重整成功，势必需要合理安排重整计划中各类主体的利益划分，在债务人财产有限的背景下，这就需要对各类主体的利益进行衡平化处理。在正式讨论利益平衡前，房开企业重整中的各利益主体需要达成基本的共识，或者说成功的重整需要各利益主体达成基本的共识。

首先，全部利益主体构成休戚与共的利益共同体。前文中，笔者用较长的篇幅介绍了房开企业重整中各利益主体存在的利益冲突，然而为了各自利益的最终实现，各利益主体又不得不作为一个利益共同体参与到重整中来。购房人的利益固然应得到优先保护，但重整投资人的利益得不到保障的时候，购房人也只能对烂尾楼强调自己的优先受偿权，这是最简单的道理。房开企业重整中的利益冲突不可避免，但各利益主体，特别是不同类型的债权人能在多大程度上认识到这个休戚与共、互利共赢的利益共同体的存在，往往决定了他们能在多大程度上认识自己利益和接受对自己利益的调整。符合利益平衡的制度设计，是让以债权人为主的利益主体实现团体自治。

其次，债权人利益的保护仍然是重整计划制作的核心，社会就业提高、社会经济发展等社会整体利益是重整程序的正当性基础，但其实现的方式不能是损害而只能是适当限制债权人及其他利害关系人的权利，以形成共赢的局面。若最终债权人表决未通过重整计划，重整计划也不能正常获得批准（法院强制批准并非批准重整计划的常态，仍应以重整计划的表决通过程序为主）。因此，重整计划的制作中需着重关注债权人权益的安排与调整，至少应达到通过破产重整程序使债权人所获清偿利益大于或等于通过破产清算程序所获清偿利益。当然，重整计划编制中除了债权人以外其他类主体的权益实现仍需得以合理安排，也就是说编制重整计划特别需要考虑权益实现上的设计衡平。

再次，重整计划草案的制作是法律与商业综合作用的利益平衡。不同于债权审查以法律为核心，继续经营以商业为核心，重整计划草案的制作是法律和商业的综合作用，准确来说是以法律为框架、商业为内容，对各种利益进行平衡。并且，利益主体形成的利益共同体在法律的框架下理性博弈，只要这种多方博弈有序而公平，法律就应当赋予实现其意志的权力手段。《企业破产法》对重整计划草案的制作、重整投资人的安排，重整方式的选择等未进行限制，反而从强制批准重整计划草案的角度明确重整计划底线的理由可能也有类似的考量。

最后，重整计划中注重各类权益主体的利益衡平，实则是公平原则在重整计划草案制作中的体现，而公平又包括实质公平与形式公平，制作重整计划草案时对各类权益主体的利益调整与安排在满足形式公平要求的前提下更需符合实质公平之精髓。重整计划的内容涉及债权债务的处理，关涉各类权益主体的利益，需平等对待各类权益主体，对同类性质的权益主体不能予以区别对待。

（二）理性博弈下各类主体的利益调整

重整计划草案利益调整涉及债权人、债务人、出资人、重整投资人、职工等利益主体。对这些主体的利益进行调整，是一个对相互间利益实现程度的博弈过程，必将涉及缩减、限制各主体的利益。既然利益主体间的博弈难以避免，那么就需要权益主体间以一种理性的精神来对待利益的缩减或限制。法院和管理人的主要工作包括四个方面：一是引导各利益主体通过协商、谈判等方式进行理性博弈；二是将理性博弈的结果以重整计划草案的形式明确下来；三是在谈判陷入僵局时主动推动重整程序的进行；四是保障弱势群体在理性博弈中的合法权益。

1. 引导利益主体理性博弈

房开企业重整中，具有谈判能力和谈判意向的利益主体并不多，主要包括银行等金融机构、施工单位、重整投资人（包括采用垫资复建、共益债投资、项目托管等各种方式的投资人）、债务人出资人、购房人代表等，但这些利益主体往往对重整计划草案的表决通过有较为重大的影响。

重整计划草案的制作过程更多的是体现多种利益主体间的协商过程，而不是某一主体独断的过程，更不是管理人闭门造车的过程。重整计划草案的制作和提交一般由管理人负责，但管理人在重整计划草案制作的过程中并不代表任何一方利益，且管理人报酬由人民法院确定，不属于与利益主体博弈的内容，所以管理人最适合以中立的角度引导各利益主体理性博弈。从另一个角度来说，管理人在商业运作方面的能力相较重整投资人、大额债权人、债务人出资人等可能相对较弱，对于债权的清偿、后续的经营，由关涉切身利益的主体协商解决更符合社会生活和商业运作的一般规律。

当然，并非所有利益主体都适合参加理性博弈，对于他们来说可能需要适用特别的协商程序。最典型的是税务机关，由于税务机关的特殊性，对于债务人所欠税款几乎不存在谈判或调整的可能，重整计划草案中对于所欠税款的常用的清偿方式通常为全额清偿，区别在于分期还是一次性、实物还是货币。关于税务机关的协商，则需要启用与市场主体理性博弈不同的另一套机制，即府院联动机制。在较为先进的沿海地区，政府部门基于对公共利益的考量，大力支持房开企业的重整，通过府院联动的方式，将破产受理前与破产受理后的所欠税款统一在房开项目清盘时结算和支付，优先保障项目的建设交付，这种做法值得学习和借鉴。

2. 确定理性博弈的结果

确定理性博弈的结果并非以重整计划草案的形式载明各利益主体理性博弈的成果，而是在各利益主体理性博弈取得的成果的基础上制作重整计划草案。二者区别在于管理人不是会议的记录员，而是必须从各利益主体的谈判过程、结果中提炼、总结出各利益主体的核心诉求和利益退让，以法律为基准编写重整计划草案。利益主体的博弈结果并不都是符合法律规定的，也并不都符合未参加博弈的利益主体的诉求，这要求法院、管理人必须从中立的角度对各方利益进行法律、商业上的衡量。

此外，我们还要注意，重整计划草案的制作中，除了某一利益主体中占据多数的意见外，还应当注意其他意见。具体来说，应当给予部分利益主体适当的选择权，并明确不同选择的结果，尽管从管理人的角度可能已给出了最优选择。比如，现金清偿是多数债权人优先选择的清偿方式，但现金清偿意味着房产等资产需要通过销售、拍卖等形式转化为现金，转化过程中的损耗将由债权人共同承担，部分债权人出于减少转化损耗的角度，愿意按照合理的价格进行以物抵债，重整计划草案应当给这样的债权人一个合理的选择。

3. 主动化解谈判僵局

各利益主体通过理性博弈对利益分配达成一致，由管理人据此调整各项利益，是一种非常理想的结果。然而在司法实践中，受我国市场经济环境、房开企业重整参与者众多、债务人财产有限等因素影响，各利益主体的理性博弈往往难以实现。如果只从债权人自治的角度考虑，无论重整成功与否、破产清算资产处置价值如何，只要是债权人会议表决的结果，法院、管理人便不应加以干涉。但为避免小额债权人的利益和社会利益沦为大额债权人冲动行事的牺牲品，必要的时候，法院、管理人应主动承担责任，推动重整的继续进行。

从司法实践来看，存在相当数量的债权人在重整计划草案的表决中不能理性行使权利。最典型的例子莫过于严重资不抵债情况下的出资人，作为债务人的股东，其股东权益经审计等评估为负数，在重整投资人明确要求其退出的情况下，因其对获得一定股份或补偿心存侥幸，从而在重整计划草案的表决组投反对票。此外，还有相当数量的债权人因制度设计等原因难以主动豁免债务，但对于法院的裁决并无异议。最典型的例子是金融机构、国有企业和政府部门，由于他们未能建立完善的破产债务豁免机制，未考虑到责任承担的可能，故难以做出有效决策，但其对于重整计划草案并无异议。这些情况的存在，表明法院、管理人仅以中立的角度引导是不够的，在陷入僵局时必须有所担当。

4.保障弱势群体利益

弱势群体的保护是利益平衡的重要方面，除了在债权审查的过程中，赋予需要特别保护的群体以优先权益外，在重整计划的制作中同样需要对弱势群体进行保护，试举一例。笔者办理的某公司重整案中，近200家普通债权中，有100余家债权人系为债务人提供运输服务的货车司机，其债权额大多在1万元以下，而该案普通债权最高额已超过1亿元。为保护其利益，该案将普通债权额度清偿分为三个阶段，第一阶段为全额清偿，第二阶段为确定比例清偿，第三阶段为按剩余债权额分配。

想要达到破产重整挽救债务人、避免破产的目的，必须重视重整计划的制作和通过，而重整计划的通过又需要各类权益主体的表决。对各类权益主体利益受偿的调整与安排，需以公平原则为基础对各类权益主体利益实现的程度进行衡平化处理。并且此种利益衡平是一种动态的综合权衡，对各权益主体的利益受偿进行合理的调整与安排是一个不断协商合作、博弈的过程，且这个过程是相互联系、不可分割的，投资人、出资人间的权益调整将会涉及债权人的权益调整，反之亦是如此。

（三）关于重整计划制作主体的扩张

重整计划是以清理债务、复兴企业为内容，重整计划是否切实可行，直接决定重整的目标能否实现，由谁来制定重整计划尤为重要。《企业破产法》只将制作和提交重整计划草案的权利授予了管理人和债务人，司法理论中对于其他利害关系人是否应被授予制作重整计划草案的权利存有争议。

关于重整计划制定权主体产生理论争议的缘由，究其原因在于实体法上申请重整权的主体与重整计划制定权的主体并未一致。当法院受理债务人重整是根据债权人或出资人提出的申请时，债务人并不一定配合制定重整计划草案，债权人与债务人往往会化成对立的利益主休，难以互相配合制定出高质量的重整计划草案，或者制定出的重整计划草案未能得到各方的表决通过。

事实上，管理人也难以禁止债权人、出资人、投资人等提出重整计划草案。例如，笔者办理的某能源公司重整案中，在债权人会议上，各方对重整计划草案进行讨论时，出资人拿出其另行制作的重整计划草案。尽管其重整计划草案因不具备可行性未得到债权人的认可，但也反映出管理人不能真正做到禁止债权人、出资人等提出重整计划草案。笔者认为，与其通过规定禁止利益主体提出重整计划草案，不如规范利益主体提出重整计划草案的程序和条件，这样更有利于重整价值的实现和全部利益主体的利益最大化。

笔者以为，除了债务人、管理人外，对债权人、投资人、出资人各方也应授予制作重整计划草案的权利，不论由何主体负责制作重整计划，其他利害关系主体均有参与权、建议权、监督权，并且参与权、建议权、监督权的行使以利益主体间的协商合作关系的建立为充分必要条件。

六、结语

房开企业破产重整中利益平衡的难点在于，房开企业重整中的利益冲突无处不在、不可避免，且复杂多样，但缺乏放之四海而皆准的统一处理方式。根本原因在于房开企业重整中多元利益结构带来的利益冲突，难以通过单一、一般的法律条文解决，而是需要由法院、管理人根据具体案件的情况，按照法律规定的精神、原则进行综合考量。这为司法实践中法院和管理人的工作带来了非常大的困难，但这也正是房开企业破产重整中法院和管理人的价值所在，以及房开企业破产重整需要不断学习、实践、总结、反思的原因。总的来说有以下几点。

在债权审查的过程中，首先，需要根据《企业破产法》及其他法律的有关规定，明确房开企业破产程序中涉及的各类债权的数额、性质，但债权审查并不需要直接解决分配时的争议。其次，债权性质的认定上不能过于机械地理解和适用法律条文，要从纷繁复杂的法律条文中理解法律所保护的法益，并在此基础上结合案件具体情况确定债权审查的方向、标准和方式。最后，债权审查应当充分尊重债权人的合法权益，在提请债权人会议核查、接受和处理债权异议、参加债权诉讼的过程中保障有关债权人的切身利益和其他债权人的知情权等。

在继续经营的过程中，特别是继续经营的复工建设中，首先，要从项目整体考虑，根据法律规定和项目情况制作财产管理方案并经债权人会议表决通过，复工建设的行为应当符合财产管理方案。其次，项目的运营中要更多地从商业运营的角度，而不是法律风险防范的角度进行考虑，在规避风险的情况下发挥法院、管理人的担当。最后，将复工建设作为债权人、职工、施工单位利益的事项和政府部门期望实现的基础，引导各方各尽其能，配合进行复工建设，确有争议的，引导其在重整计划制作过程中解决。

在重整计划制作的过程中，特别是债务清偿方案的制作中，首先，要依法合理地对房开企业进入重整前的财产进行分配，对于通过重整所创造的新的价值，应优先满足为创造新价值做出贡献的主体的利益。其次，除了《企业破产法》及其他法律已明确规定的清偿顺序外，为了保障特定群体的利益，还需要考虑是否有必要增设特别的清偿标准或条件。最后，重整计划草案不能是管理人一家之言，要更多地征求各利益主体的意见和建议，还可以考虑引入其他的重整计划制作主体。

　　房开企业破产重整中的利益平衡，需要以各类权益主体的协商合作关系的建立、共同利益的实现为前提来进行具体调整与安排，引导权益主体面对利益冲突保持理性博弈、加强相互间的协商与信任。只有重整成功才能实现债权人、债务人及其他利害关系人的合法权益，才能最终实现各利益主体各自的利益。

论重整中出资人权益调整

卢林华　　吴正彦 [①]

摘要：重整中的出资人权益调整，直接关系债权人、重整投资人、出资人等对重整成功后的利益分配。文章从《企业破产法》的规定、绝对优先原则、股权经济价值、股东破产责任和引入重整投资的需要等方面分析了出资人权益调整的合法性和合理性，提出了以清算价值为依据，扣除破产费用、共益债务、法院裁定确认债权和或有债权等来确定出资人权益的调整，建议完善《企业破产法》中出资人权益调整的程序、保护股权质押权人的权益、限制出资人的表决权等方面。

关键词：《企业破产法》；出资人权益调整；重整投资人

重整程序被认为是挽救市场主体、化解债务危机最有效的司法程序之一。从我国十余年的重整司法实践情况来看，引入重整投资人向重整企业注入资金、技术等生产要素，实现重整企业的重生是重整程序的关键所在。然而，重整投资人的投资，往往以取得对重整企业的控制为目的，所以引入重整投资人往往意味着要对重整企业原有出资人的权益进行调整。出资人权益调整，直接关系债权人、重整投资人、出资人等对重整成功后的利益分配，所涉利益复杂，各方矛盾尖锐。如何平衡出资人、重整投资人、债权人及其他各方的权益，使各方利益都能得到公平保护，不仅是破产法理论发展和制度完善的重要课题，也是破产法实践亟须解决的难题。

因上市公司重整中出资人权益调整涉及的利益和调整方式等与有限责任公司重整有较大差别，本文仅讨论有限责任公司出资人权益调整。

一、问题的提出

重整制度引入我国《企业破产法》已十余年，其在化解债务危机、挽救企业方面的作用随着自身的不断完善和发展得到不断增强，并随着一个个成功的案例走入普通民

---

① 卢林华，贵州贵达律师事务所律师；吴正彦，贵州贵达律师事务所高级合伙人、律师。

众的视线。但当企业可能出现资不抵债、不能偿还到期债务时，首要考虑的仍然是通过金融借款、民间借贷等手段融入资金，或通过自行引入投资人、债务重组等方式完成自救，主动申请破产重整的可能性极低。然而，随着近年经济下行、政府负债率居高不下等因素影响，债务重组、引入投资人等方式往往因各方利益冲突难以形成有效方案，寻求政府国企帮扶、融资借款等融入资金的途径更是收效甚微。

《企业破产法》将企业进入重整程序的条件规定为不能清偿到期债务，且资产不足以清偿全部债务或明显缺乏清偿能力，或明显丧失清偿能力可能。从笔者司法实践经验来看，企业破产申请大多数由债权人提出，债务人主动提出破产申请仅占少数。一般进入破产程序的企业，往往已经多次尝试寻求政府帮扶、融资、借款，均已失败。当企业多次试图自救而失败后，最终走入重整程序时，往往已经是严重资不抵债的状态了。此时，依靠重整企业的出资人或重整企业自身已经基本不可能摆脱财务困境，必须要通过来自企业外部的力量，也就是通过重整程序，引入重整投资人，投入资金、技术等生产要素。

调整出资人权益，是引入重整投资人，并且平衡重整投资人和出资人权益的核心方式之一。如果不对出资人权益进行调整，重整投资人就不可能进入甚至控制重整企业，更不可能为其投入资金、技术等生产要素。因此，引入重整投资人时对出资人权益进行调整是必要的，这几乎没有任何争议，但问题在于如何评价出资人权益调整方案是否公平，即如何确定出资人权益调整方案的合法性、合理性，这不仅关涉出资人权益这一行为的合法性和合理性，还关涉具体重整案件中如何确定出资人权益、如何平衡出资人权益和重整投资人权益，特别是当出资人、重整投资人难以协商一致时，需由法院强制批准重整计划。

二、出资人权益调整的原理

（一）出资人权益调整的合法性

我国《民法典》第三条即明确，民事主体的人身权利、财产权利以及其他合法权益受法律保护，任何组织或者个人不得侵犯。出资人凭借其对股东的出资而享有的股权，属于股东的合法权益，如果出资人均同意对其权益进行调整自不必说，在出资人未同意的情形下，通过其他出资人的决议或人民法院的强制批准，调整甚至清零出资人权益，是《企业破产法》独有的规定。

出资人权益调整被《企业破产法》规定在第八十五条第二款及第八十七条第二款中，即重整计划草案对出资人权益进行调整的，应当设置出资人组对该事项进行表决；

人民法院裁定未通过的重整计划草案，要求该重整计划草案对出资人权益的调整应当公平、公正，或出资人组已表决通过。

《企业破产法》明确了重整中可以对出资人权益进行调整，但对于如何确定和调整出资人权益、如何评价出资人权益调整是否公平公正，《企业破产法》并未多加规定，这与《企业破产法》立法时的社会、经济状况等有关。即便是在各地法院发布的较为详尽的破产法指引文件中，对出资人权益调整仍语焉不详，出资人权益调整有赖于司法实践中的探索。

（二）绝对优先原则的体现

绝对优先原则是美国破产法确立的关于债务人财产价值分配的重要原则。根据绝对优先原则，只有清偿顺位排序在先的债权人获得全部清偿后，清偿顺序排在后的其他债权人或股东等其他权利人才能按照顺位先后获得清偿。[1] 并且，《美国破产法典》第1129（b）（2）条明确规定"任何后顺位利益持有人……根据计划将无法基于该后顺位利益获得或者保留任何财产"，如果一个债权人反对资不抵债的债务人的重整计划，那该计划就不能包括向老股份的分配。[2] 除股东能向重整企业提供新的价值或重整企业尚未达到资不抵债的情形外，美国破产法对出资人权益保留的条件非常严格。

在企业资不抵债进入破产程序时，债务人财产的有限性决定了不能满足全部债权人、股东的诉求，绝对优先原则通过平衡各方权益，有效解决破产程序中的利益分配问题。尽管我国破产法及相关法律并未明确绝对优先原则，但我国在学习和借鉴美国及其他国家破产法的过程中，也未忽略绝对优先原则，主要表现为《企业破产法》在第十章"破产清算"中明确规定了各类债权的清偿顺序。不仅如此，《公司法》第一百八十六条明确规定，公司财产在支付完毕清算费用、职工债权、社会保险费用、所欠税款、清偿债务后的剩余财产，才能对股东进行分配。重整程序虽与破产清算程序有所不同，但在人民法院强制批准重整计划草案的情况下，要求重整计划草案规定的清偿顺序必须符合破产清算条件下的清偿顺序。

并且，《企业破产法》首条即明确要求"公平清理债权债务"，对于债权未能获得全额清偿的债权人而言，除出资人能在重整中发挥价值外，为其保留出资人权益对债权人是不公平的，也是债权人难以理解和接受的。如果重整只是以进入破产清算威胁债权人做出让步，而不对出资人权益做出调整，那么重整将沦为出资人逃废债的工具，是对破

---

① 王欣新、宋玉霞：《重整计划强制批准法律问题研究》，《江汉论坛》2014年第10期。

② 道格拉斯·G.贝尔德（Douglas G.Baird）：《美国破产法精要（第6版）》，徐阳光、武诗敏译，法律出版社，2020，第70页。

产法律制度的亵渎和破坏。

（三）股权经济价值的体现

《企业会计准则——基本准则》第二十六条将所有者权益定义为"企业资产扣除负债后由所有者享有的剩余权益"，并明确所有者权益为"股东权益"。也就是说，出资人通过出让、交付具备一定价值的财产，交换得来的对企业的权益，应当扣除企业负债，产权理论将其称为剩下利润占有权。根据该理论，只要股权的调整不违背股权经济价值，则该调整合乎股权本质特征。[①] 也就是说，对于资不抵债的企业而言，如果出资人与债权人、重整投资人等未能协商一致，对其股权进行清零亦符合《企业破产法》及相关法律之规定。

（四）股东破产责任的承担

现代公司制度中，股东会、董事会、监事会共同驱动公司，其中，股东会作为公司的决策机构，主要决定公司的经营方向；董事会为执行股东会的决策而存在，决定公司的具体经营；监事会则为监督董事会而设立。在我国有限责任公司的实际运营中，更多地展现出出资人的个人控制权或家族控制权，即"谁投资、谁所有、谁管理"的模式。这样的企业，被马克思称为与社会资本相对而立的"私人企业"，从某些方面来讲，这类企业与"个体工商户"在管理和运营模式上并没有太大差别。

我国的有限责任公司往往具备以下特点：企业规模较小、经营范围较少，且营业事务往往局限在一个较小的地理区域内；高度一体化的权力结构，股东会、董事会、监事会高度重合且流于形式；出资人在法律上的所有权与经济上的所有权合二为一；出资人不仅出资而且分担经营风险和自主经营管理，企业的运营及其收益处分必须符合所有者的意志，不同程度地出现法人人格混同的情形。也就是说，我国多数有限责任公司由股东及其家族、朋友把持所有权力，债务人陷入破产危机，出资人往往负有责任。从笔者亲自办理和接触到的破产案件来看，有限责任公司的出资人几乎都对公司破产负有个人责任。根据传统罪过规则理论，将有过错的股东持有的出资人权益进行调整，引入重整投资人使公司恢复经营并向无过错的债权人偿还债务，是公平原则的重要体现。

最高人民法院在《关于审理上市公司破产重整案件工作座谈会纪要》"六、关于上市公司破产重整计划草案的制定"中明确指出："控股股东、实际控制人及其关联方在

---

① 縻婷：《论有限公司重整出资人权益调整的边界——股权利害关系人合法权益保护视角下》，https://mp.weixin.qq.com/s/KjQ3xHjmh2XV_U5JtUsgsw，访问日期：2021 年 7 月 5 日。

上市公司破产重整程序前因违规占用、担保等行为对上市公司造成损害的，制定重整计划草案时应当根据其过错对控股股东及实际控制人支配的股东的股权作相应调整。"并明确了可以通过调整出资人权益的方式要求股东承担破产责任，该原理同样适用于有限责任公司的重整。

（五）引入重整投资的需要

十余年的重整司法实践证明，当企业已经资不抵债或可能资不抵债时，仅靠调整经营策略、债务豁免就能重整成功的可能性微乎其微，对于那些经营管理混乱、停止营业多年、缺乏资金技术的企业尤其如此。引入重整投资人，向企业注入流动资金、技术，并对企业的经营管理进行调整，是绝大多数采取存续型重整的企业所采取的方式。而在事业让与型重整、股权让与型重整中，重整投资人投入资金即可直接取得优质资产、营业事务的控制权。具备理性决策的重整投资人，其所考虑的从来都是以相对较低的价格最大化其利益，并尽可能回避商业风险。相比债权投资的高风险、买受资产的高税务成本而言，通过出资人权益调整取得对企业的股权，更容易得到重整投资人的认可。

然而，无论是重整前还是重整后，企业的价值终究是有限的，如何平衡出资人和重整投资人之间的利益，没有放之四海而皆准的办法。文章所探讨的，则是在各方谈判陷入僵局、难以达成一致的情况下，如何推动企业重整的方式。对于重整投资人而言，允许旧的股份继续存续是麻烦的来源，这样做给了老股东牵制其他投资人的机会，而非使在重整后获得他们的帮助成为可能。[①] 换言之，出资人想要在重整后的企业中保留一定的权益，不能仅依赖其在出资人组的表决权，人民法院在考虑是否强制裁定批准重整计划草案时，不可能将出资人权益放在第一位进行考量。出资人必须向重整投资人、债权人和法院证明，其对重整后的企业能有所贡献，为其保留合适的权益更有利于重整的展开和各方利益的最大化。

三、出资人权益调整的确定

（一）出资人权益价值的确定

出资人权益的价值，即股权的经济价值，可以参考根据《企业会计准则——基本准则》确定的股东权益计算方式确定，即出资人权益额＝资产额－负债额。相比企业正常

① 道格拉斯·G.贝尔德（Douglas G.Baird）：《美国破产法精要（第6版）》，徐阳光、武诗敏译，法律出版社，2020，第70页。

经营时，在破产程序中确定企业资产额和负债额要复杂得多。

在破产程序中，企业的资产价值通常分为重整价值、市场价值、清算价值，一般而言，三者依次降低。从《企业破产法》关于强制批准重整计划草案的条件来看，重整对于债权的清偿最低限度的要求为不得低于破产清算条件下的债权人能够获得的清偿，类推到出资人，出资人在重整后所能获得的权益，亦不能低于其在破产清算条件下所能获得的权益。因此，以清算价值作为判断债权人、出资人权益的依据具有科学性和合理性。需要再次强调的是，文章试图探讨的，是各方谈判陷入僵局时的处理方式，该方式应作为确定出资人权益的底线而非常态。

与清算价值相比，重整价值不应归功于出资人在破产受理前的出资和贡献，而是依赖于债权人的退让、投资人的投入和重整后的各方参与，未为重整做出贡献，出资人也无权享受重整的胜利果实，因此重整价值不能用来评价出资人权益。市场价值虽然可以归功于出资人和债权人的共同贡献，但在企业已经面临资不抵债或即将面临资不抵债的情形下，企业资产必然不可能按照市场价值出售，而清算价值则是以市场价值为基础，模拟资产在破产清算状态下的价值。基于快速变现需要情形下的清算价值，是最适合用来判断债权人、出资人所能享有的最低权益的依据。但是，在重整中不可能存在破产清算的程序，也不可能通过实践的方式来确定资产价值，必然只能通过资产评估。一般由管理人经人民法院或债权人会议的许可，聘请具备资产评估相关资质的机构对企业资产在模拟破产清算情形下的价值进行评估。清算价值根据具体资产的不同类型，一般在该资产市场价值的五折到九折之间波动。

而在企业的债务规模上，有限公司往往因财务管理混乱等原因，财务记录不真实、不完整，例如企业为其他企业、个人提供担保的行为所产生的债务往往未记载在财务中。经过债权申报、审查和确认程序最终确定的债权，往往高于其财务系统中表现出来的负债。并且，破产法实践中还存在部分债权人未申报债权的情形，该类债权在重整后仍可以主张权利，这类债权一般称为或有债权。

因此，笔者认为，出资人权益＝企业资产清算价值－破产费用和共益债务－法院裁定确认债权－或有债权，法院裁定确认债权不仅包括工程价款、抵押、购房优先、职工债权、税款等优先债权，还包括普通债权和劣后债权。

（二）出资人权益的权利负担

如前所述，有限责任公司的出资人与企业往往密不可分，因此，进入破产程序的企业，多数情况下股东持有的股权也被一并质押给债权人，此种情形在金融借款债权中尤为常见。此时对出资人权益的调整，直接涉及该债权所享有的质押权。

笔者认为，股权质押权人的权益，只与出资人权益的价值有关，与公司未来的价值无关。从经济学的角度分析，主张企业所具备的某种"壳资源"或无形财产所具备的类似价值可以给企业的整体价值和股权价值带来货币方面的影响是缺乏法律依据的，实践中也难以通过评估确定。退一步说，即使价值实际存在，该价值也应当优先偿还全部债权后，才能向股东分配剩余价值。股权质押权人在接受出资人使用股权来进行担保时，对于股权价值的变动和相应的风险即应当知晓，这种风险为股权所固有且符合经济规律。因此，股权质押权人的利益，不得高于出资人权益的范围。

（三）出资人权益调整的误区

笔者始终认为，出资人权益调整对于破产重整而言是必要的。但是，重整并非简单的法律判断和价值计算，而是利益平衡和协调，通过协调各参与主体，共同达成重整的目的。因此，出资人权益价值只是出资人权益调整的底线，而不是必须遵循的标准，直接按照出资人权益价值对出资人权益进行"一刀切"的调整，未免过于粗暴，破产程序绝非单纯的法律程序，而是各方利益的平衡。

出资人权益调整与否以及如何调整，应该更多地依靠市场的作用，由出资人、重整投资人、债权人互相协商。在破产案件中，管理人和法院仅提供协商的依据和底线的保障，无论是基于专业性还是基于所处的中立地位，都不应过多插手重整参与主体的自主协商过程和结果。如果说绝对优先原则是对公平的保障，那么自愿协商便是对意思自治的保障。

四、对《企业破产法》修改的建议

（一）完善出资人权益调整的程序

如前所述，出资人权益的确定，包含审计、评估、债权申报及审查等多种程序，而出资人在重整计划草案表决时才能行使相应权利，此时出资人权益的价值已经由其他程序所确定，出资人再提出异议为时已晚。因此，有必要完善出资人权益调整的程序，保护出资人的合法权益。笔者认为，可以从以下几个方面进行完善。

首先，明确出资人参与制作重整计划草案的权利。目前我国《企业破产法》规定的制作重整计划草案的主体为管理人和债务人。制作重整计划草案时，特别是在管理人制作重整计划草案的情形下，出资人基于对企业经营的了解，参与制作重整计划草案具有一定的优势，也有利于对出资人合法权益的保护。具体而言，出资人对债务人的财务审计、资产评估和债权审查结论应有必要的知情权和异议权；管理人征求债权人、重整投资人对重整计划草案的意见时，也应当征求出资人的意见；多家重整投资人竞争程序和重整投资的谈判中，不仅应有债权人代表参与，出资人代表也有权参与。

其次，明确出资人组表决方式。《企业破产法》将债权组的通过标准规定为"出席会议的同一表决组的债权人过半数同意重整计划草案，并且其所代表的债权额占该组债权总额的三分之二以上"，但出资人组表决通过的标准却始终未明确。实践中一般参考《公司法》中的修改公司章程、增加或减少注册资本等重大事项的表决方式，即出席会议的股东所持表决权的三分之二以上通过，上述规则可以通过对《企业破产法》进行修改加以明确。

最后，出资人组单独开会表决。出资人、职工等并非债权人，参加债权人会议讨论和表决重整计划草案，不仅和债权人会议的名称不符，在出资人、职工较多时还将增加债权人会议召开的成本。因此，有必要让出资人、职工等表决组单独进行表决，而不是通过债权人会议统一表决。

（二）股权质押权人的权益

与有权参加表决重整计划草案的出资人相比，股权质押权人对于出资人权益调整方案显得更无能为力，现行《企业破产法》缺乏对股权质押权人的合法权益保护机制。在股权经济价值等于零时，对出资人权益进行调整并不会在实体上侵害股权质押权人的合法权益；当股权经济价值大于零时，对出资人权益的调整将影响股权质押权人合法权益的实现，但质押权人缺乏撤销权、异议权甚至知情权。从担保法律关系上来看，股权质押权人的权利及于股权的拍卖、变卖价款，但并不具备参与甚至代替出资人行使表决权的权利。

笔者建议，为保护股权质押权人的合法权益，应当通过《企业破产法》明确：①管理人或债务人向债权人会议提交重整计划草案时，应当同步提交股权质押权人；②出资人组对出资人权益调整方案的表决结果，应当及时告知股权质押权人；③股权质押权人认为出资人恶意放弃出资人权益，损害其合法权益的，有权在人民法院批准重整计划前向人民法院提出。

（三）出资人的表决权

《全国法院破产审判工作会议纪要》引入"劣后债权"后，劣后债权被迅速运用在破产法实践中。关于劣后债权的表决，王欣新教授认为，在劣后债权不能获得清偿的破产案件中，劣后债权人在债权人会议上无表决权，仅在其有可能获得清偿时，因债权人会议的表决可能影响其权益，方可享有表决权。[1] 这也是司法实践中的一般做法。

如上所述，出资人权益的顺序尚在劣后债权之后，在破产清算中，如资产不足以清偿普通债权，劣后债权和出资人权益均不可能得到清偿。同样的情形放到重整中，劣后债权人尚得不到清偿和表决的情形下，出资人权益即使被清零，出资人仍享有表决权，且出资人组拥有对重整计划草案的"一组否决权"，实在难以解释其合理性。

从司法实践来看，笔者曾对重整计划的批准情况进行调查，在明确知晓未通过表决组的47份重整计划草案中，有13份系出资人组未表决通过。在债权人未获得全额清偿或出资人未能与重整投资人、债权人协商一致的情况下，为出资人保留权益没有法律依据。因此，在企业已经资不抵债且引进投资人进行重整的情况下，一般不会保留出资人权益。出资人权益调整为0时，设置出资人组对该事项进行表决并没有实际意义，反而容易造成重整计划草案不能通过。在出资人权益调整为0的情形下，与参加表决的其他债权相比，无论是破产清算还是重整对出资人并没有经济上的差别，其缺乏同意重整计划草案的动力。

鉴于此，笔者认为，可以在《企业破产法》立法中明确，经审计、评估和债权确定等程序，已经明确企业已资不抵债，且重整计划草案未能全额清偿包括劣后债权在内的全部债权时，无论是否调整出资人权益，均不设立出资人组进行表决。重整计划草案未公平对待全部出资人的，出资人有权向人民法院提出异议。

---

[1] 王欣新：《论破产程序中劣后债权的清偿》，《人民法院报》2018年7月4日，第7版。

浅析重整服务信托中管理人履职角色定位问题

谢 敏 [①]

摘要： 近年来，越来越多的破产重整案件将信托引入重整计划，制订了引入服务信托、金融信托等的信托计划，在很多大型集团企业的破产重整案件中，这些信托计划发挥着重要的作用。随着对信托计划的引入，业界人士对该模式的运用、实务操作、风险和制度设计完善等方面进行了不断阐述和讨论。其中不乏有对重整服务信托中管理人定位模糊化以及管理人处置财产的法定职责是否因引入信托而被免除甚至被取代等表示担忧。笔者将从信托本身、破产制度、管理人职责等多方面对重整服务信托中管理人履职角色定位进行分析。

关键词： 破产重整；重整服务信托；管理人履职

自 2019 年渤海钢铁集团重整第一次将信托引入破产重整后，信托在大型企业中越来越发挥出其巨大的作用。在此之后，天津物产集团有限公司破产重整案、康美药业股份有限公司破产重整案、北大方正集团有限公司破产重整案、中科建设开发总公司破产重整案、海航集团有限公司破产重整案等破产重整案件中也相继将信托引入重整计划，助力企业在重整中重获新生。上述案件选任了建信信托有限责任公司、国民信托有限公司、平安信托有限责任公司、中信信托有限责任公司等信托机构，并制订了信托计划。在这一过程中，有不少前辈同仁就信托在重整中的功能、优势、限制等进行研究，并发表了自己的观点，其中，就有人对服务信托引入重整程序后管理人定位模糊化、管理人管理处分财产的法定职责是否因引入信托而被免除甚至被取代表示担忧。

一、重整服务信托的概念及含义

（一）重整服务信托的概念

重整程序中所称的服务信托，是基于讨论颇多的 2023 年中国银保监会下发的《中

---

① 谢敏，贵州贵达律师事务所律师。

国银保监会关于规范信托公司信托业务分类的通知》中提出的信托业务分类而得到的概念。虽然在此之前，业内已经有服务信托的说法和概念了，但《通知》是正式将其概念、内容等确定下来的文件。从《通知》内容可以看出，其扬弃了以往的分类标准，明确了"信托公司应当以信托目的、信托成立方式、信托财产管理内容为分类维度，将信托业务分为资产服务信托、资产管理信托、公益慈善信托三大类共 25 个业务品种"的分类类型。重整程序中的服务信托则归于"资产服务信托"行列，具体为"资产服务信托"的次分类，即"资产服务信托""风险处置受托服务信托""企业破产受托服务信托"。

在《通知》下发之前，已有的信托业务分类标准已使用多年，其存在着分类维度多元、业务边界不清、服务内涵模糊的问题。在适应信托行业回归本源、转型发展上存在困难。一方面表现为原有信托业务分类难以体现信托本源业务的具体类型，尤其是不适应在现行市场经济下行等外部环境压力下，信托行业的"回归本源"的转型思维。另一方面则表现为无法在为进一步优化营商环境而产生的大量破产重整、不良资产处置等需求下，提供完善的服务模式，甚至针对不同主体、诉求提供"私人定制"般的服务需求。这不仅事关信托行业转型及业务拓展，也为诸如重整、资产处置等提供了更多处置模式和思路。

其实，从信托行业业务操作层面来看，新的分类标准对信托业务本身影响有限。不论是《通知》还是在此之前监管部门出台的文件和政策意见，更多体现了监管部门对调整和统一信托业务监管的整体思路以及信托公司在开展信托业务时如何适应新的监管要求并对新业务按要求进行调整，甚至是否对老业务进行调整。这也释放出一个信号，即使是回归信托业务的本源，在新业务不断拓展的市场需求下，监管部门也在适时对监管提出新的要求。

从上面的论述中，我们可以看出，自 2019 年首例信托引入破产重整案到后来多家中大型企业破产重整中引入信托，既是破产重整业务探索新的重整模式的过程，也是信托行业转型并适应市场和营商环境需求的过程，并逐渐完善了信托计划在重整中的运用，包括服务信托、融资类信托等信托计划在重整中越来越发挥着重要的作用。服务信托就是本文主要讨论的信托计划类型，即根据《通知》所做出的现有破产重整中服务信托的分类概念——"企业破产受托服务信托"。

（二）重整服务信托的含义

服务信托是最狭义的信托业务，属于信托本源业务，区别于传统资金信托业务。服务信托是指以信托财产独立性为前提，以资产账户和权益账户为载体，以信托财产安全持有为基础，为客户提供开户、建账、会计、财产保管、登记、交易、执行监督、结算、清算、估值、权益登记、分配、信息披露、业绩归因、合同保管等托管运营类金融服务的信托业务。具体来说，服务信托具有以下几个特点：一是提供的是托管运营类事务性金融服务，不包括金融投资决策等内容，即受托人更多充当执行者并非决策者；二是信托财产的独立性特征使其具有风险隔离、财产保值等功能；三是其作为最基础、最狭义的信托业务，该服务的价值核心是信托机构以其优势对信托事务的设计安排和执行，例如清收优势、平台优势、科技优势等。

（三）实践中信托计划运用的模式和特点

实践中，按照引入的信托计划类型可以将引入重整的信托计划分为服务信托和融资类信托等。华翰科技有限公司破产重整案中，就引入了融资类信托计划，即大业信托以其持有贷款牌照的优势，向华翰科技有限公司重整投资人发放信托贷款用于破产重整项目的复工复产。在海航集团有限公司等三百二十一家公司实质合并重整案中，所引入的就是服务信托，通过将海航集团有限公司等三百二十一家公司全部股权及资产注入新设立的持股平台，以该平台为信托计划的委托人，再由海航集团有限公司作为发起人设立新的子公司持有上述持股平台的全部股权，以实现对全部股权和资产的控制。

对于服务信托按照引入的程度划分可以将其理解为"全引入"和"半引入"两种形式。"半引入"形式的典型案例中，渤海钢铁集团有限公司重整案将原渤海钢铁集团有限公司等公司资产分为钢铁资产平台和非钢资产平台，钢铁资产平台由重整投资人进行重整管理和运营，非钢资产平台则设立服务信托计划，委托信托公司设立财产权信托，并将指定的债权人作为受益人分配信托利益以实现偿债。北大方正集团有限公司重整案中，则是将集团资产分为保留资产和待处置资产。保留资产以"出售式重整"方式由投资者承接，待处置资产则设立服务类他益财产权信托以达到偿债目的。

在上述两个"半引入"案例中，服务信托的引入仅是一种补充的偿债方式，并非重整的核心，主要作用是消化处理非主要业务和资产。而海航集团有限公司等二百二十一家公司实质合并重整案中所引入的信托计划可以说是"全引入"形式的典型案例。信托计划本身即为案件重整的核心，为重整计划设计和执行的核心。

二、业界对管理人角色定位担忧之原因

在理解了信托业务、重整服务信托业务类别以及实践中信托计划的运用模式和特点之后，不难看出，对信托引入重整后管理人定位模糊化、管理人处置财产的法定职责是

否因引入信托而被免除甚至被取代的担忧主要体现在服务信托中，原因主要有以下几个方面。

（一）服务信托的功能与管理人职责范围的内容重合

普遍认为，服务信托的功能主要包括以下几个方面。

一是资产隔离功能。其隔离功能体现为可以将核心资产与非核心资产进行隔离，更利于招募重整投资人对核心资产进行重整，提高重整成功率和效率。同时也可以避免非核心资产因仓促处置而导致价值较低进而对偿债率造成影响，不利于保护债权人利益。该原因也是在大型企业或资产类型较为丰富复杂的案件中引入服务信托的重要原因之一，且根据《中华人民共和国信托法》（以下简称《信托法》）的相关规定，纳入信托计划的财产本身具有强烈的独立性，其不仅独立于委托人的其他财产，独立于受托人的固定财产，更能够在除规定的情形外排除强制执行。这种与破产相关主体的其他财产相隔离的特性，有效地避免了信托财产与其他财产之间风险的感染。

二是他益功能。这一功能为重整中偿债安排的设计提供了更为便捷、高效的基础。根据《信托法》第九条、第四十三条之规定，信托计划设立的重要因素之一为确定受益人或受益人范围，且受益人的类型不局限于自然人，受益人可以是自然人、法人或者依法成立的其他组织。这一功能，满足了破产重整中不同类型的债权人的偿债安排需求，必要时可以囊括所有债权人，以达到实现破产法公平偿债的目的。

三是管理功能。这一管理功能体现为平台资源能力和专业管理能力两方面。平台资源能力方面，信托公司是集融资、管理与实业于一体的综合体，不同类型的财产能够在信托公司找到更多较好的平台，这有利于破产重整中非核心资产、不良资产的处置，同时当信托计划本身即为重整之核心时，这一平台之力量优势也将更为显著。尤其是服务信托的本质即为信托之本源，业界就有"受人之托，代人理财"的说法。同时，信托公司本身具有的管理机制、人才优势都能化为破产重整成功的重要助力。届时，不论是将信托计划作为托管平台、留债平台还是转股平台等，都可以此对重整核心、偿债安排设计等存在不同需求的案件提供定制化的服务。

以上论述，从内容来看确实与管理人的职责存在重合，且在财产管理和处分上甚至优于管理人。对管理人职责的规定，主要在《企业破产法》第二十五条，其中就规定了管理人对债务人财产管理、处分之职责。第二十七条则概括性地规定了管理人应当勤勉尽责，忠实执行职务。实务中，管理人从接受指定起，即对债务人财产、重大合同等进行接管，对财产权属、现状等进行调查梳理，对财产进行管理甚至处分的工作，最终形成财产管理方案，方案经债权人会议表决通过后执行。上述内容与信托计划中，信托公司所采取的财产管理行为似乎是一致的，这也是服务信托被引入重整程序后，业界担忧其将会使管理人角色定位模糊化甚至被取代的重要原因之一。

（二）信托制度与破产制度的"重合"

根据《信托法》第二条的规定，信托的内涵为委托人基于对受托人的信任，将其财产权委托给受托人，受托人按委托人的意愿，以自己的名义，为受益人的利益或者特定目的，进行管理或者处分的行为。因此，信托的本质包含委托的内容，即信托公司作为受托人提供事务性受托管理服务和对资产的经营、处置、清收服务。信托关系与破产关系在制度框架上具有逻辑的同构性，信托目的与破产目的具有重合性，信托财产与破产财产也有对应性。由此可知，破产制度与信托制度的核心要素之间存在高度的契合性，破产管理人在一定程度上具有信托受托人的地位。所以管理人作为委托人将自己应尽的管理处分财产的职责委托给第三方信托机构，存在管理人将自身职责范围内的事务委托给第三者的嫌疑，且该委托是否符合委托专业第三方的合理需求还有待探讨，例如审计、评估、造价咨询等。

（三）信托计划设立和执行中管理人角色的缺位

《信托法》第九条规定："设立信托，其书面文件应当载明下列事项：（一）信托目的；（二）委托人、受托人的姓名或者名称、住所；（三）受益人或者受益人范围；（四）信托财产的范围、种类及状况；（五）受益人取得信托利益的形式、方法。除前款所列事项外，可以载明信托期限、信托财产的管理方法、受托人的报酬、新受托人的选任方式、信托终止事由等事项。"从《信托法》法律制度设计背景和内容来看，管理人这一角色都没有也不可能在该内容上有所体现。

实践中，在对信托计划进行设计和安排时，所包含的要素主要包括：信托委托人、信托受托人、信托受益人、信托性质、信托财产、信托计划生效条件、信托计划期限、信托收益权安排和信托财产（收益）分配即偿债安排、信托治理机制、信托计划终止等内容。上述核心安排中并无对管理人角色的体现，更没有体现管理人的监督职责。或许少数信托计划或合同中有管理人监管之责的表述，但因信托计划或合同的内容不会公开，真实情况无法获知。

三、对管理人角色定位担忧之我见

上述对管理人角色定位之担忧，笔者有以下几点浅见。

（一）管理人职责不能被取代且仍扮演重要角色

虽然从内容上看，服务信托的内容和功能与管理人职责范围内管理、处分财产的内容有所重合，但并不代表管理人的这一职责被取代。实务中，在选择引入服务信托进入重整计划之前，管理人需进行大量工作以摸清财产状况、制订管理方案。对财产状况进行调查，包括但不限于：财产数量、性状、权属、瑕疵、市场行情摸排、委托专业机构对其价值进行评估等工作。制作的财产管理方案既要包括对已查清财产的管理，还要预估可能出现的财产种类的管理问题，以期实现对财产调查结果的全面覆盖。

在服务信托"半引入式"案例中，纳入服务信托的财产通常是债务人的非主营业务和资产。这样做的目的一是利用其隔离功能打消重整投资人对一些不良资产或不感兴趣的业务的顾虑，增加重整投资人对核心需重整业务的信心，有利于达成重整投资意向，进而促使重整顺利进行。同时也可以增加非主营业务和资产的价值，是有利于全体债权人的举措。"全引入式"案例中，也是通过信托计划与股权架构等工具，整合资产和业务，制订化繁为简的重整计划并执行以实现债务人重获新生。

破产重整与破产清算不同，清算案件中的企业往往情况更糟，很多更是长期停止经营。窃以为，尽管在宣告破产前，破产程序可能会转换，但清算案件中的效率要求，更多考虑及时查清、及时变现、及时偿债，我们常常戏谑地称是要为企业"尽快办好后事"。而重整案件要达到效率要求，则至少需要做好两方面，一是查清债务人债务、财产、业务等状况，二是找出企业陷入困境的主要原因，对症下药，制订出符合个案实际情况的重整计划，我们常常戏谑地称是要找到办法让企业"重获新生"。虽然根据《企业破产法》第二条的规定，企业法人不能清偿到期债务，并且资产不足以清偿全部债务或者明显缺乏清偿能力的，或者有明显丧失清偿能力可能的，可以依法进行重整。但造成企业陷入困境的原因很多，例如债务人业务领域的市场紧缩原因、债务人经营管理僵局、资产难以短时间变现造成现金流紧缺、涉诉涉执行案件数量金额较大且主要资产陷入查封冻结等等。笔者认为，信托计划仅为重整的一种选择，其在面对资产复杂、庞大的"巨无霸"企业重整中尤其能够发挥作用。对其选择与否以及如何使用的核心是为保障重整成功、债权人债权得以实现。有的放矢，主次分明，更能够在破产重整程序有限的时间里为待处置财产提供妥当的处置空间，并能够与重整计划整体进行衔接。

（二）信托制度与破产制度全然不同

信托制度可以在破产制度内使用，亦可在破产制度外使用。破产重整中对该制度的引入本质是对信托这一方式的选择。信托制度中，委托人与受托人之间的关系为纯商事法律关系，即信托法律关系。受托人为委托人办事，目的仅限于经营、管理财产等。破产制度中，管理人对债务人财产的管理和处分，并非基于委托，而是基于法律规定，在接受人民法院指定后依法履行职责。管理人对债务人财产进行管理、处分的目的与破产法的目的相契合，即以公平清理债权债务，保护债权人和债务人的合法权益，维护社会主义市场经济秩序为最终目的，二者在所属的法律关系、目的等方面存在巨大的差异。从破产法的目的来看，再结合前述对重整原因等的分析，可以看出，选择服务信托更多的是因为其契合个案重整的需求，能够实现重整目的。

（三）信托计划的设计和执行管理人仍有法定职责

在重整服务信托计划引入和设计中，管理人虽然没有法律明确规定的角色，但是管理人的工作却始终贯穿重整计划草拟和执行之始终。有专家提出，可以将管理人设计为《信托法》中的信托监察人。根据《信托法》第六十四条第二款规定："信托监察人由信托文件规定。信托文件未规定的，由公益事业管理机构指定。"第六十五条规定："信托监察人有权以自己的名义，为维护受益人的利益，提起诉讼或者实施其他法律行为。"从上述规定看出，我国信托监察人制度的适用范围目前仅限于公益信托，且具体规则内容单薄。

就此而言，重整服务信托中将管理人规定为信托监察人不具有明确的法律基础和操作性。如后续《信托法》有相应修改，或出台了新的行政法规或文件能用于支撑该制度在破产重整案件中的运用，则其也可以为管理人直接参与信托计划的方法之一。另外，值得考虑的是，是否需要将管理人明确在信托计划中才能实现监督之责呢？

根据《企业破产法》第八十九条、第九十条、第九十一条规定，重整计划由债务人负责执行；自人民法院裁定批准重整计划之日起，在重整计划规定的监督期内，由管理人监督重整计划的执行；在监督期内，债务人应当向管理人报告重整计划执行情况和债务人财务状况；且经管理人申请，人民法院可以裁定延长重整计划执行的监督期限。因此，服务信托计划本身就是重整计划的重要组成部分，系经过债权人表决通过并经人民法院裁定的文件。根据上述规定对纳入重整计划中的服务信托计划，管理人负有的职责为监督职责，故信托计划执行虽缺少管理人的直接参与，但该计划的执行实际上为重整计划的一部分或全部，并未改变管理人在重整计划执行中监督者的定位。

同时，还有《企业破产法》第二十五条第一款第（九）项"人民法院认为管理人应当履行的其他职责"这一兜底规定，更能够保障管理人履行监督之责。业界有人提出，对信托计划应该单独参照重整计划表决形式表决，不纳入重整计划等，笔者认为此做法不妥，原因在于，只有将服务信托计划纳入重整计划中，才能在破产法律制度逻辑下，实现管理人对信托计划执行的法定监督职责。

四、引入重整服务信托应注意的问题

（一）加大对重整服务信托计划引入的可行性研究和阐述

一方面，管理人应当审慎选择是否引入服务信托和信托机构。在评估是否引入服务信托或在进行可行性分析的时候，应当充分考虑个案的实际需求和对破产各方主体的影响。例如，如果案件的需求仅仅为利用其风险、财产隔离功能，则信托并非是能实现该功能的唯一方式，其他诸如第三方托管、保险产品等方式也可以达到。同时，随着信托在破产重整案件中被引入得越来越广泛，且产生不错的案件效果，关于信托机构的选任，竞争也越发激烈，出现了"重整服务信托盈利模式还未成熟，竞争就已经趋向白热化"的现状。但实际上各信托机构的能力、资源等良莠不齐，如果选任的信托机构不能够胜任，甚至其本身陷入困境，将会使重整面临巨大困难，甚至夭折失败。此前重庆市第五中级人民法院受理新华信托股份有限公司破产清算申请的消息也不失为在提醒管理人审慎选择信托机构。

另一方面，对引入服务信托可行性进行充分阐述。重整并非管理人亲自经营让企业重生，而是通过管理人的介入，制订出符合债务人实际情况的重整计划，再由债务人自行执行最终实现新生。服务信托本就是一种商业服务，重整服务信托的引入也让债务人回归于商业之中，最终实现自力更生、脱胎换骨。鉴于确实存在引入重整服务信托后对管理人履职担忧的情况，同时又考虑到服务信托确实在一些重整案件中起到重要的作用。为避免债权人对管理人角色定位和职责的误读，笔者认为，除了对破产重整中商业判断的可行性研究外，对引入服务信托的，应由管理人就引入服务信托的可行性进行充分阐述。该阐述在内容上不仅要包括债务人实际困境、重整需求，更应该包括对服务信托与案件各方面的契合程度及管理人在中间所扮演的角色和职责等的充分阐述。尤其是对服务信托"全引入"时，更要注重对可行性研究的报告、阐述和解释工作，充分保障各方破产主体的知情权。

（二）对服务信托分层决策机制的探讨

服务信托的核心安排，即对受益人大会、受益人管理委员会、委托人三者之间如何协调以实现内部治理的安排。其中的难点之一则是对决策机制的确定。在北大方正集团有限公司重整案中，采用的就是分层决策机制，即通过区分管理事项对收益权权益的影响和对时效的要求程度划分决策层级，即以此区分哪些事务决策可以由受益人大会、受益人管理委员会和委托人进行决策。同时又将一部分事务性的事项决策权下放给受托人，以避免受托人工作僵硬、机械，这样既保证了决策机制的规范性、原则性，又不致让其丧失灵活性。服务信托决策分层的形式比较类似于破产重整中债权人会议、债权人委员会及债务人三者之间的关系。管理人可以结合实务中对具体事项的表决以及《信托法》的规定，再根据个案的具体情况，包括类型、复杂程度等，对服务信托分层决策机制进行设计和制定。

（三）强化信息披露

信息披露主要包括两个方面。一方面是在重整计划制定和表决过程中，对服务信托所涉及的具体类型、财产范围、现状、财产管理等内容进行披露，更重要的是对服务信托设立的可行性、风险等进行披露、安排后续事项。例如，服务信托中的信托受益权对应的收益分配方式，其实质为债权清偿。但因债权人所持有的信托受益权最终能够得到的收益价值具有不确定性，可能存在无收益、低于评估价值的收益等情况，且服务信托本身即是一种商业服务，其法律基础即信托合同亦是一份商业协议，如发生纠纷后的解决方式、对重整的影响等多方面的内容，管理人都应当充分披露。

另一方面是在服务信托执行过程中对受益人知情权的保障问题。根据《信托法》第四十九条，受益人可以行使《信托法》第二十条至第二十三条规定的委托人享有的权利。受益人行使上述权利，与委托人意见不一致时，可以申请人民法院作出裁定，受益人可行使部分委托人的权利以了解信托财产的管理运用、处分及收支情况，并有权要求受托人做出说明，有权查阅、抄录或者复制与其信托财产有关的信托账目以及处理信托事务的其他文件等。破产法中也对债权人享有的知情权进行了规定。但实际案件中，债权人和受益人对知情权行使等的积极性并不高。因此，为保障其知情权，在服务信托计划中，应当对信托财产管理安排、相关资料、进度等信息建立起"定期披露和重大事项披露相结合"的披露机制，建立起"受托人披露信息—委托人即债务人定期报告—管理人监督并向人民法院报告"的良性机制。

五、结语

对信托机构的选任，没有法定的程序和要求，但可以参照实务中管理人对审计机构、评估机构等的选任方式进行。

目前，对管理人来说，将各种类型的信托计划引入破产重整案件还是较为新兴的方式；对信托机构而言，重整服务信托虽为其本源性业务，但实践操作经验仍不充足。已有的案例中，管理人和信托机构都还在积极探索完善这一模式，其优势、风险等都还需要管理人、信托机构、债务人等在案件中进一步探索、验证，但无论如何，这一模式对信托行业而言是实现转型和业务拓展的契机，也是管理人、人民法院对重整案件办理新的经验和效果的探寻。"君子生非异也，善假于物也。"通过不断探索与实践，合法合理引入信托计划，一定能实现破产重整案件与信托机构双方的相互助力与共赢！

第五节　财产管理

破产房企在建工程续建障碍及解决路径分析

赵维刚 罗 纯 [①]

摘要： 随着国家政策的宏观调控及新型冠状病毒感染疫情对经济的持续性影响，我国房地产行业正经历着历史性的重大变更调整。已从"黄金时代""白银时代"逐步迈入了如今的"黑铁时代"，房地产行业面临着优胜劣汰的市场严酷的考验。现在及未来，不少房地产企业将会通过《企业破产法》依法进行退出和市场资源整合。然而，由于破产房企的未完在建工程涉及广大群体的合法权益保障及地区经济发展、城市形象改善、社会矛盾化解等复杂问题，问题楼盘的复工建设就成了房企破产程序当中的核心环节。本文以笔者的破产房企实务办理经验为基础，从重整投资人、续建施工单位的招募，拆迁安置，对拆迁户、购房户等社会群体的安抚，前施工单位的清场协调及工程量固化，设计、监理、跟审等参建单位的配合，续建手续的办理与完善等方面分析破产房企问题楼盘在复工建设当中可能存在的问题和障碍，并提出一定的化解路径和方法。

关键词： 破产房企；在建工程；续建障碍；化解思路

2016年12月中旬，中央经济工作会议提出，要坚持"房子是用来住的，不是用来炒的"的定位。同年12月21日，习近平总书记在中央财经领导小组第十四次会议上进一步强调，"要准确把握住房的居住属性"。当前，在"三道红线""房贷集中度管控""去杠杆"等宏观政策调控下，我国房地产行业正在进行历史性的重大结构调整。加之疫情因素对经济的持续性影响，我国房地产行业前期"高融资""高负债""高杠杆"的野蛮扩张模式所积累的弊端和经营性风险加速显现。大部分房开企业已陷入经营困境而达到了破产条件，其在建项目的停工烂尾不仅对当地经济发展、城市形象等造成负面影响，也损害着其所涉及的拆迁户、购房户及其他债权人等广大社会群体的合法权益，且极易引发社会矛盾。在建工程作为破产房企的核心资产，在实践操作中无论是清算程序还是重整程序，无论从提升资产整体价值以更好维护债权人利益角度还是从当地经

---

① 赵维刚，贵州贵达律师事务所律师；罗纯，贵州贵达律师事务所律师。

济、社会发展、城市面貌改善之角度考量出发，基本都会对其所涉及的在建工程进行复工建设。然而，由于破产房企前期的不规范发展及现行房地产行业的宏观政策调控，破产房企的复工建设可谓艰难困苦。本文将以笔者办理的房企破产案件为基础，对房企破产过程中在建工程续建所面临的困难和障碍进行分析研究，并提出一定的实务性操作方法。

一、重整投资人、续建施工单位的招募

（一）收益、成本不对称，市场投资信心不足

在房企破产案件中，管理人一般在基本掌握破产企业大致资产、负债情况及在建工程现状后都会第一时间对外公开招募重整投资人或续建施工单位。但在我国中西部地区的三四线城市，由于当地经济发展水平不高，加上房地产市场"黄金时代"的盲目扩张发展，已导致当地房产存量严重过剩，其中商业类型资产尤为严重。以贵州某市为例，其2021年商业房存量约250万方，根据现行市场状况，预计去化周期约93个月，且受电商影响及传统商业盒子消费观念的改变，商业的去化价值也呈持续下降趋势。同时，受原材料、人工等费用的影响，在建工程的续建成本也在持续增加。在这种情况下，重整投资的投资收益、资金回笼时间、投资成本等难以匹配，往往使重整投资人望而却步，难以激发其投资的信心和兴趣。

对于续建施工单位而言，面临的核心问题，其逻辑是基本一致的。由于破产房企现金流断裂，续建前期基本需要施工单位垫资修建。无论是前施工单位继续建设还是重新招募施工单位垫资续建，其考虑的仍然是资金回笼问题，即在续建过程中能否及时收到续建工程款以保障工程的持续建设。如前所述，在目前房产市场较为低迷且施工成本持续增加的情况下，这也会导致续建施工单位缺乏信心和意愿。

（二）管理人综合能力的提升与资源整合拓展

房企破产案件的内在特殊性和复杂性，对管理人履职能力提出了更高的要求。合格、称职的破产法律事务工作能力已难以满足房企破产的深层次需求，管理人需不断提升其商业判断、政策走向把握、综合协调、社会维稳、地区经济发展情况等方面的综合能力。对于存在"烂尾"工程的房企破产案件中，管理人首先要做的是对"烂尾"工程续建价值的识别和判断。同时，并非所有的问题楼盘都具备复工建设的可行性和复建价值，毕竟市场经济的内在逻辑是资源和要素的有效整合匹配。对于经济发展水平不高、房产存量较大、"烂尾"项目所在区位优势不明显、房价无太大提升空间的问题楼盘而

言，放弃复工建设，采取整体拍卖处置方式快速变现，从而及时清偿债务，不失为一种有效的化解方法。对于拆迁户、购房户等社会群体的基本生存权益保障，可依法通过债权审查，确认其相应的金钱债权及合理损失，并予以优先清偿，以缓解问题楼盘积存的历史遗留矛盾和社会维稳压力。

此外，管理人资源整合、信息有效匹配的能力在房企破产案件中尤为重要。笔者认为，能否将房企资产或工程现状与投资人、续建施工单位投资需求进行较为精准的定点匹配是判断管理人履职水平的关键要素。因此，管理人在案件办理过程中要不断依托其平台和资源，逐步拓展、建设完善的投资人"网络"和"信息库"。同时，管理人要不断吸收、学习行业调控政策、税收、工程建设等方面的知识，以提升自身的履职能力和商业判断能力，以更好地对破产房企的重整价值或问题楼盘续建价值进行识别和判断。

（三）依托地区政府，争取招商优惠政策

问题楼盘的存在不仅影响了具体债权人的权益保障，也对当地的城市形象和经济发展造成了负面的影响。管理人在掌握房企基本信息后可主动与地区政府的"投促局""问题专班"等部门机构对接，主动推介房企资产，并争取相应的税收优惠和其他政策优惠，以此增加问题楼盘的吸引力和续建价值，从而更好地招募到重整投资人或续建施工单位。

二、拆迁安置

在实务中，破产房企的问题楼盘一般会面临拆迁安置问题，其中存在两个关键因素：一是拆迁责任主体；二是拆迁补偿费用的承担。

关于拆迁责任主体方面，我国以 2011 年出台的《国有土地上房屋征收与补偿条例》为界，大致可分为两个阶段。2011 年以前系由房开企业作为拆迁主体，政府部门予以协助配合，但由于地产行业的逐利性和暴利性，往往会产生违法拆迁、不公平赔偿对待等道德风险，容易对社会稳定造成负面影响。2011 年《国有土地上房屋征收与补偿条例》出台后，明确了由市、县级人民政府负责其所在区域的房屋征收与补偿工作，房开企业不再是合法的拆迁主体。

关于拆迁补偿费用的承担问题，根据房开企业与国土自然资源局签订的土地出让合同内容约定，一般分为现状出让或净地出让。前者由房开企业承担相应的拆迁费用，后者由政府承担拆迁费用，政府一般会将相应成本纳入土地出让金当中予以核算调整。此外，还可能存在政府会议纪要等文件对土地具体出让方式另行进行了明确，且往往与土地出让合同内容不一致，从而使拆迁费用承担问题存在较大争议。

无论是何种出让方式，在拆迁安置过程中，关键因素是资金的来源问题。房企既已进入破产程序，已无现金能力满足货币补偿及过渡费、停业补助、搬家补助等货币需求，仅能以剩余资产满足产权置换需求，而地方财政也较为紧张，在无重整投资人的情况下解决拆迁资金来源是处理本问题的关键。因此，可考虑通过共益债融资或协调金融机构以部分债权优先清偿等为条件，争取提供项目贷款等方式，获取资金支持。

三、对拆迁户、购房户等社会群体的安抚

自 2018 年以来，随着破产案件的逐步增多，"破产"这一概念逐步为社会公众所了解，但《企业破产法》的具体内容、破产制度的价值追求、破产程序的意义等对广大社会群体来说还是相对陌生的，甚至会出现企业破产是"逃废债"、是"彻底死亡"、是"清算了，什么都没有"的误解。因此，在不破不立、优化社会资源配置、行业结构性调整、公平清理债权债务等破产制度功能尚未深入人心之前，大部分的拆迁户、购房户等群体在听闻房开企业破产后往往会集体维权、上访等。甚至还会对管理人的接管、调查、债权申报、工程续建等工作造成阻碍。因此，管理人在接管房企后，较为必要且紧急的工作之一便是组织召集拆迁户、购房户等群体的代表进行座谈会议，向其解释、说明破产程序的流程、功能价值以及对他们权益的保障，以此化解社会矛盾，并争取该类群体对案件办理的支持，合法、合理利用该类群体的社会性力量推进案件的办理。

四、前施工单位的清场退出及工程量固化

若在复工建设当中决定招募新的施工单位进行续建，那前施工单位的清场协调将会是管理人面临的一大阻力。问题楼盘出现的根本原因在于资金不足、欠付施工单位巨额工程款，最终导致项目停工烂尾。因涉及农民工工资、材料供应商货款、机械设备商租金等众多群体利益，施工单位与破产房企之间的矛盾一般较为尖锐，特别是存在挂靠、多层分包、转包、名义施工人与实际施工人不一致等情况时尤为严峻。在这种情况下如何快速、高效清退前施工单位，为问题楼盘续建扫清障碍是复工建设的关键所在。

首先，管理人应仔细审阅、研究施工单位提交的债权申报材料，并与破产房企留守工程方面专业人员沟通对接该工程债权的具体情况，包括工程产值、已付工程款、已完工程具体范围、剩余工程量具体范围、工程质量安全等问题，并依法判断是否存在工程价款优先权的情况。其次，与前施工单位多沟通以解释破产程序的意义，释明只有烂尾

项目完成续建才能实现全体债权人的合法利益，并对其前期工程款项是否享有优先权进行合法、合理的说明解释。再次，与其充分沟通后听取其关于续建的建议，并询问能否继续垫资续建，后续费用作为共益债务随时清偿。最后，如前施工单位无意继续垫资续建，管理人可根据《企业破产法》第十八条之规定行使解除权，解除与前施工单位的合同关系并依法通知其清场退出。

在实践中，可能存在前施工单位无力续建，但又消极配合、不予清场退出的情况，甚至会出现工人聚集、维权、上访等情形。若出现该类状况，管理人应及时向当地"问题专班"或政府相关部门予以汇报，并请求协助处理，若妨碍破产司法程序的推进和办理还可向人民法院汇报，并请求依法处理。此外，在前、后施工单位交接工作中，一定要落实工程量固化（采取工程节点审计）、质量安全责任承担（采取第三方质量检测）、资料移交、验收备案等事项的约定，避免续建工程范围不明确及责任承担模糊的风险。

五、与设计单位、监理单位、跟审单位等参建主体的沟通协调

设计、监理、跟审等单位作为工程建设过程中的重要参建主体，在规划设计、调整变更、工程监理、期间审计等方面具有举足轻重的作用，可以说是不可或缺的重要环节。但由于我国《企业破产法》中关于法定优先权的相关规定采取的是闭合式列举方式，并辅以其他法律规定予以判断，导致在工程建设方面除施工单位的工程价款优先权外，设计单位、监理单位及跟审单位等的债权目前只能作为普通债权处理。因问题楼盘历史遗留矛盾较多，建设单位往往欠付上述单位款项，导致进入破产程序后，设计、监理、跟审等单位缺乏积极配合的动力，会使工程续建出现资料缺失、手续不全、缺乏配合等困境。

若上述参建单位系本地企业，因该类机构都需要在当地住建部门的质检站或安检站备案入库，可通过住建部门进行沟通协调，请求积极配合问题楼盘的复工建设。若是外地企业，不需在本地备案登记的，则可考虑通过《企业破产法》第十八条关于继续履行或解除合同的规定，与上述设计、监理、跟审等单位签订补充协议，并在补充协议中对前期债权进行一定的综合协调以达到各方利益平衡，保障工程续建的顺利推进。

六、续建手续的办理与完善

手续不全、资料缺失一般是破产房企问题楼盘的"通病"，即使进入破产程序也需要及时补办和完善诸如土地证、施工许可证、房地产企业资质等行政手续或审批手续。

土地证的完善办理涉及施工许可证、银行按揭放款所需的抵押预告登记等重要手续；施工许可证涉及施工单位的合法施工问题；房地产企业资质涉及破产房企预售许可证的办理和房屋的销售，续建过程中都是环环相扣且极其重要的，任何一个环节的耽误都有可能影响资金的回笼和整体楼盘的复工建设。

上述事项可能会因破产房企存在资料缺失、土地出让金未缴纳或未足额缴纳、容积率调整、规划设计变更、消防验收等而导致难以通过正常程序办理。故管理人可积极通过当地"问题专班"进行沟通协调，或由房企出具相应承诺、采取"容缺办理"方式进行完善。

七、结语

房地产企业因涉及利益主体广泛、法律关系复杂、历史遗留矛盾严峻等，其问题楼盘的复工建设可谓障碍重重。从重整投资人或续建施工单位的招募，到拆迁安置、前施工单位的清场协调，再到各参建单位的支持配合、相关手续的办理与完善等方面，破产房企的复工建设都面临着不小的困难。而破产房企的在建工程又系其核心资产价值所在，从广大债权人的合法权益保障及当地经济、城市形象之发展考量，如何快速、顺利完成复工建设是房地产企业破产程序当中的关键一步。在此过程中，管理人除了恪尽职守、勤勉尽责外，还需要不断提升相应的商业判断、沟通协调、随机应变等综合能力，能够在合法、合理、公平清理债权债务的原则下"化解纾困""定纷止争"。

房企破产中非法集资问题之处置路径探究

屠国江 [①]

摘要：目前我国法律中还没有关于破产程序与非法集资犯罪审理衔接和协调的明确规定，司法实践中，这类案件也没有统一的处理标准，这就使得债权人、集资受害人利益受到侵害的现象频频发生，虽然《全国法院民商事审判工作会议纪要》对一般的刑民交叉问题进行了明确，但针对破产这一特殊程序中的刑民交叉问题却未作规定。本文从民法原理及破产程序的基本原则出发，对房企破产程序中的非法集资处置问题进行分析，以期对实践中具体问题的处理提供借鉴，从而公平地保障债权人和集资受害人的利益，寻找刑事追缴退赔与合法的民商事活动之间的平衡点。

关键词：房企破产；非法集资；刑民交叉；利益平衡原则

根据 2021 年最高人民法院工作报告，地方各级人民法院在 2020 年共审结了 10132 件破产案件，涉及债权 1.2 万亿元。在这些破产案件中，部分企业曾进行大规模民间融资，存在大量民间借贷的情况。由于涉嫌非法集资犯罪，企业相关人员被追究刑事责任，由此引申出刑事程序与破产程序的冲突问题。而随着我国城镇化进程不断加快，房地产开发项目也是如火如荼地同步进行，但是由于市场变化以及疫情影响，烂尾项目尤其是烂尾楼已经成为严重影响社会稳定和金融安全的重大社会问题。在实践中，大部分房地产企业由于各方面的问题难以获取正常的银行贷款，转而以民间借贷甚至是非法集资的犯罪方式筹备资金，若是项目一旦"烂尾"进入破产程序，管理人在破产程序中必然要面对破产程序与刑事程序的交叉问题以及涉刑财产的处理问题。由于目前我国法律中还没有关于破产程序与非法集资犯罪审理衔接和协调的明确规定及统一的处理标准，本文从法理、法律推演等角度，对房企破产程序中的非法集资处置问题进行深入探讨。

[①]　屠国江，贵州贵达律师事务所律师。

一、破产程序中的刑民交叉问题处理原则

（一）"先刑后民" 原则的起源

破产程序属于民事程序，如与刑事程序交叉，则属于民刑交叉，故首先需要讨论的是刑民交叉的一般理论问题。刑民交叉是指民事案件和刑事案件由于特定因素的关联而出现交叉或者并存的现象，通常表现在诉讼活动中，民事案件和刑事案件因关联因素的存在而互相影响。而我国法律制度中的"先刑后民"原则，是指在民事诉讼活动中发现涉嫌刑事犯罪时，应当在侦查机关对涉嫌刑事犯罪的事实查清后，由法院先对刑事犯罪进行审理，再就涉及的民事责任问题进行审理，或者由法院在审理刑事犯罪的同时附带审理民事责任问题，在此之前法院不应单独就其中的民事责任予以审理判决。在理论上，有学者对此做出总结，认为该原则在内容上包括"位阶上的刑事优先"与"位序上的刑事优先"两方面的要求：前者是指刑事判决的效力在位阶上应当高于民事判决，刑事判决的内容要对民事判决发生拘束力，即便民事判决已先行作出并生效，但刑事判决仍然可以将其推翻；后者是指在程序上刑事法律关系的确定应当优先于民事法律关系，应当优先适用刑事程序以确定被告人的刑事责任或者在不妨碍刑事责任实现的前提下在刑事诉讼程序中附带处理民事责任问题。[①]

"先刑后民"原则的确立最早可以追溯到最高人民法院、最高人民检察院、公安部在 1985 年联合发布的《关于及时查处在经济纠纷案件中发现的经济犯罪的通知》，在之后的十几年间，最高人民法院又陆续发布了几个文件加以强调。最高人民检察院、最高人民法院与公安部在 2014 年联合出台《关于办理非法集资刑事案件适用法律若干问题的意见》的第七条"关于涉及民事案件的处理问题"规定："对于公安机关、人民检察院、人民法院正在侦查、起诉、审理的非法集资刑事案件，有关单位或者个人就同一事实向人民法院提起民事诉讼或者申请执行涉案财物的，人民法院应当不予受理，并将有关材料移送公安机关或者检察机关。人民法院在审理民事案件或者执行过程中，发现有非法集资犯罪嫌疑的，应当裁定驳回起诉或者中止执行，并及时将有关材料移送公安机关或者检察机关。公安机关、人民检察院、人民法院在侦查、起诉、审理非法集资刑事案件中，发现与人民法院正在审理的民事案件属于同一事实，或者被申请执行的财物属于涉案财物的，应当及时通报相关人民法院。人民法院经审查认为确属涉嫌犯罪的，依照前款规定处理。"由此"先刑后民"也就成为法院在处理刑民交叉案件的一个重要原

---

① 李大伟：《破产案件中刑事程序与破产程序的冲突问题初探》，https://baijiahao.baidu.com/s?id=1705 784659576459534&wfr=spider&for=pc，访问日期：2022 年 9 月 3 日。

则。此外，"重刑轻民"是我国的历史传统，国家和集体利益与个人利益相冲突时，该传统使得国家和集体利益成为公权力保护的首要目标，因此，具有中国特色的"先刑后民"司法制度到今天为止仍在司法实践中有着不容小觑的影响力。

（二）"先刑后民"原则处理破产问题时的不足

针对在刑事判决之前作出的民事判决，一旦刑事判决认定民事案件的被告在民事纠纷中的有关做法符合犯罪的构成要件，原民事判决就会因审判监督程序被撤销而失去效力。因此，简单地认为破产程序不受刑事程序的影响实际上不符合法律的规定，亦与实践中的通常做法不符。在法理上，债务企业一旦被认定涉嫌非法集资犯罪，在案件处理过程中必然有追回赃款赃物的环节，导致破产财产的认定和分配受到影响，而在刑事诉讼程序推进过程中，公安、检察机关将赃款赃物依法冻结、扣押、根据刑事判决返还被害人，与债务企业破产财产的认定和现实分配具有交叉关系，破产程序无法做到独立处理，径直推进。然而在破产案件中，破产财产的确定和分配可能不仅仅涉及集资受害人的利益，而且还涉及担保债权人和普通债权人的利益。因此，在这个过程中存在利益衡量的问题。破产法的价值基础在于公平和效率。公平价值要求除了具有物上担保的债权或者基于公共政策考量衍生出的破产优先权优先得到保障之外，普通破产债权应当公平清偿；效率价值要求从经济学的角度考虑，表面的破产法规则下是清晰的经济学原理。

破产程序的直接起源是企业陷入财务困境，经济学家把破产法看作是实现可能的最佳产出，即社会成本最小化的法律工具。当一起案件涉嫌非法集资时，该案从侦查终结至作出生效的刑事判决一般情况下经历数月，部分复杂案件历时甚至长达几年，简单适用"先刑后民"的做法使破产程序彻底受制于刑事程序，使得所有债权人权利的实现变成一个漫长的过程，不利于对他们的保护，也与破产法的宗旨背道而驰。破产程序设计的最终目的是通过法律程序的安排及时保护和补偿债权人的利益，如果简单地适用"先刑后民"，实际上使得权利的救济更多地倾向于对受害人的保护，而非其他债权人，从而加大了其他债权人债权变现的时间成本。[①]

此外，在传统的理念和方式之下，社会整体秩序和公共利益成为首要考虑的问题，这就导致首先追究的是非法集资人的刑事责任，而对于被集资人的款项是否能够追回、其民事权益是否能够得到保护，则被放在第二位阶。

处理该类案件理想的诉讼程序模式应是刑事程序有限度地制约民事程序，使得民刑程序相互协调达到平衡。我国《民事诉讼法》规定了应当中止诉讼的一种情形是一起案

[①]　马更新：《非法集资案破产程序中的民刑之界与利益衡平》，《商业法评论》2019 年第 1 期。

件需要以另一起未审结案件的审理结果为依据。因此可以看出，刑事程序之所以能够干预民事程序，在于确定民事案件的某些事实和效力，例如非法集资罪受害人的债权需要通过刑事程序，将合法的民间借贷财产确认为企业的违法所得，从而与破产财产相区别。

（三）利益平衡原则的引入——处理破产问题的黄金法则

美国法学家埃德加·博登海默说："一个旨在实现正义的法律制度，会试图在自由、平等和安全方面创设一种切实可行的综合体和谐和体。"这在法理上属于"利益平衡"原则。要实现价值最大化，最好的途径是根据具体情况对不同的价值进行协调与侧重，一味地坚持"民刑独立"或者"先刑后民"，必将导致对价值的偏重，进而导致不公，因此，需要采用利益衡量的方法使破产程序和刑事程序达到平衡，更好地寻找到普通债权人和受害人的利益平衡点。

笔者认为，对于进入破产程序后发现非法集资类犯罪的，在处理民刑交叉的程序问题上，不宜简单地将此看作破产程序和刑事程序哪个优先适用的单项选择，必须做到具体问题具体对待，简单地选择"民刑独立"或者"先刑后民"抑或"先民后刑"的做法都不合适。这是因为，民刑交叉中程序的选择，在本质上是对相互冲突的不同价值的选择，在民事程序尤其是破产程序中，更注重对效率、公平、自治等市场经济运行中必不可少的价值的保护；而刑事程序中则更注重对稳定、安全等社会价值的维护。对于破产程序中非法集资问题的处置，不可单纯采取某种原则，破产程序是否需要中止应当以涉案财产是否高度混同而无法区分来进行衡量。如果无法区分，破产程序必然要受刑事影响，此时应当遵循"先刑后民"的原则；如果犯罪所得可以从破产财产中完全剥离出来，则破产程序不受刑事程序的影响。两者可以同时进行，从而公平地保障债权人和集资受害人的利益。

二、房企破产中非法集资问题的处置思路

随着市场经济的发展，交易安全与经济效率都是市场经济的重要支柱，一味坚持"先刑后民"已经落后于时代的要求。破产企业涉及非法集资的情况下，"先刑后民"的思维方式将导致普通债权人和担保债权人的债权不能及时受偿，集资受害人的利益也将会被放在第二位阶，交易安全与经济效率都会受到威胁，将会不利于市场经济的发展，且与市场经济的精神背道而驰。破产程序的关键是确定破产财产以及公平实现债权人的债权，而当债务企业涉嫌非法集资犯罪时通常就牵涉赃款赃物，企业占有的财物与企业的破产财产之间会有交叉。由此引发的思考是，刑事案件涉及的赃款赃物能否从破产财

产中分离出来? 受害人是通过在破产程序中申报债权的方式获得救济, 还是直接通过刑事程序获得救济? 因此对于破产财产与犯罪所得两者之间的界限和清偿的方式应当通过法律规定予以明确, 使得在通过破产程序进行清偿的时候, 受害人和其他普通债权人能够得到公平的对待。

(一) 破产财产与犯罪所得的鉴别

通过上述论述, 我们可以看出破产程序中非法集资问题的处置首要在于破产企业合法财产 (为便于表述, 本文统称"破产财产"或"债务人财产") 与犯罪所得的鉴别。那么刑事追缴的财产是否属于债务人财产? 债务人财产的范围与定义是什么?《最高人民法院关于适用〈中华人民共和国企业破产法〉若干问题的规定 (二)》对此以排除的方法做了规定:"下列财产不应认定为债务人财产: (一) 债务人基于仓储、保管、承揽、代销、借用、寄存、租赁等合同或者其他法律关系占有、使用的他人财产; (二) 债务人在所有权保留买卖中尚未取得所有权的财产; (三) 所有权专属于国家且不得转让的财产; (四) 其他依照法律、行政法规不属于债务人的财产。"该条司法解释体现的思想是所有权归属是决定财产归属的重要因素。由此看出, 企业的破产财产是指该企业在经营过程中合法取得的所有财产, 而犯罪所得是企业通过犯罪行为所获取的财产, 该财产本质上不属于企业的财产, 所有权不归于企业, 而由受害人享有。当涉及非法集资犯罪时, 往往存在一个认定过程, 即将合法的民间借贷认定为集资犯罪行为, 由此将集资到的财产从企业财产中剥离出去。按此推理, 企业通过犯罪行为获得的财产不属于企业财产, 理应返还给受害人。

反之, 如破产企业的财产符合以下条件, 应认定为赃款赃物, 不属于破产财产, 可以通过刑事追赃程序收缴, 不产生刑事与破产程序的交叉。

一是系犯罪所得或由犯罪所得转化而成。《最高人民法院关于刑事裁判涉财产部分执行的若干规定》第十条, 对赃款赃物及其收益, 人民法院应当一并追缴。被执行人将赃款赃物投资或者置业, 对因此形成的财产及其收益, 人民法院应予追缴。被执行人将赃款赃物与其他合法财产共同投资或者置业, 对因此形成的财产中与赃款赃物对应的份额及其收益, 人民法院应予追缴。如企业在设立后一直从事非法集资犯罪行为, 则企业所有资产均属于赃款赃物。如企业在非法集资的同时还有另外合法经营的业务, 且非法集资所得与合法经营所得界限清晰, 或者财物在非法犯罪行为开始前就已取得, 则合法经营和非法集资犯罪行为开始前所取得的财物不宜被认定为赃款赃物。

二是非善意取得。《最高人民法院关于刑事裁判涉财产部分执行的若干规定》第十一条, 第三人善意取得涉案财物的, 执行程序中不予追缴。如破产企业在合法生产经营活动中与非法集资行为人发生交易取得款项或物品，但破产企业对取得的款物系犯罪所得并不知情，且破产企业从交易中的收益符合市场行情，则不宜将相应款物认定为赃款赃物。

三是能够特定化。赃款赃物的特定化不只是在刑事判决书中明确涉案赃款赃物的数额，而且需要在整个刑事案件过程中，有证据证明赃款赃物的清晰流向，并且能将其明显剥离或区别出来。或者有单一路径的对价物，有可以回转的清晰路径，赃款赃物才有实现退赔的条件。否则会因追赃范围的不当扩大损害合法财产所有人的利益，在破产案件中也会损害其他债权人的合法权益。[①]

（二）犯罪所得的分配问题

通过上述可以看出，犯罪所得在法理上并不被纳入破产财产的范畴而进行统一分配。当涉案的破产企业进行破产财产确认时，是否将犯罪所得纳入其中，我国法律和司法解释均没有作出明确的规定，只有最高人民法院针对证券公司破产发布的一份相关的司法解释性文件，规定了受害人通过在破产程序中申报债权的方式获得救济。即，《最高人民法院关于依法审理和执行被风险处置证券公司相关案件的通知》中规定："证券公司进入破产程序后，人民法院作出的刑事附带民事赔偿或者涉及追缴赃款赃物的判决应当中止执行，由相关权利人在破产程序中以申报债权等方式行使权利。"

该解释并没有直接规定犯罪所得属于破产财产的范围，但是根据该条文可以推断出，证券公司破产程序并不对刑事被害人和其他债权人进行区别对待，所有债权人的债权都可以在破产程序中获得救济，通过这种方式，民刑交叉中财产划分得到解决；即使是刑事程序中确认的赃款赃物也一并列入破产财产的范围进行分配。显然，这样的规定是有违前述的法理分析的。

存在民刑交叉问题的破产程序中，不管是从民事抑或刑事的角度观察，刑事被害人和其他债权人的区别是本质上的。从民事的角度来分析，刑事被害人对破产企业的请求权的基础不仅有借贷合同，而且包括企业侵权行为产生的侵权损害赔偿关系。而从刑事的角度分析，刑事被害人则是民事被侵权人地位与刑事受害人地位兼而有之，原因在于此种侵害权益的行为已经无法由民事法律规范所调整，超越了民法的容纳范围。在刑事法律关系中，被害人因财产权利受到侵害，自然就合法获得了债权人地位以及相应的获偿权，被害人因犯罪行为受到侵犯的财产权便可以凭借国家的强制力恢复原状。

[①] 李红芬：《涉非法集资企业破产案件中刑事追赃问题》，https://mp.weixin.qq.com/s?__biz=MzAxNTI0N DU5NQ==&mid=2650146919&idx=1&sn=a64125d71406acd39d884cb9c1d19d9d&chksm=8385a43bb4f22d2d34bf 9873349f3c60f03f6a51a636f719511ddd5ca257a8e4176107e66738&scene=27，访问日期：2022 年 9 月 3 日。

由此我们可以看出，刑事被害人具有与破产程序中的其他债权人不同的特性，应当通过相异的救济方式得到补偿，所以必然导致两者有各自不同的权利救济途径，破产程序中的债权人应当通过破产财产的分配实现债权清偿，刑事被害人则可以借助国家公权力的定罪量刑追回财产。

刑事程序中认定并追回的赃款赃物是通过刑事判决的形式直接返还给被害人，还是将其纳入破产财产的范围之中，按照破产程序对所有债权人进行清偿？对此，我国的法律及司法解释的规定是相互冲突的。《中华人民共和国刑法》（以下简称《刑法》）规定，对犯罪分子的违法所得应追缴或责令退赔，及时返还被害人的合法财产。《最高人民法院关于刑事裁判涉财产部分执行的若干规定》（以下简称《规定》）第十条也明确规定，应追缴赃款赃物及其收益，依刑事裁定返还被害人财产或赔偿其损失。从以上两个规定可以得出的结论是赃款赃物在性质上为被害人的财产，自然而然地，被害人能够通过刑事追缴的方式追回其财产。但是与此相冲突的是，前述最高人民法院关于证券公司破产的司法解释性文件中明确中止追赃的继续进行，相关权利人的救济都通过破产债权申报的方式得以实现。从法律文件的效力位阶与处理问题的针对性上来看，《刑法》和《规定》的做法更具有说服力，同时更符合前述破产财产与犯罪所得区分的法理分析。但是，司法实践中通过刑事程序救济集资被害人通常所遵循的"先偿先得，剩余财产均分"的原则值得商榷。先偿先得、剩余财产均分原则，是指债权人的债权可以因债务人的先行偿还而得到清偿，剩余的财产再由其他债权人按债权比例进行分配，而债务人的先行偿还并没有要求适用破产法的分配顺序或破产撤销权等。实践中，实施集资犯罪的企业往往通过挥霍资产、隐匿所得的方式将财产转移，赃款赃物实际上很难追回，因此受害人的财产通常无法通过返还财产和追偿赃款赃物的方式全部收回。这意味着，能够最终追回的赃款赃物在数额上无法满足所有受害人的清偿要求。与破产程序中的所有债权人之间的地位与关系相类似，通过刑事程序分配非法集资的犯罪所得时存在着全体受害人能否集体公平地获得弥补的问题。然而刑事救济程序不存在类似破产程序中的破产财产分配制度以公平地清偿全体债权人债权的情况。虽然破产财产与犯罪所得在性质上截然不同，不可混同且应该各自区分，并遵循各自的分配程序进行分配，但是，破产程序中的破产财产分配制度值得刑事救济途径借鉴。换言之，犯罪所得的追缴与公平公正分配已经不仅仅是处理犯罪行为人的刑责问题，而是涉及受害人的财产权利救济，此部分救济在刑事救济程序中存在着民商法思维适用的余地。

从法理上而言，这样处理更加符合现代刑民趋近的趋势。固然，代表个人利益的民法与代表公共利益的刑法是两个相互独立的部门法，两者具有不同的思维方式，看似水火不相容，但是随着市场经济的发展，民法的特征逐渐在刑法中得到体现，刑法的基本精神渐渐与民法相一致且开始注重尊重私权私产。

因此，在犯罪所得的追缴与分配中，合理地运用民商法思维，亦有其合理之处。笔者认为，涉案赃款赃物如果能够在刑事程序中实现特定化时，基于破产法的取回权制度理应将其与破产财产分开，被害人可以通过行使取回权恢复其财产权；反之，如果无法使得赃款赃物特定化，由于其不属于企业的财产，也应当从破产财产中分离，借鉴破产财产分配制度，按照特定的受偿比例，在全体受害人之间实现集体公平清偿。

此外，现实中的刑事受害人在无法恢复财产权的圆满状态时，对未补偿的部分实际上应当认为是民事上的债权，从而与其他债权人共同分配破产财产。因为采用刑事救济手段并不意味着就没有民事救济手段的适用空间，后者在弥补前者所不能及的领域方面具有重要作用。在实现刑事受害人的合法权益时，刑事救济手段与民事救济手段的相互配合也与民刑关系的原理相一致。在刑事受害人的权益无法通过刑事程序圆满地得到保护时，通过民事程序来对其加以保障是有其合理性的。此时，受害人的债权清偿需要通过破产程序予以实现。此种犯罪所得的分配程序是破产法中债权人公平受偿理念的价值在刑事案件受害人财产权利救济过程中的体现。

浙江省高级人民法院 2013 年发布的《浙江省高级人民法院民事审判第二庭关于在审理企业破产案件中处理涉集资类犯罪刑民交叉若干问题的讨论纪要》（浙高法民二〔2013〕7 号），承认了破产财产与犯罪所得的区分。同时，该《纪要》第十条规定，在审理企业破产案件过程中，因债务人的犯罪行为而非法占有的不属于债务人的财产，可以在刑事判决生效后，由受害人以财产权利人的名义通过管理人取回，因此要想实现赃款赃物与破产财产的分离，明确赃款赃物能否特定化是核心问题。如果受害人能够证明特定财物是属于自己的，可以要求取回；如果被害人不能证明特定财物是属于自己的，但能够证明属于犯罪所得的，应当纳入受害人的共同财产公平清偿。该《纪要》第四条规定，刑侦程序结束后，破产程序可以确定的民间借贷债权人和集资犯罪受害人，可以通过申报债权的方式确认其损失，从而赋予受害人临时表决权。该《纪要》第八条规定，债务人企业被宣告破产后，而刑事程序尚未终结的，管理人可以将登记为破产债权的犯罪受害人的分配额留存。对于刑事程序终结后所追回的财产，属于赃款赃物的，在受害人之间分配；属于企业合法财产的，在参与破产程序的债权人之间分配。

（三）赃款赃物与企业合法财产无法区分时的处理路径

我国《企业破产法》第三十八条规定："人民法院受理破产申请后，债务人占有的不属于债务人的财产，该财产的权利人可以通过管理人取回。"那么，刑事受害人能否在破产程序中行使取回权，取回属于自己的财物？笔者认为，在破产程序中行使取回权的关键在于财产所有权是否仍然属于受害人？拟取回的财产，其所有权是否已经发生转移？在涉及非法吸收公众存款罪的情况下，犯罪的标的一般为货币，而货币作为一般等价物，在民法上具有占有和所有同一的特性，在借款合同有效，且已向债务人交付后，所有权已转移至债务人，在破产程序中，该部分财产已属于破产财产的一部分，因此，刑事受害人不能行使取回权。

如赃款赃物与企业合法财产无法区分，应纳入破产程序统一处理。非法集资刑事案件中追赃的主要目的是挽回刑事被害人的损失，破产程序的功能与刑事追赃退赔受害人的目的一致，并且通过破产程序可以对企业全部利益纠纷进行彻底的清算了结，最大限度地对所有债权人的债权做出公平的清偿，还能够通过及时处理财产或实施破产重整、和解，提高企业资产变现价值或企业清偿能力，提高集资参与人的受偿率。此种情况下，又衍生出以下几个问题。

第一，解析该问题的基础是否要回归到刑事受害人与债务人签订的借款合同是否有效这一问题上？笔者认为，合同效力的认定应尊重当事人的意思自治原则，只要订立合同时各方意思表示真实，且没有违反法律、行政法规的强制性规定，就应当确认合同有效。非法吸收公众存款罪的构成以未经国家有关部门审批为核心，其所规制的是当事人的市场准入资格，其规范意旨在于禁止行为人以金融机构的方式借款，而非禁止借款行为本身，故属管理性规定。同时，刑法评价的是行为人单独实施的非法经营行为（非法吸收公众存款），而民法评价的则是双方当事人之间具体的合同行为。因此，民间借贷涉嫌或构成非法吸收公众存款罪，并不当然影响民间借贷合同的效力。在最高人民法院公报案例吴国军诉陈晓富、王克祥及德清县中建房地产开发有限公司民间借贷、担保合同纠纷案一案中，人民法院认为：单个的借款行为仅仅是引起民间借贷这一民事法律关系的民事法律事实，并不构成非法吸收公众存款的刑事法律事实，因为非法吸收公众存款的刑事法律事实是数个"向不特定人借款"行为的总和，从而从量变到质变。非法吸收公众存款的犯罪行为与单个民间借贷行为并不等价，民间借贷合同并不必然损害国家利益和社会公共利益，两者之间的行为极有可能呈现为一种正当的民间借贷关系，即贷款人出借自己合法所有的货币资产，借款人自愿借入货币，双方自主决定交易对象与内容，既没有主观上要去损害其他合法利益的故意和过错，也没有客观上对其他合法利益造成侵害的现实性和可能性。公报案例（2009）浙湖商终字第276号一案也持类似观点。在四川省高级人民法院印发的《四川省高级人民法院关于审理破产案件若干问题的解答》中也认为："鉴于非法集资与民间借贷，均是以借款合同为基础而形成的法律关系，只是前者因人数、情节、影响达到了需要刑事法律调整的范围而受到刑法的否定性评价，为公平保护刑事被害人的权利，应允许刑事被害人在破产程序中以申报债权的方式行使权利。"因此，即使债务人构成非法集资刑事犯罪，但刑事受害人与债务人签订的借款合同仍是有效的，在赃款赃物与企业合法财产无法区分的情况下，其债权也应与一般的借贷债权人平等受偿。

第二，对于刑事裁判文书为"退"的，权利基础回归到受害人的取回权，取回权的处理规则按《最高人民法院关于适用〈中华人民共和国企业破产法〉若干问题的规定（二）》；如取回财产灭失或被第三人善意取得等，取回权转化为损失赔偿请求权，在破产受理前灭失的损失赔偿为破产债权，在破产受理后灭失的损失赔偿为共益债务。[①]

第三，对于刑事裁判文书为"赔"的，权利基础衔接到受害人的债权，此种情况下要回归到破产法及相关规定来确定其债权性质（担保债权、特别优先权、一般优先权、普通债权等），确定清偿顺位及清偿比例，而不能仅根据执行依据是刑事裁判文书而获得优先清偿，否则便存在"对刑事受害人个别清偿、损害排挤其他债权人的合法权益"的问题。笔者认为，如不存在其他特别事由，非法集资款一般应当按照普通债权的顺位予以清偿。因为从非法集资款的性质来看，其既不属于担保债权、建设工程价款等优先债权，也不属于职工债权、社保债权、税收债权，依法应将其认定为普通债权。并且，从非法集资案件的单个借贷行为看，实质上与普通民间借贷没有本质区别，且相较普通债权人，集资参与人为获取利息主动参与非法金融活动，其本身具有一定过错，非法集资款优先受偿有损公平原则。最高人民法院、最高人民检察院、公安部印发的《关于办理非法集资刑事案件若干问题的意见》第九条规定，退赔集资参与人的损失一般优于其他民事债务的规定不能不分情形而简单适用。其中，该规定表述为"一般优先于"，并非一律优先。在破产程序中，该类债权是否优先受偿要以是否公平、平等对待同类型债权为标准。

第四，申报债权主体问题，要分两种情况。第一种，破产企业是非法借款关系的当事人，即在非法集资活动中，破产企业以自己的名义与集资参与人订立了相关合同，所以破产企业对集资参与人负有还款义务，常见身份为借款人、担保人等。这种情况下，破产企业就是集资参与人的债务人，应由集资参与人以自己名义申报债权，并经确认后参与债权人会议表决。第二种，破产企业没有非法集资行为，但其他非法集资犯罪的赃款流入破产企业。这种情况下，破产企业民事法律行为的相对人是非法集资犯罪行为人，在民事上，其对后者负有欠款或不当得利之债，而与集资参与人没有直接法律关系，此种情况下，集资参与人直接向破产企业申报债权不符合合同相对性。因此，在刑

① 陆晓燕：《破产程序中的刑民关系》，http://www.njpcglr.cn/info_lltt_ed8f37，访问日期：2022年9月3日。

事判决尚未生效前，应以非法集资犯罪嫌疑人的名义申报债权，性质为借款或不当得利。如刑事判决已生效、已进入刑事执行阶段，所涉款项性质已确定为赃款但已与企业合法财产混同，应由非法集资刑事案件的执行法院以自己的名义申报债权并参与债权人会议进行表决。

（四）为追赃而采取刑事保全措施的处理路径

《企业破产法》第十九条规定，企业进入破产程序后，企业财产的保全措施应当解除。上述规定中的"保全措施"没有限定"民事""刑事"还是"行政"，应当理解为所有保全措施均应解除。但司法实践中，还有不少人认为破产程序中需要解除的保全措施仅仅限于民事，这种理解没有认识到该法条的立法目的，即是要发挥破产程序全面处置或盘活企业资产，概括性、终局性处理企业利益纠纷，解决债权债务关系。刑事保全措施不予解除，破产程序就无法终结，破产的价值作用就无法发挥。最高人民法院《全国法院民商事审判工作会议纪要》（法〔2019〕254号）第109条作出了明确规定，保全措施的解除和相关执行程序的中止，不仅包含人民法院，同时也包含税务机关、公安机关、海关等国家机关采取的措施。为此，有些地方对上述法律规定进行了进一步的细化。如《浙江省高级人民法院关于服务金融改革大局依法妥善审理民间借贷纠纷案件的若干意见》及《四川省高级人民法院关于审理破产案件若干问题的解答》也均明确，对破产企业财产的刑事保全措施应当解除。

国家发展和改革委、最高人民法院、财政部、人力资源和社会保障部、自然资源部、住房和城乡建设部、中国人民银行、国务院国有资产监督管理委员会、中华人民共和国海关总署、国家税务总局、国家市场监督管理总局、中国银行保险监督管理委员会、中国证券监督管理委员会联合印发的《关于推动和保障管理人在破产程序中依法履职进一步优化营商环境的意见》（发改财金规〔2021〕274号）规定："（十八）依法解除破产企业财产保全措施。人民法院裁定受理企业破产案件后，管理人持受理破产申请裁定书和指定管理人决定书，依法向有关部门、金融机构申请解除对破产企业财产的查封、扣押、冻结等保全措施的，相关部门和单位应当根据企业破产法规定予以支持配合。保全措施解除后，管理人应当及时通知原采取保全措施的相关部门和单位。管理人申请接管、处置海关监管货物的，应当先行办结海关手续，海关应当对管理人办理相关手续提供便利并予以指导。"另外，《国务院关于开展营商环境创新试点工作的意见》（国发〔2021〕24号）规定："（二）试点范围。综合考虑经济体量、市场主体数量、改革基础条件等，选择部分城市开展营商环境创新试点工作。首批试点城市为北京、上海、重庆、杭州、广州、深圳6个城市。强化创新试点同全国优化营商环境工作的联动，具备条件的创新试点举措经主管部门和单位同意后在全国范围推开。"其附件《首批营商环境创新试点改革事项清单》规定："17. 建立破产案件财产处置协调机制，破产案件经试点城市人民法院裁定受理后，由破产管理人通知债权人及相关单位进行财产解封，破产管理人对已查封的财产进行处置时无须再办理解封手续。债务人在试点城市的不动产或动产等实物资产被相关单位查封后，查封单位未依法解封的，允许破产管理人对被查封的财产进行处置。处置后依据破产受理法院出具的文件办理解封和资产过户、移交手续，资产处置所得价款经与查封单位协调一致后，统一分配处置。"

通过以上规定可以看出，企业进入破产后，刑事保全措施也应当解除。管理人可持破产受理裁定书和指定管理人决定书办理解除保全手续。在试点城市，管理人处置资产时无须办理解封手续，但应做好破产财产与赃款赃物区分及分配处置工作。

三、结语

刑法应该保持其谦抑性，不应当干预意思自治所确立的民商事法律关系，以确保破产程序中发生民刑交叉时应有的民刑之界。对于房企破产中非法集资问题的处置，首先应从涉刑财产与破产财产的区分鉴别角度划清刑民界限，明确刑民关系是否发生了交叉，此乃处理该类案件的逻辑起点。当发生了刑民交叉，在程序的选择上不是一个绝对的问题，不能简单而纯粹地选择"民刑独立"或"先刑后民"，而是要根据具体的案件情况进行判断，保持民事程序与刑事程序的协调统一，在集资受害人与破产债权人的利益之间寻找平衡点。集资受害人与破产债权人的权利救济途径，前者为赃款赃物的刑事追缴退赔，后者为合法破产财产的参与分配。对于破产财产与赃款赃物高度混同的，或集资受害人通过刑事救济途径无法恢复财产权圆满状态的，再回归到破产法上的债权申报，从而与其他债权人共同分配破产财产。当前，受经济下行及宏观调控政策等影响，我国破产房企呈爆发式增长，其中涉及非法集资等刑事犯罪问题的比比皆是。本文的处置原则及思路既彰显了破产法公平处理债权债务的精神，同时也为近期破产法修改中涉及的刑民交叉问题处理提供一条可供参考的解决之道。

破产程序财产行为税滞纳金争议分析

熊立君 [①]

摘要： 文章从法律和税务的角度分析了当前破产程序中涉及房产税、城镇土地使用税等财产行为税的征收、减免、核销等问题，指出了现有法律规定和实际操作中存在的困境和矛盾，提出了解决方案，即建议加快立法进程，建立"课税特区"，有效衔接破产涉税等相关事宜。

关键词： 破产程序；财产行为税；滞纳金；课税特区

基于《企业破产法》与《中华人民共和国税收征收管理法》存在的法律上的衔接和冲突，目前学界并未完全解决这两法的争议点，所以一些遗漏之处对破产程序的推进及企业的存续经营将埋下隐患。本文以财产行为税滞纳金争议出发，以点带面，试图揭开两法的衔接"痛点"。

一、涉税争议

作为国内众多税种中的一个类别，财产行为税主要是对于所有人、实际使用人等持有财产的持续状态所征收的税。具有代表性的是对房产、土地、车辆持有状态分别征收的房产税、城镇土地使用税、车船税。其税收征收带有国家强制性，即持有上述财产便涉及纳税义务，不属于行政协议，更不属于民事合同范畴，管理人接管破产企业之后除了处置上述资产，无法通过其他破产法相关规定依职权终止该应税行为。而当企业进入破产程序之后，大多是资不抵债的状态，没有充足的货币资金去缴纳该类税款，就会在税法规定的纳税义务时间届满前，无法做到税款缴纳，从而造成滞纳金的产生，该滞纳金并非属于破产受理之前产生，而是受理之后新生税款逾期缴纳产生且原则上不属于管理人怠于行使管理职责而产生。

上述滞纳金该如何妥当处理，目前尚未出台相关法律文件明确说明，当企业尤其是

---

① 熊立君，贵州贵达律师事务所律师。

拥有众多房产、土地的企业面临巨额滞纳金（按日万分之五计算），将影响管理人对于债权人债权清偿比例的计算，同时也面临债权清偿率降低以及重整执行完毕之后税务机关"算旧账"等的困境。以下以房产、土地财产行为税为例进行说明。

二、困境现状

（一）指导意见实操落地有障碍

目前针对该类税种，已出台的相关法律规定散落在不同文件当中，如，《贵州省高级人民法院、国家税务总局贵州省税务局关于企业破产程序涉税问题处理的实施意见》（黔高法〔2021〕74号）"第（十二）条'纳税申报''"规定："破产清算期间，企业名下不动产涉及房产税、城镇土地使用税由管理人以企业名义申报纳税……由破产财产随时清偿。"

该文件从实操层面给予指导意见，管理人依据破产财产变现情况掌握纳税申报节点，从而杜绝滞纳金的产生。但该文件法律效力弱，并非法律、司法解释、规章等，应属于规范性文件，从严格意义上研判，该文件与上位法税收征管相关规定有不一致之处。参考《中华人民共和国房产税暂行条例》第七条"房产税按年征收、分期缴纳。纳税期限由省、自治区、直辖市人民政府规定"，《贵州省房产税施行细则》第十条"房产税按年征收，分期缴纳。每半年征收一次，每年的四月、十月为房产税的缴纳期限"之规定，《贵州省高级人民法院、国家税务总局贵州省税务局关于企业破产程序涉税问题处理的实施意见》强调由破产财产随时清偿该类税，但从实操层面来看，并未真正实现"随时清偿"，若企业进入破产程序后错开税收征管所规定的月份且又在下一次纳税期限之前终结破产程序，从而完成税务注销的或未申请、申请未得到批准而在延期、减免情况下逾期申报缴纳的，都会因与上述文件规定的纳税期限不一致而导致滞纳金的产生。

（二）申请减免无明确列明破产适用

《贵州省城镇土地使用税困难减免管理办法》第五条"纳税人发生年度亏损，符合下列情形之一的，可申请减免城镇土地使用税"采取正列举方式说明可申请减免城镇土地使用税的情况，其中未包括适用破产情形，税务机关一般是按照税法相关规定做平义解释，基层税务机关不太可能作扩大解释，所以申请减免该类税收无明确列明破产适用。

涉及房产税，《贵州省房产税施行细则》第九条规定："按照《条例》规定，纳税人确有困难，需要给予减、免税照顾的，由纳税人提出申请，报房产所在地市、县、特区

（区）税务局批准。"虽无明确说明，但依据房产、土地两税的相似性、相关性，税务机关很可能采用与土地使用税类似的判定方式，也就是说，通过平义解释的方式，争取破产程序中的税收减免几乎不可能实现。

申请减免房产、土地等税没有明确列明破产适用，而债务人一般缺乏资金缴纳税款，从而引起税款滞纳金的产生。

（三）新生税款滞纳金对税务机关造成不利影响

对于破产程序受理前形成的滞纳金，目前从上至下都有比较明确的观点，但对于破产受理之后新生税款的滞纳金，若处理不当会对税务机关造成一定的不利影响。依据《欠缴税金核算管理暂行办法》《税收会计制度》等相关规定，税务注销前尚未结清滞纳金的，可以通过税务机关内部流程做损失税金核销，该方式结合目前税务系统所支持的破产税务注销流程可便捷操作，但会将压力转移至税务机关。因损失税金核销对于税务机关存在考核压力，在当地存在过多破产所带来的新生税款滞纳金的情况下，这种方式势必会加大税务机关考核压力，不利于管理人以后与之沟通协调。

（四）管理人的困境

管理人依据法律规定勤勉尽责，公平、公正、合理去管理、变价、分配破产财产，保证债权人合法权益，但在国家强制性税收征收面前，处于进退两难的困境。一方面如果按照国家要求缴纳滞纳金，势必会降低普通债权人债权的清偿比例，不利于更多债权人利益的保护，体现不出"国不与民争"的思想原则；另一方面若是不缴纳，不管企业最终是注销还是继续经营都会给税务机关、企业带来隐患。

（五）破产程序终结之后企业的困境

企业在进入破产程序之后，基于公平保护债权人的利益，法律规定不得随意对破产财产启动保全等强制措施，其中也包括税务机关不得采取相关强制措施。在破产清算程序当中（包括重整式清算），即便因房产、土地有关财产行为产生新生税款逾期缴纳带来的滞纳金，在企业注销时，也可考虑采用"死欠核销"等方式变通处理。

但当面临真实破产重整、和解程序，企业在重整计划执行完毕之后继续经营时，由于已不在破产程序当中，不排除基层税务机关重启强制措施，要求企业继续缴纳破产程序当中所产生的滞纳金。若税务机关采取该方式，将与破产重整、和解用意及国家破产有关法律精神有所冲突，存在国家利益与人民利益之间的冲突，也会给重整、和解"起死回生"过来的企业带来涉税风险弊端，影响企业后续经营及企业税收信用修复，后期企业将一直背负历史遗留包袱负重前行，甚至让企业面临二次破产的局面。

三、解决方案

上述纳税争议目前主要由税务机关决定具体走向。从税务机关层面来看，对于税收征收事宜，抱着"国家税款不流失"的态度以及出于"实质重于形式"之考虑，则应收则收；而在相关税收减免问题上，因涉及税款的减免，出于税款征收考核等原因，原则上应采取更加审慎的态度。如法律有明确规定，则应严格审查基础数据及真实情况；如法律无明确规定时，则应进行全方位考虑，以避免引起不必要的麻烦。

目前短期可供参考的方案，如修改、完善相关法律规定等。根据经济发展的预期展望，有计划、有步骤地采用"列举＋兜底"的方式完善财产行为税减免范围，如参照《关于城镇土地使用税困难减免有关事项的公告》（沪财发〔2022〕2号）"二、减免条件。纳税人符合下列情形之一，可以申请城镇土地使用税困难减免：（一）资产不足清偿全部或者到期债务且已依法进入破产程序，其土地闲置不用的……"。

从中长期看，仍需要从根本上解决问题，建议加快破产程序相关涉税问题的立法程序，建立"课税特区"，打通"上有法规可依据，下有对接部门可执行"，从体系上解决破产涉税事宜的衔接等问题。

涉煤矿破产案件取回权行使中挂靠煤矿的认定

——以贵州省煤矿兼并重组政策为视角

赵　艳　王　芳[①]

摘要：文章从挂靠煤矿的由来、表现形式和破产程序中对挂靠煤矿的认定等方面进行分析，指出了挂靠煤矿在兼并重组政策和实践中存在的问题和争议，提出了在破产程序中如何查清挂靠事实、如何行使取回权等建议，为解决挂靠煤矿的纠纷提供了参考。

关键词：挂靠煤矿；兼并重组；实际权利人；取回权

2019 年，贵州省能源局、贵州省自然资源厅、贵州省市场监督管理局、贵州煤矿安全监察局联合发布了《关于保留煤矿设立独立法人公司（子公司）有关事宜的通知》（黔能源煤炭〔2019〕31 号），此文件发布后，煤矿可设置独立法人公司，煤矿与主体企业之间的经营可以相对独立，各自承担债权债务。该文件为破产管理人在区分煤矿是否是破产财产、处理煤矿与主体企业之间各自债权债务提供了指导。

2021 年，贵州省高级人民法院、贵州省自然资源厅、贵州省能源局和贵州省财政局联合发布的《关于涉煤矿破产案件若干问题的会议纪要》第六点明确，"支持挂靠煤矿取回矿权，对于兼并重组过程中与主体企业（集团公司）存在实质挂靠关系、但财务独立且符合办理独立法人的煤矿，支持其实际控制人取回矿权，凭破产法院协助执行通知书办理相关手续。挂靠煤矿的采矿权原有查封的，办理完独立法人手续后，属于独立法人煤矿自身债务产生的查封，破产法院应按照原查封顺序告知原查封法院重新向自然资源部门送达查封文书继续查封"。该会议纪要中明确支持挂靠煤矿取回矿权，无疑解决了破产管理人面临的挂靠煤矿如何处理的重大难题，为破产煤矿企业中处理挂靠煤矿提供了明确的政策依据。

因特殊的兼并重组政策，贵州省煤矿企业兼并过程中煤矿挂靠问题突出，煤矿企业涉诉涉法中常常面临煤矿是否挂靠和煤矿实际权利人的认定问题。同样，进入破产程序

[①]　赵艳，贵州贵达律师事务所律师；王芳，贵州贵达律师事务所律师。

的煤矿企业也绕不开挂靠煤矿的认定与处理。关于煤矿是否挂靠的认定直接关系到煤矿是否被纳入破产财产一并处置，不仅对破产案件债权人的清偿产生影响，更会影响煤矿实际权利人的权益。因此，近年来，无论是在诉讼中还是在破产程序中，关于挂靠煤矿的认定一直存在争议，多起关于煤矿是否是挂靠煤矿及实际权利人归属的诉讼案件从地方法院一直诉至最高人民法院。

一、挂靠煤矿的由来

（一）困难的兼并重组

2013 年，在国家供给侧结构性改革以及煤矿行业兼并重组的政策大背景下，作为煤矿大省之一的贵州，为了减少小型煤矿的数量、不断优化产能、提升煤矿的规模及产量，开始下定决心推行煤矿企业的兼并重组。

不同于山西省、河南省，在贵州省所有煤矿企业中，央企在黔 64 处，省外国有 53 处，省属国有 29 处，民营 1043 处，贵州省兼并重组的主体绝大部分是民营企业。[1]2013 年贵州省煤矿企业开始进行兼并重组时，虽然煤价已经下跌，但煤矿企业在银行的支持下，通过贷款获得资金，仍然能够完成兼并重组。从 2014 年开始，整个煤矿市场急转直下，此时的煤矿行业被银行列入限贷、抽贷的行业，煤矿企业通过银行获取资金开始变得十分困难，兼并重组过程趋缓。贵州省希望兼并重组在 2017 年年底能够告一段落，但现在由于兼并重组企业无法从银行获得贷款而资金短缺，企业及名下煤矿涉诉被查封冻结，煤矿兼并重组工作并未能如期完成，截至 2017 年 3 月，贵州省保有未完成兼并重组的煤矿有 110 多处。[2]

（二）兼并重组过程中挂靠情况突出

按照兼并重组的有关政策，只有产能和注册资本达标的煤矿企业有兼并重组主体资格，总产能和注册资本不达标的小煤矿企业可能会遭到关闭。兼并重组开展之初，主体企业更希望一次性买断，这样便于管理。但是之后煤矿市场行情一落千丈，即使主体企业提出通过给予股份的方式进行兼并重组，但是被兼并煤矿企业却更愿意接受现金支付的方式。主体企业和被兼并煤矿企业双方不能达成合意，但是所有的企业又必须要在规定时间内完成兼并重组，并且，根据 2013 年的兼并重组政策，兼并重组后的煤矿

---

① 李帅：《黔煤技穷》，《能源》2017 年第 4 期。
② 李帅：《黔煤技穷》，《能源》2017 年第 4 期。

各类证照必须变更到兼并重组主体名下，^① 因此便出现了煤矿挂靠主体企业的现象，采取"名为重组（合法转让采矿权），实为挂名（煤矿企业私下与兼并主体企业签挂靠协议）"的形式，并入煤矿主体企业，挂靠方每年交给主体企业一定的管理费，生产经营并不受主体企业影响。

虽然煤矿企业在签订兼并重组协议时会另行约定，被兼并者债权债务与主体企业无关。但是一旦被兼并，隐形债权人或股东、民间借贷者就冒出来索要利益，这些债务"依法"压在了主体企业身上；一些主体企业在采矿权过户后由于资金压力未支付转让款或转让尾款不能按期支付而被诉至法院；因此，在兼并重组过程中，被兼并煤矿企业和主体企业自身纠纷都会互相转嫁，导致煤矿矿权、煤矿被查封冻结。同时，主体企业因煤矿被查封冻结而无法完成兼并重组工作，煤矿和主体企业的权益都受到损失。据笔者在贵州省自然资源厅网站查询，截至 2023 年 4 月 9 日，贵州省煤矿中，煤矿矿业权被查封的记录多达 1376 条。

综上，贵州煤矿企业在兼并重组的过程中，虽然"挂靠"与兼并重组政策相悖，但由于矿业权的行政属性和兼并重组的政策背景，实践中仍然出现了大量煤矿挂靠兼并主体企业的情况。

（三）挂靠煤矿实际权属存在争议

关于挂靠煤矿的实际权利人是煤矿的实际控制人或投资人还是主体企业，在实践中，大部分被界定为挂靠的煤矿实际权利归属都是存在争议的，挂靠煤矿即使签订了书面的挂靠协议（包括经营管理协议），约定煤矿经营和权属不变，煤矿生产经营和资产未移交主体企业，且主体企业和煤矿之间都默认煤矿的实际权利人是煤矿的实际控制人或投资人，但该种无争议的挂靠仅存在于煤矿和主体企业之间。一旦涉及第三方外部权利主体，无论是煤矿的债权人还是主体企业的债权人，都希望煤矿实际控制人或投资人及主体企业一并承担责任，在发生纠纷进入司法程序时，通常将煤矿实际控制人或投资人及主体企业一并起诉或一并执行。因此，挂靠煤矿实践中常常表现为相关权利人对煤矿的实际权利归属存在争议，兼并双方之外的权利人通常会主张煤矿实际权利归属于兼并主体企业，将煤矿的实际控制人或投资人和主体企业一并起诉、执行甚至在破产程序中一并纳入破产，而煤矿的实际控制人或投资人通常会主张煤矿实际权利归属于自身，在诉讼执行程序中主张执行异议或执行异议之诉，在主体企业破产程序中主张煤矿非破

产企业破产财产，向破产的主体企业主张取回煤矿及矿业权。

二、挂靠煤矿的表现形式

"挂靠"全称是企业挂靠经营，是一个行业术语，主要用于建筑行业，指施工企业允许没有相应资质的他人在一定期限内使用自己名义对外承接工程的行为。实践中常常提到煤矿挂靠，主要是指不具备经营资格的个人投资者或煤矿企业，基于借用资格的目的，以具有经营资格的煤矿企业的名义进行生产经营的行为。通常表现为煤矿的采矿权变更登记到具备经营资格的企业名下，并以其名义对外经营，但实际生产管理由原煤矿进行，经营收益也归原煤矿所有。因此，实际生活中的大部分煤矿权利人认为只要煤矿未实际由兼并重组企业生产经营，该煤矿便是挂靠。正如笔者接手的一个煤矿破产企业，该企业为兼并重组主体，名下有七处煤矿采矿权，据债务人法定代表人介绍，企业名下煤矿均未实际生产经营管理，都是挂靠煤矿，不属于破产企业财产。但管理人进场调查后发现，虽然七处煤矿实际生产经营均未由该破产企业进行，但并非七处煤矿都是基于挂靠经营的目的将采矿权变更到破产企业名下，部分煤矿与破产企业签订了挂靠性质的"经营管理协议"，部分煤矿采矿权登记在破产企业名下是因为兼并重组未完成，破产企业未支付完毕兼并重组相关款项，煤矿未移交实体生产经营。因此，实践中所言的挂靠煤矿是一个更宽泛的范畴，为了更全面地对实践中的挂靠煤矿进行了解，笔者下文将从挂靠煤矿的具体案例、基本特征对挂靠煤矿进行介绍。

（一）具体案例

1.黔南州荔波县茂兰镇下甲介煤矿（以下简称"下甲介煤矿"）与张学新、贵州甲盛龙集团矿业投资有限公司（以下简称"甲盛龙公司"）案外人执行异议之诉案[①]

该案为2022年第11期最高人民法院公报案例，基本事实为：下甲介煤矿采矿权因兼并重组挂靠在甲盛龙公司名下，后张学新因甲盛龙公司民间借贷纠纷案件申请强制执行，法院执行下甲介煤矿抵偿张学新债务。下甲介煤矿提出执行异议。

一、二审法院认为，案涉采矿权登记在甲盛龙公司名下，采矿权系经行政审批许可取得的开采矿产资源的特许权利，不同于一般物权。下甲介煤矿与甲盛龙公司之间关于双方就案涉采矿权系挂靠关系、下甲介煤矿仍然系案涉煤矿实际采矿权人的主张，于法无据，不能否定行政主管机关对甲盛龙公司依法颁发的采矿许可证。下甲介煤矿在二审

[①] 参见最高人民法院（2021）最高法民再141号民事判决书。

中所提另案生效判决，虽然解除了下甲介煤矿与甲盛龙公司之间的股权转让合同，但并未判决也不可能判决案涉煤矿的采矿权人系下甲介煤矿，否则系以审判权取代行政权，从而违背矿产资源法律法规规定。下甲介煤矿与甲盛龙公司之间的案涉合同经判决解除后，下甲介煤矿因此对甲盛龙公司可依法享有相应的合同债权，而非据此依法直接取得案涉采矿权。据此，二审法院驳回了下甲介煤矿的诉讼请求。

关于下甲介煤矿是否为案涉采矿权的实际权利人，最高人民法院审理后认为，首先，采矿权虽然是依据行政许可产生的权利，但对矿产品的开采利用本身是一种用益物权，属于物权范畴。在采矿权经初始设定即行政许可登记之后的权利利用上，实践中存在名义权利与实际权利分离的情形。《物权法》第33条规定："因物权的归属、内容发生争议的，利害关系人可以请求确认权利。"当名义权利人和实际权利人就采矿权的归属发生争议时，通过执行异议之诉请求确认实际权利人，符合民事诉讼的制度目的。需要明确的是，人民法院在执行异议之诉中确认的是采矿权的实际权利状态而不是采矿权的行政许可，不具有直接产生许可登记的效力。人民法院确认采矿权的实际权利人后，实际权利人能否取得采矿权，仍然需要取决于其是否符合行政管理法规关于采矿权许可登记的其他条件。其次，甲盛龙公司与下甲介煤矿虽然签订了《矿业权股权转让合同》及《补充协议》，将案涉采矿权变更到甲盛龙公司名下，系根据贵州省煤矿企业兼并重组政策要求进行的，并非下甲介煤矿的真实意思表示。甲盛龙公司未按照约定支付案涉采矿权转让款，未对案涉煤矿进行实际经营，根据查明的事实可以认定，下甲介煤矿是案涉采矿权的实际权利人。

2. 贵州旭东煤矿有限公司（以下简称"旭东煤矿"）、黔西南州兴仁县振兴煤矿（以下简称"振兴煤矿"）分别与贵州银行股份有限公司金沙支行（以下简称"贵州银行金沙支行"）、贵州连云矿业有限公司（以下简称"连云矿业公司"）案外人执行异议之诉两案。[①]

上述两案基本事实如下：贵州省煤矿企业兼并重组期间，案涉采矿权（贵州连云矿业有限公司兴仁县潘家庄镇旭东煤矿采矿权、贵州连云矿业有限公司潘家庄镇振兴煤矿采矿权）依兼并重组政策从旭东煤矿、振兴煤矿名下变更登记到连云矿业公司名下。因连云矿业公司拖欠贵州银行金沙支行贷款，贵州省高级人民法院作出生效判决，判决连云矿业公司等归还贵州银行金沙支行借款本金并支付相应利息和罚息。该判决发生法律效力后，贵州银行金沙支行向贵州省高级人民法院申请执行，查封案涉两个煤矿的采矿权。后贵州银行金沙支行的债权作为不良资产打包转让给中国信达资产管理股份有限公

---

① 参见最高人民法院（2019）最高法民终1495号民事判决书、（2019）最高法民终287号民事判决书。

司贵州省分公司，且连云矿业公司期间被裁定破产清算，进入破产程序。旭东煤矿、振兴煤矿以案涉采矿权实际权利人身份提出执行异议，要求解除对案涉采矿权的查封。

贵州省高级人民法院一审判决驳回旭东煤矿、振兴煤矿的诉讼请求。最高人民法院同样从案涉煤矿与主体企业之间的真实意思表示、主体企业和行政管理部门对"挂靠"是否知情以及案涉煤矿的实际投资经营三方面进行综合认定，最终认定旭东煤矿、振兴煤矿与连云矿业公司之间真实意思表示是形式上的重组，实质保留采矿权，即"名重组，实挂名"，煤矿的实际经营未移交连云矿业公司，由煤矿自己进行，并且连云矿业公司、行政主管部门对该情况知情且默许，认定案涉煤矿的实际权利人是旭东煤矿、振兴煤矿。

3. 郑某某与贵州某新能源投资有限公司采矿权转让合同纠纷一案 ①

该案与上述两个案例挂靠事实基本相同，案涉煤矿的采矿权依兼并重组政策登记在贵州某新能源投资有限公司名下，后该公司同样被裁定破产清算处于破产程序中，现案涉煤矿实际权利人郑某某起诉主张相关权利。

贵州省高级人民法院同样从案涉煤矿财务是否独立、煤矿与贵州某新能源投资有限公司签订合同的真实意思表示两方面认定案涉煤矿与贵州某新能源投资有限公司存在挂靠事实后，认定了案涉煤矿实际权利人是郑某某，支持了郑某某相关财产取回和解除采矿转让合同的诉讼请求。

（二）挂靠煤矿的特征

1. 挂靠煤矿"名重组，实挂靠"的基本特征

贵州兼并重组实践中大部分煤矿呈现"名重组，实挂靠"的特征。一方面，基于兼并重组的现实要求，大部分煤矿与主体企业通常会签订采矿权转让合同或股权转让合同，后经主管行政部门审批后，将煤矿采矿权登记到主体企业名下。另一方面，煤矿及主体企业双方并不实际履行签订的采矿权转让合同或股权转让合同，主体企业不支付转让款，煤矿的实体经营不移交主体企业。煤矿和主体企业会另行签订挂靠协议或经营管理协议，书面约定煤矿实体经营管理收益归煤矿实际经营者所有，主体企业仅基于兼并重组对煤矿进行管理，煤矿实际经营者向主体企业缴纳挂靠费用或者为规避挂靠这一与兼并重组政策相冲突的概念，煤矿实际经营者与主体企业不签订相关挂靠协议，但煤矿的实际经营由煤矿自身进行，煤矿实际经营者向主体企业缴纳管理费。这种采矿权登记权利人与煤矿实际权利人分离的情形，司法审判实践中通常称为"名重组，实挂靠"或

---

① 参见贵州省高级人民法院（2022）黔民终 262 号民事判决书。

"名重组，实挂名"。这种"名重组，实挂靠"的模式虽然是实践中挂靠煤矿最普遍的形式之一，但具体到个案，由于大多数兼并主体和煤矿均是民营企业，企业缺乏健全的经营管理机制，会因为缺乏书面的经营、挂靠协议，煤矿企业未缴纳管理费等证据资料而导致在认定挂靠事实方面存在客观障碍。

2. 挂靠煤矿的其他特征

基于贵州省煤矿企业的兼并重组政策，逐步提升煤矿规模，淘汰小产能煤矿的总体要求，小规模煤矿只能寻求具备兼并重组资格的主体企业进行挂靠经营才能得以保留。因此挂靠煤矿会呈现出挂靠煤矿不具备经营资格的主体特征。此外，由于煤矿为挂靠经营，煤矿的生产经营实际是煤矿自行进行，因此，还呈现出煤矿财务独立于被挂靠主体企业的特征等。

（三）产生于"未完成的兼并重组程序"的挂靠煤矿

从兼并重组之初煤矿是否具备挂靠目的的角度来看，实践中很多被称为外挂矿的煤矿在兼并重组之初并不具备挂靠的目的，煤矿和主体企业本着将煤矿与主体企业兼并重组的目的进行，但由于兼并重组过程中主体企业融资困难，无法按时足额现金支付转让款，煤矿和主体企业的兼并重组只能完成采矿权变更登记这一步骤，煤矿在未收到全部转让价款的情形下拒绝将煤矿移交主体企业进行生产经营，长此以往，便形成了"煤矿只有采矿权登记在主体企业名下，主体企业兼并重组无法完成"的僵局。或是即使主体企业和煤矿已达成放弃本次兼并重组的合意，签订了解除采矿权转让合同的协议，但因为煤矿的采矿权被查封冻结导致无法办理采矿权变更登记。这种产生于"未完成的兼并重组程序"，仅是采矿权登记在主体企业名下的煤矿虽然在实践中常常也被统称为挂靠煤矿，但笔者认为该种情形下，虽然煤矿同样未移交至主体企业，但煤矿和主体企业之间真实意思表示是兼并重组而非挂靠，与"名重组，实挂靠"的情形存在本质差异，不宜统称为挂靠煤矿。

三、破产程序中对挂靠煤矿的认定

（一）如何认定煤矿存在挂靠

从上述司法案例来看，挂靠煤矿的实际权利归属存在极大争议，特别是已进入破产程序的煤矿企业，更是绕不开对挂靠煤矿的处置。法律上对煤矿挂靠的认定主要从煤矿与主体企业之间真实意思表示和财务是否独立两方面进行，从煤矿政策、煤矿主体资格、相关行政主体知情程度等进行辅助认定。

1. 意思表示

意思表示是法律行为的核心要素之一，是指向外部表明意欲发生一定私法上效果的意思的行为。民事主体只有通过意思表示才能将内部愿望外部化，实现民事法律行为的设立、变更及终止。因此，当煤矿采矿权存在名义权利和实际权利分离的情况下，需从法律行为最核心的意思表示入手，对民事主体之间的真实意思表示进行界定。认定煤矿与主体企业之间是否存在挂靠关系，关键在于对煤矿与主体企业之间的真实意思表示是兼并重组还是挂靠进行认定。除了按照兼并重组政策要求签订的采矿权转让合同或股权转让合同，应更多地从煤矿与兼并主体之间是否实际履行根据政策要求签订的兼并重组合同，是否签订相关挂靠协议、经营管理协议，煤矿是否向主体企业缴纳挂靠费用、管理费用等方面综合考察煤矿和主体企业之间的真实意思表示。或者即使煤矿和主体企业未签订相关书面协议，但有其他实际行为明确表明双方之间的真实意思表示是挂靠而非兼并重组，则也应该对真实的意思表示予以确认。同理，若煤矿与主体企业之间真实意思表示不存在挂靠意图，则不宜认定煤矿和主体企业之间存在挂靠关系。

2. 煤矿的实际经营

对煤矿的实际投资经营、煤矿的财务是否独立于主体企业进行认定，是认定煤矿与主体企业之间是否存在挂靠关系的重要辅证，也是决定煤矿能否实际取回的重要因素。从兼并重组和挂靠对煤矿经营的要求来看，若煤矿与主体企业之间真实意图是兼并重组，则除了按照政策签订相关采矿权转让合同和变更煤矿采矿权登记外，煤矿应就煤矿资产、实际经营等向主体企业移交，主体企业应履行完毕支付相关转让款的义务。反之，煤矿的经营则仍由煤矿自行进行，煤矿的财务则独立于主体企业。因此，可以从煤矿的实际经营投资情况、财务是否独立于主体企业等方面对煤矿与主体企业之间是否存在挂靠进行考察。

3. 煤矿政策及相关因素

基于煤矿采矿权的行政权力属性和贵州省兼并重组政策，对于挂靠煤矿因不符合兼并重组政策的要求，不再具备继续生产经营煤矿的资格，只能挂靠到兼并重组企业名下这一事实，许多地方行政主管部门是知情且默许的。因此，还可以从煤矿主体资格、地方行政主管部门对挂靠事实是否知情等方面对挂靠事实进行辅助认定。

（二）破产程序中如何查清挂靠事实

查清挂靠事实的关键在于对煤矿将采矿权变更登记到主体企业的真实意思和经营行为进行调查。破产程序中为了查清挂靠事实，管理人可以从以下几个方面进行调查。

第一，对破产企业的兼并重组过程和名下的煤矿采矿权进行调查。管理人可通过前往自然资源厅、能源局和地质博物馆等行政主管部门调取煤矿相关资料，查阅破产主体企业或破产煤矿兼并重组相关资料（如采矿权转让协议、会议纪要等），综合考察煤矿与主体企业之间的采矿权登记、变更情况，了解煤矿重组过程中涉及的有关政策、重组实施情况等。

第二，分别根据主体企业接管挂靠性质的经营管理协议、补充协议、前期协商情况等，要求挂靠煤矿行使取回权时提供挂靠协议等，并结合煤矿与主体企业的兼并重组过程，调查煤矿与主体企业之间是否存在挂靠的真实意思表示。应特别注意的是，煤矿和主体企业的协商过程、挂靠行为实施过程应当与前述调取的官方文件记载兼并重组的进程存在联系且符合逻辑。

第三，对煤矿与主体企业之间的财务往来、人事管理、煤矿的实际经营进行调查，通过查阅和梳理财务资料、聘请中介机构进行专项审计梳理等方式调查煤矿与主体企业之间的财务是否独立；通过查阅主体企业人事档案、工资发放记录等调查煤矿与主体企业之间人事管理是否独立；综合煤矿的生产销售情况、业务开展情况，调查煤矿的实际生产经营权属于煤矿还是主体企业。

第四，可以通过询问企业法人、财务、高管、煤矿实际控制人、合伙人等相关当事人的方式对挂靠事实进行调查，并通过调查笔录、询问笔录的形式对有关证据进行固定。在询问过程中，应当注意以下几点：首先，询问对象应当是具有直接知情权或者间接知情权的人员，不能是无关人员或者无法提供有效信息的人员；其次，询问方式应当符合法律规定，询问时间应当合理安排，询问地点应当选择适当的场所，不能使用暴力、威胁、诱导、欺骗等非法手段，也不能违反询问对象的合法权益；最后，询问笔录由询问人员和询问对象签字确认，确有必要还可以在征得询问对象同意的情况下录音录像。

第五，由于贵州煤矿大多为民营煤矿，许多破产煤矿企业存在经营管理混乱、资料保管不善、财务做账不规范的问题，在通过直接调查无法获取相关证据资料时，管理人还可以通过许多间接方式对挂靠事实进行调查。例如，在认定煤矿是否存在挂靠的真实意思表示方面，即使挂靠煤矿未与主体企业签订相关挂靠性质的协议，也可以从财务资料查看煤矿是否定期向主体企业缴纳管理费，调查煤矿的生产经营权是否移交主体企业、考察主体企业是否按照协议约定支付煤矿转让款等方面对是否存在挂靠的意思表示进行佐证；又如，可以调查相关行政主管部门对挂靠事实是否知情、默许，从而对挂靠事实进行辅证。

通过以上方法，我们可以从多个方面揭示出是否存在挂靠事实的真相，为进一步处理提供依据。然而，实践中挂靠的方式非常复杂，例如部分重组、部分挂靠等。因此，对于挂靠煤矿的认定，不仅需要运用法律知识，还需要综合运用财务、审计等专业知识，甚至还需要运用信息化、智能化、大数据等技术手段。

四、结语

在贵州兼并重组政策和煤矿兼并重组现实的影响下，煤矿"挂靠"主体企业的现象较为普遍，再加之双方债务互担，煤矿和主体企业涉诉的司法程序或破产程序中，不可避免地会遇到挂靠煤矿，因此本文对挂靠煤矿的表现形式和认定进行梳理研究具有现实意义。但本文需明确的是，无论是诉讼程序还是破产程序，虽然对煤矿是否是挂靠的认定目的是明确煤矿的实际权利归属，划分煤矿和主体企业之前的债权债务，但煤矿的实际权利归属并非只能通过"认定挂靠＋取回"的方式实现，同样，认定挂靠行为也不意味着煤矿取回权能够得到支持，煤矿实际权利人要实际取回煤矿及矿业权，还需满足财务、经营能够独立于主体企业等条件，取回权人还需要按照相关法律规定交纳取回权费用等。

论破产企业继续经营过程中的治理模式

屠国江　柳　燕 [①]

摘要：破产企业继续营业对于提升债务人资产运营价值具有重大意义。我国《企业破产法》规定债务人可以在管理人的监督下自行管理财产和营业事务，但该规定具有高度概括性，仅在原则上规定了债务人可以行使破产法赋予管理人的相关职权，同时规定管理人在此期间享有相应的监督权利。而《企业破产法》第二十五条规定的九项管理人职责，其中五项涉及管理人如何接管、管理、处分债务人财产及营业事务。但我国法律并未对管理人如何有效经营管理作出进一步的规定，这需要管理人具备科学的管理方式、商业思维、决断能力，同时对管理人处理复杂事务的水平及风险承担能力提出了进一步要求。基于此，本文从破产法的基本原则出发，对破产企业经营管理的模式及风险进行相应解析，并提出相应的优化建议。

关键词：破产企业；继续营业；治理模式

一、破产企业继续经营的法律规定及现实基础

（一）破产企业继续经营的法律规定

企业破产，民间俗称"倒闭、关门"。一个倒闭、关门的企业又如何继续营业，如何破产而不停产？这是不是一个矛盾？《企业破产法》第二条对企业破产原因进行了明确规定，认为"企业法人不能清偿到期债务，并且资产不足以清偿全部债务或者明显缺乏清偿能力的"，依法破产。因此，法律上破产原因的确定，一是企业不能清偿到期债务并且资不抵债；二是明显缺乏清偿能力。显然，这样的规定，并不是以企业"倒闭"或"关门"来进行认定的。换言之，"倒闭"或"关门"的企业未必是法律上符合破产原因的企业，同样法律上已经具备破产原因的企业也未必"倒闭"或"关门"。

[①] 屠国江，贵州贵达律师事务所律师；柳燕，贵州贵达律师事务所律师。

根据《企业破产法》的规定，有权决定破产企业继续营业的是债权人会议。在第一次债权人会议召开之前，管理人也有权决定破产企业继续营业。

一方面，有权决定破产企业继续营业的是债权人会议。根据《企业破产法》第六十一条第五项规定，债权人会议有权"决定继续或者停止债务人的营业"。也就是说，对破产企业是否继续营业的决定权属于债权人会议。这一规定也符合《企业破产法》维护债权人合法权益的立法宗旨，由债权人以自身利益为出发点，根据自身对破产企业继续营业的利弊分析，依法表决破产企业是否需要继续营业。实践中大部分企业在申请破产或者是法院裁定破产申请时已经处于停止营业状态，对于这一类企业，管理人应当在第一次债权人会议时提交关于是否继续营业或停止营业的报告，供债权人会议审议表决。根据《企业破产法》第六十四条的规定，该表决事项须由出席债权人会议的有表决权的债权人过半数通过，并且其所代表的债权额占无财产担保总额的二分之一以上。如果经债权人会议表决需要继续营业的，管理人应当对破产企业继续营业。同样，对于法院裁定受理破产申请时，企业尚在继续经营的，管理人也应当在第一次债权人会议时提交关于是否继续营业或停止营业的报告，供债权人会议审议表决。

另一方面，管理人有权决定破产企业继续营业。《企业破产法》第二十六条规定，在第一次债权人会议召开之前，管理人有权决定破产企业继续或者停止营业，但是应当经人民法院许可。这一规定主要是为了解决第一次债权人会议前，破产企业的继续或停止营业问题。关于该条规定，笔者认为应当从以下三方面进行认识。首先，在第一次债权人会议召开前，有权决定破产企业继续或停止营业的主体是管理人；其次，管理人行使破产企业继续或停止营业决定权的期限仅是第一次债权人会议召开之前，一旦债权人会议召开，破产企业继续或停止营业，应当由债权人会议审议表决；最后，管理人行使破产企业继续或停止营业决定权应当获得人民法院的许可。值得注意的是，虽然法律规定法院对管理人的该种决定权进行许可，但是实践中，由于法院或法官缺乏对破产企业及市场的直接了解或判断，法院一般会根据企业辖区政府的建议，进而要求或建议管理人对破产企业作继续营业或停止营业的报告，然后再根据管理人的报告作出许可。因此，该种许可往往局限于程序上的"备案式同意"。当然，如果管理人认为该种要求或建议不利于维护债权人和债务人合法权益的，管理人有权利也有义务向法院充分说明，依法作出继续或停止营业的决定，并争取法院的许可。

（二）破产企业继续经营的现实基础

破产企业继续经营的条件是"保留一个运营的公司比解散一个公司要好，一个公司的经营资产（包括无形的商誉）作为一个整体的价值通常要比拆分后高"[1]。那么实践中，破产企业要做到继续营业应当符合哪些条件？笔者认为，破产企业继续营业，应当具备以下几个基础条件。

其一是要有满足经营的场地、设备。企业不能"关门"，办公、车间、生产设备需符合正常生产经营需要。如果企业的办公室、车间已经废弃，机器设备已经生锈，恢复生产必然耗费大量的人力、财力，加之市场的不确定性，很可能对债务人的资产带来巨大的损耗，进而有损于债权人的合法权益。

其二是要有满足经营的员工、管理团队。如果企业已经人去楼空，没有了一线生产职工，继续营业也就无从谈起，而一个被法院受理破产的企业，需要重新招募员工是很困难的。此外，企业原有的管理团队也应尽可能保持完整，以保障破产企业继续经营状态下的管理需要。

其三是要有必要的流动资金。处于破产程序中的企业，继续营业所需的原料采购、物流成本、生产所需水电等开支一般都会被要求现款结算，因此，必须有维持正常生产经营的流动资金。破产企业继续营业所需的流动资金主要靠债务人自身的力量，或是通过政府、债务人自身协调，争取债权人的再次援手或第三方投资相助。

其四是要有较强的生产变现能力，具有继续营业的商业价值。法院不会无限期迟延破产程序，债权人也不会给管理人太长的经营周期，管理人必须保障破产企业在继续经营状态下能尽快显现生产效能，实时销售生产成品并回收对价、盈利。因此，破产企业继续营业下的生产产品必须有明确而实时的市场销路和一定的盈利，保障债务人资产增益，提升破产企业的财产价值。

此外，部分破产企业虽然已进入破产清算程序，但其资产仍具有继续生产经营的价值，且停产可能会导致企业资产价值贬损，比如产生高昂维护费用、某些特殊工业企业的停产会导致生产线产生安全隐患。除了可能导致企业财产价值贬损外，如果债务人职工人数较多或者对当地上下游企业影响较大，停产还可能导致职工集体失业，从而引发社会稳定问题。在这种情况下，管理人适宜继续开展必要的经营活动，如租赁经营、承包经营、托管经营等。企业继续经营一方面保持了企业的正常经营生产，另一方面也发挥了企业的营运价值，实现了债务人财产价值最大化。[2]

---

[1]　汉密尔顿（Hamilton, R. W.）：《公司法概要》，李存捧译，中国社会科学出版社，1999，第 213 页。
[2]　谢佳佐、何宇晖：《破产财产变价方案制定思路探讨》，https://mp.weixin.qq.com/s/iKlPBHfC68dT cxCMrOS49A，访问日期：2023 年 4 月 25 日。

二、破产企业继续经营中的债务人自行管理模式解析

（一）债务人自行管理制度起源

债务人自行管理制度（以下简称"DIP 制度"）起源于美国 1898 年《破产法》第 XI 章，其适用范围在 1978 年《美国破产法典》中得到扩张。DIP 是"经管债务人"的简称，根据《美国破产法典》第 1107 条的规定，经管债务人得行使所有"管理人在本章案件下所享有的权利……及职权……并承担其所有责任与义务"。简单说，经管债务人就是《美国破产法典》第 11 章重整程序的债务人，但同时又肩负着管理人的职责。DIP 制度的基本内涵是，重整程序启动后，债务人的管理层仍然保留，原管理层自然取得重整事务的管理权，因其具有双重角色，必须履行至少 3 项不同的职责：一是继续经营业务。在向债权人及股东分派之前，原管理层必须先维持债务人企业的运营价值。在《美国破产法典》第 11 章商事重整中，债务人的经营原则上都应继续：常规营业范围内，经管债务人的交易实施无需经法院批准；常规营业范围之外的交易，需在通知后经法院听审并批准后实施。二是履行管理人职责。承担与破产案件相关的管理性工作，包括保留所有财产的账目、提交工作报告、提交报税单、提交审查债权证明、对其认为不当的债权提出异议以及对提供信息的请求予以回应等。三是寻求重整计划的通过与批准。提出重整计划，通过重整计划重新调整债务人的债务结构及股权安排，与无担保债权人的官方委员会、其他由法院指定成立的官方委员会以及主要的担保债权人就重整计划的条款进行协商。促成重整计划的通过和批准是经管债务人最重要的职责之一，可以说是经管债务人的终极目标。

（二）债务人自行管理制度的优势及缺陷

DIP 制度是重整程序有别于破产清算、和解程序的重要特征。破产清算、和解程序的重点在于保障偿债程序的公正以及对各债权人的公平清偿，但重整程序的重点则在于挽救、再建陷入危机的债务人。因此，在破产清算、和解程序中由债务人以外的第三方管理人占据主导地位，可以有效保障全体债权人的利益。但是，在重整程序中，管理人的作用则相对较小，且由债务人自行管理的重整，其成功可能性更大。DIP 制度的优势，主要体现在以下几个方面。

一是有利于提高效率、降低成本。效率和成本优势是债务人自行管理最为突出的优势之一，也是这一制度得以被立法确认的根本原因。债务人对于企业状况及企业所存在的问题最为了解，对于企业的具体业务、经营管理方式较为熟悉。在维持企业继续生产经营方面，由外部引入的管理人负责显然不如由债务人自行管理高效。在自行管理模

式下，债务人凭借其专业知识以及对公司营业状况的了解，持续地参与重整程序中，能够避免营业中断，保持企业运营的连续性，对现有合作关系进行延续或者重构，给债务人以更多机会寻求商业契机，从而实现困境企业资产的升值。而且，债务人继续享有控制权，不发生控制权的转移和事务的交接，相较管理人团队花费一段时间才能了解企业的运营及管理，由债务人原管理团队继续管理有利于节约成本、提高效率。

二是有利于维持企业的营运价值。管理人通常为社会中介组织，不具备破产企业相关业务范围内的客户、市场资源，也没有企业濒临破产的紧迫感。因此，由自行管理的债务人负责制定重整计划，有助于债务人实现重整自救的目标。[①] 在管理人管理之下，重整计划草案的制定往往更关注于债务清偿、招募投资人的投资等问题，重整实际上仅仅是对债务的清偿与减免，所谓计划也仅是根据法律对重整债务清偿的要求进行计算与调整，而对企业运营价值的恢复、重整计划在经营上的可行性等重视不足，由此可能导致重整计划的目的偏差和执行失败。因此，在债务人自行管理下，管理层具有通过重整摆脱债务负担，实现对企业继续控制的主观意愿，其对重整计划的债务结构调整、股权安排以及后续营运方案的考虑，特别是最大程度保留企业的营运价值具有更大的积极性，有利于制定促使企业重新获得盈利能力的重整方案，有利于维持企业的营运价值。

三是有利于及时挽救困境企业。债务人往往有意避免或推迟正式的破产程序，因为他们担心失去自己在企业中的控制权，这凸显了灵活进入破产程序的重要性。如果在重整程序中公司管理层得以保留，公司管理层则会主动寻求机会以重塑企业。当管理层确信其不会因为提出重整申请而丢掉工作，就更有可能在债务人尚有挽救希望时尽早申请重整。与剥夺控制权作为对企业原经营管理层的惩戒相比，自行管理这种模式更能激励管理人员在公司陷入困境时及时提出重整申请。[②]

但，以美国破产法为代表的公司重整 DIP 模式，仅从经济效率的角度出发，却忽视了破产法所追求的重要价值——公平。如果让债务人的管理层继续控制企业，可能有悖于一般民众的公平观念。因为，在一定意义上，拯救困境企业是以债权人尤其是担保债权人的利益损失为代价，来换取恢复秩序、创造就业、增加税收等长远利益。但问题在于，既然原经营管理层在常态下都无法带领企业走向成功，又有什么理由足以让债权人和社会公众相信，债务人的原管理层续任以后，濒临破产的企业就能再次焕发生机，从而走向复兴呢？另外，如果债务人陷入困境是由于经营管理层的道德瑕疵、渎职欺诈等不易被察觉的内在因素所致，那么，让原债务企业的管理层继续管理重整公司，对于

---

① 周显根、阮涛涛：《浅议债务人自行管理权与管理人监督权的配合协调》，《法制与社会》2017 年第 23 期。

② 郑伟华：《重整程序债务人自行管理模式下的职权义务》，《人民司法》2020 年第 34 期。

做出牺牲和让步的债权人而言，无疑是面对巨大的风险，的确有失公正。因此，过于强调经济效率而没有公平理念以及相应制度的支持，也有其弊端。对于职业经理人市场尚不成熟的我国而言，盲目采取 DIP 模式，有可能导致破产重整公司再次陷入高度的不确定性之中，最终损害债权人的利益。在美国，DIP 模式也的确导致了意想不到的负面效果，申请进入破产重整越来越成为企业经营的一种策略，特别是在激烈的市场竞争中，陷入财务困境的债务企业经常利用破产重整阻断债权人的追索、获得调整的时机。有文献表明，美国破产重整案件只有不到 20% 的成功率，因此，由原来的管理层继续对重整公司进行经营管理未必能够有良好的效果。如果一味坚持此种模式，那么本应挽救困境企业于水火的破产重整制度，在一定意义上就成了投资者规避竞争的法律工具，使债务人获得不当的竞争利益，破坏公平的市场秩序。为克服此弊端、实现对债权人和债务人的平等保护，需要引入外部力量对过于看重效率而忽视公平的做法进行矫正，即将经营管理重整公司的权力由原债务人的全部或部分移转给外部的托管人或管理人，并由他们负责管理重整公司的营业，以彰显法律之公正。如，日本《公司更生法》第 46 条就规定，法院在决定更生程序开始时，必须选任一名或数名管理人。第 174 条规定，管理人就职后，应即着手管理公司业务及财产。我国台湾地区所谓"《公司法》"第 290 条亦规定，公司重整人由法院从债权人、股东、董事、目的事业中央主管机关或证券管理机关推荐的专家中选派。即使在采取 DIP 模式的美国，也不得不对此负面影响进行补正，其《破产法》第 1104 条规定，如果发现占有中的债务人有欺诈、不诚实、不合格或重大失误等时，法院可任命联邦托管人取代债务人以管理重整公司。

（三）我国关于债务人自行管理的法律规定及司法实践

我国《企业破产法》第七十三条规定，重整期间，经债务人申请、人民法院批准，债务人可以在管理人的监督下自行管理财产和营业事务。管理人负责管理财产和营业事务的，可以聘任债务人的经营管理人员负责营业事务。通过解读该条，可以发现我国破产立法对于重整公司经营管理机关的设置，采取了"附条件 DIP 模式"，附条件允许债务人的经营管理层自行负责营业。但同时又将管理重整公司财产和营业事务的权利部分转移出去，赋予破产管理人，兼顾效率与公平，其立法理念更科学，值得肯定。但细细考究我国《企业破产法》第七十三条之规定，仍有两个疑问。一是如果债务人申请续任重整公司经营管理，我国《企业破产法》对人民法院审查债务人申请的标准是什么？二是当债务人的申请被人民法院驳回后、破产管理人负责重整公司的营业时，其能否胜任公司经营管理者的角色？对于前一个问题，立法空白出现十余年之后，在理论界与实务界的不断呼吁下，2019 年 9 月 11 日，最高人民法院通过的《全国法院民商事审判工作会议纪要》(以下简称《九民纪要》),以司法政策的形式,对人民法院批准债务人自行管理财产和营业事务的条件予以了细化,从而一定程度上解决了这个问题。《九民纪要》第 111 条规定了可以交由债务人自行管理财产和营业事务的情况。这在一定程度上完善了《企业破产法》第七十三条规定的内容。具体而言,将重整中有关财产管理和营业经营的职权交由债务人行使,管理人则继续负责行使除此之外的其他职权。但是对于管理人此时具有的职权具体包括哪些?《企业破产法》和《九民纪要》均未予以明确。目前仅有《全国法院破产审判工作会议纪要》在第 9 条中明确代表债务人参加诉讼、仲裁或者其他法律程序的职权应由管理人、而非债务人行使。

最高人民法院近年来发布的关于依法审理破产案件、推进供给侧结构性改革典型案例中,深圳中华自行车(集团)股份有限公司破产重整案采取了管理人监督下的债务人自行管理模式。该案中,管理人将其职责分为两类:一是重整事务性职责,包括调查债务人财产状况,审查权利主张,行使撤销权,组织召开关系人会议,代表债务人参加诉讼;二是对债务人的监督职责,包括对债务人的财产管理和处分进行监督,对债务人的日常经营管理行为进行监督,对债务人日常财务收支及重整费用支出情况进行监督,对债务人制作重整计划草案进行监督,对债务人执行重整计划进行监督。广东省深圳市中级人民法院于 2012 年 10 月 31 日准许债务人在管理人的监督下自行管理财产和营业事务,该案重整计划草案经过两次表决后高比率通过。2013 年 12 月 27 日,深圳市中级人民法院裁定批准重整计划,债务人企业通过重整保留了上市公司地位和股权价值。

根据最高人民法院公布的数据,目前债务人自行管理模式的适用仍属凤毛麟角,甚至在重整案件数量同比上升的情况下,债务人自行管理适用数量反而下降。而这种低适用率,并非由于其不具有效率、效果优势,司法实践中的成功案例说明,导致这一制度被搁置的主要原因可能还是制度供给不足、制度机制亟待健全完善等。

(四)债务人自行管理模式下对债务人职权完善的建议

在各地的破产重整审判实践中,北京、深圳、广州等地法院进一步出台细则明确自行管理模式下债务人的职权范围。结合各地方法院出台的司法文件,笔者建议如下。

1. 明确应当由债务人行使的职权

(1)企业经营管理权

企业经营管理权表现为在继续营业、管理企业内部事务、日常开支、人事聘用、处分财产、选择继续履行或解除合同、设定新的借款及相关担保等事宜方面的决定权。考虑到债务人对自身的资产及负债等情况最为了解,由其继续负责企业的经营管理,能够充分发挥债务人自行管理制度的效率及成本优势。

（2）其他职权

归于债务人行使的职权还应当包括在债务实现清偿后取回质押物、留置物，制作重整计划草案，申请人民法院批准重整计划草案等其他职权。其中最为重要的一项职权是制作并通过重整计划草案。重整计划草案的内容涉及股权安排、债务结构调整等，关系着破产企业的命运走向，之所以将其作为债务人职权的一部分是因为能够借助债务人娴熟的业务管理经验和敏锐的商业嗅觉，实现破产企业未来长期的营运价值。这是作为中介机构的管理人通常所不具备的能力。

2. 规定不宜由债务人行使的职权

（1）调查权

调查权的行使针对的是债务人企业，具体包括梳理债务人的财产状况、厘清债权债务关系、调查企业重整受理前的行为等活动。调查权旨在查明债务人损害债权人利益的行为，并依法采取补救措施，价值取向侧重于保护债权人一方。因此，调查权与债务人的利益之间或存冲突，不宜规定由其行使。

（2）重整事务型职权

重整事务型职权主要包括接收债权申报、制作债权表、债权审查、提议召开债权人会议等。债权人与债务人处于债权申报环节的对立面，若由债务人全权负责极有可能会损害债权人利益。

（3）追回债务人财产的职权

追回债务人财产的职权涵盖《企业破产法》第三十一条、第三十二条规定的撤销权，第三十三条规定的无效行为，第三十五条、第三十六条规定的追缴出资和董事、监事、高级管理人员的非正常收入。行使此项职权的目的在于矫正债务人在破产受理前所实施的损害债权人利益的行为。若把追回债务人财产的职权交由债务人来行使，由它来撤销先前实施的欺诈行为或者由它的原管理层承担追缴义务，都无异于"让狐狸看管鸡舍"，且因存在利益冲突而缺乏可行性。

（4）参加诉讼、仲裁或其他程序的权利

债务人在破产重整程序中主要涉及两类诉讼。第一类规定在《企业破产法》第二十条中。此类民事诉讼或仲裁是指牵涉债务人企业在法院受理破产申请前已经启动但尚未终结的案件。考虑到破产重整中的债务人资格和权利受限，即使债务人被法院宣布自行管理，但不再具备独立资格和完整权能，故而此类诉讼或仲裁不宜由债务人参加。第二类是《企业破产法》第三十一条至第三十六条、第三十八条规定的管理人在重整程序中涉及债务人财产所提起的撤销、确认无效、追收等诉讼。此类诉讼在起因上可能会牵连到债务人自身不诚信或欺诈行为，而提起诉讼的目的又正是为了维权，因此让债务人来负责相关的诉讼案件不具备可行性。从避免利益冲突的角度考量，管理人作为独立的第三方，由其来启动相关维权诉讼更具有客观性、公信力。

3. 增加约定分工管理模式

鉴于现实生活的复杂情况，应允许债务人与管理人制定职责分工方案，进行分工管理，分工方案须报法院批准。当然，约定分工管理模式也应遵守避免利益冲突的规定，上文提及的调查权、重整事务型职权、追回债务人财产的职权及参加诉讼、仲裁或其他程序的权利不得约定由债务人行使。约定分工模式应充分尊重债务人、管理人的意思自治，能够根据破产企业的现实业务水平、实际需求对职权范围进行划分，更具灵活性。[①]

三、管理人负责债务人经营管理事务的风险及建议

管理人是否要负责破产企业的经营管理事务及承担相应决策风险，实务界争议已久。而在如今经济下行、大多数项目难以招募到适格投资人，且债务人又未能自行管理的情况下，势必要由管理人承担经营管理职能。对破产企业的营业事务进行管理，这也是对管理人专业法律知识和技能以及经营管理能力、市场判断能力等复合型业务能力的考验。

根据《企业破产法》第二十五条的规定，管理人对破产企业接管后，有权"决定债务人的内部管理事务""决定债务人的日常开支和其他必要开支""管理和处分债务人的财产"等。那么在管理人对破产企业进行经营管理过程中，对生产经营管理工作"外行"的管理人如何保障破产企业在继续营业状态下的生产经营管理事项合法合规，并实现经济效益的增长，就成为管理人工作中的难点。我国法律并未对管理人如何有效经营管理破产企业作出进一步的规定，这需要管理人具备科学的管理方式、商业思维、决断能力，同时对管理人处理复杂事务的水平及风险承担能力提出了进一步要求。笔者结合办理破产案件的实务，就管理人对继续营业状态下破产企业的生产经营管理工作和风险防控提出如下建议。

（一）依法决定有关合同的继续履行

继续营业就必然会有交易的存在，而有交易就会有合同。在继续经营中，管理人应当依法决定未履行完毕合同的继续履行和新合同的签订与履行，同时还需依法确认合同

---

① 吴轩孜：《浅析破产重整自行管理模式下债务人的职权》，《财富时代》2022年第2期。

所产生费用的性质，比如作为破产费用还是作为共益债务认定。根据《企业破产法》第十八条的规定，管理人有权对破产申请受理前成立而债务人和对方当事人均未履行完毕的合同决定解除或继续履行。在继续营业状态下，大部分未履行完毕的合同都会因继续营业而有继续履行的需要，对此，管理人应当依法行使合同继续履行的决定权，并应依法通知对方当事人。根据《企业破产法》第十八条的规定，管理人有权决定解除或继续履行的合同，应当为债务人和对方当事人均未履行完毕的合同。对此，笔者认为，在继续营业状态下，应当对管理人的决定权进一步扩大。只要管理人认为该未履行完毕的合同是继续营业所需要的，即便是一方未履行完毕，也应当赋予管理人决定该合同解除或继续履行的权利。如对企业原来设置的租赁予以严格审查，尤其是对于相关厂房设施设备有出租现象的，与承租人签署补充协议，由承租人就协助破产程序等做出承诺。在决定合同的解除或继续履行以及新合同的签署与履行中，管理人必须对合同履行的必要性、合同本身的合法性、合同对继续经营的合理需求做出及时准确的判断，并对合同的履行进行严格的审查、监督管理和风险控制，有效保障该等合同的履行对破产企业资产增益是有益的，且能够有效盘活破产企业现有生产能力和变现能力。

继续营业中，管理人还需依法认定因继续营业而产生的各项费用和债务。根据《企业破产法》第四十二条的规定，因管理人或债务人请求对方当事人履行双方均未履行完毕的合同所产生的债务，为继续营业而支付的劳动报酬和社会保险费用以及由此产生的其他债务，应认定其为共益债务。在实务中，还有一类比较特殊的债务处理需要管理人提交债务人会议认定。比如破产企业继续经营所需的某项原材料在市场采购中为唯一（合作）供应商，如果该供应商对破产企业享有债权，而在继续经营中需继续采购的，该供应商往往会要求管理人先行支付前期所欠的货款。对于该类问题，实际上是债权人意图将破产债权列为共益债务而先行受偿。对此，笔者认为管理人不宜直接对该债务进行清偿，而应制定方案或报告提交债权人会议或债权人委员会审议表决。

（二）加强对经营状况下财务工作的审批管理

继续营业过程中，加强对动态中的破产企业资产资料管理，尤其是对动态的财务状况进行管理，是管理人勤勉尽职和风险控制的重要内容。笔者认为，管理人可以从以下几个方面来加强对继续营业状态下破产企业的财务审批和监管。

一是要建立管理人值班制度。继续营业中，破产企业资产、财务、业务都处于流动状态，为了保障资产的安全和继续营业的合法合规，管理人应当制定相应的值班制度，明确值班人员的工作内容和职责，在破产企业中设置管理人值班室，指定专人在破产企业中值班。一般情况下，值班人员每天要对破产企业重要岗位、重要区域等进行巡查，对破产企业继续营业中的业务问题尤其是采购和财务问题进行必要的询问、沟通、检查等，并做好工作记录或台账。

二是要建立印章和账户监管制度。为了保障企业继续营业的需要，在继续营业中会经常涉及对破产企业的公章、合同章、财务章、法定代表人名章等印章的使用需要，以及需要保留必要的银行账户用于继续经营状态下的资金收支需要。为了保障破产企业的资产安全，破产企业的印章、账户必须由管理人直接监管，不得移交给具体实施经营管理工作的一方管理。管理人值班人员只有对经管理人负责人签字审批的支付申请和合同才能启用印章和网银。

三是要建立管理人财务审批制度。在动态的财务状态下，管理人必须制定严格的财务审批制度，任何未经管理人指定人员签字审批的财务开支一律不得擅自启用网银或使用现金账开支。管理人需制定具有较强可操作性的、严格的财务管理制度和审批制度。凡是需要开支的项目，包括但不限于业务采购、水电气开支、费用报销等均需经管理人指定人员审核同意后签字，再由值班人员启用印章和网银。

四是要建立不定期专项核查机制。因为管理人并不直接从事对破产企业的经营业务，因此，管理人还需要不定期地对经营业务进行监督检查，必要时可以聘请专业的会计师事务所对继续营业期间的财务状况进行专项抽查。对核查中发现的问题要依法依规及时予以纠正，将责任落实到人。管理人应就财务采购款支出与具体采购合同进行核对审查，就同期财务开支项目进行比对，就同类产品不同期的采购或销售价格进行比对，对继续营业期内新聘职工的到岗情况进行检查，对继续经营期内实施的小型工程的定价合理性和实际施工及款项支付进行核实，等等，以保障继续营业状态下整个经营管理活动的合法性、真实性、必要性，以尽勤勉忠实义务。

（三）强化资产安全管理责任

保障破产企业的资产安全是管理人的重要职责内容，在继续营业的破产企业中，这一责任显得尤为突出，也给管理人带来了巨大的安全保障风险。管理人需要聘请专业的安保公司对破产企业的资产进行保卫管理，要制定物品进出检查制度，保障资产不减少。要严格取回权的审查制度，谨防部分债权人通过取回权制度实现个别债权。继续经营过程中，因企业处于破产状态，会影响部分管理层或员工对执行企业原有安全生产制度的执行力度。管理人必须严格健全安全生产管理制度，层层落实到每一个责任人，杜绝继续经营状态下安全生产事故的发生。管理人还需要严格落实破产企业原有的安全生产、消防环保等各项制度，并对各项制度进行必要的完善，严防安全生产责任事故、环保责任事故以及群体性事件的发生，确保不营业状态下的企业各项资产的安全，确保破产程序的有序推进。

（四）其他

在管理人负责破产企业经营管理事务模式下，为规避管理人执业风险、提升破产企业资产运营能力，可通过第三方托管实施继续营业方案。所谓托管，顾名思义就是委托经营管理。企业托管是指企业资产所有者将企业的整体或部分资产的经营权、处置权，以契约形式在一定条件和期限内，委托给其他法人或个人进行管理，从而形成所有者、受托方、经营者和生产者之间的利益关系和制约关系。管理人将破产企业的继续经营管理权委托于第三方，借助第三方的有效经营管理来实施继续营业方案，并使得破产企业资产增益，提高债权人的受偿比例。一旦破产企业资产得到处置后，第三方须及时终止托管经营，根据管理人的要求将全部资产资料移交给买受方。该模式比较适合房地产类企业破产。

在管理人负责破产企业经营管理事务模式下，按照《企业破产法》之规定，管理人可聘请债务人原经营管理人员，由破产企业原经营管理团队在管理人的监督下实施继续营业。该种模式下虽然具有继续营业成本低、效率高等优势，但是管理人也会面临巨大的道德风险，管理人必须对破产企业原经营管理人员的道德风险做出充分的评估和监控。[①]

此外，在管理人负责破产企业经营管理事务模式下，建议充分发挥债权人会议或债权人委员会重大事项的决策职能等，以化解管理人决策重大事务的执业风险或道德风险。通过建立府院联动机制，协调解决复工建设、规划调整、产权办理等经营管理过程中的疑难问题等。通过适时聘请如造价咨询机构、税务咨询机构、商业管理公司等专业单位，弥补管理人专业技能及商业决策能力等方面的短板。

四、结语

破产重整制度是我国现行《企业破产法》的一大亮点，该制度制定的目的在于挽救和重建陷入危机的破产企业。无论是对债务人而言还是对债权人而言，破产重整的社会效果通常要好于破产清算，可见，重整制度在整个破产程序中具有广阔的适用空间。在当前的破产实务中，部分重整案件由债务人自行负责管理财产和营业事务。在债务人自行管理期间，《企业破产法》赋予了债务人较大的权利，也规定了管理人享有一定的监

---

① 凌国良：《管理人在不停产破产案件中的实务探索》，《法制与经济》2020 年第 7 期。

督权利。对于债务人未能自行管理时，管理人要充当"职业经理人"的角色，这对管理人的经营管理能力提出了进一步要求，也增加了管理人的执业风险。通过建立严格的审批管理制度、聘用债务人原经营管理团队、采取第三方托管等方式，同时发挥债权人会议或债权人委员会重大事项的决策职能等，依托府院联动机制等，可以最大化降低管理人执业风险，提升破产企业资产运营价值。

房开企业破产案件中合同解除权的行使

冷寒梅　刘文俊 [①]

摘要： 文章分析了房地产行业面临的破产风险和债权人权益保护问题，探讨了破产管理人对待履行合同解除权的理解、原则、条件和限制，并结合房开企业破产案件中常见的合同类型，如拆迁类合同、消费型购房合同、投资型购房合同和不动产租赁合同，阐述了破产解除权在这些合同中的运用，旨在为房开企业破产案件中的合同处理提供参考和指导。

关键词： 房开企业破产；购房人；合同解除权；债权人

一、引言

我国房地产行业因受新型冠状病毒感染疫情的暴发、叠加行业流动性趋紧等因素影响，发展速度普遍下降，"高负债、高杠杆、高周转"的经营方式已不可持续，房地产业经历了从黄金时代、白银时代到黑铁时代的嬗变，失去了青铜时代的过渡，直接面临着颠覆性的洗牌、游戏规则的改变和盈利模式的变化，告别支柱产业及金融属性回归民生本质和居住属性。

国家统计局数据显示，2022年全国房地产开发投资约13.29万亿元，比上一年下降10.0%；开发增速创1998年房改以来的历史最低纪录。同年全国商品房销售面积约13.58亿平方米，比上年下降24.3%，其中住宅销售面积下降26.8%；商品房销售额约13.33万亿元，下降26.7%，其中住宅销售额下降28.3%。相较而言，2022年销售面积是2016年至今7年来的最低点，销售额则回到7年前水平。2022年，销售额排行前十的房企，其销售额均值为3107.7亿元，较2021年下降33.1%；销售额排行第11至第30的房企，其销售额均值为1035亿元，较2021年下降45.5%；销售额排行第31至50的房企及销售额排行第51至第100的房企，其销售额均值分别为519.4亿元和276.1亿元，同比分别下降50.2%和42.6%。为确保房地产行业平稳发展，多项支持政策密集落

---

① 冷寒梅，贵州贵达律师事务所律师；刘文俊，贵州贵达律师事务所律师。

地，但由于政策传导尚需时间，当前房地产市场调整压力仍十分巨大，从初期的小型房企到中型房企，再到 2022 年 32 家房企暴雷、5 家特级房企负债破产，房产行业的"寒冬"已至。2023 年 1 月 17 日，全国住房和城乡建设工作会议指出要"抓两头、带中间"，以"慢撒气"的方式，防范化解风险。"一头"抓出险房企，一方面帮助企业自救，另一方面依法依规处置，该破产的破产，该追责的追责，不让违法违规者"金蝉脱壳"，不让损害群众利益的行为蒙混过关。这进一步说明，房地产行业风险化解已经进入实质阶段。

2019 年有超 377 家房企申请破产，2020 年申请破产房企数量更是上升到了 408 家，2021 年为 343 家，3 年来相当于平均每天都有 1 家房企破产，2022 年全国已有超 450 家以房地产为主或与房产相关的企业申请破产，可以预见房企破产数量增加、行业加速优胜劣汰的趋势将愈演愈烈。案件数量的增长，表层因素是政府和法院系统的推动，并叠加经济环境的下行，深层原因是破产程序本身在供给侧结构性改革方面具有的调节功能，符合经济运行的客观规律，推动生产要素在经济运行中合理流动，有效提升市场活力、优化营商环境。

房企破产涉及债权人众多且金额较大，又牵扯多方利益主体，案件特点可总结为"四多一广"：债权人数量多，债权类型多，资产问题多，处置方式多，涉及部门范围广。债权人权益的保护与处置涉及的法律问题复杂、社会关注度高，是房地产企业破产案件的核心问题之一。特别是大量待履行合同，牵涉利益重大，容易产生纠纷和争议，进而演化成为矛盾集中点。由于实际问题存在多样性，而《企业破产法》对合同解除权的规制标准较为原则，管理人更应当在符合法律原则及条件的范畴内综合运用。

二、对破产解除权的理解

《企业破产法》第十八条规定："人民法院受理破产申请后，管理人对破产申请受理前成立而债务人和对方当事人均未履行完毕的合同有权决定解除或者继续履行，并通知对方当事人。管理人自破产申请受理之日起二个月内未通知对方当事人，或者自收到对方当事人催告之日起三十日内未答复的，视为解除合同。管理人决定继续履行合同的，对方当事人应当履行；但是，对方当事人有权要求管理人提供担保。管理人不提供担保的，视为解除合同。"该条款不仅仅体现了解除权行使的前置性和重要性，更多的是进入破产程序后便于清算合同，避免大量待履行合同长期处于不确定的状态从而导致陷入合同僵局，且能够保障破产程序顺利进行。当然，从体系解释与目的解释出发，《企业破产法》第十八条与其说是赋予管理人对待履行合同的解除权，不如说是继续履行或解除合同的选择权，需要管理人从维护整体利益与保证破产案件效率的角度，充分考虑债务人财产状况、债权人预期与投资需求等因素，对合同履行之成本和收益进行分析权衡后做出的审慎选择。

（一）破产解除权行使的原则

破产解除权的行使作为管理人重要的工作事项之一，对其原则的归纳也应回溯到破产程序乃至破产法律的价值导向。

1. 债务人财产保值增值原则

债务人财产保值增值原则被学者喻为破产法的立法基石和生命源泉，从联合国国际贸易法委员会《破产法立法指南》中即可看出其主旨所在："使破产财产的价值达到最大化和减少负债，以及在重整的情况下，使债务人能够尽可能不中断地继续生产和营业下去。"[1] 这一立法原则强调通过破产程序使破产财产的价值达到最大化和减少负债，在此基础上，力求实现债务人的重生或最大化地实现债权人债权的清偿，实现保护债权人、债务人合法权益的目的。笔者认为，从这一立法原则的价值目标和受益者的主体地位和层级来看，该原则系作用于微观经济层面的价值导向。

2. 维护社会经济秩序原则

在破产法的立法原则中，除微观经济层面的价值导向外，亦强调要构建破产法体系，从大系统运行的维度促进宏观经济层面的稳定运行和增长，在《破产法立法指南》第一部分中，阐释了建立有效和高效率的破产法的关键目标，系旨在"为市场提供确定性以促进经济稳定和增长"[2]，笔者认为，该目标导向已经明确指出要以破产法的运行机制为手段，提取各市场主体活动的确定性价值，用以维护市场经济秩序的稳定运行从而带动宏观经济层面的增长。我们将这一立法原则总结为维护社会经济秩序原则，该原则提供了宏观经济层面的价值导向。

进一步观察我国破产法的演化过程可知，随着我国市场经济的发展和社会机制的进步，维护债权人和债务人的合法权益、维护社会经济秩序的两大价值导向，已从理论层面迭代为法律规范，并在司法实践中发挥着重要的作用。因此，在具体实务中，我们应遵循上述破产法立法的价值导向原则，坚持从债务人财产保值增值的角度有效地维护债权人、债务人的合法权益，并站在维护社会经济秩序的高度去审慎行使权利与履行义

---

[1] 联合国国际贸易法委员会编著《破产法立法指南》，2006，第109页，https://uncitral.un.org/sites/uncitral.un.org/files/media-documents/uncitral/zh/05-80721_ebook.pdf，访问日期：2023 年 4 月 20 日

[2] 联合国国际贸易法委员会编著《破产法立法指南》，2006，第10页，https://uncitral.un.org/sites/uncitral.un.org/files/media-documents/uncitral/zh/05-80721_ebook.pdf，访问日期：2023 年 4 月 20 日

务，其中当然也包含破产解除权的行使。

（二）破产解除权行使的条件

行使破产解除权在坚持破产企业财产保值增值原则的同时，需兼顾社会经济秩序，不可不作为，也不可滥用，特别在房企破产案件中，大量待解除合同涉及社会公共利益或消费者生存权等，这类合同的解除往往是各类矛盾的焦点，极易引起各类社会问题，在行使前应当具备以下几个条件。

1. 适用范围

行使主体方面，不同于《民法典》中规定的一般解除权（无论是约定解除或法定解除），破产解除权合同双方为破产债务人与合同相对方，行使的主体仅限于破产管理人，合同相对方无权行使。

合同的有效性方面，行使合同解除权的条件为合同有效，如合同确定无效，也就不存在行使解除权的基础了。

"双务合同"指当事人双方互负权利义务的合同，不包括保证、赠与等单务合同，也不包括多方行为。对于"均未履行完毕"，主要存在两种观点：一种观点是主合同与从合同均未履行完毕，从合同义务、附随合同义务等均可作为合同未履行完毕的依据；另一种观点是仅主合同未履行完毕，在主合同义务履行完毕的情况下，不能任意扩大到合同约定的协助义务或者合同附随义务，从合同义务、附随合同义务未履行，不得作为管理人解除合同的障碍。实务中应当结合具体情况进行分析。

2. 时间条件

行使解除权的合同应当成立于法院受理破产申请前，受理后管理人正常履职所签订的合同不在此列，依照合同约定或协商等方式解除的合同，亦不适用破产解除权。

管理人自破产申请受理之日起二个月内未通知对方当事人，或者自收到对方当事人催告之日起三十日内未答复的，视为解除合同，但不能直接推定解除合同，合同是否解除仍需视具体情况而定。例如，受理破产申请后合同相对方仍继续履行，管理人无异议且以默示的方式作出继续履行合同的意思表示时，不应当简单地视为解除。需加以阐述的是，此处的期限限制系对于管理人是否继续履行合同选择权的限制，立法的目的在于保护合同相对方对交易确定性的可期待利益和维护社会经济秩序，故从管理人行使权利需坚持维护社会经济秩序原则的角度考虑，管理人应在法定期限范围内积极作为，最大限度地减少市场交易的不确定性因素，降低可能产生的交易成本或重置成本，力求与合同相对方实现共赢。

3. 目的条件

《企业破产法》第十八条规定了破产管理人在法定期限内有权决定继续履行或者主张解除待履行合同，但是没有规定管理人继续履行或者作出解除合同决定的具体标准。管理人应当始终坚持在维护社会经济秩序的原则下实现破产企业财产范围和价值的最大化，以实现对全体债权人的公平清偿为前提和目标，合理、正当、及时行使合同解除权。

（三）破产解除权行使的限制

继续履行合同的报告义务。《企业破产法》第六十九条："管理人实施下列行为，应当及时报告债权人委员会：……（七）履行债务人和对方当事人均未履行完毕的合同……未设立债权人委员会的，管理人实施前款规定的行为应当及时报告人民法院。"这里要求管理人决定继续履行合同时，应当及时报告债权人委员会或人民法院，由其行使审查和监督权，对管理人权利的行使进行规制。

对债权人行使不安抗辩权的担保义务。《企业破产法》第十八条第二款："管理人决定继续履行合同的，对方当事人应当履行；但是，对方当事人有权要求管理人提供担保。管理人不提供担保的，视为解除合同。"其实质为双务合同中不安抗辩权的行使，根据《民法典》第五百二十九条："应当先履行债务的当事人，有确切证据证明对方有下列情形之一的，可以中止履行：（一）经营状况严重恶化；（二）转移财产、抽逃资金，以逃避债务；（三）丧失商业信誉；（四）有丧失或者可能丧失履行债务能力的其他情形。"又根据《民法典》五百二十八条："对方提供适当担保的，应当恢复履行。"这体现了双务合同先履行一方的不安抗辩权的类似处理思路，即相对方要求破产管理人提供担保，而在实务操作中将导致大量合同无法延续，从而对管理人选择权进行限制。

三、房企破产解除权在类型化合同中的运用

（一）拆迁类合同

2011 年前，并无法律法规将拆迁人限定为人民政府，房企作为拆迁主体的现象十分普遍。2011 年 1 月 21 日，国务院公布的《国有土地上房屋征收与补偿条例》第四条第一款规定："市、县级人民政府负责本行政区域的房屋征收与补偿工作。"自该条例施行后，房企依法不再具有拆迁人资格。本文讨论的是该条例施行以前拆迁主体为房地产企业的情况。

一般拆迁安置可分为房屋所有权调换安置和货币补偿，被拆迁人享有房屋安置请求权和货币补偿请求权。最高人民法院《关于审理商品房买卖合同纠纷案件适用法律若干

问题的解释》（2003 年 6 月 1 日起施行，已修正）第七条第一款规定："拆迁人与被拆迁人按照所有权调换形式订立拆迁补偿安置协议，明确约定拆迁人以位置、用途特定的房屋对被拆迁人予以补偿安置，如果拆迁人将该补偿安置房屋另行出卖给第三人，被拆迁人请求优先取得补偿安置房屋的，应予支持。"从中我们可以分析得出，选择房屋置换的被拆迁人以其原房屋的物权取得安置房屋的绝对优先权（不包含拆迁安置过渡费、提前签约及搬迁奖励等）。

破产企业如无法完成房屋修建及拆迁安置等工作，被拆迁人的生存权益就会受到极大损害，被拆迁人可能会采取诉讼、信访、组团静坐等多种方式进行维权。为保障被拆迁人的生存权益、化解社会矛盾纠纷，地方政府或相关单位通常会在破产程序启动前成立专项工作组、问题房开办公室等，签订针对性协议给予被拆迁安置人一定的保障。拆迁安置合同在房地产企业进入破产程序时，绝大部分已不属于待履行合同，即管理人已无权行使合同解除权。

（二）消费型购房合同

房地产企业众多合同类型中，正常情况下购房合同的数量应占绝对多数，同时大部分购房者往往是举全家之力置办房屋。如房地产企业进入破产程序，常常会导致购房者及其家庭成员恐慌不安，如处理不当，可能引起群体性事件等一系列社会矛盾。因此，购房者的权利保护问题，理应成为房地产企业破产程序中的一项重要课题，也必然是管理人在行使解除权时重点考虑的内容。

消费型购房合同是指特定的购房主体即消费性购房人与房地产企业订立的购房合同，在符合有关法律和司法解释的构成要件时，其权利具有优先性。此处的购房主体，通常依据《中华人民共和国消费者权益保护法》第二条规定："消费者为生活消费需要购买、使用商品或者接受服务，其权益受本法保护；本法未作规定的，受其他有关法律、法规保护。"对于具体适用条件，可参照《最高人民法院关于人民法院办理执行异议和复议案件若干问题的规定》第二十九条之规定："金钱债权执行中，买受人对登记在被执行的房地产开发企业名下的商品房提出异议，符合下列情形且其权利能够排除执行的，人民法院应予支持：（一）在人民法院查封之前已签订合法有效的书面买卖合同；（二）所购商品房系用于居住且买受人名下无其他用于居住的房屋；（三）已支付的价款超过合同约定总价款的百分之五十。"经审查属于该类合同的，管理人一般不行使破产解除权，并考虑对已给付的购房款进行优先保障。具体而言，包括以下几种情况。

1. 全款支付

购房者已支付全部购房款，此时购房人一方已经履行其在商品房买卖合同下的全部义务，不属于双方均未履行完毕的合同，通常管理人不能行使破产解除权。这里的全款支付，包含购房人与贷款银行签订合同并获得银行成功放款。至于房企与银行的合同关系，同样为购房人一方已经履行其在商品房买卖合同下的全部义务，不满足破产解除权的行使条件。

2. 分期支付

如购房者尚未支付大部分购房款，且房屋未建成或者建成未交付，属于"双方均未履行完毕的合同"，理论上管理人享有继续履行或者解除合同的选择权。

（1）已办理预告登记

根据《民法典》第二百二十一条规定："当事人签订买卖房屋的协议或者签订其他不动产物权的协议，为保障将来实现物权，按照约定可以向登记机构申请预告登记。预告登记后，未经预告登记的权利人同意，处分该不动产的，不发生物权效力。"房企破产案件中，在房屋预售交易时，预告登记权利人此项权利具有重要的物权保全效力，能够使得购房人的物权请求权不因房企破产而灭失。预告登记非现实的物权变动，是对将来发生物权变动的请求权（实质上仍为债权），但通过公示赋予债权请求权的物权对抗效力，具备准物权性质，保障将来物权的实现。此项权利使得购房人的债权添附了预期物权，购房人可以由此获得物权变动后的部分权利（对抗前手抵押权人行使抵押权，且该房屋不得作为房企财产被强制执行）。因此即使购房者未交付全款，在已办理预告登记的情形下，管理人通常不应当行使破产解除权，而预告登记购房者可以要求管理人协助办理产权登记手续并交付合格的房屋。

但也不能够一概而论，预告登记并不具有绝对的破产保护效能，还应当结合审查合同目的、性质等事实，具体案件具体分析。例如，商品房买卖合同实际为法院受理房企破产申请前6个月内的以房抵债合同，房企进入破产重整程序之时，案涉房屋尚未竣工验收，也不符合实际交付并办理产权过户手续的条件，并无证据证明案涉经预告登记的房屋已具备转为预告登记的条件，且允许交付案涉房产将对整个破产重整计划的实施产生重大不利影响，破产管理人行使破产解除权并无不妥。

（2）办理商品房预售合同登记备案

《中华人民共和国城市房地产管理法》第四十五条第二款规定："商品房预售人应当按照国家有关规定将预售合同报县级以上人民政府房产管理部门和土地管理部门登记备案。"房企与购房人签订商品房预售合同后，由当地建设主管部门或房地产管理部门进行网上签约备案并公布，即完成商品房预售合同登记备案（又称"网签"）。通过此网签程序，行政部门对房企出售的已经办理了网签手续的房产进行管控，防止"一房二卖"情况的出现。网签是具有行政强制性的行政管理手段之一，通过行政程序保护购房人，其不同于预告登记，并不具有物权效力。购房合同仅办理商品房预售合同登记备案，不构成对破产解除权行使的限制，但实践中，行政主管部门对于撤销网签备案手续十分谨慎，管理人行使破产解除权时需要注意。

（三）投资型购房合同

购房人为了赚取租金、达到资本增值或二者兼有而持有房产，主要有投资住宅型和投资商用型，投资住宅型在实践中往往按照消费型购房处理，投资商用型包含商铺、写字楼等，原则上不能适用消费型购房人的处理方式。

1. 商铺售后返租

房企将商业项目分割成若干小商铺后出售给购房人，一般购房人与房企签订购房合同，与另一家租赁管理公司（多为房企出资成立并签订代管合同）签订委托租赁合同，并由房企提供担保。在租赁期限内，商铺交由租赁公司管理，购房人支付管理费用，租赁公司向购房人支付相应租金或以租金冲抵部分购房款。房企破产时，一般租赁合同与委托代管合同均未履行完毕，且极高的租金或冲抵扣房款已经无法实现，管理人可以行使破产解除权。此种投资型购房人的投资收益通常会被认定为普通债权。

2. 让与担保

破产申请受理前，房企与债权人实际签订借款合同（即使未签订借款合同，也有借款支付和利息定期偿还记录），在借款合同到期前，房企又与债权人签订购房合同作为借贷合同履行的担保（无真实购房意图），为让与担保。根据《最高人民法院关于适用〈中华人民共和国民法典〉有关担保制度的解释》第六十八条规定，管理人应先行判断债权人是否对合同项下房屋的拍卖、变卖、折价等所获款项享有优先受偿权。

对于签订商品房买卖合同、未完成所有权转移登记的，笔者认为：依据契约自由原则，借贷和买卖合同均有效。双方仅签订买卖合同但未交付房屋、未办理房屋所有权变更登记，故虽然成立让与担保关系，但不发生所有权变动效力，该合同项下的房屋应当属于房企的破产财产，债权人无法就该房屋单独实现受偿。

对于签订商品房买卖合同且完成所有权转移登记的，笔者认为，《全国法院民商事审判工作会议纪要》第71条第2款规定："当事人根据上述合同约定，已经完成财产权利变动的公示方式转让至债权人名下，债务人到期没有清偿债务，债权人请求确认财产归其所有的，人民法院不予支持，但债权人请求参照法律关于担保物权的规定对财产拍卖、变卖、折价优先偿还其债权的，人民法院依法予以支持。"房企与债权人约定，将房屋转移登记于债权人名下，在房企对到期债务履行不能时，房屋归债权人所有，该约定无效；但债权人享有债权为有财产担保的债权，对该房屋的拍卖、变卖、折价所获款项享有优先受偿权。

3. 以房抵债

这里提及的"以房抵债"是指破产申请受理前、借款合同到期后，房企无力偿还借款，以房屋偿还其拖欠的民间借贷本息、建设工程款、材料款、广告费等等。

《全国法院民商事审判工作会议纪要》第44条规定："当事人在债务履行期限届满后达成以物抵债协议，抵债物尚未交付债权人，债权人请求债务人交付的，人民法院要着重审查以物抵债协议是否存在恶意损害第三人合法权益等情形，避免虚假诉讼的发生。经审查，不存在以上情况，且无其他无效事由的，人民法院依法予以支持。"但在破产案件办理实践中，现实因素复杂多样，管理人更多的还是应当具体问题具体分析。

当债权人与房企签订的房屋买卖合同实质为以房抵债合同，此时的债权人并非消费型购房者，也未实质占有房屋，如未办理产权变更登记手续，故该房屋仍属于房企的破产财产。继续履行房屋买卖合同将导致一般债权人取得房屋所有权，无疑将损害房企其他债权人利益，不利于公平清偿。据此，管理人对于此类合同应当行使破产解除权。债权人对房企根据原合同享有的履行请求权，由债权人通过申报债权的方式进行清偿，并根据法定清偿顺位获得清偿（部分工程类债权仍有其优先性）。

另外，在破产程序中，如该抵债行为存在《企业破产法》第十六条规定的个别清偿情形、第三十一条与第三十二条规定的可撤销情形，或者第四十条规定的不得抵销的情形，则管理人仍有权对以房抵债行为予以撤销，因而无须行使破产解除权。

（四）不动产租赁合同

租赁合同具有继续性的重要特点，出租方的义务并非仅交付房屋的使用权即履行完毕，而是在租赁期内，还担负有对房屋管理、监督等义务，其义务具有阶段性和持续性，只有在房屋租赁合同履行期限届满后，出租方的义务才履行完毕；交纳租金只是承租人的主要合同义务而非全部合同义务，承租人尚有保管租赁物、返还租赁物的义务以及通知等附随义务等等。因此在租期届满、承租人返还租赁物之前，承租人始终处于履行租赁合同过程中；同样出租人将租赁物的占有、使用权利让与承租人，也是处于履行租赁合同的过程中。因此，租赁合同只要在租赁期内，承租人与出租人的义务即均未履行完毕，管理人单方解除该租赁合同具有法律依据。

《浙江省高级人民法院民事审判第二庭关于商事审判若干疑难问题理解》中提到对于破产企业房屋租赁合同的处置，对于正在履行的合同，管理人根据有利于破产财产增值的原则，可以决定解除，但依据"买卖不破租赁"，通过变卖实现房屋价值不一定要破除房屋租赁。实践中，既可以解除房屋租赁关系后予以出卖，也可以考虑连同租赁客户一起转让。

管理人对于已由承租人实际占有且租期未届满的房屋租赁合同,应审慎行使合同解除权,要注意债权人利益与承租人利益的平衡,对合同解除与否的利益格局进行考量。而且,破产程序中的租赁合同,不仅涉及债务人及承租人的合法权益,在"买卖不破租赁"规则下,亦将影响租赁标的房屋的价值,从而与全体债权人的利益息息相关。因此,管理人在行使解除权时,应综合考量各方利益及破产财产的价值状况。

(五)车位相关合同

车位虽不属于住宅,但依法属于满足业主住宅需要的必要设施,属于商品房所提供居住功能的必要延伸和拓展。车位使用权与业主居住权密切相关,具有满足居民基本生活需要的属性。一定数量的车位、车库的配备,是与业主居住权密切相关的一种生活利益。房企开发楼盘车位主要有以下三类。

1. 业主共有车位

《民法典》第二百七十五条第二款规定:"占用业主共有的道路或者其他场地用于停放汽车的车位,属于业主共有。"业主共有的车位,房企并非所有权主体,房企破产时不存在管理人行使解除权的问题。

2. 产权车位

《民法典》第二百七十五条第一款规定:"建筑区划内,规划用于停放汽车的车位、车库的归属,由当事人通过出售、附赠或者出租等方式约定。"地下车位的产权人或者初始使用权人是房企的,业主可以通过购买、承租或受赠等方式取得车位的产权或者使用权。部分地区车位产权和房产产权是合并登记的,不单独发放产权证,但有的地区则是分开办理。房企破产时,根据《企业破产法》第十八条的使用条件,不限制管理人综合实际情况考虑解除权的行使问题。

3. 人防车位

根据《中华人民共和国国防法》和《中华人民共和国人民防空法》,人民防空工程包括为保障战时人员与物资隐蔽、人民防空指挥、医疗救护等而单独修建的地下防护建筑,以及结合地面建筑修建的战时可用于防空的地下室。人民防空工程所涉资产为国有资产,任何人不得买卖、破坏、损害、侵占。人防工程是国家法律强制规定建设的小区配套设备设施,不单独登记产权,而人防车位是依据"平战结合原则"对人防工程的合理利用,通常是房企出租权人,由业主承租付费使用,不得进行买卖。

因此,根据《民法典》第一百四十三条规定,人防车位买卖违反法律强制性规定,合同无效,不存在管理人行使解除权的问题。但房企可与业主签订不超过 20 年的租赁合同，根据《企业破产法》第十八条的使用条件，此时又回到不动产租赁合同的破产解除权行使问题，因其具有满足消费型购房人基本生活需要的属性，管理人综合实际情况审慎考虑解除权行使问题。

（六）认购、订购、预订协议

《民法典》第四百九十五条规定："当事人约定在将来一定期限内订立合同的认购书、订购书、预订书等，构成预约合同。当事人一方不履行预约合同约定的订立合同义务的，对方可以请求其承担预约合同的违约责任。"一般情况下的认购协议，会被认定为预约合同，未在约定时间内签订本约的，是双方均未履行完毕的合同，房企破产时，不构成对管理人破产解除权行使的限制。

但在实践中，房开企业为追求资金的快速回笼，在不具备签订商品房买卖合同的条件下，与消费者签订定购协议书，常常由于约定不明而损害消费者的合法权益。为此，《最高人民法院关于审理商品房买卖合同纠纷案件适用法律若干问题的解释》第五条规定："商品房的认购、订购、预订等协议具备《商品房销售管理办法》第十六条规定的商品房买卖合同的主要内容，并且出卖人已经按照约定收受购房款的，该协议应当认定为商品房买卖合同。"《商品房销售管理办法》第十六条对商品房买卖合同中涉及的主要内容进行了规定，如当事人名称或者姓名和住所；商品房基本状况；商品房的销售方式；商品房价款的确定方式及总价款、付款方式、付款时间；交付使用条件及日期；违约责任等事项。此种情况下，名为预约合同，实则具备本约的基本内容，且破产房企已依约收受购房款的，应视为具有正式商品房买卖合同的效力，管理人破产解除权行使应当具体问题具体分析。

四、破产解除权行使后的效果

（一）行使破产解除权后的溯及力

《民法典》第五百六十六条规定了待履行合同解除后的效果："合同解除后，尚未履行的，终止履行；已经履行的，根据履行情况和合同性质，当事人可以请求恢复原状或者采取其他补救措施，并有权请求赔偿损失。合同因违约解除的，解除权人可以请求违约方承担违约责任，但是当事人另有约定的除外。主合同解除后，担保人对债务人应当承担的民事责任仍应承担担保责任，但是担保合同另有约定的除外。"

根据该条规定，通常的合同解除是自该时间点向后发生终止履行的效力，且并不必然向前产生恢复原状或返还请求权。但在破产程序中，合同关系随着破产程序的启动开始进入一个效力待定的状态，合同相对人的债权在效力待定状态时既非破产债权，也非共益债权，而是随着管理人选择履行或解除，才清除了这一效力待定的状态。当管理人选择待履行合同解除后，双方当事人已履行的部分合同内容的效力，不会因合同解除而丧失溯及力，债务人与合同相对方之间负有相互返还的债权请求权，若双方均已履行部分义务，则双方应当先行进行结算，以剩余债权申报破产债权。管理人在作出是否解除合同选择时，应当对债务人在合同解除后所应承担的返还义务、实际利益与合同继续履行的支付成本、预期利益进行衡量。

（二）行使破产解除权后债权性质的认定

《企业破产法》第五十三条规定："管理人或者债务人依照本法规定解除合同的，对方当事人以因合同解除所产生的损害赔偿请求权申报债权。"管理人行使破产解除权后，合同当事人的救济方式为进行债权申报。又根据《企业破产法》第四十二条"人民法院受理破产申请后发生的下列债务，为共益债务：（一）因管理人或者债务人请求对方当事人履行双方均未履行完毕的合同所产生的债务；（二）债务人财产受无因管理所产生的债务；（三）因债务人不当得利所产生的债务；（四）为债务人继续营业而应支付的劳动报酬和社会保险费用以及由此产生的其他债务；（五）管理人或者相关人员执行职务致人损害所产生的债务；（六）债务人财产致人损害所产生的债务"之规定进行债权性质的认定，这里特别提出讨论的是，通常认为共益债务的发生必须是在人民法院受理破产申请后，它是为了保证全体债权人的共同利益以及破产程序的顺利进行而负担的债务。然而，具体问题中亦不乏特殊情况，如最高人民法院在对《关于破产企业签订的未履行完毕的租赁合同纠纷法律适用问题的请示》的答复函中指出，租赁合同如判解除，则预付租金构成不当得利应依法返还，根据《企业破产法》第四十二条第三项的规定，该不当得利返还债务应作为共益债务，由破产企业财产中随时返还。实务中解除权行使时，会伴随产生不当得利或无因管理，但其是否属于此条款所称共益债务，有益于全体债权人，仍应当对个案进行分析。例如，租赁合同解除中，承租人对已形成附合的固定资产添附及装修投入，如果确实增加房屋价值的（即债务人财产增值），可以列为共益债务，反之则不应列为共益债务。

因此，对于债权性质的认定，不应当突破债务人财产保值增值从而最大程度保障全体债权人债权公平清偿这一原则，不应当减损破产解除权的效力、架空破产解除制度，使其成为部分债权人规避破产风险的工具。

五、结论

房地产行业是国民经济的重要组成部分，具有跨生产、流通和消费领域综合性长链条的特点，极易形成共振效应。我国破产制度本质是保护性质的法律制度，保护债权人债权及其债权平等受偿，保护善良、守法的债务人债务豁免权及其接受社会救治权利，保护债务人企业员工合法权益的法律制度。房企破产案件更是事关人民群众的切身利益，事关金融风险和经济安全。房地产以及相关行业与金融政策、社会政策具有非常强的关联性，房企资产处置具有特殊性和利益博弈的剧烈性，适用破产程序化解房地产风险工作，是政治担当、社会责任、商业思维和法律意识的融合。

房地产开发企业破产案件中，对于破产受理前房企所签订的一系列双方均未履行完毕的合同，即使满足《企业破产法》第十八条解除权行使的形式与实质要件，解除权的应用对合同相对人和债务人财产的影响巨大，随之会带来纷繁复杂的法律关系及社会问题，该合同是解除还是继续履行，实践中仍需结合个案平衡综合考量、权衡，因此解除权的运用应当根据制度设立的目的，探寻符合当事人利益的体系化、类型化方案。破产解除权并不能改变既有破产进程，亦非创设以损害相对人的代价来优待破产财产的例外规则，其只是《企业破产法》作为特殊法，给予管理人选择的权利，以帮助管理人在破产案件中为合同相对人和债务人实现"双赢"。

第六节 其他

关联企业非实质合并破产的内涵价值研究

赵维刚 罗 纯 [①]

摘要：关联企业合并破产制度由实质合并破产与非实质合并破产两部分内容组成，犹如飞机的两翼，只有同时重视和加强对关联企业非实质合并破产的研究，才能够推动我国合并破产制度的全面协调发展。文章从关联企业合并破产的概念、司法实践、价值内涵等方面进行分析，指出了我国关联企业合并破产制度在理论和实践中存在的不足和困难，提出了明确关联企业的认定标准、加强债权人的参与权利、规范管理人的职责和行为等建议，为我国关联企业合并破产制度的发展和完善提供了借鉴。

关键词：关联企业；非实质合并破产；内涵价值研究

从经济学角度来看，关联企业的本质和作用在于降低市场交易费用并提升交易效率。科斯认为，内部化的实质是通过公司这种企业组织形式来取代市场，以降低交易成本，从而实现比市场调节更高的效率。[②] 从法学角度来看，时建中教授认为关联企业广义上来说系指一切与其他企业之间具有控制关系、投资关系、人事关系、财务关系以及长期业务关系等利益关系的企业。[③]

关联企业、关联交易本身系中性概念或行为，在其未不当利用关联关系损害外部主体利益时本无特别规制之必要，这些企业在本质上还是市场的独立主体。但市场交易的逐利性和"理性经济人"的利益最大化原则往往会促使关联企业不当利用关联关系获取利益从而损害外部主体利益，其中，对关联企业债权人的利益损害尤为严重。《企业破产法》作为市场主体司法退出和拯救之法，公平清偿是权利人最后的司法救济保障，当关联企业涉及破产退出或拯救[④] 时，理应予以特别的规范，以保护债权人的合法利益。但遗憾的是，我国现行的《企业破产法》并无针对关联企业合并破产的特殊规定，在指引规范方面存在一定的空白。而 2018 年最高人民法院发布的《全国法院破产审判工作

---

① 赵维刚，贵州贵达律师事务所律师；罗纯，贵州贵达律师事务所律师。
② 参见张守文：《"内部市场"及其税法规制》，《现代法学》2001 年第 1 期。
③ 参见时建中：《论关联企业的识别与债权人法律救济》，《政法论坛》2003 年第 5 期。
④ "拯救"是指通过破产重整或破产和解制度挽救企业。

会议纪要》第六部分"关联企业破产"第 32 条至第 39 条对关联企业破产予以了特别规定，使我国关联企业合并破产司法实践有了较为权威的规范性指引。

笔者认为，合并破产的主要内容应由两部分组成。一方面是关联企业之间法人人格高度混同，区分的司法成本和经济成本过高，或基于债权人利益保护、重整需要，或关联企业是否存在欺诈等因素考量的实质合并破产；另一方面应是关联企业间尚未达到实质合并条件，但从效率提升、成本节省、利益平衡、社会稳定及经济效益的权衡等方面考量的非实质合并破产。但现实状态是，无论理论上还是司法实践中都对关联企业实质合并破产进行了大量、充分的研究和实践，而对关联企业非实质合并破产却极少关注。正如笔者前文所言，关联企业及关联交易的概念本身就是中性的，关联企业在绝大部分状态下仍然是独立的法律主体及市场主体，实质合并破产是其特殊或例外的处理方式。在实践中，存在着许多关联企业尚未达到实质合并的情形，非实质合并破产的司法需求是存在的。因此，本文通过现有规范及实践案例，尝试对非实质合并破产的内涵价值进行探索，为完善我国关联企业合并破产制度的理论框架构建和实践经验提供一些参考。

一、关联企业非实质合并破产的概念

《全国法院破产审判工作会议纪要》第六部分"关联企业破产"共由 8 个规定组成，分为两部分内容。一是第 32 条至第 37 条关于关联企业实质合并破产的规定；二是第 38 条、第 39 条关于"不符合实质合并条件"的"协调审理"规定。"协调审理"主要包含了以下 3 点内容：①集中管辖问题；②强调各关联企业之间的人格独立性；③基于"衡平居次"原则，关联企业不当利用关联关系形成的债权应当劣后清偿且担保优先无效。2020 年 4 月，最高人民法院出台《最高人民法院关于推进破产案件依法高效审理的意见》正式使用了"关联企业非实质合并破产"的概念，但其仅是管辖发生争议时的一种处理方法，并未有更多、更全面的关于非实质合并破产的内容。

《破产法立法指南》采用的是"程序协调"概念，"程序协调"的目的为"促进程序的便利并提高成本效益"，主要内容为：采取各种方式简化多个程序，比如推动信息共享以更全面地评估各个债务人的情况；商定主张债权的联合程序并协调变现和变卖资产；合并审理和会审；指定单一的管理人或确保多个管理人之间的协调等内容。[①] 此外，在理论或实践中也有"程序合并"的说法和概念。

---

① 参见联合国国际贸易法委员会编著《破产法立法指南》，2006，第 33—34 页，https://uncitral.un.org/sites/uncitral.un.org/files/media-documents/uncitral/zh/05-80721_ebook.pdf，访问日期：2022 年 10 月 20 日。

无论是"协调审理""程序协调"还是"程序合并",其概念内容都侧重于程序上的便捷和效率,并未涉及实体权益的调整。即使涉及关联企业实体性方面的劣后债权处理,也是基于"衡平居次"原则的考量和运用。

但正如笔者在前文所述,关联企业合并破产这一制度应由"实质合并破产"与"非实质合并破产"两部分内容组成。破产制度的价值追求在于债权人债权的公平清偿和对破产企业的拯救保护,在实践操作中往往会根据现有法律制度、原则对"法无明文规定"情况下的各方实体权益进行适当调整以进行利益平衡,甚至还承担着维护地区社会稳定、促进经济发展及维持城市良好形象的重任。笔者认为,"协调审理""程序协调"或"程序合并"仅考虑到了程序上的效率与成本,当然这也是其中的重要内容,但不足以涵盖除实质性合并破产外的关联企业合并破产需求,应将目光扩展至实体权益的调整和权衡,即债权人的实质利益保护、社会稳定、经济发展、地区形象等因素的考量上。因此,采用"非实质合并破产"的概念应能更好地理解适用关联企业除实质合并外的合并破产问题。基于此,笔者尝试将"非实质合并破产"的概念总结为:两个或两个以上关联企业都已进入破产程序但未达到实质合并破产条件的,为提升审理效率及降低司法成本,或更好平衡、保障各方主体利益及维护社会稳定、促进经济发展而采取的破产程序,包括非实质合并破产清算、重整、和解或不同程序的交叉合并。

二、我国关联企业非实质合并破产的司法实践

为进一步论证探索关联企业非实质合并破产的实践需求及内涵价值,笔者选取了几个较为典型的关联企业非实质合并破产案例进行简要的分析研究,并将在本文的第三部分探寻非实质合并破产的实践规则和内涵价值。

（一）重庆新天泽实业（集团）有限公司、重庆新华立地产（集团）有限公司、重庆恒德远景实业有限公司非实质合并破产重整案

1. 基本案情

2016年1月18日,重庆市江北区人民法院裁定受理重庆新天泽实业（集团）有限公司（以下简称"新天泽公司"）、重庆新华立地产（集团）有限公司（以下简称"新华立公司"）破产重整二案。另2016年1月11日,重庆市第五中级人民法院裁定受理重庆恒德远景实业有限公司（以下简称"恒德远景公司"）破产重整案,后经重庆市高级人民法院指定由重庆市江北区人民法院审理。2016年5月26日,重庆市江北区人民法院裁定上述三公司重整,并指定同一管理人,三案由同一合议庭合并审理。

新天泽公司、新华立公司和恒德远景公司系关联企业，股权结构上呈"母—子—孙"关系，实际控制人均为刘光伦，主营业务均为房地产开发和销售等。但是，三家公司的资产和负债区分明确，并可独立清核，财务独立运行、处理与核算，人员任职安排相对明晰，不存在法人人格高度混同的情况。因经营过程中关联企业之间存在内部融资和大量相互担保的情形，在市场低迷、经济下行等外部因素影响下，三家公司的财务危机效应扩大，资金链断裂，陷入经营困境，并严重资不抵债。三家关联企业互保联保，同时导致债务清偿困难，且各企业单独重整难以摆脱债务泥潭和经营困境。[1]

2. 审理情况

重庆市江北区人民法院经审理后认为，已进入破产程序的各企业之间账目各自独立、法人意志完整，尚不足以达到实质合并重整的条件。因此，在债权人意志优先和债权人利益公平保护的基础上，采取"程序分立、整体重整"的新模式，即对三家企业的债权确认、资产清理、分组表决均分别进行，充分保障每个企业债权人的知情权和对该企业财产的处分权利。同时统筹考虑三家企业的资产、负债及经营情况，管理人对三家企业的经营性资产进行整合调整，综合预测了三家企业的经营能力及盈利状况，制作统一的重整计划草案，交三家企业债权人会议分别对重整计划草案进行表决。"程序分立、整体重整"的模式，有效消除了三家企业的互负债务和重合的共同担保债务，将"新天泽系"关联企业的实际对外负债降低至43.58亿元，同时将关联企业的经营性资产进行有效整合，保留了企业核心资产的完整性，最大限度提升了破产企业财产的价值。重庆市江北区人民法院于2017年12月27日作出（2016）渝0105民破1号之五、（2016）渝0105民破2号之四、（2016）渝0105民破3号之七民事裁定：批准新天泽公司、新华立公司、恒德远景公司重整计划，终止其重整程序。[2]

3. 本案对关联企业非实质合并破产的规则探索

程序上，一是采用了集中管辖与合并审理的基本原则，并确定由同一合议庭和管理人办理案件；二是鉴于各关联企业未达到实质合并破产的条件，尊重各关联企业的独立主体地位，故债权申报、审查、清产核资等工作仍独立开展；三是整体重整计划草案的表决程序独立运行。

实体上，将三个关联企业的资产、负债合并调整，计算并统筹整合企业经营性资产，确定一个集团企业的整体资产价值和负债金额，并将其作为债务清偿方案和恢复经

---

① 参见何欣、肖明明：《法人人格未实质混同的关联企业破产重整路径》，《人民司法（案例）》2018年第23期。
② 重庆市高级人民法院：《重庆法院民营经济司法保护典型案例（第二批）》，https://mp.weixin.qq.com/s/m2Zk54mnN3cOQ7tY-CaDoQ，访问日期：2023年4月18日。

营方案的依据，最后形成整体的一个重整计划草案，供各关联企业债权人会议表决。

《破产法立法指南》明确了"程序协调"的目的为"促进程序的便利并提高成本效益"，且强调"程序协调所涉企业集团各成员的资产和负债虽属协同管理，但仍然各自分开，相互独立，因而集团个别成员的完整性和独立特征以及债权人的实质权利均得以保全"。并且列举了多种简化程序的方式，比如法院的集中管辖或合作会审；单一管理人的指派或多个管理人的协调；商定主张债权的联合程序，并协调变现和变卖资产；举行债权人联合会议或在各债权人委员会之间进行协调；为发送通知和协调通知发送工作而编撰一份债权人和其他相关当事人清单；同一时间将有关利益相关者聚集在一起，讨论和解决未决问题或潜在冲突，从而避免谈判久拖不决而导致耽搁时间等种种措施。[①]此外，对于统一的、整体的重整计划制订方面，《破产法立法指南》也有相关的内容，采取的是"协同重整计划"的概念。"协同重整计划"指的是，在各个程序中，必须针对计划所涉集团成员编拟和核准相同或类似的重整计划。目的就在于节省整个企业集团破产程序的费用，并且确保以协调一致的方式解决集团财政困难、实现债权人利益的最大化。同时在其立法建议中提出："破产法应允许在企业集团两个或多个成员的破产程序中提出协同重整计划。"[②]

值得肯定的是，上述案件的办理时间系在《全国法院破产审判工作会议纪要》出台之前。通过对类似规则的借鉴考量，再加上本土化的实践运用，本案件取得了良好的案件审理结果，是我国司法实践中对于办理关联企业非实质合并破产案件的有力探索。

（二）浙江南方石化工业有限公司、浙江南方控股集团有限公司、浙江中波实业股份有限公司非实质合并破产清算案

1. 基本案情

浙江南方石化工业有限公司（以下简称"南方石化"）、浙江南方控股集团有限公司、浙江中波实业股份有限公司系绍兴地区最早一批集化纤、纺织、经贸为一体的民营企业，三家公司受同一实际控制人控制。其中南方石化年产值 20 亿余元，纳税近 2 亿元，曾入选中国民营企业 500 强。由于受行业周期性低谷及互保等影响，2016 年，上述三家公司出现债务危机。2016 年 11 月 1 日，浙江省绍兴市柯桥区人民法院（以下简称"柯桥法院"）裁定分别受理上述三家公司的破产清算申请，并通过竞争方式指定联

---

① 参见联合国国际贸易法委员会编著《破产法立法指南》，2006，第 27—32 页，https://uncitral.un.org/sites/uncitral.un.org/files/media-documents/uncitral/zh/05-80721_ebook.pdf，访问日期：2022 年 10 月 20 日。

② 参见联合国国际贸易法委员会编著《破产法立法指南》，2006，第 82 页，https://uncitral.un.org/sites/uncitral.un.org/files/media-documents/uncitral/zh/05-80721_ebook.pdf，访问日期：2022 年 10 月 20 日。

合管理人。

2. 审理情况

由于南方石化等三家公司单体规模大、债务规模大，难以通过重整方式招募投资人，但三家公司具有完整的生产产能、较高的技术能力，具备产业转型和招商引资的基础。据此，本案采取"破产不停产、招商引资"的方案，在破产清算的制度框架内，有效清理企业的债务负担，阻断了担保链的蔓延；后由政府根据地方产业转型升级需要，以招商引资的方式，引入战略性投资者，实现"产能重整"。

鉴于三家企业存在关联关系、主要债权人高度重合、资产独立且分散以及南方石化等企业"破产不停产"的实际情况，柯桥法院指导管理人在充分尊重债权人权利的基础上，积极扩展债权人会议职能，并确定三家企业采用"合并开会、分别表决"的方案进行破产。2017年1月14日，柯桥法院召开南方石化等三家企业第一次债权人会议，高票通过了各项方案。2017年2月23日，柯桥法院宣告南方石化等三家企业破产。

3. **本案对关联企业非实质合并破产的规则探索**

该案对于关联企业非实质合并破产的典型意义在于，通过程序集约、采取联合管理人履职模式、对重大程序性事项尤其是债权人会议的合并举行等方式，大大提高了本案的审理效率且节约了大量的司法资源。

（三）云南煤化工集团有限公司等五家公司非实质合并破产重整案

1. **基本案情**

云南煤化工集团有限公司（以下简称"煤化工集团"）系云南省人民政府国有资产监督管理委员会于2005年8月组建成立的省属大型集团企业，下辖近百家企事业单位，并系上市公司云南云维股份有限公司（以下简称"云维股份"）的控股股东。2012年至2015年，煤化工集团经营性亏损合计超过100亿元，涉及经营性债权人1000余家，整个集团公司债务约650亿元，云维股份则面临终止上市的紧迫情形。如债权人维权行为集中爆发，煤化工集团进入破产清算，集团旗下4.3万名职工大多数将被迫离开工作岗位，72亿元债券面临违约，数百亿元金融债权将损失惨重。

2. **审理情况**

2016年，债权人先后分别申请煤化工集团及下属四家企业（分别为云维集团、云维股份、云南大为、曲靖大为）重整。基于五家公司的内部关联关系和不符合实质性合并条件等客观情况，云南省高级人民法院决定分别受理上述系列案件，并指定云南省昆明市中级人民法院（以下简称"昆明中院"）集中管辖。2016年8月23日，昆明中院裁定受理了上述五家企业破产案件，确保了该系列案的统一协调、系统处理和整体推进，提升了破产案件的处理效率，减少了破产费用。

由于煤化工集团五家公司之间存在四级股权关系，债权结构复杂，偿债资源分布不均匀，呈现出"自下而上，债务总额越来越大，偿债资源越来越少"的趋势。为了最大化实现债权人在煤化工集团多家重整主体的整体利益，该系列重整案确定了"自下而上"的重整顺序，由子公司先完成重整，保证了下层公司通过偿还上层公司内部借款，向上输送偿债资源，解决了债务和偿债资源不匹配的问题，奠定了成功实现重整这一整体目标的基础。云维股份及其子公司率先完成重整，确保云维股份保壳成功，同时通过资本公积金转增股票向云维集团和煤化工集团提供股票，并通过债务关系、担保关系实现偿债资源的有序输送，使得两家公司能够制订最为合理的重整计划，绝大部分金融债权能够获得 100% 的兜底清偿。该系列重整案前后历时十个月，五家公司的重整方案均获得债权人会议表决通过，重整计划付诸实际执行，系列重整案件基本圆满终结。

3. 本案对关联企业非实质合并破产的规则探索

本案采用了非实质合并破产审理方式，将横跨三个法院的案件集中管辖，确保了企业集团重整工作的统一协调、系统处理和整体推进。最重要的是通过充分研究、评判各集团公司的资产、负债等整体情况，采取了"自下而上"的重整工作顺序及制订系列重整计划草案，由下级公司向上级公司逐级输送偿债资源，解决了集团间债务和偿债资源的不匹配、清偿时间错期等问题。

同时，本案也是典型的采取"协同重整计划"方式办理的关联企业非实质合并破产案件，在最大限度保护各关联公司债权人利益的同时也依法保障了破产企业的重整价值和意义。

（四）泸天化（集团）有限责任公司等五家公司非实质合并破产重整案[①]

1. 基本案情

泸天化（集团）有限责任公司（以下简称"泸天化集团"）系四川省泸州市国有资产监督管理委员会控股的大型化工集团，泸天化集团控股了天华股份有限公司（以下简称"天华公司"）、四川天华富邦化工有限责任公司（以下简称"富邦公司"）及上市公司泸天化股份有限公司（以下简称"泸天化股份"）等多家核心企业。宁夏和宁化学有限公司（以下简称"和宁公司"）为泸天化股份的全资子公司，也是泸天化股份资产和负债的主要承载主体。自 2012 年以来，由于化肥行业外部市场环境急剧恶化、企业

---

① 四川省高级人民法院：《四川法院破产审判十大典型案例》，http://scfy.scssfw.gov.cn/article/detail/2022/09/id/6926800.shtml，访问日期：2022 年 10 月 20 日。

自身扩张速度过快、企业历史包袱沉重等问题，泸天化集团遭遇严重的债务危机和经营危机。截至 2017 年 8 月 31 日，泸天化集团合并报表下资产总额为 113.76 亿元、负债总额为 124.83 亿元，已严重资不抵债。2017 年 12 月，经债权人申请，四川省泸州市中级人民法院（以下简称"泸州中院"）依法审查后，分别裁定泸天化集团、泸天化股份、和宁公司、天华公司及富邦公司进入重整程序。

2. 申请情况

泸州中院受理破产重整申请后，遵循"程序独立，合并审理；整体重整，分别表决"的原则，对五家企业实行非实质合并审理。经审查，泸天化集团等五家公司的资产评估值总计约 75 亿元，债务总规模约 105 亿元，申报债权 830 余家，涉及员工 3900 余人，涉及上市公司股东 7.4 万余户。立足于泸天化集团的现有主营业务，该案坚持市场化手段和一揽子整体化解债务危机的重整原则，以市场化债转股为核心、留债分期清偿为补充，配套实施全面企业改革脱困及转型升级方案，从而实现债权 100% 全额清偿，彻底化解债务风险，以全面恢复企业经营能力及盈利能力作为重整核心思路，统筹为泸天化集团等五家公司制订了重整计划草案，获得了五家公司债权人会议各表决组的高票通过。

3. 本案对关联企业非实质合并破产的规则探索

遵循"程序独立，合并审理；整体重整，分别表决"的原则，对五家企业实行非实质合并破产审理。在审慎论证、多方沟通协调的基础上，泸州中院通过对泸天化集团、泸天化股份等五家公司的重整工作进行集中管辖、非实质性合并破产审理，使得集团体系内的各公司重整工作既能个体化办理，又能"化零为整"同步统筹推进，全面彻底地化解了五案的金融风险，大大提高了重整的成功率和效率。

三、关联企业非实质合并破产的价值内涵分析

基于破产法的基本价值追求和制度功能，笔者将从程序及实体两个层面来初步分析关联企业非实质合并破产制度的价值内涵。

（一）基于效率与成本的程序集约

《破产法立法指南》中对"程序协调"的目的有着非常清晰的表述，即"促进程序的便利并提高成本效益"。[①] 破产制度中的公平清偿是破产法的基本价值追求，而公平的

---

① 参见联合国国际贸易法委员会编著《破产法立法指南》，2006，第 33—34 页，https://uncitral.un.org/sites/uncitral.un.org/files/media-documents/uncitral/zh/05-80721_ebook.pdf，访问日期：2022 年 10 月 20 日。

前提应当基于一定的效率之上。若数个债权债务关系及历史遗留问题较为复杂的关联企业已"停止偿付"数年，债权人通过诉讼、仲裁、执行的司法程序仍未能及时清偿，若进入破产程序后不考虑程序的集约与效率，办理数年后债权人才获得一定的清偿，即使如何公平，对债权人来说可能公平已无关紧要或已丧失了对破产制度的信赖与期望。与法谚"迟到的正义非正义"一样，"迟来的公平也非公平"。

成本节约的深层次内涵逻辑和价值追求在于对债权人利益的最大化保护。破产程序的办理成本与债权人的清偿利益是一个反比例关系，即破产成本越高则债权人可获清偿利益就越低，反之则越高。对债务人企业自身及投资者权益的价值来说亦是如此。此外，成本节约与效率提升往往具有一定的联动性，提升效率的同时往往就是为了节约相应的成本，以更好地维护权利人的权益、实现破产法的基本价值。

因此，关联企业非实质合并破产的重要内容及价值追求之一便是提升效率、节约成本。《破产法立法指南》的相关内容及我国司法实践案例基本上都是在追求这样的原则。比如集中管辖、同一管理人、债权人会议合并举行、关联资产协同处置、协同重整计划的制订等规则都体现着对提升效率、节约成本的追求。

（二）相对公平与利益平衡

公平清偿是破产制度的核心原则和基本价值追求之一，绝对公平是一种美好的应然状态，相对公平是一种符合现实的实然状态。破产制度或程序中不同类型的债权清偿顺位之差别体现的是多种利益的平衡与调和，其实际上就是对相对公平的一种追求和考量。否则，将不会有基于生存权益保障考量的拆迁款优先清偿权、购房款优先清偿权、建设工程价款优先清偿权；或基于对物权保护及维护融资制度体系的有财产担保优先权；或从国家税收安全考量的税款优先权等。

因此，关联企业在非实质合并破产程序当中，基于对利益平衡和相对公平的追求，笔者认为可以在债权清偿或资产变价方面进行一定的协调。比如，A、B 系两个未达到实质合并破产的关联企业，A 企业从事的是传统的实体业务，B 企业从事的是较为新兴的创新业务，在两个企业发展经营过程中，A 企业为 B 企业提供过长期的资金支持（B 企业已依法偿还，不存在债权债务情况）或为 B 企业提供人才输送与培养，办公、创业环境等实体方面的支持。现两企业同时进入破产程序，其中 A 企业的业务已是夕阳产业，已无多大价值，且债权清偿率极低，甚至为 0；而 B 企业的创新业务潜力巨大，具备良好的重整价值和广阔的发展前景。那么在两个企业进行非实质合并破产程序时，B 企业的重整计划内容是否可以包含对 A 企业的适当补偿内容，从而使 A 企业债权人获得一定的清偿，达到相对的公平或一种利益的平衡。

（三）社会稳定

如前所述，我国的破产制度除了发挥其市场主体退出及司法拯救的功能外，往往还担负着维护地区社会稳定的重任。假设 A 企业进入破产清算程序后将面临大量的职工安置问题，若处理不当，除增加大量失业人口外，还会严重影响当地的社会稳定，且可能进一步激化社会矛盾。而其关联企业 B 进入破产重整程序后因具备较大的重整价值，新的重整投资人将扩大企业规模或需要大量的劳动力，即使 A 企业职工非其最佳的市场化劳动力选择，但从维护社会稳定、缓解社会矛盾的角度出发，在 B 企业的重整计划中制定优先聘用或优先保障 A 企业职工的相应内容也是管理人需要认真考量思索的。

（四）经济效益

破产制度的另一项重要功能就是释放资源、优化资源配置，并发挥其最大的市场化经济价值。假设 A、B 两个关联企业属于上下游产业链关系，或其各自的核心资产具有高度的关联关系，比如 A 企业是某原材料生产供应商，B 企业是该种材料的加工、制造商，具备相应的关键技术及生产器械。对两个企业的资产进行分别处置会大大降低资产价值或增加处置时间及成本，如 A 企业的原材料单独处置价值为 1000 万元，B 企业的关键技术及生产器械单独处置价值为 2000 万元，若合并处置则价值将提升至 4000 万元，则无论对于 A 企业还是 B 企业来说，都会增加一定的经济效益，对债权人来说则可提升债权清偿率。上文提到的新天泽公司、新华立公司和恒德远景公司关联企业非实质合并破产案就是将各关联企业资产进行了有效整合，保留了企业核心资产的完整性，并最大限度地提升了破产企业财产的价值。

四、结语

市场经济的紧密联系发展、科斯的内部化理论以及经济理性人的逐利性等，使关联企业在经济交往中愈发频繁和重要。破产制度是市场经济主体的退出与拯救制度，对关联企业的合并破产具有一定的指导意义。目前我国理论及实务过多地将目光和注意力放在了关联企业实质合并破产方面，而对于关联企业非实质合并破产的需求关注过少。笔者认为，关联企业合并破产制度作为一个整体，实质合并破产与非实质合并破产犹如飞机的两翼，应当同时予以充分的研究和探索，除了从程序集约的效率与成本方面考量外，还应该从实体性权益方面对非实质合并破产的内涵与价值进行研究，才能够推动我国关联企业合并破产制度的全面发展与平衡发展。

涉煤矿企业破产清算案件中生态修复及矿山遗留问题的处理

——以贵州某涉煤矿企业破产案件为例

徐 骏 赵寿申 [①]

摘要： 破产管理人在办理涉煤矿企业破产清算案件过程中，要妥善处理矿山生态修复、矿区历史遗留问题等涉及生态环境债权确认和清偿工作，《民法典》《企业破产法》《中华人民共和国环境保护法》等诸多法律法规对此均有明确要求。但具体到生态环境债权调整、清偿顺位、相关费用保障等实践操作问题上，均缺乏明确规定，且实践争议较大，影响了破产管理人职能的发挥和破产程序的高效运行。本文以个案的办理经验为切入点，坚持问题导向，通过分析实践中遇到的阻碍，试图提出解决该类问题的方案。

关键词： 破产管理人；涉煤矿破产企业；破产清算程序；生态修复；矿山遗留问题

近年来，随着"两山"理念的逐渐深入，贵州省持续大力推进煤矿整顿关闭和煤炭资源整合工作：2007年，关闭年产3万吨以下煤矿；2010年，关闭年产9万吨以下煤矿；2017年，关闭年产15万吨以下煤矿；2019年，关闭年产30万吨以下煤矿。大量中小型煤矿面临着关停、被兼并重组的命运，走向破产清算的涉煤矿企业数量也在逐年递增。破产管理人在办理此类案件过程中，必然要妥善处理矿山生态修复、矿区历史遗留问题等涉及生态环境债权确认和清偿的工作，其是破产企业生态环境保护责任承担的体现，破产程序绝不是破产企业脱责的"避风港"。然而现实情况中，生态环境损害本身具有隐蔽性强、潜伏期长、成因复杂、波及面广等特点，且矿区生态修复问题与历史遗留问题又多面临着迁延时间长、矿群矛盾突出等复杂情况。破产管理人在遇到以上问题时，往往不能第一时间确定其类别、难度、真实状况，若简单轻率地按照一般破产清算的法定程序履职，必然会遭遇这些问题的"突袭"，从而导致破产清算程序受阻，甚至是严重拖延乃至停摆，到这个时候，不但破产案件无法顺利推进，更会进一步影响地区

---

① 徐骏，贵州贵达律师事务所律师；赵寿申，贵州贵达律师事务所律师。

营商环境。因此，破产管理人在办理涉煤矿破产企业清算案件中，在处理涉及生态环境保护责任的问题时不可不慎。

笔者通过对"浅谈涉煤矿企业破产清算案件中生态修复及矿山遗留问题的处理"进行分析，以办理个案的经验为切入点，坚持问题导向，通过分析实践中遇到的阻碍，试图提出解决该类问题的方案。

一、问题的提出

2021 年，某人民法院受理甲企业破产清算申请，并指定了破产管理人。破产管理人接管甲企业后，查明甲企业主要资产为 A 矿山采矿权，甲企业债务金额为 1 亿余元。根据《国务院关于煤炭行业化解过剩产能实现脱困发展的意见》（国发〔2016〕7 号）、《贵州省人民政府关于煤炭工业淘汰落后产能加快转型升级的意见》（黔府发〔2017〕9 号）、《省人民政府办公厅关于印发贵州省 30 万吨 / 年以下煤矿有序退出方案的通知》（黔府办函〔2019〕69 号），A 矿山关闭后可向当地政府申请 1200 万元奖补资金。此外，破产企业还有矿山生态恢复治理保证金、安全生产风险抵押金等少量其他资金留存于当地自然资源局等行业监管部门，以上资金在优先用于职工安置后，剩余部分可依法用于企业化解债务等相关支出。破产管理人与相关部门沟通后，确定破产企业在获取上述资金前，需要完成 A 矿山全部关闭验收工作，其中就包括对矿山生态修复和矿区历史遗留问题的处置。然而《企业破产法》及相关司法解释对于以上问题的处理缺乏具体规定，当地也无系统性的行业规范或案件办理指引，导致破产程序推进缓慢。经笔者了解，多数破产管理人在遇到这些问题时会按照破产程序的一般规则，连同破产企业相关行业"惯例"，或行业部门某年的"通知"来概括性地处理，缺乏统一的处理标准和尺度。贵州省的煤炭行业占据工业产值较重，对上述问题的处理事实上是普遍存在的。随着煤炭行业优化调整的深入和破产司法保障能力的提升，探索规范以上问题在破产程序中的处理是急需和必要的。

二、生态修复、历史遗留问题处置的必要性

本文所讨论的矿山生态修复、矿区历史遗留问题，是指煤炭矿山在确认关闭退出、企业依照规定向能源局、工业和信息化（厅）局等行业监管部门申请工业企业结构调整中央专项奖补资金或政府支持落后煤矿产能关闭退出的一次性奖补政策资金（为求行文简洁，以下均简称"奖补资金"）前，企业应当依照规定妥善处理煤矿在建设开采过程

中产生的一系列问题。该类问题主要包括采矿井筒的物理封闭、矿山整体环境生态恢复治理、职工安置、受地灾影响房屋损害赔偿、土地占用引发的债务等方面，在破产清算程序中，处理该类问题的必要性主要源于以下几个方面。

（一）法律、法规的要求

煤矿开采过程中，会对矿区自然生态、地质结构、水源、大气等造成持续性改变或损害，基于此，《中华人民共和国环境保护法》《中华人民共和国水污染防治法》《土地复垦条例》等相关法律法规均对煤矿企业的生态环境保护责任作出了较为严格的要求。例如，《土地复垦条例》第三条规定："生产建设活动损毁的土地，按照'谁损毁，谁复垦'的原则，由生产建设单位或者个人（以下称土地复垦义务人）负责复垦……"《中华人民共和国水污染防治法》第四十二条规定："兴建地下工程设施或者进行地下勘探、采矿等活动，应当采取防护性措施，防止地下水污染。报废矿井、钻井或者取水井等，应当实施封井或者回填。"由此可见，涉煤矿企业关闭煤矿退出市场前所需要处理的矿山生态修复、矿区历史遗留问题，是法定义务。破产管理人是破产程序的主要推动者和破产事务的具体执行者，法律法规要求企业履行的上述义务，无疑也是对破产管理人勤勉尽责、忠实执行职务所提出的要求。

（二）行业监管部门的要求

采矿权通常是破产煤矿企业唯一或最主要的具备变价价值的破产财产。实践中，大量的煤矿破产企业会在停止生产或资源枯竭相当长的一段时间（甚至若干年）后，方由其债权人或其自行申请进入破产清算程序。此时，矿区内厂房、设备、地下巷道等固定资产多因年久失修、保管维护不当，价值严重贬损甚至灭失。部分煤矿固定资产保留较完整的，也会由于技术迭代、煤矿企业需向水务局、电力局移交水利电力设备、房屋下的土地非因划拨或土地使用权未取得、临时政策规定不可撤回等多种客观因素，最终导致固定资产无法变价或变价成本远十收益，此类情况在现实中大量存仜。

因此，采矿权的变价对于破产企业的清算、破产债权的分配清偿至关重要。若破产管理人能够通过资源指标置换、出卖产能的方式变价的，则不在本文讨论之列。实践中，破产管理人面临的多数情况是，破产企业采矿权无法通过资源指标置换的方式变价，市场上也寻求不到买家，只能在自行关闭煤矿后通过申领"奖补资金"的方式实现对采矿权的变价。财政部印发《工业企业结构调整专项奖补资金管理办法》（财建〔2016〕253号）对"奖补资金"的性质、用途等都有着明确规定，"奖补资金"是指中央财政预算安排用于支持地方政府和中央企业推动钢铁、煤炭等行业化解过剩产能工作的以奖代补资金。在《最高人民法院关于对工业企业结构调整专项奖补资金不宜采取财产保全措施和执行措施的通知》（法〔2017〕220号）中明确，该资金专项用于相关国有企业职工以及符合条件的非国有企业职工的分流安置工作，目的在于去除钢铁、煤炭等行业的过剩产能，推进供给侧结构性改革。

但通过申领"奖补资金"的方式来实现对采矿权的变价系依托于工业企业结构调整的政策性规定，因此存在诸多的前置条件。以贵州省为例，行业监管部门通常要求煤炭企业在申领"奖补资金"之前，必须完成数项考核验收工作。在实践中，破产管理人欲通过申领"奖补资金"的方式实现采矿权变价，则必须先完成矿山生态修复、矿区遗留问题处理等工作。

（三）社会责任的要求

国家发展和改革委、最高人民法院、财政部等《关于推动和保障管理人在破产程序中依法履职进一步优化营商环境的意见》（发改财金规〔2021〕274号）要求："……管理人应当勤勉尽责，忠实履职，切实维护职工、债权人、投资者、破产企业及相关利益主体合法权益，切实维护社会公共利益……"管理人在依法履职、维护债权人利益的基础上，也应当切实维护社会公共利益，而对于矿山生态恢复、矿区遗留问题处理，正是管理人对承担社会责任最直接的体现。

对于涉煤矿破产企业而言，其发展不仅要靠自身拥有的资本、技术、劳动力等生产要素，同时还高度依赖地区自然资源、生态环境和矿区群众的支持，因此企业在追求经济利益的同时，也应该承担维护和改善当地生存环境的社会责任。

三、生态修复、历史遗留问题处置费用的探讨

破产管理人处置矿山生态修复、矿区历史遗留问题时，费用支出主要来自于招募专业机构编制闭坑方案、矿山生态修复方案，实施物理闭坑及矿山恢复治理，对因煤矿生产活动受损的被侵权人的赔偿，对开采作业占用集体土地的补偿等。当"奖补资金"作为涉煤矿破产企业唯一或主要破产财产时，就必须确定以上费用的性质。无论是将其作为普通债权、破产费用、共益债务，抑或是其他性质的受偿权利，对于整体破产债权的清偿均具有重大影响。笔者将结合法律规定、实践经验、立法本意及公平原则，做如下探讨。

（一）职工安置费用

一般而言，破产企业职工安置费用均应依照《企业破产法》第一百一十三条之规定，纳入职工债权统一清偿。但需要特别注意的是，如果破产财产中包含了"奖补资金"，则职工安置费用首先应当在"奖补资金"的范围内优先获得清偿，其原因在于财政部印发的《工业企业结构调整专项奖补资金管理办法》第3条、贵州省人民政府办公厅印发的《贵州省30万吨/年以下煤矿有序退出方案》中均明确了不管"奖补资金"的来源是中央财政预算拨付还是贵州省地方财政支持，依该款项性质及相关规定，都应当优先用于职工的安置处理。

（二）关闭煤矿必要工作产生的费用

如前文所述，涉及闭坑、矿山生态修复、赔偿煤矿生产活动造成的损害、补偿土地占用费等工作所产生的费用或债务应该如何定性？其将直接决定上述费用在破产清算程序中的清偿顺序。

第一种观点认为，该类费用应归属于普通债权。其原因在于《最高人民法院关于审理企业破产案件若干问题的规定》第五十五条规定："下列债权属于破产债权：……（十一）债务人在破产宣告前因侵权、违约给他人造成财产损失而产生的赔偿责任……"从侵权责任的视角出发，其结论固然符合现行法律规范，但明显缺乏良好的社会效果，也往往与现实脱节。现实情况中，普通破产债权的清偿率通常较低甚至无法获得清偿，将该类费用归入普通债权将引发以下问题：首先，破产企业可以通过破产程序"逃单"，有限的环境资源将成为破产企业"免费"的商业成本，易诱发部分企业为规避生态修复和历史遗留问题赔偿责任而恶意破产的道德风险。同时，自然资源和环保部门也几乎不可能在煤炭企业不妥善处理生态修复和历史遗留问题的情况下同意煤矿的关闭验收工作。其次，煤矿关闭、矿山生态修复、环境治理等工作具备极强的专业性，破产管理人必须依靠招募专业的编制单位、施工机构推进相关工作，若将该部分的费用作为普通债权处理，则破产管理人实际上将无法获得资金保障用于上述工作，关闭煤矿的工作实质上将无法完成，破产程序恐将深陷泥潭。最后，归于普通债权意味着债权人必须按照《企业破产法》的规定向破产管理人申报债权。然而现实中，采煤活动引发的地质灾害所造成的房屋损害、水污染、耕地破坏等情况，是危及当地群众基本生存权利的。但由于矿山多位于山区，被侵权人多是文化水平较低、法律素养严重不足、长期分散居住或离乡打工的村民。因此，若要求其严格依据《企业破产法》的规定向破产管理人申报债权，这些被侵权人将无法凭借自己的力量，依据破产程序依法获得应有的赔偿。这种情况下，一则造成实质上的不公平，二则易激化原有矿群矛盾、诱发群体性事件。因此，将该类费用归属于普通债权的做法在实际操作中将会难以推行。

第二种观点认为，生态修复相关费用应优先于普通债权受偿。其理由在于，如果将生态修复责任单纯归属于侵权责任，那么在私法责任的理论框架下，其难以得到圆满解释和适用。例如在土壤污染治理中，行政机关可以单方面决定责任人的法律义务或责任，因此将生态修复责任解释为公法责任更合理。基于此，生态修复责任的私法属性表现在它仍然是债，但同时它的公法属性则体现为公益性，和税收债权一样，应优先于普通债权受偿。该观点的缺陷在于，从公益性角度出发，生态修复费用比照税收债权优先受偿的方案有其合理性，但依法无据。《企业破产法》及相关司法解释对于优先债权的设计，采取了封闭列举的方式，其中并无生态修复和环境侵权相关债权，其他部门法中对生态修复责任的受偿地位也无特别规定。笔者认为，破产债权的清偿顺序，本质上属于权利冲突，确认破产债权清偿顺序系法定权利位阶规则，是确保全体债权人都能够依法得到合理清偿的基础，从《企业破产法》对此采取了封闭列举的方式即可见一斑。因此，破产管理人对于优先债权的认定应当遵循严格解释，更不宜类推适用。此外，《全国法院破产审判工作会议纪要》第 28 条规定："对于法律没有明确规定清偿顺序的债权，……私法债权优先于公法债权……原则合理确定清偿顺序。"基于此，即便强调了生态修复责任的公法属性，但在现行破产法律制度下，生态修复费用也不能当然优先于普通私法债权而受偿。

第三种观点认为，该类费用应作为破产费用或共益债务优先受偿。回到本文第一部分问题中的案例，破产企业甲的主要资产是 A 煤矿的采矿权，其债权人获得清偿的主要资金来源即是 A 煤矿关闭后所申领的"奖补资金"。但行业监管部门在煤矿关闭验收的具体要求中，早已列明了煤矿所属企业要完成对矿山进行生态修复和历史遗留问题处理。因此，妥善处理上述问题是破产管理人取得"奖补资金"的前置条件，同理，该类费用的支出，也是其他债权获得清偿的前置条件，即便无法被认定为破产费用，至少也应当归属于共益债务。在面对实践中出现的与法律规定的范围不一致，却具有相当程度合理性的共益债务，破产管理人应从目的解释的角度出发，适当地扩大对共益债务的认定，其核心就是要把握住全体债权人的共同利益。该观点确实可以解决部分案件中遇到的具体问题，但本身局限性较强，如果破产财产中不包含"奖补资金"，该观点的基础也将不复存在。此时，普通债权清偿不足的法律风险将直接转化为遗留废弃矿山生态修复的包袱，最终破产企业的环境侵权责任只能转嫁至国家、社会和个人。该观点除去本身的局限性外，笔者认为存在以下不妥之处：第一，根据《最高人民法院关于适用〈中华人民共和国企业破产法〉若干问题的规定（二）》第三条第二款之规定："对债务人的特定财产在担保物权消灭或者实现担保物权后的剩余部分,在破产程序中可用以清偿破产费用、共益债务和其他破产债权。"破产费用和共益债务落后于别除权的行使,当别除权完全覆盖采矿权价值时,破产管理人同样面临因破产费用实际无法支付而不能完成煤矿关闭工作的困境。第二,相关问题的处置费用是基于煤矿生产过程中所产生的"环保及矿山修复义务""侵权损害赔偿"等而形成的,因此此类费用一般发生在破产案件申请受理之前,将其列为共益债务明显不符合"人民法院受理破产申请后发生"这一程序要件,且缺乏基本的法律依据。

第四种观点认为,此类费用应当在"奖补资金"的范围内优先清偿,这也是笔者认为最符合实际情况、最便于破产清算程序推进的观点。其原因在于,"奖补资金"是破产管理人无法通过其他手段对采矿权进行变价的无奈之举,其也是相当一部分煤矿唯一能够选择的变价方式。严格来说,采矿权是指"在依法取得的采矿许可证规定的范围内,开采矿产资源和获得所开采的矿产品的权利。取得采矿许可证的单位或者个人称为采矿权人"。"奖补资金"源自国家财政补贴,可以理解为是在采矿权无法通过出卖、置换产能等形式变现时,采矿权人在满足取得条件后方能获得的、特殊的采矿权的财产变现形式。以贵州省为例,获取"奖补资金"的主要政策依据为贵州省能源局、贵州省自然资源厅、贵州省财政厅等多部门联合印发的《关于加快推进兼并重组煤矿分类处置促进煤炭产业转型升级发展的通知》(黔能源煤炭〔2020〕100号)以及《省人民政府关于煤炭工业淘汰落后产能加快转型升级的意见》(黔府发〔2017〕9号),这些政策体现了取得"奖补资金"的对价是关闭落后产能,而关闭落后产能又需满足各行业主管部门的验收需求。在此基础上,就不难理解相关问题处置费用应当在"奖补资金"的范围内优先受偿的原因了。就煤矿关闭、矿山生态修复工作而言,由于其是满足煤矿关闭验收的程序性工作、执行破产事务所必需的"聘用工作人员"的费用,在扣除"矿山生态恢复治理保证金"等抵押金后,应当列为破产费用随时清偿。就煤矿生产活动占用集体用地、引发地质灾害而导致的房屋损害、农田污染、耕地破坏等矿区历史遗留问题的妥善处理工作,同样是满足煤矿关闭验收的要求之一,是获得"奖补资金"的前提,应在获得的"奖补资金"中预先扣除。

值得注意的是,当此类问题所涉及的煤矿存在基于担保权等优先受偿权(别除权)时,笔者也更倾向于此类费用优先于别除权而受偿。结合上文,此类采矿权作为担保物要实现其财产价值,必然走向采矿权注销的结果,根据《民法典》第三百九十条:"担保期间,担保财产毁损、灭失或者被征收等,担保物权人可以就获得的保险金、赔偿金或者补偿金等优先受偿……"之规定,别除权人可以对采矿权注销后的"奖补资金"优先受偿。但也正因前文所述,"奖补资金"的取得应预先扣除相关问题的处置费用,这也进一步为相关问题的处置费用优先于普通债权受偿提供了法律依据。

2021年11月29日，贵州省高级人民法院、贵州省自然资源厅、贵州省能源局、贵州省财政厅联合印发了《关于涉煤矿破产案件若干问题的会议纪要》（黔高法〔2021〕254号），其中第四部分明确了"对于关闭煤矿，由于煤矿主体企业破产而没有资金处理建设过程中产生的房屋损害赔偿、征地赔偿等债权债务纠纷的，地方政府及部门应优先将省级下发的关闭煤矿奖补资金统筹用于闭坑工作……"无疑是对第四种观点的实践运用。

四、生态修复、历史遗留问题处置过程中的主要工作、部分难点问题

在处理矿山生态修复、矿区历史遗留问题的过程中，受煤矿关闭进度和所在地行业监管部门的要求不同、贵州省煤炭能源政策调整以及当年煤炭市场整体行业情况波动等多种因素的影响，破产管理人在面临相关问题的处置时所采取的具体方法可能会存在差异，但综合多地实践经验，笔者认为主要工作有以下几个方面。

（一）矿井井筒物理封闭

矿井井筒物理封闭是指依照国家法律规定、行业技术规范以及各地行业管理部门的工作指导要求，对主要通往井下的出入口及通道填充符合技术标准的砂石材料，并按照符合法律规定和行业技术规范的工程方案进行施工回填的工作。该项工作需要井下作业，仅仅是在封闭施工过程中对井下瓦斯突出、污染物泄漏、爆炸物遗留等安全事故的防治，都是破产管理人所不具备的专业知识。所以破产管理人在推进该项工作时，应当在经过法院、债权人会议同意的基础上，招聘专业机构先行编制闭坑方案，并报送行业主管部门批准，待方案通过后，再招聘专业施工机构按照获批方案严格进行施工、监理。需要特别注意的是，破产管理人应当要求施工机构对施工过程进行全程不间断录像，并对重点部位拍照留存。

（二）矿山生态修复

矿山生态修复主要包括三项基础工作：一是矿山整体生态修复，要对当前存在的生态问题进行判断和识别，并招聘专业机构编制修复方案后报送自然资源管理部门批准通过；二是严格按照获批方案施工，工程内容包括但不限于复垦复绿、地质灾害隐患修复、地面房屋设备拆迁、移交或再利用等方面；三是积极排查矿区已存在的污染问题和可能存在的污染隐患，并及时与所在地环保部门沟通，确定治理方案。以上工作专业

性极强，同样需要破产管理人在推进该项工作前，在经过法院、债权人会议同意的基础上，招聘专业机构来完成。同时，本项工作具备一定的灵活性，如依据自然资源部制定的《历史遗留矿山核查技术规程》（2021年），历史遗留矿山存在的主要生态问题为地质环境问题、土地损毁和植被破坏问题等。根据现场破坏情况，生态修复方式主要有以下四种：①自然恢复，指采矿损毁土地依靠生态系统自我调节能力能够逐步得到恢复，不需进行工程干预；②辅助再生，指采矿损毁土地表土不适合植被生长，需要进行土地平整、表土覆盖和培肥才能使受损生态系统逐步恢复；③生态重建，指采矿损毁土地需要采取工程措施消除矿山地质环境问题隐患，进行地貌重塑、土壤重构、植被重建等；④转型利用，指采矿损毁土地可恢复为耕地等用于农业生产，或恢复为城乡建设用地用于各类建设活动。因此，破产管理人应当以节约破产成本、高效推进破产清算程序、快速出清"僵尸"企业作为工作指导原则，积极与编制方案的专业机构、当地主管部门进行沟通协商，制订合适的修复方案，以求更高效、更节约地完成各项矿山修复工作。

（三）历史遗留问题处理

煤炭企业在漫长的生产建设过程中，通常会产生并积累大量的"矿群问题"，主要包括生产活动引发地质灾害导致的房屋损坏、征地（补）赔偿、无偿保供煤炭、职工安置等内容。这些都是破产管理人在关闭煤矿过程中必须妥善处置的问题，行业内一般称之为"历史遗留问题"。此类问题由于形成时间较长、涉案群众人数众多、涉及群众基本生存，破产管理人在工作中要特别注意方式方法，防止群体性事件的发生。同时，该项工作的难点在于收集基础债务数据、设置鉴别和赔偿标准、组织协商谈判、执行赔偿方案等，因此破产管理人在推进此项工作时，需要争取当地政府和基层自治组织的认可和配合，特别是在赔（补）偿事宜的谈判中，需要破产管理人挑选有丰富社会工作经验和基本共情能力的人员从事具体工作，以便加快推进本项工作。

（四）其他必要事项

以贵州省为例，为满足闭坑验收的要求，破产管理人还需要完成煤矿基础资料收集（采矿许可证、安全生产许可证、开采方案初步设计批复、安全设施设计批复、关闭公告、采掘工程平面图等技术图纸），依法注销采矿许可证、安全生产许可证、开采方案初步设计批复、安全设施设计批复等许可，向供电公司、水务公司注销供电、供水账户，向公安机关申请对民用爆炸品停供、清退等工作。本项工作需要破产管理人在短时间内沟通多个行业监管部门同时进行，因此破产管理人应在确认开展闭坑工作前，提前做好人员调配工作，高效推进本项工作的开展，以免在申请多部门联合验收时，因为遗漏相关工作而导致验收失败，延误工作进度。

（五）对部分难点问题的思考处理

上文提及的工作内容，涉及多个细项，破产管理人需及时辨明其中轻重缓急之分，对部分难点问题要充分重视，以免受困一处导致整体工作推进受阻。笔者结合实践经验，对部分难点问题试作以下归纳和思考。

第一，资金未获保障，闭坑工作停摆。如前文所述，通常情况下"奖补资金"是涉煤矿破产企业唯一或主要破产财产，而负责监管闭坑工作和资金下发的行业监管部门又要求破产企业在完成闭坑工作后才能申领"奖补资金"，这就陷入"缺乏资金开展闭坑工作—无法完成闭坑工作—无法申领'奖补资金'—缺乏资金开展闭坑工作"的悖论循环之中。即使主管部门会在"闭坑报告"批复后下发"奖补资金"的10%作为前期启动资金，但在面临上述多项工作内容时，启动资金无异于杯水车薪。笔者在实践中，曾根据具体情况，采取过沟通专业机构垫资、分期取酬等解决方法，但这些方法都存在不灵活、不确定的因素，且实践中会对破产管理人招聘专业机构、制订谈判策略造成阻碍，最终工作效果不甚理想。对此，笔者建议通过府院联动机制，在法院或行业主管部门的监管下，设立独立的账户（或直接使用破产管理人账户）先行接收全部"奖补资金"，破产管理人再根据债权人会议通过的财产管理方案和法院批准的财务制度使用"奖补资金"完成各项关闭煤矿的工作。破产管理人在对有限的可用资金进行全面评估、确定或预留好各项工作所需资金后，就可以及时制定和执行财产分配方案，这样更有利于破产程序的高效推进。

第二，历史遗留问题难以推动。煤矿企业在生产建设过程中产生的历史遗留问题常常是复杂且敏感的，多触及当地民生问题，绝不能简单粗暴地处理。被侵权村民大多受限于文化水平较低、法律素养不够、当地基层法律从业人员匮乏等问题，无法依靠自己的力量通过法律维权。但煤矿企业所产生的损害又确实关乎其生产生活的基础，因此多年来村民与煤矿企业之间往往伴随着激烈的冲突和矛盾，导致破产管理人接管破产企业后无法及时深入当地群众，更无法取得群众的信任。因此双方就赔偿方案或鉴定、评估方案的谈判极其困难，常常陷入各执一词、寸步难让的境地。同时，贵州省作为人口净流出的省份（这一点同样适用于部分矿产资源型省份），特别是煤炭行业发达的毕节、黔西南等地区，常见涉及历史遗留问题的人员因外出打工而产生基础赔偿数据难以被收集的情况。此类历史遗留问题大多形成时间漫长，多数矛盾爆发早于破产程序启动，通常需要破产管理人花费大量的时间和工作收集论证。

对此，破产管理人可在接管破产企业档案资料的基础上，主动对村干部、村民组长进行访谈，多方收集历史赔偿方案或协议等资料，结合破产企业的会计账簿、付款凭证，到地灾办调取历史房屋损害鉴定报告及价格评估报告，综合还原出一个尽量贴合事实的历史遗留问题原貌。根据这个事实，破产管理人再充分依托当地政府及基层自治组织，采用"收集数据—分析甄别—鉴定评估—协商谈判"的工作步骤，逐步化解历史遗留问题。

但在这种工作方案下，破产管理人的工作量和破产费用开支无疑会大大增加，不利于破产案件的快速、高效推进。因此，笔者建议可以参照环境公益诉讼相关规定，由地方政府或基层自治组织牵头，为矿区村民选择合适的公益组织，让公益组织参与到破产程序中来，帮助缺乏实际参与能力的村民申报债权。这样的做法，有利于真正实现所有债权人的公平清偿，也能有效避免遗漏相关债权人的风险。

最后，破产管理人可采取与当事人谈判确认签订协议后向主管部门申请确定，或取得当地政府的赔偿工作会议纪要及执行结果确认的证明，作为完成该项工作的依据。

历史遗留问题事关当地民生，因此笔者认为对于该问题的处置，无论是当地政府部门、案件承办法院，还是破产管理人，都应当特别重视。对此，笔者建议人民法院、破产管理人协会、各地政府部门应当在府院联动工作机制下，突破对个案处理的局限，针对此类问题建立常态化、规范化的协调处理机制，才能确保在涉煤矿破产企业的审判工作中，有效满足涉案各利益主体的程序正义需求和效率需求。

第三，环保问题的"突袭"。涉煤矿企业的环境保护及污染治理问题是关闭煤矿的必要工作，然而该类问题常常以"突袭"的形式出现在破产管理人的工作中。其原因在于煤矿企业的环保问题具有潜伏期长、隐蔽性高的特点，通常难以通过矿区表面现状提前识别，时常会在矿井封闭完成或生态修复的过程中偶然暴露，让破产管理人"措手不及"。

在面对这个难点问题时，笔者认为较好的解决方案是早期介入、及时识别、提前预判。破产管理人不能被矿区的表面现象麻痹，应在确定选择领取"奖补资金"这个方向不变后，就立即着手招聘专业的环境保护治理机构，并将需要识别的事项提交第一次债权人会议表决。在聘用专业机构后，应及时要求其就常规环境问题制作处理方案，对于初期不能识别的环境问题应制作应急预案，并与当地环境保护管理部门保持沟通协调，时刻做好准备。笔者认为，该项工作同样需要在府院联动工作机制的支持下，由人民法院或环保部门牵头，针对环境问题的识别、处理，相关费用的使用、监管，制定具体的操作规范或联动工作机制，以便此类问题的妥善处理。

五、结语

由以上问题扩展开，目前《企业破产法》《中华人民共和国环境保护法》《中华人民共和国水污染防治法》等现行法律法规、司法解释对于破产案件中矿山生态修复及矿区历史遗留问题的规定和衔接仍有着大片空白，尚不能为破产管理人处理相关案件提供具体的操作指引。《企业破产法》是典型的实体法和程序法相结合的法规，应当具有极强的操作性，但受到条文限制，不可能穷尽各种情形。因此，一方面要通过修改完善法律规定、制定配套的司法解释，加强对破产企业生态环境责任的规制，明确生态修复的资金来源和使用明细，引入生态修复效果作为办案水平的评价机制，等等；另一方面也要充分发挥府院联动机制的整体效应、协同效应，通过建立企业环境信息共享机制、引入环境损害和生态修复治理技术支持等，加强对案件的专业化指引和评价，构建生态保护全面协作的大格局，形成合力，共推地区生态文明建设。

破产案件办理平台的建设和完善

卢林华 孙 南[①]

摘要： 随着互联网、大数据技术的发展，建设和完善破产案件管理平台是适应信息化社会的必然要求。文章从破产案件办理平台的现状和困境、平台建设的定位和目标、平台的完善建议等三个方面进行阐述，指出我国破产案件办理平台在数量、类型、功能、使用率等方面存在的问题和不足，提出明确平台的定位、功能、统一性和推广性等建议，为促进我国破产案件办理信息化建设提供一定的参考。

关键词： 破产案件办理平台；信息化建设；功能设计；统一开放

随着互联网、大数据技术的发展，提高破产效率、降低破产成本、提高债权人参与度的需要，传统的办案模式也逐渐发生变化，建设和完善破产案件管理平台是适应信息化社会的必然要求。与传统的人工、现场完成的债权申报、信息公开、债权人会议等相比，电子申报、网站公开和线上债权人会议等有着明显的优势，可以有效提高破产案件办理的质量和效率。现有破产案件管理平台建设的诸多研究成果，大多从法院的角度出发，以信息化建设加快破产审判的效率，笔者认为，管理人和债权人是破产案件办理的重要参与者，也是平台建设的参与者和受益者，有必要结合管理人、债权人的需求，探究破产案件办理信息化的价值取向和功能定位，分析实践中存在的问题并提出完善建议，为推动我国破产案件办理信息化建设建言献策。

一、破产案件办理平台的现状和困境

（一）破产案件办理平台的建设情况

2016 年 7 月，最高人民法院发布《最高人民法院关于企业破产案件信息公开的规定（试行）》，推出全国企业破产重整案件信息网及法官工作平台、破产管理人工作平台，正式开启我国破产案件办理平台信息化建设。同年 11 月，最高人民法院印发《关

[①] 卢林华，贵州贵达律师事务所律师；孙南，贵州贵达律师事务所律师。

于进一步做好全国企业破产重整案件信息网推广应用工作的办法》，要求法官、管理人及时通过全国企业破产重整案件信息网及关联平台办理破产案件、及时公开信息。2018 年 3 月，最高人民法院印发《全国法院破产审判工作会议纪要》，再次强调进一步加强破产审判的信息化建设，各地法院纷纷响应，掀起破产案件办理信息化平台建设的浪潮。

笔者通过检索发现，除全国企业破产重整案件信息网外，全国各地有三十余家法院、公司先后推出不同类型、不同功能的破产案件办理平台。笔者根据平台开发情况，选取具有代表性的平台介绍如下：

表 6-1　全国主要的破产案件办理平台一览表

序号	名称	开发模式	主要服务对象及功能[①]
1	全国企业破产重整案件信息网	法院、科技企业	①法院：破产案件管理、信息公开。 ②管理人：破产案件办理、信息公开、投资人招募。 ③当事人：债权申报、债权人会议。
2	贵州省高级人民法院破产案件信息公开网	法院、科技企业、金融机构、拍卖机构	①法院：破产案件管理、信息公开。 ②管理人：破产案件办理、信息公开、投资人招募、开户及财务管理、资产处置。 ③当事人：债权申报、债权人会议。
3	浙江省瑞安市人民法院破产案件智能化审判模块	法院	①法院：破产案件管理、协助执行。 ②管理人：破产案件办理。 ③当事人：债权申报、债权人会议。
4	广州市破产重整"智融"平台	企业、拍卖机构、金融机构	①法院：破产案件管理。 ②管理人资产处置、投资人招募、重整融资。
5	重庆易清算破产案件智慧操作平台	企业、管理人	①法院：破产案件管理。 ②管理人：债权审查辅助、资产处置、公证。 ③债权人：债权申报。
6	深圳市区块链破产事务办理联动云平台	政府	①管理人：涉政府事务办理。 ②债权人：债权申报。
7	阿里破产管理平台	企业	①法院：破产案件管理。 ②管理人：破产案件办理、处置资产、开户及财务管理。 ③债权人：申报债权、债权人会议。

———————

① 由于部分平台公开资料有限，仅根据有关新闻报道整理，不代表平台全部功能。

从上表整理的情况以及笔者了解的情况来看，我国破产案件办理平台建设在数量、类型上可谓"百花齐放"。但从笔者亲自体验部分平台并从其余平台公开的信息来看，平台开发的质量，特别是平台的功能方面，从顶层设计、开发情况和使用情况等都存在一定的不足。

（二）破产案件办理平台亮点及补足

1. 部分功能有亮点，整体功能不完善

各地法院、政府及企业开发破产案件办理平台的初衷，都是为了解决全国企业破产重整案件信息网的功能不够完善的问题，试图实现破产案件办理全流程的覆盖。但从实际效果来看，尽管这些平台基本都能根据实际需要开发出某些特色功能，且这些特色功能具备一定的亮点，但仍难以实现破产案件办理的全流程覆盖和信息化的需求，甚至部分平台连基本满足法院、管理人、债权人办理或参与破产的要求都难以实现。

以深圳市区块链破产事务办理联动云平台为例，该平台于 2020 年 7 月上线，由深圳市税务局和腾讯区块链提供技术支持，主要亮点将破产流程中涉及政府部门的事务办理、债权申报等事项进行全链条管理，但其缺少法院参与，与法院破产审判有关功能明显存在欠缺。再以全国企业破产重整案件信息网为例，目前该平台现有功能主要集中在法院对破产案件的管理和管理人、债权人的基本参与，功能较为单一，比如虽有债权申报功能，但缺乏债权审查、债权核查、债权确认等功能，再比如虽有提交报告、记录日志等监督管理人的功能但缺乏重大财务收支监管、财产处置监管等功能。而由政府部门和法院联合开发的平台，其功能主要集中在与政府部门相关的破产事务的线上办理，对于破产案件办理中的其他重要事项，特别是债权人和管理人的参与方面等，其功能设计并未考虑。

2. 功能丰富，但部分功能实用性不强

平台功能的实用性是法院、管理人、债权人及其他主体是否愿意使用平台的核心，部分平台在设计功能时未考虑实际使用者的具体情况，导致平台的实际使用效果不佳，反而可能额外增加法院、管理人的工作量。

以全国企业破产重整案件信息网为例，其开发的债权申报、审查功能，对债权人来说基本满足要求，但对管理人来说，债权申报、审查功能较为简陋，不仅不能定义具体项目，还不能有效整合申报信息和审查数据，满足不了实际需求。

3. 平台使用率不高

尽管破产案件办理平台开发主体不同、功能侧重不同，但都对破产案件办理的部分环节进行了个性化定制，但从平台的实际使用情况来看，法院、管理人、债权人等使用

平台较少。

例如，全国企业破产重整案件信息网自2016年推广使用以来，要求法官、管理人使用该平台办理案件和公示有关信息，但至今仍有大量案件未通过该平台办理，且大多数案件公示信息严重缺失。此外，多数案件主要使用汇报沟通、债权人会议等功能，其他功能甚少了解和使用。总的来说，大多数法院、管理人、债权人仍然习惯于通过传统的线下方式办理案件。

实践中，各开发主体为提高平台使用率，在不断优化平台的功能和性能的同时，也通过上下级管理、指导关系等进行推行。以贵州省高级人民法院破产案件信息公开网为例，该平台由贵州省高级人民法院主导建设，除听取法官、管理人意见，对平台进行完善、升级提高平台的功能外，还通过文件、培训等方式，多次要求法官、管理人通过该系统办理破产案件，并通过一定的系统设置确定破产流程和必要信息，例如将案件考核中结案时间明确为系统的结案时间，并在系统中明确结案前需提交的材料和需完成的程序，督促法院、管理人进行使用。

4. 主体参与度不同

不同主体主导开发的平台，法院、管理人、债权人以及其他主体的参与度有较大差异。法院主导开发的全国企业破产重整案件信息网、贵州省高级人民法院破产案件信息公开网等平台，法官的参与度远高于管理人、债权人、投资人等，更多地体现法院对于破产案件的管理、指导和监督，而非管理人对破产案件的办理以及债权人的参与。政府、管理人、科技公司主导开发的平台类似以上情况。此外，在债权人参与方面，绝大多数平台对于债权人而言仅有申报债权、参加债权人会议的功能，债权人参与程度较低。

5. 政企合作模式

相比科技公司、网络拍卖公司而言，法院、政府、管理人通常不具备独立开发、运营平台的能力，且支付开发、运营费用的意愿较低，因此一般选择委托第三方开发，并认可第三方通过部分功能实现收益。例如，第三方在开发平台时，常通过部分功能进行收费，例如管理人账户管理、网络拍卖费用等。政府、法院与第三方通力合作，由政府、法院提出需求，第三方提供资金及技术支持，不失为政企合作建设破产平台新方式；同时，与银行、拍卖平台等第三方合作，便于实现资金监管、资产处置等，也有利于破产案件的办理。

但此类合作可能存在垄断风险，需要尽可能避免。例如，要求管理人账户必须开立在合作的某家银行，要求必须通过某家机构处置资产等。尽管存在一定的技术考量，但带来的问题就是破产案件办理与第三方机构深度捆绑，可能造成垄断。

二、破产案件办理平台建设的定位

讨论破产案件办理平台的定位问题，首先要讨论的是破产案件办理平台建设不足的原因。

（一）破产案件办理平台建设不足的原因分析

1. 破产案件办理平台重要性认识不够

科技的不断进步、网络信息技术的广泛运用，使得信息化建设成为各行各业的热门；近年的 5G、大数据等技术，更是将信息化建设推向新的高度。然而，我国的信息化建设多体现在互联网、金融、工业、教育等行业，在政府、法院、管理人眼中，传统的破产案件办理方式已经能够满足当下的办案需求。也就是说，在没有破产案件办理平台的情况下，也能够顺利办结案件，甚至认为破产案件办理平台增加了学习、使用成本，对其办理破产案件造成了额外负担。还有部分从业者认为，破产案件办理平台主要用于网络债权人会议等，多数工作仍应通过传统方式办理，无须进一步建设平台。核心原因在于，政府、法院、管理人对于破产案件办理平台建设重要性的忽视、不理解以及可能带来的破产案件办理的颠覆性变化缺乏认识，导致对平台使用、推广的动力不足。司法实践中部分平台的不足，更加深了政府、法院、管理人、债权人等的错误认识。

2. 平台设计定位不足

不同破产案件办理平台由于开发主体和主要服务对象的差异性，自设计初期开始，其平台定位已有较大区别，随着开发完成和投入使用，平台定位不足的问题将会进一步放大。举例来说，由法院主导进行开发的平台，主要服务于法官审理破产案件以及对案件中相关数据资料进行收集、对相关程序推进进行监督，因此此类平台设计的重点围绕为法院审判提供服务，对于管理人办理、债权人参与的需求设计较少，司法实践中破产案件办理平台多为此类。对于部分科技企业开发的平台，其设计主要是为了管理人办理案件提供便利，从而促使管理人使用该平台并为之付费，此类平台更贴合管理人日常办案需求，对于法院、债权人参与等方面的设计较少。此外，实际中尚未出现以债权人为开发主体的平台。

3. 缺乏法律专业人员

破产案件办理平台的开发、维护不仅需要专业技术人员的支持，还需要包括法院、管理人等具备破产法律理论和实践经验的专业人员参与，为平台的建设、维护、改进提供支持。但目前大多数平台的开发缺乏多种类型的法律专业人员的参与，特别是政府、法院主导开发的平台，缺乏管理人等的参与，即使向个别债权人征求意见也难以收集到来自破产案件办理一线的法官、律师等的参与，导致平台不符合破产案件办理的实际需求。简单来说，在平台前期设计和搭建的过程中，需要由具有破产专业知识和实践经验的人员对平台的整体架构和各项功能提供专业的意见；平台初步搭建完成后，需要相关人员在使用过程中针对平台存在的不足提出改进意见，以确保平台符合破产案件办理的需要；此外，随着《企业破产法》及其他法律的完善，平台设计、运行的规则可能发生变化，需要根据法律的完善进行修改。

4. 缺乏足够的技术支持

一般的政府、法院行政事务处理、案件办理平台，构建较为简单，通常可概括为"申请—办理—反馈"三个步骤，且涉及主体较少，而破产案件办理的特殊性，使得构建破产案件办理平台更为复杂。以常见的债权人会议系统为例，债权人会议作为破产案件办理平台中一项核心功能，在新型冠状病毒感染疫情、节约破产成本等影响下不断得到重视，相比一般的行政处理、民事诉讼，破产案件办理中的债权人会议包含几个特点：第一，参与主体数量大，债权人数量一般在几十到几千之间，重大案件有上万人；第二，债权人会议审议有关事项的方式通常为表决，债权人不仅要参加债权人会议，还要对各项方案进行审议表决，债权人委员会选任等还可能采取特殊的表决规则；第三，参与主体包括法官、管理人、债权人、职工、债务人、投资人及审计、评估机构等，各主体权限不一、功能不同，身份核验和权限分配等存在难度。因此，破产案件管理平台信息化的过程中，对技术的运用更为迫切。而部分开发主体缺乏开发费用，部分开发公司由于技术不足、缺乏经验，其开发的平台不能有效辅助案件办理，反而可能增加案件办理难度。

综上所述，破产案件办理平台建设不足的首要原因是政府、法院乃至管理人等对破产案件办理平台的重要性和意义认识不足，导致平台缺乏实用性，形成"破产案件办理平台不好用"的观念。

（二）破产案件办理平台建设的意义

认识破产案件办理平台建设的意义，才能更好地做好破产案件办理平台的设计、开发和维护。

1. 破产案件办理的现实需要

《企业破产法》经过多年的发展，特别是近5年的飞速发展，已逐渐融入社会公众的生活和市场主体的经营中。无论是破产从业者还是其他人，都认识到了破产案件的办理与一般民商事案件办理有着较大区别，破产案件的特殊性决定了破产案件办理平台对办好破产案件的重要性。

首先是破产案件涉及主体类型多、人数多且地域分布广。一般的民商事案件通常只包括两方或者三方，但在破产案件中，涉及政府部门、法院、管理人、债权人、债务人、职工、投资人以及审计、评估机构等，部分重大案件涉及上万人，且分布在全国各地。各方主体想要参加破产程序，如债权申报和核查债权、参与债权人会议、查阅有关资料，如果通过传统的线下方式进行，不仅要花费较高的时间成本和金钱成本，效果也难以保障。

其次是破产案件办理牵涉多个领域、多个事项和多个单位。例如，调查财产状况需向政府有关部门、银行等调查不动产登记、车辆信息、账户交易记录、银行流水等；接受债权申报并审查，需根据债权人、债务人及管理人独立调取的资料进行审查；处置资产方面，一般需面向社会公开拍卖；投资人招募方面，不仅面向社会公开招募，还需根据行业特点邀请特定单位、个人参与……这些工作的有效顺利开展和有效衔接，急需破产案件办理平台的支持。

再次是法院职能的转变。一般的民商事案件中，由法院主要根据各方提交的申请、证据等开展各项工作，但在破产案件中，破产案件的办理主要由管理人进行，法院主要职能为指导、监督破产程序的进行，特别是监督和指导管理人的各项工作。例如管理人是否认真履行清产核资的职责，是否按照法律规定的时间开展各项工作，是否按照财务管理办法或债权人会议决议使用债务人资金，是否按照有关方案处置资产以及处置过程中是否存在履职不当等行为，都需要法院的监督。而在传统办案模式下，法院缺乏有效的手段对管理人进行监督，并且，由于破产案件相关资料数量较多且多由管理人保管，法院不可能对全部资料一一查阅，而是由管理人向法官报告工作情况，所以存在监督不到位的风险。债权人会议、债权人委员会对管理人的监督与上述情况大体相似。

最后是管理人对于破产案件的办理。管理人是破产程序的主要推动者和破产事务的具体执行者，在破产程序中几乎承担了全部破产事务的办理，甚至包括原本应由法院、债务人、债权人等负责的工作。信息化、智能化的破产案件管理平台，对降低破产成本、减少管理人负担有着重要意义。

2. 社会、经济发展的现实需要

建设和完善破产案件办理平台，不仅是破产案件办理的需要，也是社会发展和经济发展的现实需要。

首先是优化营商环境的需要。世界银行无论是在原"营商环境（Doing Business）"评估还是最新的"宜商环境（Business Enabling Environment）"评估中，都将破产成本、债权回收率、债权人知情权、信息化建设作为评价的核心指标；并且，最新的宜商环境评估中还将债权人参与程度、法院信息化与信息公开、破产程序服务的交互与协同等作为新增的评估项目。此外，国内目前的营商环境评估，仍较多借鉴原评估方法。但不管采用新评估方式还是旧评估方式，想要获得较高的评分和排名都离不开破产案件办理平台的建设和完善，债权人知情权、参与度、信息化建设、信息公开等与破产案件办理平台直接相关，破产成本、债权回收率等可通过破产案件办理平台间接实现。

其次是建设全国统一大市场的需要。《中共中央 国务院关于加快建设全国统一大市场的意见》指出，要"加快建设高效规范、公平竞争、充分开放的全国统一大市场"。目前的破产案件办理和平台建设有着明显的地域特点，除全国企业破产重整案件信息网外，其余平台大多数只作用于特定区域，与全国统一大市场的要求明显不符。只有建立统一、开放的破产案件办理平台，才能有效解决破产案件办理的区域差异。

最后是大数据背景下社会治理的需求。国务院印发《促进大数据发展行动纲要》明确指出，大数据将成为提升政府治理能力的新途径，并提出要建立"用数据说话、用数据决策、用数据管理、用数据创新"的管理机制，推动政府管理理念和社会治理模式的进步。大数据能帮助决策者掌握更全面的信息或更有力的证据，从而增强决策的科学性。企业进入破产的情况与市场环境及市场主体本身的原因密切相关，通过对企业破产大数据的深度挖掘，能分析企业陷入困境的原因，对可能陷入困境的企业进行辅导以避免其危机进一步扩大，还能够及时发现整体经济和区域经济出现问题的原因，可作为政府进行宏观决策的参考。

（三）破产案件办理平台建设的目标

破产案件办理平台的信息化并不是破产程序与信息技术的叠加，而是利用计算机信息技术实现信息收集、传递和利用的过程，理解破产案件办理信息化、智能化应当关注以下几点。

第一，办理破产案件比起其他案件更需要、更适宜进行信息化建设。破产案件与民商事案件、刑事案件的区别在于，破产案件参与人数众多，包括法院、债权人、管理人、债务人、债务人职工、重整投资人等多种主体，且要求各方保持较高程度的协同；破产程序复杂，集债务人财产接管、财产调查与追索、债权人会议、财产变价与分配等多种程序为一体。信息化技术应用面广、传播力强等优势，正好与破产程序的特点契合，有助于高效快速办理破产案件。

第二，破产案件办理的信息化建设是法院、管理人、债权人、债务人、金融机构、政府部门及其他参与主体信息沟通、共享的有机结合。参与主体可分为内部与外部两个部分，内部主体包括承办法院、管理人、债权人、债务人等，强调的是破产案件的线上沟通和合作，例如管理人向法院、债权人会议报告工作，召开债权人会议等；外部主体包括法院、银行、不动产登记中心、拍卖机构等，强调的是破产程序与其他部门的信息共享与交流，例如法院间查询债务人涉诉情况、通知中止执行等。

第三，破产案件的信息化办理以信息技术为中心，包含数据化、信息化乃至智能化。数据化是信息化的基础，通过硬件、软件与网络协力，对破产案件办理情况做计量、分析和定性，以数据的形式进行记录、查询和交流，例如管理人利用电脑处理债权申报与审查数据。一般意义上的信息化，是指以通信、网络、数据库为中心，利用信息技术为管理人办理案件提供协助，核心在于利用信息增强法院、管理人的能力，例如管理人利用全国企业破产重整案件信息网披露信息。智能化则是指利用人工智能技术，且侧重对破产案件数据的利用，是未来信息化发展的方向，例如利用区块链进行投票等。

三、破产案件办理平台的完善建议

（一）明确破产案件办理平台定位

破产案件办理平台应当以法院、管理人、债权人的使用为核心，保障债务人、投资人、债务人职工的充分参与，同时允许债务人职工及其他中介机构的适当参与。

目前的破产案件办理平台多数围绕法院的需求开发，缺少管理人的参与，难以实现管理人通过平台办好破产案件的需求，与司法实践中管理人"破产程序的主要推动者和破产事务的具体执行者"的定位严重不符，亟待改变。同时，仅以其中一方或者两方为核心是远远不够的，还需要保障债权人的使用。对于债权人而言，其作为破产案件的主要当事人和损失承受者，有责任让其享受到便民、快捷的司法服务。

债务人、投资人的参与对保障破产案件办理的质量至关重要。债务人作为破产程序的重要当事人，其参与自不必言。对于投资人而言，重整中投资人招募难已是众所周知的问题，优化投资人参与破产程序的体验和便利度，提高投资人的投资意愿和可能，是破产案件办理过程中亟须解决的重要课题。

债务人职工作为特殊的债权人，保障其参与的权利同样重要。同时，破产案件办理中还可能涉及对外招募第三方中介机构，第三方中介机构为破产案件的办理提供审计、评估、专项法律服务或辅助拍卖等服务。他们虽非破产案件的核心成员，但对破产案件的处理同样有重要影响，应当允许他们通过平台参与到案件办理中，同时法官、管理人及债权人也能够通过平台与投资人及第三方中介机构直接交流，获取相关信息，实现信息交流的零障碍。

（二）明确破产案件办理平台的功能

破产案件办理平台的功能应当包括基础功能和扩展功能两个部分。基础功能以破产程序为核心，目的是实现破产案件的顺利办理；扩展功能在基础功能之上，以进一步提高破产案件办理质量为目的。

1. 基础功能

根据笔者办理破产案件的经验，按照破产程序将破产案件办理平台的基础功能归纳为下表（见表 6-2）。

表 6-2　破产案件办理平台的基础功能

破产程序	基础功能	备注
破产申请与受理	当事人：提出破产申请（重整、和解、破产清算）；提出异议；提起上诉	
	法院：立案；审查破产申请（受理、不受理）；上诉审查；听证	
	管理人：参与指定（竞争、推荐、随机）；接受指定（含提出回避、辞职）	
履职准备工作	印章开立和备案；管理人账户开立和备案；管理人团队成员备案；工作制度备案	
财产状况调查	法院执行查控；执行案件、诉讼案件与破产案件关联；申请调查令	涉及法院诉讼、执行系统
接管债务人	接管情况报告；申请强制接管	
债权申报与审查	债权人：申报债权；接受债权审查结论、复核结论；提出异议；提起仲裁、诉讼后通知法院、管理人	
	管理人：接受债权申报；审查债权；复核债权；债权审查结论、复核结论通知；编制债权表；提请确认债权；调查职工债权并公示	
	职工：配合职工债权调查；对职工债权提出异议	
财产管理	破产程序财务管理与监督；重大行为报告；取回权申报；中介机构选聘与报告；债务人申请自行管理；审计、评估报告等公示和征求意见	
债权人会议	网络视频债权人会议（视频直播、回放与投票表决系统）；非视频债权人会议	核查债权、汇报工作等，仅查看文件即可
	债权人委员会召开	

续表

破产程序	基础功能	备注
重整	重整投资人招募；重整投资人报名与竞选；重整投资方案确定	
	重整计划征求意见；重整计划提交；重整计划批准；重整计划执行情况报告；重整计划延期、变更；重整转破产清算	方案表决见债权人会议
和解	和解协议执行情况报告；和解转破产清算	方案表决见债权人会议
破产清算	破产清算转重整、和解；破产财产变价方案和分配方案批准；破产财产处置情况报告；破产财产分配情况报告	方案表决见债权人会议
终结破产程序	申请终结破产程序；填报数据	
其他	管理人日常工作报告；法院指导意见、交办任务；申请查阅有关资料；管理人履职评价；破产办理有关数据汇总	

上述基础功能是法院、管理人办理破产案件，债权人、债务人、投资人等参与破产案件不可缺少的功能，在破产案件办理平台设计初期就应考虑。

2. 扩展功能

如前述，扩展功能主要是进一步提高破产案件办理质量的功能，例如，在债务人财产状况调查过程中，可接入政府有关部门平台，管理人可通过破产案件办理平台直接申请调取有关资料，政府有关部门通过平台推送至管理人平台；在银行账户开立和备案中，可接入银行系统，通过破产案件办理平台进行收支，法院可直接进行监督；在破产财产变价过程中，可接入阿里拍卖、京东拍卖等网络拍卖平台，便于财产变价……总之，扩展功能不影响破产案件的正常办理，但能有效提高破产案件办理的效率和质量。

扩展功能的实现，一般需依赖政府部门、法院执行部门、拍卖机构、银行等，因此需注意以下几点：第一，破产案件办理平台应建立统一的认证标准和开放接口，并统一接入标准，便于第三方进行开发、适配和认证，类似微信小程序、支付宝小程序、钉钉等；第二，通过对营商环境评估等方式，将接入平台的有关情况作为评估项，促进政府部门、法院主动接入平台；第三，第三方开发的扩展功能可采用市场化的方式，适当收取费用，但应根据具体情况确定费用收取标准，例如在传统方式中应支付的破产费用在平台中应由债务人财产承担，在传统方式中无须支付，平台中仅为管理人提供便利的应由管理人承担。

（三）建立统一、开放的平台

目前各地法院都在尝试建立破产案件办理平台，从国家级的全国企业破产重整案件信息网，到省级的贵州省高级人民法院破产案件信息公开网，再到市级平台，还有银行、拍卖机构等开发的其他平台。然而除全国企业破产重整案件信息网外，平台均有严重的使用限制，特别是区域限制，极大地限制了平台提高破产案件办理的质量和效率。建立全国统一大市场，有必要建立统一、开放的破产案件办理平台。因此，笔者认为应以全国企业破产重整案件信息网为基础进行开发和完善，由最高人民法院对全国企业破产重整案件信息网的定位和功能进行重新设计、开发后，向各地法院、第三方免费开放接口。地方法院、第三方打造独立的破产办理平台，必须打通与全国企业破产重整案件信息网的有效衔接；不具备开发能力的法院或第三方，可直接使用该平台办理。例如，管理人使用地方法院开发的平台发布的投资人招募公告，将连同债务人基本信息一起直接同步到全国企业破产重整案件信息网中，便于进行全国层面的招募和推广。

（四）推动平台的使用和提升

平台设计和使用过程中，应进行相关设置，督促法院、管理人使用平台办理破产案件，有效化解平台被闲置的问题。

首先是根据《企业破产法》及相关司法解释，结合法院、管理人等一线办案人员的需求和经验，对平台功能进行有效设计，并设计前置选项，确保平台使用者合理有序使用平台。例如，在开启债权申报系统之前，法院应通过系统指定管理人等操作，否则便不能开启债权申报系统以及后续的债权人会议等功能。同时，应对每项工作的开始时间、完成时间进行设置，督促法院、管理人推进破产程序。例如，指定管理人后自动开启刻制印章、开立账户、接管债务人等工作内容，确定债权申报期限后自动设置第一次债权人会议期限。

其次是通过案件考核倒逼法院、管理人使用破产案件办理系统。在破产案件的考核、营商环境、管理人履职考核和年度考核中，直接使用破产案件办理系统中的数据、材料，并根据情况要求法院、管理人补充说明有关情况，降低考核的主观性和弄虚作假的可能。

最后是采用定期与不定期结合的方式接收法院、管理人、债权人、债务人等的意见，随时对影响正常使用的系统进行改进，定期对系统进行维护和升级，保障破产案件办理平台与时俱进；同时，破产案件办理平台的功能还应与破产相关法律的修改相匹配，与破产案件办理的需要相匹配，且随着破产法律制度的修改而完善。

ChatGPT 在破产管理中的应用及风险

卢林华　耿祥宇 [①]

摘要：智能、灵活而富有创造力的 ChatGPT，一经推出就改变了人们的生活、工作方式，破产管理工作也不例外。文章一方面分析了 ChatGPT 优秀的自然语言能力在破产管理中的法律与信息检索、辅助文书制作、法律问题分析等方面将会发挥的重要作用，另一方面讨论了 ChatGPT 目前存在的局限性，提供了 ChatGPT 后续完善、发展的方向等建议，并认为应将其作为一项工具，辅助破产管理工作。

关键词：ChatGPT；破产管理；应用及风险

基于 OpenAI 的 GPT-3 大型语言模型构建的聊天机器人 ChatGPT，它被输入大量数据、被设置大量参数，可以与用户进行自然、有趣和有挑战性的对话，对我们的生活、工作产生了极大的影响。作为破产从业者，我们应当认识到其作为一项先进的工具，必然被运用到破产管理行业乃至整个法律服务市场中，认识其优势和不足，将其作为一项辅助工作而非律师的替代品，从而提高破产管理的质量和效率，是我们必须要面对的课题。

继 ChatGPT 之后，谷歌、微软等大型科技企业以及个人、国内研究机构纷纷推出基于 GPT-3 或 ChatGPT 的语言模型和应用以及类似 ChatGPT 的人工智能聊天机器人，因此文中如无特别说明，ChatGPT 即代指 ChatGPT 以及类似 ChatGPT 的大型语言训练模型。

一、ChatGPT 与法律服务方式变革

（一）ChatGPT

2022 年 11 月，OpenAI 正式推出其开发的人工智能聊天机器人 ChatGPT，它是基于 OpenAI 的 GPT-3 系列的大型语言模型，并且使用了监督学习和强化学习的技术进行

[①] 卢林华，贵州贵达律师事务所律师；耿祥宇，贵州贵达律师事务所律师。

了微调。ChatGPT 可以进行各种类型的对话，包括闲聊、教育、娱乐、技术等，并且可以理解用户的意图、情感和上下文。ChatGPT 还可以执行一些特定的指令，如写代码、写诗歌、写故事等。简单来说，ChatGPT 是一个大型的计算机系统，它通过大量语料的训练和大量参数的设置，拥有超越传统 AI 的文本能力，能够对人类语言进行回应。

与谷歌、百度等搜索引擎相比，作为聊天机器人的 ChatGPT 显得智能、灵活而富有创造力。基于 OpenAI 的 GPT-3 大型语言模型构建和微调形成的 ChatGPT，更加侧重于提供交互式的对话，而不仅仅是信息检索；能够处理复杂的自然语言，甚至可以生成新颖和有趣的回答，而不仅仅是关键词或短语；能够返回动态和多样化的内容，如代码、故事、歌词等，而不是静态的文本或图像。与 Siri、Cortana 等语音助手相比，语音助手只能通过语音输入和输出与用户交互，帮助用户完成一些任务或给用户提供一些信息，而 ChatGPT 则通过文本或语音与用户进行对话，模拟人类的谈话方式和内容，它可以生成多种类型的内容，并且可以根据用户的意图和情感进行灵活和有趣的回应。

ChatGPT 的先进能力，使得它在短短两个月内就达到了超过 1 亿的月活跃用户，可能是有史以来增速最快的互联网服务了。随着 ChatGPT 被大量运用和对海量数据进行训练，其能力还将进一步增强。毫无疑问，ChatGPT 将会影响人们收集信息、处理问题和做出决策的方式，从而影响社会发展和人类生活。

此后，OpenAI 推出基于 GPT-4 的 ChatGPT，在 GPT-3 的基础上进一步进化，不仅可以实现文字交互，还可以实现文字、图片的交互、识别；基于 GPT-4 或其他 AI 模型的其他应用，还可以实现文字、图片、语音、视频等多种形式的信息交互。

（二）ChatGPT 与法律服务

尽管 ChatGPT 一再强调其不能或者说暂时不能直接运用于法律行业，但其强大的分析、检索、整理能力以及足以令部分法律从业者相形见绌的问答表现，足以引起全体法律从业者的关注。

目前，部分法律服务平台、律师事务所已经开始运用 ChatGPT 处理法律事务了。例如，采用 ChatGPT 作为 AI 平台的大型国际律师事务所 Killer Whale Strategies，可以为用户提供全面、专业和创新的法律服务；基于 ChatGPT 开发的法律服务平台 Speed Legal，它可以帮助用户快速生成、审查和管理合同，以及获取法律咨询和建议；基于 ChatGPT 为律师提供技术咨询和解决方案的公司 Killer Whale Strategies，它可以帮助律师提高工作效率、降低成本和增加收入；研究 ChatGPT 在法律服务领域影响的 McCormick School of Engineering，可以为用户提供最新的研究成果、案例分析和教育资源……

毫无疑问，ChatGPT 是一个先进的 AI 工具，它可以帮助法律从业者进行研究和写作，并且能够快速回答法律问题。此外，ChatGPT 还可以完成一些繁琐的任务，如文档检索、摘要和分析，让法律从业者们不需要再手动完成这些工作，从而大大节省了法律从业者们的时间、提升了他们的效率。

二、ChatGPT 在破产管理中的应用

尽管 ChatGPT 在破产管理中的应用在我国还没有公开的案例，但已有少部分破产从业者意图或研究将其运用到案件的办理中，根据笔者办理破产案件的经验，不久的将来，ChatGPT 将被应用于破产管理的诸多方面。

（一）法律与信息检索

ChatGPT 得益于其庞大的预训练语料库，虽然其并非专为信息检索用途研发，但借助于合理的提问方式，其往往能够给出比基于"爬虫＋召回＋排序"信息检索范式的传统搜索引擎更加简易、精准、全面的结果。[①] 相较于其他法律领域，破产管理中涉及的内容繁且多：法律方面，不仅涉及《企业破产法》《民事诉讼法》等法律，在代表债务人参加司法程序、债权审查、董监高侵占公司资产调查、公司资质维护等事项中还将涉及民商事、刑事、行政等法律领域；破产案件办理中，管理人还需要财务、评估、税务等专业知识的辅助；根据债务人的企业类型、经营内容，破产管理还可能涉及房地产、建工、制造、食品、能源等多个领域的经营和发展……可以说，在破产管理中，法律从业者对法律、非法律文献资料的检索有着庞大的日常需求。

ChatGPT 能够基于其为使用者提供大量文献与相关资料，较为全面地辅助用户快速了解相关信息，并能根据需要进一步对某些信息进行深入分析后输出。ChatGPT 可以通过分析输入的内容提取关键词，在浩瀚的数据海洋中精准地检索出用户所需要的数据信息；可以利用其强大的深入学习模型，根据用户输入的问题或关键词，从互联网中获取最新、最相关、最可信的信息并给出来源；还可以利用智能化能力，对检索到的信息进行分析、总结，提供详细、清晰、具有一定逻辑以及格式较为完整的答案。这个能力可以把包括法官、管理人等的破产从业者从浩如烟海的法律、资料中解放出来，如将检索、分析、整理、汇编等耗时长、重复高的工作交由 AI 完成。虽然 ChatGPT 及目前类

---

① 张亦斌：《ChatGPT 在法律领域的应用探索》，https://mp.weixin.qq.com/s/6-TovnBrfJYXu_La1NTtzQ，访问日期：2023 年 3 月 8 日。

似 ChatGPT 的模型在回答相关专业问题时无法做到完全正确，但可预见的是，如果进一步扩大 ChatGPT 的数据并保证其准确性，其在专业问题检索上的表现会得到进一步的发展，随着技术的不断升级将取代目前的法律数据库等服务产品。

（二）辅助文书处理

法律领域以文字为主要的信息载体，破产管理更是如此，大到财产状况调查报告、债权审查报告、重整计划、和解协议以及各类方案、合同，小到管理人日常工作报告、通知书、函件等，文书起草、修改、审查等法律文本处理工作在破产管理日常工作中随处可见。在辅助破产法律文书制作方面，ChatGPT 拥有无比强大的功能，且已经能够正式应用于相关工作当中，协助用户快速实现文本处理需求。

在破产管理中，大量的文书起草、修改、审查等重复性工作，技术含量较低但不可或缺，在破产案件办理中往往需要花费大量时间、精力。ChatGPT 拥有着强大的文本处理、生成能力，理论上可以通过描述需求、借助其完成相应文件草稿的生成。需要说明的是，为避免 ChatGPT 的滥用，在 OpenAI 的设计及训练数据的限制下，通常情况下，其无法直接给出相应的法律文书，但在给出相应要求、条件、信息的情况下，仍能够生成一份包含已提供信息的模板。举例来说，对于财产状况调查报告等内容繁多、篇幅较长的法律文书，ChatGPT 可以根据要求提供一份框架并说明每一部分的内容；对于通知、函件等内容简单的法律文书，ChatGPT 可以直接生成范本后由管理人稍加修改即可运用；ChatGPT 还能够按照用户需求，自行查阅并理解相关通知、规定等文件，草拟批件、报文等内部管理文档，为用户启发思路，并避免其遗忘部分内容，提高规划质量。

此外，得益于其强大的文本处理能力，ChatGPT 还可以帮助破产从业者从大量的内容中快速、精确地找出所需内容，对内容进行翻译，减少冗余信息。在破产程序中，管理人不仅接收、主动调取来自法院、政府部门、债务人、债权人及相关各方的大量资料，还将形成大量破产有关文书档案，ChatGPT 如果能对这些资料进行处理，将对破产管理人的相关工作产生助力。在跨境破产中，ChatGPT 还可以利用其自然语言处理能力提供高质量的翻译和文档处理，协助各方阅读不同语言的资料。

（三）分析法律问题

破产管理中涉及大量法律问题，需要破产从业者花费较多的时间和精力去分析。ChatGPT 辅助破产从业者分析法律问题，能有效提高解决问题的质量和效率。

如前述，破产管理涉及多种法律，对其中的某些领域如果不是专门从事这一方向的法官、律师，可能难以系统、准确地分析问题的关键，完整地梳理所涉及的法律规定以及适用条件。尽管其功能尚不完善，但对于绝大多数问题而言，其已经能够给出具有参考价值的答案。例如，笔者以"破产撤销权诉讼应该注意哪些司法认定要素"进行测试，其给出的答案包括3个方面，即是否侵害了债权人利益、是否在法律规定的临界期内以及是否存在恶意或不合理，并对这3个方面进行简要说明，还可以通过追加提问的方式，ChatGPT可以进行进一步的陈述。

ChatGPT还可以根据不同情形进行讨论。在破产法律问题的分析中，从来不会只讨论某一种情形下如何处理，而是不断假设、论证，从而得出最合适的方式；破产管理的决策中，也不会只有一种方法可供选择，而是在不同方法中比较、权衡，并选择最合适的方法。例如前述中的破产撤销权，还可以继续假设债权人是否善意在不同情形下的影响，ChatGPT也依然能够给出合理的回答。

同时，在分析非法律问题时，通过合理的提问，ChatGPT也能提供较为全面、准确的见解。

（四）其他

ChatGPT还可以被运用在破产管理领域中的诸多方面，具体如下。

第一，回答破产法律的相关咨询。破产管理工作中，管理人要花费大量时间解答来自债权人、债务人、职工及其他相关人员的与案件有关的法律咨询，这些咨询不仅会消耗管理人的大量时间、精力，还可能涉及部分管理人的盲区。ChatGPT在专业领域虽有所欠缺，但已经具备解答一般问题的能力，并且，ChatGPT还可以根据使用者的进一步描述，得到更为深入的答案。此外，ChatGPT所使用的自然语言，更容易让人阅读、理解和接受。

第二，辅助破产法律研究。ChatGPT虽不能直接用于包括破产在内的法律研究，但其可以通过分析大量的法律法规、文献或案件材料，提取相关的信息和观点，并生成摘要或报告，可以为法律研究提供基础资料，辅助破产法律研究。

毫无疑问，ChatGPT在破产管理领域的影响将会是十分广泛、深入的，将会改变破产案件的办理方式和破产从业者的思考、决策方式，但作为一项新兴事物，其在破产法律领域能够起到的作用仍有待进一步被发掘。

三、ChatGPT运用在破产管理中存在的局限

（一）技术的局限性

尽管ChatGPT目前已非常强大，但受限于各方因素，其能力仍然是有限的，在面

对法律等专业问题上如此，在复杂的破产案件上更是如此。正如 ChatGPT 在回答有关破产法律问题上反复强调的，ChatGPT 可以理解和回答一些破产法律问题，但它并不能代替合格的专业人士提供切实可行的破产方面的法律建议；破产案件通常是非常具体和复杂的，需要考虑很多内部因素和外部因素；ChatGPT 可能无法获取或处理这些问题所必要的信息，也可能会产生一些不准确或不合适的答案。

ChatGPT 能力的局限性，一方面来自于其作为一项新兴技术，无论是语言模型的构建技术还是训练数据的质量、数量方面，都尚不成熟，其能遵循指令提供详细的响应，但它并不理解语言背后的逻辑和含义，只是根据概率统计原理生成最可能的答案。另一方面则是因为其简单、易用的特性，可能违背法律、道德的要求从而不得不被人们加以限制。

（二）数据来源问题

作为 ChatGPT 开发的基础，GPT-3 数据规模极为庞大，拥有 1750 亿参数，训练集由经过基础过滤的全网页爬虫数据集（4290 亿个词符）、维基百科文章（30 亿词符）以及两个不同的书籍数据集（一共 670 亿词符）组成。在我国破产管理中运用 ChatGPT，在数据方面，还存在一些问题。

第一，缺乏准确的数据用于训练。ChatGPT 所依赖的数据量极为庞大，但仍因人力资源和专业数据的缺失而出现很多错误的内容，而我国破产管理中涉及的诸多法律、案件信息并不对外开放，造成 ChatGPT 缺少足够的数据用于训练。一是我国耗费大量资源建立的国家法律法规数据库、裁判文书网、庭审公开网等数据库，有着大量高质量的关于破产及其他法律的数据，但出于国家安全、隐私以及成本等原因，开放程度十分有限。二是破产案件的主要数据来源为全国企业破产重整案件信息网，但因涉及商业秘密以及我国破产信息公开不受重视等原因，公开的资料十分有限。因此，缺乏高质量的专业数据用于训练，直接限制了 ChatGPT 在我国破产管理领域的应用。

第二，数据来源合法性存疑。有的学者认为，目前 ChatGPT 仍属于算法黑箱，OpenAI 并未对外公示所使用的数据来源，相关训练数据库是否均获得授权还存在疑问。[①]ChatGPT 的前期学习所使用的极为庞大的数据库，其获取方式是否合法尚且存在疑问；在相应数据的训练下生成的内容，其合法性必然存疑。并且，ChatGPT 及类似产品部分通过联网运行直接获取互联网上公开的、未确认是否合法的内容，部分可由使用

---

① 李昀锴：《ChatGPT 内容商业使用的法律风险及应对》，https://mp.weixin.qq.com/s/8fzvmnyhEbIwWVTAV-m8WWA，访问日期：2023 年 3 月 8 日。

者主动上传，例如部分网站未经受权发布的书籍、文章内容，ChatGPT 使用过程随时面临数据来源合法性的问题。

第三，更为重要的是，ChatGPT 的开放可能与法律服务、破产管理中的保密义务相悖。《中华人民共和国律师法》第三十八条规定，律师应当保守在执业活动中知悉的国家秘密、商业秘密，不得泄露当事人的隐私，对在执业活动中知悉的委托人和其他人不愿泄露的有关情况和信息，应当予以保密；《企业破产法》虽没有直接规定管理人的保密义务，但"勤勉尽责，忠实执行职务"的要求应当包括不将债务人企业的秘密泄露给他人。管理人通过 ChatGPT 开展破产管理工作的过程中，为了得到更准确、更适合的内容，势必会增加输入的内容，难免涉及商业秘密、个人隐私。例如，辅助撰写工作报告的过程中，如只说明报告类型，只能得到一个通用模板；说明主要开展的工作和下一步工作计划，能得到较为详尽的内容；如进一步增加输入条件和内容，报告将更具有实用性，但随之而来的信息泄露风险也将增加。使用 ChatGPT，如何平衡工作便利和内容有效、如何防范数据泄露目前尚难以解决。

（三）虚假信息生成

一方面，ChatGPT 的输出也可能存在错误，且训练数据缺失越严重，出现错误的可能性也就越高。笔者试图通过 ChatGPT 询问一些有关破产法律以及破产事务办理的问题，但在某些问题中 ChatGPT 不仅未能正确引用法律解答问题，反而对其虚构的法律条文言之凿凿，对不具备一定破产专业能力和破产案件办理经验的人来说，可能造成严重的错误。如果要求我们再对其输出的内容进行专业、细致的核验，违背了我们通过 ChatGPT 提高破产案件办理效率的初衷。

另一方面，通过诱导，ChatGPT 甚至能主动编造虚假的内容。比如，国外有名的艾米丽·帕克的故事[1]，马哈德万在不到十分钟的时间内，用 ChatGPT 编造了一份虚构的报纸、四个并不存在的编辑部人员、一份报刊简介及相应的编辑部标准、更正政策和一篇指控当地政府腐败的虚假文章。再比如，国内某人出于好奇心埋迪过 ChatGPT 编造的杭州市人民政府取消限行的假新闻，被不明所以的他人转发，造成错误信息传播。[2]随着人们对 AI 的信赖加深，如果部分别有用心的人在破产案件办理中编造内容或通过 AI 完善其编造的内容，例如虚构债权申报材料、利用虚假舆论干预司法等，由于造假

---

[1]　《史上最强造假工具？核查从业者如何看待 ChatGPT》，https://baijiahao.baidu.com/s?id=1757848684293437615&wfr=spider&for=pc，访问日期：2023 年 3 月 8 日。

[2]　《ChatGPT 已经开始写假新闻了？警方已介入调查》，https://baijiahao.baidu.com/s?id=1758178108145707286&wfr=spider&for=pc，访问日期：2023 年 3 月 8 日。

成本低、证实难度大，将对办理破产案件带来极大挑战。

（四）成果与责任归属

应该明确的是，ChatGPT并非在创造新的知识和成果，而是基于现有的语料和前期学习，生成新的内容。然而，以往的AI大多只能提供信息的搜索和简单的整理，生成的内容难以称为作品或难以作为决策的参考，而ChatGPT在收集信息的基础上，还进行分析和整合，甚至具备一定程度的创作能力，加上前述的ChatGPT输出内容可能存在虚假，其输出内容的成果归属与责任承担将成为一个重要问题。

ChatGPT产生的成果是否涉及侵犯他人权利，或者是否属于著作权保护的对象尚有争议，但在破产管理中，因破产案件的办理较少涉及创作型输出，有关责任纠纷发生的可能性较小，但对于输出内容引发的责任纠纷，可能更甚于其他法律服务领域。如前述，破产管理人在破产案件办理中有"勤勉尽责，忠实执行职务"的义务，无论是律师还是会计师、破产清算人员，作为破产管理的专家，应承担更多的主要义务。而ChatGPT目前难以达到专业的程度，如果输出的内容错误，导致破产管理中决策失误，造成债权人、债务人或其他利害关系人的损失，其责任只能由管理人承担。至于管理人承担责任后能否向服务提供方追偿，不仅取决于服务提供的方式，还取决于咨询过程中各方的行为，这些将会在相当长的一段时间内引起争议。

四、ChatGPT在破产管理中的发展展望

随着ChatGPT的大量应用和持续发展，其将不可避免地深刻影响人们的工作、生活，破产管理领域也不例外。可预见的是，ChatGPT技术将会对破产管理领域造成以下几方面的影响。

第一，改变破产管理的工作方式。破产从业人员在ChatGPT应用引导破产管理的这一过程中依旧十分关键，提问的内容和方式将会直接影响ChatGPT生成内容的质量，而如何利用ChatGPT生成的内容也是很大的挑战。在破产案件办理中，从业人员应当结合案情，将案件进行有效拆分，并明确提问内容，从而有效提升生成内容的准确性、针对性。同时，在提问过程中要不断调整引导的方式，来获得更有价值的信息。获得ChatGPT生成的内容后，需要结合案情和应用情形来进行凝练、修改，充分运用法律专业能力和经验，对ChatGPT生成的内容进行把关，并正确合理地体验ChatGPT带来的效率提升。

第二，促进破产案件办理的信息化、智能化。以ChatGPT为代表的大型语言模型，

其参数量和训练数据量正在变得越来越庞大，且目前的开发经验表明，语言模型的规模越大，准确性也越高。无论是破产案件办理信息化平台的建设，还是破产法律科技服务的完善，都应该认识到并开始着眼于 ChatGPT 及类似产品的研发，促进破产案件办理的信息化、智能化。然而，我国出于国家安全、商业秘密等的考虑，调用 Open AI 的数据接口，通过提供更多的专门训练数据短期内难以实现，因此应考虑与阿里巴巴、华为、百度等国内具有相关技术储备的科技公司进行合作，增加研发经费，在保障数据安全的前提下进行研发，使普罗大众也能享受到智慧司法。

第三，提高破产管理行业的门槛。将破产从业者从繁重的工作中解脱出来，提高破产管理的整体水平，通常并不意味着破产从业者能够自此高枕无忧，而是可能需要转换竞争的方式。当整个社会的资源仍然难以实现"按需分配"或者满足"人民对美好生活的向往"之前，破产从业者乃至人类社会的竞争仍难以停止。具体到破产管理领域，ChatGPT 的运用将会提高破产管理行业的门槛，要求破产从业者具备更高的专业水平和人文关怀，要求破产从业者具备运用工具、资源解决问题的能力。

在文章的最后，笔者想要再次说明的是，ChatGPT 始终只是一项技术，并非要替代法官、律师、会计师在破产管理乃至整个法律体系中的作用，而是作为一项辅助工具，辅助破产从业者更加高质、高效地办理破产案件。因此，我们不必过分抗拒或担忧，只需要接受其影响，并加以学习和利用，使其作为一项工具的作用充分得到发挥。

债权人会议制度之不足及完善

余　婧[①]

摘要： 文章从债权人会议与破产管理人职权的冲突、债权人会议表决机制存在的问题、缺乏专业人士参与等三个方面进行分析，指出了我国债权人会议制度在保障债权人利益、推动破产程序等方面的缺陷，提出了通过设立重大破产事项数额的比例标准区分债权人会议及管理人职权、完善债权人会议表决机制、在债权人会议中引入专业人士参与等建议，旨在促进我国破产法的发展和完善。

关键词： 债权人会议；破产管理人；职权冲突；表决机制

企业具有破产原因，即企业实际上失去清偿债务之能力。换言之，破产程序本质上就是在分一块不够分的蛋糕。孔子云"不患寡而患不均"，虽其言本是夫子提出的税收思想之一，但也言中破产程序的公平之核心要义。本文所探讨的债权人会议，是我国破产制度自构建以来便设立的、意在保障公平的制度。债权人会议是由依法申报债权的债权人组成，以保障债权人共同利益为目的，为实现债权人的破产程序参与权，讨论、决定有关破产事宜，表达债权人意志，协调债权人行为的临时机构。在企业进入破产程序后，考虑到债权人人数众多，为了更好地保障债权人利益，《企业破产法》规定设立债权人会议。债权人通过债权人会议参与破产清算程序、表达意见、行使表决权、维护其集体及个体利益，债权人会议因而成为在破产程序中占有重要地位的自治组织。

2007年实施的《企业破产法》基于1986年《企业破产法（试行）》原有规定，将债权人确认债权的职权修订为核查债权，同时通过"列举加兜底条款"的方式扩展了债权人会议的其他职权，并规定了代表债权人会议行使监督职能的债权人委员会制度。自此，债权人会议的职权范围包括债权核查、通过财产变价方案、通过重整计划草案等实质性影响债权人权益的内容。尽管如此，本文认为，我国《企业破产法》对债权人会议及其职权的规定仍有需要完善的地方。

[①]　余婧，贵州贵达律师事务所律师。

一、债权人会议职权及行使存在的问题

（一）债权人会议与破产管理人职权的冲突

债权人会议依法由申报债权的全体债权人组成，对重要的破产管理事务享有最终表决权。《企业破产法》第六十一条第一款规定："债权人会议行使下列职权：（一）核查债权；（二）申请人民法院更换管理人，审查管理人的费用和报酬；（三）监督管理人；（四）选任和更换债权人委员会成员；（五）决定继续或者停止债务人的营业；（六）通过重整计划；（七）通过和解协议；（八）通过债务人财产的管理方案；（九）通过破产财产的变价方案；（十）通过破产财产的分配方案；（十一）人民法院认为应当由债权人会议行使的其他职权。"其中第八项、第九项规定债权人会议有通过债务人财产的管理方案和通过破产财产的变价方案两项职权，即债权人会议对债务人财产的管理方案和破产财产的变价方案有决定权。进一步分析，破产管理人应当准备债务人财产的管理方案、破产财产的变价方案和破产财产的分配方案供债权人会议讨论和审议，管理人对于债权人的异议应当及时作出反应、适时作出修改或解释。这个讨论、审议和要求修改的过程，其实就是债权人会议间接管理债务人财产的过程；而债权人会议决议一旦通过，即依法生效，也就是说债权人会议决议的结果决定了对债务人财产处分的结果。由此不难得出，债权人会议有权管理和处分债务人财产。

而破产管理人作为破产事务的直接管理者，也享有广泛的职权。《企业破产法》第二十五条第一款第六项赋予了破产管理者管理和处分债务人财产的职责。以法解释学的视角比较这两个条款，我们可以得出债权人会议和破产管理人都有权管理和处分债务人财产。这是两者在职权上的冲突，《企业破产法》并无条文对此冲突进行解释，也没有对二者职权进行界定。

（二）债权人会议表决机制存在的问题

《企业破产法》虽然对召开债权人会议的时间、条件作了一定的规定，但对于债权人会议何时启动表决程序及如何启动表决程序未作明确规定。实践中存在"部分案件在第一次债权人会议召开时，尚未对债权进行确认便对有关事项进行表决"的情况。这种现象是存在问题的，因为债权人会议确认债权应以决议为准，但决议又应以债权额的确认为前提，这种现象下，未经确认的债权额不确定，本应不能行使表决权，而不表决又不能确定债权额。同时，债权人会议的表决结果统计方法也有待改进。《企业破产法》第六十四条第一款规定："债权人会议的决议，由出席会议的有表决权的债权人过半数通过，并且其所代表的债权额占无财产担保债权总额的二分之一以上。但是，本法另有

规定的除外。"即有财产担保债权人在统计表决结果时，一方面"到会债权人"这一项需要计算抵押担保债权人的人数，另一方面"其所代表的债权额占无财产担保债权总额的二分之一以上"时，又不需要将抵押担保债权额计算进去，否则，将有可能出现债权额所占无财产担保债权总额的比例超过 100% 的现象。

（三）缺乏专业人士参与

《企业破产法》第五十九条规定："依法申报债权的债权人为债权人会议的成员，有权参加债权人会议，享有表决权……债权人可以委托代理人出席债权人会议，行使表决权……债权人会议应当有债务人的职工和工会的代表参加，对有关事项发表意见。"第六十条规定："债权人会议设主席一人，由人民法院从有表决权的债权人中指定。债权人会议主席主持债权人会议。"由此可见，法律并没有赋予相关专业人员参与债权人会议的权利。债权人来自各行各业，而破产管理人是破产案件受理后依法成立的，在法院的指导和监督之下全面接管债务人企业并负责债务人财产的保管、清理、估价、处理和分配等事务的专门机构或个人。破产债权人没有专业的经济和法律知识背景来讨论、审议由专业的破产管理人出具的各种方案，当然也难以做出最合适、最正确的决议，这就给维护债权人的利益造成了威胁。

在讨论债权人会议职权的问题上，有一些学者认为，我国《企业破产法》关于债权人会议的职权设置存在缺陷，建议增补如"决定债务人是否继续营业""讨论和决定破产财产的管理办法""向法院申请终结企业整顿"等职权。暂且不论这些建议是否具有合理性，由于债权人的自身条件是难以改变的，在没有专业人员的参与和建议下，如何行使好手里的职权、维护好自己的利益是一个值得各方深思的问题。

二、债权人会议职权问题之分析

（一）债权人会议和破产管理人职权分析

1. 债权人会议和破产管理人的设立目的

债权人会议是债权人利益保护的核心制度之一。破产程序的启动往往是因为债务人资不抵债或支付不能，这直接影响债权人债权的受偿。在破产清算程序中，债务人实际上已经丧失了在责任财产上的固有利益；在破产重整程序中，虽然债务人可能没有丧失全部财产利益，但其陷入困境亦直接影响债权人债权的实现。债权人与破产程序有着紧密的利益联系，让债权人参与该程序并决定相关事宜符合公平和正义的理念。债权人会议的设立目的应是让债权人可以充分表达自己的意志、让债权人自己决定自己的事务，维护全体债权人的合法利益。其赋予债权人的核心权利应是表决权。考虑到破产制度要兼顾效率原则，衡量时间和金钱成本，债权人会议不能频繁召开。也就是说，债权人的表决权应在有限的债权人会议时间内发挥在更重要的事务决策上。

而所涉债务人财产数额不大的管理行为和处分行为，一般由破产管理人自行决定。破产管理人是专门的机构或人员，自破产案件受理后依法成立，其运作贯穿于破产程序的整个过程。由《企业破产法》规定的破产管理人的职责可以看出，破产管理人职责广泛，相对于债权人会议来说，破产管理人不必过多地考虑效率原则，它的核心职能更侧重于利用专业知识进行"管理"，即处理破产案件涉及的大量繁杂事务，小到接管债务人的账簿、文书，大到破产财产的变价、分配和处理等。

2. 债权人自治对界定债权人职权的重要性

我国的《企业破产法》并没有对债权人会议的性质作出一个明确的规定，学术上对债权人会议的性质有很多争论。主要的学说有"债权人团体机关说""事实上的集合体说""自治团体说""破产财团的最高权力机关说"等。结合债权人会议的设立目的来看，债权人是与破产企业有着最大利益关联的群体，本文认为"自治团体说"符合成立债权人会议的初衷，且具有一定的合理性。把债权人会议看作是一种自治性机构，在破产程序中，债权人会议具有相应的法律地位，对有关破产事务的决议具有自主权。

组成债权人会议的初衷是为了让全体破产债权人可以充分表达自己的意思，体现意思表达自治原则。首先，债权人与破产程序有最密切的利益关系是主张债权人自治的基础，也是公平正义原则的体现。其次，债权人自治可以鼓励债权人积极地投身破产程序，促使债权人启动或参与破产程序，强化破产程序对债权人的利益保护功能。最后，债权人自治最有利于债权人的利益保护，因为自己的利益只有自己最上心，债权人自治可以激励债权人更加尽心尽责地处理破产事务，从而最大限度地维护自身利益。所以，结合公平正义原则和效率原则，债权人会议的自治性指的应是债权人对债权人会议的决议、重大事项意见的发表，均有自己的自治权限和范围。

3. 界定债权人会议和破产管理人的职权

债权人会议和破产管理人的职权冲突在于二者都有权管理和处分债务人财产。管理行为和处分行为充斥于破产案件处理的过程中。管理行为一般包括借款、放弃继承的承认、诉讼的提起、和解与仲裁协议的达成、权利的放弃、承认财团债权、行使取回权与别除权、收回别除权标的等。财产处分行为一般包括不动产物权等的任意变卖、矿业权等的任意变卖、营业和事业的转让、商品的概括出售、动产的任意变卖和债权等的转让。可见，财产处分行为主要是交易行为，其与债权人的利益紧密相关，影响债权人债权的受偿。管理行为同样也涉及债务人财产的增减和债权人的利益，破产管理人在处理烦琐事务的过程中更多作出的就是管理行为。两者的区别除了性质不同外，在涉及债务人财产数额等方面亦有所不同。

以上分析虽然表明债权人会议的核心职能更侧重于"决定"，破产管理人的核心职能更侧重于"管理"，但是也不能将管理行为和处分行为用以绝对区分债权人会议和破产管理人的职权。区分债权人会议与破产管理人的职权范围的关键因素在于具体行为影响全体债权人利益的程度，而利益程度的主要判断标准是管理行为和处分行为所涉债务人财产数额的大小。简而言之，破产管理人与破产企业并无利益关联，而债权人会议作为维护债权人利益的自治机构，重大的破产事务还是应当交由债权人会议来决定。

因此，界定债权人会议和破产管理人的职权范围应包括：①管理行为和处分行为所涉及的财产数额；②效率因素。即，一些事务必须放在召开次数有限的债权人会议上作决议，而一些事务则由破产管理人来负责。这就需要设立一个标准。

（二）专业人士参与债权人会议之必要性

关于在债权人会议主席制度中引入专业人士机制，可以借鉴英国的《破产法》。在英国，债权人会议主席由从业人员来担任，从业人员是破产事务的专业人士，他们持有通过考试并经专业机构认可的执业证书。当然，我国其他法律中的专业人士机制也值得破产法借鉴。例如，在环境与资源保护法体系中的环境影响评价制度，就在其听证会中引入了专家参与。根据《中华人民共和国环境影响评价法》第二十一条的规定，除国家规定需要保密的情形外，对于环境可能造成重大影响、应当编制环境影响报告书的建设项目，建设单位应当在报批建设项目环境影响报告书前，举行论证会、听证会或采取其他形式，征求有关单位、专家和公众的意见。

也许我们会有这样的疑问，环境影响评价涉及的是公共利益，专家人员本就是公众的一部分，是环境影响评价利益关联群体的一部分；而破产案件涉及的是私益，只有特定的债权人群体与其有利益关系，这两者之间是否有融通之处？但是，从法解释学的角度分析，《中华人民共和国环境影响评价法》第二十一条将"专家"与"公众"并列举出，是为了表明专家参与的重要性，法律应当综合考虑质疑声音、专业知识背景等因素，合理选择被征求意见的公民、法人或者其他组织。因此，虽然环境影响评价制度与破产制度并无类同之处，但是在环境影响评价制度中引入专家参与的精神内涵，是值得在破产实务中推广的。

三、债权人会议职权之完善建议

（一）通过设立重大破产事项数额的比例标准区分债权人会议及管理人职权

重大的破产管理和处分事务应当交由债权人会议决议通过。《企业破产法》第六十九条规定："管理人实施下列行为，应当及时报告债权人委员会：（一）涉及土地、房屋等不动产权益的转让；（二）探矿权、采矿权、知识产权等财产权的转让；（三）全部库存或者营业的转让；（四）借款；（五）设定财产担保；（六）债权和有价证券的转让；（七）履行债务人和对方当事人均未履行完毕的合同；（八）放弃权利；（九）担保物的取回；（十）对债权人利益有重大影响的其他财产处分行为。"这样的表述是不准确的，对于其中对债权人利害关系重大的事项，如转让不动产权益、转让全部库存或营业等，破产管理人不能在实施后再报告债权人会议，而是应该先由债权人会议决定后再交由破产管理人去实施。同理，《企业破产法》第二十五条"第（六）项"规定的破产管理人可以"管理和处分债务人的财产"，这一表述也是不准确的。

关于设立重大破产事项的数额标准，这将直接影响债权人会议和破产管理人的职权范围。具体的方法是立法设立一个具体的数额标准，在该数额之下的财产管理和处分事项由破产管理人自由决定，超过该数额的交由债权人会议决定。类似的立法可以参见日本《破产规则》第二十五条，其明确规定100万日元以下的管理和处分事项由破产管理人自由决定，超过100万日元的则由法院批准。但是，这种死板的数额划分有其局限性，不同的破产案件中债务人财产实力不同，相同的数额对不同实力的债务人的影响也有高有低。第二种做法是设立一个比例标准，即数额占债务人财产的百分之多少可以定义为"重大"，"重大"事项由债权人会议决定。这就需要结合司法实践的经验来界定一个比例值，这种做法更为合理。

综上，界定债权人会议和破产管理人的职权范围应当基于其核心职能和特征，在立法中明确重大破产事项所涉数额与债务人财产数额的比例标准，超过标准的破产事项由债权人会议决定，低于标准的破产事项由破产管理人处理。并据此标准修改完善相关法律条文，准确划分债权人会议和破产管理人职权所涉及的事项。

（二）完善债权人会议表决机制

根据《企业破产法》第五十九条第二款的规定："债权尚未确定的债权人，除人民法院能够为其行使表决权而临时确定债权额的外，不得行使表决权。"本文认为，应明确将启动表决程序的时间设定为债权确认以后，个别债权难以确认的，除不予确认外，可由法院在审查后赋予临时表决权。同时，对于有财产担保债权人，其对绝大部分事项具有表决权，如"债务人财产的管理方案"等。因此，本文认为，从维护全体债权人的知情权、参与权及监督权的角度出发，在统计表决结果时，应以包含有财产担保债权和无财产担保债权的全部债权额作为分母，同时不区别债权性质，将参与表决的债权人的全部债权作为分子，以此计算出同意票所代表的债权额占全部债权额的比例。

（三）在债权人会议中引入专业人士参与

从前文分析可以得出，专业人士的专业知识背景决定了其参与债权人会议的优势。世界各国的立法大多都确立了专业人士担任债权人会议主席的规定。在处理专项事务中，专业人士能更好地运用一些专业知识来解决各种各样的问题，这能更加有效地维护全体债权人的利益。反观我国的债权人会议，是由人民法院在债权人中指定一个人来作为债权人会议的主席，在债权人会议中，我国并未给专业人士留有一席之地。

《企业破产法》应当建立专业人士参与债权人会议的机制，应当引入具备相关破产法律知识和经济学知识的专业人士到债权人会议中来。专业人士与破产案件没有利益关联，自然也不能享有和债权人一样的权利，他们的身份可被定义为"给予债权人专业建议、辅助债权人做出合理决定"的"专家辅助人"。这样的设置是符合《企业破产法》维护债权人利益这一宗旨的。关于专业人士的人选问题，本文认为，律师作为法律专业人士，又对经济知识有一定的涉猎，且熟悉法律程序和破产程序，律师应当是破产案件专业人士的合适人选之一。换言之，债权人会议作为一个利益共同体，为其引入律师这样的专业人士，相当于为其找了一个"顾问"、一个"帮手"，有利于债权人利益最大化的实现。

总之，破产作为一种特殊的司法程序，是在债务人不能清偿到期债务时，以将债务人所有的财产公平清偿给所有债权人为目的的审判上的程序。其最终目的就是保证全体债权人公平受偿、保障破产财产的公平分配。债权人会议作为破产程序的核心制度之一，其职权具体包括哪些内容以及具体的行使方式直接关系债权人的切身利益，应当利用好、发挥好债权人会议保障公平、监督履职、实现效益的重大职权。如何不断完善债权人会议职权，在保证公平的同时，保障破产程序的效益目标，避免低效率或无理性决策，这是一个值得探讨并进行深入研究的问题。

第七节　贵达破产案例精选

贵阳大数据交易所有限公司重整案 [①]

耿祥宇 [②]

一、基本案情

2015 年 4 月，贵阳大数据交易所有限责任公司（以下简称"贵阳数交所"）正式挂牌运营大数据交易及相关业务，成为全国第一家挂牌运营的大数据交易所，对推动实施国家大数据战略有重要意义。面对大数据交易行业尚不成熟、无任何成功经验可供借鉴的情况，贵阳数交所投入大量资金开展数据价值开发、数据规范制定、数据交易规则制定等工作，自主研发涵盖 30 多个领域、4000 余个大数据交易产品的交易系统，面向全球提供 7×24 小时永不休市的专业服务。但因经营管理不善、处于市场开发前期等原因，贵阳数交所持续亏损。出资人也因为长期投资未见回报等产生矛盾，拒绝进一步投资，最终贵阳数交所陷入财务困境、难以清偿到期债务。经债权人申请，贵阳市中级人民法院（以下简称"贵阳中院"）于 2021 年 12 月 6 日裁定受理贵阳数交所重整一案，并指定贵达所担任管理人，开展重整工作。

二、办理情况

根据党和国家对于发展大数据产业、实施大数据战略的重视，大数据交易资质的稀缺性和特殊性，以及债权人、债务人、职工对重整的大力支持等，在贵阳中院的指导和监督下，管理人迅速启动财务审计、资产评估、投资人招募工作，并与债权人、债务人、投资人等协商制作重整计划，从受理重整到提交重整计划草案仅用时 3 个月。

重整计划草案经第二次债权人会议分组表决，债权人、职工均表决通过。管理人研究认为，贵阳数交所重整计划草案合法、合理且具有可行性，申请贵阳中院依法批

---

① 该案写入最高人民法院、贵州省人民政府及贵阳市人民政府 2022 年工作报告，被贵州省高级人民法院评为典型案例，获《人民法院报》编辑部等评选的 2022 年度"全国破产经典案例"提名奖。

② 耿祥宇，贵州贵达律师事务所律师。

准。贵阳中院于 2022 年 3 月 21 日依法批准重整计划，贵阳数交所历经 105 天终于重整成功。

作为全国第一家大数据交易所，发挥大数据交易这一特殊资质的重整价值，充分保障职工、债权人、出资人等的合法权益，结合有关政策和市场发展情况，分析经营失败的原因并制作针对性的经营方案，是贵阳大数据交易所有限公司能实现高效重整的关键。

三、办案要点

（一）响应国家大数据发展政策和规划，实现政治效果、法律效果、社会效果的有机统一

面对世界百年未有之大变局和新一轮科技革命、产业变革深入发展的机遇期，世界各国纷纷出台大数据战略，开启大数据产业创新发展新赛道，聚力数据要素多重价值挖掘，抢占大数据产业发展制高点。党中央、国务院高度重视大数据产业发展，推动实施国家大数据战略。

2015 年，贵阳数交所正式挂牌，开展大数据交易服务；2016 年，国家大数据（贵州）综合试验区揭牌，标志着贵州大数据产业上升至国家层面；2021 年，工业和信息化部发布《"十四五"大数据产业发展规划》；2022 年 1 月，《国务院关于支持贵州在新时代西部大开发上闯新路的意见》明确，支持贵阳大数据交易所建设。在大数据产业越发重要的今天，贵阳数交所作为大数据交易这一新兴产业的开拓者，因财务困境面临退出市场的危机。因此，作为全国首家大数据交易所，通过重整化解贵阳数交所财务危机、帮助其走向重生，其意义不仅是公平清理债权债务、挽救市场主体，还是响应国家发展大数据产业、实施大数据战略的需要。

经过重整的贵阳大数据交易所已正式恢复运营，定位于建设国家级数据交易所、打造国家数据生产要素流通核心枢纽，围绕安全可信流通交易基础设施建设、数据商和数据中介等市场主体培育，积极探索数据资源化、资产化、资本化改革路径，努力构建产权制度完善、流通交易规范、数据供给有序、市场主体活跃、激励政策有效、安全治理有力的数据要素市场体系，打造数据流通交易产业生态体系。

企业破产案件办理应当坚持政治效果、法律效果和社会效果的有机统一，应当与党和国家的发展战略、政策相结合，践行司法审判公正为民、宪法法律至上、人民利益至上。破产是市场经济中不可避免的现象，也是市场优胜劣汰、资源优化配置的重要手段之一。《企业破产法》作为调整市场主体退出机制的法律规范，既要保护债权人的合法

权益，又要维护社会公共利益，促进经济社会发展。因此，破产案件办理不仅是一项技术性的司法活动，也是一项具有深刻社会意义的司法活动。贵阳数交所重整案，正是破产法社会价值的有力体现。

（二）准确识别和充分发掘无形资产价值

贵阳数交所作为国内首家大数据交易所，其从事的大数据开发和交易具有特殊性。贵阳数交所、债权人、出资人、投资人均认为，贵阳数交所的核心资产为其大数据交易资质以及与大数据交易相关的技术，但对其具体价值各方争议巨大。不同于一般不动产、机器设备等实物资产的评估，如何准确识别大数据交易资质和相关技术的价值，其难度较高，且在国内尚未存在先例。

经与贵阳中院协商，管理人发布评估机构招募公告，对报名机构进行评审，并与报名评估机构深入交流，介绍项目情况和评估要求，以确定其是否具备评估大数据交易资质这一特殊资产价值的能力和快速完成评估的实力，经多次招募最终确定评估机构。评估过程中，管理人积极与评估机构、债务人磋商，确定以持续经营收益为基础对贵阳数交所资产进行整体评估，再对实物资产价值进行单独评估和扣减，以计算无形资产价值。评估报告初稿出具后，管理人立即向债权人、债务人、出资人、投资人等公布和征求意见。根据征求意见的情况，评估机构调整和出具正式评估报告，该评估报告载明的价值作为重整计划草案制作的基础，作为投资人投入资金、债权清偿和出资人权益调整的重要参考。资产评估的过程，还保障了各方依法参与重整、获取有关信息的权利。

因该资产的特殊性，贵阳数交所清算价值几乎仅为其市场价值的四分之一。准确识别重整价值，坚定了各方主体积极促成重整成功、避免进入破产清算的信心，也为贵阳中院、管理人与投资人开展协商谈判，将投资人预计投入资金提升至原计划的4倍，最大限度保障了职工、债权人、出资人的合法权益。

（三）"对症下药"，深刻剖析破产原因，制作债务人经营方案

债务人经营方案的可行性是债务人重整成功的基础。在重整计划的制作过程中，管理人从大数据行业政策法规尚未完善、大数据行业发展尚处于探索阶段等市场因素以及债务人经营管理混乱、经营决策缺乏监管、业务模式不够完善等自身原因深刻剖析债务人陷入财务困境的原因。在此基础上，对债务人组织机构进行调整，改善公司治理结构，完善大数据交易平台运行规则和内控管理制度，对债务人后续经营的商业模式进行调整，并据此制作有利于业务展开的短期、中期、长期规划，最大限度提高债务人经营方案的可行性，提高重整成功率，并试图避免贵阳数交所再次进入财务困境。

管理人在制作重整计划时，应重点识别债务人经营方案是否具备可行性，了解债务人陷入财务困境的原因，并试图加以改进。管理人要综合国家政策、市场环境、自身改良和发展规划等因素，听取投资人、职工及有关专家的意见，排除空想的、不具有可操作性的重整计划草案，防止重整程序的滥用。

司法实践中，管理人多为律师、会计师等专业人员，缺乏经营管理经验，特别是特定行业企业经营经验。但重整计划中的债务人经营方案，是为了恢复债务人正常的生产经营活动而提出的改善财务状况、增加收入、减少支出、优化管理、调整结构等措施的总体规划，是重整计划的核心内容之一，直接关系重整计划的可行性和效果。管理人在制作重整计划时尤其要注重如下三方面：第一，债务人经营方案应当基于对债务人财产状况、资产负债表、利润表、现金流量表等财务报表的分析，以及对债务人所处行业市场环境、竞争优势、发展潜力等因素的评估，制定出符合自身实力和条件的目标和措施，不能过于乐观或悲观，要客观真实地反映债务人的生产经营状况和前景；第二，不同行业有不同的发展规律和特点，例如周期性、季节性、技术密集度等，债务人经营方案应当充分考虑所属行业的特征和趋势，制定出适应市场需求变化和技术进步的策略和举措，不能盲目跟风或脱离实际，要有针对性地调整自身产品结构和服务模式；第三，债务人经营方案应当具有操作性和执行性，能够在法律允许范围内得到有效实施，并能达到预期效果。不能空谈理想或做不切实际的承诺，要有明确的时间节点和责任主体，以及相应的监督机制和考核标准。

（四）充分沟通，保障各方权利，平衡各方利益

破产案件的办理涉及多方主体的权利和利益，如债务人、债权人、管理人、职工、政府等。在破产程序中，充分沟通是保障各方权利、平衡各方利益的重要手段之一。充分沟通可以增进各方对破产法律规定和司法判决的理解和尊重，有利于各方表达合理诉求、妥善解决争议，推动破产程序的顺利进行和有效结束。

本案办理过程中，无论是审计机构、评估机构、投资人的招募和确定等重大事项的办理，还是债务人信息、管理人工作情况的公开，均通过全国企业破产重整案件信息网进行，始终尊重债权人、债务人、职工、出资人、投资人等依法参与重整的权利；及时与有关各方进行沟通、协商，听取各方对于重整的意见和建议，并通过合法、合理、可行的方式转化到重整计划中。例如，对于普通债权，不仅通过现金方式清偿其全部债权，还通过后续业务合作、增强合作信心等方式，维持贵阳数交所供应链的完整；对于出资人权益，经多次沟通，出资人均不能继续出资或对贵阳数交所进行重整，且不具备合作经营的可能，以退出债务人经营并对其权益进行合理补偿的思路确定出资人权益调

整方案。

债务人进入财务困境后，各方权益势必受到不同程度的损害。管理人作为破产程序中的重要角色，应当依法履行职责，并及时向相关主体报告情况，回应合理关切，征求意见建议。人民法院、管理人应站在专业、中立的角度，依法听取各方意见、保障各方权利、平衡各方利益，通过释明、沟通、谈判，将各方的诉求汇总并转化为合法、合理、可行的方案。

（五）提高破产案件效率和清偿率，助力优化营商环境

世界银行《营商环境报告》项目对全球190个经济体的营商法规及其执行进行客观的度量，社会影响巨大，其中"办理破产"指标，从破产程序的时间、成本、结果和债权人回收率，以及适用于破产程序的法律框架进行评价，对营商环境的评估和进一步优化具有重大影响。

贵阳数交所重整的过程中，贵阳中院和管理人始终高度重视破产案件办理效率，严格把控破产案件办理时间节点，制作并落实办理每一个工作计划，最终实现105天重整成功；充分发掘债务人资产价值，与投资人开展持久、深入的谈判，实现债务人财产价值最大化和普通债权全额现金清偿；严格按照财务管理办法支出破产费用，控制破产成本。

"办理破产"指标不仅是评价营商环境的重要部分，更是优化营商环境的重要参考。在每一个破产案件中，法院、管理人都应当重视"办理破产"、重视破产案件办理效率，实现债务人财产价值最大化，充分保障债权人、债务人的合法权益，助力优化营商环境。

安顺禹晋房地产开发有限公司预重整案 [①]

赵维刚 [②]

一、基本案情

2021年7月1日，因多年股东矛盾冲突、资金断裂，以及购房户、民工、材料商集体上访，安顺报业大厦项目无法续建，安顺禹晋房地产开发有限公司（以下简称"禹晋公司"）向安顺市中级人民法院（以下简称"安顺中院"）申请预重整备案登记。安顺中院对禹晋公司预重整进行备案登记，并接受推荐指定贵达所担任临时管理人，预重整期间设定为2个月。

二、办理情况

预重整期间，在安顺中院的监督指导下，管理人开展对禹晋公司清产核资、债权申报审查、工程审计、工程鉴定、招募续建方、施工人员清场退出、银行按揭贷款协调等工作。随着府院联动机制的建立，对该案高度关注的安顺市人民政府、安顺市西秀区人民政府成立政府工作专班，充分支持预重整工作，与安顺中院、管理人数次以工作专题会、个别座谈的方式，解决预重整有关矛盾，给债权人、债务人信心。预重整阶段中，管理人在政府的大力支持和推动下，做好了报业大厦建设项目层层分包后数十位原实际施工人、材料商的退场疏通工作，在安顺中院的指导下完成了对禹晋公司重整营业的尽调摸底和管理筹备，多次与主要债权人交换意见，拟订预重整工作方案并取得各方一致同意。

安顺中院于2021年9月27日裁定对禹晋公司重整，结束预重整。基于预重整阶段的工作已为重整夯实基础，该案的债权申报时间为1个月，并在债权申报期结束后3日

[①] 该案入选贵州省高级人民法院破产典型案例。

[②] 赵维刚，贵州贵达律师事务所律师。

内组织召开了第一次债权人会议，高票通过包括重整计划草案在内的所有决议，特别是在重整计划草案的表决中，职工债权组、税款债权组、有财产担保债权组全票通过，购房类债权组通过率达 98.1%，普通债权组表决率达 84.1%。

2021 年 11 月 10 日，安顺中院依管理人申请裁定批准重整计划，并终止禹晋公司重整，该案历时仅 44 天。

三、办案要点

（一）充分运用府院联动机制

本案充分运用了府院联动机制，提前完成了工程修建、融资等决定重整成功的工作事项，提高了重整计划草案的通过率，缩短了司法程序中所需的时间，在辖区内引起了强烈的社会反响，使更多的企业对破产制度转变认识，为化解问题房开问题、拯救困境企业提供了示范和参考。同时，府院联动机制也在很大程度上化解了积存多年的社会矛盾，且在按揭贷款办理、房屋交付、竣工验收、权证办理等方面提供了大力的支持。

（二）及时、充足的信息披露与沟通协调

禹晋公司开发建设的安顺报业大厦项目系通过执行程序中以物抵债方式从原房开受让而来，虽项目整体体量不大，但因开发时间较早又系挂靠施工，项目从开工建设至今通过层层分包、转包方式开展施工，涉及数十位实际施工人，且各方之间的工程量还存在交叉、重复之处。为平衡、缓解各施工单位的矛盾和纠纷，管理人、人民法院、政府专班在预重整期间便组织召开二十余次专题会议就其中牵涉的矛盾和纠纷进行一一化解，并说服上述人员清场退出，将施工场地移交给新招募的续建施工单位。同时，管理人也非常注重案件办理情况的信息披露和程序的公开公正，与主要债权人及时沟通协调以争取他们对本案的大力支持和理解。

（三）公开、透明的市场化招募——续建施工单位招募

通过全国企业破产案件重整信息网、贵州贵达律师事务所公众号及管理人的资源公开、透明地进行市场化招募，招募合适的续建施工单位。并且，管理人积极与原施工主体沟通协调，并告知原施工主体，在同等条件下，其享有优先选择权。同时，管理人设立了严格的合同履行条件以确保复建的成功。

徐矿集团贵州能源有限公司破产清算案[①]

吴正彦　卢林华[②]

一、基本案情

徐矿集团贵州能源有限公司（以下简称"徐矿贵州公司"）是由徐州矿务集团有限公司（由江苏省政府国有资产监督管理委员会全额出资设立）于 2000 年 3 月设立的，主要经营煤炭、电力能源、煤层气的投资等。受煤炭市场行情影响，徐矿贵州公司投资的各煤矿投产后连年亏损，并于 2016 年 4 月被列为"僵尸企业"。2021 年 12 月 8 日，遵义市中级人民法院（以下简称"遵义中院"）裁定受理徐矿贵州公司破产清算，并通过公开竞争的方式选任贵达所担任管理人。

二、办理情况

管理人接受指定后立即对徐矿贵州公司财产状况展开全面调查，除向有关部门调取资料、询问有关人员等常规调查方式外，管理人还指派工作人员与债务人职工、审计人员、评估人员共同前往其曾在贵州省各地设立的煤矿、洗煤厂等，查勘和核实有关情况；启动财务审计、资产评估工作，接受债权申报并进行依法审查。管理人经过多次解释、沟通、谈判，徐矿贵州公司股东最终同意优先清偿其他普通债权后再清偿其债权，普通债权得以全额清偿。管理人在此基础上制作破产财产变价方案、分配方案等，并在第一次债权人会议上获得全票表决通过。

徐矿贵州公司宣告破产后，管理人立即启动破产财产变价工作，并在 2022 年 6 月完成破产财产分配。2022 年 6 月 24 日，遵义中院裁定终结徐矿贵州公司破产程序，本案顺利办结。

---

① 该案入选贵州省高级人民法院破产典型案例。

② 吴正彦，贵州贵达律师事务所高级合伙人、律师；卢林华，贵州贵达律师事务所律师。

三、办案要点

（一）创新破产财产分配模式

破产财产的变价和分配一直是破产清算中的难题，特别是处置难度大、时间长、成本高的破产财产。徐矿贵州公司破产清算中，根据债务人的实际情况和债权人的利益诉求，采用灵活多样的方式对破产财产进行分配，以实现债权人的利益最大化，包括如下几点。

1. 预分配

在破产财产分配中根据债权类型、破产财产类型及各方意愿，先确定各方的权益或份额，然后再按照这些权益或份额开展破产财产变价、债权追收等工作，收回的财产按照预先确定的份额、方式直接分配，笔者称为"预分配"。预分配可以有效提高资金使用效率，保护债权人利益，避免大量资金囤积在管理人账户，让债权人、职工尽早"落袋为安"；能一定程度上缓解商铺、对外债权等难以处置的破产财产的变价对破产财产分配的影响；能一定程度上避免为快速处置破产财产不得已超低价售出破产财产，损害债权人的利益。

2. 实物分配及债权分配

在破产财产的变价中，部分破产财产实际价值高，但按照当时的市场环境、财产状况难以完成快速变现，或者其价值更多地体现在经营中而非转让中，通过实物分配或债权分配，不仅能快速完成破产财产变价与分配的程序，还能有效避免为快速变现而低价处置破产财产。待市场环境等更有利于财产处置时，再由债权人进行处置。徐矿贵州公司破产清算过程中，经多次协商，将部分实物、部分债权分配给债权人，并由管理人配合后续处置。已分配的债权，经过债权人的催收和管理人的配合，部分债权追回财产甚至超过分配时的作价和追收成本，债权人取得了良好的收益。

3. 使用"1元起拍"

"1元起拍"在拍卖中较为常见，但在破产财产拍卖中非常罕见，主要在于破产财产的拍卖一般参照强制执行中的司法拍卖，参考评估价、网络询价等确定起拍价。徐矿贵州公司破产清算中，部分资产有严重瑕疵，难以处置，部分资产因各方原因难以评估其价值，经与主要债权人协商，管理人在破产财产变价方案中明确对其进行"1元起拍"，且"1元起拍"仍流拍的将进行核销。破产财产变价方案表决通过后，管理人按照方案进行拍卖，充分披露资产瑕疵等情况，最终拍卖成交。"1元起拍"在正常的破产财产拍卖中，还可以起到吸引参拍人员的效果，同时，管理人还可以设置保留价防止低价处置。

4.善意行使破产撤销权

根据《企业破产法》第三十一条、第三十二条规定，对于债务人在法定期限内实施的损害债权人共同利益的行为，管理人应当依法撤销，并追回财产。徐矿贵州公司破产清算中涉及破产撤销权的，管理人在依法调查并对徐矿贵州公司债权债务进行综合分析后，与债权人协商一致，由债权人书面承诺同意管理人行使破产撤销权，并同意在破产财产分配时按照分配比例计算后多退少补。此举不仅大大降低了通过诉讼行使破产撤销权的成本、时间，还避免增加债权人的资金占用，得到了债权人的认可。在破产程序中，行使管理人各项职权并非目的而是维护全体债权人利益的手段之一，善意行使各项职权不仅能提高破产案件办理效率，还有利于维护社会和谐稳定。

（二）规范办理国有企业破产

徐州矿务集团有限公司是 1998 年 5 月经江苏省人民政府批准，由原徐州矿务局改制而成的国有独资企业，是江苏省政府授权的国有资产投资主体，具有 120 余年的煤炭开采历史，是江苏省和华东地区重要的煤炭生产基地，是江苏省人民政府国有资产监督管理委员会管理的大型企业集团。徐矿贵州公司由徐州矿务集团有限公司 100% 持股，系国有企业。

徐矿贵州公司破产程序中，管理人认真研究、严格执行《企业破产法》和国有企业解散的有关规定，保障徐矿贵州公司依法、合规退出市场。例如，根据《国有企业资产与产权变动档案处置办法》第十六条规定，国有企业终止的，其档案根据不同类型分类处理，管理人从接管时即按照有关规定进行清点、整理和接收，破产程序终结时严格按照有关规定处理，包括：①管理类档案归原企业控股方、同级国家综合档案馆，经协商由徐州矿务集团有限公司接收；②基建档案、设备仪器档案随其实体归属，实体报废、拆除的，随管理类档案，在破产财产处置过程中，依法移交相应买受人，其余部分由徐州矿务集团有限公司接收；③需继续经营的产品生产和服务业务档案，归属产品和业务承接方，在破产财产处置过程中，依法移交相应买受人，其余部分由徐州矿务集团有限公司接收；④科学技术研究档案，无；⑤已结清的会计档案应当随企业管理类档案归属；⑥干部职工档案，根据徐州矿务集团有限公司安排，回到集团总部或进入集团下属企业的，随工作调动移交，且指派专人送取，其余按照有关规定办理；⑦其他难以归类档案按照管理类档案处理。

加快清理僵尸企业不仅是维护市场经济秩序的重要工作，还是党和国家促进国有企业改革和优化资源配置的一项重要任务，对破产管理工作提出了更高的要求。人民法院、破产管理人在办理国有企业破产案件中，不仅应当坚持市场化、法治化的理念，还应遵循国有企业清算、解散的有关政策、规定，依法办理。

（三）协商股东债权劣后清偿

徐矿贵州公司破产清算中，申报债权额达 22.72 亿元，均申报普通债权。债权审查过程中，经管理人初步测算，徐矿贵州公司财产十分有限，清偿率较低。为提高清偿率、保护其他债权人利益，管理人与徐矿贵州公司开展多轮沟通谈判，甚至指派 2 名律师从遵义赶赴徐州与债务人股东进行沟通。经多次协商，债务人股东接受优先清偿其他普通债权后，再对其债权进行清偿，并同意破产程序中的包括财产管理方案、破产财产变价方案、破产财产分配方案等各项方案。股东债权劣后清偿的协商、谈判中，管理人始终坚持以法律为基准，充分释明劣后债权的依据，以及不作为劣后债权可能产生的后果，最终争取到了债务人股东的认可。

破产程序中认定债务人股东有关债权为劣后债权应当慎重，我们认为应当从以下角度对债务人股东的关联债权进行审查。

第一，是否存在不公平交易。《全国法院破产审判工作会议纪要》第 39 条规定，关联企业成员之间不当利用关联关系形成的债权，应当劣后于其他普通债权清偿，且该劣后债权人不得就其他关联企业成员提供的特定财产优先受偿。此外，《上海市高级人民法院破产审判工作规范指引（试行）》中也将关联企业成员间利用不当关联关系形成的关联债权作劣后债权处理。《天津市高级人民法院关于破产案件受理和审判工作若干问题的审判委员会纪要》第二部分第 5 条规定："控制企业利用其与从属企业之间的关联关系，与从属企业从事不正当的商业行为，并从中谋取不当利益的，从属企业破产清算时，可探索将控制企业基于上述不正当行为产生的针对从属企业的债权劣后于其他债权人受偿。"《重庆市高级人民法院关于审理破产案件法律适用问题的解答》（渝高法〔2017〕207 号）明确，公司控股股东或实际控制人为了自身利益，与公司之间因不公平交易而产生的债权可确定其为劣后债权。

第二，是否履行出资义务。参考《重庆市高级人民法院关于审理破产案件法律适用问题的解答》，公司股东因未履行或未全面履行出资义务、抽逃出资而对公司负有债务，其债权在未履行或未全面履行出资义务、抽逃出资范围内的部分可做劣后债权处理。

第三，公司注册资本与经营活动是否匹配。根据《全国第八次法院民事商事审判工作会议纪要（商事部分）》"关于《公司法》修改后公司诉讼案件的审理问题"的规定，股东以过于微小的资本从事经营、在公司因不能清偿债务而破产时，股东债权的受偿顺序安排在其他普通债权人受偿之后；《重庆市高级人民法院关于审理破产案件法律适用问题的解答》明确，公司注册资本明显不足以负担公司正常运作，公司运作依靠向股东或实际控制人负债筹集，股东或实际控制人因此而对公司形成的债权可作劣后处理。

第四，股东对公司经营是否存在责任。这里主要是指股东的经营管理行为是否存在过错，对公司陷入经营困境是否存在责任，例如公司经营管理不规范导致资产流失或价值减损等情况发生。

松桃方圆建材工程有限责任公司破产清算转和解案 ①

李佳娥 ②

一、基本案情

松桃方圆建材工程有限责任公司（以下简称"方圆工程公司"）成立于 2015 年，主要经营砂石开采及销售。因经营不善停产，且有大额债务长期未能清偿，在强制执行过程中，经方圆工程公司同意，人民法院移送进行破产审查。2022 年 6 月 10 日，铜仁市中级人民法院（以下简称"铜仁中院"）裁定受理方圆工程公司破产清算并指定贵达所担任管理人。

二、办理情况

管理人调查发现，方圆工程公司资产主要为应收账款和机器设备，因应收账款未能收回导致不能清偿到期债务，且公司所在地附近有大量的建筑工地，急需砂石等基础材料，方圆工程公司仍具有市场潜能和挽救价值。经过多次协商、谈判，方圆工程公司在人民法院的指导和管理人的协助下，制作和解协议草案。2022 年 8 月 1 日，方圆工程公司第一次债权人会议全票表决通过和解协议，铜仁中院同日裁定将方圆工程公司强制执行转为和解、认可和解协议并终止和解程序，破产程序历时 52 天。

三、办案要点

方圆工程公司系中小型民营企业，抗风险能力较弱，因经营不善等原因暂时陷入经营困难、不能清偿到期债务而进入强制执行和破产清算。人民法院、管理人在充分调查

---

① 该案入选贵州省高级人民法院破产典型案例。
② 李佳娥，贵州贵达律师事务所律师。

了解方圆工程公司资产负债、经营状况、市场环境的情况下，判断公司仍有挽救价值，主动指导、协助方圆工程公司与债权人进行沟通谈判，制作和解协议草案并获得全票表决通过。中小型企业的破产案件并非简单地一"破"了之，应当深入了解企业陷入经营困难的原因、挖掘企业的市场潜力。对于具有挽救价值的中小型企业，应当充分发挥破产制度的市场主体挽救功能，充分协调、协助各方，或转入重整，或和解，更好地保护债权人、债务人及利害关系人的合法权益。

中小微企业是轻资产公司，大部分企业可供清偿的资产为零，或者仅有少量应收账款、机器设备等回收率较低的财产，这些财产并不是企业重整价值之所在，也并非企业是否具有重整价值的考量因素，其重整价值应当集中于其特殊资质和核心技术、行业前景等"软价值"的识别。

中小微企业相较于大型企业而言，其人合性的特点更为突出，企业主要依附于企业实际控制人、股东等个人的客户资源、产业链资源和营销网络。因中小微企业缺乏担保物，其普遍存在融资难、融资贵的问题，企业资金的来源也在一定程度上依赖于企业实际控制人、股东等的输血，中小微企业与企业的所有者和经营者存在高度依赖的关系。因此，中小微企业的重整或和解较大型企业而言更需要企业的实际控制人、股东等公司所有者和经营者的支持。

中小微企业是国民经济和社会发展的重要基础，在扩大就业和改善民生等方面具有十分重要的作用。2022年1月14日，最高人民法院印发《最高人民法院关于充分发挥司法职能作用　助力中小微企业发展的指导意见》，提出对于已经进入破产程序但具有挽救价值的中小微企业，要积极引导它们通过破产重整、和解等程序全面解决债务危机，公平有序清偿相应债务，使企业重获新生。法院、管理人充分发挥司法能动性，积极探索小微企业的重整和和解，挽救小微企业。

安顺千禧房地产开发有限责任公司破产清算转重整案

徐 春[①]

一、基本案情

安顺千禧房地产开发有限责任公司（以下简称"千禧公司"）成立于2000年，主要经营房地产开发与经营、建筑材料（不含钢材）、装饰装潢材料、水电安装材料。2013年，公司债务缠身，主要资产被查封、冻结，多个在建项目因资金链断裂而停摆。经债权人申请，2018年5月24日，安顺市中级人民法院裁定受理千禧公司破产清算案，并指定贵达所担任管理人。

二、办理情况

千禧公司管理极不规范，账目、账册缺失，债权、债务识别难度大；资产大多是物权不完整的在建工程和一些权属错综复杂的不动产，处置难度大；债权金额动辄上亿元，且债权结构复杂，如，名为买房实为借贷、以房抵债、虚假买卖和虚假按揭等形成的债务交织，债权调查核实难；债权人涉及购房人、工程承包单位、实际施工人、材料供应商、民间借贷中小企业，以及个人、金融机构等众多利益群体，影响范围广，且各方诉求强烈，极易形成群体性社会矛盾，维稳压力大。另外，公司与关联企业之间业务往来密切，纠纷频发。为此，本案前期开展了大量的尽调工作和资料信息收集整理工作，力求使公司资产数量和权属清晰明了，债权、债务关系具体明确。

2019年8月22日，千禧公司与福建纵华建筑有限公司签订建设工程施工合同，约定由福建纵华建筑有限公司对"东方花园"项目进行垫资建设。该项目工程量约23万方，预计2022年12月31日前竣工验收，这一项为完整物权的资产。与此同时，本案拟将其他资产进行分割处置，获取资金，以清偿债务。但受市场不景气和突如其来的新

---

① 徐春，贵州贵达律师事务所律师。

型冠状病毒感染疫情持续影响，资产处置不力。

在有价无市的经济环境中，公司资产变现存在巨大困难，以货币清偿债权几乎不可能实现。而考虑到公司还有其他项目和土地具有较大的开发价值等，对千禧公司进行重整比清算更有价值，且结合各方面论证，重整具有可行性，故，依千禧公司和公司股东申请，安顺市中级人民法院裁定千禧公司转为破产重整。

2022年3月4日，千禧公司债权人就《安顺千禧房地产开发有限责任公司重整计划（草案）》进行表决，除有财产担保债权组外，其他债权组均表决通过重整计划草案。有财产担保债权组经二次表决，仍未通过重整计划草案。依管理人申请，安顺市中级人民法院于2022年3月23日裁定批准《安顺千禧房地产开发有限责任公司重整计划》，终结千禧公司破产重整程序。

三、办案要点

（一）创新工作方法

1. 合同档案整理方法

与其他企业不同，房开企业主要业务涉及大量商品房买卖合同。办理房开企业破产案件，管理人绕不开的工作之一是掌握公司商品房销售及相关商品房买卖合同履行情况。对于管理较规范、经营停摆时间不长的企业，商品房买卖合同一般都有独立部门和人员负责管理，合同主要信息也通常有电子数据，接管时全面做好接管、归档，可为后续履职工作省时省力。而若是档案管理不规范，停摆时间较长的企业，进入破产程序后，管理人便需自行整理所有合同档案。管理混乱、档案无序、信息不全的房地产破产企业案件，合同档案整理工作会存在各种意想不到的困难。笔者亲身经历千禧公司合同档案整理，个中滋味一言难尽，将本次合同整理经验总结如下：①商品房买卖合同涉及多个项目的，按项目分类，互不交叉；②分楼栋，按房号先后，一房一袋，一户一袋分装；③将档案袋按先后编号，并注明合同对方当事人和房号等关键信息；④存放需按序排列，便于查找和使用完后依照顺序放回原地；⑤有必要的，可将归档编号和合同主要信息，如合同当事人、房号、房屋坐落、价款等电子化，方便检索；⑥有人手的项目团队可安排专门人员管理，做好借还登记，防止遗失。

除分类和排序方法外，该合同整理方法同样适用于其他类型的档案资料和债权申报资料等的整理和保存。

2. 充分利用协同办公平台

破产案件都需要团队共同作战，虽各有分工，但工作无边界，时时都需要共享工作成果、互通工作进度，大量工作还需要交叉协作才能完成。破产案件处理充分利用协同办公平台，至少有以下好处：①可实现跨地域、移动办公，不到现场也能处理工作；②可建立统一的案件信息共享平台，保障内部信息交流快捷通畅。③可实现信息传输、保存自动化，摆脱重复发送、打印、交接等程序；④提高工作效率和信息获取速度，无须再去文件柜查找或向其他成员索要等。当前市面上也不乏免费协同工作平台，如腾讯文档、钉钉、飞项等，建议触及破产案件的同仁们充分运用好网络技术带来的福利。

3. **收文发文管理**

（1）收文管理

破产案件中收文管理很有必要，可以防止资料遗失、紧急事项延办等问题。收文管理与档案整理有类似的地方，也有不同之处。收文管理多包含及时将文件传递给负责相应事项的成员，或及时提醒其查阅、催办等环节。

收文管理分为以下几个步骤：首先是收文登记——对文书标题、文号、发文单位、收文日期、份数等进行登记；然后是文件传递——及时将文书传递给相应事项的负责人，或将文书要求、内容等发布到协同工作平台，提醒大家知晓；第三是催办——对要求回复或处理的文书，适时提醒，并询问办理进度；最后是归档——将文书标注归档。另外，有条件的项目团队可进行扫描后电子化，便于快速获取。

（2）发文管理

发文管理是指团队对外发出文书，发出前须先通过团队协作办公平台征求团队其他成员意见，并经团队负责人认可和同意，然后报印章管理人用印、编号才可发出，发出的文书应留存备份备查。破产案件需团队协作，各自负责的工作既有交叉又有差别。进行统一的发文管理一是可确保团队其他成员知晓工作进展，互通有无；二是文书由团队负责人审阅、同意后发出，可确保文书质量和规范，避免出现错漏；三是可确保工作的统一性，避免就同一件事发出不同的文书，或重复发文。

综上，发文管理的关键和步骤主要有：①文书草拟人需将草拟好的文书发送给团队其他成员和团队负责人，并征求他们的意见；②将定稿文书向管理印章和义书编号的工作人员（通常为同一人）申请用印、编号；③发出的文书留存备份备查，并将定稿电子版文书上传协作办公平台；④对外发文最好采用与法院文书一致的统一格式，可体现团队规范化和标准化形象。

4. **接收债权申报时的注意事项**

接收债权申报并非一项单一动作，而是一套流程性的操作，具体如下。

第一，需要制作规范的债权申报文书，包括但不限于债权申报表、证据清单、主体资格证明文书、送达地址登记表及银行账户登记表等，供债权人填写债权申报主张及身份信息等。

第二，指导债权人填写申报文书，并准备债权证明材料。关于这一方面，虽然管理人送达的债权申报通知、须知等已经非常全面、明确地告知债权人如何进行债权申报，但仍会有许多债权人不知如何填写相关文书以及提供债权佐证资料等。为避免不断重复地给债权人做解释工作，可通过总结大部分债权人的共性问题，就债权申报文书填写和债权证明资料准备等编制更为详细具体的说明或指引，张贴于债权申报场所或提供给债权人参阅，可节约大量指导债权人申报债权的时间。

第三，做好申报登记。接收债权申报，可准备一本债权申报情况登记簿，就债权申报人、申报时间、联系方式等主要信息进行初步登记。

第四，清点、核对债权申报资料。清点债权人提供的资料份数是否正确，核对债权申报文书填写是否符合要求，核对债权证明材料是否与原件相符等。

第五，签收债权申报材料。清点核对无误后，给债权申报人签发盖有骑缝章的回执。这一点非常重要，因为有些债权人错过了债权申报时间，会谎称自己已在规定时间申报过债权，是管理人弄丢其申报材料，此时，只需要求其提供管理人签发的回执，或者管理人自己查看留存的回执，即可辨别真假。

第六，债权申报信息电子化。债权申报信息电子化是债权申报情况、债权审查情况统计的基础，数据录入必须准确无误，否则将影响债权额统计，甚至影响债权清偿比例和清偿额计算。

5. 周工作计划

周计划是以周为单位，综合考虑各种因素，制订出符合团队各成员实际情况的工作计划和安排，通常由团队负责人制定。破产案件有许多时间节点和时限，实行周工作计划，可量化目标以保障各环节都完成任务。计划是管理工作的重要环节之一，实行周工作计划，通过计划的制定、执行、检查和分析，对各项工作和任务进行协调和控制，以便有效地、充分地利用人力、物力达到工作目标，取得良好的效果。实行周工作计划需要注意以下几个方面。

第一，要明确案件中需要解决的事项、问题，工作计划须紧紧围绕需要完成的事项和需要解决的问题展开。

第二，计划要切合实际，不仅要切合待解决问题的需要，也要符合执行人员的工作能力、时间、水平等方面的实际。简单来说就是计划要有达成的可能性，不能空谈。

第三，计划要具体、明确，落实到个人。即突出工作内容，明确截止时间和要求，安排具体人员负责执行、落实。

第四，适时做总结。在每周结束或在下周开始，对一周工作情况做总结，检查完成情况及存在的问题，找出对策，总结经验、吸取教训，保障计划执行成效，提高工作效率。

6. 分组建立线上债权人信息交流平台

网络已成为当今社会信息沟通交流的主要渠道之一，破产案件中建立债权人微信群、QQ群等是常见的案件信息畅享和披露平台，有时这些信息交流平台甚至可做债权人会议载体之用，管理人可利用信息交流平台让债权人对一些决议事项发表意见。

但是，房开企业破产案件中涉及的利益群体众多，各方诉求冲突强烈，统一拉入同一个信息交流平台容易相互影响，引发冲突和对立。另外，不同类型的债权人所关注和讨论的问题可能完全不一样，若全部拉入同一个群，不利于有针对性地给债权人答疑解惑，可能还会适得其反，增加解释、沟通工作负担。故，破产案件中，可将不同类型的债权人分别建立不同群组，方便就同类问题或同一批债权人共同关注的问题进行沟通交流，减轻解释工作。

（二）购房债权人推选代表参加债权人会议

房开企业破产案件会涉及大量的购房债权人，大部分购房债权人的诉求是一致或雷同的。大型房开企业破产案件债权人会议若全部购房债权人均参加，如是线下债权人会议，可能会受场地限制，容纳不下；如是线上网络会议，可能部分债权人年纪较大或文化水平有限，不懂操作，同时参会人数对网络平台的流畅度、开会效果等也有影响。故针对诉求性质一致或雷同的购房债权人，可通过推选代表的形式参加债权人会议，由参会代表代为行使债权人会议相关职权。

购房债权人推选代表参会需要注意以下几点：①为确保推选代表是其他债权人的真实意愿，被选为代表的债权人须获得其他债权人的授权委托；②公司存在多个项目的，可视情况按不同项目或不同诉求分别推选代表，每个类型可推选代表人数以 2 至 4 个为宜；③对于有特殊诉求或不愿推选代表参会的债权人，应给其自行参会的权利；④要确保未亲自参会债权人获取信息渠道畅通，充分保障其知情权。

（三）招募重整投资人设置多种投资方式

对于如千禧公司这样刚开始时没有明确重整方向的破产企业，招募投资人时可设置多种投资方式，符合任一种方式的均可投标候选，避免单一招募方式失败，程序空转，浪费时间。千禧公司首次招募时同时设置了整体重整、借资、垫资续建、融资托管等方式。通过公开招募、主动协商以及协商谈判，最终选定垫资续建的模式进行重整。

贞丰县久盛能源有限责任公司重整案

耿祥宇 ①

一、基本案情

贞丰县久盛能源有限责任公司（以下简称"久盛能源公司"）成立于 2009 年，是根据贞丰县委、县政府积极落实国家节能减排政策、推动煤炭产业结构升级，经贵州省经济贸易委员会批复建设的现代化焦电企业。久盛能源公司整合贞丰县多家小型焦化企业，建设 120 万 t/a 选煤、100 万 t/a 焦炭、3×15MW 发电清洁型焦电技改项目，被列入贵州省重点建设工程。2015 年，久盛能源公司因缺乏资金投入、高息金融借款和民间借贷、法定代表人被限制自由等原因停产。由于缺乏资金用于恢复生产，久盛能源公司长期停产。经债权人申请，贞丰法院于 2020 年 3 月 19 日裁定受理久盛能源公司破产重整，并于 4 月 19 日指定贵达所担任管理人。

二、办理情况

管理人接受指定后，立即指派工作人员入驻久盛能源公司。因久盛能源公司停产近 5 年，职工多数已离职，厂区长期无人管理。管理人入场后，立即组织接管财务账簿 657 册、盘点资产 300 余项；清查职工档案 800 余份，调查确认 262 名职工的债权约350 万；接受债权申报 233 家，申报债权总额近 30 亿，审查确认债权 11 亿余元。因久盛能源公司资产几乎全部抵押，停产时间长，债权人、职工对久盛能源公司重整成功的期待较低。2020 年 5 月 20 日，在调查了解基本情况后，管理人面向社会公开招募意向投资人。

2020 年 6 月 30 日，久盛能源公司第一次债权人会议在久盛能源公司厂区召开，管理人向会议报告管理人执行职务情况、久盛能源公司财产状况和提请核查债权，会议表

---

① 耿祥宇，贵州贵达律师事务所律师。

决通过久盛能源公司财产管理方案、债权人会议召开方案、成立债权人委员会的议案及债权人委员会议事规则。

2020 年 7 月—8 月，管理人通过债权人推荐、贞丰县政府招商引资、主动对接等方式，广泛招募意向投资人。来自北京、江苏、河北等地的多家大型焦化企业前来咨询、调查有关情况，贞丰县委、县政府高度重视，组织有关人员与管理人共同接待。经过调查、谈判，来自河北、江苏的意向投资人分别向管理人正式报名；经过谈判、比选，河北某公司提高报价，成为正式重整投资人，另一家公司退出。

2020 年 9 月 11 日，管理人根据《企业破产法》之规定、久盛能源公司资产负债情况、重整投资人的重整投资方案等，研究焦化企业在环保、产能、技术方面的特殊政策，制订重整计划草案，向人民法院、债权人、出资人、职工等征求意见。管理人在认真听取人民法院、出资人、部分债权人、债务人职工代表等提出的合理意见或建议后，修改和完善重整计划草案，并于 2020 年 9 月 18 日向法院和债权人会议提交。2020 年 10 月 13 日，贞丰县人民法院召开债权人会议对重整计划草案进行表决，但未获得通过。

会后，管理人多次与未通过的表决组、重整投资人沟通。2020 年 12 月 27 日，重整投资人再次修改重整投资方案，并明确不再增加投资金额；同时，另一家意向投资人报名参与重整并提交重整投资方案。为充分保护债权人、出资人、职工的利益，尊重他们的选择，经债权人委员会同意，管理人决定对重整计划草案再次修改，制作两份重整计划草案并提请再次表决。但部分债权人和久盛能源公司股东仍不同意重整计划草案，导致两份重整计划草案再次表决仍未通过。

管理人在经过充分论证和分析后，认为重整计划草案虽表决未通过，但符合《企业破产法》第八十七条第二款的规定，申请贞丰法院批准重整计划草案。贞丰法院经审查、讨论后，于 2021 年 1 月 29 日裁定批准久盛能源公司重整计划草案并终止久盛能源公司重整程序，久盛能源公司破产重整工作圆满完成，并进入重整计划执行阶段，重整历时 9 个多月。

二、办案要点

（一）重整投资人的比选

久盛能源公司重整投资人的确定经过了以下程序：①管理人发布公告，明确久盛能源公司现状和投资人条件，公开招募；②签署保密协议，配合意向投资人调查；③意向投资人报名，协商、谈判，意向投资人提交投资方案；④在法院、债权人委员会的监督下，管理人统一标准，对意向投资人进行比选，意向投资人提高投资条件，评选确定重整投资人；⑤制作重整计划草案提交表决，未通过；⑥另一家意向投资人报名，组织双方比选，双方再次提高投资金额；⑦难以通过比选确定，管理人根据两份投资方案制作两份重整计划草案提交表决；⑧申请法院批准更为有利且支持人数较多的重整计划草案。

重整投资人的比选，直接关系重整投资方案的选择，对重整计划中债务人经营方案、债权清偿方案、出资人权益调整等核心内容有重大影响，但《企业破产法》未对重整投资人比选进行规定，司法实践中主要分为"债权人会议表决"和"评审小组比选"两种模式，久盛能源公司重整中综合采用两种比选模式。

首先是评审小组比选。本案评审小组由法院、债权人委员会和管理人共同组成。评审前，管理人书面通知意向投资人比选方式，要求意向投资人在比选会议上提交密封的、最终确定的重整投资方案。评审时，管理人在不知道投资方案的前提下，事先制作客观、具体的评审参考标准，向评审小组发放并征求意见，确定评审标准；意向投资人依次拆分重整投资方案，向评审小组现场阐述，并回答评审小组的提问，评审小组按照评审标准进行评分；全部评分完成后，公布结果，由评审小组依次发表意见。

其次是债权人会议比选。由于首次表决未通过，而新报名的意向投资人提交的重整投资方案与原重整投资人提交的重整投资方案有较大差异，且评审小组存在较大分歧，管理人决定据此分别制作两份重整计划草案提交债权人会议表决。在债权人会议上，管理人主要通过图片、图表等方式，对两份重整计划草案的不同之处进行说明。债权人表决后，管理人申请法院批准符合法律规定条件，且支持人数较多、清偿率较高的重整计划草案。

从各表决组利益诉求、决策效率、债权人理性决策能力及重整的社会利益等角度出发，评审小组相比债权人会议更适用于一般重整案件。当然，在重整计划有较大差异、易于对比等情况下，债权人会议比选也有一定优势。面对重整中广泛存在的多方利益冲突，管理人应当从破产法的基本原则出发，在不违反现行法律规定的情况下，综合考虑成本、效率、公平等因素，采用合适的方式开展投资人比选工作，提高重整的成功率。

（二）准确识别重整价值

经审计、评估，久盛能源公司资产变现价值不足9千万元，其中8.4千万余元资产已设立抵押，但已审查确认债权达11亿元。经测算，如进入破产清算，税收债权清偿率约3%，普通债权清偿率为0，且破产清算实际变现价值将大打折扣。经过三次表决、多轮谈判，管理人引入了两家符合条件的重整投资人，并制作了两份重整计划草案，经过充分的竞争、协商、谈判，在资产变现价值不足9千万元的情况下实现清偿债权4亿余元，清偿资金约为资产变现价值的 4.5 倍，普通债权清偿率为 20% 以上，实现了债务人财产价值最大化，有效维护了全体债权人的合法权益。管理人通过以下方式，挖掘和识别久盛能源公司的重整价值。

①预测重整价值。管理人经法院许可，公开招募审计、评估机构。中介机构出具含市场价值、清算价值的评估报告，作为重整的基础条件。管理人还初步从继续经营角度，以恢复经营所需投入、经营收益、经营成本为基础，测算久盛能源公司的重整价值，作为重整的目标追求。

②通过市场化招募投资人检验重整价值。管理人对于重整价值的初步预测，需要在实践中检验，而检验主要体现在对重整投资人公开招募、比选、谈判和确定等程序中，在此过程中要坚持市场化的原则。

③通过债务人经营方案实现重整价值。重整计划草案的制作和表决中，普遍存在对债务人经营方案不够重视的情况，然而在目前主流的留债清偿这一清偿方式中，合理的债务人经营方案才是保障债权清偿方案实现的基础，才是重整价值实现的路径。同时，债权清偿只是重整价值的一个方面，债务人经营方案是实现保障就业、资源整合、经济发展等社会价值的基本路径。久盛能源公司经营方案中，管理人对债务人陷入破产的原因进行分析，并据此确定重整和后续经营思路，引入投资人，发挥投资人技术优势、资源整合优势、管理和人才优势等，以短期恢复生产、中期持续运营、长期扩大规模为目标制作后续经营方案，优先录用原职工，并继续与部分债权人开展业务合作，保障重整计划的可行性和后续经营的稳定性。

④剥离价值较低的资产，让核心资产轻装上阵。除与核心业务关联的土地、厂房、机械设备外，久盛能源公司还有大量应收账款，使得久盛能源公司资产虚高。经审计、评估和管理人调查，这些应收账款证据资料不足、真实性存疑，且久盛能源公司停产近5 年，已超过诉讼时效。经与投资人协商，投资人认为这些应收账款已无价值，不另行支付资金。为此，重整计划草案将应收账款全部与久盛能源公司剥离，由管理人单独处置，处置所得用于清偿债权。剥离后，管理人对应收账款逐一进行梳理，明确每笔应收账款的形成过程、证据材料，逐一进行催收，未催收成功的，逐一分析风险，并提出处置建议，根据债权人会议意见进行诉讼、拍卖、核销等处置。

（三）发挥府院联动机制的作用

久盛能源公司作为贞丰县唯一、黔西南州头部的焦化企业，对于产业培育、居民就业、税款交纳等有积极作用。自 2015 年停产以来，贞丰县政府曾试图盘活资产但未成功。贞丰县人民法院受理久盛能源公司重整后，管理人主动联系法院、政府，最终贞丰县人民法院与贞丰县人民政府以工作专班的形式建立破产府院联动机制。久盛能源公司重整中，法院、政府、管理人各司其职、密切配合，发挥府院联动功能，推动久盛能源公司重整成功。

在久盛能源公司重整投资人招募过程中，政府部门的工作主要体现在：①将久盛能源公司项目作为重点招商引资项目推荐；②负责接待具有投资意向的多家大型企业前来考察，介绍地方产业政策、发展状况等，增强他们的投资意愿和投资信心；③与管理人共同前往重整投资人厂区考察重整投资人实力，争取州委、州政府及县委对久盛能源公司重整的支持；④面对个别债权人的信访，与法院、管理人配合做好解释工作，坚持法治为导向，引导个别债权人通过法律途径、破产程序解决问题；⑤重整成功后，协助久盛能源公司修复信用，协助久盛能源公司办理税收减免、恢复生产手续等，通过土地出让方式为久盛能源公司扩大生产规模提供条件。

（四）合理安排重整计划

为保障社会效果和法律效果的有机统一，久盛能源公司重整工作做出如下合理安排。

①小额债权的保障。小额债权主要为欠付运煤司机运费和保证金，金额较低但人数较多。债权审查过程中，因债权人资料较少，管理人主动调查，根据运费和保证金的实际结算情况，适当放宽审查标准；重整计划制作时，设立小额债权组，对4万元以下的债权额进行全额清偿，对4万—7万的债权额提高清偿比例，保障运煤司机等弱势群体的合法权益。

②职工债权的清偿。久盛能源公司停产前职工近300人，主要是当地农民。久盛能源公司停产后，多数职工离开贞丰县去往其他地方务工。管理人在调查职工债权的过程中，通过职工的互相联系，查找到绝大多数职工的联系方式，并获取到他们的银行账户，保障职工债权清偿资金发放到位。重整计划中，除全额清偿职工债权外，管理人还特别规定原职工可返回久盛能源公司工作，久盛能源公司应优先录用。重整后，大部分职工返回公司工作，且久盛能源公司扩大了生产规模，大量聘用当地职工，带动当地就业和经济发展。

③久盛能源公司的债权人，多数曾为久盛能源公司在焦电行业的合作单位，例如煤炭供应商、材料供应商、焦炭采购商等。为保障相关债权人的合法权益，促进当地经济发展，重整计划中特别规定，久盛能源公司与原合作单位继续开展合作。

债权清偿方案是重整计划的重要部分，也是债权人最为关心的问题之一，但重整计划对于债权人的意义不只是如此。重整计划在做好债权清偿方案的同时，从善意、合理的角度，照顾到债权人的其他诉求，更容易得到债权人的支持和理解。

贵州中盟磷业有限公司重整案

晋 华 ①

一、基本案情

贵州中盟磷业有限公司（以下简称"中盟磷业公司"）系贵州大型磷矿企业，曾被评为"贵州省百强民营企业"，其名下除拥有白岩磷矿采矿权外，还拥有六个对外投资企业，资产体系庞杂。因股东盲目扩张，为并购或购买重大资产而大量举债，自2016年白岩磷矿停工以来，逐步陷入严重的财务危机。经债权人申请，黔南布依族苗族自治州中级人民法院（以下简称"黔南中院"）于2018年11月19日裁定受理中盟磷业公司破产重整，并于2019年4月19日指定贵达所担任破产管理人。

二、办理情况

管理人接受指定后，力求快速推进中盟磷业公司重整：高效接管了中盟磷业公司，开展财产状况调查，对中盟磷业公司进行审计、评估；接受债权申报60家，申报金额高达31.13亿元，审查确认金额达24.4亿元；全面查阅职工档案资料、充分与职工沟通交流并最终完成职工债权调查工作，调查确定61名职工的债权，共计594.96万元。

管理人通过全国企业破产重整案件信息网、阿里拍卖、贵州贵达律师事务所公众号、中国清算网等平台发布招募公告，并进行宣传和推荐，直接联系多家大型磷化企业进行项目资产推介，但未能招募到投资人。为了避免本案进入破产清算，管理人提出了对中盟磷业公司的资产进行"核心业务重整"和"大额债权债转股"的思路，在黔南中院的有力指导、监督下，经过多次、反复地和广大债权人沟通，最终提出重整计划草案。除财产担保权组外均高票表决通过。

管理人在经过充分论证和分析后，认为重整计划草案符合法律规定，向黔南中院提

---

① 晋华，贵州贵达律师事务所律师。

出予以依法裁定批准重整计划草案。黔南中院经审查后，裁定批准中盟磷业公司重整计划草案并终止中盟磷业公司破产重整程序。

三、办案要点

（一）核心业务重整

中盟磷业公司是一家从事磷化工产品生产和销售的企业，其拥有优质的磷资源。在重整过程中，为了更好地实现中盟磷业公司资产的保值增值，提高重整效率和效果，管理人对中盟磷业公司的资产进行了合理的分类和处理。

具体而言，管理人将白岩磷矿及相关资产作为核心资产进行重整，因为这些资产具有较高的市场价值和发展潜力，是中盟磷业公司恢复生产经营的基础。通过对这些资产进行重整，可以优化中盟磷业公司的资产结构和财务结构，增强其抗风险能力和盈利能力，从而提高重整成功率。同时，管理人将其他非核心资产剥离出去单独处置，因为这些资产与中盟磷业公司的主营业务关系不大，且存在一定的亏损或闲置风险。通过对这些资产进行变价处置，可以减轻中盟磷业公司在重整初期面临的资金压力和运营困难，同时也可以为重整提供一定的现金流支持。此外，处置所得的价款可以优先用于支付重整费用和清偿部分债务，从而降低重整后的负债率和偿债压力。

在破产重整过程中，分离无关资产、专注核心业务是一种重要方式。所谓无关资产，是指与企业的主营业务无直接关联，或者对企业的盈利能力和竞争优势没有显著贡献的资产。这些资产可能包括闲置的土地、建筑、设备、股权、债权等。分离无关资产的目的是减轻企业的负债压力，增加现金流入，优化资产结构，提高资产利用效率。

分离无关资产的方法有多种，例如出售、转让、置换、抵债等。具体选用哪种方法应根据企业的实际情况和市场环境而定。在选择分离无关资产的方法时，应考虑以下几个因素：第一，分离无关资产的收益和成本。分离无关资产能够为企业带来一部分收益，超过分离所需的成本，包括交易成本、税收成本、管理成本等。第二，分离无关资产的时机和速度。分离无关资产应该尽早进行，以便尽快缓解企业的财务危机，提高重整成功的可能性。同时，分离无关资产也应该有一定的节奏和策略，避免过快或过慢，从而导致市场反应不佳或错失良机。第三，分离无关资产的影响和风险。分离无关资产可能会对企业的经营、员工、客户、供应商、合作伙伴等造成一定的影响，甚至引发一些法律纠纷或社会责任问题。因此，在分离无关资产之前，应该充分评估其可能带来的影响和风险，并采取相应的措施进行规避或缓解。

专注核心业务的重整是指在破产重整过程中，企业将主要精力和资源投入到其具有核心竞争力和盈利潜力的业务上，以期实现业务增长和效率提升。专注核心业务的重整需要企业明确自己的战略定位和目标，识别自己的核心竞争力和优势，优化自己的产品和服务，提升自己的品牌和市场份额。

（二）债转股

中盟磷业公司能重整成功的因素之一是"债转股"思路的提出，即将中盟磷业公司的大额债权人变为出资人，从而改变公司的所有权结构和治理模式。这种方式既能够最大限度地保护债权人的合法权益，又能够为公司注入新的活力和资源。具体而言，中盟磷业公司债转股有以下几个步骤。

第一，根据中盟磷业公司的财务状况和市场价值，确定各类大额债权人对中盟磷业的债权折算比例，即每一元债权可换取多少份出资。这一比例应当合理公平，既要考虑到债权人的损失程度和风险承担，又要考虑到公司未来发展的潜力和收益预期。

第二，根据折算比例，将大额债权人对中盟磷业公司的债权全部转换为出资，并按照出资比例确定各出资人在公司中的股份和表决权。这一步骤实现了对大额债权人的清偿，并使他们成为公司的新股东。

第三，在完成债转股后，将原有出资人（即原有股东）在公司中的权益调整为零，并将其所持有的股份无偿转让给特定主体。这一步骤实现了对原有股东的责任追究，并使他们退出公司。

第四，在完成股份转让后，债转股所增加的出资额作为中盟磷业公司注册资本的增加，并按照法律规定办理相关登记手续。这一步骤实现了公司注册资本的增强，并提高了公司信用和形象。

第五，向中盟磷业公司新股东筹集资金，并将筹集到的资金用于恢复生产、清偿债权。向股东筹集资金有效解决了中盟磷业公司资金严重不足不能清偿债务和开展生产经营的问题，同时多家股东的参与降低了每个股东的参与成本。

通过以上步骤，在缺乏投资人的情况下，债转股方式使原本的债权人得以参与出资、管理、矿山建设、选矿及销售等，各类型的债权人还可以提供协作支持，有效促进中盟磷业公司重整成功。

债转股是指将债权人的债权额部分或全部转换为债权人的股权，从而实现债务重组、破产重整等的一种方式。债转股可以降低债务人的负债率，改善资产质量，增强破产企业的偿债能力，同时也可以让债权人获得更高的回报。在破产重整中，债转股是一种常见的重整方案之一。重整方案可以根据具体情况，采取不同形式和比例的债转股安排，例如，将全部或部分债权转换为股权；将部分债权转换为股权，同时对剩余部分进行减免或延期；将部分债权转换为股权，同时对剩余部分进行其他形式的调整。在股权方面，也可以根据实际情况采取不同的方式确定股权。例如，将股东持有的股权按照债权比例无偿受让给债权人；对债务人进行增资扩股，将债权作为资产转让给债权人，同时债权人获得相应金额或折算后金额的股权；同时采取两种方式确定股权。

债转股在破产重整中是一种有效的解决方案，但也需要根据具体情况进行合理设计和实施，以达到最佳效果。破产重整中采取债转股的方式，应遵循以下原则：第一，保障各类债权人的合法权益，尊重各类债权人的意见和选择；第二，保持债务人的连续性和完整性，避免破产财产的无序处置和损失；第三，促进破产企业的经营恢复和发展，提高其市场竞争力和社会效益；第四，维护市场秩序和金融稳定，防范系统性风险和社会风险。

遵义市九园房地产开发有限责任公司重整案

吴正彦　卢林华 [①]

一、基本案情

遵义市九园房地产开发有限责任公司（以下简称"九园房开公司"）成立于2000年，是一家遵义本土大型房地产开发企业，先后开发了九园商住楼、新城大厦、同心住宅小区、国际二组团、金地华城、桃溪紫云台等项目。在与贵州桃溪房地产开发有限公司合作开发桃溪紫云台的过程中，因资金链断裂而无力支付施工方中天九州建工集团有限公司（以下简称"中天建工公司"）工程款，导致桃溪紫云台项目停工，已售1500余套房屋不能如期交房、办证，引起大量农民工、购房人通过信访、堵路等激烈方式维权。此外，九园房开公司涉及多起工程价款、民间借贷、金融借款等的强制执行，资产、账户均被查封、冻结，陷入经营困难。因此中天建工公司、九园房开公司分别向遵义市红花岗区人民法院（以下简称"红花岗区法院"）申请对九园房开公司进行重整。红花岗区法院于2021年8月23日裁定受理九园房开公司重整，并通过公开竞争方式指定贵达所担任管理人。

二、办理情况

管理人接受指定后，立即组建工作组开展工作，接管九园房开公司印章、证照、财务凭证、项目开发资料、合同资料等，召开职工会议，充分解释、沟通；接受债权申报1600余家，并分类进行审查，调查职工债权；经法院许可决定九园房开公司继续营业，公开选聘财务审计、资产评估、续建成本咨询机构开展工作；通过向有关部门调查、实地核查、走访、询问等多种方式，调查公司财产状况；发布公告，公开招募投资人。

2021年11月，通过线上方式召开第一次债权人会议，财产管理方案、设立债权人

---

① 吴正彦，贵州贵达律师事务所高级合伙人、律师；卢林华，贵州贵达律师事务所律师。

委员会方案等表决通过。管理人经多次沟通、谈判，于 2021 年 12 月根据财产管理方案启动桃溪紫云台复工建设，通过债权人委员会讨论确定销售方案并组织实施。

2021 年 12 月，九园房开公司在法院的监督、管理人的管理下正式启动桃溪紫云台复工建设。2022 年 12 月，在充分论证和征求意见的基础上，管理人制作重整计划草案并提交债权人会议分组表决，各表决组均通过重整计划。2023 年 1 月，红花岗区法院经审查认为重整计划草案表决程序合法，经营方案可行，裁定批准重整计划，终止重整程序。

三、办案要点

（一）复工建设稳民生

桃溪紫云台规划建筑面积 24 万平方米，涉及 1500 余家购房人的交房办证，还涉及大量农民工工资的支付，关系社会稳定。但经公开招募和多次对接，无投资人报名参与九园房开公司重整；仅有的几家前来咨询的意向投资人，出价较低，难以实现债权人的清偿利益。

法院、管理人研判认为，后续成功招募投资人的可能性极低，而九园房开公司虽缺乏资金，但剩余资产不仅能覆盖复工建设费用，还有剩余可用于清偿债权，可采取法院监督、管理人管理的模式启动项目复工建设。管理人多次与九园房开公司、施工单位、设计单位、监理单位等进行沟通，协调住建部门、自然资源管理部门，对接金融机构，最终各方同意支持九园房开公司复工建设。管理人据此制作和完善包括桃溪紫云台复工建设、销售等内容的九园房开公司财产管理方案，提交第一次债权人会议表决，并在债权人会议中充分解释该方案，争取债权人的支持，最终得到债权人会议的高票通过。

因桃溪紫云台一度陷入停工，为保障复工建设顺利进行，管理人主动对接政府部门、银行、施工单位等，打消了有关部门、单位以及九园房开公司职工等对桃溪紫云台复工建设的顾虑；完成桃溪紫云台一期竣工验收，向购房人、安置户交付房产并协调有关部门办理产权证书；接管、扣划银行存款，并争取到了保交楼专项贷款、银行按揭贷款合作，通过多种方式筹集资金用于支持桃溪紫云台复工建设。

截至目前，桃溪紫云台复工建设正在有序进行中，一期已完成竣工验收，并向购房人交付房产、办理产权证书，二期预计在 2023 年 9 月全面竣工，可解决 1500 余家购房人的交房、办证问题，涉及建筑面积 14 万平方米，实现"保交楼、稳民生"以及各类债权的有效清偿。

（二）引入资金活企业

管理人研判认为，九园房开公司拥有大量未出售住宅、商业，仅因资金链断裂陷入经营困境，如能引入资金对桃溪紫云台进行复工建设，通过销售房产回笼资金，可重新盘活九园房开公司。为此，红花岗区法院、管理人协调各方配合，主动申报保交楼专项借款并获得 2000 万元贷款支持；与多家银行协商按揭贷款合作，取得按揭贷款准入资格，为房产销售回款提供支持；通过解除查封、扣划资金、追回财产等方式，归集九园房开公司资金。

上述资金的有效归集和引入，使得停工近两年的桃溪紫云台得以恢复重建，九园房开公司房产出租、销售、管理等各项经营活动得以重新开展。同时，红花岗区法院、管理人充分发挥监督职能，要求除按揭贷款之外的所有资金收取、支付必须通过管理人账户进行，对资金使用情况进行有效监督，避免资金滥用，保障债权人权益。

（三）破产重整偿债权

根据审计、评估情况和管理人测算，九园房开公司如进入破产清算、对全部资产进行标价处置，资产价值仅 4.85 亿元，税款、普通债权零清偿；相反，如进行重整、完成桃溪紫云台复工建设，全部财产市场价值可达 15.13 亿元，工程价款、财产担保债权、职工债权、税款债权及其他优先债权可获得全额清偿，普通债权综合清偿率可达 53%。破产重整不仅能实现交房、办证，稳定民生，还能实现资产增值，保障 1600 余家债权人和 20 余名职工的合法权益，维护区域金融安全和社会稳定，促进区域经济发展。

为此，管理人根据法律规定和九园房开公司实际情况，制作重整计划草案并多次向债权人、债务人、职工征求意见。对于债权人提出的意见，管理人均耐心解释，说明有关法律规定和重整计划的制作目的，并以书面方式进行回复，争取债权人的支持；对于债权人提出的合法、合理的意见、建议，管理人予以吸收并完善重整计划草案。2022年 12 月，管理人将重整计划草案提交债权人会议分组表决，并通过微信群聊、电话沟通、现场沟通等方式与债权人沟通，最终重整计划草案获得各表决组的高票通过。2023年 1 月，红花岗区法院根据管理人的申请，裁定批准重整计划。目前，九园房开公司正在根据重整计划的安排，开展复工建设、资产处置工作，有序清偿各类债权。

（四）破产管理信息化

九园房开公司的重整中，管理人运用信息化技术，有效提高破产管理的效率，节约破产办理成本，同时充分保障了债权人的知情权、参与权，具体包括以下几个方面。

第一，分工负责与团队协作。九园房开公司开发项目较多，除桃溪紫云台外，还有金地华城、九园国际、新城大厦、同心住宅、花岗路小区等，上述项目虽已基本建成，但历史遗留问题较多，且九园房开公司财产、财务管理混乱，债权人多，债权审查及资产清理难度大。为此，管理人团队根据项目情况、团队成员等分为5个工作组，通过软件建立团队空间，各工作组分工负责、相互协作，以提高工作效率。以资产管理组与债权审查组的协作为例，资产管理组根据住建部门、不动产登记中心和公司提供的资料，建立房产信息总表，并通过整合信息、询问有关人员、实地调查等多种途径完善房产信息总表，重要信息还注明信息来源；债权审查组建立债权申报登记表和债权审查表，债权审查过程中参考房产信息表，并根据债权审查情况完善、修改房产信息表。该协作方式有效保障了房产信息和债权审查结果的一致性，将破产管理工作划分为工作步骤，并对工作步骤进行进一步细分，通过软件确定下来，保障项目的有序推进和落实。

第二，网络债权人会议和非现场债权人会议。九园房开公司债权人有1600多家，召开现场债权人会议成本过高。为此，管理人通过全国企业破产重整案件信息网，以网络会议的方式召开第一次债权人会议，邀请部分债权人代表、职工代表、债务人代表等前来现场参加，其他债权人则通过网络参会。为保障债权人充分参与，管理人提前3日在微信群中公布债权人会议资料，接受债权人的咨询，会议当日管理人还在项目部现场通过显示屏直播会议，指导债权人参会。第二次债权人会议（表决重整计划草案）召开时，管理人经与债权人委员会、人民法院协商，采用非现场的方式召开，并通过网络方式表决，进一步降低破产成本，提高效率。为保障债权人充分行使权利，管理人提前15日通过全国企业破产重整案件信息网、微信群等发布重整计划草案，与债权人进行多次、反复沟通，保障重整计划草案的顺利通过。

第三，信息公开，充分保障债权人的知情权与参与权。九园房开公司重整中，为充分保障债权人的知情权和参与权，管理人将每一家债权人的信息都导入到全国企业破产重整案件信息网，并通过该网站公布破产案件的信息，主要包括：①重整计划草案（含征求意见）、财产管理方案等由债权人会议表决的方案及相应决议；②管理人工作报告、破产案件办理节点信息等；③债务人财产状况报告、审计报告、评估报告、续建成本测算报告等资料；④人民法院作出的有关文书；⑤债权申报公告、中介机构招募公告、投资人招募公告等公开信息；⑥其他与破产程序有关的文书、资料。此外，为避免泄露债务人、债权人有关信息，除面向社会公众发布的公告外，其余项目只对债权人及特定主体公开。

第四，信息化沟通。为减少沟通成本、提高沟通效率，管理人与法院、债权人等的沟通，也采取信息化方式进行。例如，管理人提交工作报告、申请、工作记录，法院传递文件、出具指导意见，除必须采取现场沟通外，其他均通过全国企业破产重整案件信息网进行；管理人与债权人沟通以及征求债权人意见等，通过微信群或统一的短信平台进行。

贵州昌云健身服务有限公司破产清算案

吴正彦　卢林华^①

一、基本案情

贵州昌云健身服务有限公司（以下简称"昌云健身公司"）由徐某一、徐某二于2018年8月8日出资10万元设立，经营范围为健身服务。昌云健身公司设立后，对租赁的房屋进行装修，聘请专业人员王某对健身房进行管理，购买健身设备，并收取会费。经营过程中，因股东与王某发生矛盾，昌云健身公司无法维持正常运营，经各方协商，徐某一、徐某二向王某转让全部股权，退出昌云健身公司。后王某既不能正常提供健身服务，也不能退还会费，无力维持昌云健身公司经营。部分债权人向法院提起诉讼、申请强制执行，要求返还会费，但未发现可供执行的财产。遵义市红花岗区人民法院（以下简称"红花岗区法院"）根据债权人的申请，于2022年8月19日受理昌云健身公司破产清算，初步判断该案属于无产可破，根据破产管理人协会的推荐，指定贵达所担任管理人。

二、办理情况

管理人接受指定后，通过多方询问未能取得股东王某的有效联系方式，未能接管昌云健身公司的证照、财产；通过调查取得部分已知债权人的联系方式，通过短信方式通知已知债权人，依法接受债权申报并对债权进行审查，发布公告对职工债权进行调查；通过网络查询、前往有关部门调查、实地核查等方式调查债务人财产状况，发布征集财产线索公告，均未调查到债务人的财产；征求债权人、原股东对垫付破产费用的意见，无人愿意垫付；组织债权人会议，报告管理人执行职务、债务人财产状况以及债权申报与审查情况；因无财产支付破产费用，且无人愿意垫付，法院根据管理人的申请，于

---

① 吴正彦，贵州贵达律师事务所高级合伙人、律师；卢林华，贵州贵达律师事务所律师。

2022 年 9 月 19 日宣告昌云健身公司破产并终结破产程序。

三、办案要点

（一）"三无企业"破产案件的办理

"三无企业"并无明确法律定义，在破产程序中一般是指无财产（无财产支付破产费用）、无账册（或未接管到）、无人员（无负责人）的债务人。

司法实践中，对于"三无企业"进入破产程序持排斥态度，主要原因在于部分法院认为，"三无企业"不能支付包括管理人报酬在内的破产费用，无人员、无账册增加了破产案件办理的难度，但还需要按照破产程序开展工作，属于浪费司法资源和社会资源。最高人民法院在延边平野实业有限公司、吉林省开发建设投资公司申请公司清算案 [①] 即持这一观点。

随着破产法律制度的完善，法院逐渐认识到"三无企业"破产案件也具有其独特的价值，主要表现在：首先，《企业破产法》并未将查询到债务人财产、账册、负责人作为启动破产清算程序的要求，最高人民法院《关于债权人对人员下落不明或者财产状况不清的债务人申请破产清算案件如何处理的批复》则明确：第一，人员、财产不明不影响破产案件的受理，调查债务人财产状况是破产程序的一大核心工作；第二，执行程序一般以调查实物资产为主，即使债务人在破产审查时无财产，通过管理人调查或行使破产撤销权、追收未缴足出资等，仍有可能发现相应财产；第三，《企业破产法》的宗旨不仅仅只是破产还债，让缺乏竞争力的市场主体得以退出、化解社会债务风险、完善优胜劣汰的市场机制、激发市场主体竞争活力，同样是《企业破产法》的价值所在。

近年来，各地法院逐步认识到破产程序的价值追求，通过设立破产援助基金、简化办理程序等方式，将"三无企业"破产案件纳入到破产的体系中，保障"三无企业"通过破产程序依法退出市场。

（二）财产接管和调查

"三无企业"财产接管和调查难，主要表现在：无人员配合推进破产程序，无财产可供接管和调查，无账册可供发现财产线索。破产案件办理过程中，管理人不能因为"三无企业"这一标签就放弃必要工作、单纯走过场，仍应重视财产接管和调查工作，并留下工作痕迹。

[①] 　详见（2018）最高法民申 933 号民事裁定书。

关于人员查找方面。管理人通过收集有关裁判文书发现，该公司股东已发生变更，但工商登记未办理变更，实际股东下落不明。管理人通过公安机关查询户籍信息，通过询问原股东、债权人等方式查找联系方式，通过查询实际股东在此前诉讼中提供的联系方式，以及通过网络公开信息查询等，查找实际股东的联系方式。但管理人多次通过电话、短信联系，均未联系到实际股东。在有关材料的送达上，管理人按照最近的有效联系方式，通过短信方式向其送达有关文书，并对相应记录进行保存。

关于财产线索查找方面。常规调查方面，管理人通过向市场监督管理局、不动产登记中心、车辆管理所、银行、税务机关、法院等申请查询的方式，调查债务人的资产情况。除常规调查外，管理人还根据实际情况采取了以下方式调查：①指派2名律师前往债务人原经营场所实地调查，询问经营场所所有者、现使用者和周边人员，做好调查记录；②调取人民法院在执行中通过执行查控系统取得的有关线索，并根据线索核实相关信息，如无强制执行或无执行查控资料的，则可在破产程序中申请执行查控；③通过询问债权人、原股东及其他有关人员，查找财产线索；④发布征集财产线索的公告，通过悬赏等方式征集财产线索。

关于账册查找方面。账册的查找主要是对保管账册人员的查找。除查找账册保管人之外，管理人还通过向税务机关查询破产企业的税务登记、向市场监督管理局查询企业年报、向银行查询账户交易记录等方式查找财务会计信息。账册的查找中，管理人始终注意对股东出资的调查和追缴、对清算义务人以及清算配合义务人的责任问题等进行调查，如需提起诉讼的，因涉及破产费用的垫付和承担问题，则征求债权人等利害关系人的意见。

财产接管和调查的过程中，管理人应勤勉尽责，对每一项调查都认真对待；同时，还应当注意，对开展调查工作的情况保留记录。如有关人员涉嫌犯罪的，及时报请人民法院移送公安机关。

（三）债权审核

"三无企业"破产案件债权审核的难点主要在于对已知债权人的调查和通知、债权审查有关资料的核对以及移交债务人核查等。

关于已知债权人的调查和通知方面，因昌云健身公司未提供任何财务资料，管理人主要通过3种方式尽可能通知到债权人。第一，通过查询涉及债务人的诉讼、强制执行情况以及网络公开信息，整理已知债权人名单及联系方式；第二，通过询问债权人及有关人员，了解其他债权人的联系方式，并邀请其他债权人相互转告；第三，扩大债权申报公告的影响范围。

关于债权审查，无人员、无账册对债权审查结论影响巨大，管理人只能根据债权人提供的信息和管理人调查所取得的信息对申报的债权进行审查，既不能核对债务人有关凭证，也不能请债务人对债权发表意见。债权审查结论事关债权人、债务人的利益，因此管理人在债权审查中要努力做到：第一，在债务人缺乏人员、账册的情况下，参照《民事诉讼法》被告放弃提交证据和答辩的规定，管理人直接根据已有资料进行审查。该做法符合《贵州省高级人民法院破产审判工作实务操作指引（试行）》第68条的规定；第二，管理人在提请债权人核查时，明确说明无法取得债务人账册的情况，并告知债权人对债权审查结论有异议或线索的，可向管理人提出和提供；第三，核查债权时，债权人会议尽可能通知债务人代表参加。

（四）结案

破产清算的结案方式除正常完成破产财产分配外，还有三种情形，即债务人财产不足以清偿破产费用、全部已经到期债权得到清偿或由第三人提供足额担保、债务人无财产可供分配。"三无企业"的结案，通常使用"财产不足以清偿破产费用"或"债务人无财产可供分配"两项理由。

"三无企业"的破产清算中，管理人不得不垫支部分破产费用以用于履行通知债权人、调查财产状况、召开债权人会议和注销破产企业信息等职责，因此债务人财产不足以清偿破产费用是"三无企业"结案的主要方式之一。昌云健身公司破产清算结案前，管理人书面征求债权人、债务人等利害关系人关于是否垫付破产费用的意见，明确说明目前已调查到的债务人财产状况、已发生的破产费用、将来可能发生的破产费用以及垫付破产费用的处理。债权人等利害关系人同意筹集破产费用的，管理人按照法律规定和债权人会议决议继续履职，否则视为债权人等接受"无产可破"的现状。

经征求意见，无人垫付破产费用，且经调查、追收，未取得债务人财产后，管理人应尽快提请法院宣告企业破产并终结破产程序，并在破产程序终结后注销银行账户、税务、工商等。同时，对于破产程序终结后的其他工作，法院和管理人应当作出恰当部署，例如，对于后续发现的财产的补充分配等。